社会保障法・福祉と労働法の新展開

社会保障法・福祉と労働法の新展開

佐藤進先生追悼

荒木誠之
桑原洋子　編

信山社

謹しんで
佐藤　進先生に捧げます

執筆者一同

佐藤 進 先生

はしがき

畏友佐藤進教授が逝去されて、はや一年が経過した。だが私には彼が学会でにこやかに歩み寄ってくる姿が脳裏にあり、追悼ということの実感が湧かない。

しかし、追悼論文集の企画が出来てみると、一つの時代が過ぎてゆく感慨がしだいに濃くなってきた。佐藤さんは、戦後の労働法、ついで社会保障法の研究者として、この領域で目覚しい活動をみせ、指導的役割を担ってこられた。とくに、社会保障法学会の成立、運営においては有泉亨氏を支えて多大の功績を残された。

ここに故佐藤進教授にゆかりの知友、研究者による追悼の論文集が上梓されることになった。執筆の各位は、教授の残された業績を引き継ぎ発展させることを期して、それぞれの論稿を霊前にささげられた。

いまやわが国の政治、経済、社会は大きな変動期にさしかかっている。したがって労働関係、社会保障の基盤にいちじるしい変化がおこり、その上に立つ法制度もかなりの変動をまぬかれない。戦後半世紀の変転を着実にフォローして社会法学の形成・発展に尽力してきた佐藤さんであるから、それだけに後進への期待も大きかったであろう。この追悼論文集がその期待に応えるものになっているか、天上の霊に問うすべもないが、追悼の心は必ずや通じるであろう。

二〇一〇年四月

荒木誠之

〈執筆者紹介〉（掲載順）Ⓒ

荒木誠之（あらき　せいし）　九州大学名誉教授

田中幹夫（たなか　みきお）　弁護士

河野正輝（かわの　まさてる）　熊本学園大学社会福祉学部教授

品田充儀（しなだ　みつぎ）　神戸学院大学大学院教授

山田　晋（やまだ　しん）　明治学院大学社会学部教授

田端光美（たばた　てるみ）　日本女子大学名誉教授、東北福祉大学大学院特任教授

金川琢雄（かながわ　たくお）　金沢医科大学名誉教授

桑原昌宏（くわばら　まさひろ）　愛知学院大学法務研究科（法学研究科）講師

引馬知子（ひくま　ともこ）　田園調布大学人間福祉学部准教授

橋本宏子（はしもと　ひろこ）　神奈川大学副学長

古川孝順（ふるかわ　こうじゅん）　東洋大学ライフデザイン学部教授

横山　穰（よこやま　ゆずる）　北星学園大学社会福祉学部教授

関川芳孝（せきかわ　よしたか）　大阪府立大学人間社会学部教授

中野敏子（なかの　としこ）　明治学院大学社会学部教授

中村律子（なかむら　りつこ）　法政大学現代福祉学部教授

市川一宏（いちかわ　かずひろ）　ルーテル学院大学総合人間学部教授

〈執筆者紹介〉

伊藤博義（いとう　ひろよし）　宮城教育大学名誉教授

鵜沼憲晴（うぬま　のりはる）　皇學館大学社会福祉学部教授

桑原洋子（くわはら　ようこ）　龍谷大学名誉教授

西村健一郎（にしむら　けんいちろう）　同志社大学司法研究科教授

浅倉むつ子（あさくら　むつこ）　早稲田大学大学院法務研究科教授

中野育男（なかの　いくお）　専修大学商学部教授

林　弘子（はやし　ひろこ）　福岡大学法学部教授、弁護士

神尾真知子（かみお　まちこ）　日本大学法学部教授

秋元　樹（あきもと　たつる）　日本社会事業大学特任教授（アジア福祉創造センター長）

小川政亮（おがわ　まさあき）　日本社会事業大学名誉教授

北野弘久（きたの　ひろひさ）　日本大学法学部名誉教授

田村和之（たむら　かずゆき）　龍谷大学法科大学院教授

井上英夫（いのうえ　ひでお）　金沢大学大学院人間社会環境研究科教授

目　次

Ⅲ　社会福祉への展開

Ⅳ　労働法の諸問題

I

佐藤進先生の生涯

1　回想の佐藤進さん

荒木誠之

佐藤さんと私とは年齢では一年の差しかない。約半世紀にわたって労働法および社会保障法の研究者として、同じ道を歩んできた。近年は、同世代の研究者が学会にあまり姿をみせなくなってきたが、佐藤さんは学会で顔をあわせる数少ない同世代の一人であった。その彼が卒然として天上に旅立ってしまった。私はそう感じる。寂しいことである。

ここで、この追悼文を書くに至った次第を記しておく。昨年（二〇〇九）春に桑原洋子さんが、福岡に来られた。何事かと思ったら、「佐藤さんの追悼論文集を編集したいので協力を」とのことであった。突然の御提案にとまどったが、桑原さんはすでに出版社との間でかなり具体的なプランを進めておられ、桑原さんと私が共同の編集者ということになっている。佐藤さんの門下には多くの峻秀がおられ、私の出る幕ではあるまいと思ったが、桑原さんの熱心さに負けて、なりゆきにまかせることにした。そんな次第で、実質は桑原さんの編集であり、私は名義上の編者にすぎない。その後の桑原さんの熱意と活動により、無事に本書の刊行に漕ぎ着けたのである。編集に名を連ねただけの私ではあるが、喜ばしく思う。

今の私には本格的な論文を書く状況にはない。同学の古き友人としての立場から、佐藤さんとの約半世紀にわたる研究活動と交友について、忘れ残りのことなどを述べて、名ばかり編集者の責めを果たすことにしたい。本稿が、在天の佐藤さんの安き眠りをさまたげないことを願いつつ。

佐藤さんと最初に出会ったのがいつ、どこであったか、記憶は定かでない。労働法学会の発足のとき、佐藤さんも来ておられたかと思うが、そこで挨拶を交わしたようには覚えない。当時、彼は金沢大学、私は熊本大学に勤めていて、それぞれの大学で労働法の研究と講義をしていたことになる。彼がいつから社会保障法の講義を始めたか、直接には聞きそびれてしまった。のちに社会保障法学会での彼の講演によると、私とほぼ同じ時期に開講したようである。おそらく大学での社会保障法の講義としては、全国でもっとも初期のものであったろう。そのころ、労働法学会のおりに若手研究者が非公式にあつまることが慣例となっていて、彼と直接に接する機会がふえてきたように思う。だが、若手研究者のなかで佐藤さんと特に親密になったというのでもなかった。若手の酒席での彼の姿ははっきりとは浮かばない。あまり酒をたしなまなかったのだろう。その反面ともいうべきか、論文や時評等の執筆においては、彼の活動はきわめて旺盛で、健筆家の面目躍如たるものがあった。

佐藤さんと私との関わりが増えたのは、社会保障法研究会の発足以後であったように思う。この研究会は、労働法学会のメンバーで社会保障に関心のある者が集まったもので、私にも参加の呼びかけがあった。佐藤さんは同志社大学の角田さんと研究会発足の企画をし、呼びかけ人となっていた。その詳しい経緯については、私は知らない。労働法学会のメンバー内では、いくらか批判があったようで、そのはしばしがこちらにも聞こえてきた。本質的な問題ではないようで、聞かないふりをして済ました。この研究会の活動が基盤となって社会保障法学会へと発展したのが事実の経過である。そのように見てくると、現在の社会保障法学会成立の功労者の一人は佐藤さんであったといえる。角田さんが早世されたあと、研究会と学会の運営の重責は佐藤さんの双肩にかかってきた。私は遠く離れていたので、会の運営上の具体的な問題等は知る由も無かったが、大変な苦労をされたであろうことは想像できた。このような経緯は、最近の若い研究者にはほとんど意識されていないようなので、ここに記しておく。

社会保障法研究会が発展して保障法学会になったとき、佐藤さんは有泉代表理事のもとで事務局長の実務を担当された。当時の事務局の態勢は、今とは違って佐藤さんの孤軍奮闘といった様相を呈していた。そのころでは、佐藤さんは金沢から日本女子大へ勤務されていたと思う。初期においては学会の運営組織が確立しておらず、少数の関係者の献身的努力に支えられていたようである。私など遠隔地にいる研究者も事務の分担をすればよかったのだが、そのような体制にはならないまま数年を経た。私は年一回の学会時の理事会に出るぐらいの事しかしていなかった。学会の理事会は、大会の前日に夕食をはさんで行われるのだが、会議のあいだ佐藤さんは、事務報告や議事進行などで忙しく、箸をとるいとまもないまま会議が終わってしまうこともしばしばであった。この印象が強かったので、私が代表理事になったとき、学会の組織的運営のルールを決めてもらって、事務負担の分散をはかったことであった。これも学会初期の佐藤さんが築いた土台あっての補強であった。

さて、研究者としての佐藤さんは、同世代の一人であり、年齢はほとんど違わない。専門の領域も労働法および社会保障法と共通しており、相互に親近感をもつ好敵手といった関係にあった。それを半世紀以上にわたり続けてきたのである。その間の彼の膨大な著書、論文について、私が論文等でコメントする機会が何度かあった。佐藤社会保障法学は、社会保障の法体系を現行制度に即して立てていたが、私はその批判の上に給付体系を重視する議論を展開した。その意味で、佐藤学説はわたしの社会保障法学形成のよき媒体であったといっても、失礼にはなるまい。ともあれ、佐藤さんと私は、社会保障制度の展開を初期からフォローして、社会保障法学の形成に何ほどかの貢献をしてきたと思っている。

このたびの企画は、佐藤さんの追悼ということであるから、わたしの記憶に残ることどもを思いつくまま記す事にしたい。文中ややもすれば筆の走りで失礼の段もあろうかと思うが、彼は古い友人のよしみで、苦笑しながら許してくれるであろう。

佐藤さんは、頭に浮かぶ考えをそのまま文章にしたのではなかったろうか。だからこそ、あれだけの膨大な研究論文、著書ができたのだろう。その反面、文章がこなれておらず、首尾のつながりが整わず、読み返さないと意味をとりかねる記述に出会うことも少なくなかった。だが慣れてしまえば、これが佐藤流かと気にならなくなってきたのも事実である。研究者のなかには、内容よりも文章に違和感を抱くむきもあったようだ。私も受贈の論文をよむたびに、もうすこし文章に気をくばられたら提言もピリッとするのに、と思ったことであった。しかし文章の彫琢に気をとられていては、あれだけの多くの業績はうまれなかっただろうとも思う。

佐藤さんは、同年代の私等がそうであったように、労働法の研究から社会保障へ視野をひろげた研究者の一人であった。労働法と社会保障法は姉妹領域のようにもいわれるが、両者は法的には歴然たる区別がある。労働法は労使対立を前提にその利害の調整をはかるのだが、社会保障法は労使の関係を取り上げるときも、対立の局面においてよりも相扶の関係において捉える。だから社会保障の研究においては、労働法的論理をもって臨むのではなく、独自の視点から考察しなければならない。その点を意識しない傾きが学界に無くはなかった。佐藤さんは、そのあたりの感覚は明確であった。

佐藤さんは小柄な身体ながら、きわめて活動的で国内はもちろん海外にもしばしば調査研究に出かけ、それがすぐさま研究・報告の形で発表された。不精な私は、人と会って話をきいたり、国内・国外で資料を収集したり、それを整理したりなどの作業は、さぞかし大変だろうと思うのだが、佐藤さんにはそれが苦労どころか楽しみでもあったのではなかろうか。彼の調査研究のおかげで、多くの研究者や実務家は居ながらにして海外の社会保障の実情や研究動向などを知ることができた。最近古い写真を整理していたら、彼と二人並んで写った写真が出てきた。それはアテネでの国際労働法社会保障学会の折りのものである。いまでは貴重な一枚となってしまった。

晩年の佐藤さんとは二、三年前に社会保障法学会で顔を合わせたのが永遠の別れとなった。懇親会にも出席されていて、乾杯の音頭をとられた。そのころは杖をつかっておられたように記憶する。ビールのコップを持って壇上に上がるとき、大丈夫かなとすこし気になったが、元気に登壇して乾杯の発声をされた。その姿は今も鮮明に脳裏にのこっている。

これまで佐藤さんから頂いた著書、論文は極めて多い。受贈数はおそらく最多と思う。最後に頂いた著書は『続ペダルを踏んで八〇年』であった。これは彼の傘寿記念の出版で、まとまった著書としては最後のものではなかろうか。それによると、彼は陸軍に入って苦労した由である。私は海軍を希望したが、適性検査の結果、土浦海軍航空隊に配属された。いずれにしても、同年輩の研究者はほとんど軍歴の経験者であった。面白い事に、陸軍組と海軍組とは何となく判る。佐藤さんは、聞かなくても陸軍という感じがあった。海軍は志望して入るので、おのずからそれらしいタイプがあったのだろう。

佐藤さんの社会保障法学のエッセンスは『社会保障の法体系（上）』に示されている。刊行は昭和四四年（一九六九）で、私もその頃に同様なテーマで熊本大学の紀要に論文「社会保障の法的構造」を書いた。佐藤説に対して、それを検討する形で自説を展開する一面があった。当時において、社会保障をそれとして法的に検討した研究は佐藤論文以外にはなかったのである。その時期以後、ほぼ半世紀にわたり、ともに労働法と社会保障法の研究において、雁行しながらもそれぞれの持ち味を深めていった。

研究生活の初期において、彼は金沢大学、私は熊本大学に勤めていた。新制の大学では法律専門の研究資料は極度にとぼしく、大いに不便であった。そのような状況のなかでも、社会保障は戦後の新しい制度であったから、地方の新制大学に居ても、致命的なハンディキャップはなかった。民法や刑法などの古い伝統をもつ法分野では、新制大学の研究条件は最悪で、既成の大学との間に大きな較差があった。佐藤さんも私と同様に、新制の大学で社会保障法の講義を担当し、それが保障法研究へのきっかけになった。そういう意味で、ある種の親近感を相互におぼえたのではなかったろうか。その後、佐藤さんは日本女子大へ私は九州大学へ移った。大学紛争や、学内の役職等で同年配の者は忙しくなったが、佐藤さんの執筆活動はあまり鈍らなかったようである。強靱な精神力と体力の持ち主であったのだろう。晩年にも、郷里で大学の経営に携わっておられたように聞いた。

ここに、半世紀にわたる佐藤さんとの交流を顧みるとき、長くもありまた短くもあったと感じる。かく言う私も、いま老躯に鞭うって追悼の文をしるしているのである。在天の佐藤さんの霊の平安を乱さないことを切にねがいつつ、筆をおく。

2 佐藤進先生の生涯と業績

田中幹夫

一 越後の人

佐藤進先生は、一九二五年六月、新潟市の目抜通り古町に出生された。お父さんは、当時としては先端を行く商売の自転車や自動車の販売をされていた方で、自由な気風を身につけておられたらしい。

そのお父さんの都合で、先生は小学校三年から東京の新宿淀橋第三小学校へ転校され、新潟では幼年時代のみを過ごされた。雪国で育った者が持つ幼い日の記憶で共通することは、吹雪の中での通学であろう。先生も「小学校二年生の足で雪のなかを、万代橋を渡って新潟尋常小学校への通学のつらかったことはいうまでもない。このことが、それまでの腕白、お茶目を変えさせたのかも知れない(1)」と書いておられる。

その後、先生は東京から横浜へ三度も転校し、苦しい少年時代を送ることになるが、「涙を流すよりも、いかにこれに負けずに適合するかという、今日の専門用語でいう地域間の流動化と適応性訓練に耐えることを身につけることができた」[2]そうである。やがて、先生は旧制早稲田実業に進学してから旧制早稲田中学に転校し、旧制大阪高校を経て東京大学・同大学院へと学問の道を進まれるが、その基礎にあったのは幼年時代の頑張りではなかっただろうか。大阪高校入学前には、八ヵ月の軍隊生活も経験され、軍隊入隊の際には、『若き哲学徒の手記』『ドイツ戦没学生の手記』をこっそり持参するような新兵であったが、アメリカ軍上陸に対する体当たり訓練には、手を抜かずに取り組んでおられたであろう。

先生は、常々「自分の身体、心には雪国の人間の習性というか、越後の働き者の気持ちが宿っているような気がする」と言っておられた。たしかに、決して頑健とはいえない身体で、肉体的にも精神的にも厳しい状況に何度も遭遇しながらも粘り強くこれを克服し、その場に臨んでは決して後を向くようなことはされなかった。注で紹介した『ペダルを踏んで七〇年』の書名は、外尾健一東北大学名誉教授から、「私と佐藤さんは、ずっと自転車のペダルを踏んできたようなもので、踏まなくなると倒れてしまいますよ」と言われたことに由来する[3]。なるほど、自転車はバックできない。

実は、先生の行程は平坦なサイクリングロードではなかった。前人未到の悪路であった。学問の道が未開拓であったことは言うまでもないが、どろどろした人間関係の塊がところどころにあって先生を大いに苦しめたことは事実である。

それにしても、純な学究肌の先生が、大学で困難な管理業務を引き受けられたのは何故だろうか。たとえば大学の評議員とか学部長であり、ついには学長である。それだけではない。驚異的な数の公的な仕事が先生を捕らえてしまったのである。

それは、『続ペダルを踏んで八〇年』に列記されている役職だけでも一一あり、そのうち会長または委員長職への就任は、埼玉県社会福祉審議会、全国市町村職員共済組合連合会、埼玉県福祉のまちづくり推進委員会、埼玉県川

越市社会福祉審議会、埼玉県高齢者痴呆知的障害者権利擁護委員会、新潟県高齢者保健福祉計画懇話会、等である。

このほか、学会や研究会の役職を挙げたら、たいへんな量になるだろう。しかし先生は、役職に就いたからには誠実に任務を全うする、という方なのである。それに、ご自身でもよく言っておられたとおり、小躯・痩身・病弱の人であり、強靱な精神に支えられなければ到底成し遂げられることではない。おそらく、先生の胸には越後人の火が、吹雪の中を小学校に通学する清烈な思い出とともに、赫々と燃え続けていたに違いない。小学三年で愛用の子ども用スキーを処分して東京へ転宅したときの純な悲しみは、故郷への憧憬に昇華されていたのだろうか。

先生が金沢大学に赴任された年の冬、私（筆者）は先生のお宅に伺ったとき「雪深い金沢での生活は大へんでしょう」と言ったことがある。すると先生は奥様の方を振り向きながら、「私たちは越後の出身だから平気ですよ」と笑われた。先生が間借りをされていた家は市内の小立野にあって、そこから大学まで二キロメートル近くを、雪の日は兼六園に長靴の足跡を残しながら、先生は少し前かがみになり風呂敷包みを小脇に抱え、早足で歩いておられた。その出講態度は後に金沢大学と新潟大学の兼任教授になられたときも、川越から新潟青陵大学まで一〇年間新幹線通勤をされていたときも、全く変わらなかったのであろう。

「明治維新以来、新潟県などを『裏日本』という言葉とその性格を、今日にいたる日本の中央集権的統治と、地方行政などに見させてくれたことは、改めて、私にも生まれ故郷の『越後人』のキャラクターの研究に灯を燃やさせてくれたことはいうまでもない[4]」

先生の文章は難解な部分が多いが、地方の福祉行政推進を生存権保障の視点から強く発信し続けた姿勢と、その根源をここに読み取ることができよう。

（1）　佐藤進・ペダルを踏んで七〇年（非売品、一九九五）五頁

（2）　同八頁
（3）　同三頁
（4）　佐藤進・続ペダルを踏んで八〇年（非売品、二〇〇五）五頁

二　働け、働け、何かが生まれる

標題は、先生が一九五四年六月、金沢大学法文学部に着任する門出に、有泉亨先生が贈られたはなむけの言葉である。先生は、教育者としても学生のため生涯休むことなく働き続け、数多くの人材を育てられた。私は、先生から初講義を受けたことを名誉にしているが、当時、地方大学である金沢大学に東京大学法学部大学院を終了しＩＬＯ事務局に勤務されていた若い学者が赴任するとの話で、学生たちは雀躍りして喜んだものである。しかも、先生は緑会（東京大学の学生自治会）の役員もされていたというではないか。金沢大学の労働法研究会の連中などは、「赤旗と労働歌でお迎えしよう」などとはしゃぐ始末であった。

ところが、先生は美しく物静かな奥様と幼く可愛い律子さんの三人で静かに金沢に入られ、とりあえず金沢市の住宅街小立野にある民家の二階を住居とされた。「着任前かねがね金沢大学労働法研究会という、元気な学生の集まりがあることは聞いていたのであるが、私が着任して、後期九月初講義の折、その所属メンバーが、初講義の前夜のコンパで夜更けまで痛飲して、二日酔いのはずと思っていたのに、酔眼もうろうどころか、教師を品定めしようと眼を据えているのには驚いたのである(5)」

先生は、金沢大学に赴任当時のことを、夏目漱石の〝坊ちゃん〟に重ねて時には甘く懐かしく思い出されることがあった。先生が著書に名を挙げて書かれている〝当時のメンバー〟も多くが引退したり物故したりしているが、誰もが未だに先生を慕う気持ちを持ち続けている。それは大学の教師と学生という関係とは何かしら違っているよ

うな気がする。あのころ、私たちは、よく二間しかない先生の家を訪問したものだが、ただ先生と雑談して先生の家庭的雰囲気の中に身を置きたかっただけにすぎない。仲間と連れだって安酒を飲みに行った帰り道に、先生の借りておられる二階に向かって、ロシア民謡を歌ったりした。先生は酒を召されないので、私たちは酒を持参したりすることはしなかった。酒を飲む時には少し離れた進藤牧郎先生（西洋経済史）の家に向かった。進藤先生も「君たち佐藤君の家から流れてきたな」と笑って酒を出されるのが常だった。金沢を熱気に包んだ米軍の内灘試射場反対闘争は、既に終熄期に向かっており、私たち学生は内面的なものに出会うべく彷徨し模索を繰り返していた。

だが、教師と学生が心をつないだ時期は一瞬の光芒みたいなものだったのだろうか。僅か三年で講師から助教授、一〇年で教授へと進まれた先生は、やがて大学の評議員として、大学紛争に対応しなければならなくなった。根が真面目な方だから、学生たちに対してその場をごまかすようなことは言えない。年長の評議員に対しても自己の信念をのべる。病身の先生には肉体的にも精神的にも、限界線上の対応であったらしい。ご友人の進藤牧郎先生から後で聞いたところによると、骨と皮だけになって眼光だけが凄かったそうである。それでも先生は断固として機動隊の学内導入には反対され、中川善之助学長も先生の意見を採用し、ついに金沢大学へ機動隊は入らなかった。このことは大いに良かったと先生は自負しておられるが、このときの言いようもない苦しい体験が金沢を離れる動機となったことを先生も否定されていない(6)。

それでも、先生は大学紛争当時の鉛色をした日々を次のように述懐されている。

「ただ二〇年前の大学紛争とその経験が、大学に大学人に、その後何をもたらしたかは、人によってその評価は異なる。今大学の中には、あの当時の熱気はない。今日では学生も当時と違っているし、保守化し、物分り良く、小さく自分を自己管理する学生へと変化し、大学自体、新人類、新々人類といわれる学生層を再生産し、職場でも企業でも、また国のレベルでも明日への対応を見きわめ得ない時代に当面している(7)」

そして、

「すぎし大学紛争時の、学生たちの若く、荒々しく、ひたむきな明日への賭け、しかも盲目的な、時にエゴイスティックなまでの自己への固執、これに対する大学人の対応をみた時に、このような学生の動きが、反面教師となってくれ、お前は、君は、の思いにかられたこと言うまでもない(8)」と続いている。あの大学紛争でさんざん迷惑をかけた学生に対しても、決して否定的な目では見ておられない。

ところがである。先生は一九七一年一〇月から日本女子大文学部福祉学科の教授に転出されることになった。一番驚いたのは法文学部の学生たちだ。奈良に住む私の耳にも、その〝悲報〟は届いたが、まもなく、同期の友人から、先生を気持ちよくお送りするので金沢に集まれ、という通知が届いた。当時、金沢大学法文学部から立ち昇る社会保障法学の烽光が消えてしまう、という悲鳴があがったのであるが、先生の研究と健康のためには、喜んで東京へお送りすべきだという声が強くなり、そのような葛藤を経ての〝歓送会〟となったそうである。その歓送会が盛況で感動的であったことは、永い間語り草になっていた。

ともあれ、先生は埼玉県川越市に新しく家を建てられ、そこから目白の日本女子大学へ社会福祉学科の主任教授として通勤されることになった。金沢大学法文学部とのギャップは思ったより大きく、先生は当初ずい分と戸惑うことがあった。それに、二度と役職などに就くまい、との意に反し、学科主任、文学部長、理事、評議員など役職の連続であった。しかし、〝おかれたところでは常に精一杯〟という先生の処世訓は、ここでも揺ぐことがない。決して得意ではない〝人事のもつれ〟の解決や大学院創設にともなう役所との交渉などの雑事を確実に完遂された。そうして、この大学でも二一年在職後一九九二年三月、惜しまれつつ定年前に退職されたが、立正大学からの懇請により、同大学の教授に就任し、さらに四年にわたり社会保障法を講義されることになる。

先生が東京へ行かれたことは、労働法と社会保障法を学ぼうとする学生や研究者にとっては、大いに幸運なことであった。ご友人の強い要請により非常勤講師を引き受けられた専修大学では、実に二五年も労働法と社会保障法の講義を続けられ、他の大学に在籍する学生や研究者のためにも、惜しむことなく時間と労力を費やして指導された。こうして一九九六年、先生は既に古稀を迎え、教職からは完全に解放される筈であった。

しかし、今度は郷里新潟からの要請断り難く、新潟の青陵女子短期大学の教授を引き受けられ、一〇年間も川越市から新幹線通勤の日を重ね、この短期大学を看護福祉心理学科を持つ特色ある四年制の大学に完成させ、さらに最後の一年間は学長として有終の美を飾られた。

ふり返ってみれば、先生の教職歴は一九五四年六月から二〇〇五年三月まで、実に半世紀を超える。そして、月並みな表現をもってすれば、多くの優れた人物を社会に送り出した。社会保障・社会福祉の実践者や研究者の数も多い。大学で教えを受けなくても、個人的に師事した者もいる。中には何かの思惑で接近してきた人、あるいは遠ざかった人もいたが、先生は全く気にすることはなく、誰に対しても分け隔てなく優しかった。

(5) 佐藤進・ペダルを踏んで七〇年（非売品、一九九五）五〇頁
(6) 同五五頁
(7) 同五五頁
(8) 同五五頁

三　労働法と社会保障法

今でこそ多くの大学で社会保障法の講座が置かれているが、先生が初めて金沢大学で講義された昭和二九年には、各大学において社会保障法の講座は無かったと思う。先生が講座名を〝社会法〟とされたのは、実際は労働法の講義であっても当時の学生にとって新鮮なものであった。先生は社会保障法の講義も近いうちにされるつもりで開講

されたので、やがて労働法とは別に社会保障法の講義が行われるようになった。昭和三〇年代初めは、社会保障法の基本的な体系書といえば僅かに昭和三二年発行の吾妻光俊著『社会保障法』であり、昭和三四年発行の菊地勇夫編『社会法総説―労働法・社会保障法・経済法―上・下』であったろうか。

先生は、東京大学で労働法を専攻されたのだが、法学部政治学科に所属し研究されていたことは、その後の研究が解釈法学を超えて広く政策・財政論に及んだことと関連しているように思われる。実は、次のように述懐されている。「終戦後、労働法を専攻していた私にとって社会保障法への開眼は、専門であった労働法の労働協約研究の過程において、労働協約規定の中の福利厚生部分にみる企業内福祉を媒介とした労働・厚生保険施設・施策への関心であったといってよい(9)」

「昭和二九年から四〇年中葉にかけて北陸の金沢大学での私にとって、半農半工労働者が失業し、失業保険受給者になったり、生活保護受給層になるのを眼にして、日本の社会保障制度の貧しさの実態をみるとき、これでよいのか、社会保障制度を労働法と並んで法学的側面から研究する法学があってはよいのではという思いで手探りで勉強を始めた(10)」

ここに先生の社会保障法研究の原点と発展の鍵がある。先生が金沢大学に赴任して最初に書かれた著書は、『北陸鉄道労働協約闘争史』である。昭和三五年一〇月には〝朝日生存権訴訟〟の一審判決が出て、憲法二五条に基づく社会保障権の確立を求める国民運動は大いに盛り上がったのであるが、先生は金沢の地にあって、生存権保障の内実化を重視し、所得保障や総合的な社会福祉の政策的課題について営々と研究を続けておられた。

先生の著書や論文は、一九六四(昭和三九)年以降、社会保障に関するものが目立って多くなっている。たとえば、著書では、一九六五(昭和四〇)年『労働者の災害補償』(三島宗彦教授と共著)、一九六六(昭和四一)年『日本の社会保障』、論文では、一九六四(昭和三九)年「労働法と社会保障法」、一九六五(昭和四〇)年「朝日訴訟最高裁上告審―生存権の司法的実現の意義―」などである。この頃になると、荒木誠之、小川政亮、角田豊、西原道雄の各先生が社会保障法に関する著書・論文を出版・発表され、社会保障法研究の土台が築かれている。社会保障制度の量的な発展は、社会保障法の位置づけと体系化が社会保障法学の必然的な課題となったのである。

このような状況下に一九六九（昭和四四）年に刊行された『社会保障の法体系（上）』は、「権利としての社会保障をテーマに、社会保障権とあわせて、いわゆる生存、生活にかかわる社会保障の法領域の対象化と社会保障法学における体系化に関心をおく」(11)ことから生み出されたものであり、未踏の分野を進んだものであったから、大きな賛辞と反響を呼んだものであるが、それは一九九〇（平成二）年の『社会保障の法体系（全）』（勁草書房）により、ようやく完結する。

先生の社会保障法学における最も大きな業績は、この著書に集約され表現されていると言ってよいだろう。佐藤先生は労働法学者なのか社会保障法学者なのかという、あまりに世俗的な論議が行われたこともあるが、そういう意味で言うなら先生のルーツは労働法であり、立っている位置は生存権の保障なのであって、憲法第二五条の実定化を重視し、権利論が中心となっているのである。

労働法と社会保障法の関係については、「労働法が自律的・自主的な労働組合組織を媒介としつつ、従属的労働関係にある労働者とその生存権を擁護することを予定とする。これに対し、社会保障法は現代階級社会において生活手段を欠く、あるいは広く不安定な生活情況にある、具体的な生活主体を対象としつつ、ある意味では他律的に国家がその生存権擁護を予定することを意味する」(12)として、社会保障法の対象領域を、いわゆる制度別区分説に立ちつつ広く取りこんでおられる。

この『社会保障の法体系（全）』は、前著から約二〇年を経て刊行されたのであるが、その間の社会保障領域法全般にわたる研究は、極めて広範で奥深い。たとえば、著書から数えあげて見れば、『日本の老齢保障』（一九六九年）、『市民生活と社会保障』（一九七二年）、『医療関係者のための社会保障法入門』（一九七三年）、『児童の権利』（一九七五年）、『老人と人権』（一九七七年）、『労働法と社会保障法の交錯』（一九七九年）、『社会福祉の法と行財政』（一九八〇年）、『医事法と社会保障法との交錯』（一九八一年）、『高齢者扶養と社会保障』（一九八三年）、『老後と年金のゆくえ』（一九八九年）、『世界の高齢者福祉政策』（一九八九年）等であり、共著や論文を合わせれば上記の何倍も数えられる。つまり、あらゆる社会保障関係法の実践的研究を踏まえて、生存権実現の道標を示されたのである。先生の研究は、『社会保障法の体系（全）』以後さらに二〇年近くも続けられるが、病躯老体をして駆りたてられたものは、ひたすら社会保障制度充実への情熱であった。

その情熱は、一九七七年九月の「社会保障法研究会」創設という極めて事務的で煩瑣な仕事を成し遂げることにより、余すことなく発揮される。かなり個性的で腰の重い労働法学者たちに話をし、有泉亨、沼田稲次郎両先生の賛同を得て、とにもかくにも第一回総会にまで漕ぎ着けることができたが、精力的に働かれたのは故角田豊先生（当時同志社大学）と佐藤先生であった。その研究会は一九八二年五月から〝社会保障法学会〟に発展し、学会運営も安定していることは周知の事実である。

ただ、先生は〝研究会〟を単なる大学人の集まりではなく、「社会保障制度の維持向上をはかり国民の権利を守り育てる核」[13]にしたいと念じておられた。一九八一年の第九回総会は大阪弁護士会館のホールで〝社会保障裁判〟のテーマで開催したが、弁護士会館ホールを使いたいと先生が希望されたのも大学人以外の参加を強く求めておられたからである。このとき私は何とかホール使用料を無料にするため、先生に弁護士会館で講演をしてもらい、会場設営を手作りでしつらえたりしたものである。

ともかく、当日の夕方弁護士会館での懇親会で、沼田稲次郎先生（当時東京都立大学学長）は上機嫌で「佐藤君よくやったな、もうこれで学会は大丈夫だよ」と大声で言っておられたのが印象的であった。

(9) 佐藤進・ペダルを踏んで七〇年（非売品、一九九五）一〇六頁
(10) 同一〇七頁
(11) 佐藤進・社会保障の法体系（全）（勁草書房、一九九〇）はしがき
(12) 同七八頁
(13) 社会保障法研究会設立呼びかけ文

四　旅路

一九九五年一一月、ジュリストの増刊特集号である『福祉を創る』が出版された。この号は先生の古稀を記念するもので、先生が強く望まれて、執筆を先生の友人の外に福祉現場で実践している人たちに依頼することになった。そこで、私は自分の福祉人脈を頼りに、児童福祉、障害者福祉、医療保障、高齢者福祉、生活保護の現場で働いている人たちに原稿依頼をしたのだが、佐藤進先生の古希を記念するという企画に全員が賛同し喜んで寄稿したのである。社会保障法の研究は、国民の生存権を確立するためのものであり、実践者と共に学ぶものだとする先生の強い意思がこの雑誌に表現されているだろうか。

このころ、既に「社会福祉基礎構造改革」の名の下に、わが国の福祉は公然と有料化が促進され、公的責任はずしが行われ、「社会的弱者」といわれる人たちの生存権が、危機的状況に陥る時代が到来していた。〝福祉を創る〟では、木下秀雄大阪市立大学教授によって「一般になじみが薄い」[14]ものとして紹介されていた「介護保険」が、社会福祉の本質論を議論する間もなく跳び越えて、二〇〇〇年から実施されるようになり、老人福祉の変革が行われた。また、障害者福祉の面でも二〇〇三年に支援費制度が実施されることになった。そして、社会保障法学者を自称する人たちの中にも、このような「福祉改革」を積極的に肯定し、政府系の学者を指向する人が現れた。社会保障法学会に福祉実践者の参加は少なく、押し寄せる反人権的福祉政策の歯止めとなるものは見られなかった。二〇

〇〇年五月発行の社会保障法第一五号の巻頭言に、河野正輝九州大学教授（当時）が、「社会保障法学の役割」という一文を寄せ、「社会保障法学は、憲法二五条の視点から政策指針としてのスタンダードを研究すること、およびその実効性を確保する独自のメカニズムを研究すること[15]」と、いわば当然のことを書いておられるのは、学会の実状を憂慮された表現のようにも思われる。

私が先生から二〇〇一年一〇月にいただいた郵便はがきには「学会はいうまでもなく、目下空しさというよりこれでいいのかと毎日〝やぶにらみ社会保障〟で筆をとっているところです」と書かれてあったが、切り拓いてこられた長い旅路で、空しさに耐えておられた時期だったのかも知れない。

しかし、二〇〇一年九月発行の『総合社会保障』に掲載された〝やぶにらみ社会保障雑感〟には、「小泉改革に指摘される自助努力、自立努力は、企業に負わされるべきものであり、国民の〝痛み〟は解消されるどころか増幅されることはいうまでもない[16]」と断じ、旧国鉄関係労働組合とその家族の厳しい生活に思いを寄せておられる。先生の立つ位置は、全く変らないのである。

そういえば、先生のお仕事に二〇〇二年前後から、社会保障・社会福祉を研究する学生や実践者を対象とする〝入門書〟の編集や著作が目立ってくる。一九九〇年前後、既に社会保障法や社会福祉法の入門書の編集をされているが、二〇〇〇年前後には新しい形での入門書を出されている。中でも『エッセンシャル社会保障論[17]』は、社会保障の理念を重視したもので、学生に対する強い呼びかけを感じさせる。私は全国社会福祉協議会から、『社会福祉士養成講座―法学』の編集と著作を依頼されたことがあり、そのときも先生に法学の総論部分を書いていただき、編集もお願いしたが、お忙しく体調も完全では無かったのに、気持ちよく引き受けられた。やはり、福祉現場で働く若い人に期待されるものがあったのであろう。

思えば、今世紀以降、先生は休むことなく、永い旅路をペダルを踏むようにして懸命に進んでこられた。先生の

友人、故野沢浩先生（神奈川大学名誉教授）の作品に、

「わが生の身体時間の限りまで書を読み書き論じておらむ[18]」

という短歌があるが、先生はまさに肉体時間の限りまで学問を続けた人である。著書・論文の膨大さは驚異的であり、すべての時間を机に向かっていても足りないくらいである。それはともかくとして、先生の〝旅行好き〟はあまり人に知られていないのではあるまいか。先生は一九六三年に一年間スイスのジュネーブに留学したのを最初に、その後あらゆる世界の国々を旅行されている。もちろん、それは社会保障研究の旅路ではあったが、ときには旅情にまかせて思いに耽るしばしの時間もあったと信じたい。先生の著者には『世界の高齢者福祉政策[19]』『オランダの社会福祉[20]』（編著）、『ECの社会政策と社会保障・労働関係制度[21]』等がありイギリス、アメリカ、オーストラリア、ニュージーランド、EU七カ国、ベトナム等の社会保障制度に関する論文も多い。しかしながら、硬質の議論を離れ、先生の人間性を反映している随筆風の文章は少なかったのであるが、二〇〇五年九月に発行された『世界のくらし・福祉・市場』は、「社会保障・福祉研究者の旅日記」と題して旅路のつれづれを纏め自費出版されたもので、非常に興味深い。

「私は市場が好きだった。さびしがりの私をして、人の集まる市場へと足を運ばせたのは、市場めぐりを通して、世界の「貧困」と「豊かさ」を感じ、また学内研究と関わって世界のくらしと福祉への学びがあったからである[22]」

私は、ここに先生の〝永い旅路〟の主題が美しい音楽のように流れているように思えてならない。晩年を迎えていた先生は、この本の〝あとがき〟で、さらに次のように書いておられる。

「福祉会議への出席に合わせて様々な国や地域を訪ねるうち、私の関心は、いつの間にか、生きている人間の「くらし」、それと関わる「市場」、そして福祉の支えである施設と在宅のサービスへと移っていったようにみえる。（中略）本著は、拙い旅のつれづれ記ではあるが、時の事実を捉えねばという意識と相まって、一つの流れに貫かれ、

このような形にいたったと思っている」[23]

ここに書かれた「一つの流れ」とは、先生が法学者でありながら、静態的な法と行財政制度だけに視点を置くものではない、ということであろう。

二〇〇三年秋。私は、サングループ事件[24]の勝訴判決を記念する品物を持って、新潟青陵大学に先生を訪ねた。先生はいつものような笑顔でおられたが、ちょっと照れたような顔で「これは田中君に笑われるかも知れないけど」とおっしゃりながら、「勲三等を拝受して」と題した薄いパンフレットのような印刷物を下さった。その内容は「功績調書」と役職歴、著書論文一覧等であった。

私の知り合いにも叙勲を受けた人がいるが、叙勲を受けた証拠ともいうべき事実を自ら発表した人はいない。実際のところ、公務員それも上級の地位に永くいたというだけで叙勲を受けている人も少なくない。弁護士にあっては、日本弁護士連合会の役員を経験すれば叙勲の資格があるとされている。先生が叙勲を受けるについて作成された印刷物は、自分はこれだけの仕事をしたのだ、という強いご主張かとも思えるが、実はそうではない。叙勲を受けられた理由について、「学者としては、非政府系の学者として、何の功績があったのかと一寸躊躇しつつも、これは長寿とあわせ故両親と家内・家族への感謝の一つとして授賞の意を表した」[25]と、書いておられる。

叙勲を受けた人は、年齢の理由もあるが、功成り名を遂げるという感じで、静かに余生を楽しむ人が多い。しかし先生は学問研究の道程を休みなく進まれ、その所属されておられる多くの学会にも欠かさず出席されていた。

かくして、煌めく残光を浴びて先生の時間は静かに流れ、北海道で開かれた学会から戻られて間もなく、二〇〇九年四月九日、桜咲く川越のご自宅から、はるか遠くへ旅立たれた。

(14) 木下秀雄「介護保険」(ジュリスト増刊・福祉を創る) 一二四頁
(15) 河野正輝「社会保障法学の役割」(社会保障研究) 一五五頁
(16) 佐藤進・続ペダルを踏んで八〇年一八八頁
(17) 佐藤進・(法律文化社、二〇〇〇)
(18) 野沢浩・歌集・実生桜 (一九八七、平原社)
(19) 佐藤進・(信山社、二〇〇〇)
(20) 佐藤進編著 (全社協、一九八九)
(21) 佐藤進・(全労済協会、一九九三)
(22) 佐藤進・世界のくらし・福祉・市場 (法律文化社、二〇〇五、はしがき)
(23) 前同　あとがき
(24) 滋賀県で発生した障害者虐待事件、民事事件について大津地裁で二〇〇三年三月二四日に国や滋賀県の責任を認める判決が言い渡された (判時平成一五年一一月一日号)
(25) 佐藤進・続ペダルを踏んで八〇年 (はじめに)

Ⅱ

社会保障法学の課題

3　障害者の地域生活支援をめぐる法的課題
——イギリス、アメリカにおける展開を手がかりに——

河野正輝

はじめに

本稿では、主として、「地域社会で生活する平等の権利」（「障害のある人の権利に関する条約」第一九条、以下単に条約という）の趣旨・構造を明らかにすること（第一）、「地域社会で生活する平等の権利」に関する法制の全面にわたって、自由権と社会権を一体的に保障するための包括的な法領域としての「障がい法」（disability law）の視点を明らかにすること（第二）、および障害者自立支援法における地域生活支援の到達点と限界を洗い出したうえで、イギリス、アメリカにおける地域生活支援法制の展開を手がかりに、脱施設・地域生活移行への転換をめざすニーズ判定・サービス支給決定の将来像を考察すること（第三）という三つの論点、とりわけ第三の論点に重点を置いて述べることとしたい(1)。

ふりかえれば、佐藤進先生のもとで内地研究に従事できたことが、私の社会福祉法研究の出発点となっている。その後も折にふれて、先生には親しく研究上の道案内をいただいた。小稿を謹んで佐藤進先生のご霊前に捧げます。

一　「地域社会で生活する平等の権利」の概念

1　条約第一九条の趣旨

条約一九条は、①どこに居住するか、誰と居住するかを選択する自由権とともに、②自立した生活、および地域社会からの孤立・隔離の防止に必要な地域生活支援サービスを請求する社会権、ならびに一般住民向けの地域サービスを平等に利用する権利について規定する。

すなわち条約一九条は、「締約国は、すべての障害者が他の者と平等に選択して地域社会で生活する平等の権利を認めるものとし」、「この権利の完全な享受および地域社会への完全なインクルージョンと参加を容易にするための効果的かつ適切な措置をとる。」「この措置には次のことを確保することによるものを含む」として、次のａ項〜ｃ項を定める。

(a)　障害のある人が他の者と平等に居住地を選択し、どこで誰と生活するかを選択する機会を有すること、ならびに特定の居住様式（particular living arrangement）(2)で生活するよう義務づけられないこと。

(b)　地域社会での生活およびインクルージョンを支援し、地域社会からの孤立、隔離を防止するために必要な在宅サービス、居住サービスその他の地域生活支援サービス（パーソナル・アシスタンスを含む）を利用することができること。

(c)　一般住民向けの地域社会サービスおよび施設が平等に利用可能であり、障害者のニーズに対応していること。

この規定は、障害者の捉え方を根本から変える「パラダイム・シフトのための基礎」（ドン・マッケイ特別委員会議長）といわれる。パラダイム・シフトとされるのは、多くの国で障害者を施設に収容し地域社会から排除してきた伝統的な福祉政策を、本条は根本的に改め、障害者が地域でかつ自立して生活する権利を持つことを前提とする全く新しい法政策へ転換することを意味しているからである。[3]

ここで、a項にいう「特定の居住様式で生活するよう義務づけられない」とは、福祉施設のみを指すものではなく、また入所を義務づけない施設なら許容されることを含意するものでもないことに留意しておきたい。[4] 明らかに本人の意思に反して「特定の居住様式」が強要される場合は、身体の自由に対する不作為義務違反の問題として、その解消は即時義務となり、選択肢が整備されず特定の居住様式が事実上義務づけられる場合は、締約国として地域生活支援サービスを整備し選択肢を利用可能とすべき保護・充足義務違反の問題として、当該事案における義務の程度と侵害の急迫性に応じてという条件付きで、その解消が義務づけられることとなる、とされる。[5]

2 条約における権利規定形式の特徴

本条約は「新しい権利を創るものではない」ことが、条約の交渉過程における基本方針として再三確認されているとおり、[6] 新しい権利の創出を意図したものではない。しかし障害者が等しくあらゆる人権および基本的自由を享有できるようにするための新しい工夫をこらしており、そこに本条約の構造的な特徴を見出すことができる。とりわけ、第一に国際人権法上、新しい概念である「自立した生活（living independently）」、「合理的配慮（reasonable accommodation）」[7]、「アクセシビリティ（accessibility）」、「パーソナル・アシスタンス（personal assistance）」等を導入したこと、第二に自由権と社会権とを分離せず、[8] その相互依存性、相互関連性を明記し（条約、前文C）、個々の条文（一九条等）の中に自由権、社会権の両側面を混和して規定する形式を採用するなど、「経済的、社会的及び文化的権利に関する国際規約」（社会権規約）とは異なる規定形式を採用したことである。

（1）本稿は、拙論「『障がい法』の視点から見た障害者自立支援の課題」日本社会保障法学会誌二五号、法律文化社、二〇一〇年、六三～七七頁の一部を再現するとともに、イギリス、アメリカにおける法制の展開を紹介して、同稿の趣旨を補強しようとするものである。なお、障害をめぐる考え方の発展を考慮して「害」の漢字の使用を避け「障がい法」と表記するが、現行法規定にもとづいて論述する関係から、「障害」の表記も併用すること、また障害児、精神障害者等の特性に沿った各論には入らないことを了とされたい。

（2）「特定の居住様式」（particular living arrangement）は、日本政府仮訳では「特定の居住施設」、川島＝長瀬仮訳では「特定の生活様式」と訳されている。長瀬修＝東俊裕＝川島聡編著、後掲注(6)文献の巻末資料、二四三頁。

（3）崔栄繁「障害のある人の権利に関する条約と障害者自立支援法――条約上の『自立生活条項』からの検討」茨木尚子＝大熊由紀子＝尾上浩二＝北野誠一＝竹端寛編著『障害者総合福祉サービス法の展望』ミネルヴァ書房、二〇〇九年、二〇五頁参照。

（4）崔栄繁、前掲論文、二〇六頁以下参照。

（5）崔栄繁、前掲論文、二〇八頁。

（6）第一九条の制定過程については、崔栄繁「自立生活」長瀬修＝東俊裕＝川島聡編著『障害者の権利条約と日本――概要と展望』生活書院、二〇〇八年、一八八頁以下を参照。

（7）この条約に導入された新しい概念の意義については、川島聡＝東俊裕「障害者の権利条約の成立」長瀬修＝東俊裕＝川島聡編著『障害者の権利条約と日本―概要と展望』生活書院、二〇〇八年、一五頁以下、崔栄繁「障害のある人の権利に関する条約と障害者自立支援法――条約上の『自立生活条項』からの検討」茨木尚子＝大熊由紀子＝尾上浩二＝北野誠一＝竹端寛『障害者総合福祉サービス法の展望』ミネルヴァ書房、二〇〇九年、二〇一頁以下を参照。

（8）自由権と社会権をめぐる従来の二分論の検討について、川島聡「人権条約における国家の義務論――障害者の権利条約を手がかりに」日本社会保障法学会誌、二五号、八二頁以下参照。

二　「障がい法」研究の必要性

障害のある人が他の市民と平等の選択の機会をもって、施設ではなく「地域社会で生活する平等の権利」を実現するには、福祉サービスの保障のみならず、医療・所得の保障はもとより教育、労働、居住、移動、情報、司法、文化、スポーツ等にわたって、障害を理由とする差別を禁止するとともに、地域社会へのインクルージョンと参加を保障する法制全体の見直しが必要となる。(9)

このように、障害にかんして自由権的側面と社会権的側面を分離せず一体的に保障する包括的な法領域を「障がい法」(disability law) として、これを研究する必要性は決して小さくない。このような意味での「障がい法」は社会保障法、労働法と重畳する部分を有するとしても、それらの法の一部門としてではなく、むしろ労働法、社会保障法と並ぶ社会法の一領域として位置づけされるべきものであろう。

ここで「障がい法」とは、①社会モデルの障害概念を基礎に置いて、②障害を理由とする差別(合理的配慮の否定を含む)の禁止、および③自立した生活と地域社会への包摂(インクルージョン)を支援し、地域社会からの孤立および隔離を防止するために必要な地域生活支援サービスを保障すること等により、④すべての障害者によるあらゆる人権および基本的自由の完全かつ平等な享有を促進し、保護し、および確保することを目的とする法として、さしあたり考えておくことができる。

そして「障がい法」としての範囲は、条約一九条~三〇条を手がかりに、①自立した生活および地域社会へのインクルージョンに関する法(条約一九条)、②個人の移動性に関する法(同二〇条)、③表現および意見の自由、情報へのアクセスならびにプライバシーに関する法(同二一条、二二条)、④家庭および家族の尊重に関する法(同二三条)、⑤教育に関する法(同二四条)、⑥健康、ハビリテーションおよびリハビリテーションに関する法(同二五条、二六条)、⑦労働および雇用に関する法(同二七条)、⑧社会的保護(社会保障)に関する法(同二八条)、⑨司法へのアクセスに関する法(同一三条)、⑩政治的および公的活動への参加に関する法(同二九条)、⑪文化的生活、レクリエーション、余暇およびスポーツへの参加に関する法(同三〇条)、などの個別領域に関する法、ならびに以上の全領域にまたがって、障害を理由とする差別の禁止に関する法（同五条）およびアクセシビリティに関する法（同九条）を含むものとして考えることができよう。

(9)　ドイツにおいても「障害者の問題がこのようにわれわれの法秩序に常に存在するにもかかわらず、われわれの法は障害者の希望という観点から考え尽くされたものではない」「驚くべきことなのだが、われわれの社会給付法も障害者法として成立したのではなく、障害者法として形成されたものでもない」とされる（ハンス・F・ツァハー著、新井誠監訳『ドイツ社会法の構造と展開——理論、方法、実践』日本評論社、二〇〇五年、二五八〜二五九頁）。

三　「障がい法」の視点からみた障害者自立支援法の問題点

1　「障がい法」の視点

重要な視点は、①どこを居住地とするか、どこで誰と生活するかを選択する自由権とともに、自立した生活と地域社会からの孤立・隔離を防止するために必要な地域生活支援サービスを請求する社会権を保障しているか否か、②それらの権利を、社会モデルの障害概念を基礎にかつ重度障害者を含めて、すべての障害者に保障しているか否か、③保障手続きにおいてセルフ・マネジメントをはじめ個人の自律および自立を尊重しているか否か、ということである。

以上の視点からみて、現行法に評価すべき積極面がないわけではない。たとえば、第一に市町村の責務として「障害者が自ら選択した場所に居住し、……自立した日常生活又は社会生活を営むことができるよう」必要な給付・事業を総合的かつ計画的に行う責務が明記されていること（障自二条一項一号）、とくに「居住」選択の自由と「社会」生活を営むに必要な給付の保障が市町村の義務として明文化されたことは注目される。第二に障害福祉サービスの一つとして「重度障害者等包括支援」（障自五条九項、障自則六条の三）という、個人のニーズにトータルに対応する、後述のパーソナル・アシスタンスの考え方に近いメニューが導入されたことである。第三に自立支援給付に加えて地域生活支援事業を制度化して、コミュニケーション支援事業（障自七七条一項二号）、移動支援事業（同一項三号）、居住支援事業（同三項）等が定められたことである。

しかし問題ないし限界も少なくない。第一に地域生活支援事業は、地方自治体の比較的広い裁量にもとづく事業として規定されているにとどまる。個別給付におけるような国の基準は設けられず、財源の確保に関しても国の義務的負担から外され、統合補助金として交付されるに過ぎない。したがって利用者の法的地位は多くの場合反射的利益を受け得る地位にとどまると解される。[10] 第二に障害福祉サービスの体系そのものが、長期施設入所を当然の前提として規定されており（障自五条一項、二八条一項一〇号）、脱施設・地域生活移行の方向を示す一般的な責務（障自一条、二条一項一号）が規定されながら、それを具体化する移行計画はいかなるレベルの法令にも定められていないことである。第三に、知的障害者はパーソナル・アシスタンスに近い長時間見守り型介護として制度化された重度訪問介護の対象から除外されている。そして第四に、法施行三年後の現状を見る限り地域生活の最も重要な基盤である居住支援事業が貧弱であったこと、地域生活移行後の定員の空きを新規入所者であくまで満たそうとする既存施設の動向には何も規制が加えられなかったこと、そして「重度障害者等包括支援」の支給決定件数が全国的に極めて限られたこと等が挙げられる。こうしたことの結果、障害者自立支援法の目的規定にもかかわらず地域生活への移行が今一つ伸びなかったとみられるのである。

(10) 反射的利益について若干の補足を加えておきたい。地域生活支援事業として、相談助言・権利擁護の事業、手話通訳派遣・要約筆記派遣等のコミュニケーション支援事業、移動支援事業、地域活動支援センター事業等が法定されている（障自七七条、七八条）が、障害者自立支援法では「市町村はこれらの事業を行うものとする」旨を定めるのみで、これらの事業によるサービスにつき申請権や請求権に関する規定を何ら定めていない。ただし市町村条例により、たとえば移動支援の要件・申請手続き等が明確に定められ、要件の充足にもとづき個別に支援決定される場合は、単なる反射的利益にとどまらず、請求権が認められるものと解される。

四　先進諸国における給付方式

条約一九条にいう「地域社会での生活及びインクルージョン」の支援（同条(b)項）とは、いかなる地域生活支援サービスによるものと解すべきであろうか。そして、条約一九条において地域生活支援サービスの不可欠の要素と位置づけされているパーソナル・アシスタンスとはいかなる概念と解すべきであろうか。

条約採択の背景には、当然に障害者運動の国際的な発展とこの分野の先進的な国々における実績がある。そこで条約上の上記概念を理解し、わが国の障害者の地域生活移行へ向けたパラダイム・シフトを試みる手掛かりとするため、以下では先進国の先駆的な法制を見てみたい。

ここでは、さしあたりイギリスとアメリカ・カリフォルニア州の取り組みを取り上げて、その根拠法令、ニーズ判定・受給資格決定の要件と手続き、支給量の決定とサービスの利用方法、および利用者による費用負担について紹介することとしよう。

1　イギリス

(1)　障害者支援に関する根拠法令および要綱

地方自治体は、身体障害、感覚障害、学習障害もしくは認知障害から生ずるニーズ、または精神保健ニーズを持つ成人にコミュニティ・ケアサービスを提供する義務を有する。それらの義務は主として、①国民扶助法（一九四八年）、②保健サービスおよび公衆衛生法（一九六八年）、③慢性疾患および障害者法（一九七〇年）、④国民保健サービス法（二〇〇六年）、および⑤精神保健法（一九八三年）の五法に定められている。

以上に加えて、地方自治体は介護者（ケアラー）に対してサービスを提供する権限を、介護者および障害児法（二〇〇〇年）により付与されている。

そして、これらの法に基づき成人社会サービスに関する責務を負う自治体（Councils with Adult Social Services Responsibilities, CASSRs）が公正性、透明性および一貫性をもって、サービス受給資格を決定するよう要綱（Prioritising need in the context of Putting People First: A whole system approach to eligibility for social care —— Guidance on Eligibility Criteria for Adult Social Care, England 2010. 以下、本要綱という。）が定められている。本要綱は、地方自治体社会サービス法（一九七〇年）第七条に基づき発せられたもので、既存の「Fair access to care services-Guidance on eligibility criteria for adult social care, 2003」に代わる新しい要綱である。

(2) 要綱の法的性格

要綱（Guidance）の形式をとるものには、法律の明文規定にもとづいて定められるものと、そうでないものとがあるが、本要綱を含めコミュニティ・ケアに関する要綱は前者の明文規定に根拠を置くものに属する。これらの明文規定に根拠を置くものは、要綱のなかではもっとも強い形式の行政規則とされるが、地方当局にどの程度の義務を課するものであるかは必ずしも明確でない。

一般に、規則（Statutory Instruments または Regulations と称される委任立法の一つ）と要綱（Guidance）の間における義務の程度の違いについては、規則が You must/shall と表記して強い義務を表しているのに対し、要綱は行為規範を設定するさい You ought/should と表記して、「そうすることが大いに望ましい」または「そうしないという適切な理由がないときは、そうすべきである」というメッセージを伝えるものと説明されることがある。(11)

要綱の法的性格を考えるとき、問題を複雑化しているのは、要綱にさまざまなタイプがあることである。コミュニティ・ケアに関する要綱には、(a)政策要綱（policy guidance）、(b)行動準則（code of practice）、(c)実施要綱（practice guidance）、(d)回状形式の要綱（circular guidance、これはさらに種々のタイプに分かれる）、および(e)助言（advice）というように五つのタイプが含まれる[12]。

ただ、コミュニティ・ケアの基礎をなす主な要綱は、政策要綱（policy guidance）と呼ばれ、明らかに地方自治体社会サービス法（一九七〇年）第七条に基づいて発せられたものであって、地方当局は国務大臣によって定められたこれらの政策要綱に基づいて行動すべき義務を課される。

これらの要綱が裁判規範としてどの程度の効力をもつかについては、国民扶助法（一九四八年）第二九条に基づく短期保護事業（レスパイト・ケア）の給付に関する事案において、地方当局の主張を退け地方当局はコミュニティ・ケア政策要綱（Community Care — policy guidance, Department of Health, 1990）の二つのパラグラフに違反していると判示した事例[13]、および地方当局がいったんサービス受給資格のあるニーズと認定し、そのニーズを満たすことが必要と決定した場合は、地方当局はそれらのニーズを満たすために十分な援助を提供する義務を負うと判示した事例[14]が参考になる。

(3)　ニーズの判定と受給資格の決定

①　受給資格基準（eligibility criteria）の設定

地方自治体（councils）は、その自治体の受給資格基準を確定するさい、本要綱に定められた資格基準の枠組みを用いることが求められる。受給資格基準の決定権限は自治体にあるものの、基準設定にあたって明瞭性、透明性を高めるため、基準の内容および基準の周知方法等について、サービス利用者、介護者、および関連団体・機関と協議すべきとされている。

受給資格基準の枠組みは、次表のとおり四段階（①危機的リスク（critical）、②高リスク（substantial）、③中リスク（moderate)、④低リスク（low）に区分されている。これらの四区分は、ニーズが満たされない場合に、利用者の自立とウェルビーイングに生ずるリスクその他の結果の重大性について記述するものとなっている。(15)

危機的リスク（Critical）：次のとき

・生命が脅かされているか、もしくはその恐れがある、及び／又は
・重大な健康問題が生じているか、もしくはその恐れがある、及び／又は
・身辺環境の極めて重要な部分について選択および制御がほとんどもしくは全くできないか、またはその恐れがある、及び／又は
・深刻な虐待もしくは放置が発生しているか、またはその恐れがある、及び／又は
・極めて重要な身の回りのケアもしくは家事を遂行できないか、またはその恐れがある、及び／又は
・労働、教育もしくは学習への極めて重要な参加を持続できないか、またはその恐れがある、及び／又は
・極めて重要な社会的支援の制度および関係を持続できないか、またはその恐れがある、及び／又は
・極めて重要な家族内ならびに他の社会的な役割と責任を果たせないか、もしくはその恐れがある。

高リスク（Substantial）：次のとき

・身辺環境について部分的な選択および制御しかできないか、もしくはその恐れがある、及び／又は
・虐待もしくは放置が発生しているか、またはその恐れがある、及び／又は
・身の回りのケアもしくは家事の大部分を遂行できないか、またはその恐れがある、及び／又は
・労働、教育もしくは学習の多面において参加を持続できないか、もしくはその恐れがある、及び／又は
・社会的支援の制度および関係の大部分を持続できないか、もしくはその恐れがある、及び／又は
・家族内ならびに他の社会的な役割と責任の大部分を果たせないか、もしくはその恐れがある。

中リスク（Moderate）：次のとき

・身の回りのケアもしくは家事のいくつかを遂行できないか、またはその恐れがある、及び／又は
・労働、教育もしくは学習のいくつかの面において参加を持続できないか、またはその恐れがある、及び／又は
・社会的支援の制度および関係のいくつかを持続できないか、もしくはその恐れがある、及び／又は

・家族内ならびに他の社会的な役割と責任のいくつかを果たせないか、もしくはその恐れがある。

低リスク（Low）：次のとき

・身の回りのケアもしくは家事の一つ二つを遂行できないか、またはその恐れがある、及び／又は
・労働、教育もしくは学習の一つ二つの面において参加を持続できないか、またはその恐れがある、及び／又は
・社会的支援の制度および関係の一つ二つを持続できないか、もしくはその恐れがある、及び／又は
・家族内ならびに他の社会的な役割と責任の一つ二つを果たせないか、もしくはその恐れがある。

自治体は受給資格基準を設定し、そして個々の事案において受給資格の有無を決定するとき、上記の高リスクのニーズより危機的リスクのニーズを優先させるべきであり、同様に中リスクのニーズより高リスクのニーズを優先させるというように優先順位を置くこととされている（本要綱五五項）。ただし、上記基準を構成している要素を見れば分るとおり、自立とウェルビーイングを脅かすリスクは、単に心身の障害程度に関わるのではなく、生活のすべての分野に関わるとされている。さらに、生活の分野によってニーズに序列が付けられていないことに留意すべきである。例えば、社会的包摂（social inclusion）および参加（participation）に関係するニーズは、身の回りのケアに直接関わるニーズと同じ程度区分に属するかぎり重要さにおいて全く同じあるとされ、また例えば、自立とウェルビーイングを支援する教育と訓練を受けるさい重大な障壁に直面する障害者と、極めて重要な身の回りのケアを遂行できない高齢者とは、そのニーズの重さにおいて全く同じであるとされている（本要綱六一項）。

② ニーズ判定（assessment）の義務

個々人の受給資格の決定は、ニーズの判定後に行われる。地方当局はＮＨＳ及びコミュニティ・ケア法（一九九〇年）第四七条に基づいてニーズ判定の義務を負う。判定義務は、当該当局がコミュニティ・ケアのサービス提供を行う権限もしくはサービス提供の調整を行う権限を有する人々およびサービスを必要とする可能性を有する人々

に対して負うと定められている（同右四七条）。

③　「表明しているニーズ」と「基準に該当するニーズ」との区別

本要綱では、個人が社会的なケア・支援を求めて自治体を訪れ、もしくは自治体に照会されたさいに確認される課題及び支援ニーズは「表明しているニーズ（presenting needs）」と定義され、「表明しているニーズ」のなかで、自治体の受給資格基準に該当するとして支援の対象となるニーズは「基準該当ニーズ（eligible needs）」と定義される（本要綱四七項）。したがって本要綱の枠組みを用いて自治体が定める受給資格基準は、自治体が予算等の資源を考慮したうえで支援対象とする基準該当ニーズの全範囲を定めるものということになる。

④　ニーズ判定のプロセスにおける地方当局の責務と権限

自治体は、当事者が支援を求めて自治体を訪れた最初の段階からニーズ判定のプロセスについて可能なかぎり多くの情報を与えるべきであり、かつニーズ判定は支援を求める当事者との協働のプロセスとして行うべきである。そのプロセスは自己管理型支援（self-directed support）の一環と位置づけされているから、当事者がそのプロセスに積極的に参加すること、当事者が望む生活を確認すること、能力の如何を問わず当事者の自立とウェルビーイングを支援し、その望む生活を実現するため利用可能な選択肢を確認すること等が可能となるように当事者に理解可能なプロセスとなることが求められる（本要綱七九項）。したがって、当事者を援助するため、自治体は通訳、権利擁護者その他ニーズ判定プロセスの活用を助ける援助者を用意することも求められる（本要綱八〇項）。

指示（Direction）の法令形式すなわち法律に基づいて定められる委任立法の一つで、地方当局の義務を定める法令形式をとり、明確に自治体の義務を定めたのは、コミュニティ・ケアのニーズ判定に関する指示（The Community Care Assessment Directions、二〇〇四年）である。本指示に基づいて、自治体はニーズ判定を受ける人（適切な場合、その介護者を含む）と協議すること、支援の種類について当事者と合意に達するあらゆる合理的な処置をとること、および利用者負担額を通知することが義務づけられた。

ちなみに、セルフ・アセスメントは、当事者が判定プロセスの中心となる極めて有効な手段であるとして奨励されている。ただ、ニーズ判定自体はあくまで自治体の義務であることから、セルフ・アセスメントの導入が自治体の判定権限を否定するものではないとされる。

なお、判断能力を欠く人々のニーズ判定にあたっては、とくに判断能力に関する法（Mental Capacity Act、二〇〇五年）第一条に法定された五原則に従うことが求められる。すなわち、

① 判断能力に欠けることが確証されないかぎり、人は当然、判断能力を有する者とされなければならない。

② 決定することを助ける実施可能なすべての方策がいずれも成功しなかった場合でないかぎり、人は決定をなすことができない者として取り扱われるべきではない。

③ 知恵のない決定をするという唯一の理由により、人は決定をなすことができない者として取り扱われるべきではない。

④ 判断能力を欠く人のためもしくはその人に代わり、本法に基づきとられる行為もしくは決定は、人の最善の利益においてとられもしくは決定されなければならない。

⑤ その行為もしくは決定を必要とする目的は、本人の権利および行動の自由にとってより制限的でない方法により、同様に効果的に達成され得ないか否かにつき、事前に考慮されなければならない。

(4)　支給量の決定に係る自治体の権限と義務

個々人の支援の種類・支給量をいかなる内容とするかは、自治体の裁量事項である。自治体はこれらを決定する際に自治体の予算等の資源を考慮に入れてよいとされる。ただし、このことは自治体が予算のみを根拠に決定することができることを意味するわけではない（本要綱一二四項）。その根拠として本要綱では、自治体が基準に該当す

るニーズとして、これを満たす必要があるといったん決定した場合は、自治体はそのニーズを満たすために十分な支援を提供する義務を負うとした判例[16]を明示している（本要綱一二四項）。

自治体は、その管轄下において、同様の基準該当ニーズを有するすべてのサービス利用者に対して、それぞれに提供する支援のかたちは異なっていても、広い意味で同様の質を備えた生活（outcome）を実現し得るサポート・パッケージの提供を保障すべきであるとされる（本要綱一九項、一二五項）。「同じニーズには同じサービスにより」ではなく、同じニーズでも個人の環境と生活の望みに応じた異なるサービスにより、同様の質を備えた生活を保障することが求められている。

① 四区分と支給量との関係

支給量の裁量にあたって、受給資格基準に示された四区分のうち、低レベルのニーズは常に低レベルのサービス量に相当し、複雑なニーズや極めて重要なニーズは常に複雑で費用のかかるサービスを要するというように考えるべきではない。比較的低いニーズの人も自立とウェルビーイングを脅かす目前のリスクに対応するために、短期間、比較的複雑な支援・介入を必要とするかもしれない。他方で、自立およびウェルビーイングを脅かす高リスクに直面している人が、単純な一回限りの支援（たとえば適正な補装具の支給）により、望む生活に復帰できる場合もあると考えられる。

② 当事者中心の支援計画の策定

受給資格が決定されたら、続いて自治体は本人との協働により支援計画を立てることとなるが、そのさい、本人にとって何が重要であり、本人の目的を達成するため個人予算をどのように消費することが効果的であるかを本人中心に探り、本人中心の支援計画（Person-centred Planning）を策定することが肝要とされる。自治体は、策定された支援計画書について本人の同意を得るべきである。支援計画書に含まれるべき事項は以下のとおりとされている

（本要綱一二一項）。すなわち、

・ニーズ判定の過程で確認された基準該当ニーズについての記述、
・合意された実現目標（outcome）とそれを実現するために採るべき支援方法、
・確認されたリスクを管理するために取るべきリスクマネジメント、
・緊急の変化に対応するための不測事態対応計画、
・利用者個人が負担可能と判断された自己負担の金額、
・支援計画のうち介護者等が提供する意思と能力を有する支援、
・必要に応じて介護者自身を対象とするニーズ判定により確認されたニーズを満たすために提供されるべき支援、
　および
・支援計画の見直しの日時、である。

③　介護者による支援と支給量の裁量

受給資格の有無および支給量を決定するさい、自治体は介護者等（介護者以外の家族、友人および隣人を含む）がその意思と能力を有する支援を考慮に入れることができる。ただし「表明しているニーズ（presenting needs）」の確認のさいは、介護者等の支援の有無・方法を考慮に入れずコミュニティ・ケアに対するすべてのニーズを確認することとされている（本要綱九四項）。介護者等がどの程度の支援を提供する意思と能力があるかについて不適切な見込みを行えば、本来受給資格のあるニーズを低く見積もり、また介護者自身が有するニーズも無視することになりかねないからである。

④　介護者自身のニーズ判定とニーズ区分

介護者（認定及びサービス）法（一九九五年）にもとづき、介護者等は彼らが介護している人のニーズとは別に、介護者としてのニーズの判定を求める権利を有する。介護者等のニーズ判定は主として二つの目的をもって行われる。第一は介護を行う役割の持続可能性を判断すること、第二は介護者自身の生活の望みを判断し介護の役割がどの程度これを制約しているかを判断することである。地方当局はニーズ判定に続いて、介護者等にサービスを提供すべきか否かについて考慮する義務を負う（本要綱九七項）。

介護者等が役割を持続していく上でどの程度のリスクを負っているかについて、自治体は四段階の程度区分（①Critical、②Substantial、③Moderate、および④Low の四段階に区分されるが、内容は当事者に関する程度区分とは異なる）を設定して認定するよう求められている（介護者及び障害児法（二〇〇〇年）の実施要綱七〇項および本要綱九九項、一〇二項）。

(5)　個人予算・直接払い方式によるサービス利用と利用者負担

利用者負担額の算定は「公正な利用者負担の運営要綱―個人予算に対する利用者負担額の算定（Fairer Contributions Guidance; Calculating an Individual's Contribution to their Personal Budget、二〇〇九年）」によることとされている。

この要綱も、地方自治体社会サービス法（一九七〇年）第七条に基づいて発せられたものであって、サービス利用量と負担能力の双方を考慮した、応能負担の算定方式を定める。個人予算（Personal Budget）とは、支援を受ける資格があると認定された人に社会的なケアの予算を割り当てる前払いの金銭給付方式をいう。非施設サービス型のサービス利用者に限られるが、ニーズ判定を受けた後に、地方当局によって支援を受ける資格があると認定された人が、そのニーズを満たすために必要な金額の割り当てを受けるという方式である。

地方当局から直接、無料で在宅サービスが提供されないで、本人が個人予算を用いてサービスを購入する場合の利用者負担額の算定方式は、(a)個人予算による利用サービスの費用額（利用者負担の上限）と、(b)利用者本人の負担可能な所得額とを比較して、いずれか低い方を本人の利用者負担額とする、という方式である。この場合、(a)の額は、本人が個人予算の範囲内で実際に利用したケアプランの費用額次第で異なるのは勿論であるが、自治体が利用サービスの費用全額の何％を負担率として一律に定めるかによっても異なる額である。(b)の額は自治体が本人の負担可能な所得額の何％を実際に負担可能な所得として扱うかによって異なることになる。なお地方当局は保健、社会サービスおよび社会保障裁決法（The Health and Social Services and Social Security Adjudications Act, HASSASSA、一九八三年）第一七条により、当該当局が提供する非施設サービスについて合理的な利用者負担を徴収する権限を与えられており、これによってサービスの利用者負担を徴収するか否か、および徴収する場合に合理的な利用者負担額をいくらとするかについて裁量権を有する。

地方当局が直接、無料のサービスを提供しない場合、上記(b)の負担可能な所得額の算定式は以下のとおりである。

〔総所得額－所得補足／年金クレジットの最低保障額－障害関係支出額（DRE）〕

×地方自治体が定める負担可能率（％）

この算定式において、総所得額に預金は含まれない。障害関係支出額（Disability Related Expenditure, DRE）をいくらとするかは地方当局が利用者本人と協議して決定する。こうして決定された利用者負担額が、利用者本人にとって「合理的な負担可能額」でないとする場合、審査請求することができる（HASSASSA、一七条三項）[17]。なお、地方当局が直接、無料の在宅サービスを提供する場合の利用者負担額の算定方式は別に定められている。

2　アメリカ・カリフォルニア州における地域生活支援制度（Supported Living Services, SLS）

(1)　ＳＬＳの定義と目的

一九八〇年代半ばから開始され一九九五年に制度化されたカリフォルニア州の知的／発達障害者の地域生活支援サービスはSupported Living Services（ＳＬＳ）と呼ばれる。根拠法であるランタマン発達障害法（Lanternman

Developmental Disabilities Act、以下ランタマン法という）および同法に基づき制定された州規則（California Code of Regulations, Title 17, Division 2, chap. 3, 第五四三〇二条(a)項（七一）号、以下州規則という）によれば、SLSとは、①親や後見人と同居ではなく住居を所有もしくは賃借して地域社会で暮らす知的／発達障害者に対して、②自分自身の家での生活、地域活動への参加、および個人の可能性の実現を目的として、③指定されたSLS事業者により提供され、かつ、その費用はリージョナル・センター（Regional Center, RC）によって支払われるサービスをいう。

知的／発達障害者にかかわるケースワーク、支給決定、サービスの購入管理は公設・民営方式の福祉事務所であるリージョナル・センター（RC）によって一元的に担われている。RCの主な機能は、岡部耕典の調査報告によると、①利用資格（eligibility）の有無と基本的なサービスニーズの有無を判定するインテークおよびアセスメント機能、②支給決定と一体化した個別支援計画（Individual Program Plan, IPP）を作成するIPPミーティング、③支給決定されたサービスを購入し調整する購買機能、および④利用状況の定期的なモニタリングとサービスの質の確保である、とされる[18]。

(2)　SLSサービスの範囲

SLS制度によって提供されるサービスの内容・範囲は、利用者の漸進的に変化するニーズと利用者自身の選択に応えられるように、個別に仕立てられた次の事柄を支援するサービス（ただしこれらに限定されない）と定められている（州規則、五八六一四条(b)項(1)〜(16)号）。すなわち、

①　食事の準備・買い物、その他の日常の家事
②　住居を選択し引越する
③　適切なハウスメイトを選ぶ
④　家具・必需品を調達する

⑤　交通、警察、消防、救急など地域で一般に利用可能なサービスの情報を得て、効果的に活用する
⑥　金銭を管理する
⑦　パーソナル・アテンダント[19]を募集・採用し、訓練・監督・解雇する
⑧　セルフ・アドボカシーを通じて市民権を行使する
⑨　地域において無償のサポートを増やすための支援の輪（circles of support）を含め人間関係をつくり、維持する
⑩　地域社会の生活・活動に参加する
⑪　緊急時のコールに直接対処するサービスを含め、二四時間の緊急対応を利用する、などである。

(3)　受給資格の有無の決定

①　知的／発達障害者の定義

ランタマン法において発達障害（developmental disabilities）とは、精神遅滞、脳性マヒ、てんかん、自閉症、その他の精神遅滞に関連した神経上の障害等を有するものであって、「これらの障害が一八歳以前に始まり、無限定に続くとみなされ、かつその個人にとって大きな障害となるものをいう」（同法、四五一二条(a)項）とされている。

②　受給資格の有無の決定

ランタマン法にもとづき発達障害を有すると判定される者のうち、SLSの受給資格者となるのは、(i)利用者（州規則上では consumer と表記されている）が、一八歳以上であること、(ii)利用者が直接もしくは支援者（advocates）をつうじて、(a)IPPを作成するプロセスにおいて提案された選択肢に属するSLSを利用し、かつ(b)親もしくは後見人の居住場所でない住居に住むことを表明している、という要件を満たす者である。ただし、利用者の障害の性質および程度を唯一の理由としてSLSの受給資格を否定してはならないとされている（州規則五八六一三条(a)(b)項）。

なお、ランタマン法第四五一二条(a)項の発達障害者の定義に該当するかどうかの判定は、ＲＣにおけるアセスメントチームにより「簡単なチェックシート方式の判定書（Eligibility Statement）に基づいて行われ、必要に応じ医学的・心理学的な追加検査を行うこともあるが、医学的な診断そのものが資格要件とはならない」とされる[20]。

③　受給資格者の法的地位

ランタマン法第四六八九条(a)項において、サービス提供の責任を負う部局およびＲＣは、地域生活支援のサービスが次の原則を厳守することを確保しなければならない（The department and regional centers shall ensure that supported living arrangements adhere to the following principles）として、

同条(a)項六号：サービスもしくは支援は、利用者のニーズおよび選択に弾力的にかつ個別に仕立てられたものでなければならない、

同条(a)項八号：利用者はその有する障害の性質および程度を唯一の理由として地域生活支援のサービスから排除されてはならない、

という原則のほか八原則を定めている。

一方、これを受けた州規則第五八六二〇条では、「ＳＬＳを受給する利用者は自己の選択に従い、かつ自己のＩＰＰの目標と一致した生活の性格および質を定める諸決定をなす権利（right）を有する。これらの権利は次の事項を含まなければならない。ただしこれらに限られる趣旨ではない。」として、同条(a)項〜(f)項に次のとおり列挙している。

(a)　どこに誰と住むかを選択すること

(b)　自分の住居内の環境の個性および体裁を管理すること

(c)　自分が利用するＳＬＳサービス提供者および直接サービス提供に携わるスタッフを選択すること、および変

更すること

(d)　利用者が受給するＳＬＳサービスが自分のニーズ並びに選択に基づくように、ＩＰＰのプロセスに積極的に参加すること

(e)　利用者のＩＰＰプロセスにおいて決定された期間内であって、利用者の選択したＳＬＳの目的が維持されている期間であるかぎり、利用者が選択した住居から引越する必要なしに、利用者の漸進的に変化するニーズならびに選択に適したサービスを受給すること、および

(f)　利用者が受給しているサービスの満足度についてＲＣに通報し、その通報をＲＣにより行われる州規則第五八六七一条(c)項に基づく定期的なＳＬＳ事業者評価のさいに考慮させること。

上記の shall という強い義務規定と right という明文規定から判断すると、知的／発達障害者は、ランタマン法第四六八九条および州規則第五八六二〇条に基づいて、ＩＰＰにおいて合意されたサービス内容を請求する権利が付与されていると解される。この解釈は岡部耕典による現地での運用状況の調査によっても裏付けられる。[21]

(4)　支給量の決定――ＩＰＰの作成と合意

支給決定の通知を受けた申請者は正式にリージョナル・センター（ＲＣ）の利用者となり、ニーズを認定するためのプランニング・チームが結成される。[22] チームの構成メンバーは、利用者本人、ＲＣのサービスコーディネーター、および必要に応じ利用者の家族、友人、支援者等も参加できる。

チームはランタマン法に定められる利用者中心のプラン策定方式（Person-Centered Planning）に従い、ＩＰＰを作成する。ここから作成されたプランは、Person-Centered Individual Program Plan（PC-IPP）とも呼ばれる。

ＩＰＰとは、上記の州規則において、「利用者、リージョナル・センター（ＲＣ）の一人以上の代表者、その他Welfare and Institutions Code、第四六四六条(d)項に基づく者の協議により、利用者のニーズならびに選択を確認

するプロセスを通じて創られ、かつそれらのニーズならびに選択を満たした費用効果の高い戦術を採用する書面による計画[23]」をいうと定義されている。IPPは、単なる支援のための計画ではなく、そこに記載された受給を担保する支給決定契約書である、ともいわれる[24]。

このIPP作成の具体的なプロセスは、利用者本人から「どこで生活したいか」「どのように毎日を過ごしたいのか」「誰と暮らしたいのか」「将来の夢や希望」といったことを聞き、その実現の手立てについて話し合うことであるから、本人中心のPerson-Centered Planning（PCP）は、とりたてて新奇でも難しいものでもない、という指摘[25]は簡略ながら示唆に富むものがある。

(5)　SLSの費用負担

岡部耕典の調査によると、利用者とIPPで合意（契約）されたサービスの購入および管理はリージョナル・センター（RC）が行うが（州規則五八六一〇条(a)項）、どのSLS事業者から購入するかという選択は基本的に利用者が行う。SLS事業者のコーディネーターが利用者に対して二〇時間程度のアセスメントを行い、サービス内容や利用時間数を含めた具体的なサービス提供プランとその費用見積りを示し、最終的にサービス購入が合議・決定される。

そのさい、利用者の自己負担は所得の多寡や利用量に関わりなく、存在しないとされる。サービス購入予算はすべて州の一般財源によって負担されるが、メディケイド・ウェイバー・プログラム（Medicaid Waiver Program、すなわち入所施設ではなく地域生活を選択することによって、入所施設の財源であるメディケイドから地域生活支援の費用が支出される仕組み）から、SLS購入費用の五〇％は連邦政府が義務的に負担する、とされている[26]。

(11)　Department of Health, The Care of Children: Principles and Practice in Regulations and Guidance, third impression, London.

HMSO, 1990.

(12) 河野正輝「社会福祉と法」田端光美ほか編『世界の社会福祉・イギリス』旬報社、一九九九年、二八八‐三一〇頁を参照。

(13) R v North Yorkshire County Council, ex p. Hargreaves (1994), Michael Mandelstam, Community Care Practice and the Law, 3rd edition, Jessica Kingsley Publishers, 2005, p. 231.

(14) R v Gloucestershire CC ex parte Mahfood (1997) 1CCLR7, Guidance on Eligibility Criteria for Adult Social Care, England 2010, p. 41.

(15) 受給資格基準を理解するうえで、佐藤久夫「ケアサービスへの公正なアクセス：成人社会ケアの受給資格基準に関する指針（イギリス保健省）抄訳」リハビリテーション研究一三六号、二〇〇八年九月、三四‐三五頁に訳出された受給資格基準（二〇〇三年版）の佐藤訳は有益である。ただし私見により一部改訳を加えている。

(16) R v Gloucestershire CC ex parte Mahfood (1997) 1 CCLR 7、前掲注(14)参照。

(17) なお、イギリスにおけるダイレクト・ペイメントの実際の利用状況については、小稿ではふれていない。比較的最近の研究として、以下が有益な情報を提供している。Jon Glasby, Caroline Glendinning and Rosemary Littlechild, The future of direct payments, Frances Hasler, Holding the dream: direct payments and independent living, in Janet Leece and Joanna Bornat ed., DEVELOPMENTS IN DIRECT PAYMENTS, The Policy Press, UK, 2006, pp. 269-292. 勝又幸子「ダイレクトペイメント施行から一〇年――イギリスの障害者社会サービスの現状と課題」勝又幸子編著『障害者の所得保障と自立支援施策に関する調査研究』厚生労働科学研究費補助金、平成一九年度総括研究報告書、二〇〇八年三月、一五四～一七二頁、小川喜道「障害者福祉――ダイレクト・ペイメントの行方――」海外社会保障研究、二〇〇九年一二月、一六九号、八三～九四頁。

(18) 岡部耕典「知的障害者の『生活の自律』とそのために必要な支援――アメリカ・カリフォルニア州における調査を踏まえて――」勝又幸子編著『障害者の自立支援と「合理的配慮」に関する研究』（厚生労働科学研究費補助金、平成二〇年度総括研究報告書）二〇〇九年三月、四九頁。

(19) パーソナル・アテンダントは、「狭義の介護だけでなく日中の移動支援や金銭管理等の手伝いも行い、マンツーマンの就労支援を行うジョブコーチを兼ねることもあるというフレキシブルで個人的／包括的な援助者である」と説明される（岡部・前掲注(18)四八頁参照）。ちなみにハウスメイトには、家賃をシェアもしくは負担してもらうメイトのほかに、夜間のケアも担当するメイト（住み込みアテンダント）の形態もある。

(20) 岡部・前掲注(18)四九～五〇頁参照。

(21) 岡部・前掲注(18)四八頁に記載の脚注(17)を参照。

(22) 岡部・前掲注(18)五八頁参照。
(23) California Code of Regulations, Title17, Division 2, chap. 3, sec. 58601 (4).
(24) 岡部・前掲注(18)五〇頁参照。
(25) 岡部・前掲注(18)五〇頁参照。
(26) 岡部・前掲注(18)五一頁参照。

五　地域生活移行へ向けた判定・給付方式のパラダイム・シフト

障害学の成果を受けとめつつ「障がい法」の視点から「地域社会で生活する平等の権利」の行使を制約している既存の法制上の要因を分析すること、そこからさらに現行の障害者自立支援法に代わる新たなニーズ判定・支給決定・給付方法へ抜本的に改革していくことは、いまや避けられないと思われる。そして、そのパラダイム・シフトの基本的方向性は条約一九条に挿入されたパーソナル・アシスタンス(27)の概念と先進諸国における給付方式(28)のなかにすでに示唆されていると思われる。ここではその要点と考えられるところを整理するにとどめて、詳論は別の機会に譲ることとしたい(付表を参照)。

1　障害者(利用主体)の範囲と法的地位

障害者(サービス利用主体)の範囲は、現行法上の身体障害者手帳等の交付を要件とせず、身体障害・知的障害・精神障害(これらに限定する趣旨ではない)にともない、社会への完全かつ効果的な参加を妨げられるすべての者(児)とすべきである(社会モデルの障害概念)。現行法では支給決定の申請権は明文化されたものの(障自二〇条)、支給要否の決定が市町村の広い裁量(行政処分)に委ねられたため(障自二二条一項)、基本的なサービス受給権は市町村の行政処分に左右されることとなり、かくして障害者の法的地位は依然として曖昧な弱いものにとどめられた。した

付表　地域生活移行へ向けた判定・給付方式のパラダイム・シフト

	現行法における判定・給付方式	「障がい法」の視点からみた判定・給付方式
障害者（利用主体）の範囲と法的地位	▶手帳交付を要件とする等の範囲の限定（医学モデル） ▶支給決定を申請する権利にとどまる。基本的な受給権は支給決定（処分）により形成	▶手帳交付を要件とせず、身体、知的、精神障害にともない、社会への完全かつ効果的な参加を妨げられる者（児）を利用主体とする（社会モデル） ▶平等に地域生活を営むに必要な、個人の生活全体を考慮した支援を受ける権利を法定
要支援程度の判定	▶心身の状況に関する106項目のうち86項目の調査に基づいて一次判定、それに残り20項目と特記事項、医師の意見書を加味した審査会により二次判定 ▶判定結果に基づき市町村が障害程度区分を認定	▶障害程度区分を廃止。要支援の程度は心身の状況のみならず、環境要因、本人の主体的な社会参加の要因等を加味して、個人の生活全体のニーズを判定 ▶判定は、当事者代表が過半数を構成する機関において、セルフ・マネジメントまたはケアマネジャーによる自律支援をもとに作成された個別プラン、およびその個別プランに対するピア・エヴァリュエーションを聴いて行う
支給決定と審査請求（サービスの種類・量）	▶障害程度区分のほか介護者の状況、提供体制の整備状況等を勘案して、個別に、サービスの種類ごとに支給量を決定。支給量上限は法定されていないが、国庫負担基準が事実上の上限 ▶ニーズに即したサービスではなく、サービスメニューに則したニーズのみに対応（サービス本位） ▶不服審査会は都道府県の任意設置	▶要支援程度の判定結果に従って、市町村が支給量（パーソナル・アシスタンス［PA］としての総量）を決定。PA の内容は個人のニーズによって異なり、食事・排せつの介助から学校・職場での援助、孤立・隔離を防止するための友人訪問、余暇・文化活動への参加の支援等まで幅広い ▶アシスタンスの内訳・組み合わせはニーズ変化に応じて弾力的に利用可 ▶不服審査会は義務設置とし、審査はピア・エヴァリュエーションを聴いて行う
サービス利用方式	▶指定事業者との契約によるサービスの利用（現物給付） ▶代理受領方式による支払	▶現物給付方式のほかダイレクト・ペイメント（DP）方式も選択可 ▶ DP の利用資格として、ケアの管理能力、アシスタントの労務管理能力、DP の財務管理能力を有することが要件 ▶知的障害者等の場合は、DP を利用するため、自律支援（アシスタント）を受けることができる
サービス提供体制の確保	▶提供体制の確保に関する一般的な責務規定（社福6条、障自87条、88条、89条等）	▶脱施設、地域生活移行へ向けた具体的な年次目標の設定とそのための財源の確保（例；三省合意に基づくゴールドプラン方式）
費用負担	▶所得と利用量に応じた利用者負担 ▶国庫負担は義務的負担と任意的補助（地域生活支援事業）に分かれる	▶利用者は原則として PA に要する費用範囲の一部につき応能負担 ▶国庫は PA のすべての費用を義務的負担 ▶長時間の PA にかかる市町村負担分は調整

がって、要点の第一として、「①すべて障害のある人は地域社会において自立して生活するのに必要な支援を受けることができる。②前項の支援は個人の生活全体のニーズに応ずる適切なものでなければならない。」旨の権利規定を法律上に明記することがまず必要である。

2　要支援程度の判定

現行法における障害程度区分の判定は、医学モデルの障害概念に依拠して医師等の専門家による判定に委ね、その判定結果によって利用できるサービスの種類・量を枠づけるという方式となっている。この方式が障害者の自律と自立の尊重、地域社会へのインクルージョンを制約してきた要因の一つであるから、要支援程度の判定基準、判定機関および判定手続きの全体的な見直しが求められる。

まず、①要支援程度の判定基準は、心身の状況に関する基準のみならず、イギリスの受給資格基準の枠組みに示唆されているとおり「社会への完全かつ効果的な参加を妨げる」環境的要因および本人の主体的な社会参加（つまりライフ・プラン）に関する基準を加えることとして、これにより個人の社会生活全体のニーズにトータルに対応した要支援の程度（パーソナル・アシスタンスの必要量・範囲等）が判定できるようにすることが必要である。②判定機関については障害当事者代表が参画する（可能なら過半数を構成する）第三者機関案が一つのモデルとして考えられる。③判定のプロセスにおいては、セルフ・マネジメントにより作成された、もしくは自律を支援するアシスタントに支えられて作成された個人の地域生活計画を表明する申請者の権利を認め、かつ当該プランに対するピア・エヴァリュエーションならびに当該エヴァリュエーションに対する申請者の意見を聴くという手続きも検討に値する。

ＤＰＩ日本会議による「障害者総合福祉サービス法」案では、第三者判定モデルによらず、また要支援程度の判定過程と支給決定過程とを明確に区分するモデルにもよらず、「本人中心の支援計画」をあらかじめ作成した障害者と市町村が直接、協議・調整を行い、支給決定を行うという協議・調整（交渉決定）モデルが提唱されている[29]。この方式でも市町村側のソーシャル・ワーカーを含めた行政担当者の一定の能力涵養が求められるとともに、市町村による恣意的な決定を避ける必要上、あらかじめ一定の判断基準（ガイドライン）を定め、これを公表すること、かつ交渉過程を公正化、可視化することなどの配慮が求められよう。

3　支給決定（支援の種類・量）と審査請求

地域社会へのインクルージョンを制約しているもう一つの要因は、現行法におけるサービス体系が施設入所を前提としていること、およびサービスメニューによってニーズを切り取ることにあると考えられるから、支給すべきサービスの範囲・種類・量の決定方式、およびその決定に不服がある場合の審査方式についても改善する必要がある。

まず、支給決定は市町村が上記の要支援程度の判定結果に従って行うこととして、決定すべき内容はパーソナル・アシスタンス（ＰＡ）としての総量とする。ＰＡの内容は、個人の生活全体のニーズによって異なり、食事・排せつの介助等の身の回りの世話から学校・職場での援助等まで幅広く含まれるべきである。同世代の他の人と同じように自立した地域社会生活に参加することを前提として提供される支援であるから、社会的な孤立を防ぎ、友人訪問や余暇、文化活動への参加を支援することも重視してＰＡの内容に含まれるべきものと考えられる。

要するに地域生活支援サービに含まれる内容は、身体介護、家事援助のほか、自立した生活を営むのに必要な移動支援、コミュニケーション支援などのＰＡからサービス付きの住まい等まで、多様なものが必要である。かつ、その提供場所はホームヘルプのような固定された場所（居宅）のみならず、学校・職場・旅行先など個人の社会生活に対応する場所でなくてはならない。したがって標準的、類型的なサービス体系に縛られないとすることが肝要であろう。

なお不服審査会は都道府県の義務設置として、審査委員に障害当事者の参加を認め、審査はピア・エヴァリュエーションを聴いて行うものとすべきである。

4 サービス利用方式

「地域社会で生活する平等の権利」の行使を制約している要因としては、現行法の現物給付・代理受領方式のもとで、事実上、事業者と専門従事者の主導の下にサービス提供が行われ、利用者は依然として事業者の客体にとどまりがちであるということも指摘されるから、利用者がいつ、どこで、誰から、どのようなサービスを受けるかを自らコントロールできる利用方式へ転換すること、またはそれを選択肢として用意すること、具体的には、ダイレクト・ペイメント（ＤＰ）方式を導入することも必要である。ＤＰ方式を利用するには、障害者が少なくともケアマネジメントの能力、介助者の労務を管理する能力、およびＤＰによる支払の財務を管理する能力等を有することが要件となる。知的障害のある人等の場合、アシスタントによる自律支援を活用することによって、ＤＰ方式を選択できるとすることが必要となろう。

5 サービス提供体制の確保

サービス提供体制の確保に関する国、地方公共団体の一般的責務規定は現行法にも存在する（社福六条、障自八七条、八八条、八九条等）。しかし、それにもかかわらず地域生活への移行が芳しくない要因としては、地域生活移行へ向けたサービス提供体制の責務の所在・範囲が明確にされていないこともその一つとして挙げられる。したがって脱施設、地域生活移行へ向けたサービス基盤整備のための具体的な年次目標の義務づけとそのための財源の確保が法令により確立されなければならないであろう。

6　費用負担

最後に費用負担については、利用者負担が「応益負担」を原則としていること、国庫負担基準が支給量の事実上の上限となっていること、地域生活支援事業は国の義務的負担から除外されていること等も、地域生活移行の制約要因となっていると考えられる。前述の要支援程度の判定・支給決定・サービス利用方式のシフトに合わせて、①利用者負担は原則としてパーソナル・アシスタンス（ＰＡ）に要する費用範囲の一部について応能負担とすること、②パーソナル・アシスタンス（ＰＡ）のすべての費目を国庫による義務的負担の対象とすること、③長時間のパーソナル・アシスタンス（ＰＡ）にかかる費用は特定の市町村に負担が集中しないよう全国的に調整[30]を行う仕組みを導入すること等の検討が不可避である。

(27)　パーソナル・アシスタンスについては、アドルフ・Ｄ・ラツカ著、河東田博・古関・ダール瑞穂訳『スウェーデンにおける自立生活とパーソナル・アシスタンス――当事者管理の論理』現代書館、一九九一年、岡部耕典『障害者自立支援法とケアの自律――パーソナルアシスタンスとダイレクトペイメント』明石書店、二〇〇六年を参照。

(28)　先進諸国の給付方式については、本稿の概説のほかに、岡部耕典『障害者自立支援法とケアの自律――パーソナルアシスタンスとダイレクトペイメント』明石書房、二〇〇六年、一〇四頁以下、同「知的障害者の『生活の自律』とそのために必要な支援――アメリカ・カリフォルニア州における調査を踏まえて――」勝又幸子他『障害者の自立支援と「合理的配慮」に関する研究』厚生労働科学研究費補助金・研究報告書、二〇〇九年、三九～六五頁、勝又幸子「ダイレクトペイメント施行から一〇年――イギリスの障害者社会サービスの現状と課題――」勝又幸子他『障害者の所得保障と自立支援施策に関する調査研究』厚生労働科学研究費補助金・研究報告書、二〇〇八年、一五一～一七二頁、大曾根寛「フランスにおける障害者雇用政策の現状と課題」障害者職業総合センター資料シリーズ四一号「諸外国における障害者雇用政策の現状と課題」二〇〇八年、三〇～四六頁、佐藤久夫「ケアサービスへの公正なアクセス――成人社会ケアの受給資格基準に関する指針（イギリス保健省）抄訳」『リハビリテーション研究』一三六号、日本リハビリテーション協会、二〇〇八年、三三～四〇頁、小川喜道「障害者福祉――ダイレクト・ペイメントの行方――」『海外社会保障研究』一六九号、国立社会保障・人口問題研究所、八三～九四頁等を参照。

(29) 茨木尚子＝大熊由紀子＝尾上浩二＝北野誠一＝竹端寛編著『障害者総合福祉サービス法の展望』ミネルヴァ書房、二〇〇九年、二九〇～二九一頁参照。

(30) ＤＰＩ日本会議は「財政調整基金」方式による市町村負担の軽減策を提唱している。同方式につき、宮本泰輔「障害者総合福祉サービス法における財政システム」茨木尚子＝大熊由紀子＝尾上浩二＝北野誠一＝竹端寛編著、前掲書所収、三三二～三三七頁参照。

4　社会保障法学の視座と方法
――その役割への一試論――

品田充儀

一　はじめに

社会保障政策の混乱が目に付く。政権政党の交代という時代の節目がもたらした現象との見方もあろうが、後期高齢者医療制度や障害者自立支援法など前政権政党下において創設された制度も、創設後まもなく抜本的な改正が叫ばれていた状況からみて、一過性の現象とはいえないであろう。社会保障政策が一貫性を欠く背景に政治の貧困があることは間違いなかろうが、一方においてわが国が直面している様々な現実とともに、改革を余儀なくさせる世界の潮流もあるような気がする。もはや、近視眼的な世界観で社会保障を語ることは難しく、政策提言にはよりグローバルな視点が求められているのではなかろうか。

こうした時代把握を前提とすると、社会保障法学はいかなる視座を持って「社会保障」という巨人に対置できるのかという疑問がもたげてくる。法律学は、事実や構造といった所与の現実を捉える学問であり、そもそも対象や外縁が確定し得ない不安定なものを扱う学問ではない。では、そこにおいて期待される政策科学としての社会保障法学とは何であるのか。社会科学のテーマとして捉えた場合、社会保障はきわめて一般的な研究対象であり、経済学、社会学、政治学など様々な領域からの研究が盛んに行われている。そこにおいて、社会保障法学はいかなる期待を担い、また独立した学問としてどのような独自性を発揮できるのであろうか。

さらに、推し進めて考えていくと、社会保障法学は、解釈学としても、独自の視座や理論を展開してきたかという疑問も生じてくる。言うまでもなく、社会保障はその政策においても解釈においても、憲法の枠組みの中において存在するものであり、法律学としての社会保障法学は憲法学との深い関係を抜きに論じることはできない。特に、その法解釈は、実定法によって形成される制度が憲法に適合しているかという視点から行なわれることが多かったことは間違いなく、度々憲法二五条の目的や射程に照らし合わせるという作業になってきた。社会保障法学の特徴と考えられてきた「国民の権利からの視座」とは、各社会保障立法の理念や実態が、憲法の適正な解釈に結びつくものであるか否かを意味したといえるかもしれない[1]。

社会保障法学に限らず、学問分野の存在証明は適宜行なわれるべきであるとの持論を持つ。時代に翻弄されて対象領域が不用意に肥大化し、もはやその学問的な基盤を見失うといったことや、反対に時代の変化に追随することなく過去の視座や手法を踏襲するだけに留まるといったことが起こりうるような気がするからである。時代の要請を的確に捉えながらも、それに流されることのないビジョンを持った政策提言は、バランスを重んじる法律学の得意とするところであろうし、一方法的紛争に対しても、「国民の権利」として守られるべき価値をしっかりと位置づけた理論の構築は意識されるべきであろう[2]。

本稿は、社会保障法学とはいかなる学問であり、何を目指すべきであるのかについて、その視座と研究手法という視点から再検証することを試みるものである。[3] 言い換えれば、社会保障法学の「純化」の試みであり、膨張した研究対象とその手法を一度還元してみるとともに、改めて政策科学ならびに法解釈学としての可能性を探ろうとするものである。[4]

（1） 憲法問題から離脱した場合でも状況は同じであり、社会保障法学の解釈とは、社会保障の権利に関わる問題でありながらも、当該問題を生じさせている法を探索することではなく、行政法や民法などの根拠法への適合性を審査することとなりやすい。たとえば、許認可権限、処分取消し、費用（保険料）徴収、国家賠償などといった行政法の領域、契約の適否、扶養・親権の範囲、損害賠償責任の有無などといった民法の領域、さらには保険関係の成立、補償の可否などといった労働法の領域である。この点、同じく社会法という範疇に属する労働法や経済法とも異なるところである。公法的な性格が強く、サービス給付法を中心として構成される社会保障法制は、法的課題に直面すると紛争解決を視野におく法に行き着かざるを得ないという宿命を持っているのである。

（2） たとえば、年金の逸失利益性を検討する際、「年金」とはいかなる権利であると考えるべきか、社会福祉サービスを受ける権利として公法的な視点から保護されなければならない点はどこにあるのか、高齢者が安心して医療を受けるためにどのような連帯の原理が基礎となるべきであるのかなど、さらなる深化を期待される領域は少なくなかろう。もちろん、こうした問題に対する研究はすでにかなり行なわれていることも理解している。しかし、法解釈学がそれとして意義を持つのは、対立価値の明確化、構成要件の整理、さらには類型化が可能な問題についてはそれぞれに合理性の基準を見出すといったことが必要であり、社会保障法学は理論構築の面からは未だ発展途上といわざるを得ないように思われる。社会保障法が解釈学として独立性を持つためには、少なくとも、憲法に基礎付けられた国民の権利を金科玉条のごとく繰り返すことからは脱皮すべきであろう。

（3） 社会保障法学の役割について、荒木誠之教授は、「社会保障法学に期待されているのは、社会保障の全体系を視野に収めた社会福祉推進の法理と立法の枠組みを提示する研究であろう」荒木誠之『生活保護法理の展開』（法律文化社、一九九九年）四二頁、「とくに社会保障の法学では、生活保障をめぐる権利・義務の関係が問題であるから、財原論や政策論に追随するのではなく、それらを導き発展させる法原理の確立こそが基本的課題となる」同「第六章・社会保障の展開と法的課題」『社会保障研究の課題』（東京大学出版会、一九八六年）一五六頁といった表現を用いられている。「社会保障法が独自の体系と領域を認められるためには、そこに一貫した法の原理と、その原理の展開の場が存在しなければならない。……われわれは、現代の社会構造における生存権原理の特殊な発現形態が、社会保障法という新たな法の分野を形成させ、そこに統一的な法体系と領域を生みだしていると考える。」同『法律学全書二六・社会保障法』（ミネルヴァ書房、三訂版、一九七七年）四一頁。そのほか、高藤昭『社会保障法の基本原理と構造』（法政大学出版局、一九九四年）三頁以下も参照のこと。

（4）　この点、そもそも自己完結している学問などが存在するはずもなく、こうした存在証明の試みには疑問を抱く向きもあろう。しかし、グランドデザインを欠く社会保障の姿を目の当たりにするなか、社会保障法学は真に先人の業績を受け継ぎ、また進化させてきたのかという疑義を払拭しきれない。さらに、隣接する学問領域である労働法は、時代の変化に追随し相当程度柔軟に変貌しているものの、社会保障制度の変化は政治に翻弄されビジョンを欠く状況から抜け出せないでいるとの感覚もあり、原点を探る作業が必要ではないかと感じたことが動機となっている。もっとも、社会保障法学の存在証明は、かなり以前から度々行なわれており、決してとっぴなものでも目新しい試みでもない。なお、本稿はその目的との関係から、相当数の社会保障法学、社会政策学、労働経済学、ならびに社会保障論等の論稿、文献を参照としたものの、その数の多さから注においても全体を紹介することはできない。参照文献については、本稿の意図との関係において必要最小限のものに限っていることはご了解願いたい。

二　社会保障法の特徴と社会保障法学の役割

1　社会保障法の特徴と社会保障法学の手法

社会保障法は、いくつかの点で他の法域とは異なる特徴を有しており、その特徴は社会保障法学の研究のあり方に一定の影響を与えてきたように思われる。

第一の特徴は、法域の確定が困難であるという点にある。社会保障法は、多様な法の集合体であり、社会保障法学はどこまでを射程として研究の対象にするのかという課題を背負う。労働法や経済法も関連法の総称という側面を持つが、社会保障法の場合には他法との重畳領域の多さ、財源や目的の変動などその根幹部分の可変性、さらには射程範囲の広さなど、境界領域の確定は格段に難しい。この点、同概念は国によっても相当程度の相違があり、他国の情報が自国の概念把握に役に立つとはいえない点も困難さを助長したといえる。社会保障法学の創世期においても、その体系的理解を基礎づくる法概念を抽出することと、労働法との分化の必然性が課題とされていた。(5)現在までに、社会保障法の概念にかかる共通認識は得られつつあるといえる(6)。その主たる手法は、給付の原因やその性格、さらには目的などといった一定の共通項のもとに法制度を体系化するという試みであった(7)。社会保障法の多様性を鑑みた場合、個別具体的な制度をできるだけ整合性のある論理の下に体系化するというこの手法は、きわめて合理的であると思われる(8)。

社会保障法の第二の特徴は、憲法上の国民の権利の具現化という側面を持つ点である。社会保障法学がその固有の視点で捉えるべき法的課題のほとんどは公法関係を基礎とするものであり、その論理は国民の国家に対する権利のあり方を主張する形となる(9)。典型的な現象が社会保障裁判であり、少なくとも戦後長きにわたって、社会保障法学はこの種の裁判において国民の側を勝利に導く理論を構築するとの使命を担っていたといえる(10)。この点、労働者もしくは国民の権利保障という側面を持ちながらも、紛争にかかる法的解釈においては私人間契約の内容解釈ないし同契約に対する規制という側面を持つ労働法や経済法とは大きな違いがある。

社会保障法の第三の特徴は、憲法二五条以外にその全体に共通する規範は与えられておらず、同規定の解釈に委ねることができない法の目的や価値は、その他の憲法規定や背後にある理念を読み取るという作業になる点である。もちろん多くの社会保障立法は、当該立法の目的を何らかの形で明記しているが、なぜそのような目的を実現しなければならないかについては答えるものとなっていない。つまり、当該立法の条文解釈だけでは、その法の意味や他法との関係における位置づけなどを知ることはできず、自ずと当該法の背景や実現されるべき価値についての見解を要求されることとなる。こうした特性は社会保障法全体にみられるところであり、社会保障法学は必然的に法が実現しようとする社会やそこで想定される人間像を直視することを求められる(11)。

2　社会保障法を取り巻く環境の変化と社会保障法学の視座

社会保障制度を取り巻く環境が大きく変化していることは、おそらく誰もが認めるところであろう。戦後、基本的には安定的に成長してきたといえる社会保障制度は、近年単純に進化したとは評価しにくい変化も生じさせてきた。人口構造の変化は財の分配方法を構造的な改革に導きつつあり[12]、価値の多様化はサービスの提供方法において選択を基調とする方向に向かいつつある[13]。また、財源の逼迫化を背景に、国民の自己生活責任は強調され[14]、集団による相互扶助体制は後退しつつある[15]。

激動する社会保障法に対する評価は様々であろうが、少なくともこうした変化が生じた背景と混沌とした現状からは、今後社会保障法学が着目すべき視座へのヒントが含まれているように感じられる。第一に注目すべきは、現在の法制度の変化は、国際経済、人口構造、さらには産業・就業構造といったグローバルな社会変革のなかで生じている事態であるという点である。こうした変革を財の再配分という視点からみると、国家の政策が基点となっている事実は変わらないまでも、世界の動向に追随ないし対抗するという目的、さらには国家としての永続性をいかに保つかといった観点から生じた必然的な帰結であるといえる部分が大きく、国家の政策選択の裁量の幅は必ずしも大きなものではないのではないかと感じられる[16]。そうすると、政策的な意味に限れば、国家に対する国民の権利という視点はさほど大きな意味をもつものではなく、むしろ重要であるのは、国民対国民という視座のなかで、適正な配分のポリシーが実現されているのか、ということになろう。第二に注目すべきは、社会保障法の普遍化が進むとともに、その水準も高くなったことから、むしろ依存や貧困の罠といった問題に直面し、その克服が課題となっている点である。いくつかの法制度が自立を強調する背景には、当該法の目的を明確にすることで、依存を排除しようとする意図があることは間違いなかろう。しかし、自立の要求はモラルを問うものであるがゆえに、必要以上に重く受け止められる危険性もある。当該法は、国民に何を与え、一方で国民に何を求めているのか、正確に翻訳していくとともに、そこで達成されるべき価値を正当に評価していくことが求められよう。第三に注目すべきは、社会福祉サービスの供給主体が公的な機関から私的な機関へと変化していることに象徴されるように、社会保障制度全体として公法関係から私法関係の問題へとシフトしていく傾向がみられる点である。将来、たとえば国民年金以外の年金が私人間の自由な契約に委ねられ、また幼保一元化を含め児童保護への行政の直接的な関与が一層縮小されるなどといった変化が生じると、サービスの主体（保険者を含む）と客体との間が純粋に公法関係となる分野は、生活保護、社会手当、および一部の措置制度などに限られることとなる。もとよりこうした傾向自体を批判する提言もありえようが、価値の多様化が導く必然であると考えると、社会保障法学の視点も変わっていかざるを得ないこととなろう。

（5）社会保障法の法域の確定が困難である点については、独自の学として認識された当初より様々な形で指摘されていた。たとえば、「社会保障法なる法域—但し、かかる法域が独自のものとして成立し得るかということ自身が問題であるが—の法体系中の地位を定め、また、かかる体系的理解を基礎づくべき法概念を、各種の法制の中からとり出すことが、当面の課題となるのである」吾妻光俊『社会保障法』（有斐閣、改訂版、一九七〇年）二頁、「このモザイク的な社会保障制度を法的側面で捉えると、すぐれて社会保障法の中において、労働法と重畳しあう領域を持つにしても、その独自な法としての性格をもって社会保障法という法学領域を形成するためには、その自身の体系化が試みられなければならないことはいうまでもない。……社会保障法は、私法と公法とにかかわり、しかも社会法の中にあってすぐれて労働法と重畳化しつつ、独自の法領域を対象として、その画定化をはかりつつ、独自の法学を形成する課題を担っている。」角田豊＝窪田隼人＝佐藤進『社会保障法要説』（法律文化社、改訂版、一九八三年）一五—一六頁。

（6）社会保障の法的定義を確定する意義について、「法体系を構築する前提作業であり、社会保障法理論を展開する出発点・起点としての意義を持つ」荒木誠之『社会保障の法的構造』（有斐閣、一九八三年）四七頁との意見がある。

（7）この点の詳細は、河野正輝「社会保障法の目的理念と法体系」（講座社会保障法第一巻『二一世紀の社会保障法』（法律文化社、二〇〇一年）一八頁以下）を参照のこと。簡潔に区分けすると、制度別体系論（小川政亮＝蓼沼謙一編『岩波現代法講座一〇　現代法と労働』（岩波書店、一九六五年）二一七頁以下）、給付別体系論（荒木誠之『社会保障法』（ミネルヴァ、一九七〇

年）三六頁）、要保障事由［原因］別体系論（籾井常喜『社会保障法』（総合労働研究所、一九七二年）七三頁、籾井常喜編『社会保障法』（エイデル研究所、一九九一年）一一頁以下）、要保障事由［保障内容］別体系論（高藤昭「社会保障の法体系」社会労働研究三八巻三・四号（一九九二年）八頁以下）、法目的別体系論（河野正輝「社会保障の法体系と権利構造」社会関係研究九巻二号（二〇〇三年）一一頁以下）などがある。

（8）　荒木誠之教授は、法体系を論じる意義について、「この制度の形成過程において、社会保障法はそもそも法としての原理・体系を有するのかを学問的に明確にすることが必要であり、そこから制度・立法の向かうべき方向を法理的に確認することが基本的な作業と考えられたからであった」荒木誠之「〈書評〉河野正輝『社会福祉法の新展開』」『書斎の窓』五七七号（二〇〇六年）五六頁とされているが、まさに同感である。この点、法解釈と法政策の実益面からみて、体系化にはさしたる意義を認めない意見（岩村正彦『社会保障法Ⅰ』（弘文堂、二〇〇一年）一七頁）もあるが、少なくとも社会保障法学が法律学たるための前提として、その全体をいかに把握するのかという作業は必須であり、その意味において体系化の議論は有意義であると考える。

（9）　社会保障法をいかに定義するかは、論者によって様々である。たとえば、「社会保障法は、社会の構成員が、人たるに値する生活を送ることができるように、社会的事故に遭遇することに関連して各種の公的な給付や措置などを行うことを定める法の全体である。」小西國友『社会保障法』（有斐閣、二〇〇一年）二頁、「社会保障法は、社会保障給付とその費用負担・運営をめぐる人びとと国・地方公共団体等の権利義務関係を基本とする法の体系である」窪田隼人＝佐藤進＝河野正輝編『新現代社会保障法入門』（法律文化社、二〇〇〇年）六頁などがある。いずれにせよ、公法的な関係であることが基本とされている。

（10）　この点を示唆させる文献は多いが、たとえば、「社会保障の法理論的体系化は社会保障闘争の展開にとって重要だといわなければならない」籾井常喜・前掲注（7）、二四頁、「社会保障が単なる政策ではなく、憲法二五条をはじめとする「人権としての社会保障の権利」を頂点とした権利の体系としての法制度であること」遠藤昇三『「人間の尊厳の原理」と社会保障法』（法律文化社、一九九一年）二二頁などといった表現がみられる。

（11）　この点、「こうした状況下、法律学に求められる作業のひとつは、いわば規範的視角から、負担ないし拠出の視点も組み込んだ法理念ないし規範原理を提示し、そこから逆に制度のあり方を問い返す作業であると思われる。」菊池馨実「社会保障法制の将来構想（一）―規範的視点からの一試論」民商法雑誌一三五巻二号（二〇〇六年）三二〇頁との意見に賛同する。菊池馨実教授が論ずる社会保障法に関する理念論（菊池馨実『社会保障の法理念』（有斐閣、二〇〇〇年）を含む）については、それ自身で検討すべき深遠さがあり、ここで評価・言及することは避けたい。ただあえて述べておきたいこととして、近年、同氏の見解に対する反論も出されているが、どこか議論の次元が異なっているような印象を受ける。「自由」を基底に据えると「不自由」な人はどうなるのかといった批判（山田晋「福祉契約論についての社会法的瞥見」明治学院論叢七一三号（二〇〇四年）一〇六頁）や、

「社会と結びつかない自由も認めるのか」（倉田聡『社会保険の構造分析—社会保障における「連帯」のかたち』北海道大学出版会（二〇〇九年）五一頁）、「社会保障法の歴史や基盤を軽視する議論である」（倉田聡・同六〇頁—六三頁）といった批判は、はたして同氏のいう自由ないし自律の本旨に的確に反応するものといえるかという疑問である。私見では、菊池馨実教授のいう「自律した個人の主体的な生の追求」とは、人間にとっての幸福の源泉である「選択」を可能とする生き方を意味するものであり、そこでいう自由や自律とは、人間が人間であろうとするための「もがき」を意味すると受け止めている。社会保障がその条件整備の意義を持つとしたら、政策のベクトルが「選択」に向かうべきは至極当然のことであろう。そこにおいては、自律を支える制度の必要性を否定する趣旨も、また強制することを皆無とする制度の構築を目指すという趣旨も存在しないと感じているが、どうなのであろうか。人間像ないし規範から社会保障の政策論に迫る議論は、そのすべての場面についての妥当性を求めようとすると、きわめて困難を強いられるものとなる。それほどに社会保障は複雑なものである。社会保障法学は、そうした困難を避けるために、規範としては最も確実であり、了解を得られやすい憲法二五条論に依拠してきたのではないかと感じられる。しかし、このことが、社会保障法の将来像を直視することを避けさせてしまった可能性も否定できない。もとより菊池馨実教授の見解に全面的に賛成するという趣旨ではないが、同氏の意見をきっかけとして議論をしていくことは、社会保障法学のあり方として有意義であると考える。遠くを見つめる眼差しが、最も端的に近くの問題を解決に導くということもあるのではなかろうか。

（12）　典型的には子供手当の創設が挙げられるが、高齢者に偏りすぎた所得の再配分は、年金制度改革や医療保険制度改革などを通じて、若年層の支援に傾く可能性が高いといえよう。

（13）　介護保険法、障害者自立支援法、児童福祉法（保育所制度改革）など、サービスの内容ならびに提供者を利用者の選択に委ねる動きは急であるが、企業年金（退職金）においても、労働者の選択に任せる方法が取られることがある。

（14）　生活保護における自立支援プログラム、介護保険制度における要介護認定の制限、障害者自立支援法の理念と方法など、こうした傾向があることは間違いなかろう。

（15）　財政的理由による企業年金の崩壊のほか、保険業法改正による小規模な相互扶助的年金制度の解体、さらには公的年金制度の統合化・再編成の動きなどが挙げられよう。

（16）　国家財政の基盤たる経済成長を維持するためには、自ずと国内の生産と消費に配慮せざるを得ないこととなり、そのためには人口構造の偏りを修正する必要が生じる。さらにグローバル経済の下では、他国の人口構造ならびに経済成長を意識することなく自国経済の安寧を維持することもできない。具体的には年金基金の投資利回り、国民医療費の高騰による財政悪化など、社会保障制度の基盤たるお金の動きは、世界全体の経済の動向に左右されている。

三　政策科学としての社会保障法学の意義

社会保障法学は、その目的としてもしくは結果として、政策的な提言につながる研究を行なうことも多い。法的妥当性や合理性、さらには正義、平等といった法が得意とする政策判断指標は、社会保障にも妥当する場面が少なくないものといえよう。しかしながら、前述のごとく社会保障を取り巻く環境が変化している現状において、法からの提言はより積極的であることが求められているように思われる。

1　社会保障を対象とする他の学問分野の特徴

社会保障制度を研究対象とする学問領域のうち、特に政策提言を目的としていると考えられるものとして社会政策学がある。[17] 同フィールドには、同じ名称を用いながらも社会学的なアプローチをするものと経済学的な手法によるものがあり、それぞれに長い歴史を有している。[18] 社会学の分野たる同学問は、その創生期から「社会政策」とは何かという定義づけについて盛んに議論を行なっている。[19] 背景には、その名称があまりに一般的であるが故に、対象領域とその視座および手法を明確にする必要性があるとの事情があろう。歴史的に行なわれてきた同議論はきわめて多様であり、また時代により大きく変化している部分もあり、その一部でさえまとめて示すことは困難であるが、社会保障法との比較の観点のみを念頭において、あえてその特徴を記すとすれば以下のようにいえるのではなかろうか。まず、その基本的命題は、資本主義社会には不可避とされる階級に根ざした分配の不平等を調和させるという点にある。[20] 自由な経済市場を前提とする「経済政策」に対置するものとして、[21] 国家権力の介在によりその国家形態に必然的に内在する階級対立を労働者の立場から支援もしくは格差の緩和を実現するという視点を核とする。[22] したがって、あくまでその主体は労働者であり、労働保険や社会保険は労働問題および労働政策の延長として視野に置かれるものの、労働者ではない国民をも対象とする社会保障は、「社会事業」として社会政策それ自身とはやや切り離されたものとして扱われている印象が強い[23]。また、注目すべきもう一つの特徴として、制度評価の機軸にかかる葛藤が議論の舞台に上ることが多い点が挙げられる。誰のための利益を求めるものなのか、事実を先行させるべきか理念が先にあるべきか、対象の主体と客体をどのように位置づけるかなど、イデオロギーや方法論などその学問的視座にかかる議論は、ドイツをはじめとする同学会の創世期からの歴史を垣間見せるものがある。社会保障制度にかかる議論もこうした傾向と無縁ではなく、労働者というフィルターを通した視点ではあるものの、各制度が誰に対していかなる価値を実現するものであるかを問う記述が目に付く[24]。

一方、経済学的な手法による社会政策学も、労働者を機軸としている点においては同じである。この点、労働経済学との関係が強く、同学問から派生したものであるのか、そもそも社会政策学という学問は経済的手法によるものが先行していたのかは理解に至っていない[25]。経済学的な手法による社会政策学の特徴は、労働者の生産と消費に着目している点にある。もっとも、同学問においては、労働問題を中心として捉えることに異論も生じており[26]、その対象は拡張しつつあるといえるのかもしれない。いずれにせよ、経済学的な手法による社会政策学は、基本的には労働者の生産活動ないしその不能を念頭においた財の創出と移転を中心に理論が展開される点に特徴があることは間違いない[27]。したがって、社会保障に関連する領域にかかる研究は、少なくとも著者が調べた限りにおいては、社会保険が中心であり、その他の領域は労働不能の要因との関係において、救済・保護の経済的な意義が分析されるものとなっている[28]。そして、経済学的な視点からの社会保障全般への評価・提言は、社会保障論ないし社会保障政策といった新たに形成された学問領域として認識されつつある。もっとも、現在では、同領域の手法は必ずしも経済学の枠に囚われるものではなく、法律学や社会学を含めた現実分析学とでもいうべき新たな政策科学としての展開がみられる[29]。

2　社会保障法学としての政策提言の意義

社会保障法学は、そのルーツにおいて社会政策学と無縁ではなく、また労働法からの分岐という歴史からみても労働者の立場や地位と密接な関連性を持ってきたといえる。そして、政策に対する評価に際しても、労働によって自立した生活が可能であるか、またそのための必要要件は何かといった社会政策学的視点や、財の分配、保険経済の理論、さらには人の行動原理といった経済学的な指標を用いることもある。その意味では、社会保障という研究対象に対する各学問のアプローチは、次第に近接しつつあるといえるのかもしれない。

しかしながら、社会保障法学は、政策科学として他の学問領域とは異なる視点を有していることも確認される必要がある。第一に、法制度の根拠・目的の妥当性ならびに合理性、その達成の可能性、さらには当該目的を果たすための条件など、法の意義を検証し政策に結びつける視点である。この点、制度目的の達成の評価は、他の分野によっても分析されうるものであろうが、この種の判断において法律学の有するバランス感覚はとりわけ有効に機能すると考える。社会保障制度は、体系全体として過不足なく問題を解決していくことが目指されるべきであり、一つの制度の拡張が他の制度を無意味化させ、さらに大きな問題を発生させるということが起こりうるものである。その意味では、当該目的のために必要とされる適正な水準という視点も必要となる。こうした多様性を理解したうえで、バランスを重視した政策提言は、法律学が得意とする手法であるといえるのではなかろうか(30)。第二の視点は、社会保障法学は、人間そのものを主体として考察する科学であるという点である。つまり、労働者であるか否かは、その立場における救済の必要性の可否ないし所得確保の手段の有無という視点から意義を持つに過ぎない。もちろん、社会生活において労働は生きるための糧ないし価値であるとともに大きな危険であり、その手段の確保ないしそこへの復帰、さらにはそこから一定期間の離脱を余儀なくされた場合の手当の方策など、労働をその視野に収めておくことが重要であることは言うまでもない。しかしながら、労働に焦点を当てることと労働者に焦点を当てることの意味は異なるものであり、したがって、資本に従属するといった階級的な立場やイデオロギーなどは、その本質を語る上では何らの意味も持たない[31]。追究されるべきは、「より良く生きたい（もしくはより良く死にたい）」とする人間の本能に対して、相互扶助という手段によって何をどこまで可能としうるのか、またすべきなのかという点にあるといえよう。第三の視点は、個別紛争から得られた制度の問題点を一般化して、法制度のあり方にフィードバックできる点である。法解釈が法政策に反映されるといった事態は、他の法律分野においても発生することであるが、特に社会保障法の場合には、基本的な争点が一致した事件が連鎖しやすく、また一つの判決が政治的な効果を生み出し、結果として国および行政の解釈・判断を変更させるといったことも少なくない。特定事件から見出される法ないしその執行プロセスの欠陥について、具体的な法改正もしくは政策の変更によってどのように改善することができるのかといったことに道筋を示すことは、法律学ならではの視点といえよう[32]。

(17)　社会保障法学よりもはるかに長い歴史を有する社会政策学関係の書籍、論文は、厖大な数があり、著者がその内容（主に社会政策学の概念に関する記述があるもの）をチェックした数はわずか二六点に過ぎない。著名な文献を収集したつもりではあるが、学会においてそれがどのような評価を与えられるものであるかは知るところとなっていない。したがって、以下の他分野にかかる記述については、何ら論証されたものではなく、相当程度印象に過ぎないという点に留意いただきたい。なお、それらの文献についても全部を引用・紹介することは無理であるため、引用等は典型的なものに限定する。

(18)　ドイツで社会政策学会が創設されたのは一八七三年であり、日本でもその影響を受けて一八九七年（明治三〇年）に創設されている。以上、平田冨太郎『社会政策論概要』（有信堂、一九五七年）四頁参照。

(19)　たとえば、「社会政策についての混乱をさけ、学問のこの重要な領域における正しい認識や研究をおしすすめようとするなら、社会政策というものが本来何を対象とする政策であり、何人が行う政策であるのか、その目的は何処におかれており、その結果は何と何であるのか、等について、研究者が先ず可及的に共通の基盤に立っていなければいけないのであり、それがこの学問領域においては、実は、最初の仕事なのである。」（現代漢字・かなづかいに変更している）大河内一男『社会政策原理』（勁草書房、一九五一年）九頁を参照。

(20)　このような視座は、ほとんどの文献に共通して見られるところであるが、たとえば、「資本家階級と労働者階級との関係を調整する目的で労働条件決定に関する政策を樹立する点に社会政策の真実の領域があるから、厳密な意味における社会政策はかかる観点から規定される可きであろう。」樫原信一『社会政策の基礎理論』（法律文化社、一九六二年）二四一頁、「社会政策とは、資本制国家による社会的諸問題、なかんずく労働問題への国家としての対応策の一つであり、資本制社会の長期的かつ安定的な維持を目的とする資本制国家の労働力政策と言うことができる。」吉村朔夫、戸木田嘉久『現代社会政策』（有斐閣、一九七七年）五頁などの表現が分かりやすい。

(21)「社会政策は、経済政策とは対立するところの、それとは別箇の理念をもった政策の体系であり、経済政策が資本制的な営利経済を基調とした政策の体系であるのに対して、社会政策は、その理念において、経済政策とは反対のもの、すなわち、資本制的な所有秩序や営利原則に対する批判と修正との上に組み立てられている」大河内一男『経済学ハンドブック・社会政策』（青林書院、一九五七年）一二頁参照。そのほか、社会政策と経済政策との関係については、河合栄治郎『社会政策原理』（日本評論社、一九三一年）一三頁、平田冨太郎『三訂社会政策講義』（青林書院、一九九一年）一三頁以下などを参照のこと。

(22)「この資本制社会の生産関係を労働力の面から保障せんとする政策が社会政策なのである。」石畑良太郎『社会政策』（法学書院、改訂版、一九八四年）二頁、「この賃労働者の原理的ありようを問い直すことは、今日の社会政策論の基底的課題である。」堀内隆治、今城義隆『現代経済学叢書　現代社会政策論』（学文社、一九八二年）四頁などを参照。

(23)「社会政策の関連領域に「社会事業」(social work) があるが、これは「社会政策」ではない。しかし、「社会事業」は、「社会政策」を補足する意味・内容をもつ救済・保護事業である。」小林端五『社会政策　総論』（青木書店、一九七三年）一七頁、「社会保障は、その内容の中核的部分を形成する社会保険を媒介として、社会政策と関連するものであることは、これを否定できないのである。」平田隆夫『社会諸学基礎講座九　社会保障』（評論社、一九六四年）三〇―三二頁などを参照。

(24)「換言すれば、政策と思想またはイデオロギーとは、つねに密接に結合されているのである。かくて社会政策は、つねになんらかの思想またはイデオロギーと結びついているはずである。」河野稔『社会政策の歴史理論研究』（法律文化社、一九五六年）八頁、「本来、われわれが研究を進めていくためには、一応、事象に対し、出来得る限り、いうところの客観的態度を持し、マックス・ウエバーのように無前提の前提に立って実態をつかむことに努力しなければならないが、真実在というものは主観、客観の統一において把握し得ることを知らねばならぬ。」廣崎眞八郎『社会政策研究』（成文堂、一九六四年）八頁などを参照。そのほか、全体利益なのか部分利益なのかという葛藤について、中村正文、赤岡功『社会政策論』（法律文化社、一九七三年）二四頁以下の記述も興味深い。

(25)「経済政策が経済学の政策論であることは明らかであるが、社会政策は社会学の政策論かというと、必ずしもそうではない。もちろん、社会学の立場からの社会政策論の研究も行なわれているが、まだ限られたものでしかない。」兼清弘之『労働経済と社会政策』（文化書房博文社、一九九二年）七頁との記述もあるが、初期の社会政策学は、経済学と一線を画することを基本としながら、シュモラーやマックス・ウエバーを基礎とした研究を行なっており、その境界を見極めることは難しい。

(26) たとえば、兼清弘之『新しい社会政策』（文化書房博文社、二〇〇二年）七頁以下。

(27) 社会保障ないし社会保険に言及している労働経済学の文献についても、ある程度全体傾向を把握する程度の研究は行なったものの、マクロ、ミクロ、もしくはいずれとも判断しかねるものなど多様であり、その特徴にかかる具体的なイメージを得るまでには至っていない。

(28) 戦前においては、事実上社会保険しか存在しておらず、こうした傾向が生じることは当然であるが、労働経済学もしくはそこから派生した社会政策学の研究も、社会保険中心といえる。以上、清水玄『社会保険要論』（日本評論社、一九三三年）、大河内一男『全訂社会政策』（青林書院新社、一九七四年）、庭田範秋『社会保障論—現代における保障と保険の理論』（有斐閣、一九七三年）、隅谷三喜男『社会保障の新しい理論を求めて』（東京大学出版会、一九九一年）などを参照。

(29) きわめて数が多く、またその特徴を把握・記述することは困難であるとともに、あまり意味がないと考えるため、引用、紹介は避ける。

(30) ここでいうバランスとは、必ずしも個人における負担と給付、もしくは負担者と受益者といった経済的なバランスだけを意味するものではない。社会的な危険に対して制度としてどのように備えるべきであるのか、またリスクが集中する人に対して、いかなる理念の下にこれを分散するのか、制度を円滑に運営していくためにはどのような観点が必要であるのかなど、法の理想を追求する一方で、現実とのギャップを埋める解決策を提示することである。

(31) この点、分配の原理の基本として、労働者の地位の向上が多数の国民の生活向上につながるという論理も成り立つ余地があるが、少なくとも社会保障法学の射程からは外れると考えるべきであろう。

(32) 社会保障法学は、解釈学と政策学が交錯しやすい分野であるといえる。その意味において、社会保障裁判が果たしてきた役割は大きいといえる。

四　法解釈学としての社会保障法学の意義

社会保障法学が、実定法の解釈を提示して裁判規範を導く使命を有することはいうまでもない。問題は、関係当事者の一般的な責務のほかは、給付基準や給付方法などいわば実務的な基準を定めるに留まることの多い社会保障立法において、その解釈とはいかなる意義を有するかという点にある。

1　社会保障判例の種類と論点

社会保障法の定義は、同時に社会保障判例の領域を決定することとなるが、個別の事件においては社会保障法領域内の法律が問題であったとしても、論点は社会保障法の射程から外れるという場合がある。社会保障判例とは、歴史的に認識されてきた社会保障法体系下にある問題であり、当該争点がもっぱら社会保障法制には関わりのないものである場合を除くものであると捉えるべきであろう(33)。この定義の下に、これまでの社会保障関連の裁判例において問題とされた法的争点（労働保険関係を除く）を抽出すると、およそ以下のように分類できるのではなかろうか(34)。

第一に、保険・扶助を問わず、受給者側における法の適用要件や受給要件が争点となる類型である（第一類型と呼ぶ）。外国人や内縁者といった属性上の要件、被保険者資格たる労働関係の有無、被保険者期間の解釈、被保険者要件の欠落、保険料未納の影響、保険料減免の適否、生活保護の受給もしくは停止・廃止の各種要件など、法が定める要件の合憲性もしくは合法性を争うという種の事件は多い。第二に、朝日訴訟に代表されるような給付の水準ないし質が争点となる類型であり、医療・介護・保健におけるサービスの質を問う事件などを含む（第二類型と呼ぶ）。この種の事案では、当該法が定める基準の妥当性とともに、その基準を執行する行政庁の権限の行使もしくは不行使が問題となる。第三に、保険給付や保護の性格が問われる類型である（第三類型と呼ぶ）。典型的には併給禁止の合憲性が挙げられようが、年金の逸失利益性、財産分与の範囲、差し押さえ禁止、年金相殺の可否、将来給付の算定といった問題や生活保護費の預貯金の可否といった争点などもある。この種の事案では、当該法の目的や法益が問われることとなるが、関係当事者のみならず国民全体の利益バランスを取る視点が必要とされる場合が多い。第四に、保険者、措置権者、サービス提供者などの資格、債権、および責任に関連する類型である（第四類型と呼ぶ）。保険医療機関の指定をめぐる争い、診療報酬等の債権をめぐる争い、施設建設にかかる国庫負担のあり方、措置権者の権限行使もしくは不作為責任、広報・周知義務懈怠、福祉契約の委託者および受託者の責任などが考えられる。この範疇の争いの多くは行政処分の取消し、国家賠償等行政訴訟の形態となるが、利用者とサービス提供者との間の契約においては民事訴訟の形態（ここでは、事件・事故を除く）となることもある。第五に、利用者の一部負担金の性格や額をめぐる争いの類型である（第五類型と呼ぶ）。医療保険、医療扶助、介護保険、保育料など、サービスを受ける側が支払うことを求められる一部負担金をめぐる争いは、さほど多くはないものの他とは異なる論点を含むものであるとして一つの類型を形成すると考えてよかろう。第六に、事件・事故に際して民事・刑事責任を問う類型である（第六類型と呼ぶ）。社会保障の報酬ないし給付に関する不正や詐欺、年金基金や社会福祉関連事業の破綻責任、社会福祉サービス事業者の下で生じた事故の責任、さらにはボランティアの民事責任などが考えられる。なお、このほかにも、社会保障に関連する不服申立や行政訴訟における適格性、各種請求にかかる時効成立の可否といった手続き・請求上の適法性が問題となる類型もあるが、社会保障それ自身の法的問題とは言いにくいため、ここでは除外しておく(35)。

2　解釈学としての社会保障法学の可能性

社会保障法学は、かくも多様な形態の紛争に対して、他分野の法も交えて解釈をしていくことを求められる。その際、二五条をはじめとする憲法規範が、論理の基礎を築くことになるケースは少なくない。たとえば、上記第一類型においては、国籍や立場の違いによる差別が論点となる場合、制度加入と個人の選択権が論点となる場合、法適用の要否が制度の趣旨・目的を絡めた議論となる場合（第三類型と重複する場合）などにおいては、憲法規範を背景とした解釈となる。また、第二類型および第三類型においては、当該制定法の解釈から争点にかかる考え方を導き出すことは困難となる場合が多く、憲法上の理念に言及しながら結論に到達することとなりやすい。特に、法の目的や射程を問う紛争においては、当該制定法の解釈から結論を得ることは難しいものとなりやすく、結果として憲法の理念から考え方を導くという方法となる。

もっとも、憲法に言及される事案においても、その結論が憲法解釈そのものから得られたというケースは少ないように思われる。さらに、近年においては、紛争内容の多様化傾向が反映されているのか、相対的に憲法に言及される事案自体も減っているように感じられる。背景には、少なくとも社会保障法分野における憲法解釈は一定程度定着してきたことと、社会保障分野における国民の権利の実現方法がかなり多様化しているという事情があるのかもしれない。では、二五条をはじめとする憲法規範の解釈適用とその理念の具現化を目指した社会保障法学は、法解釈に対していかなるスタンスに立つことを求められていると考えるべきであろうか。私見では、「国民の権利」を基本とする社会保障法学の視座に揺るぎがもたらされることはないものの、その解釈においては、より精緻な議論とともに問題の一般化が必要なのではないかと考えている。多くの事件における権利実現の可否は、請求の合理性や結果の社会的な妥当性といったバランスを重視したものとなっており、問題は、当該合理性ないし妥当性の基準ということになろう。たとえば、行政もしくは公益を担う機関の責任を問うことになりやすい上記第四類型や第六類型においては、当該機関の責任の発生要件やその範囲について、より明確な基準が求められるものであろう。また第五類型については、そもそも利用者等が支払う一部負担金の意義について、法的な視点からより明確にしていく必要があるように思われる。

社会保障関連の紛争においては、結論を導く法的根拠も重要であるが、解釈論としてより注視されるべきは、当該判断の基準、言い換えれば合理と不合理の境界線に意識をおくことではないだろうか。たとえば、憲法二五条の理念が結論を導く法的根拠となったとしても、問題はそこから始まると考えるべきであり、反対の結論に導かれる可能性のある境界は何処にあるのか、といった姿勢である。そこにおいては、当該問題において対立する価値の明確化が必要であろうし、さらにそれぞれの選択をした場合における当事者ならびに社会一般への意義を明確化することも必要となる。法律学の役割には、予測可能性を高めるという点があるといえようが、社会保障法学も例外とされるべきではなかろう。法があまりに多種にわたり、そこで生じる問題も多様であるが故に、法解釈学としての社会保障法学は個別的な判断の集積に問題を委ねてきたといえる部分があると思われる。問題をできるだけ一般化して、合理性ありと判断されるための条件ないし基準（メルクマール）を明確にしていく努力は、法解釈学としての社会保障法学を進化させるために必須なことであるように思われる。[36]

(33)　医療、税、居住・公共施設環境、保険、災害、犯罪被害、少年犯罪など、社会保障の分野と隣接ないし重複する法的問題は少なくない。基本的には、歴史的に認識されてきた社会保障法体系を基礎としながら、当該争点の性格から社会保障法の範疇に入るか否かが個別に判断されざるを得ないものと思われる。

(34)　以下の記述は、関西社会保障法研究会で毎年行われてきた年間の判例研究、これまでに出版された社会保障法判例百選（第四版まで）、さらには社会保障学会誌に掲載される判例回顧等を参照として検討したものである。

(35)　なお、社会保障に関連する紛争は、必ずしも裁判紛争だけに限られたものではないが、ここでは、裁判事案のみを対象としている。その他の紛争については、「社会保障争訟の現代的課題」『日本社会保障法学会編　社会保障法第一六号』（法律文化社、二〇〇一年）九七頁以下を参照のこと。

(36)　この点、社会保障法分野における総論の必要性（荒木誠之「巻頭言：社会保障法の総論的考察を」『日本社会保障法学会編　社会保障法第六号』（日本社会保障法学会、一九九一年）三頁以下）への認識と重なる部分がある。ただし、すでにいくつか出版されている総論本においても、各種法的紛争における論点を抽出し、これを一般化してその判断基準について論説するといった手法はとられていない。

五　おわりに――社会保障法学研究の進化に向けて――

法律は、制定後一定の期間を経なければ、その意義を検証しにくいという側面を強く持つ。とりわけ、社会保障法の場合には、負担と給付のいずれにおいてもその定着には相当な時間を要することが通常であり、検証・評価にはタイムラグが生じやすい。ところが、情報伝達がきわめて早くなり、諸条件の変化も急速に進む現代社会においては、社会保障法政策にも性急な結果が求められることとなりやすい。

こうした環境を目の当たりにすると、社会保障政策について法の立場から語ることには無力感が漂う。しかしながら、前述のとおり、社会保障法学には法体系全体のバランスを梶取りするという役割と、そもそも何が目指されるべきかという理念を追究する特性があり、そこからあるべき法の姿を描くことができるのではないかとの期待もある。また、いかに価値が多様化したとしても、変わってはならないもの、もしくは常に追求されるべきものがあるような気もする。社会保障立法は、特に時代の変化への追随性が弱く、ゆがみを生じやすいという弱点を持っている。法制定時の理念は、数年で泡のごとく消え去り、法は基本的に変化していないにもかかわらず、あたかも社会常識が変わったことにより法の解釈も変わって当然といったことがまかり通っているように感じられる。立法意思の確認とこれを基盤とした解釈の提示も、社会保障法学の重要な役割であると考える。

5　所得保障法の体系と構造・試論

山田　晋

一　問題の所在

貧困、生活困難の事由は二一世紀に入ってなお増加する一方である。かつては生活困難を引き起こす「事件」がおきても、血縁が地域社会が解決機能を果たしていた。それゆえ、貧困や生活困難が「社会」に突出することは少なかった。少なくとも例外的なものとして考えられていた。ところが、家族、血縁、地域社会が解体し、「事件」に遭遇した者はこれらからの支援なしに剝き出しのまま社会に放り出される形となった。そしてその重要性が社会的に承認・認知されるにつれて、様々な保護と支援の法・制度が構築されていった。また人権意識の高揚は国家の不作為に対する批判を高め、政治を動かし、多様な社会的支援を生み出すことになった（被爆者援護法や被災者生活再建支援法など）。また社会的保護の新しい形態も生み出されている。

問題はこれらの多様な支援を今日の法体系、とりわけ社会保障法の中にどのように位置づけるか（または位置づけないか）である。社会保障法には固有の原理・法理があり、社会保障法の中にこれらの支援が位置づけられることとすれば、その支援は社会保障法の原理・法理に照らして運営されることになり、将来の法の発展の方向もそれと適合的に進むことになる。

そこで本稿では、社会保障法中、所得保障の法体系と構造につき検討を加え、新たに出現した様々な支援が社会保障法にどのように位置づけるか（または位置づけないか）を検討する。なお年金給付については、社会保障法中の位置づけがほぼ明確であるのでここでは取り上げない。

なお「給付つき控除税制[1]」については、本稿では検討の対象外とする。「給付つき控除税制」は、社会保障と同様の生活保障機能の要素を持つものであるが、徴税それ自体は「税の原理」（＝公権力の高権的行使）によって運営され、その原理により引かれた徴税線のあり様によって受給者（給付受給者）が決定されるので、ニーズを持つ者への給付をもって議論をスタートさせる社会保障法とは異なるからである。

本稿で検討されるのは、戦争援護法制、犯罪被害者補償、中国残留孤児補償、被爆者援護法制、被災者生活再建支援法制などである[2]。

（1）　森信茂樹編著『給付つき税額控除』（中央経済社、二〇〇八）など参考。

（2）　社会保障とこれらの法制との関連については、小川政亮「公的扶助と被害者救済」、同「被爆者援護」いずれも『ジュリスト臨時増刊・特集・損害賠償制度と被害者の救済』（有斐閣、一九七九）所収、阪本重雄「戦災傷害者の社会保障」週刊・社会保障一一一六号（一九八一）、荒木誠之「援護法と社会保障」沼田稲次郎＝小川政亮＝佐藤進編『現代法と社会保障』（総合労働研究所、一九八二）所収、荒木「戦争犠牲者援護」『社会保障・社会福祉事典』（労働旬報社、一九八九）所収、藤原精吾「総論—賠償・補償から社会保障制度へ」、伊賀興一「自然災害被災者に対する公的支援法システムの課題」いずれも日本社会保障法学会編

『講座　社会保障法六巻　社会保障法の関連領域―拡大と発展』（法律文化社、二〇〇一）所収、山田晋「社会的援護の種類と類型（援護法を中心に）」仲村優一＝一番ヶ瀬康子＝右田紀久恵監修『エンサイクロペディア社会福祉学』（中央法規、二〇〇七）所収、岡田正則＝藤原精吾＝島方時夫「戦争被害と社会保障」、藤原精吾＝谷村慎介「災害・犯罪被害と社会保障」いずれも井上英夫＝高野範城編『実務社会保障法講義』（民事法研究会、二〇〇七）所収、小川政亮著作集編集委員会編『小川政亮著作集八　社会保障と平和・国籍・被爆者』（大月書店、二〇〇七）など。

二　生活保障的機能をもつ法制

今日、社会保障法と同様に、生活保障的機能をもちながら、社会保障法に明確には位置づけられていない法制として以下のような現行法がある。

1　戦傷病者戦没者遺族等援護法（昭和二七年法律一二七号）

この法律は、公務上の傷病や死亡に関し、国家補償の精神に基き、軍人軍属等であつた者やその遺族を援護することを目的とする所得保障の制度である。

援護の種類は、障害年金、障害一時金の支給、遺族年金、遺族給与金の支給、弔慰金の支給である。軍人軍属であつた者が在職期間内に公務上傷病にかかり、法施行日（昭和二七年四月一日）に、その傷病により恩給法別表に定める程度の障害の状態にある場合に、その障害の程度に応じて障害年金が支給される。重度の障害によって障害年金を受給する者に配偶者や扶養義務のある親族などがあるときは、その数に応じた加算がなされる。

遺族給付には、軍人軍属の遺族に対する遺族年金と、被徴用者、業務の協力者などの準軍属の遺族に対する遺族給与金とがある。どちらも年金方式で支給される。遺族年金または遺族給与金を受ける遺族の範囲は、配偶者（内縁関係にあつた者を含む）、子、父、母、孫、祖父、祖母で、日本の国籍を有し、かつその者と生計維持関係のあったものである。

遺族弔慰金は公務上傷病により死亡した軍人・軍属・準軍属の遺族に、国債により支給される。弔慰金の遺族は、遺族年金等の遺族に加えて、兄弟姉妹およびこれらの以外の三親等内の親族で、本人の死亡当時日本国籍をもっていた者である。

2　**中国残留邦人等の円滑な帰国の促進及び永住帰国後の自立の支援に関する法律**（平成六年法律三〇号）

本法は、中国残留邦人等の円滑な帰国の促進と、永住帰国した者の自立の支援を行うことを目的とする。

国は、中国残留邦人等が永住帰国する場合には、本人やその親族等に対し、永住帰国のための旅費を支給し（六条）、永住帰国した場合には、本人らの生活基盤の確立のために必要な資金を一時金として支給する（七条）。その額は、中国残留邦人及びその親族一人につき一五万九千九百円である。また国は、彼らの中国への一時帰国のための旅費を支給する。

国および地方公共団体は、永住帰国した中国残留邦人等およびその親族等が日常生活や社会生活を円滑に営むことができるようにするため、生活相談、日本語習得の援助、公営住宅等の供給の促進、雇用機会の確保のための職業訓練、就職のあっせん等、教育機会の確保のため、就学の円滑化、教育の充実等のために必要な施策を講ずる。

永住帰国した中国残留邦人等の国民年金法の第一号被保険者としての被保険者期間その他の事項については、政令で特例を定めることができる。

3　**平和条約国籍離脱者等である戦没者遺族等に対する弔慰金等の支給に関する法律**（平成一二年法律一一四号）

軍人軍属で在職期間内に公務上傷病にかかり障害をおった者やその遺族で日本国籍を離脱した者に、弔慰金（二六〇万円）、見舞金（二〇〇万円）、老後生活設計支援特別給付金（二〇〇万円）を支給する。弔慰金の遺族の範囲は、戦傷病者戦没者遺族等援護法の弔慰金の範囲と同じである。なお弔慰金等の支給の請求は、法施行日（平成一二年六月七日）から三年以内に行なわれねばならない。

4　被爆者援護法（原子爆弾被爆者に対する援護に関する法律）（平成六年法律一一七号）

原爆投下当時の広島市、長崎市の区域内、または隣接する区域内に在った者、原爆投下の際またはその後に身体に原爆の放射能の影響を受けるような事情の下にあった者、その者の胎児であった者で、被爆者健康手帳の交付を受けたものは、この法律の保護を受けることができる。被爆者健康手帳は、申請により、その居住地の都道府県知事が交付する。援護としては、健康管理、医療、手当等の支給、福祉事業がある。

厚生労働大臣は、原爆の傷害作用に起因して負傷し、または疾病にかかり、現に医療を要する状態にある被爆者に対し、必要な医療の給付を行う。医療の給付を受けようとする者は、あらかじめ、その負傷、疾病が原爆の傷害作用に起因する旨の厚生労働大臣の認定を受けなければならない。医療の給付の範囲は、診察、薬剤の支給、手術その他の治療、病院または診療所への入院など医療保険の範囲と同様である。福祉事業としては、都道府県による、被爆者の心身の健康に関する相談、日常生活に関する相談その他被爆者の援護に関する相談に応ずる相談事業、居宅生活支援事業（ホームヘルパー派遣、デイサービス、短期入所）、施設入所による養護事業がある。

所得保障としては、被爆者の状況に応じて、医療特別手当（二四条、月額一三万五四〇〇円）、特別手当（二五条、五万円）、原子爆弾小頭症手当（二六条、四万六六〇〇円）、健康管理手当（二七条、三万三三〇〇円）、保健手当（二八条、一万六七〇〇円）、介護手当（三一条、介護に要した費用、ただし上限六万九九七〇円）、葬祭料（三二条）が支給される。これらの支給額は全国消費者物価指数の変動に対応して自動的に改定される（二九条）。

介護手当以外の手当については国庫負担であり、介護手当については、介護手当の支給に要する費用についてはその十分の八を、介護手当に係る事務の処理に要する費用についてはその二分の一を負担する。福祉事業については国庫からの補助がある。

5　犯罪被害者等給付金の支給等による犯罪被害者等の支援に関する法律（昭和五五年法律三六号）

本法は、犯罪行為により、死亡した者またはその遺族、重傷を負った者、障害が残った者に、犯罪被害者等給付金を支給し、これらの者を援助する措置を講じ、犯罪被害等の早期軽減に資することを目的とする（一条）。犯罪被害者等給付金の種類は、遺族給付金、重傷病給付金、障害給付金で、これらはすべて一時金である（四条）。遺族給付金の額は、「政令で定めるところにより算出する給付金基礎額に、遺族の生計維持の状況を勘案して政令で定める倍数を乗して得た額」（九条一項）である（三二〇万～二九六五万円）。重傷病給付金は、負傷または疾病の療養に関して被害者が負担した額から医療保険制度で支給されら額の差額である（九条二項）。障害給付金は給付金基礎額に、「障害の程度を基準として政令で定める倍数を乗して得た額」（九条三項）である。給付は都道府県公安委員会の裁定による。

6　被災者生活再建支援法（平成一〇年法律六六号）

被災者生活再建支援法は、「自然災害によりその生活基盤に著しい被害を受けた者に対し、都道府県が相互扶助の観点から拠出した基金を活用して被災者生活再建支援金を支給するための措置を定めることにより、その生活の再建を支援し、もって住民の生活の安定と被災地の速やかな復興に資することを目的とする」（一条）。自然災害とは、暴風、豪雨、豪雪、洪水、高潮、地震、津波、噴火その他の異常な自然現象により生ずる被害をいう（二条）。

都道府県は、当該都道府県の区域内において被災世帯となった世帯の世帯主に対し、当該世帯主の申請に基づき、被災者生活再建支援金の支給を行うものとする（三条）。被災世帯の世帯主に対する支援金の額は、一〇〇万円（大規模半壊世帯にあっては、五〇万円）に、当該被災世帯の被災状況に応じて、五〇万円～一〇〇万円が加えられる。（三条二項）

支援金の支給に関する事務は、内閣総理大臣が指定する被災者生活再建支援法人（被災者の生活再建を支援することを目的とする一般社団法人又は一般財団法人）に委託できる。

費用は、都道府県が「相互扶助の観点を踏まえ」世帯数その他の地域の事情を考慮して拠出した基金からの拠出となる（八～九条）。

7　予防接種法（昭和二三年法律六八号）

予防接種法は「伝染のおそれがある疾病の発生及びまん延を予防するために、予防接種を行い、公衆衛生の向上及び増進に寄与するとともに、予防接種による健康被害の迅速な救済を図ることを目的とする」（一条）。ジフテリア、百日せき、急性灰白髄炎、麻しん、風しん、日本脳炎、破傷風、結核その他政令で定める疾病などに対して予防接種を行う。市町村長は、上述の疾病等について、当該市町村の区域内に居住する者であって政令で定めるものに対し、保健所長の指示を受け期日又は期間を指定して、予防接種を行わなければならない（三条）。

市町村長は、定期または臨時の予防接種を受けた者が、疾病にかかり、障害の状態となり、又は死亡した場合において、当該疾病、障害又は死亡が当該予防接種を受けたことによるものであると厚生労働大臣が認定したときは、各種給付を行う（一一条）。医療費及び医療手当（予防接種を受けたことによる疾病について医療を受ける者）、障害児養育年金（予防接種を受けたことにより政令で定める程度の障害の状態にある十八歳未満の者を養育する者）、障害年金（予防接種を受けたことにより政令で定める程度の障害の状態にある十八歳以上の者）、死亡一時金（予防接種を受けたことにより死亡した者の政令で定める遺族）、葬祭料（予防接種を受けたことにより死亡した者の葬祭を行う者）である。費用は公費負担である。

8　貸し付け制度

貸し付け制度は一定の目的・用途に関して、現金を低利または無利子で貸し付けるものである。返還義務があるので「自立」促進に資する制度といえる。

母子及び寡婦福祉法は、母子家庭および寡婦に対し生活の安定と向上のために必要な措置を講じその福祉を図ることを目的とするが（一条）、福祉の措置に関して、母子福祉資金の貸し付け制度を規定する（一三条）。母子家庭の「経済的自立の助成と生活意欲の助長を図り、あわせて扶養している児童の福祉を増進するため」（一三条）、事業の開始・継続に必要な資金、扶養している児童の就学必要な資金、児童の事業開始・就職のために必要な知識技能を習得するために必要な資金を都道府県が貸し付けている。

貸付限度額は、事業の開始に関しては二八三万円、継続のための資金については一四二万円、児童の就学資金は月四万三五〇〇円から八万一〇〇〇円、児童の事業開始・就職のために必要な知識技能習得のための資金は、月五万円である（母子及び寡婦福祉法施行令七条）。貸付資金には、貸し付けの日から半年から一年間の据置期間があり、償還期限は据置期間経過後五年から二〇年以内である（施行令八条）。利率は、無利子または三％である（施行令八条）。寡婦に対する寡婦福祉資金の貸付けも母子福祉資金の貸付け制度が準用される（法三二条）。

法外の制度としては、生活福祉資金の貸付けがある（「生活福祉資金の貸付けについて」平成二・八・一四厚生省社三九八）。本制度は、低所得者、高齢者、身体障害者等に対し、資金の貸し付けと必要な援助指導を行うことにより、その経済的自立および生活意欲の助長促進並びに在宅福祉および社会参加の促進を図り、安定した生活を営ませることを目的とする。更生資金（貸付限度額は二八〇万内。以下括弧ない貸付限度額）、福祉資金（四七〇万四〇〇〇円以内）、住宅資金（二五〇万円以内）、修学資金（月額六万五〇〇〇円以内）、療養・介護資金（二三〇万円以内）、緊急小口資金（五〇万円以内）、災害援護資金（一五〇万円以内）の七種類がある。据置期間は半年から一年以内で、償還期限は据置期間経過後四ヶ月（緊急小口資金）から二〇年以内である。利率は、無利子または三％である（施行令八条）。

リバースモゲージ[3]は、生活保護受給の可能性の高い世帯に、その所有する土地を担保に生活資金を貸し付ける制度である。貸し付けを受けようとする六五歳以上の者が単独に所有する概ね五〇〇万円以上の資産価値の居住不動産を持ち、賃借権等の利用権や抵当権などの担保権が設定されていなければ、その評価額の七割（集合住宅の場合は五割）を標準に市町村社会福祉協議会が貸し付けを行う。期間は貸し付け元利が貸し付け限度額に達するまでで、それ以降は生活保護の受給となる。本制度は生活保護法に規定されたものではないが、本制度が利用可能な場合には生活保護を適用しないこと、本制度利用可能な者が貸し付けの利用を拒否した場合、保護の要件（資産活用）を充たさないものとして生活保護が適用されないなど[4]、運用に大きな問題を含むものである[5]。

（3）　厚生労働省発社援第〇三二七〇〇二・平成一九年三月二七日「生活福祉資金（要保護世帯向け長期生活支援資金）の貸し付けについて」、社援第〇三三〇〇二五号、平成一九年三月三〇日「生活福祉資金（要保護世帯向け長期生活支援資金）の運営について」。

（4）　社援保発第〇三三〇〇〇一・平成一九年三月三〇日「要保護世帯向け長期生活支援資金の生活保護制度上の取扱い及び保護の実施機関における事務手続きについて」。

（5）　木下秀雄「「要保護世帯向け長期生活支援資金」（リバースモゲージ制度）の問題点」賃金と社会保障一四四三号（二〇〇七年）四頁以下、坂田徹「社会福祉協議会の立場から見た「要保護世帯向け長期生活支援資金」の問題点と対応について」同誌一〇頁以下、九条明日美「ケースワーカーから見た「要保護世帯向け長期生活支援資金」の問題点」同誌一三頁以下、参照。

現在のわが国の社会保障法の枠組みはどのようなものなのかを検討する前に、社会保障の範囲・範疇としてどのようなものがあり得るかを、社会保障の国際的標準ともいえる国際労働機関（ＩＬＯ）の社会保障に関する範囲も含めて、概観する。

三　社会保障の範囲

1　国際規範

(1)　ＩＬＯの文書に現れた社会保障

一九四二年にＩＬＯは戦後の社会保障の発展方向を見据えた文書を発表した。『社会保障への途』（Approaches To Social Security）である。(6) 同書によれば、「社会保障は、社会がしかるべき組織を通じて、その構成員がさらされている一定の危険に対して与える保障である。これらの危険は本質的には、資力の小さい個人がかれ自身の能力と予見のみをもってしては、あるいはかれの仲間たちとの団結をもってしてさえ有効に備えることのできない偶発事故である。これら偶発事故の特色は、労働者自身ならびにかれに依存する健康で善良な人たちの生活を支える能力を危うくさせることにある。(7)」

(2)　ＩＬＯの国際規範にあらわれた社会保障

①　一九四四年の所得保障勧告（六七号勧告）

本勧告は一九四四年のフィラデルフィア宣言の、「基本収入を与えて保護する必要のある者すべてに基本収入を与えるように社会保障措置を拡張する」という考え方に則って採択された勧告で、指導原則、社会保険、社会扶助からなる。

本勧告は「指導原則（Guiding Principles）」の「一般事項（General）」として、「一　所得保障制度は、労働不能（老齢を含む）若しくは有償的雇用（remunerative work）を得ることの不能により又は稼得者（breadwinner）の死亡により喪失した所得を合理的の水準（reasonable level）まで回復することにより窮乏（want）を救済し、且つ貧窮（destitution）を防止しなければならない。」と、所得保障の目的を示すが、所得保障は基本的に強制社会保険によるべきであるとする。

社会保険によってカバーされない貧困は社会扶助によりなされなければならない。「被扶養者たる子供および貧困な障害者、高齢者及び寡婦といった特定の範疇の人々は、所定の表に従い合理的な率において手当を受ける権利を有しなければならない。」とする。

② 一九五二年社会保障最低基準条約（一〇二号条約）(8)

本条約は社会保障の国際的な基準として、医療および疾病、失業、老齢、業務災害、家族、母性、障害、遺族の各給付についての最低基準を定めた。一九五〇年代において、途上国をも含めた国際社会における社会保障の範囲である。

(3) ＥＵの国際規範に現れた社会保障

一九七一年の「共同体内を移動する被用者及びその家族に対する社会保障制度の適用に関する規則」（七一／一四〇八号）は、被用者及びその家族に対する社会保障制度としてＩＬＯ最低基準条約の社会保障カタログと同様のものを想定している。

以上に見た国際文書は、ＩＬＯの基本的な思考枠組みに沿ったものであり、それはヨーロッパ大陸諸国で展開されてきた社会保障を基軸にすえた社会的保護制度であるということを意味する。フランスを中心に発展してきた家族手当はかろうじてその視野に入っているが、基本的には社会保険の要保障事故と考えられてきたもの、あるいはなりえると考えられてきたものが中心となり、戦争被害補償や犯罪被害補償はここには含まれない。またＩＬＯについては、発展途上国の批准可能性という国際条約の性格を考えれば、今後、社会保障の範囲が拡大するという可能性もきわめて低い。

2　社会保障制度審議会の社会保障――一九五〇年「社会保障制度に関する勧告」

「社会保障制度とは、疾病、負傷、廃疾、死亡、老齢、多子その他困窮の原因に対し、保険的方法又は直接公の負担において経済的保障の途を講じ、生活困窮に陥った者に対しては、国家扶助によって最低限度の生活を保障するとともに、公衆衛生及び社会福祉の向上を図り、もってすべての国民が文化的社会の成員たるに値する生活を営むことができるようにすることをいう。」

なお社会保障制度審議会は、一九九五年七月に「社会保障体制の再構築（勧告）」を答申したが、戦争被害補償、犯罪被害補償などの、社会保障制度の範囲の拡大については言及していない。

（6）　塩野谷九十九＝平石長久訳『ＩＬＯ・社会保障への途』（東京大学出版会、一九七二）、一〇二頁。

（7）　同書一〇二頁（塩野谷九十九＝平石長久訳）。

（8）　最低基準条約（一〇二号条約）の批准を巡っては、高橋武＝平田富太郎＝工藤幸男「座談会・日本の社会保障の問題点を探る―ＩＬＯの一〇二号条約に関連して」世界の労働一三巻一一号（一九六三）、末高信「わが国の社会保障制度とＩＬＯ第一〇二号条約」日本労働協会雑誌六四号（一九六四）、角田豊「一〇二号条約の批准と今後の課題」日本労働協会雑誌一九五号（一九七五）、同「一〇二号条約の批准の問題点」賃金と社会保障六七八号（一九七五）、三塚武男「わが国の社会保障制度とＩＬＯ第一〇二号条約との比較」賃金と社会保障六七八号（一九七五）、など参照。最低基準条約については高橋武『国際社会保障法の研究』（至誠堂、一九六八）、山田晋「ＩＬＯ条約がわが国の『社会保障制度』に与えた影響」世界の労働五九巻四号（二〇〇九）、など参照。

本稿の目的意識に照らして、従来の社会保障の体系論、とりわけその所得保障の位置づけにで、戦争援護法などの新しい現象は、どのように把握されている（または把握されていない）のだろうか？

四　従来の理論

1　所得保障法と社会保障法

所得保障（法）制度を社会保障法の一部とみなすのが一般的であるが、所得保障法制を独自の法体系として、社会保障はそのツールとみなす学説もある。片岡直教授の見解がその典型である。

(1)　片岡説　社会保障法の内部で所得保障を検討する視角とは異なる枠組みを設定したのは片岡直教授である。[9]教授はわが国における所得保障法を検討するにあたって、社会保障制度の一部として、その中心的なものとして所得保障法制を捉えるのではなく、所得保障法の中心的な役割を担うものの一つとして社会保障法制を考える。したがって生活保障的給付である所得保障法の特質を備えたものであっても、社会保障法の範疇に入らないものも存在することになる。この点から戦争犠牲者援護制度を見れば、それは所得保障ないし生活保障を目的とした給付と、慰藉料的給付とが併存しており、これらの給付を必要とする要保障事故が国家活動により引き起こされたという事実が、被害に対する国家責任、国家補償の観念を強く要請し「このことが戦争犠牲者援護立法をして、ストレートに、社会保障法であるといいがたくしている」とする。[10]また教授は犯罪被害者救済制度を特殊な事故原因に特定化された補償制度とみなし、労災補償制度や公害被害者補償制度と性格的に共通するものを持つとする。[11]教授はわが国の所得保障制度の構造と体系を、生活危険に対する所得保障制度の体系と、生活不能に対する所得保障制度の体系とに二分している。この点、社会保障法における所得保障制度の分類と酷似している。そして前者の要保障事故の発生原因を一般的原因、労災原因、戦争被害、特定原因に細分化する[12]。

片岡教授の説によれば、生活保障的給付であっても、社会保障法に位置づけられる給付と、そうでないものがあるとして、戦争犠牲者援護立法はその典型であるとする。被害に対する国家責任、国家補償の観念の強い要請が直接的に社会保障法へと位置づけることを躊躇させるという。また慰藉料的給付の存在も社会保障法的ではないとする。

しかし社会保障法と国家補償が互いに排斥的関係になければならないということはない。社会保障法においては、給付と同様、責任もまた社会化され包摂される。しかしそのことで、責任が消失しているわけではない（労災保険法を想起せよ）。また慰藉料的給付は、生活保障とは直接的関連はないが、生活保障の視点から考えたとき、両者を完全に峻別することは困難である。生活保障給付額がニーズ額を上回ることは無く、むしろニーズに対して不足である場合が多い。慰藉料的給付を合算してもなお生活保障のニーズを充当している額ではない。

したがってここでは社会保障法の中に位置づけることが必要となる。

(2)　加藤説　所得保障を社会保障法の一領域とする通説で、詳細に両者の関連を論じたのは加藤智章教授の論文である[13]。

加藤智章教授は「所得保障を、所得の喪失・減少あるいは支出の増大を引き起こす事象に対して、最低生活水準ないし従前の所得水準に対応する形で、被保険者およびその被扶養者の生計を維持するためになされる社会保障給付の機能」と定義する。そして「現物給付か現金給付かの相違が所得保障機能と直接関係しない」という。すなわち「現物給付そしてサービスが提供されても所得保障として機能する場合があり、現金給付であることから、ただちに所得保障機能が認められるわけではない。現金給付の多くが所得保障機能を有するに過ぎない[14]」。そして社会保障制度の多くの給付は所得保障機能を有する。生活保護の生活扶助、社会手当のみならず、社会福祉制度における更生医療や育成医療もまた所得保障機能を有するという。

加藤教授は現物給付に所得保障的機能を認めるという。教授は「現物給付か現金給付かの相違が所得保障機能と直接関係しない」という。加藤教授は、現物給付であっても所得保障として機能する「場合があり」とするが、これは医療を念頭においていると考えられる。医療保障の本質と形態をどう考えるかという問題に関連する。

社会保障としての医療保障給付の本質は、疾病を治癒させるための治療、療養を行うことである。だとすれば、医療行為そのものが社会保障法上の給付であるはずで、現物給付意外の選択はあり得ない。にもかかわらず、比較法的に見ても、医療費の償還制という制度が存在する。これは医療供給体制や医療制度の存在形態が、社会保障法上の給付方式を規定している例とみるべきである。医療や社会福祉サービスの場合、社会保障の方法として、社会保険方式を採用した場合、保険者とサービス供給者が分離しえる場合があり、その場合、費用の償還制も可能となる。この場合は、現金給付という形をとり、あたかも所得保障的な要素を呈するが、これは保障給付の本質がもたらすものではない。

なお堀勝洋教授は、「所得保障」と「金銭給付」の混同を指摘し、「所得保障」は「金銭給付」の対比概念で、給付内容にかかわる概念であり、「金銭給付」は「現物給付」の対比概念であり、給付形態にかかわる概念であるとする。(15)

2　社会保障法の体系論

わが国社会保障法学の通説的地位をしめるいわゆる「荒木理論」は、要保障事故の性格におうじて、それに対応する社会保障給付別に体系を立てている。まず、所得の減少、停止などの事故と、生活上の行為の事故とに区分し、前者に対しては所得保障を行い、後者については生活保障として現物サービス給付を行う[16]。

所得保障の体系は、対応する事故の性質とその帰結により、生活危険と生活不能とに二分される。生活危険は、従前の生活水準を低下させるような、稼得能力を阻害する事象で、失業、老齢、障害、疾病、死亡（遺族）である。生活不能とは原因の如何にかかわりなく、最低生活を侵害するものである。生活危険の事故に対しては、社会保険または無拠出で年金（定期的給付）で対応し、生活不能については無拠出の給付による。

所得保障における荒木理論の特色は、通常の稼得能力をもつ人間が措定され、その稼得能力を阻害する事故が、要保障事故と捉えられている点である。これゆえ、荒木理論の体系においては、稼得能力に変化が生じない生活上の困難は体系上現れてこない。児童扶養や介護、医療などに関する特別の出費、支出は、生活上の困難を引き起こすが、稼得能力それ自体には変化は見られない。初期の荒木理論においてはこのような生活負担とでも呼ぶべきような社会手当は捨象されている。これは荒木理論がわが国社会保障制度の黎明期に登場したことに由来する。

荒木理論は戦争援護をどのように把握するのか。荒木教授は、戦争犠牲者援護法は単なる「戦後処理的な特別法」と見るべきではなく、「国家責任にもとづく人権尊重の法、生活保障の法としての性格」を持つことを認識しなければならないと指摘し、「生活保障という点では社会保障の原理が、戦争被害者へのつぐないという点では国家補償の原理が基礎となっているが、この二つの原理が不可分に結びついているところに、戦争犠牲者援護の諸制度の特色が見いだされる[17]」という。また被爆者援護法の前身である原爆二法については「社会保障の特別法としての位置をしめる」とし、被爆者に対する国家補償の原理が根底にある点で、戦争犠牲者援護と同一の基盤に立っているとする。

河野正輝教授は、二一世紀の目的理念と法体系像を示す中で、社会保障法体系の将来像として、目的別区分の法体系を提示する。目的別区分の法体系によれば、社会保障法は、所得保障法、健康保障法（健康の増進、疾病の予防・治療、リハビリテーションの保障）、自立支援保障法（自立支援と社会参加の保障）という三部門からなる。所得保障法はさらに最低所得保障法と所得維持保障法に分かれ、最低所得保障法は「生活に困窮したとき、国がすべての人に無差別平等に、人間の尊厳に則する最低所得を保障することを目的とする法[18]」である。所得維持保障法は、「所得の継続的な安定を保障することを目的」とし、それは「代替所得の保障」と「特別出費の保障」との二つに細分化できる。なお注目すべきは、河野教授によれば、戦傷病者戦没者遺族等援護法による遺族への援護や被爆者援護法の援護などは「戦争犠牲者に対する国家補償として位置づけられるべきものであり、また公害被害健康被害に対する補償の制度も特定の加害—被害の関係に由来する生活事故についての損害賠償の特例とみられるから、一般に社会保障の範囲に含まれうるとは考えられない」とし、その一方で「公営住宅をはじめ住まいの保障に関する制度や犯罪被害者の支援に関する制度など、社会保障の関連領域に含めて取り上げられつつある[19]」とする。

戦争被害や公害健康被害が特定の加害—被害の関係に由来する生活事故であり、犯罪被害が加害—被害の関係に由来する生活事故でないという点は、容易には理解できないところである。単純に考えれば、給付の目的に着眼する限り、遺族への援護や被爆者援護法の援護、公害被害健康被害に対する補償の制度も犯罪被害者の支援に関する制度なども全ては「生活保障」という目的に収斂するのであり、あるものが社会保障法の枠外になり、あるものが社会保障法の枠内に入るのは一貫していないと考えられる。

堀勝洋教授は、社会保障法を「生活困難に陥った者に対し公的責任で健やかで安心できる生活を保障する給付を行う制度にあたる法」と定義、これに該当するものは生活困難の原因、費用負担者を問うことなくその社会保障法体系に取り込んでいる。これゆえ、社会保障法を財源方式により「社会保険法」と「社会扶助法」に二分した上で、戦傷病者戦没者遺族等援護法や被爆者援護法などを「社会扶助法」の「戦争犠牲者援護法」に分類する[20]。

江口隆裕教授は「そもそも、被爆者援護法のように、被爆という戦争に起因する被害を対象とし、被爆という歴史的事実によって対象が固定される法律を、「社会連帯や相互援助を基礎と」する社会保障立法に含めること自体疑問である」とする。江口教授は「社会連帯や相互援助の観念は、観念的にせよ負担者の受益可能性を前提とするものであり、被爆者のような特定の者を対象とする立法はその前提を欠いている」とする[21]。

しかし社会保障法の在り方は、社会連帯と相互援助に依拠するもののみではない。社会保障の本質は、社会的承認を受けた要保障事故に対する社会的給付であり、それが社会連帯や相互援助によってなされているに過ぎない。社会連帯や相互援助によらない社会的承認もあり得るし、国家の積極的承認もあり得る。

高藤昭教授は社会保障法を所得保障、健康保障、住宅保障に三分類し、所得保障の法は、最低生活保障法制と生活維持保障法制度からなるとする。さらに前者は、一般最低生活保障法制（伝統的な公的扶助法制）、生活障害別最低生活保障法制（所得の喪失、中断、現象の原因となった、人々に類型的な特定の生活障害形態別に最低生活保障をなす法制：拠出制、無拠出制がある）、最低特別支出保障法制（一定の類型的な特別支出の最低額を保障する法制）に細分化される。生活維持保障法制度は、一般的生活維持保障法（傷病保障法、高齢保障法、障碍保障法、遺族保障法、失業保障法）と労災保障法に分類される[22]。

高藤教授は被爆援護法制に関し、社会保障法との差異を「国家補償が、被保障者の現実の生活状態を問わず、国家の活動により生じたすべての個人の損失をてん補するものであるのに対し、社会保障は原因のいかんを問わず、国民の生活上の障害そのものを直視して、その生活保障を図るものである[23]」とする。両者には原理的、本質的差異がある。そして原爆二法は、原爆被爆者の被害の特殊性、深刻性と、原爆被害を生じさせた国家責任という、二側面から理解され、「現行原爆二法は、その二つの要素に対応する社会保障性と国家補償性の二重性格的、複合的立法とみるべき」で、「この場合国家は、憲法二五条に基づく国民に対する生活保障責任主体と、戦争開始に対する補償責任主体との二重の責任主体としてあらわれている」[24]。高藤教授は被爆者援護法を新たに立法する場合、社会保障法と国家補償法の二つの選択肢があるが、社会保障法とした場合、国家責任は問えないので「原爆被爆者援護法は戦争開始—原爆被爆誘発に対する国家責任を基礎とする補償原理にたって構想されるべき」[25]とする。

たしかに社会保障法の範疇では戦争の国家責任を問うことは難しいが、社会保障法の領域で立法がなされたことが、直接的な国家の責任を問う補償法の立法を妨げるものではない点に留意すべきである。

佐藤進教授は、制度区分説にたちつつ、社会保障の体系を所得保障給付法（公的扶助および社会保険制度）、障害保障給付法（社会福祉・社会援護）、生活関連環境保全法の三分する。教授の用語は一定しておらず、全体像を把握することは困難であるが、「社会福祉＝社会援護関係法」（＝「国庫負担＝無拠出にして緩和された法定条件のもとで、平等適用原則により、現金給付、あるいは現物給付、あるいは対人的な社会福祉サービス＝非所得サービス給付、加えて現金給付、あるいは現物給付をする」[26]）に戦争援護の法を含ませているように伺える。正確には「社会的な生活援護」という用語を用いているが、内容的には「社会福祉＝社会援護関係法」と同義であろう[27]。ただし詳細な展開は見られない。

岩村正彦教授は制度別体系説に立ちつつ、「社会保障制度を構成する各制度に沿って、社会保障法を体系化すれば十分で」、社会保障法は「社会保険法、公的扶助法、児童手当関連法（「社会手当法」ともいう）、社会福祉サービス法から構成される法体系」として把握できるという[28]。なお教授は恩給制度につき「今日の公務員共済組合制度に連なる側面も有しており、社会保障に含めて考えても差し支えな」く、戦争犠牲者援護は「国家の戦争責任を背景とする戦争犠牲者に対する補償の制度であり、社会保障とは理念を異にする」が、「両者の間に近似性があることは否定しえず、さしあたり社会保障の一部に含めておく」という[29]。これらは法体系的には「その他」に分類されている。

遠藤昇三教授は社会保障法を「資本主義社会の諸法則の展開の必然的帰結としての勤労諸階層の状態の法則的悪化即ち窮乏化法則の展開が、生み出す」貧困＝生活問題を、労働能力の再生産過程に照らして、体系区分する。[30]そして社会保障法の特色は、貧困創出責任に対する損害補償請求権にあるとする。したがって「純粋に私的で個人的な責任につき、その損害賠償が、様々な要因によって実現されがたいことから、国家が、全体社会の代表者として、補償・賠償ないしは補償・賠償責任を担保する制度は、社会保障法とは理念を異にする」[31]。これにより公害被害や、国家のみに責任のある戦争援護法や被爆者援護法制は社会保障法とはならない。

遠藤教授の体系は貧困を労働力の再生産過程にてらすという点である種の完結性を持つものであるが、今日、社会保障の範疇に属するとされるニーズが、この完結性で終わるか疑問なしとしない。社会保障のニーズの拡大の余地がありはしないか。

小川政亮教授は、被爆者援護法は「要補償事由の発生の原因ないし成立の根拠が、専ら権力の主体としての国家の責任に帰せられるべき活動の犠牲者であることに求められるべきものであるというように、特定かつ明確である点において、すなわち損失補償、―とりわけ被爆者の場合は、むしろ不法行為に対する損害賠償的意味、いわば国家賠償的意味をこめて―として一切の必要十分な給付を要求するものであるという点で、一般のいわゆる社会保障とは異なる特殊の性格をもっている」[32]。従って原爆二法は「国家補償的、すなわち援護法的性格をも帯有するものであり、その趣旨において解釈、運用されるべきもの」である。[33]

倉田聡教授は戦傷病者戦没者遺族等援護法や被爆者援護法などの「国家補償としての援護法制」は旧軍人軍属およびその家族の生活保障という点で、社会保障制度と類似の機能を有するが、「戦争という国の行為による損害ないし損失の補塡を目的とするため、補償給付が生活困難に陥っていない場合にも支給される可能性があ」り、それゆえ社会保障と国家補償は今後も区別にする実益があるという。[34]

菊池馨実教授は、従来の社会保障法の諸概念を批判・再検討し再構築し、社会保障の法理念を「自律した個人の主体的な生の追求における人格的利益の実現のための条件整備」[35]とし、「選択」「参加」「負担」の諸原則が極力尊重されねばならないとする。この自由基底的社会保障法論は、現行法から帰納的に社会保障の法理念を再構成する限りにおいて、抽象的に説得的であるとはいえるが、例えば、被爆以来、国家にも社会にも差別され排除され貧困と苦悩を余儀なくされ続けた被爆者に「自律的主体的な人間像」を措定することが果たして現実的かという疑問がある。特に「負担」原則は、被害補償制度にはあてはまらない。とすれば菊池理論にあっては、戦争被害者や犯罪被害者の生活保障を目的とする社会的給付を社会保障法の範囲に含ませる可能性はないものといえよう[36]。

西村健一郎教授は大部の社会保障法に関するテキストを刊行したが、この中には戦争援護制度に関する記述はない[37]。

（9）　片岡直「わが国における所得保障制度の構造と体系に関する一考察」『社会法の現代的課題—林迪廣教授還暦祝賀論文集』（法律文化社、一九八三）、四五九頁以下、所収。
（10）　片岡・前掲論文四七三頁。
（11）　片岡・前掲論文四七七頁。
（12）　片岡・前掲論文四七九頁。
（13）　加藤智章「社会保障制度における生活保障と所得保障」日本社会保障法学会編『講座　社会保障法二巻　所得保障法』（法律文化社、二〇〇一）、二三頁以下、所収。
（14）　加藤・前掲論文三〇～三一頁。
（15）　堀勝洋「所得保障と経済的自立」社会保障法二二号（二〇〇七）二八頁以下（のちに堀『社会保障・社会福祉の原理・法・政策』ミネルヴァ書房、二〇〇九、所収）。
（16）　いわゆる荒木理論については荒木誠之『社会保障の法的構造』（有斐閣、一九八三）、柳澤旭「荒木「社会法」理論の基点と展開—労働関係（労働法）から社会保障法へ」山口経済学雑誌五五巻五号（二〇〇七）、同「荒木「社会法」理論の展開と到達点—労働条件法理から生活保障法理へ」広島法学三一巻一号（二〇〇七）、同「荒木「社会法」論の法的構造と特質—社会保障法から労働法へ」山口経済学雑誌五六巻二号（二〇〇七）、山田晋「荒木理論にとって社会保障法とは何か～柳澤教授・三論文から学ぶ」社会学・社会福祉学研究一二七号（二〇〇七）。

(17) 荒木誠之「戦争犠牲者援護」『社会保障・社会福祉事典』（労働旬報社、一九八九）四〇一頁。

(18) 河野正輝「社会保障法の目的理念と法体系」『学会講座　社会保障法一巻　21世紀の社会保障法』（法律文化社、二〇〇一）所収、二四頁。

(19) 河野正輝＝江口隆裕『レクチャー社会保障法』（法律文化社、二〇〇九）、五頁。

(20) 堀勝洋『社会保障法総論（第二版）』（東大出版会、二〇〇四）一〇六頁以下。

(21) 江口隆裕「社会保障法判例・在外被爆者に対する被爆者援護法に基づく健康管理手当の支給が認められた事例」季刊・社会保障研究四〇巻二号（二〇〇四）二〇七頁。

(22) 高藤昭『社会保障法の基本原理と構造』（法政大学出版会、一九九四）、同『社会保障法制概論』（龍星出版、一九九七）。

(23) 高藤「原爆のうずきと法」判例タイムズ三四〇号（一九七七）二頁以下、六頁

(24) 高藤・前掲論文七頁。

(25) 高藤・前掲論文一〇頁。

(26) 佐藤『社会保障法の体系（全）』（勁草書房、一九九〇）三四四頁。

(27) 佐藤・前掲書五〇六頁。

(28) 岩村正彦『社会保障法Ⅰ』（弘文堂、二〇〇一）一七頁。

(29) 岩村・前掲書一五頁。

(30) 遠藤昇三『「人間の尊厳の原理」と社会保障法』（法律文化社、一九九一）。

(31) 遠藤・前掲書一六三頁。

(32) 小川政亮「被爆者援護法の法的考察若干」日本社会事業大『現代日本の社会福祉』（勁草書房、一九七六）九六頁。

(33) 小川・前掲論文九七頁。

(34) 倉田聡「社会保障と国家補償」加藤智章＝菊池馨実＝倉田聡＝前田雅子『社会保障法（第四版）』（有斐閣、二〇〇九）。

(35) 菊池馨実『社会保障の法理念』（有斐閣、二〇〇〇）一四〇頁。

(36) 社会保障法の拡張については、荒木誠之＝河野正輝＝西村健一郎＝良永彌太郎＝岩村正彦＝菊池馨実「座談会・社会保障法学の軌跡と展望」民商一二七巻四・五号（平成一五）でも若干触れられた。

(37) 西村健一郎『社会保障法』（有斐閣、二〇〇三）。

五　補償に関する比較法――戦争援護、予防接種、犯罪被害、自然災害――

ここでは戦争援護、犯罪被害、自然災害などの補償法・制度に関する比較法的検討を行う。

1　戦争援護

(1)　戦前の日本

「戦時災害保護法」（昭和一七年法律七一号）

本法は「戦時災害ニ因リ危害ヲ受ケタル者竝ニ其ノ遺族ニシテ帝國臣民」（一条）である者に対して、救助、扶助、給與金を支給する（三条）。救助は、戦時災害に関係し現に応急救助を必要とする者に対して、収容施設の供与、食品、被服・寝具など生活必需品や学用品の給与・貸与、医療、助産、埋葬などが行われる。扶助は「傷痍、疾病、身体障害又ハ死亡ノ為生活スルコト困難ト為リタルモノ」（一六条）に対して行われる生活援護である。扶助の種類は、生活扶助、療養扶助、出産扶助、生業扶助である（一七条）。給與金は、戦時災害によってし死亡した者の遺族、また戦時災害により障害者となった者に支給される（二二条）。また「戦時災害ニ因リ住宅又ハ家財ノ滅失又ハ毀損アリタル場合」にも支給される（二二条）。

増子正宏によれば、戦時災害による被害に対する国家の保護は、戦争による損害は全て原則的に国家が補償・補塡するという補償主義と、戦争被害者の中で国家保護を必要とする者のみを慈恵的に救済する救済主義とがあり、わが国の保護制度は救済主義をとっており、本法はその典型であるという(38)。

本法の意図は保護制度を設けて、国民の生活不安を除去し、人心の安定を図り「進んで銃後の國民活動を愈々活發ならしめ、以て國土防衛の完璧を期することとした」点にあり、欧州に見られる戦時災害による被害に対する国家補償の思想とは根本的に異なるという。[39] ただし実態は、給付金の支給に関して補償主義に傾いていたとする指摘がある。[40]

(2)　ド　イ　ツ[41]

ドイツにおいては、戦争犠牲者援護を社会保障の中に組み込んでいる。戦争犠牲者援護を中心とする援護は、社会保険、社会扶助とならんでドイツ社会保障の三本柱の一つとして考えられている。戦争犠牲者援護の中核をなす法は、一九五〇年の連邦援護法（Gesetz über die Versorgung der Opfer des Krieges; Bundesversorgungsgesetz BVG）である。同法は、軍務または準軍務（militärische oder militärähnliche Dienst）による損害（Scädigung）への援護（Versorgung）を中心とするものであるが（同法一条）、「戦争の直接的影響」（ummittelbare Kriegseinwirkung）によって損害を受けた場合は、軍属のみならず一般市民も法の適用を受ける（同法七条一項３）。

給付は医療やリハビリの他、障害年金（Bescädigtenrente）、遺族年金（Hinterbliebenenrente）、戦争犠牲者扶助（Kriegsopferfürsorg）などがある。

戦争に起因する物的損害については、被害を受けなかった者の負担により、その損害を調整するという、極めて特異な制度がある。一九五二年の負担調整法（Gesetz über den Lastenausgleich; Lastenausgleichsgesetz LAG）は現在はほぼその機能を終えたが、社会的公正（sozial Gerechtigkeit）に基づいて（法前文）、本補償（Hauptenschädigung）、戦争損害年金（Kriegsschädenrente）〈補償年金（Entschädigungsrente）とも呼ばれる〉、家財補償（Hausratesentschädigung）住居手当（Wohnraumhilfe）などの戦争による物的損害を補償する（四条）。本補償は土地、不動産、工場施設等に対する所有権的損害を補填する。本補償を受けた者で六五歳以上に達した者、および就労不能となった者は戦争損害年金を受給できる。戦争損害年金は、財産的損害の基本額をもとに計算される。家財補償は、戦災によって消失した家具、調理器、食器などの整備のための補償である。これらの補償の財源は、戦災による財産的損害を免れた者にたいする負担調整付加金（Ausgleichsabgabe）と連邦政府、州政府の補助金によって賄われてきたが、一九七三年以降は連邦政府、州政府が税財源によって負担している。

2　犯罪被害補償

(1)　イギリス[42]

イギリスは一九六四年に「犯罪被害補償制度（Criminal Injuries Compensation Scheme）」が策定され（一九七九年に改正）、一九九五年には犯罪被害補償法（Criminal Injuries Compensation Act）が制定された。これに基づき、一時金で補償がなされる。制度は「犯罪被害補償局（Criminal Injuries Compensation Board）」が運営する。「犯罪被害補償局」は被害者の精神的・肉体的苦痛、所得の喪失、他の費用の補償などを考慮にいれ、給付額を決定する。

(2)　ニュージーランド

ニュージーランドには、労働災害、交通事故を含めた包括的な事故補償法が存在し、犯罪被害もここに含まれる。一九七二年の事故補償法（New Zealand Accident Compensation Act）[43]は、就労者救済制度、自動車事故救済制度、補足補償制度からなり、それまで存在した犯罪被害補償法（Criminal Injury Compensation Act 一九六三）はここに吸収された。事故補償法は、その後、基本的性格を維持しつつ、被害予防、リハビリテーション、補償法（Injury Prevention, Rehabilitation, and Compensation Act 2001）に改正されたが、事故の原因にかかわらず事故による身体障害被害を補償する制度で、医療給付などとならんで所得補償、リハビリテーション給付を行う。

(3)　ドイツ

ドイツは犯罪被害者補償制度を社会保障法の一環として位置づけている。一九七六年の犯罪被害者補償法（Gesetz über die Entschädigung für Opfer von Gewalttaten: Opferentschädigunggesetz OEG）により、ドイツ国内において、違法は暴力的攻撃（rechtswidrigen tätilichen Angriffs）を受け、健康上の被害（gesundheitliche Schädigung）を受けた者は、その健康上そして経済上の結果（gesundheitliche und wirtschaftlichen Folgen）を理由に連邦援護法の援助を受けることができる（犯罪被害者補償法一条(1)）。給付は連邦援護法に準拠し、医療リハビリ、労働生活への参加、損害賠償給付、経費補償、生活費確保のための給付などである。費用は、障害が発生した州が負い（四条(1)）、国は州に発生する費用の四〇％を負担する（四条(1)）。

3　自然災害補償

(1)　ニュージーランド

災害については、一九九九年に設立された災害緊急対策省（Ministry of Civil Defence and Emergency Management）があり、災害に対する啓発や災害がもたらした社会的・経済的費用に対する復興についての施策の策定、支援などを行なっている。また危機管理会社や大学、地方自治体など、災害に関する危機管理の専門家がつくる組織に「ニュージーランド自然災害」（Natural Hazards New Zealand）があり、災害時の対応の指導や災害情報、研究などを広く提供している。所得補償的な機能については、地震などの自然災害について、地震委員会（Earthquake Commission EQC）が、地震保険（EQCover）を運営・管理している。地震委員会の地震保険は、地震、地滑り、火山噴火、地熱活動、津波などによってもたらされる損害を補償するもので、土地、家屋、家財を対象とする。保険金は最高、一〇万ドルで、家財等は二万ドルまでである。

(38)　増子正宏「戰時災害の保護對策―主として戰時災害保護法について」厚生問題二八巻一〇・一一・一二月合併号（一九四四）一六頁以下所収、一七頁。
(39)　高橋敏雄「戰時災害保護法について」厚生問題二六巻四号（一九四二）一〇頁以下所収、一二頁。

（40）　赤澤史郎「戦時災害保護法小論」立命館法学二二五・二二六号（一九九二）四〇〇頁以下所収、四二〇頁。なお戦時災害保護法の実態については、吉田久一『改訂増補版・現代社会事業史研究・吉田久一著作集3』川島書店（一九九〇）二三六〜二三八頁も参照。

（41）　ドイツにつき、宍戸伴久「戦争損害の補償」栃本一三郎＝矢野聡編『世界の社会福祉8　ドイツ・オランダ』（旬報社、二〇〇〇）所収。欧米につき、奥原敏雄「欧米諸国における戦争犠牲者の補償制度」法学セミナー四五二号（一九九二）五二頁、宍戸伴久「戦後処理の残された課題―日本と欧米における一般市民の戦争被害の補償」レファレンス平成二〇年一二月号（二〇〇八）など。

（42）　イギリスの犯罪被害補償制度については、大谷実「イギリスにおける被害者補償制度の運用状況（上）」ジュリスト五二一号（一九七二）。

（43）　ニュージーランド事故補償法については、浅井尚子「ニュージーランド事故補償法とその運用実態」加藤雅信編著『損害賠償から社会保障へ―人身被害の救済のために』（三省堂、一九八九）、所収。See also, Ian B Camplell, *Compensation For Personal Injury in New Zealand: Its Rise and Fall*, Auckland Univ. Press, 1996; Susan St John, Accident Compensation in New Zealand: A Fairer Scheme?, in Jonathan Boston, Paul Dalziel and Susan St John eds., *Redesigning the Welfare State in New Zealand-Problems, Politicies, Prospects*, Oxford Univ. Press. 1999, p. 154ff.

六　判　例

社会保障法の拡大について参考となる判例は、不法入国者被爆者健康手帳交付却下処分事件判決（いわゆる孫振斗事件判決）[44]である。不法滞在者の被爆者健康手帳交付申請を行政が却下したことを巡る裁判で、裁判所は一貫して不法滞在者の被爆者健康手帳交付却下を違法とした。

福岡地裁（昭和四九年三月三〇日判決、判例タイムズ三〇六号）では原爆二法が「日本人被爆者のみならず外国人被爆者に対しても適用されることを予定した法律、すなわち外国人被爆者に対しても権利主体としての法的地位を与えた法律と解さえること前段判示のとおりであってみれば、同法はこの点においてすでに他のいわゆる社会保障法とも類を異にする特異の立法というべき側面を有するものということができる」とした。

控訴審判決（福岡高裁昭和五〇年七月一七日判例時報七八九号一一頁）は、「原子爆弾による被爆は、戦争という全く個人の責任に帰することのできない国家の行為によって生じたものであり、しかも、その被爆者は、原爆特有の放射線、熱線、爆風等の傷害作用により、一般戦災者の場合と比較して、肉体的にも精神的にも社会生活の面でも、より一層悲惨かつ不安定の状態におかれた点に顕著な特異性があり、原爆二法は、かかる意味での戦争犠牲者の救済を目的としたものと考えられる一面があるので、これを純然たる社会保障法として性格づけてしまうことはなお問題が残るものと言わなければならない」（一六頁）。「原爆医療法は一面社会保障法の性格をもちながらも、他面、被爆者に対する国家補償的性格をも併有する一種特別の立法というべく、この点、同法を純然たる社会保障法として性格づける控訴人の緒論は採用しがたい。」（一六頁）と判示した。

最高裁判決（昭和五三年三月三〇日一小判・判例時報八八六号）は「原爆医療法は被爆者の健康面に着目して公費により必要な医療の給付をすることを中心とするものであって、その点からみると、いわゆる社会保障法として他の公的医療給付立法と同様の性格をもつものであるということができる。しかしながら、被爆者のみを対象として特に右立法がなされた所以を理解するについては、原子爆弾の被爆による健康上の傷害がかつて例をみない特異かつ深刻なものである……」とする。

最高裁と同様の考えとして、桑原訴訟二審判決（広島高裁昭和五四年五月一六日判例時報九四四号）[45]がある。判決は、原爆医療法は被爆者の健康面に着目して公費医療給付なすことを中心とする点から社会保障法としての性格を持つが「他面、被爆という特殊の戦争被害について戦争遂行主体であった国が自らの責任によりその救済を図るという一面をも有するものであり、その点では実質的に国家補償的配慮が制度の根底にあることを否定しえず、従って、原爆医療法は、社会保障法と国家補償法の性格をあわせもった複合的立法であるということができる」（四二〜四三頁）と判示した。

裁判例では、原爆二法の法的性格に関する国側の主張である〈原爆二法は社会保障法であり、社会連帯の基礎のない不法入国・不法滞在者には適用がない〉という主張を退ける論理として〈原爆二法は国家補償法的性格と社会保障法的性格を兼ね備えており、不法入国・不法滞在者であれ不適用とはいえない〉という論理を用いた。国側も裁判所も「社会保障法」の法的性質を非常に曖昧なまま使用しており、最高裁判決の結果、原爆二法の法的性格について決着をみたというわけではない。

なお原爆医療法の性格はそのまま被爆者援護法に引きつがれていると解され、「被爆者援護法も社会保障法と国家補償の性格を併有する特殊な立法というべきもの」とする判決があり（大阪地裁平成一三年六月一日判例タイムス一七九四号、大阪高裁平成一四年一二月五日判例地方自治二四四号）、原爆二法の判例論理は基本的に被爆者援護法にもあてはまる。

（44）　判例研究として荒木誠之「韓国人被爆者と原爆医療」ジュリスト五九八号（一九七五）、同「原爆医療法の性格と受給要件」ジュリスト六六七号（一九七八）、吉岡幹夫「判例批評」判例評論二三八号（一九七八）。

（45）　桑原訴訟判決に関しては、吉岡幹夫「原爆医療認定訴訟の意義」（静岡大学法経短期大学部）法経論集三二・三三号（一九七四）。

七　試　論

以下に社会保障法体系の一部である所得保障の体系の試論を提示する。

まずこれまでみてきた被爆者援護、犯罪被害補償、自然災害に対する社会的給付がなぜ社会保障法の体系に位置づけられねばならないのか。

第一にこれらの給付が、ただ支給されることそれ自体が目的ではなく、支給されることにより受給者の自立を促進するという要素を持っているからである。この点で単なる損害補償給付とは意味あいが異なる。自立のための給付である点を考慮すれば、その目的は社会保障法の目的と合致する。社会保障の一環として位置づけることによって、給付の目的を適正に達成できる。例えば、給付額に物価スライドを採用し、給付価値を生活時点にあわせることなどが、社会保障法の法理から考えられる。

第二に、被爆者援護法についてみれば、最高裁は原爆二法について、社会保障法と国家補償法の「複合的性格」をもつものと判示している。つまりどの部分、どの程度かは示されてはいないが、あるいはどちらが主従であるかは明らかではないが、社会保障法的要素が存在するということは間違いない。したがって被爆者援護法の少なくとも一部は、明確な形で、社会保障法として位置づけることが必要になる。

第三に、各給付が社会保障法体系に位置づけられることにより、給付水準が生存権理念によりコントロールされる。例えば、被災者生活再建支援法の給付基礎額は何を根拠に一〇〇万円となっているかは定かではないが、社会保障法体系に位置づけることにより、その額の向上の理論的根拠を生存権に求めることができる。

以上のような理由により社会保障法に位置づけることには意味がある。

被爆者援護法、戦争被害補償法を社会保障法の範疇に含ませるか否かは、国家責任、国家補償をどのように考えるかによる[46]。国家責任・国家補償の要素を強調すれば、各種戦争被害補償法制は社会保障法には含ませないとする結論に結び付く傾向がある。あるいは社会保障法に含ませることにより、戦争責任が曖昧になるといった危惧感もあろう。

しかし社会保障法に含ませることは、戦争責任・戦後責任を曖昧にし、国家に免罪符を与えることではない。社会保障法にあっては、給付を社会化することにより、事故責任も社会化したに過ぎない。国家責任を棚上げにし、無罪放免することではない。労働災害を社会保険化することは、労災に関する企業責任を不問にすることではない。社会保障法に位置づけることにより、責任追及とは別に、生活保障が可能となる。

同様のことは、犯罪被害補償制度についても言える。犯罪被害補償することは、加害者の責任とは無関係である。もし責任主体のみが生活補償をしなければならないとすると、犯罪被害補償制度はそもそも成り立たない。責任無能力者の「犯罪」被害は補償されないことになる。自然災害についてもほぼ同様のことが言える。自然そのものに対する責任追及は不可能で、国・自治体の管理責任が問題となるのみである。社会保障法はニーズに着眼した給付体系の法であると考えるので有れば、上述の補償は社会保障法体系の中に組み込まれるべきである。その上で、社会化された責任の性質に応じて、社会保険か無拠出かなどの財源の問題が論じられることになる。

ただ予防接種副作用被害補償については、それが国民の健康を向上・保護する目的でなされていることを考慮すると、上述の国民に対する侵害を中心とする事象とは異質のものと観念され、社会保障法の範疇には含ませることは適切ではない。

ここではいわゆる荒木理論（給付別体系論・要保障事故別体系論）を基盤として、援護法、自然災害補償法制、犯罪被害給付などを社会保障の体系内に位置づけ、より包括的な社会保障法の所得保障の体系を提示する。制度別体系論では、所与のものとして制度を前提として考えるので、新たな拡張の可能性はなく、目的別体系論ではほとんど全ての社会保障給付の目的が「自立」であり、給付間ごとの区別がつかないからである。

荒木理論は、所得保障の事故類型と、生活障害の事故類型を分けているので、本稿の目的に照らして、所得保障の事故類型を考える。荒木理論では、所得保障の事故を生活危険と生活不能とに分ける。しかし生活保障を要する事故は生活危険と生活不能だけではない。特別の支出・出費は、収入については何らの変化も生じないが、多大の支出を要し結果的に所得保障の必要を惹起するものもある。そこで、荒木理論に若干の修正を加え、ここに所得保障の事故類型を、生活危険、生活不能に加え、生活負担とでもいうべき類型を設定する。生活負担とは、児童の扶養、介護などに伴う特別の支出を引き起こす事故である。現行法制でいえば、児童手当などがこれに当たり、社会手当と呼称されることもある。

修正を加えた荒木理論では、収入の中断、停止をもたらす事故として、失業、老齢、障害、傷病、稼得者の死亡（遺族）から構成されることになろう。このとき、障害、死亡（遺族）を引き起こす事象として、従来は、業務外のケガ、病気が想定されてきた。しかし拡大された社会保障法の場合、それらに加えて、特殊な原因によって引き起こされる障害、死亡（遺族）が加わる。すなわち、原爆の被爆、戦争被害、犯罪被害、自然災害である。犯罪被害は加害行為により引き起こされ、自然災害は自然の不可避的な力により引き起こされ、原爆被害は戦争という国家行為により引き起こされたという点で従来とは異なる。したがって、障害、死亡（遺族）の類型は、それぞれ一般、特別（犯罪被害、自然災害）、戦争という三類系が存在することになる。これらの要保障事故に対する社会的給付が事故類型に対応した社会的給付となるが、このうち戦争については国家補償的性格が反映しており、社会給付の財源は社会保険料の拠出に依存することはできず、無拠出となる。

生活負担については、扶養（育児）、介護、特殊なあるいは高額医療費を考えることができる。しかし自然災害により住居が倒壊、破損した場合、これも大きな生活負担を引き起こす。ここに住宅再建などが事故類型として加わる。将来、一般市民の戦争補償制度（例えば東京大空襲による被災者補償）が構築された場合、「過去の」住居の再建のための費用はここに分類されることになる。生活負担の場合は定額制をとることが多いが、これは自然災害が引き起こした費用の負担の保障にも当てはまる。

なお「貸付け金」は、現金による給付であるが、所得保障法上の要保障事故とは対応していない。「貸付け金」

は、自立支援のための現金の一時的な貸与であるので、社会保障法上の位置づけは、むしろ現物給付に近い。[47]

以上の所得保障法の体系を図示すれば次頁図1のようになろう。

なお無拠出年金について固有の意義をもたせる見解がある。高藤昭教授はその論文の中で、無拠出年金制度について詳細な検討を加えた。[48] 教授によれば、一九〇〇年代初頭に出現した無拠出年金制度は社会保障において拠出年金制度成熟までの過渡的な制度として現れ、「高次の生存権原理の進展に支えられた社会保障の時代」になると、中心は拠出年金制度ではあるが、拠出制によって年金が保障されない者、貧困ゆえに拠出能力がない者の救済のため、無拠出年金の必要性が強く意識されるようになった。年金額に最低生活保障の機能を確保させようとする動向が、無拠出年金に新たな意義を持たせることになる。社会保険は「生活不能の可能性」に対してなされるのに対し、公的扶助は現実の生活不能状態に対しその生活を可能とする限度で、給付を行う（それゆえ給付にあたってミーンズテストが実施される）。無拠出年金は「無拠出」である点で保険と異なり、「年金」という「定額」支給形態（＝受給者の個別な困窮度を捨象した、一律の支給）を取る点で公的扶助とも異なる。「そして、この年金形式によるということは、必ずしも現実の生活不能を前提とせず、従って補足性の原則とも無関係であることを意味し[49]」、ミーンズテストから解放される。高藤教授はこのような無拠出年金を社会保険の公的扶助化の極限にあるものとみる。無拠出年金は「その進歩性（＝一律額の支給＝「老後の労働意欲をそこなうことなく、総じて人道的、合理的で明朗な最低生活保障手段」をとったこと）により、従来の公的扶助にかわるべき新しい最低生活保障方式[50]」である。年金制度は「最低保障ないし無拠出年金を創設ないし配列することによって、従来は公的扶助の独占分野であった最低生活保障機能を自己の体系下にとりこみ、それ自体のなかに最低生活保障原理と従来から所有していた生活保障原理とを併せもった自己完結的

図１　社会保障の法体系

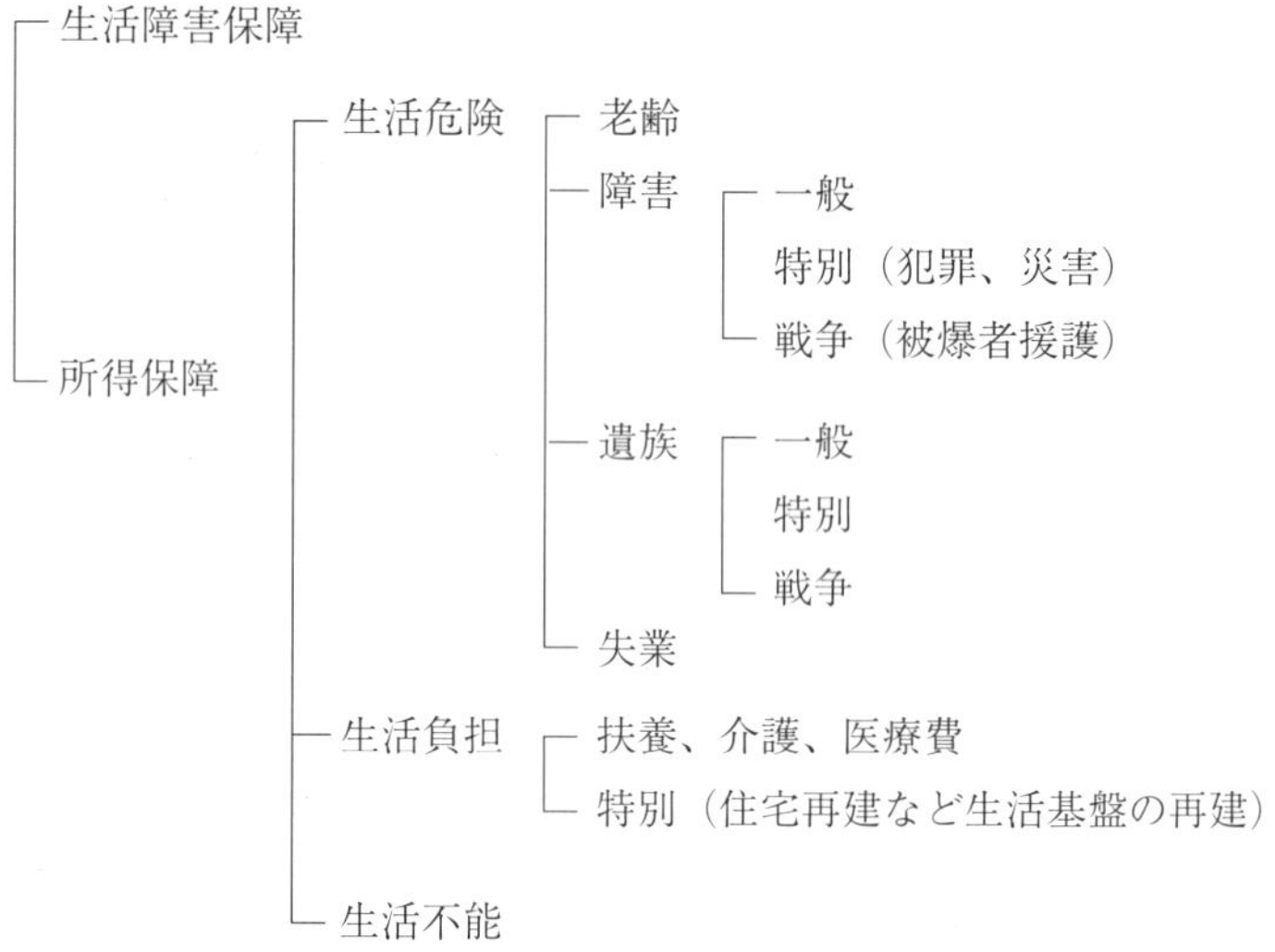

体制を完成する。……。そして国民皆年金化した以上は、それほ、そこに当然に予想さえる十分な拠出条件や拠出能力を欠く国民層に対しても、最低限度の生活は確保できる内容が自己完結的にそなわることを当然に要請する」[51]という。

高藤教授の議論はわが国の年金制度を前提に展開されており、世界でも例外的な「国民皆年金」体制の下で、特定の年金制度内での特定の年金給付の議論である。一つの年金制度のもとでどのような給付にどのような役割を担わせるかは制度設計の問題であり、それが年金制度の本質を現わすとは限らない。無拠出年金が教授のいうように「最低生活保障」を担うことはあっても、それが無拠出年金の本質であるかは確定できない。無拠出年金は拠出すべき保険料納入なしに年金給付を受給できるということでしかなく、それ以上は各国の社会保障制度全体で様々な役割を担うことになる[52]。

(46)　ダニー・ピーターズ（Danny Pieters）教授は、戦争被害や予防接種被害などの事項が社会保障の範囲に含まれるか否かは理論的に決まってきたのではなく、〈それらは国家補償であるという認識が先行していた〉結果だと指摘する。Danny Pieters, *Social Security: An Introduction to the Basic Principles.*, Kluwer Law International, 2006, p.6.

(47)　生活資金貸付け制度を所得保障の一環として活用すべきとする見解は、西村淳「日本の社会保障の歴史と自立支援」菊池馨実編著『自立支援と社会保障　主体性を尊重する福祉、医療、所得保障を求めて』（日本加除出版、二〇〇八）一頁以下、所収。

(48) 高藤昭「無拠出年金の法的性格とその社会保障法上の地位」社会労働研究二一巻三・四号（一九七五）一頁以下。

(49) 高藤・前掲論文一四頁。

(50) 高藤・前掲論文一六頁。

(51) 高藤・前掲論文一八頁。

(52) 例えばグアテマラの無拠出年金について、山田晋「グアテマラにおける高齢者の所得保障～無拠出年金をめぐって」週刊・社会保障二五三七号（二〇〇九）四二頁以下、ボリビアの無拠出年金について山田晋「ボリビア「尊厳年金」ノート」社会学・社会福祉学研究一三三号（二〇一〇）、参照。

6　住宅保障は社会保障の関連制度か

田端光美

はじめに

わが国の社会保障制度はあらためていうまでもなく、一九五〇年「社会保障審議会」勧告によって制度化が始まり、勧告にしたがって社会保険、公的扶助、公衆衛生・医療及び社会福祉で構成される体系が定着している。すなわち、住宅は教育、雇用等と同じく社会保障関連制度として位置付けられている。それ以後、社会保障の内容は時代の要請とともにモザイクのような積み重ねはあったとしても、今なお、住宅保障の社会保障体系における位置付けは確立したといえず、今日の世界的経済不況下に、居住の不安定化は深刻な生活危機を増幅している。

一九八二年に創設された日本社会保障学会は二〇〇一年、二〇周年記念事業として、『講座社会保障法』全六巻を刊行している。冒頭に示された刊行の目的は、第一に学会規約第三条の「社会保障法に関する研究を推進し、国民の健康にして文化的な生活の確保に貢献すること」、（第二は省略）、第三に「二一世紀を展望した論争と問題提起の書とする社会保障を展望すること」と述べられている。さて、期待する第五巻『住居保障法・公的扶助法』を開くと、はしがきの冒頭に、「『住居保障法』に関しては、社会保障法体系のなかでどう位置付けるかについて解釈が分かれているが……」（傍点筆者）という一行に目を奪われた。専門外の筆者が推測するところ、社会保障法はわが国でも最も権威ある法学の領域に位置し、法学的見地から論じるならば、異論があるのは当然かも知れない。しかし、「人権保障にふさわしい社会保障制度」の構築という課題に取り組むという講座の意図からすれば、その時点でなおという感を否めない。

本稿ではすでに多く論じられている居住の不安定化に対し、社会保障の一貫としての位置付けがないために対応困難であった高齢者の居住保障を中心に、その矛盾を改めて検討したいと考える。

一　住宅についての国民意識――日英比較から――

イギリス国民に限らず、ヨーロッパの人々の住宅に関する意識は、長い歴史のなかで培われてきたといえる。最も早く近代化に成功したイギリスでは、一八世紀すでに中産階級を中心にして市民の「生活」理念が形成され、その思想が近代の住様式を生み出し、やがて社会改良家たちの運動でディベロッパーをまき込んだ住宅改良の歴史がある。そのことを市民は誇りとしているが、国家の積極的介入を政策化したのは、一九世紀半ば以降であった。当時の救貧法委員会委員、E・チャドウィックは大都市の労働者居住地域の衛生状態を長期にわたって調査し、劣悪な居住環境から生じる逸失利益に注目し、住宅など生活環境整備の重要性を強調した。一八四八年には、世界最初の公衆衛生法を成立させ、これが契機になって、住宅政策は社会政策の一つであるとし、公営住宅など労働者の住宅保障が国家政策となり、さらに二〇世紀には地方自治体の責任性が明確化されることになる。

その段階では住宅は資本にとって「価値ある労働力」を再生産する場という資本の論理を超え、労働者の人間性の復権という視点から住宅保障を重視するという思想が形成されるが、その背景には適切な住宅や生活環境を求める労働者運動や市民運動が政治に及ぼした影響を見逃すことはできない。すなわち労働者・市民がともに、住宅は人間らしく生活する権利であり、福祉基盤であるという認識が、すでにこの時代に確立したことに注目する。

翻って、日本では明治以降の資本蓄積優先政策は国民生活を犠牲にし、庶民の生活といえば長屋に描かれる住まいと家主の温情話がまず想定されるが、大正中期には内務省救済事業の一環で住宅供給政策が始められている。社会福祉発達史から見ると、大正七〜八年は日本における近代社会事業の成立期とされるが、当時の社会情勢は第一次世界大戦後の物価上昇の影響をうけた低所得層の生活困窮や、農村恐慌の深化とともに農村から都市への人口集中によって、都市労働者の貧困が深刻な社会問題であった。こうした状況に対し、それまでの救貧事業から防貧を意図する社会行政の必要を認識した内務省は、有識者による救済事業調査会を設置し、社会問題について広く対応すべき課題の調査を付託した。翌年、調査会が提出した答申は諮問の細民住宅改良の範囲を越え、中間層まで含めた住宅供給に関する提案として、「小住宅改良要綱」とともに、公共住宅の戸数増加を実現する具体的方策を示すものであった。

わが国の住宅政策の起源については、専門家の立場では戦前、あるいは戦後とする種々の見解があるが、社会福祉発達史、社会福祉政策の視点からすれば、近代社会事業への転換期に中産階級まで広げた住宅改良・住宅供給に関する住宅行政に関する答申が出された意味は大きく、画期的であったと考える。

しかし、その後の昭和恐慌期後のファシズム化、戦時体制になると、国民は「狭いながらも楽しいわが家」の標語に象徴されるように、住まいが貧しく、生活物資が不足でも家族の笑顔が明日の労働力を再生産し戦力を増強する、すなわち労働力再生産の「場」であることが強調され、国民はそれに耐えざるを得なかった。

その意識はいつか国民の住宅思想に影響しなかったとはいえないであろう。敗戦の疲弊から立ち直った戦後復興期を過ぎて、経済成長期になっても、国の住宅政策の立ち遅れに国民は積極的に声をあげることはなかった。のちに、同じ敗戦国ドイツの主婦たちが、焼け跡に建設する緊急住宅に〝ノー〟と抵抗し、人が人らしく住む家をと運動したことを学び、彼我の差を痛感せざるを得ない。

二　生活保障としての住宅保障

日本社会保障学会規約は第一に、「……国民が健康にして文化的な生活の確保に貢献すること」と規定している。人びとは生活と問われて、何を具体的にイメージするだろうか。学問的概念は別として、感覚的に人々が表現するのは、日本人ならこれまで〝衣・食・住〟という表現であった。どこからこの順序が決まり言葉になったのだろうと思うが、現在なら食・住・衣というかもしれないし、イギリス人なら第一に住、中国人なら食からはじまるかも知れない。順序はともあれ、生活保障といえば基本的には衣食住の保障であることは、わが国の生活保護制度の扶助内容からも明らかである。

戦後日本の住宅政策に関する専門的研究は数多いが、それらの多くは建築学や工学的視点からハード面、地域計画、公営住宅計画などに関する研究が主で、生活、生活者に焦点をおいた研究は少なかったといってよい。

イギリスでは住宅問題研究といえば、工学領域の研究だけでなく、社会問題、社会政策としての研究が並列していることに気づいたのは一九七〇年代末であった。それに比較して、当時の経済成長政策は国民の住宅問題に及ぶことはなく、早川和男神戸大学教授が一九七九年に出版した『住宅貧乏物語』は、住宅の貧しさに脅やかされる国民生活の実態を鋭く告発するものとして衝撃的であった。それが契機になって、ようやく学際的に住宅問題を研究する必要と、国民の意識啓発をめざして、一九八二年日本住宅会議が結成された。建築学、工学関係に限らず、法学、経済学、教育学、医学・公衆衛生学、社会政策・社会福祉学研究者、さらに借家人組合などを含めて、広領域にわたる研究者、団体関係者が参集して、活動を始めた。こうした状況については学会講座第五巻に紹介されているが、関連する論点では、坂本重雄は住宅が社会保障の関連制度と位置づけられていることに疑問を提起し、大本圭野は「日本型住宅政策」としてその特徴を指摘しているのが注目される。

さて、問題は講座の冒頭の「社会保障法体系に住宅保障法をどう位置付けるか解釈がわかれた」という記述である。その内容はとくに明らかにされていないが、社会保障法外の分野から二〇世紀後半の社会情勢の急速な変化に国民の生活リスクが増大し、対応する住宅保障が必要であったにもかかわらず、それが進展しなかった背景には、次のような日本的特徴が根強く存在したことが考えられる。

第一は一九五〇年、社会保障制度審議会答申に基づいて医療保障、所得保障と福祉サービスを基幹にし、住宅は関連サービスと位置付けられたことに問題は内在する。当時の社会福祉サービスに関する法律は、戦前の救護法の系譜として制定された生活保護法、及び、戦後に新法として制定された児童福祉法、身体障害者福祉法、精神薄弱者福祉法（いずれも当時の法律名）の三法であった。すなわち、生活保護法以外の三法が対象とするのは児童、身体または知的発達に障害がある成人であり、戦前からの家族制度そのままに、家族と同居し、親、親族に扶養されるのが当然とされた。そして、それが困難な場合は措置による保護が適用され、施設入所による生活が前提にあった。したがって、住宅保障は生活保護受給資格者で借家居住の世帯を対象とする住宅扶助のみが住宅保障の給付であって、一般世帯に関する住宅保障が前面に出現する場はなかったのである。しかも、扶助の水準は基本的に一般世帯を上回らないことが原則とされ、それだけでなく、しばしば指摘されたように福祉サービスの提供には前近代的な救貧意識が残存し、つねに低水準であることを当然としてきたことも関係なしとはいえないであろう。

このように考えると、一九五〇年当時の社会保障審議会構想では、普通世帯に住宅保障を必要とする発想には及ばず、一般世帯の住宅問題は戦後の住宅不足に対応する公営住宅の建設・供給に収斂されてしまったといえる。しかし、その後四半世紀に及ぶ社会・経済の変化と高齢社会の到来における居住保障の意義は大きく変化している。一九七〇年代末に、イギリスの補足給付委員会委員長の座にあったロンドン大学教授D・ドニスンは、変化に対応する社会保障給付の必要を指摘し、さらに住宅給付の必要については、アンガーソンとの共著のなかで言及している。その意味は、世界に経済大国を誇る以前に、わが国でも速やかに検討されるべきであった。

第二は、諸外国にあまり例をみない給与住宅、とくに市場民間家賃より廉価な社宅の提供や、企業による住宅手当である。主に大企業や中企業を中心に、かなりの被雇用者はこれまで相応の給付を企業から受けとり、社会保障としての住宅保障の必要を意識することから無縁でいられたことである。これらは企業による従業員への福利厚生事業として提供されてきたが、従来、事業主はそれによって擬似家族的な帰属意識を期待し、雇用関係の安定をはかるという日本的経営の一側面であった。新入社員向け社員寮も同様である。被雇用者の立場からすれば、廉価な給与住宅の利用や社員寮は大都市ではとくに生活の安定となり、住宅手当などは付加給付としてそれに依存してきたといえよう。

しかし、昨今の世界的経済不況による企業倒産、企業の経営合理化による失業等の現実は、職を失うとともに住居からの退去を要請され、状況によっては家族離散など深刻な生活破綻の原因となっている。今ようやく、給与住宅という安住に依存してきた問題が問われ始めているが、遅すぎた住宅保障の意義をあらためて認識せざるをえなくなったのである。

第三は、わが国の住宅政策は七〇年代末に登場した日本型福祉社会論を契機に持ち家政策に転換し、高齢社会への対応は二世代型住宅を推奨してきたことをあげておきたい。

もともと中産階級の要件の一つは持ち家といわれるように、庶民の持ち家願望は潜在的に強いとされる。経済成長期には市場拡大をねらう住宅産業と金融機関は好況の持続を期待して、融資希望者の過重なローン返済計画に寛大で、個人住宅や分譲マンションの建築を推進し、ローンによる販売を積極的に推進してきた。しかし、八〇年代半ば以降の都市の異常な地価高騰は、期待されたようには進捗しなかった。二世代住宅の新築は都心を遠く離れ、通勤負担や不便な生活条件に耐えられず、ローン返済を抱えて都心回帰し、家計破綻に陥るだけでなく、家族介護そのものも実際には困難であった。

すなわち、持家政策二世代住宅の推奨は期待どおりには進捗しなかったということである。

経済成長期に、国民の居住を安定するべき適切な土地・住宅政策が行われなかったことは、都市の異常な土地価格高騰によって、公営住宅の建設も計画戸数さえ消化できなかった影響も居住不安を増大している。大都市で老朽化したアパートに居住する高齢者や障がい者が半ば暴力的な地上げ屋によって立ち退きを迫られても移転する公営住宅はなく、新たに借りる経済的余裕もない低所得層の訴え、住宅ローンによる持ち家居住の家族世帯も、景気後退が始まって持ち家の喜びも束の間、返済破綻から世帯主が住まいを離れて不定住者になるケースは深刻である。不定住者の就職先探しは極めて困難で、最後のセーフティネットである生活保護を申請するにも住所が定まっていなければ申請できないのが現行規定である。

この様な居住の不安定化を看過ごしてきたわが国の社会保障制度は、その根底に戦前の家族主義思想の影響を沸拭していない問題があると考える。

しかし、一九九五年七月公刊の社会保障制度審議会勧告(1)には第二章「二一世紀の社会に向けた改革」において、安心して住める家、まちづくりのために」を改革の具体策の一項目として明記している。それを受けて、二〇〇五年、国立社会保障・人口問題研究所編「社会保障研究一五二号」は住宅問題を特集とし、その趣旨には住宅政策を社会保障のひとつとして考える必要があると述べているのは、ようやくといえども注目する。

（1）　平成七年（一九九五年）社会保障制度審議会「社会保障体制の再構築に関する勧告―安心して暮らせる21世紀の社会を目指して―」は、序、第一章、第二章で構成されている。

三　住宅保障の福祉的効果

一九八〇年代は第二次臨時行政調査会最終答申による行政改革のもとで、戦後社会福祉の転換期となった。イギリスのコミュニティケアの影響もあり、わが国でも施設中心から在宅福祉サービスにシフトされ始めた時期である。

あらためていうまでもなく、在宅福祉の理念は障害があっても、心身機能が衰退しても、一人ひとりの身体的・精神的状況によって必要なサービスを利用し、住みなれた家、住みなれた地域で人間としての尊厳ある生活が維持されることである。したがって、イギリスのコミュニティケアのサービスは第一に住宅の確保に始まる。政策が導入され始めた七〇年代には、それまで長期入所、入院を余儀なくされていた人びとの脱施設に向けて、ソーシャルワーカーはまず公営住宅の空室確保が業務であった。そして、サッチャー政権下の厳しい福祉予算削減の中で年金生活者の生活維持は、社会保障による住宅給付があることによって維持されてきたとみることができる。しかし、わが国に導入されたコミュニティケアは、在宅＝家庭・家族という理解に直結され、家族ケア志向にすり替えられてしまったことが、後の高齢者の在宅福祉に大きな問題を残す結果になっている。すでに述べたように、国民の住宅に関する社会問題意識が弱かったうえ、日本型福祉社会論が強調した家族依存型ケアが日本の特徴であるという主張が背景にあったことは確かである。

このように在宅の「宅」の保障がないまま、在宅福祉は政策として推進されることになるが、間もなく異常な地価バブルが住宅問題に深刻な影響を及ぼし、とりわけ低所得高齢者や障害者の居住が脅かされる状況に立ち至ったことは、前述したとおりであり、多くの報告にも明らかにされている。そこで、大都市高齢者の住宅問題についてどのような居住保障が生活の安定に効果的であるか、これまでに検証した結果から、その一部を示すことにしよう。

高齢者の居住安定としてもっとも早く問題化したのは民間アパートからの立退き問題であった。立ち退きを迫られた高齢者が移転先に悩み、行政の窓口に駆け込み相談をし、それに対処したのは一九七〇年、東京都中野区である。中野区は新宿副都心に近く、地域によって老朽化した民間アパートも多い区の一つであった。高齢者居住が切実な状況にあることに気づいた窓口職員の問題提起によって、中野区は独自に民間アパート借り上げ事業を開始して注目された。その後、同様の相談は都心中心に増加するが、その頃から地価が高騰し、低収入の高齢者の移転先を見つけるのは至難というのが福祉事務所職員の深刻な悩みになった。一方、その間に建設省（当時）や東京都住宅局の統計では好景気に支えられ住宅戸数は需要を上回ったとしているが、高齢者の住宅事情は一向に改善されない状況は東京都社会福祉調査「高齢者の生活実態」（一九九〇年）でも明らかである。

さて、このような高齢者の住宅保障はどのようになされるべきか、生活の視点から次のように三分類することが考えられる。第一は高齢期、障害のある人に適切な住宅［住まう場］の供給、第二は借家居住者への家賃補助、第三に心身機能の低下に対応する適切な住宅改善費用の援助である。第一の住宅供給は、公営住宅、日本では福祉的意味が強調されてきた低所得層対象の第二種公営住宅があるが、高齢世帯の増加はこの対象となる所得上限を超えるボーダーライン層が家賃の高騰化によって問題化している。一九八七年には国のシルバーハウジング、東京都はシルバーピアの名称で高齢者向け集合住宅の建設が始まったが、需要に追いつくことは出来なかった。もちろん、住まいの供給は自立可能な高齢者住宅ばかりでなく、自立困難になったときの住まいや認知症高齢者グループホームなど、多様な住まい方の保障が必要であるが、介護保険事業の開始によって急増した共同の住まいにみられる利用者の尊厳を維持するというに値しない質の問題は別に論じられなければならない問題である。

第二の家賃補助制度は地方自治体における検討、そして一部では対策的に実施された経緯はある。イギリスでは社会保障の一貫として早くから実施され、高齢者の居住安定に一定の効果があることは明らかにされているが、日本では同様の制度は今なお、確立した制度ではない。一九八九年に設置された東京都住宅政策懇談会は家賃補助制度について、自治体が土地を購入して公営住宅を建設・運営するより財政面で可能性が高く、民間活用の推進にもなることをかなり議論したが、結論において一致をみることができず、実施への提案には至らなかった。しかし、東京都二三区のなかで江戸川区は独自に検討し、一九九〇年に高齢者のアパート立ち退きに対し、移転に伴う差額と移転費用を補助する条例を制定して実施にふみきると社会的反響は予想以上に大きく、東京都や他区にも波及して検討は広がった。東京都社会福祉審議会では緊急を要する状況に対して一九九〇年九月、「高齢者等の居住の安定のために─家賃負担の軽減について─」の意見具申を行なったが、これらはいずれも緊急的対応として実施されたもので、抜本的な検討が必要であるとされた。筆者はこの審議に参考意見を述べる立場で参加したが、家賃補助制度としては住宅政策として総合的に体系化する必要のほかに、生活保護受給者の住宅扶助との関係など、社会保障との整合性が問題として提起された。とはいえ、限定された家賃補助であったとしても、迫られた緊急時におけるこの対応によって、家賃補助が高齢者の居住を保証した意味は大きく、さらに、浴室、トイレなどの占有率が増加し、住居の質を高めたことは、高齢者にとって生活の利便性や快適さという点でも効果が認められている。しかし、東京都の審議においても地域によって家賃補助の有無が異なるとすれば、隣接する条件のよい地域に移転が集中することもありうるとし、自治体としては財源支出に関わるとして論議になった。

これらを総合すると、家賃補助は高齢者や障害者が住み替えの必要に当面したとき、住み慣れた地域に住み続ける生活を保障するためには、効果は明らかであるが、すべての居住保障に十分であるとは言いがたい。加齢による心身の衰退や障害の進行などに対応する多様な種類の住まいが必要であり、また退職後の住宅不安に対応するには家賃補助に限界があることも指摘されている(2)。

第三の住宅改善は住宅の質による福祉効果を期待することができる。高齢者や障害者の居住安定はまず基本的条件であるが、「場」があればよいというのではない。高度成長期における貿易摩擦に絡んで、欧米から日本の住宅は「はと小屋」と揶揄されたように、日本の経済的豊かさと住宅の貧しさは欧米人からみればアンバランスであったように、日本人は長年にわたって住宅の貧しさに寛容に過ぎてきた。在宅福祉の理念が宣言する尊厳ある生活を維持するには、それにふさわしい住宅の質が必要であり、そのために住宅の最低基準が設定されているが、スペースだけではなく、生活行動に適したアメニティ、居住環境は心身に影響し、子どもから高齢者まで、人間の発達に必要な生活基盤である。介護を必要とするときには、介護を受ける側も介護する側にもそれにふさわしい住宅があってこそ在宅福祉が可能である。子どもや子どもを育てる親たちにも適切な住宅環境の心理的影響が少なくないことは、広い観点からみれば福祉効果である。

しかし、これらの物的条件を伴う給付は費用問題だけではないので、普遍的社会保障に位置付けるのは困難で福祉サービスとして検討する方が適切といえよう。

さらに福祉施設の低い設置基準も一般住宅の水準より低位であることが正当化されてきた経緯を考えると、在宅福祉にふさわしい住宅保障は福祉サービスの水準向上へのステップとしても必要である。

（2）　鈴木晃国立公衆衛生院主任研究官は当時の家賃補助制度の実施について、老後の居住不安解消には効果あったが、居住保障としては限界があると指摘している。

四　居住保障は生活保障の原点

二〇世紀最後の一〇年は、ＥＵ諸国はリスク社会への対処が課題であった。日本の社会政策・社会福祉は遅れて国民の生活リスクを認識し、対応を迫られた。具体的には予測しうるリスクには社会保険による給付、予測困難な

図　社会サービスの政策分野別支出（対，GDP/2003年）

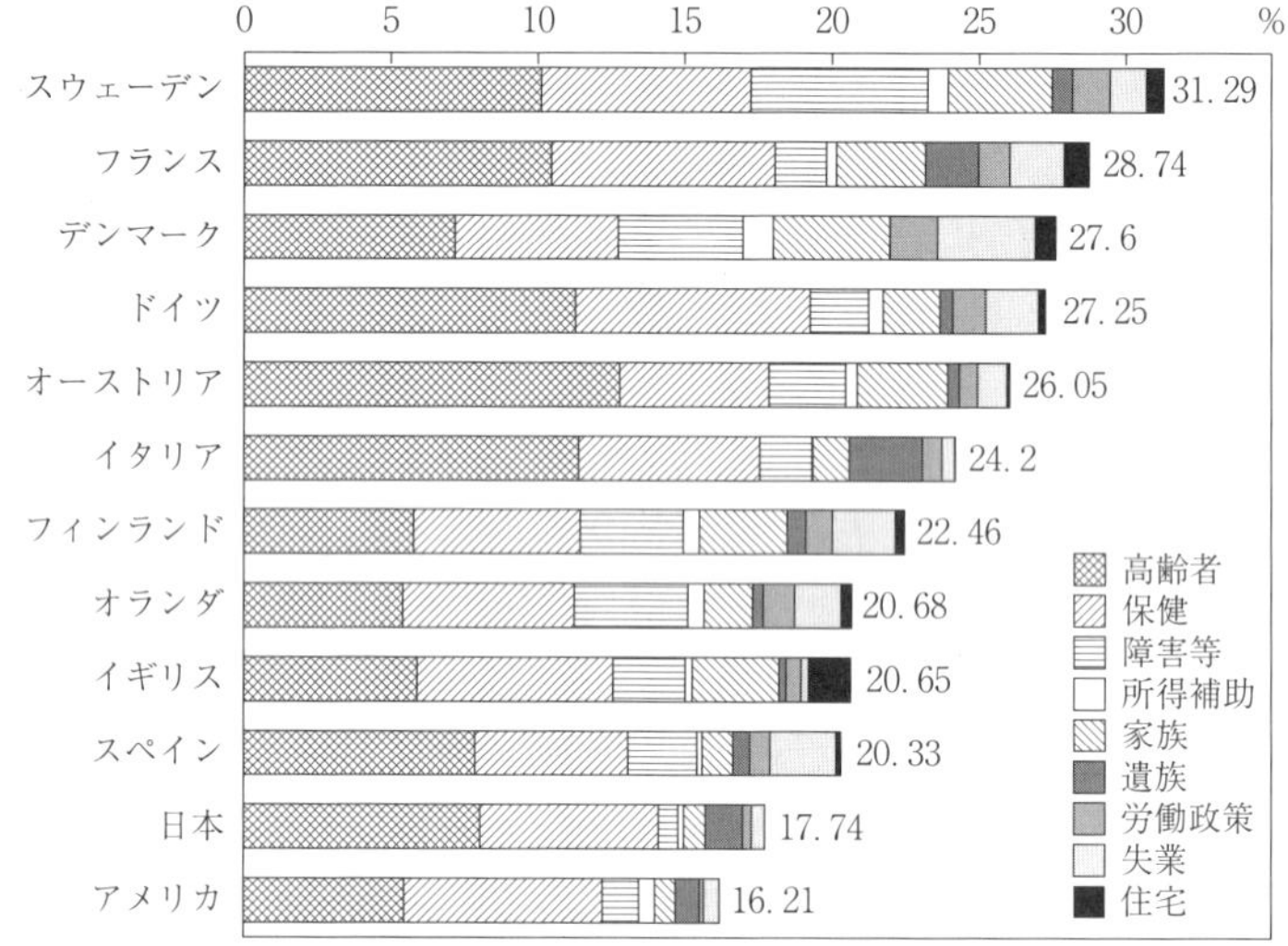

資料：OECD SOCX 2007データから作成
注：1．グラフ上の数字はGDPに対する支出比率
　　2．配列は支出比率順

生活破綻には生活保護制度によって最低限の生活が保障される。しかし、今日の状況はそのセーフティネットにかからない人々の増加が問題になっている。住宅を失った人々である。

日本の社会保障は制度体系としては先進諸国同様に整備されているが、保障の内容や給付水準はOECD加盟国の中で低位に甘んじている。OECDが発表しているSocial Expenditure Database（SOCX）によって政策分野別支出をみると、どの国も高齢者と保健サービスの占める比重が多いのは共通だが、日本の特徴はアメリカと並んで住宅に関してゼロとなっていることである。

すでにこれまでも比較の対象としてきたイギリスは、もっとも比率が多い（図参照）。もちろん、社会保障支出や給付に関する諸外国との比較は、どのようなデータによって比較するかという理論的問題があることを承知しても、国際機関が公表しているデータに示された数値は、日本に関して実態を示しているとみてよいであろう。とすれば、二〇世紀後半に急成長した経済大国日本の豊かさは、いつか見舞われるかも知れない不況にも揺がぬ生活基盤を築いてこなかったのが今日の深刻な社会問題である。

日本住宅会議は一九八七年、住宅は基本的人権であるという理念を具体的に「住宅に関する望ましい状態」一〇項目にまとめた「住宅憲章」を発表し、一九九六年、第二回国連人間居住会議では「住居は基本的人権の基礎である」と宣言している。

社会保障法学会規約の「国民の健康にして文化的な生活の確保に貢献すること」の一文に示された生活の確保、すなわち生活保障の原点は居住の保障にあることを改めて主張したい。

〈参考文献〉

1　田端光美「都市における住生活問題と福祉需要―ひとりぐらし老人を事例にして―」藤本武編著『日本の生活問題と社会福祉』所収（ドメス出版、一九八一年）
2　本間義人『現代都市住宅政策』（三省堂、一九八三年）
3　D・ドニソン＝C・アンガーソン著、大和田健太郎訳『あすの住宅政策―すまいの平等化へ』（ドメス出版、一九八四年）
4　本間義人『内務省住宅政策の教訓』（御茶ノ水書房、一九八八年）
5　田端光美「高齢者に対する家賃補助の福祉効果」日本女子大学社会福祉学科『社会福祉』三三号（一九九〇年）
6　田端光美「イギリスの住宅福祉と住宅政策」社会保障研究所『住宅政策と社会保障』所収（一九九五年）
7　鈴木晃「大都市勤労者の住宅費問題」東京都『季刊・行政管理』三七〇号（一九九二年）
8　田端光美「女性の自立と居住保障」社会保障研究所『女性と社会保障』所収（一九九三年）
9　田端光美「戦前期社会事業基本文献集②『経済保護事業・解題』」（日本図書センター、一九九五年）
10　岸本幸臣＝鈴木晃編『講座　現代と居住　2家族と住居』（東京大学出版会、一九九六年）
11　阪本重雄「居住の権利と住居保障法」日本社会保障学会編『講座　社会保障法第五巻』（二〇〇一年）
12　大本圭野「居住問題と住宅政策」日本社会保障学会編『講座　社会保障法第五巻』（二〇〇一年）
13　岩田正美「なぜ派遣労働者は「寮」にいるのか――雇用に縛られる日本の「住」」『世界』（岩波書店、二〇〇九年三月）

7 死因究明制度と遺族への説明
――もう一つの社会保障制度の必要性――

金川琢雄

一 はしがき

人は、様々な原因で死亡に至る。病院や自宅などで、医師の診療を受けながら、病気で死亡し、老衰によっても死亡する（これを、自然死という）。また、事件や事故の被害者になったり、災害、伝染病の犠牲となって死亡することもある。後者の場合、警察による検視が行われ、更に、死因が明らかでないときは、解剖（行政解剖）を行うことになる。

ところで、最近は、疾病構造の複雑化や高齢者の一人暮し老人の増加のためか、病院内でさえ医師が従来の診療経過からみて、原因不明といわざるを得ない死亡例も少数ながら、増加の傾向にある、とも言われている。

人の死因不明のものを放置することは許されない。人の死因の原因如何によって、法的・社会的・医学的に大きな問題になる。

①社会の安寧秩序の維持（犯罪による死亡かどうか）、②公衆衛生（食中毒や伝染病の被害者の原因発見・被害の拡大の防止）、③交通事故死や医療事故死などの死亡過程の医学的解明　④病院などでの死亡につき、処方した医薬品の評価や医療処置の妥当性の検討、⑤死亡統計の正確性、更には、親殺しであればその犯人に相続権がなくなることもあるなど、死因を明らかにするための制度は、我々の社会のなかで、十分に機能すべく確立されたものとして維持される必要がある。

わが国では、事故、災害、伝染病その他死因不明の死体については、死因解明のため、検視、検案、行政解剖を行うという制度があり、犯罪よって死亡した、あるいはその疑いのある死体については、裁判所の命令によって行う検証処分や鑑定として行う司法解剖の手続があり、更に病院などで死亡した患者について、死因に疑義があったり、生前の医療処置の妥当性を検討するなどのために病理解剖が行われる。前二者は、行政手続、司法手続きによる公的、強制的性格を持つものであるのに対し、後者は、私的、任意的（私費支払が原則）であるといえよう。

以上これらの制度は、司法手続きによるものはともかくとして、十分に機能しているとはいえない現状にある。とくに、不幸な形で死亡した者の遺族に対し、行政当局も、司法当局も適切な説明するなどの配慮が欠けているのではないか、との疑念もある。

本稿は、第一に、行政手続としての死因解明制度の現状を検討し、第二に、病院等における死者の死因解明と死因説明義務について、裁判例を中心に検討し、第一の場面においても第二の場面においても死因等の解明のために、問題があることを指摘し、もう一つの社会保障制度としての死因究明制度を設立すべきことを主張した。それは、人の命の尊厳性を確保するためのものであり、人の権利擁護に資するものである。

二　行政手続としての死因究明と遺族への説明

1　検視、検案、解剖

(1)　検視と検案

不自然な死体、または不自然な状況で死体が発見され、届出があったときは、現行法は、それが犯罪に基づくものであるかどうか、そしてそれに伴なってその死体の死因の究明を行うという手続となっている。

刑訴法二二九条は、「変死者又は変死の疑いのある死体があるときは、……検察官（検察事務官、司法警察員）は、検視しなければならない。」と規定する。ここに変死者とは、自然死・通常の病死や天災による死亡でないもの、つまり、殺人、傷害致死などの犯罪に基づくものや、食中毒、伝染病によるもの、死因不明の死体など、何等かの犯罪によるものである可能性のある死体をいう。また、検視とは、このような死体について犯罪の嫌疑の有無を発見するために死体の状況を調べることをいう。[1] 検視は、犯罪捜査そのものではなく、犯罪の嫌疑を前提とするものではないから、犯罪捜査の端緒とされている。[2]

死体の発見または死体の届出があったときは、警察署長は、死体取扱規則（昭三三国家公安委員会規則四号）により、死体見分調書を作成し、また、検視規則（昭三三国家公安委員会規則三号）により、検視を行い検視調書を作成する。いずれの調書を作成するに当たっても、これらの規則に調査項目や調査要領が規定されているが、これを実施するのは第一線の警察官である（検視官と呼ばれる警察官が担当するのが建前であるが、人手不足などのため、一般の警察官が担当することが多い）。死体見分調書・死体検案書の作成に当っては、医師は必要のある場合にのみ立合いが求められ、常に立ち合っているわけではない。但し、刑訴法二二九条二項の規定による変死体を検視する場合には、医師の立合いを求めなければならない、とされている（検視規則五条）。

この死体見分調書及び死体検分調書の作成前の段階が問題の分岐点となる。つまり、これらの調書を作成するのは　第一線の現場の警察官であり（作成名義は署長である）、この警察官が、不自然死・変死・死因不明でないと誤判断する可能性があり、そうすると事件の真実は闇に葬られてしまう。立合った医師は、死体を検案し、死体検案書を作成する。ここでの立合医師は、いわゆる嘱託医であって、一般には地域の開業医が立合い検案することが多い。但し、東京都のように監察医が常置されている地域（東京都を含め大阪など六地区）は　専門の医師が検案する。ここに検案とは、その死体について、死因、死因の種類、死亡時刻などを死体の外表を検査することにより医学的判断を行うことをいう[3]。そして、その医師が死体検案書を作成する。

死体検案医師は、その者の生前の医療措置に関係していたわけでなく、いわば、はじめて死体に接し、その外表を検査することにより判断（推測）するのであるから、常に誤診の危険が伴っている。

死体について問題がないと判断されれば、遺族に死体が返還される。

死体の見分、検視、検案のいずれの段階でも犯罪によるものであるとの疑いが生ずれば、裁判所の手続き（命令）により、検証処分、鑑定として、解剖が行われることとなる。（刑訴法一二八条、一二九条、一六八条）。これを司法解剖という。

犯罪の疑いのない死体であっても、死因が明確でなければ、死体解剖保存法により、解剖を行うことで、死因を明らかにすることが可能となるが、設備不足、人手不足、予算不足等を理由に十分に行われていないのが実情である[4]。

(2)　承諾解剖

平成五年、警察庁は、死亡形態の多様化などから　死体見分、検視などの外部検査のみでは死因が判明しないことが多く、また刑訴法に基づく司法解剖も直ちに実施することもできない場合も多くなってきたことを理由に、その死因究明に資するため、死体解剖保存法第七条による解剖を行うこととし「承諾解剖実施要綱」を定めた（例規通達平五・四・一広捜一四八号）。

これによると、承諾解剖の対象となる死体は、変死体の検視または非犯罪死体の検分の結果、次に掲げる場合に該当するもの、とされている。

① 現段階では犯罪性を認めることが困難であるため司法解剖が実施できないものであるが、解剖の結果によって犯罪性が生じる可能性があるため、解剖による死因の解明が必要な場合

② 検案した医師が死因不明のため死体検案書の作成を不能と認めたため、解剖による死因の解明が必要な場合

③ 交通事故、労災死等で、後日、損害賠償、生命保険金の請求等において紛糾することが予想されるため、解剖による死因の解明が必要な場合

④ 災害死、中毒死等で警察行政上解剖による死因の解明が必要な場合

⑤ 留置又は保護に係る者の警察施設内での死亡で、解剖による死因の解明が必要な場合

⑥ その他署長が特に解剖による死因の解明の必要があると認めた場合

なお、遺族の承諾を得ずに死体解剖を行うことができる場合として、死体解剖保存法第七条の規定がある。監察医の置かれている地域（東京都の監察医務院や大阪監察医務室など全国六地域）で、伝染病、中毒又は災害により死亡した疑いのある死体その他死因の明らかでない死体について、検案によっても死因の判明しない場合がそれである（第八条参照）。鑑察医の置かれていないその他の多くの地域では、食品衛生法五九条二項の規定により、伝染病（感染症）につきまた、検疫法一三条二項後段の規定に該当するとき（第七条四項、五項参照）などの場合に遺族の承諾なしに、解剖することができることになっている。

問題なのは、こうしたいわゆる行政解剖の制度が適切に機能しているかどうか、である。

例えば、平成一九（二〇〇七）年九月に明らかになった大相撲力士傷害事件[5]や同年一〇月に刑事事件として起訴になったパロマ社製ガス湯沸器によるガス中毒死事件につき同社幹部の刑事責任を問う事件[6]は、いずれも、その死因は急性心不全などとされていたが、後に傷害致死、ガス中毒死と判明したものであった。

行政手続としての死因解明の手段、方法等ついて、欧米各国の諸制度も勘案し再検討すべきである[7][8]。

(3)　異状死体等の届出

医師法第二一条は、「医師は、死体又は妊娠四月以上の死産児を検案して異状があると認めたときは、二四時間以内に所轄警察署に届け出なければならない。」と規定する。これは、死体または妊娠四ヶ月以上の死産児に異状が認められるときは、殺人、傷害致死、死体損壊罪、業務上過失致死傷罪などの犯罪に関係することが多いことから、医師に刑事司法上の協力義務を認めたものである。この届出は、捜査の端緒となる。

ここにいう異状は、病理学上の異状ではなく、法医学上の異状をいい、死体または妊娠四ヶ月以上の死産児自体から、また周囲の状況から殺人、傷害致死、遺棄、堕胎などの犯罪があったことが疑われる場合、自殺、災害による死亡、行き倒れのような不自然死の疑いのある場合は、異状と解されている。また、死体または妊娠四ヶ月以上の死産児そのものに異状がなくとも、周囲の状況など諸般の事情を考慮して異状の有無を決すべきである[9]。判例（東京地八王子支判昭四四・三・二七刑裁月報一、三、三一三頁）は、「本件にいう死体の異状とは、単に死因について病理学的異状をいうのではなく、死体に関する法医学的異状と解すべきであって、死体から認識できる何らかの異状な症状ないし痕跡が存する場合だけでなく、死体が発見されるに至ったいきさつ、死体発見場所、状況、身元、性別等諸般の事情を考慮して死体に関し異状を認めた場合を含む。」と判示している。

平成六年五月、日本法医学会は、「異状死ガイドラン」を公表し、届け出るべき異状死の範囲につき具体的指針を提示した。これを要約すると、①外因死およびその疑いによる死亡（例：不慮の事故、災害、自殺、他殺などによる死）、

②外因による傷害の続発症あるいはその後遺障害による死亡、③上記①または②の疑いのあるもの（外因と死亡との因果関係に疑いのあるもの）、④診療行為に関連した予期しない死亡およびその疑いのあるもの（例：診療行為の比較的直後の予期しない死亡、診療行為自体が関与している可能性がある予期しない死亡）、⑤死因が明らかでない死亡（外因死か病死か不明の場合）を示した。

平成一二年一二月、いわゆる都立広尾病院事件第一審判決（平一二・一二・二七判時一七七一号一六八頁）は、「……入院中の患者であっても診療中の傷病以外の原因で死亡した疑いのある異状が認められるときは、……届け出なければならない。」とした。この判決では、医療関連死のなかで、その異状の範囲を広く認めたことで、医療関連団体、日本学術会議、医療問題弁護団等から、批判や新たな見解が主張され、公表された。

ここでは、これらにつき検討する余裕がないが、この事件判決以降、異状死等の警察への届出が急増したことに注目しておきたい。

(4)　死因の説明と新制度確立の必要性

1)　死因の説明

死因不明や事故等の犠牲になった者の遺族は、一刻も早くその死因を明らかにし、その説明を求める要望は、法的にも道義的にも尊重されなければならない。

不自然死などの死体の発見から、死体検分、検視、検案が行われ、食中毒や伝染病等の疑いがあれば、死体解剖保存法による解剖、犯罪の疑いがあれば、刑事訴訟法による司法解剖が行われることになる。

これらに関する法令を観ると、まず身元の確認そして死因の解明の手続が進められ、遺族への死因の説明に関する規定はない。身元が確認され、犯罪の疑いがなく　また行政解剖の必要性がないと警察署長が判断すれば、死体の引取りの連絡があるのみである。

その死体につき、犯罪の疑いがあれば、捜査上の機密保持の必要性から、死因や死に至る原因や経過等について、遺族に説明しえないことはやむを得ないことでもある。

刑事訴訟法による検証処分（刑訴一二九条）や鑑定（刑訴一六八条）としての解剖についてはともかく、死体解剖保存法による解剖については、遺族の承諾のある場合は勿論のこと、遺贈の承諾を要しない解剖の場合（同法七条一項〜五項）にも解剖実施主体は、遺族に対し適切に説明をしなければならない義務を負うと解する。

この説明義務に関する法令の規定はないが、それは、解剖実施主体の道義的責任の範囲を越え、法的責任を負うものと考える。

後述**三**「病院等における死因解明と死因説明義務」の項で述べるように、裁判例、学説では、死因等の説明の法的義務を認め、厚労省指針（ガイドライン）でも、医療提供者の遺族への死因情報の提供を呼びかけていることが参考になる（後述）。

2）　新制度確立の必要性

検視、検案、解剖と死因解明の行政手続を概観したが、検視、検案の段階で誤判断、誤診が生じていることは、先に述べたとおりである。

死体の外表調査を中心とする検案においても、誤診率が相当高いことが指摘されている。こうした事実は、死因解明のための制度自体に問題が多いとして、新たな死因究明制度確立へ向けての提言がなされている。

「異状死死因究明制度の確立をめざす議員連盟」（保岡興治議員）は、その研究会等を通じて、①異状死の約九割は体表観察のみに止まること、②警察の検視体制が十分でないこと、③死体を検案する医師は必ずしも専門家でないこと、④死因究明のために必要な解剖については、司法解剖・行政解剖とも体制が脆弱であり、諸外国と比べ我国の解剖率は極めて低い、そして、⑤わが国の死因究明制度は危機的状況にある、との認識を示している（平成二一年五月一四日、異状死死因究明制度の確立に関する提言)。この議員連盟は「死因究明推進基本法」(仮)の制定をめざすものである。他にも、民主党の「非自然死体の死因等の究明の適切な実施に関する法律案」、自民、公明両党の「死因究明推進基本法(仮)案」、日本法医学会の「死因究明医療センター」構想、山口大学の藤宮龍也教授の「検死局方式」案などが公表されている(10)。

本稿では、これらの提言や構想を検討する余裕はないが、死因究明のための新たな制度を設立すべきであることを主張しておきたい。この新制度の制度設計においてはその理念として、人の死の死因を究明することは、人の命の尊厳性を確保するためのものであり、人の人権の保障に資するものであることを掲げ、①行政・司法・病理の解剖を一体的、総合的に実施しうること、②公正、中立的かつ一元的な組織とすること、③死因等の判定結果に関し、遺族に説明すべきものであること、④検視、検案の段階から関与することができること　などがあげられるであろう。これはいわば命の尊厳を守る最後の砦ともいえよう。社会保障制度の一つとして、重要な存在意義を持つものと考える。

(1) 高田卓爾『刑事訴訟法』三四三頁(青林書院、昭三二)
(2) 団藤重光『新刑事訴訟法綱要』二五九頁(創文社、五訂版、昭三〇)
(3) 最判平成一六年四月一三日判例タイムズ一一五三号九五頁以下
(4) 松宮孝明「わが国の死因究明のための諸制度の概観と問題点」第三九回日本医事法学会レジメ八頁(日本医事法学会、大阪大学・医学部、平二一・一一・九)、なお、日本医事法学会第三九大会は、『包括的な死因究明制度の確立をめざして』のシンポジウムを行っており、その記録は、年報医事法学二五(二〇一〇年七月発行予定)に掲載される。
(5) 平成二〇年二月七日付各新聞(報道)、出河雅彦『ルポ医療事故』三五二頁(朝日新聞出版、平二一)
(6) 平成一九年一二月一一日付各新聞(報道)、前注(5)著書三三〇頁
(7) 武市尚子「死因決定制度」古村＝野田編『医事法の方法と課題』六〇頁以下(信山社、平一六)
(8) 藤宮龍也「体系的な検死制度の不存在——北米の検死制度との比較」古村＝野田編『医事法の方法と課題』六一七頁以下

（信山社、平一六）

（9）　金川琢雄『実践医事法学』四六・四七頁（金原出版、平二〇）

（10）　松宮孝明・前掲注（4）当日配布資料二〜三頁

三　病院等における死因解明とその説明義務について

1　はじめに

医療医学の発展に伴ない死因の複雑化現象がみられるようになったためか、病院や診療所で、診療中の患者について従来の診療経過や検査データの分析からみて、主治医でさえ患者の死亡原因を特定しえない場合が生じうる。このような場合、病院等は、死因解明義務があるのか、遺族に対して死因の説明をすべき義務があるのかの問題がある。

死因を特定しえず、死因について適切な説明がない場合、遺族は、医療過誤があったのではないか、との疑念をいだき、死因解明、死因の説明を求め、あわせて損害賠償を請求した事例がある[11]。

2　死因の説明義務等に関する学説

患者であった者の死因を特定しえない場合でも、医師は説明義務を負うか、の問題である。

この問題は、学説上、診療契約は準委任契約であるとして、いわゆる顛末報告義務（民法六四五条）の内容として、死因や死亡経過の報告（説明）が含まれているか否か、また、遺族は診療契約の当事者ではないので、顛末報告を求める権利がないのではないか、との議論があった。私は、かつて、この問題につき自説を述べたことがあるので[12]、ここでは結論のみを記す。医師は、①患者遺族に対し、死因や死亡経過の説明義務がある。その程度は　診療当時の医療水準に則したものであればよい。②死因を特定しえない場合でも、何故死因を特定しえないのか、遺族が納得しうる程度に説明すべきである。③死因を特定しえない場合でも医師は、原則として死因解明義務や死因解明提案義務はないが、遺族がとくに死因の解明を強く望んでいるような特定の場合には、死因解明提案義務が生ずる。④遺族は診療契約の当事者ではなく、顚末報告義務等は、患者の死亡とともに消滅するが、遺族は固有の権利として、信義則上死因等の説明を求める権利があると考える。

なお、厚労省は、カルテ等の閲覧請求権に関するガイドライン（正式には、「診療情報の提供等に関する指針」〈平一五・九・一二医政発〇九一二〇〇一〉）を公表し、そのなかに、「九．遺族に対する診療情報　◎医療従事者等は、患者が死亡した際には遅滞なく、遺族に対して死亡に至るまでの診療経過、死亡原因等についての診療情報等を提供しなければならない。◎遺族に対する診療情報の提供に当たっては、患者本人の意思、名誉等を十分に尊重することが必要である。」とし、そして、その診療情報を求めうる者の範囲を限定的に定めている。

3　裁判例の検討⒀

⑴　第一のタイプとして、死因の説明は、遺族に対する法的義務である、とした事例をあげる。

・広島地判平四・一二・二一判タ八一四号二〇二頁は、三九歳の女性が脳出血のため開頭血腫除去手術を受けた後、急性腎不全を併発し病状が好転しないまま意識喪失、対光反射も消失し死亡するに至った。その原因として医師は、吐しゃ物の誤飲による窒息死と説明したが、後の裁判上の鑑定により、重い脳障害と腎臓機能障害など全身状態の悪化による急性心不全であることが判明した。裁判所は、死亡の経過および原因の説明を求めることは、診療行為そのものには属しないが、法的保障に値することであり、遺族に対し適切な説明を行うことも法的な附随義務である。しかし、その説明内容の正確性については　過度の正確性を要求することは相当ではないが、基礎的な医学上の知識の欠如等の重大な落ち度によって患者の死亡の原因・経緯について誤った説明が行われた場合には、遺族に対する不法行為が成立するとして慰謝料等総額五〇万円の損害賠償を命じた。

また、死因の説明義務の根拠として、次のものをあげている。①死という重大な事態に直面した遺族が、その経緯や原因を知り少しでも心を落ち着けたいとする心情は、人の本性として当然のことであり、それは法的保障に値するものである。②死亡の経緯及び原因は　診療にあたった医師にしか容易に説明できないこと　③診療契約関係においては　診療内容について報告義務がある（民法六四五条参照）が、それは本来の債務に対し附随的義務であるが、患者が死亡するに至った場合には　遺族に対し適切な説明を行うことも、医師の遺族に対する法的義務であると判示した。

(2)　第二のタイプは、死亡原因が不明であり、かつ、死亡に至るまでの一連の医療行為に過失や因果関係が認められなければ、損害賠償は認められないとした事例である。

・東京地判平九・七・二九判タ九六一号二三一頁は、左眼桐沢型ブドウ膜炎（急性網膜壊死）の治療のため、その炎症部分および硝子体の混濁を取り除いた上網膜剝離の眼科手術を行ったところ、手術中に患者の容態が急変し死亡した、というものである。患者の死亡直後、司法解剖が行われ、死体検案書が作成された。これによると、死因は空気栓塞であるとされていた。しかし、裁判所は　眼内の血管の太さ、空気注入に用いられた潅流計の大きさ、形態等からすると空気潅流計が血管に留置される可能性がないなどと認定したうえで、本件死亡の原因は、空気栓塞症によるものと断定できないとし、死体検案書等は採用することができないとした。結局、本件全証拠によるも本件死亡の原因を確定的に判断することができず、また、被告の過失も認められないとして、請求を棄却した。

(3)　第三のタイプは、死因は不明であるが、医療側は患者の容態を観察し必要な検査等を怠った過失があり、その過失と死亡との因果関係を認めることができるとして、損害賠償の請求を認めた事例である。

・大阪高判平八・九・二六判タ九四〇号二三七頁は、当時二三歳の会社員が交通事故で重傷を負い入院したが、一時その身体状態は安定したようだが、数時間後、容態が急変し死亡した、という事例である。死因は内臓破裂、肺損傷ともとれるが、低心拍出量症候群の可能性もあって、結局不明のままである。一審は、医師側の過失を否定し請求を棄却した。本件は、その控訴審判決であるが、本判決でも、本件の直接的な死因は特定できないが、患者の容態が一旦安定したときに、担当医はバイタルサインのチェックやレントゲン撮影をしておくことができたのにこれを怠った過失があり、これを実施しておれば、患者の胸部の損傷・出血の有無・程度を確認でき、これによって救命の可能性があったものと推認できるから、担当医の過失と患者死亡との間に因果関係が認められるとした。本件では、患者の死因が特定されないまま、医師の過失と死亡との間の因果関係を認め、逸失利益、慰謝料等の損害賠償を認めた。

以上　第二、第三のタイプの裁判例では、死亡原因を特定しえず、これを前提とする医師の説明も事実上不可能と思われ、死因に関する説明義務は判旨のなかに現れていない。死因が不明であっても、生前の医療行為に過失・因果関係が認められれば、医療事故として損害賠償を認めることができるとした事例である。

死因が明らかでない事例では、患者死亡後病理解剖（剖検）を行うことが患者の死因を明らかにするための最も有力な手段である。この点に関する裁判例を次にあげよう。

(4)　第四のタイプは、遺族が解剖を拒否した事例である。

・宮崎地判昭四七・一二・一八判時七〇二号九二頁は、冷嚢水腫の根治手術を受けていた男子（当時一歳）が皮膚の縫合中に突然死亡したという事例で、裁判所は麻酔薬の副作用による気道閉塞、低酸素等を死因と推認し、蘇生処置等に債務不履行があったとして医師の責任を認めた。本判決は、慰謝料の算定にあたり、両親がその死体の解剖を拒否したことが、死因の解明を遷延させる結果となり、それが本件紛争・提訴の一因となったとし、これを慰謝料減額の事由として考慮することが公平の原理に適うとした。

・福岡地判昭五二・三・二九判時八六七号九〇頁は、二〇歳の非経産婦が人工妊娠中絶手術を受けたところ、胎児の排出までは比較的順調に終ったが、約一二時間後、容態が急変し更に五時間後に死亡した、というものである。

裁判所は、術前の全身状態の検査の懈怠、術後の患者監視体制の懈怠を過失と認めたが、これが患者死亡との因果関係があるかどうかについてはその両親の解剖の拒否によって明らかにならなかった、として因果関係を否定した。しかし、十分な患者管理のもとに診療治療を受けることができた筈であった、という期待が裏切られたなどとして、期待権損害を理由に慰謝料（一〇〇万円）を認めた。

なお、本件では、裁判所は、「原告ら（両親）がA子（患者）の遺体解剖を拒否したのは、A子の遺体を切り刻むことの痛ましさを理由としたのであり、……右心情には無理からぬ面も否定できない。」として、理解を示すものの、「死因を明確にしえない不利益は、原告らが負担するのはやむを得ない。」とした。

死体解剖保存法七条は、死体を解剖する場合、原則として遺族の承諾を得べきことを規定している。このことは、逆に遺族には、死体解剖について拒否権があることを示している。しかし、裁判例では、死体解剖の拒否は、原告患者遺族側に不利益に作用している。つまり、死体解剖の拒否は、死因解明の手段や過失・因果関係の認定上の有力な証拠を喪失させる結果となるものである。損害賠償等を求める者が、自ら有力な証拠を毀滅させておいてなお損害賠償等を求めるのは、信義則に反することになる、と思われるのである。

(5)　最後に、第五のタイプとして、死因不明の場合死因解明又は死因解明のための提案をなすべきか否かに関する裁判例をあげる。

・東京地判平九・一二・二五判時一六二七号一一八頁は、六七歳の男性が不腹部・腰部の不快感と下痢及び嘔吐を訴えて受診したところ、急性腸炎と診断されて入院し、点滴による栄養補給、抗生物質の投与等の治療を受けていたが、三日後、急に意識不明となって心・呼吸が停止し、入院後四日後に死亡した事例である。本判決は、その死因について、①急性心筋虚血（急性心筋梗塞を含む）による心不全、②失血（腹部大動脈瘤の破裂を含む）による心不全、③失血を原因とする心筋虚血による心不全、④①及び②の双方が偶然同時に発症したことによる心不全、のいずれであるかを推定することは困難であるとして、患者の入院から死亡に至る経緯、医療側の処置等について診療義務違反の過失があったとはいえない、とした。これに加えて、本判決は、「入院中の患者が死亡した場合において、死因が不明であり、かつ、遺族が死因の解明を望んでいるときは病院としては遺族に対し、病理解剖の提案またはその他の死因解明に必要な措置についての提案をして、それらの措置を求めるかどうかを検討する機会を与える信義則上の義務を負っているものというべきである。」と判示した。そして、病院には死因説明義務違反・死因解明提案義務違反による慰謝料として、総額四〇〇万円の支払いを命じた。

・東京高判平一〇・二・二五判時一六四六号四六頁は、前記東京地裁判決の控訴審判決である。本判決は、診療上の義務違反はないとしたうえで、①一審判決が死因解明説明義務の根拠としてかかげる死体解剖保存法は、行政上の規制法規であるから、この法規からこのような私法上の義務を導き出すことはできない。②診療契約は、患者に対し医療水準に適合した真摯かつ誠実な医療を尽すべき義務であるから、右契約の内容として死亡した患者の遺族に対する死因解明・説明義務を医療機関が負担していると解することはできない。③患者の死亡後にその遺族に対し、死因解明・説明義務をインフォームド・コンセントにおける説明義務から直接導き出すことはできない。しかし、④具体的事情如何によっては、社会通念に照らし、医療機関において病理解剖の提案をし、その実施を求めるかどうか検討する機会を与え、その求めがあった場合には適宜の方法で病理解剖を実施し、その結果に基づいて患者の死因を遺族に説明すべき信義則上の義務を負うべき場合のあることを完全に否定することはできない。

なお、本判決は、遺族に対する死因等の説明義務の根拠について、前記東京地判平五・一〇・二一判時一五一一号九九頁以下とほぼ同様の理由をあげている。

(6) 小　括

裁判例では、①診療に当った病院及び医師は、死因や死亡に至る診療経過の説明義務がある、②それは、遺族に対する法的義務であること、③死因等の説明の程度は診療当時の医療水準に適うものであればよい。④病院や担当医が、死因解明のため病理解剖を申し出た場合に遺族がこれを拒否すれば、損害賠償額の算定等において、遺族側に不利になることがあること、⑤死因不明の場合、死因解明義務はなく、また、死因解明のための解剖などの提案義務もないが、特に遺族が死因解明を強く希望する場合など特定の場合に、死因解明のための措置（解剖等）の提案義務が生ずる場合があることをその理由としてあげている。

この小括の結論については、異議がないように思われる。しかし問題なのは、このような訴訟は氷山の一角ではないか。つまり、自らの親しい身内の者が死亡し、その死因が明らかでない場合、多大の費用と長期間を費やして訴訟を提起することは困難だとしてあきらめている者も決して少なくないのではないか、と推測される。死因を解明し、その死亡の経過等を説明してもらえる利用しやすい新たな制度および施設の創立が望まれる。

4　病理解剖の現実

病理解剖は、死因が明らかでない場合ばかりでなく、診療担当医が患者に対し生前に行った医療処置等が患者死亡後、これを実施することにより、それらの処置が妥当なものであったかどうかを検証するという一般的目的を持つ。なお、これを箇条書きにすると、次のようにまとめられる。①病気の性質や発生進度過程を明らかにする、②新しい疾患や既知の疾患の変移を発見したり明確にする、③なされた治療法の効果を判定する、④患者のケアに対する質を評価する、⑤なされた治療法の効果を判定する、⑥臨床あるいは基礎研究を促進する、⑦公衆衛生、人口動態統計への正確な情報を得る、⑧医事訴訟に対し、事実に基づいた証拠を得ておく、という広い範囲の目的を持つ。しかし、近年、種々の画像診断や生検の病理診断法の発展により、臨床診断の正確性が増大しつつあり、死後の病理解剖を重視しない臨床医が多くなり、剖検率が低下しつづけている、といわれている。とくにわが国では先進諸国中、最低で一九九八年、総数の二・二八八%といわれている。

病理医の現場の状況を集約すると、病理専門医は、小児科医や産婦人科医よりも絶対数が不足しており、かつ、経験不足の者が多いなど需要に応じられない状況にあること、医療関連死の調査のための解剖は死因究明の第一歩であるが、これも十分に行われていないこと、通常の病理解剖は、医療の自己点検するための必須の手段であるが、この二〇年、病理解剖の実施件数は、減少の一途をたどっていること、などがあげられている。これらの主原因は病理解剖実施費用が医療機関の負担とされているため医療機関が積極的に予算措置を講ずることが十分でなかった、という事情もあげられている。つまり、わが国では、病理解剖を実施するための環境が十分に整備されていないといえよう。

ところで、患者の死因に疑義がある場合など病理解剖実施に至るまでの手続きは、次のような経緯をたどる。

第一は病院や医師が申し入れる場合である。

臨床担当医が、患者死亡の場合、死因に疑義がある、あるいは臨床症状と異なった経過で死亡したときなど、死因に疑義があるときは担当医は遺族に依頼して病理解剖を行う、というのが一般的、かつ、あるべき姿ともいわれる。ところが、現実は上記の事由や諸々の事情が重なって、病理解剖に至らないケースも多く、遂に訴訟にまで発展している場合もあることは、先にみたとおりである。

病院や医師の病理解剖実施の申し入れに対し、遺族がこれを拒否することもありうる。

この場合、裁判例で見たとおり、裁判所は、損害賠償請求等で遺族に不利益な判断をしている。

次に、遺族から病理解剖の申し入れに対し病院がこれを拒否した場合、あるいは、これを実施しえないと回答された場合はどうか。

東京都監察医務院「業務報告書」によれば、行政解剖の対象となる死体の範囲をかなり広くしており、①病死又は自然死であっても医師の診療を受けることなく死亡したもの、②医師の診察を受けた場合でも死因の判然としないもの、③診療中の疾患と異なる原因で死亡したもの、④発病時または死亡の状況が異状であるもの、又はその疑いのあるもの、があげられている。

しかし、監察医制度が整備されていない全国の多くの地域では、病理解剖による死因解明の最終手段が殆ど不可能という状況におかれている。

(11) 金川琢雄「死因不明と医師の説明義務」同著『医事法の構造』五七頁以下（信山社、平一八）
(12) 同著前掲(11)五八頁
(13) 同著前掲(11)の論文を再構成したものである。

四　おわりに

不自然死、変死及びそれらの疑いのある死体の発見、死体検分、検視、検案、行政解剖又は司法解剖と死因解明のための手続きが進められるのであるが、いずれの段階でも、これらの制度が十分に機能を発揮しておらず、新しい制度設計のもとに、新たな制度の設立が必要である、と思われる。また、死因等が明確でないため医事紛争（訴訟）になった事例を紹介・検討したが、これらの訴訟も、患者死亡直後、早期の段階で病理解剖が行われておれば、紛争にならずに済んだ可能性が高い。

行政・司法・病理の解剖を実施しうる死因等究明医療センター（仮称）を新しく設立すべきであると思う。その理由等については、本文で縷々述べたのでここではくり返さない。これは、いわば命の尊厳を守るためのものであり、人権擁護の最後の砦となるものであるから、社会保障制度の一環をなすものである。

なお、本稿は急いで執筆したため、文献の引用が不十分であることをおわびしたい。

※佐藤先生には、金沢大学で御指導を受け、信山社からは共編著『あたらしい社会保障・社会福祉法概説（初版・第二版）』を出版し、新潟青陵大学では非常勤講師を勤めさせていただいた。大変お世話になり御指導を受け厚く御礼を申し上げます。先生のご冥福を心からお祈りいたします。

四　おわりに

8　終末期の自己決定権
——尊厳を守るための安楽死——

桑原昌宏

一　問題意識

1　問題の所在

日本の最高裁判所が二〇〇九（平成二一）年一二月に出した川崎協同病院事件決定は、改めて安楽死の問題を国民に投げかけているが、二〇〇六年三月に報道された富山県射水市民病院も、特定の医師らが行っていた安楽死事件で、当時注目を集め、国民と医療・介護関係者の関心を集めた(1)。ここで問題としたいのは、誰の最終的な意思でこの安楽死が実行に移されたかである。これらの事件では、患者の意思は必ずしも明らかではなく、病院勤務の医師の意思が事件に決定的な影響を与えていると思われる。患者の家族の判断で患者が死に至っている事例もあり、二〇〇〇年に厚生労働省が発表している安楽死関連資料には六事例が見出される(2)。しかし、もっとも重要なのは患者・障がい者本人の意思であることは言うまでもない。本稿は、その意思が明確あるいは合理的に推定され、かつ、

「厳格な諸条件」を充たした場合に限り、その死を手助けし補助した医師・家族らの刑事責任を問うことは、「適用違憲」となる程度にまで、患者・障がい者の自己決定権は法的に保護されてよいのではないのかと、論じるものである。なお、本稿は、自らの死を自己決定していない患者・障がい者とか、自己決定できない重度障がい者、幼児、子供の安楽死については、論じていない。その生命が尊重されなければならないことは、その基本的人権の故であるという立場をとっている。

2　「安楽死」の意義

本稿を書く契機となったカナダ連邦最高裁判所判決のロドリゲス・スー事件(3)は、紙数の関係で割愛したが、ＡＬＳに罹った患者・障がい者が、薬剤を本人の自殺の意思を知る医師からもらって自殺をした例である。本人が死ぬことを自己決定した意味で、「任意的」(voluntary)な「安楽死」であるが、医師から薬剤を提供してもらう、第三者の「積極的」な関与があって、その死を達成しているので、「任意的・積極的安楽死」とよぶ。これに対して、「任意的・消極的安楽死」という類型がある。これは、同じく患者・障がい者が死を求める意思表示をした場合、あるいはその意思が推定される場合に、医師・家族らは、患者・障がい者に対し直接手を加えて死に至らしめるのではない方法をとる場合である。自然死を待つとも言えよう。これらは、現在の日本の医療施設やホスピスなどで見られると伝えられている。それらには、医師などが、それまで行っていた治療行為や栄養供給を中止する(withdrawal)場合と、可能な治療行為や栄養補給行為はしない差控え(withhold)の場合がある。

これに対して、本稿では取り扱わない「安楽死」とよばれる類型がある。これらは、患者・障がい者の死の意思表示がないか、それを推測も出来ない状態の下で、医師・家族ら、そして、国によっては裁判所の決定により、患者・障がい者を死に至らしめる場合で、「非任意的安楽死」と呼べる。これにも二種類あり、一つは医師・家族らが、患者・障がい者の死を待つ場合で、極端な場合、植物状態になっている患者に対し、治療・栄養補給などの中止、または差し控えにより、その死に至らしめる事例である。患者・障がい者に対して治療・栄養補給等で「消極的な」態度をとるので、「非任意的・消極的安楽死」といえる。これに対し、同じく患者本人の意思表示は明確でない状況の下で、医師・家族らが、本人のためにと考えて、直接手を加え、あるいはそれを担当医に伝えてその医師により、患者・障がい者を死に至らしめる事例である。第三者の「積極的」な行為によるので、「非任意的・積極的安楽死」と呼ぶ。

3 「尊厳ある生を守るための死」意味

ここで注目しておきたいことは、患者・障がい者が、死を自己決定することにより人間としての「尊厳」を守るという点である。本稿で考察の典型とする事例は、一般に使われる「尊厳死」とは異なり、植物人間状態ではない、意思決定ができる人間が、これ以上生きていても人間としての余生を送ることはできないが故に、死を選ぶときに考える人間としての尊厳である。ここでいう「尊厳」は、生活を享受できる判断力と行動力が、病状により衰えているとはいえ、残っていて、時には精神性のある生活も送ることが出来る人格を基礎としている。そうでなければ、人は死んでいるのと同じであるという考えと共通性を持つものと思われる。(4) つまり、生物としては生きていても、本人の考える生活の質（quality of life）を保つことが出来ず、廃人となっている状態は、人間としての尊厳を保っていないこととなり、それを予想して、死を選択する自己決定をした、という意味での人間の尊厳である。人間としての尊厳をもって生きることが出来てこそ、生きている価値がある、という考え方は、不治の病で肉体的に苦しむこと以外に、そうした生き様を示すことへの精神的な苦痛が加味されている。もとより現実には、患者の心理は、死の苦しみから逃れようとする精神的・肉体的苦痛や、世話をしてくれている人々への遠慮、経済的負担への配慮などが入り混じることもあろうし、死に近づけば、判断能力も衰えるのが現実であろう。これをある生命倫理学者は功利主義的生命観と名付ける。(5) しかし、本稿でイデアルテップスとして想定する患者・障がい者は、不治の病の故に生じる肉体的苦痛に加えた精神的苦痛によって、人間としての尊厳を維持する生き方が出来なくなることを悟って、死の自己決定をした事例、と、そのように推定出来る事例である。

（1）　川崎協同病院事件・最三小決平成二一（二〇〇九）年一二月七日判タ一三一六号一四七頁以下、「判例 Watch」（http://jp/hanrei/tb.html/5143）「川崎・筋弛緩剤：主治医の有罪確定へ：延命中止・最高裁が初判断」朝日新聞（二〇一〇年一二月九日）、"Top court dismisses euthanasia appeal". The Japan Times (December 10 2010). 射水病院事件について、「意思確認不透明さ残す・富山の延命中止問題」読売新聞（二〇〇六年三月二六日）、「医師派遣・別れ目は…射水の延命中止問題一年」同（二〇〇七年三月二九日）、「延命治療反響：苦悩する家族」毎日新聞（二〇〇八年七月二三日）、「医師書類送検：七人殺人容疑」毎日新聞（二〇〇八年七月二四日）、「呼吸器外し：殺人ではなく看取り：書類送検の元外科部長：独善的の評価も」同（二〇〇八年七月二四日）、「延命中止六八人が経験：救急医学会アンケート回答医師七一五名中」同（二〇〇九年一月二七日）。この事件で最終的に問題の医師は不起訴となった。この決定は、時期的に、先述した一二月七日の川崎協同病院事件最高裁決定が影響していると思われる。「呼吸器外し不起訴・医師二人死亡との関係認めず・富山地検」毎日新聞（二〇〇九年一二月二一日）、「呼吸器外し不起訴・問題視こそ問題と医師独断の行為を否定」同前。なお、「弛緩剤誤投与の医師起訴猶予」毎日新聞（二〇〇九年一二月二九日）。

終末期医療に関する関心は年齢に拘わらず、大変高い。このことは、厚生労働省「終末期医療の在り方に関する懇談会」の調査でも示されている。一般国民は七九％、医師は八九％、看護職員は九六％、介護職員は九六％。大竹輝臣「終末期医療に関する現状と行政的課題」医事法二四号三九頁以下（二〇〇九年七月）。

（2）「平成一一年以降、末期状態の患者七名：男性四名、女性三名に対して、家族の希望により、外科部長らが人工呼吸器を外し、死亡させた」厚生省第五回社会保障審議会後期高齢者医療のあり方に関する特別部会「資料1　終末期医療について」六頁（二〇〇〇年一二月一二日）、「安楽死等に関連した主な事案について」同前。

（3）　RODORIGUEZ v. C.B.（P.G.）[1993] 3 S.C.R. 531. スー・ロドリゲス事件については、下記の紹介とコメントがある。宮野彬著『オランダの安楽死政策：カナダとの比較』二六一頁（成文堂、一九九七年）、安村勉・「資料解説」町野朔＝丸山雅夫＝西村秀二＝安村勉＝山本輝之＝清水一成＝秋葉悦子＝臼木豊『資料・生命倫理と法Ⅱ　安楽死・尊厳死・末期医療』九二頁（信山社、一九九七年)、星野一正「カナダ上院特別委員会による患者の自殺幇助の法的容認否定」時法五〇二号五五頁以下(一九九五年)。

(4) 阿部次郎『人格主義』(岩波書店、一九二二年)、ロマンロラン著・宮本正春訳『魅せられたる魂』(みすず書房、一九二二年)。

(5) 宮川俊行『安楽死の論理と倫理』四九頁以下、ことに七二頁(東京大学出版会、一九七九年)。

二 「任意的安楽死」と憲法と刑法

1 論点の限定と学説・判例の概説

学説・判例を概観して、本稿は次のことを明らかにしようとする。第一に患者・障がい者自身「任意的安楽死」を選択する権利が、憲法に根ざした基本的人権であること、第二に、そうした権利の行使に際し、患者・障がい者の死に手を貸し、補助を行う医師・家族らは嘱託殺人あるいは殺人罪を問われる余地があるが、その根拠の刑法規定は合憲であるとした上で、それらの規定を適用すると、「適用違憲」に当たる場合があること論じる。第三に、その場合の前提となる厳格な諸条件を検討する。

まず、憲法・刑法の判例・学説に限定すると、「任意的安楽死」について論じた数は少なく、その論争も頻繁とは見られないが、その理由を探ってみる。その第一はこうした論点を提起して具体的に法廷で争われた事例はほとんどないことにもあるであろう。第二に学会状況からみると、憲法論者が、安楽死問題を論じることが数少ない上に、刑法学者との間の議論も多くはないという状況もあると思われる。第三にそれは、刑法学者からすると、刑事責任が問われる医師、家族などの意思と行為を主として取り上げ、その刑法上の違法阻却論、責任阻却論などに議論が集中して、患者・障がい者はその行為の客体であり、患者・障がい者自身の死への意思表示の法的評価については言及することが少ないからであろう。また第四に、最近では医師らを含めた医事法学からの議論が、「安楽死」

について盛んであるので、その進展が関心を引くが、憲法、刑法との関係での議論は多くはないと思われる。これは医師など現場担当者を交えた議論が進行中であることもあるが、政府の終末期医療に関する委員会の報告が関係していると推測される。二〇〇七年厚生労働省の見解は、「生命を短縮させる意図をもつ安楽死は本ガイドラインでは、対象としない」というに止まっている。第五に、「安楽死」の議論との関連で、一部の障がい者団体が「安楽死法案」に反対した経緯もあって、障がい者への深い理解と配慮があると思われ、また、一部の雑誌の編集部が、今日なおこの深刻な問題を掲載することに消極的であると推測されることも、その種の議論がそれほど活発でないことの背景にあると思われる。第六に死を忌み嫌う潜在的な個人意識、死にはなるべく触れたくない社会意識、死に関する宗教的理解、健康・自立が善であるという潜在的な社会的合意なども無視できない。第七に、患者・障がい者が死を選択したとしても、それを実行・補助する医師・家族は病床でお世話になっており、刑事責任を負わされるかもしれない立場にあるので、それらに比べ弱い立場にある患者・障がい者が、みずからの死の選択の権利について社会へ向けて発言することは、ほとんどないという事情があろう。こうした背景にも拘わらず、今後のさらなる各分野からする議論の深化が求められる。

ところで、「任意的安楽死」の法律問題は、憲法と刑法に関連する者以外にもあり、それらは紙数の制約で割愛した。次の諸問題などが残っている。第一にそうした患者・障がい者とその遺族らが「任意的安楽死」に関係して、損害賠償や仮処分で争う場合の民事紛争処理にまつわる諸問題、第二にそうした患者・障がい者と医療契約を締結して医療行為を行っている医療関係者の診療義務の範囲の確定、第三に、患者・障がい者の意思が明確でない場合の推定条件、第四に患者意思不明の場合の家族らの意思による患者意思の「代行」問題、第五にこの他に、医師・看護師等の医療実務家を交えた医事法研究者から提起される諸問題もある。第六に終末期を迎える患者・障がい者の社会保障法上の諸問題には、社会保障法が「自立」「自律」する者のみを適用対象としているのか、死を自己決定した患者・障がい者までも対象に含むのかという基本問題と、各社会保障法の適用に関連する解釈問題がある。

2 刑法分野での判例と学説

刑事判例と刑法学説の間では、嘱託殺人罪で問われる医師や親族などの無罪を根拠つける刑法独自の理論が、論じられている。その紹介と検討の前に、「任意的・積極的安楽死」に関与した医師・家族らが、刑事責任を問われないための「厳格な諸条件」を検討する。その条件を具体的に示した重要な刑事判決例を紹介する。

(1) 刑法規定と刑法判例動向

日本の裁判所が判決を下した事件の中には、患者が死にたいと述べたことを事実認定した上、加害者を嘱託殺人罪でその刑事責任を問うた事例が少なくとも五例、殺人罪としている事例が少なくとも一例がある。(6) いずれも、殺人に関与した親族らは、嘱託殺人または殺人罪の適用を受けた有罪判決で、そのほとんどは執行猶予が付いている。それらの理論付けは、違法阻却あるいは責任阻却であり、また、事実認定では、無罪にするための「厳格な諸条件」を充足しているものではないと判断されたのである。

最初に、ここで関係する刑法の規定を示す。嘱託殺人規定は「人を教唆し若しくは幇助して自殺させ、又は人をその嘱託を受け若しくはその承諾を得て殺したる者は、六月以上七年以下の懲役または禁固に処する」(刑法第二〇二条)。この条文のうち、本稿が取り上げている「任意的・積極的安楽死」は、「又は」以下の嘱託殺人を罰する部分となる。殺人罪の規定は「人を殺した者は、死刑または無期、若しくは五年以上の懲役に処する」(同一九九条)と定む。

次に、これらの事件の一部に言及しながら、一般に「安楽死」で患者が死ぬ原因を与えた医師・家族らが、刑事責任を問われない場合の厳格な基準について、検討したい。この基準を提示した先例として取り扱われる一九六二年名古屋高裁の事件は、自宅で脳梗塞が原因で四年も療養している父親が、よく「殺してくれ」「早く死にたい」と言っていたので、その息子が常用のミルク瓶に農薬を混ぜて飲ませ殺害に及んだものである。嘱託殺人で一年の懲役と三年の執行猶予の判決を受けたので、「任意的・積極的安楽死」の類型に属する。(7) これに対して、もう一つ判例はこれも先例的地位にある一九九五年横浜地裁判決であるが、事案では、患者は多発性骨髄炎で意思表示は出来ない状態で、苦しむ患者をみた長男の強い要請を受け、担当医が病院で患者からカテーテルを外したものの、六時間余も死に至らず苦しむので、その医師が独自の判断で別の薬剤を注射して、患者を死に至らしめた事件である。担当の医師に対して、殺人罪で二年の懲役、二年の執行猶予が言渡された。この判決では、患者本人の死への推定的意思も確定できない状況の下であるので「非任意的・積極的安楽死」の例であるが、判決は、傍論として「積極的安楽死」一般について、先の名古屋高裁判決と若干異なる基準を示している。(8) これら判決が提示した諸条件の詳細を示す紙数がここにないが部分的に後述する。もう一つ重要な司法判断は、前掲の二〇〇九年最高裁川崎協同病院事件決定である。事案は、気管支炎の重積発作により入院した患者の推定的意思に基づくともいうことが出来ない状態の下で、「脳波等の検査は実施されておらず、発症からいまだ二週間の時点で、その回復可能性や余命について的確な判断を下せる状況にな」いにも拘わらず、患者の「病状などについて適切な情報が伝えられた上でなされたものではな」い家族の要請に基づき、医師が患者の気管支チューブを抜いて、死に至らしめたものである。この決定は結論として原審の懲役一年六カ月、執行猶予三年の有罪判決を支持した。事案は「非任意的・積極的安楽死」の範疇に入る。決定はいくつかの条件を充たした場合に、患者の意思が明確な場合はもとより、患者の意思が不明確な場合にも患者の「推定的意思」により、医師ら第三者の手にかかる合法な「任意的・消極的安楽死」までは認めたと読める内容となっている。何故なら、この決定は、「上記抜管行為は、法律上許容される治療中止には当たらない」という表現を使っているので、「法律上許される治療中止」がある場合も認めていると読めるからである。その際の「厳格な諸条件」が問題となるので、以下これらの諸条件を検討する。

(2)　「任意的安楽死」の合法条件

ここで問題とする「安楽死」は、患者・障がい者の死への自己決定がある「任意的安楽死」であるので、医師・家族らの第三者が薬剤などによりその死を手助け・補助するなどの積極的な行為で死に至る「任意的・積極的安楽死」と、医療行為や栄養補給を中止もしくは差し止める「任意的・消極的安楽死」を含む。

①　第一に検討すべき条件は、患者・障がい者本人の意思表示に関する。患者の意思が明確である場合は、「厳格な諸条件」を充たす。それには患者・障がい者が自分の死を自己決定するに十分な時間と能力が必要であろう。

本人の意思の確認が困難な場合に、その死の意思を「推定的意思」であったものとみなすことも出来る。川崎協同病院事件最高裁決定は、「上記抜管行為が被害者の推定的意思に基づくということも出来ない」と表現しているので、これを逆に読めば、推定的意思がある場合には、それを患者の明示の意思と類似に扱うことを肯定している。

しかし、第三者が患者・障がい者の意思を「代諾」でも「代行」もすることを認めることは出来ない。死についての自己決定権の法的保護というからには、本人意思が不可欠である。この点は、二〇〇五年川崎協同病院事件の東京高裁判決が言及しているので、参考になる。それによると、患者・障がい者ではない第三者の立場では、「終末期医療に伴う家族の経済的・精神的な負担の回避という患者本人の気持ちは必ずしも沿わない思惑が這入り込む危険性がつきまとう。……そのような事情の介入は、患者による自己決定ではなく、家族による自己決定にほかならないことになってしまうから、否定せざるを得ない[9]」。同感である。

②　第二に検討すべき条件は、本人の死への意思を確認する手続き的な条件である。これらの点につき先の川崎協同病院事件の東京高裁判決の表現を借りると、「尊厳死を適法で認める場合でも、単なる実体的な要件のみが必要なのではなく、手続的な要件をも欠かせない。例えば、家族の同意が一要件になるとしても、同意書の要否やそ

の様式も当然に視野に入れなければならない。医師側の判断手続やその主体をどうするかも重要であろう」[10]。そこで、確認する人が医師、家族など患者・障がい者本人の意思を正確に受け取れる立場の人でなければならない。複数の医師、医療テーム、さらには医療機関に倫理委員会がある場合には、その意見を得ることが必要といえよう。患者・障がい者の意思も数回にわたって確認されなければならない。深刻な問題であるから、心変わりがあっても不思議ではないからである。患者・障がい者の死にたいという意思についての伝聞情報では、死の意思の推測には不十分である。

「尊厳死宣言」に署名している場合も、その署名に表明された意思が、署名された時点と変わっていないことを医師らが、最終確認をする必要があろう。その意思をメモや書面などに記録されておればよいが、記録されていなくとも、繰り返し述べられた事実が確認出来るなど、その意思を推定するに相当な客観的な事情が必要であろう。「任意的・積極的安楽死」の場合、医師が死に役立つ薬剤などを提供する時点、あるいは家族が死を手伝う時点での、その意思の最終確認が重要である。

③　第三に検討すべき条件は、肉体的苦痛の場合に限定されるかが問題となる。死に近いことを自覚している患者・障がい者は、精神的苦痛を当然伴っていると推測されるが、肉体的苦痛が伴わない段階での〝精神的苦痛の み〟では、この条件を充たさない。この程度では生命を法的に保護するためである。しかし、現に肉体的苦痛が生じていて、不治の病に罹っている患者・障がい者が、深刻な精神的苦痛を持つ場合、肉体的苦痛は耐えられないほどではない段階で、患者・障がい者が将来、絶望的に生きる喜びを失った時を考えると、その死を決行することを嘱託され、その死の手伝い・補助をした第三者の法的責任は、この章で論じている他の「厳格な諸条件」を充たしているならば、問われないと考える。それは、肉体的苦痛は、生き続けることに耐えられないほど厳しいものではなくとも、健常者であれば自殺を敢行するであろう程度に、生き続けることの精神的苦痛が大きい場合は、その患

者・障がい者の死への自己決定は、法的に保護されてよく、その自殺を助ける行為は嘱託殺人としての法的な刑事責任を問いえないと考える。この点、反面教師として参考になる判決例には、一〇年来脳溢血で半身不随の韓国人の母親が、諸事情のため帰国できないことを知ったこともあり、「早く殺してくれ」と述べたのを受けて、その娘が青酸カリを飲ませて殺害に及んだ事例で、一九五〇年東京地裁は次のように判示しているのがある。「疾病による肉体的苦痛が激越でない以上、精神的苦痛を取り除くため死を惹起する行為があっても、これを正当行為とすることはできない」[11]。しかし、肉体的激越性を条件としている点で、この見解に与することが出来ない。

④　第四の検討すべき点の死が不可避性であることとそれを避ける可能な手段が講じられねばならないことは、条件として必要である。先の一九九五年横浜地裁判決は、「死が避けられず、かつ死が差し迫っていることが必要である」と判示して、不可避性と切迫性について言及している。この条件のうち、死の不可避性とそれを避けるために可能な手段が取られたことは条件として賛成するが、切迫性はそうではないと考える。まず、死の不可避性の判断は担当の医師あるいは医師団の専門的判断による必要がある。家族らが患者の状態が見るに耐えないとの判断で、患者の病状は死が避けられないわけではない状況の下で、死にたいと言っているので、患者を殺害する事例はあるが、これは死の不可避性の条件を備えていないとして、嘱託殺人罪の刑事責任が問われるべきであろう。国民の一人である患者の生命の法益は自己決定権により自分で放棄することは法的に保護されるが、その行為を補助する医師・家族ら他人の刑事責任は、患者に深く想いを致す家族らであっても、「厳格な条件」を充たさない限り刑事責任の対象となると解すべきであろう。国は刑法の規定を適用することが社会通念と公共の秩序に合致し、患者らの自己決定権の行使を制限することができると考えることが出来る。憲法第一三条で定める「公共の福祉」に合致すると考えられるからである。後述する。

⑤　第五に検討すべきは、死の切迫性の判断であるが、これは条件とならないであろう。患者・障がい者が、そ

の死の時期を選択する時間がないほどに切迫していなければならないという条件は、厳格に過ぎるであろう。これは患者らの死の時期の選択を狭めるからである。患者・障がい者が死を自己決定し、それを実行するまでの間の生きる時間を尊重することができるからである。つまり、死の時期をも自己決定する権利まで保障するためである。死は不可避ではあるが、切迫はしていない患者・障がい者に対して、死を決行するための薬剤などを提供する医師の行為の刑法上の責任は免責され、問えないと考えるのである。従って、切迫性は条件とは出来ないであろう。先の川崎協同病院事件の最高裁決定は、患者の状態が「その回復可能性や余命について的確な判断を下せる状況になかった」と述べ、死の切迫性がなかったことを有罪判決の根拠の一つにしているが、これは、患者が自らの死を自己決定する「任意的安楽死」には適用できない条件と思われる。

⑥　第六の条件として検討されるべきは、緊急避難の条件であるがこれは厳格に過ぎると考える。先述の一九九五年東海大学事件横浜地裁判決の提示した特有の条件は、「患者の肉体的苦痛を除去・緩和するための方法を尽くし、他に代替手段がないこと」という。この条件は刑法第三六条に定める緊急避難の条件に近い。しかし、患者・障がい者が意識は判然としていて、死を決断する「任意的安楽死」の場合、この条件では、患者・障がい者が、その他の条件が揃っている条件の下で、患者・障がい者が自らの死を選ぶ時期、あるいはその方法に、選択の余地を認めないこととなるので、これは厳格に過ぎ、「任意的安楽死」を合法として取り扱う「厳格な諸条件」の一つとはなしえないと考える。死を敢行する時期は、患者・障がい者の選択に委ねるのが患者の自己決定を尊重するのに妥当である。

⑦　第七に検討すべきなのは、患者らを死に至らしめる方法・手段が倫理的で社会的相当性を持つことである。医師の処方する薬剤処方は妥当であろう。しかし、判決例には、看護をしていた家族による絞殺、毒殺などの方法がとられ、いずれも有罪判決の一つの理由となっている。この点は、先の一九六二年名古屋高裁の判決が次のよう

に言及しているのが、妥当である。「(6)　その方法が倫理的にも妥当なものとして認容しうるものなること」[12]。これ以外の判決例にもこの点を指摘するものがある。この判決は、「任意的・積極的安楽死」の合法条件を羅列した判決ではないが、一九七五年鹿児島地裁判決がある。この事例では、夫から自宅で殺してくれと聞いていたので、ビニール製のロープで妻を絞殺した事件につき「このような所為は、社会的相当性を欠く行為で、実質的な全体の法秩序に照らしても違法性を阻却されるものではない」としていて[13]、妥当である。

⑧　第八に検討すべき条件は、患者・障がい者から嘱託を受けた者で刑事責任を問われない者である。この条件は、従来の判決例の中で、医師でなければならないとするのが、名古屋高裁判決と、この点を承継した東京地裁東海大学事件判決である。しかしそれは原則である。例外として、親族、家族など、患者と意思疎通が可能であった人でも、患者・障がい者の死を手伝い・補助しても、刑事責任がないと考えることが出来る事例があると考える。しかし過去の判決事例で、家族が患者を死に至らしめた方法が、絞殺、毒殺などであることが多いことからみて、原則的には、医師以外が嘱託殺人を実行する際には、社会通念あるいは倫理的に受け入れがたい方法によらないことが必要で、そうでなければ、患者・障がい者の意思は判明しても「自己決定権の乱用」として、合法とする条件とは出来ない。

ここで以上の「厳格な諸条件」を要約したいところであるが、紙数の制約で「三　結論　第二」で述べる。

(3)　嘱託殺人罪不可罰を巡る刑法学説

刑法学者の間で、「安楽死」については以前から議論が交わされているが、概説的に紹介する二〇〇三年の学説によると、「以前は、同情心・慈悲心・惻隠の情から[14]、合理主義から[15]、死因の転換—治療行為から[16]違法阻却を論じる見解が有力であったが、最近では、期待可能性の見地から[17]というように、期待可能性を基軸とした責任阻却説が多い。ところがごく最近、新たな形で違法阻却説が有力に主張されている[18]」。

違法阻却説がさらに別れる。まず、患者の自己決定という論理は用いないが、患者が同意しているので、刑法が守るべき法益はないとする説[19]がある。患者である「被害者の同意の問題として把握される」ので「超法規的違法阻却事由がある」という見解がある[20]。これらは、患者本人の自己決定による点を捉えて、憲法第一三条との関連を指摘する刑法学説である[21]。次に、憲法一三条との関係は明示はしないが、患者の自己決定権を全面的に肯定する説もある。「自己決定権は自己の身体に対する侵襲を受忍するかどうかを決定する権利、すなわち治療拒否権であり、治療行為における同意と自己決定は同一のものである」とか[22]、あるいは「医学的合理性と患者の自己決定権という医学的には不合理でもありうる新しい人格的自由権との関係において……」、治療についての「患者の拒否は、医師の治療義務をも阻却する」という[23]。「法が人のためにあるのであって、法が人のためのあるのではないとする批判が的中するであろう」という表現をとる学説もある[24]。

個人の自己決定権に限界があるとする説がある。これらは、患者の生命には個人が処分し得ない社会的法益性があるとして、両者を考慮する説とも言うべき学説は、患者が死を自己決定したことの法的価値を認めながらも、他方、殺害された被害者の持つ社会的法益もあるとしながら、両者を比較検討し、前者が勝るので、違法とは出来ないとする見解がある[25]。生命の社会的法益を徹底する学説によると、自己決定権を行使する自由は部分的であり、それは制限されるという考え方である[26]。この考え方であると、自己決定権を根拠とする違法阻却説は採れず、責任阻却説をとることとなると考えられる。違法阻却説には、なお、患者の自己決定権にも社会的法益についても明言はしないが、安楽死に加担した者を処罰しないことが社会的相当性を持つとして違法阻却を唱える見解もある[27]。

これに対して、安楽死に関与した医師・家族らの行為はあくまで違法ではあるが、その法的責任は免脱させるという責任阻却説がある。その中には、その根拠として、「個々に事件には特殊性があり、特に近親者が行為者である場合が多いからである」と論じる学説がある[28]。

(4)　私見：自己決定権行使の補助行為として合法説

私見によれば、医師・家族らが患者・障がい者の死に手を貸す行為は先の「厳格な諸条件」を備えれば、刑法の定める嘱託殺人罪あるいは殺人罪の構成要件に該当しても、違法の法的評価は受けないと考える。これは、「任意的・積極的安楽死」の場合も「任意的・消極的安楽死」の場合も同じである。その理由付けは、上述の刑法学説とは少し違い、先に述べた「厳格な諸条件」を充足する事例に限り、他人の権利を侵害せず、また日本社会の秩序と利益を害しないと考えられる行為であって、その死に関与する医師や家族などの行為は、患者・障がい者が「憲法で保障された自己決定権の権利行使をするのを助ける補助・援助者」に過ぎないと位置づける。それは、患者・障がい者が、憲法第一三条に基づく自己決定権を行使しているのであることを法的に最大限尊重する観点に立つからである。このように考えると、先に述べた「厳格な諸条件」を充足する限り、死を補助・援助する医師や家族らの行為は、患者・障がい者の同意によるとか、被害法益を放棄したといった刑法による個人法益を保護するというレベルに加えて、患者・障がい者が憲法上の権利行使を行うにつき、それを助ける役割を負っており、それは憲法秩序を具体化する公益を担う行為であることとなる。この考え方は、先に紹介した違法阻却説の学説の中で「超法規的違法阻却」や「法が人のためにある」と表現する学説を紹介したが、それらの考え方をさらに進めたものである。

3　憲法分野での判例と学説

(1)　憲法規定と若干の憲法判決例

まず、憲法第一三条は、「すべての国民は、個人として尊重される。生命、自由及び幸福追求に対する国民の権利については公共の福祉に反しない限り、立法その他の国政上で、最大の尊重を必要とする」と定めている。この規定は、国民に対し、「個人の尊重」を保障し、その内容として生命・自由権及び、幸福追求権を保障していると理解されている。また、憲法第一四条は「国民は法の下に平等であって、人種、信条、性別、社会的身分、または門地により、政治的、経済的または社会的関係において、差別されない」と定める。

もともと、安楽死を含め「死ぬ権利」一般を判例、学説が正面から論じたことは、少ないが、しかし、広くこの第一三条が、生命・自由・幸福追求のために自己決定をする権利を保障しているとする学説は通説であるから、生命を絶つことにより生命を処分することも、この自己決定権の権利として、この規定から導かれると考えられる。

刑事事件では、川崎協同病院事件の二〇〇五年東京高裁判決がある。その事案が患者の死を求める意思表示はない「非任意的・積極的安楽死」ではあるが、判決は「任意的・積極的安楽死」の場合について言及し、「終末期において患者自身が治療方針を決定することは、憲法上保障された自己決定権といえるかどうかという基本問題がある」[29]とする。憲法レベルで自己決定権を論じるならば、それは第一三条以外にないことから、この判決は、患者が死を自己決定した場合には、それは同条に根ざすことに言及したと読むことができる。また、紙数の関係で本稿の対象外とはしたが、民事判決で、エホバの証人事件の一九九八年東京高裁判決がある。患者の生命に関する自己決定権について、憲法一三条を直接引用はしていないが、次のように論じている。「絶対的無輸血の……同意は、各人が有する自己人生の在り方(ライフスタイル)は自らが決定できるという自己決定権に由来するものである。人はいずれは死すべきものであり、その死に至るまでの生きざまは自らが決定出来るといわなければならない。……相当の説明に基づき自己決定権を行使した患者は、その結果を自己の責任として甘受すべきであり、これを医師の責任に転嫁することは許されない[30]」。

(2)　「任意的安楽死」に関する憲法学説

憲法第一三条の解釈から、死の選択を含めて私的な事柄は、本人が決めることができる「自己決定権」に委ねるという考え方が、憲法学説の間で導き出されている。しかし多くの憲法学説のうち、「任意的・積極的安楽死」についてまで言及するものは少ないものの、これが憲法上の保障を受けると述べる学説がある。この学説によると「積極的安楽死を受ける権利が考えられるとしても、人格的生存を全うするために命を絶つ自己決定」によるものとする。[31] この学説は、「人格的自律説（自己決定権説）」の代表的な学説であるが、これに対する学説群として、「一般的自由権説」がある。この学説によっても、「任意的安楽死」は、憲法第一三条で保障されていると理解していると考えられる。その理由は、この学説群が、国民には一切の自由は憲法で権利として保障されているという前提に立つからである。この学説群は多様であるものの、「積極的安楽死」を自由権の一つとして肯定する点では、対立はないと考えられる。というのは、この学説群に、自由権は第一三条が規定する「公共の福祉」により外在的に制限を受けるにすぎないとする「無限定・一般的自由権説」[32]と、他者への加害行為を除き個人の自由は憲法上自由権として保護されているという「内在的制限付き・一般的自由権説」[33]の間に対立があるが、いずれの立場に立っても、その論理の展開をすれば、「積極的安楽死」を自己決定する権利は、国家が干渉すべきでない自由権として憲法により保障されている考える意味で対立はなく、憲法の保障する基本的人権の一つであるとみていると考えられるのである。

　これらとは違い、憲法学説の中には、「積極的安楽死」の権利を憲法上の権利とみることに消極的な見解がある。それによると、道徳論を加味して自由権論を批判し、「『死ぬ権利』を認めて、『弱者』を死に追いやる場合を考えればわかるように、単なる国家による拘束の欠如としての自由だけでは、道徳的意味での『真の自由』はないのではないか」と説明する。[34] また、個人の自己決定権よりも社会を重視する立場からは、「人一人の人間としての自律性を尊重すべきであるとする人格的自律論は、共同体の構成員が相互にその存在意義を承認し、自律的存在として、『共に生きていく』ことを求める」[35]とする。また、死ぬ権利は憲法上の保障はないと明示する学説もある。その理由は、「死ぬ権利」を認めると、それが「殺す権利」に移行する危険があることに求める。[36] これら考え方には、憲法が保障する基本的人権は、生きることを前提とし、死については含まないと理解していると考えられるので、「積極的安楽死」を含めて、死ぬ権利の保障には消極的ということとなるであろう。これらの説を支持できない。

(3)　私見：自己決定権と差別禁止論からの適用違憲説

第一に、自らの死を自己決定することは、患者・障がい者が自らの生命を断つこととして積極的な権利として、その「精神的自由」の一つであることを重視し、それを実行することと、また、それを「厳格な諸条件」を充たした上で補助・援助する行為は、刑法による違法判断を受けない意味で、合法であると解することが出来る。一般に国家は国民の自由を最大限尊重し、その権利行使が他人の権利や公共の利益・秩序を害しない限り、法により尊重しなければならならず、国はその自由の制限をしてはならない。従って、国家が刑法の嘱託殺人と殺人の諸規定により、刑罰を科することも抑制的でなければならない。このことは「任意的・積極的安楽死」にも「任意的・消極的安楽死」にも当てはまる。学説のレベルで考えると、この自由権は、憲法第一三条にいう「公共の福祉」による内在的制限を受け、一定の制限の下にあり、日本社会に内在する秩序と利益を守る規範により制約を受けているのであるから「内在的制限付き・一般的自由権説」でも説明出来る。しかし、この自由権を、「人格的自律説」に沿っていえば、死を自己決定したこと自体に、患者・障がい者自身の人格が投影しているとみることが出来、また、残る人生を価値あるところまで生きるという決意があれば、それも、人格の発揚であるとみることが出来るので、この点を説明出来る「人格自律説」の方が優れていると考える。さて、患者の意思による「任意的安楽死」の場合は、医師・家族らの補助・援助による「積極的安楽死」でも、治療・栄養補給の中止・撤回による「消極的安楽死」でも、本人の意思表示が確認または推認できる場合は、先に述べた「厳格な諸条件」を充たす状況の下で行使される場合、嘱託殺人罪の刑法規定を適用することにより、国がそれを制限禁止することは、患者・障がい者の自由権と人格自律権を侵害することとなり、憲法に違反する、と解することが出来る。これは、個別事例についてこれらの刑法規定を適用することが違憲となる「適用違憲」であるといえる。それに対して、「任意的安楽死」を合法化する「厳格な諸条件」を充たさない医師・家族らの行為は、憲法第一三条により保障されないので、刑法の規定が適用され、その限りで、その患者・障がい者の自由権、この場合自らの生命を断つ自己決定権は、その人格自律権の行使ではあるが、その権利は内在的制約を受けていて、憲法第一三条の保障ないとみることができる。

第二に、憲法第一四条の平等保障違反が問題となる。患者が自らの手で死を決行することが出来ない患者・障がい者は、「任意的・積極的安楽死」でも「任意的・消極的安楽死」でも、第三者である医師・家族らの援助・補助があってはじめてその意思が実現される。ところが、これを患者・障がい者が依頼すると、嘱託自殺となり、刑法第二〇二条第二項により、その嘱託を受けた第三者は処罰される可能性をもつ。このことを、自らの手で自殺が出来る患者との比較においてみると、憲法第一四条の規定により、患者・障がい者は法律上の差別を受けていることといえる。その理由は次の通りである。憲法第一四条の条文を見ると、第一に差別される理由を「人種、信条、社会的身分又は門地により」と限定し、第二に、差別も「政治的、経済的、社会的関係において、差別されない」と定める。第一点に関し、患者・障がい者である事実は、身体的条件であるから、この差別禁止の理由には当たらない。しかしこの点は、憲法が定める差別禁止理由を例示にすぎないと解するならば、第一四条の立法趣旨は、広く差別一般を禁止するものであって、差別理由を限定するものではない、と考えることが出来、患者・障がい者も健常者と平等に取り扱うことを憲法が求めていると解することが出来る。第二点については、差別の結果は、「任意的・積極的安楽死」の場合、憲法の定める「政治的」でも「経済的」でもない。しかし、それは、「社会的」に差別されたと解することも可能である。何故なら、死を選び、この社会から消えるという選択は、この社会に住む人との関係を断ち切るという点で、消極的な意味で社会に関係することだからである。障がい者が、死により、社会的な活動と参加ももはやしたくない、それを拒否したいにも拘わらず、嘱託殺人の規定によりそれが出来ないというのであるから、それは、この社会で生きることを、この規定が強制する結果を生むのである。これは、「社会的」な差別であると位置付けることが出来る。以上のことから、刑法第二〇二条第二項の嘱託殺人の規定を、先述した「厳格な諸条件」を充たす「任意的安楽死」の事例に適用することは、憲法第一四条に違反し、適用違憲である。

以上要するに、患者・障がい者自らが死を自己決定し、医師や家族らの補助・援助による「尊厳を守るための死」を実行する行為は、先に述べた「厳格な諸条件」を充たしている場合には、憲法第一三条の解釈から導き出される自己決定の権利と、第一四条から導引き出される患者・障がい者は健常者と差別されない権利から法的に保護される。さらに、その死を達成させ・補助した医師・家族らの行為も、患者・障がい者の憲法上の権利行使を助ける補助・援助者であるから、その行為も、同じく憲法上の保護を受けるものと考えることが出来る。

(6)　東京地判・昭和二五（一九五〇）年四月一四日裁時五八号四頁、名古屋高判昭和三七（一九六二）年一二月二二日高刑九号六七四頁、鹿児島地判昭和五〇（一九七五）年一〇月一日判時八〇八号一一二頁、神戸地判昭和五〇（一九七五）年一〇月一六日判時八〇八号一一二頁、高知地判平成二（一九九〇）年九月一七日判時一三六三号一六〇頁。
(7)　名古屋高判有機農薬毒殺事件・昭和三七（一九六二）年一二月二二日高刑一五巻九号六七四頁。
(8)　横浜地判東海大学事件・平成七（一九九五）年三月二八日判時一五三〇号二九—四〇頁。
(9)　東京高判川崎協同病院事件・平成一七（二〇〇五）年三月二五日判タ一二三七号一六〇頁。
(10)　東京高判・前掲注(9)。
(11)　東京地判昭和二五年四月一四日裁時五八号四頁以下。
(12)　名古屋高判・前掲注(7)六七七頁。
(13)　鹿児島地判・前掲・前掲注(6)一一二頁。
(14)　小野清一郎『刑罰の本質について、その他』二一一頁（一九五五年）。
(15)　植松正「安楽死の許容限界をめぐって」ジュリ二六九号四六頁（一九六三年）。
(16)　熊倉武『日本刑法各論上巻』一三八頁（法律文化社、一九六〇年）。
(17)　佐伯千仭『改訂刑法講義総論』二九一頁（有斐閣、一九七四年）、大塚仁『刑法論集(1)過剰避難と期待可能性から』一五六頁

（有斐閣、一九七六年）、金沢文雄「安楽死の許容性をめぐって」広島政経論叢一七巻五・六号一一七頁（一九六八年）。
(18) 甲斐克彦『安楽死と刑法』三八頁（成文堂、二〇〇三年）。
(19) 山口厚『刑法総論（第二版）』（有斐閣、二〇〇七年）、前田雅英『刑法総論講義（第四版）』三一五頁（東京大学出版会、二〇〇六年）など。
(20) 島岡まな「安楽死・尊厳死を巡る日仏の法的対応について」阪法五七巻九〇一頁（二〇〇八年）。
(21) 井田良『刑法総論の理論構造』二〇四頁（成文堂、二〇〇五年）、島岡・前掲注(20)五七頁。
(22) 町野朔「患者の自己決定権と刑法」刑法二二巻三・四号三四頁以下（一九七九年）、同「安楽死：一つの視点（一）」ジュリ六三〇号五九頁以下（一九七七年）、同（二）一一四頁以下（一九七七年）、同『患者の自己決定権と法』所収（東京大学出版会、一九八六年）。
(23) 金沢文雄「医療と刑法：専断的治療行為をめぐって」中山研一＝西原春夫編『現代刑法講座第二巻』一三〇頁（成文堂、一九八二年）。
(24) 井田良「終末期医療と刑法」ジュリ一三三九号四〇頁（二〇〇七年）。
(25) 曽根威彦『刑法総論（第三版）』一四〇頁（成文堂、二〇〇〇年）。
(26) 曽根威彦『刑法における正当化の理論』一五〇頁（成文堂、一九八〇年）。
(27) 団藤重光『刑法綱要総論（第三版）』二二六頁（創文社、一九九〇年）、大塚仁『全訂刑法総論（第四版）』四〇八頁（二〇〇五年）。
(28) 甲斐・前掲注(17)四一頁。
(29) 東京高判・前掲注(9)一五三頁。
(30) 東京高判平成一〇（一九九八）年二月九日判時一六二九号三九頁。
(31) 佐藤幸治執筆『注釈日本国憲法上巻』三〇六頁（青林書院新社、一九八四年）。
(32) 内野正幸『憲法解釈の論理と体系』三二三頁以下（日本評論社、一九九一年）。
(33) 代表的な説として阪本昌成「プライバシーと自己決定の自由」樋口陽一編『講座憲法学』二二六頁（日本評論社、一九九四年）。
(34) 高井裕之「生命の自己決定と自由」ジュリ一九七八号一〇七頁（一九九一年）。
(35) 土井真一「『生命に対する権利』と『自己決定』の観念」公法五八号九二頁（一九九六年）。
(36) 阿南成一『安楽死』六六頁（弘文堂、一九七七年）。

三　結　論

1　適用違憲説に基づく合法論

まず最初に、嘱託殺人を刑事罰を科して禁じる刑法第二〇二条第二項の規定は、「任意的安楽死」で先述の「厳格な諸条件」を具備する事例があることを前提にしても、合憲の規定である。殺人罪第一九九条の規定はいうまでもない。これらの刑法の規定自体を合憲と考える理由は、判決に現れた個別の嘱託殺人事件を精査すると、現実には先に述べた「任意的安楽死」として合法化する「厳格な諸条件」を充たしていない事例が多いことを挙げることが出来る。すなわち、患者の親族が患者の懇願、依頼を受けてその患者を殺害するに及んだ場合、罪に問われている者には、その心情はやむをえない場合も含みながら、医師以外に家族による場合が少なくないこと、また殺人の方法も家族による場合に、反社会的・反倫理的な手段によるものもあること、その動機も患者・障がい者の利益のみによるとは限らず、医療費負担、複雑な家族関係、介護負担、遺産相続などが想像される事例もあることが否定出来ないのである。これらの事例では、嘱託殺人と殺人罪の規定で関与者を処罰することが、社会的秩序ないし利益を保護することとなると考えられる。従って、これらの規定は違憲とはいえないのである。

しかしながら、先に述べた「厳格な諸条件」を充たした場合のことに限定されるのであるが、患者・障がい者の死への意思表示が明示的であれ、推定的であれ、確認できる場合には、その死に関与した医師・家族らに刑法の嘱託殺人あるいは殺人罪の規定を適用することは「適用違憲」に当たる場合があると考える。このように考える理由は、その患者・障がい者の自己決定権の自由を、刑事責任を考察するにあたって、従来の学説よりも比重をかけて尊重した解釈論を展開することが出来るからである。患者・障がい者の死に関与した医師・家族らは、それらの憲法上の権利を行使するのを「補助」・「援助」したと見るのである。

第一に、患者・障がい者が、次に要約した「厳格な諸条件」の下で自己決定したことは、人格的な自律的行為として、自らの尊厳を守るためであり、自らの命を絶つと決心すれば、それは、その自己決定が、憲法第一三条に基づく個人の自由権、人格自律権の行使として行われたと解する。この場合、その自己決定は、自らの生理的な命の取り扱いの自由であるとともに、「精神的自由」の一つとして、それへの法的保護が優先すると考えることができる。このように考えることにより、「厳格な諸条件」を具備する医師・家族らの行為であって、刑法第二〇二条嘱託殺人罪の構成要件に該当する行為の刑事責任は、違法としての評価さえ受けるべきではなく、憲法上の権利行使を補助・援助する合法的な行為と見なされる場合があると考える。

第二に、本稿で、医師・家族らの行為が、患者・障がい者の憲法上の権利行使を補助・援助する行為として刑事責任は追及されるべきではないのは、先述の「厳格な諸条件」を充たす場合であるが、それをここに要約する。①死が不可避であることが医師により確認されること、②生き続けることが肉体的及び精神的に、それ相当程度に苦痛を伴う段階にあること、③患者・障がい者が明示的あるいは客観的・合理的にみて死の意思表示があったと推定できること、④そのことが複数の医師により複数回確認されるなど手続き的条件が具備されること、⑤死をもたらす方法が社会的・倫理的に受け入れられるものであること、⑥その実行行為が原則として担当の医師によるか、やむをえない場合には本人の意思を知る家族などによることである。以上の「厳格な諸条件」を充たす場合には、医師・家族らが、死を自己決定した患者・障がい者に与える手段を提供、または医療行為・栄養補給を中止・差し控えすることは、合法的な「任意的・積極的安楽死」または「任意的・消極的安楽死」の補助・援助行為として、その死に関与した者は、嘱託殺人として刑事責任を問われない、という結論になる。こうした条件を具備した事例に対し、刑法の嘱託殺人の規定を適用することが適用違憲となる。

第三に、私見に対して、生命の法的保護は社会的価値を有するので、個人がそれを放棄することも、その死を手助ける医師・家族を法的に保護すべきではないという見解が予想される。この見解によると、患者・障がい者の命も、その本人以外のそれに関連する第三者と社会一般を視野に入れて理解すべきであり、その人個人の決定により放棄・処分することが出来ないほど、重い社会的存在であるという考えである。その考えは深く理解する。確かに、人の存在は、家族・親族・友人といった個人的関係で成り立っているのみならず、地域社会・国家にとっても人の命は尊いものとして扱うべきであり、ことに国家権力による虐殺、障がい者抹殺の考え方に結びつく考えとその実行行為は人倫と人権に反するものである。しかしながら、先に述べた「厳格な諸条件」を充たす患者・障がい者で、自らの死を終えることを自己決定し、自らからはそれを実行することが不可能な場合に、医師や家族の補助・援助を得て、死を実行に移す行為を刑罰の対象とすべきではなく、それは、公共の利益ないし秩序を保護する社会的法益に勝る個人的法益の保護であると考える。

2　個人主義的生命観と天賦人権的生命観

生命倫理学の分野では二つの立場がある。一つは本人の意思に拘わらず、生命を尊重し、人間の存在自体に価値を認める「人格主義的生命観」、これは、「天賦人権説」に通じる考えである。もう一つは、生命の放棄もすべて個人の意思決定に委ねる徹底した「個人主義生命観」である。[37] 本稿の立場は、後者で、死を自己決定決を重要視したのである。基本的人権として厳かに死ぬ権利を唱導する近代西欧合理主義に基づく個人主義的な考え方のカナダ最高裁判決と、一九九一年から一四年間、毎年数ヶ月ではあるが、アルバータ大学法務研究科で講義を担当した生活実感に触発されて書き始めたからである。日本の場合も先述した「厳しい諸条件」を充たす場合には、患者・障がい者が尊厳ある死を自己決定した場合には、「積極的安楽死」も「消極的安楽死」も認める立場を取る。

しかし問題はそれに止まってはならないと考える。つまり、人格を前提とした自己決定が出来ない、瀕死の患者、新生児、そして知的障がい者、無能児、の生命の法的保護との整合性を図らなければならない。このうち、後者の生命について、人格的な自己決定が出来ないことからその存在を否定すると受け取れる考えはあるが、[38]本稿は、この見解を取らない。なぜなら、この世に生を得て、誕生した限り、本人が死を意思決定を出来なくとも、人間として法的に尊重され、「健常者」と同等の法的取り扱いをすることが、法の世界では求められると考えるからである。また、生命それ自体は、法的に尊重されるのが原則であって、それは先述した「個人主義的生命観」からも「人道主義的生命観」からも導かれるとも考えられる。その法的保護をその権利主体が放棄することを自己決定出来ない上述の場合は、法的保護の下に置き、その命を医師・家族らが死に至らしめることは、刑法上の殺人罪に当たることがあると言わねばならない。これらの点については、機会があれば他日を期することとなる。

(37) 秋葉悦子「終末期医療をめぐる人格主義的生命倫理学の取り組み」医事法二四号七四頁以下（二〇〇九年六月）。

(38) 宮川・前掲注(4)三一―三二頁は「不治の恍惚老人や植物状態患者、重度精神病医者として、人格を失っている……人格は……人工的に生物段階の生命として存続させることは、本性にそぐわない存在を強いることとなる……この生命を早急に消滅させることこそが、人格の尊厳を守る行為となる」と主張する。本稿の立場はこれをとらない。

三　結　論

9 障害者の社会的排除と人権保障
――〝合理的配慮〟を軸として労働と社会保障を結ぶEU実践――

引馬知子

一　はじめに

「福祉から就労へ（welfare to work）」が、一九九〇年代以降のアメリカやEU諸国、次いで日本でも、労働と社会保障法政策の方向性を示す言葉として頻繁に使われてきた。この背景には、年齢、障害、性別、人種や民族、宗教や信条、あるいは学歴などを理由として、社会的に不利な立場にある人々が、一般労働市場から排除され易い現実がある。このうち障害のある人々は、当事者が望んでも、一般労働市場における求職活動の機会さえ与えられない場合が多々あった(1)。労働からの排除及び、福祉的就労（保護雇用の一部）にみられる適切な労働者保護を伴う〝働き甲斐がいのある人間らしい仕事（ディーセントワーク）〟の欠如に対する受け皿は、長期にわたる受け身の社会保障であった。少子高齢・グローバル競争社会において、旧来の社会保障が行き詰まると、こうした社会保障には費用がかさむという意見が出されるようになった。社会保障の給付制限や受給資格の厳格化等を内包しつつ、労働参加に繋がる社会保障（社会的支援）が、目指されるようになったのである。労働と社会保障改革に関わるこの現代的な出発点は、社会的に不利な立場にある人々の人権（生活保障・勤労権等）の確保と、労働参加を可能とする社会的支援のあり方を問い直している。

近年、この問いにおいて、EU社会政策[2]の成熟化やEUによる国連の障害者権利条約（二〇〇六年採択、二〇〇八年発効）の批准（正式確認）（二〇〇九年一一月採択[3]）等と相まって、EU地域の障害者の人権保障と労働を支える社会的支援のあり方に大きな変革が起きている。本稿は第一に、EUにおける障害者と社会的排除の現状に触れ、第二に、EU障害法政策の二〇〇〇年代までの小史を追う。このなかで、EUが障害政策や経済社会政策の影響を受けて社会的排除に対応する労働分野の均等法／差別禁止法を制定し、その要として〝合理的配慮（reasonable accommodation）〟の義務を規定した経緯を記す。第三に、合理的配慮に焦点を当て、EU加盟国の関連法や公的支援の現状、事業者による実施事例の検討について紹介する。これらから導かれる合理的配慮の成功要素や、ワンストップショップ[4]の推進等の政策介入の着眼点にみられる、EUが目指す方向性についてまとめる。最後に、就労に関わりEUが規定するその他の社会的支援（採用補助や賃金補填、社会サービスの質の原則の明確化等）の動向や、二〇一〇年以後の国連障害者権利条約とEU障害法政策及び合理的配慮の関係に触れる。以上から、EUの障害者への法施策が、経済社会政策のみならず、より普遍的かつ法的効力を伴う人権保障の枠組下で展開されつつあることを明らかにしたい。

（1）　全国福祉保育労働組合「障害者の就労支援と国際基準―ＩＬＯ一五九号条約違反の提訴への回答と今後の対応―」二〇〇九年、等参照。

(2) EU社会政策については、佐藤進「EU社会政策の展開」法律文化社　二〇〇六年
(3) EUによる国連障害者権利条約の批准（正式確認）については、引馬知子「国連障害者権利条約のEU正式確認―複層的な人権保障システムの誕生」日本弁護士連合会『自由と正義』vol.61. No.7（七月号）二〇一〇年、等参照。
(4) 日本ではワンストップサービスと呼ばれる。日本の若者向けワンストップサービスセンター（ジョブカフェ）のような雇用支援中心のサービス提供の場ではなく、労働・社会保障・社会サービス等の生活の総合的な支援を一か所で行う。日本で、二〇〇九年末に失職者の年末対策として行われたワンストップサービスディに近い内容を、障害分野で行うものである。

二　EUにおける障害者の社会的排除の現状――〝見えざる市民〟――

二〇一〇年は、「貧困と社会的排除を撲滅する欧州年（2010 European Year for Combating Poverty and Social Exclusion）」[5]である。EU加盟全二七カ国の四億九、九七〇万人のうち貧困と社会的排除に約八、〇〇〇万人が直面しており、EUは加盟国とともに貧困と社会的排除の削減に取り組む。この年のはじめにEU理事会議長国スペインは、社会的排除のリスクが最も高い、障害者、高齢者、ロマの人々に特に焦点を当て行動すると宣言している。

同欧州年の設定にあたりまとめられた資料等によると、[6]EU域内の約五、〇〇〇万の人々（一一％）[7]に何らかの障害がある。これは、四世帯毎に一人の割合である。これらEU域内の障害のある人々は、教育、雇用・就労、公共交通やサービスへのアクセス、教育、司法等、さまざまな面で不利な立場におかれてきた。例えば、EUの障害のある人々の二人に一人は余暇活動やスポーツの催しに参加した経験がなく、三人に一人は社会的な障壁のために海外旅行あるいは日帰り旅行にさえ参加したことがない。大学レベルの教育を受ける障害者は、障害のない者に比べ半数以下となっている。

障害のある人は障害のない人に比べて二、三倍失業のリスクが高く、また、期限に定めのない雇用契約ですら得難く、パートタイム労働に就く割合も高い。障害者全体の就業率は五〇％と障害のない人の六八％より低い。一六

歳から三四歳の稼動収入のある障害ある若者とない若者の就業率は、前者が三八％に対して後者は六四％である。障害が重くなるほど、就業率は減少し、重度障害者は二〇％となる。障害者の多くが、労働市場において失業者にも労働者にも属さない状態にあり、〝非活動者〟と呼ばれている。ＥＡＳＰＤ（欧州障害者サービス提供事業者協会）によると、障害者のうち一般労働市場で雇用される者は約二〇％であり、その他は保護雇用で働いている。[8] これらに加えて、障害のある人の収入は、障害のない人に比べ劇的に低い。以上から、障害のある人々は時に〝最大のマイノリティ〟であり、〝見えざる市民（invisible citizen）〟と言われてきた。[9]

（5）"Combating"を「撲滅」と訳すこと（例えば、combating discrimination against disability＝障害による差別を撲滅する）は意が強いとの解釈もあるが、「貧困と社会的排除を撲滅する欧州年」は、駐日欧州連合代表部の訳語に依拠している。同年は、特に焦点をあてる障害、高齢、ロマのほか、加えて女性と貧困の問題にも取り組むとしている。

（6）http://www.2010againstpoverty.eu/homepage.html?langid=en、SEC（2007）1548、European Commission, Including people with disabilities –Europe's equal opportunities strategy, 20007 等参照

（7）障害者数は定義によって大きく左右される。近年のＥＵ関連資料の中にはその数を六、五〇〇万人と記すものもある。日本の障害者の割合は人口の六％であり、欧州と日本の割合の違いは障害の定義の差による。

（8）EASPD, Position paper on employment for persons with disabilities –Thessaloniki Declaration, November 2009 等参照

（9）http://www.edf-feph.org/Page_Generale.asp?DocID=12536 等参照

三 ＥＵ障害法政策の小史と労働分野の均等法制定[10]

1 一九七〇年代―一九八〇年代（課題の共有と共通目標の形成）

ＥＵは一九七〇年代になり、障害政策に着手した。ＥＵの意思決定及び立法機関であるＥＵ理事会は一九七四年、移民労働者、若者、高齢者、障害者等を対象とする、域内の完全かつより良い雇用・労働と生活条件の向上等を目指す、「社会行動計画（一九七四年―一九七六年）」を採択した。[11] これは、一九七〇年代初頭の域内の経済成長の不均衡

の拡大や、これら社会的に不利な立場にある人々の排除の実態の顕在化、EU社会政策の欠如への批判に応えてのことである。同行動計画は、欧州職業訓練センターや欧州生活労働条件改善財団の設立[12]、欧州社会基金の役割の強化等を謳うとともに、障害のある人々に関わり次のように記している。

障害のある人々を対象に入れた上記のEU政策は、障害者に関わり次のように記している。

「障害者の、職業生活上のリハビリテーションを目的とする試験的な取り組みの促進、保護雇用への適切な配置、加盟国間の関連法規の比較研究を中心とする、就労を含む社会的な統合（integration）プログラムに着手する。また、欧州委員会は、移民労働者と障害のある労働者に対する欧州社会基金による支援プログラムを提案する。これには、一般労働市場で働く障害者も含まれる」。

一九八二年には、EUの行政機関である欧州委員会の雇用・労使関係・社会問題・教育総局（当時）に「障害者対策室」が設置された。以後EUは、障害者に特化した「障害者の社会的統合を促進する第一次行動計画（一九八三年―一九八七年）」や、第二次行動計画「ヘリオスI（一九八八年―一九九一年）」を実施するようになる。これらの行動計画では、障害者の雇用・教育・自立生活等における加盟国間の情報交換活動や調査研究が行われ、障害問題に関わる欧州ネットワークや、EUを横断する諮問機関・活動グループの設立が目指された[13]。これらは、後にEU域内の障害団体を束ねる、EDF（欧州障害フォーラム）[14]等の創設に繋がっている。

一九八九年にはEU理事会は、障害者の雇用・就労に関する文書を採択した。同文書は、加盟各国の努力にも拘らず、障害者の職業訓練と雇用・就労の機会は改善できずにおり、経済成長と雇用創出が必ずしも障害者の雇用・就労の機会の確保に結びついていないと指摘している。これに対し、EUは共通の政策目標を設定し、職業訓練と雇用・就業上の排除や差別をなくすよう、ステークホルダー（関係NGO、労働組合・使用者団体等）の協力の下に、積極的な措置を講じると述べている[15]。

小括すると一九七〇年代～八〇年代は、経済統合や経済成長が、域内全体の社会・生活水準を自動的に高めるという考えに疑問が付され、政策の転換が図られた時代であった。

2　一九九〇年代―二〇〇〇年代（労働分野の均等法／差別禁止法の制定）

ＥＵ共通の政策目標の設定や排除をなくす措置の推進を目指すＥＵ障害対策において、一九九〇年代初頭、障害を事由とする均等法／差別禁止法をＥＵで制定する動き等が活発化した。障害者の社会的統合を促進する第三次行動計画「ヘリオスⅡ（一九九三年―一九九六年）」の実施に関わる資料[16]は、当時の論点が、①差別禁止法制定の是非、②保護雇用の数やコスト上昇を抑制するため、一般就労やこれを目指す職業訓練を重視する意見と、よりよい保護雇用を広げる必要性を唱える意見、③割当雇用制度の有用性と存続の是非[17]、等にあったことを示している。

ＥＵにおける市民権モデル（市民的権利に根差したアプローチ）に基づく均等法／差別禁止法の導入に対しては、当初、欧州の福祉モデル（社会保障・社会福祉を重視するアプローチ）を切り崩すのではないか、市民権モデルによる利益の享受は、障害者の個人の資力等に左右されるのではないか等を理由に、反対も巻き起こった。一方、欧州では障害のある人々に関わる割当雇用制度、雇用主への税控除、特別な教育訓練や金銭的な補償制度等が実施されるものの、障害当事者は多くの場合にこれらの権利の主体ではなく、保護の客体であるという認識もあった。例えば、割当雇用制度未達成の制裁は使用者に課され、個々の障害当事者の働く権利の行使には必ずしも直結しない。あるいは、障害者への社会的補償や給付は経済状況や政府の政策に左右される等である。これらの議論の末、欧州では、福祉モデルと市民権モデルが相反せず、むしろお互いを補完し合うＥＵモデルを形成していくとの結論が導かれた[18]。

あわせて障害のメインストリーム化という考えが政策に反映され、障害者の保護雇用から一般労働市場での雇用が求められるようになった[19]。「障害のメインストリーム政策」とは、社会には障害のある人もない人もいるという前提で、通常の労働・教育・交通等々の生活全般の諸施策を策定し、障害のある人がない人と同様に通常の施策・サービス等を利用できることを指す[20]。障害は多様であるがゆえ、この政策を実施した上でなおも対応が必要な場合に、障害に特化した法施策を実施する考え方である。つまり、障害のある人が一般の労働環境で働くことを通常とするとともに、必要に応じて一般雇用との行き来ができる〝開かれた〟保護雇用を整備するのである。

ＥＵ障害政策の一方で、ＥＵ経済社会政策は、少子高齢・グローバル競争社会への対応として、障害者を含む社会的に排除された人々の雇用・就労促進と支援を打ち出すようになった。興味深いことに、一九八〇年代までのＥＵ域内の経済成長による雇用創出が、障害者の就業に繋がるという大勢を占めた見方は、一九九〇年代になると、障害者の就業率の向上が持続的な経済成長と社会の安定化に繋がるという見方に逆転し、後者が主流となったと思われる。非就業者への支援よりも就労支援が、保護雇用よりも一般労働市場での就労支援が、長期的には財政支出が少ないと考えられたのである。

以上の結果、ＥＵ基本条約を改正するアムステルダム条約（一九九七年採択、一九九九年発効）には、ＥＵが障害等を事由とする差別に取り組む適切な措置を執れる新規定が、第一三条として挿入された[23]。さらにＥＵ理事会は同条約の発効から一年後に、第一三条を根拠とする二次法として、障害者を対象とするＥＵ初の均等法である「雇用均等枠組指令（2000/78/EC）」[24]を採択した。労働分野の均等法を他分野（モノや保健・医療を含むサービス等）に先んじて速やかに制定したことについて、同指令（二〇〇〇年採択）の前文九は次のように記している。

「雇用・就労と職業が全ての人にとって均等な機会を保障する鍵である。これが、市民の経済、文化、社会生活への完全参加に大きく貢献し、市民の可能性を最大限に引き出す。」

同じく二〇〇〇年には、ＥＵの一〇年間の経済社会政策を示す文書である「リスボン戦略（成長と雇用のための欧州戦略）」が、少子高齢・グローバル社会における、①持続可能な経済成長、②完全雇用／フル就業（full employment）[21]、

③仕事の質と生産性の向上、④社会的結束の強化を打ち出し、これらによる欧州経済社会モデルの構築を宣言した。この内容には、より多くの人々の就職、平均寿命の延びに合わせた労働年数の延長、企業と労働者の適応性（アダプタビリティ）の向上、生涯教育、現代的な社会保護等が含まれる。高齢者・女性・障害者等の雇用・就労を促進することにより、ＥＵの就業率を二〇一〇年までに二〇〇〇年の六一％から七〇％に引き上げる数値目標を掲げ、このための職業訓練への投資拡大や社会的排除を削減を謳った。いわゆる福祉から就労（特に一般就労）への政策転換が、ＥＵで具体化していった。[22]

（10）　ＥＵの障害を事由とする排除や差別の取り組みの主たる対象者は障害者であるが、障害当事者の家族や関係者も範疇に入れるため、〝障害者〟法政策ではなく〝障害〟法政策と記した（引馬知子「ＥＵ均等法と障害のある人・家族・支援者の雇用―英国コールマン事件を契機とする均等待遇保障の新展開」『労働法律旬報一六九六』、二〇〇九年五月、等参照）。

（11）　Official Journal C 013, 12/02/1974

（12）　現在の、欧州職業訓練開発センター（CEDEFOP）、欧州生活労働条件改善団体（EUROFOUND）。共に、一九七五年設立。

（13）　ヘリオスプログラムや当時の議論については、引馬知子「ＥＵ障害者雇用政策と行動計画〝ヘリオス〟」『世界の労働』一九九五　一〇月号　第四五巻　第一〇号等参照。

（14）　European Disability Forum. 一九九六年に設立された、ＥＵを横断する障害のある人々や家族等により運営されるプラットホーム。障害のある人々の機会の均等や人権の促進、すべての障害団体の共通の関心事を擁護し、ＥＵ諸機関等に対して障害のある市民のために独立した声を表明することを目的とする。

（15）　OJ No L 225, 12.8.1986, OJ No C 173, 8.7.1989

（16）　European Commission, HELIOSCOPE No.1-3, 1994, 1995 等参照

（17）　その後、均等法／差別禁止法の制定にあたり割当雇用制度を廃止した加盟国がある。しかし多くの加盟国は、現段階では同制度に一定の役割があるとして、これを積極的差別是正措置に位置づけ存続させている。

（18）　Hendriks, A. 'Disability Equality after Amsterdam', Lawson, A. and Gooding, C. eds. Disability rights in Europe -from theory to practice, Hart publishing, 2005 等参照。

（19）　European Commission, Establishing a third Community Action Programme to Assist Disabled People, 1991

(20) The European Commission Discussion Paper, 'Mainstreaming Disability in the European Employment Strategy', 2005, Report prepared for the Academic Network of European Disability experts (ANED) by Professor Bent Greve, 'The labour market situation of disabled people in European countries and implementation of employment policies: a summary of evidence from country reports and research studies'. University of Leeds, April 2009' 等参照。

(21) この full employment は、従来の失業者の就業を目指す完全雇用というよりは、労働市場において労働者でも失業者でもない〝非活動者〟も含めた full employment を掲げている。このため、フル就業と付記している。

(22) ちなみに、二〇一〇年に始まる新たなＥＵ経済社会政策「欧州二〇二〇戦略―スマートかつ持続可能でインクルーシブな成長を目指す欧州戦略」も、スマートな成長（＝知識・イノヴェーション型経済）・持続可能な成長（＝資源の効率的な活用と環境に配慮した、より競争力のある経済）、インクルーシブな成長（高い就業率と社会・地理上の結束の促進）を掲げ、二〇二〇年までに、ＥＵの二〇―六四歳の人々の就業率を七五％とする等、その方向性を引き継いでいる。European Commission, 'Europe 2020 –A strategy for smart, sustainable and inclusive growth', Brussels, 3.3.2010. COM (2010) 2020

(23) アムステルダム条約第一三条（現行、ＥＵ運営条約第一九条）「条約の他の規定を妨げず、条約によって共同体に与えられた権限内で、理事会は、特別立法手続きに従って、また欧州議会と同意を得た後に全会一致で、性別、人種もしくは民族的出自、宗教もしくは信条、障害、年齢、性的指向に基づく差別と戦うために適切な措置をとることができる」と定める。ニース条約で二項が追加。

(24) Council Directive 2000/78/EC of 27 November 2000 establishing a general framework for equal treatment in employment and occupation,' (L303/16)

四　雇用均等枠組指令と合理的配慮

雇用均等枠組指令は、雇用／就労（employment）及び職業に関わる全過程における、障害等を事由とする直接差別、間接差別、ハラスメントを禁止する。障害のある人を対象とする合理的配慮の義務規定と社会的支援に触れ、加盟国によるポジティブアクション（積極的差別是正措置）の実施を許容している。また、均等待遇の権利が侵害されたと考える者が、行政・司法的な手続きをとる権利を規定している。[25]

合理的配慮の義務は、障害のある人の就労上の均等待遇を、個々人の障害の状況に合わせて実質的に確保し、これにより就業を可能とする要の手段である。障害の社会モデルや社会的包摂の概念の影響を受けて導入をみた合理的配慮[26]は、事業者が職務に適格である障害のある個人の、職務遂行に必要な制度や設備の変更や調整を行うことを意味している[27]。これは、障害当事者が、就労上の均等待遇の確保を自らの権利として行使できる点で、障害者全体の雇用確保を目指す割当雇用制度（積極的差別是正措置）とは明らかに異なる視座をもっている。

事業者は合理的配慮の提供義務を、不釣り合いにならない範囲で負い、これに対する公による支援が期待される。同指令の均等待遇の範囲には、就労に関わる職業訓練、募集、採用及び労働条件、雇用・就労の継続、再訓練、昇進を含む一連の過程がある。このため合理的配慮の提供は、使用者のみならず、職業訓練や就労支援を行う障害福祉サービス等の提供事業者（以下、既述のように一括して事業者と記す）にも課され、場合によって大学等の教育機関もこれに関与する。

障害者を対象とする合理的配慮はEU指令の第五条を中心に定められ、あわせて、前文一七、二〇、二一は、それぞれ「合理的配慮の権利の適格者」、「適切な措置（配慮）」の例、「不釣り合いな負担の指標」を示している。各条の全文は次のとおりである。

・第五条　「障害者への合理的配慮」……障害のある人への均等な取扱い原則の遵守を保障するため、合理的配慮が提供されなくてはならない。これは事業者に不釣り合いな負担を課さない限りにおいて、特定の状況で必要とあれば、事業者が障害のある人の就労へのアクセス、職務遂行もしくは昇進、訓練を可能とする適切な措置をとることを意味する。対象となる加盟国の障害政策上の措置が、この負担を十分に改善する場合には、不釣り合いとは判断されない。

・前文一七……この指令は、障害のある人への合理的配慮の提供の義務を侵さずに、対象となる職もしくは関連する訓練において、必須となる職務を遂行する能力や可能性に欠き、不適格である個人の採用、昇進、就労の維持もしくは訓練を求めない。

・前文二〇……適切な措置、すなわち、障害者に職場が適応する効果的で実際的な措置を講じるべきである。例えば、これには建物、機器・設備・労働時間の形態、業務の配分あるいは訓練及び統合（integration）のための諸資源の提供があげられる。

・前文二一……不釣り合いな負担を判断する尺度としては、必然的に生じる財政的及びその他の費用、組織もしくは事業の規模と資本、加えて、公的資金もしくはその他の支援の可能性を、特に考慮すべきである。

以上のように、雇用均等枠組指令は、労働の分野に限定して合理的配慮の義務を定めている。ＥＵ指令はそれが定める期限内に、加盟国に国内法改正や制定を含めて、その内容の実施を求める。ＥＵ指令の各規定の遵守は、その後の欧州委員会による加盟国内法に対する詳細な審査と、改善を求めるＥＵ法上の「違反手続」によっても促される。加盟各国は、同指令の置換（国内法化）期限の二〇〇三年一二月（延長が認められれば二〇〇六年一二月）までに、ＥＵ同指令に対応した雇用・就労上の障害に関わる均等法／差別禁止法の制定あるいは改正をほぼ終えている。ＥＵ同指令採択前に、均等法／差別禁止法とその下での合理的配慮義務を有していた加盟国は三カ国のみであり、これらの国々でも同指令の基準を必ずしも満たしていなかったことを鑑みれば、同指令はＥＵ全域の障害を事由とする均等待遇保障の最低基準の確立に大きな影響を与えたといえよう。

（25）独立行政法人高齢・障害者雇用支援機構障害者職業総合センター「ＥＵ諸国における障害者差別禁止法制の展開と障害者雇用施策の動向」二〇〇七年、等参照

（26）Austrian Institute for SME Research, Practices of providing reasonable accommodation for persons with disabilities in the workplace -24company case studies across Europe' 2008, p.1 等参照

（27）崔栄繁「合理的配慮とは何ですか?」東俊裕監修　ＤＰＩ日本会議編集『障害者の権利条約でこう変わる』解放出版社　二〇〇七年、引馬知子「ＥＵ地域の「障害」に関わる均等法政策複層的な展開と合理的配慮」『障害者雇用にかかわる「合理的配慮」に関する研究―ＥＵ諸国及び米国の動向―』独立行政法人高齢・障害者雇用支援機構　障害者職業総合センター　二〇〇八年、等参照。

五　合理的配慮とその加盟国における実施状況

1　ＥＵ指令及び加盟国内法の合理的配慮規定の比較

ＥＵ指令の国内法化の期限以降、ＥＵ加盟二七カ国は、合理的配慮の実施を積み重ね始めている。ＥＵ指令は最低基準を提示し、これを満たす実施方法は各加盟国あるいは各州（地方）に任されている。このため、合理的配慮の実施に関わるアプローチには多様性がある。

しかしながら、加盟国内法の合理的配慮義務規定の比較、加盟国における公的支援、事業者による合理的配慮の提供に関する事例検討からは、ＥＵ域内に共通する枠組や方向性が見出され、合理的配慮を成功に導くには何が重要かが明らかになりつつある。これらについて以下、第一に、加盟国におけるＥＵ指令の置換の状況、第二に、加盟国ごとの合理的配慮に関わる用語（〝配慮〟、〝合理的〟、〝過度な負担〟）への解釈とその相違及び、ＥＵの解釈の方向性、第三に、合理的配慮義務に対する公的支援、第四に、事業者による合理的配慮の提供事例から導かれるその種類・費用・効果、第五に、事業者が合理的配慮を行う動機、第六に、合理的配慮の成功要素と政策介入の着眼点の順に述べることとしたい。これらの内容は、ＥＵの雇用社会連帯プログラム（プログレスプログラム）や欧州委員会等

の支援を受けて作成された、①非差別分野の法的専門家の欧州ネットワーク[28]による二〇〇六年報告書（二〇〇六、以下二〇〇六年報告書）[29]、②非差別分野の法的専門家の欧州ネットワークによる二〇〇九年報告書（二〇〇九、以下二〇〇九年報告書）[30]、③ＥＵの障害者への合理的配慮の提供に関する報告書（二〇〇八、以下二〇〇八年報告書）[31]の文献に基づいてまとめている。

(1)　合理的配慮規定の加盟国における置換

ＥＵ指令を置換える加盟国内法の制定や改正は終わったものの、各規定において指令の最低基準を満たす作業は、多くの国で完全には終わっていない。例えば合理的配慮規定の、ドイツの重度障害者への限定、エストニアの義務規定の欠如、ハンガリーの障害のある被用者への限定などが、ＥＵ違反手続きにおいて明らかになっている。また、二〇〇九年報告書は、イタリアの義務規定の欠如、ポーランド、スロヴェニアの義務規定の不明確さを指摘している。

一方、ＥＵ指令が、合理的配慮の義務が事業者に否定された場合を差別と明記しないにも拘わらず、多くの国が義務を不当に実施しない場合を差別の一形態として位置付けている。合理的配慮の否定を差別と規定することで、障害のある人への合理的配慮は、〃具体的権利〃としてより確実に提供されることとなる。しかし、合理的配慮の否定を直接差別、間接差別、どちらにも特定しない差別の何れに位置づけるかについては多様な見解がある。合理的配慮の否定を制裁と結びつけた立法は現在のところない。

(2)　〃合理的〃な〃配慮〃という用語への解釈

合理的配慮の「合理的（reasonable）」と「配慮（accommodation）」の意味を、加盟国内法はいかに解釈しているのだろうか。二〇〇九年報告書によると、ＥＵ指令が合理的配慮（reasonable accommodation）という用語を採択した要因は、ＡＤＡ（障害のあるアメリカ人法：一九九〇年）の合理的配慮という用語が、ＥＵ加盟国の関係者、欧州員委員会のスタッフ、障害関連団体（NGO）にとって親しみがあったためとされる。しかし、「配慮」に関する「合理性」の概念がアメリカで混乱を招いたように、この用語の選択は必ずしも賢明ではなかったとの指摘がなされている。

1）「配慮」への解釈

「配慮」とは、通常のプロセスへの何らかの調整や設備・施設上の適応を単に意味する。EU指令第五条の「配慮」の目的は、障害のある人の雇用・就労へのアクセス・参加あるいは昇進等を可能にすることにある。

多くの加盟国は、EU指令を置き換える折に、指令が使用する「配慮」と同じ用語を使用した。一方、「配慮」を他の用語に置き換えている国々もある。例えば、アイルランド、フランス、リトアニア、スロヴァキアは、EU指令の前文二〇に影響を受け、「適切な措置（appropriate measure）」という用語を使用する。イギリスは「調整（adjustments）」、フィンランドは「手段（steps）」を採用している。

しかし加盟国の各国法を比較検討した結果、国内法に「配慮」とは異なる用語を適用した場合でも、内容的にはその意味は同じであった。どのような「配慮」が目標を達成するか、そのための適応事項は何かは、障害のある個人や事業者の状況によっても左右されるため、「配慮」の完全なリストを法律上で作成した国はなかった。

2）「合理的」への解釈―〝過度な負担〟あるいは〝効果的〟の二つの解釈

これに対して、「合理的」という用語の意味はより複雑で混乱を招いている。合理的という用語あるいはこれに相当する加盟国の用語が、「配慮」を提供する必要条件を加減し修正する役割を担う点は明瞭である。しかしながら、加盟各国法を検討すると、「配慮」の必要性を加減する〝合理性〟には、二つの解釈があることがわかる。一つ目の「合理的」の解釈は、実際の「配慮」を事業者の過度な費用や不便な結果とならないように加減するものである。二つ目の「合理的」の解釈は、「配慮」の必要条件を満たすその効果性を確認するものである。

一つ目の解釈をとる国として、アプローチは各々異なるが、フィンランド、スペイン、ドイツがあげられる。例えば、フィンランドの非差別法[32]は、〝合理性〟のみを問うており、不釣り合いな負担に言及しない。配慮が「合理的」であるか否かは、①事業者が負担する配慮の費用、②職場の活動に過度な変化を起こすか否か、③職場の安全衛生規則の遵守、の三要素により決定される。すなわち、「合理的」が明確かつ排他的に、事業者に配慮を課す義務の加減に使われているのである。

スペイン法[33]は、テレコミュニケーション、公的な場や建物、交通、物・サービス、公行政等に関わる広範な合理的配慮義務を有する。同法は、合理的配慮を、「障害者の特定のニーズに、物理的、社会的、個人的な見解に基づく(attitudinal)環境を効果的かつ実質的に適応する措置であり、不釣り合いな負担等となる場合を除いて、他の市民と同様の条件が得られるよう障害者のアクセシビリティまたは参加を促進するものである」と記している。ここでの「合理的」という用語の意味は、事業者にとって過度な費用や困難を伴わない範囲であれば、義務を負うことである。重度障害労働者に対する事業者への配慮を謳うドイツ法[34]は、「合理性」と「不釣り合い」な負担の双方を明確に分けるが、どちらの概念も、事業者に課す義務の制限に使われている。

これらに対して二つ目の「合理的」の解釈は、障害のある個人が業務を遂行できるよう、「配慮」が障害のある個々人のニーズに見合って〝効果的〟であることを意味する。この解釈は、オランダ、フランス、アイルランドの法に見出される。

オランダの〝区別[35]〟を禁止する法[36]は、合理的配慮義務ではなく「効果的な配慮義務」を規定している。「配慮」には求められる必要性があり、〝効果的〟という用語の採用はこの事実をより良く反映すると、オランダ政府は述べている。このアプローチに基づくと、事業者が調整の義務を課されるか否かは、明確な二段階評価によって行われる。最初に、〝効果的な配慮〟の可能性が確認され、これと別に、その配慮が〝不釣り合いな負担〟であるか否かが検討される。オランダ法は、効果的な配慮の詳細を定義しないものの、同法に付された「覚書」は、第一段階目の評価にあたる〝効果的〟の判断について、次の二点をあげている。
・検討対象となっている「配慮」は必要か。例えば、仕事を遂行するための前提条件か。
・検討対象となっている「配慮」は、適当で適正か。例えば、これが障害のある個人の仕事の遂行を可能としているか。

いずれも肯定されれば、第二段階目として、事業者にとってその負担が釣り合っているか否かが検討される。オランダ、アイルランド、フランス等の立法家は、「効果的」あるいは「適切」合理的配慮を実施することにより、障害のある個人の就労上の必要条件が整えられるよう、その過程を明確化しようとした。これによって、合理的配慮を狭く解釈したＡＤＡ（障害のあるアメリカ人法）の先例と教訓を活かし[37]、合理的配慮の欠如に対する法的な正当性が問われた場合に、過度な負担と効果性・適切性が混同され、過度な負担のみで図られることを避けたのである。

これら二つの解釈に加え、多くの加盟国法（例えば、ラトビア、ギリシャ、ベルギーのフランドル地方等）は、ＥＵ指令をそのまま模写した条文を有しており、「合理性」の解釈において効果性と過度な負担の双方が混在したままとなっている。この混在は、ＥＵ内では合理的配慮の実施歴が長い、イギリスのＤＤＡ（英国障害差別禁止法：一九九五年）の〝合理的調整（reasonable adjustment）〟においても同様にみられる[38]。

以上、二〇〇九年報告書はこれらの加盟各国の法規の比較と議論を踏まえて、雇用均等枠組指令の第五条は、〝合理的〟の意味を明示していないものの、〝合理的〟配慮という用語は、ＥＵ指令の第五条と前文二〇（四に記載）に基づき、次のように解釈すべきと記している。ＥＵ指令の合理的配慮義務は、まず、障害のある個人の労働に関連する活動において、事業者が〝適切な措置（appropriate measures）〟を執るべきことである、次に、これが事業者に過度な負担の結果を導くと想定されない限りにおいて、という条件がつく。

3）〝過度な負担〟への解釈

上述のように、過度な負担は通常、合理的配慮義務を制限する。指令の前文二一（四に記載）は、過度な負担を決める要素について記している。この前文を受けて、オーストリア、ブルガリア、フランス、アイルランド、スロヴァキア、スペイン、イギリス等、多くの加盟国が「配慮」の費用あるいは、事業者の財政・経済的な資源を考慮に入れる。このためこれらの国では、中小企業の事業者よりも大企業の事業者に、より一層の対応を求める傾向がある。また、前文二一に沿えば、配慮の実施を決定するにあたり、「配慮」の費用の一部を相殺する公的基金や支援を考慮に入れなければならない。これらについて、オーストリア、キプロス、デンマーク、フランス、アイルランド、ルクセンブルグ、マルタ、オランダ、ポルトガル、スロヴァキア、スペイン、スウェーデン、イギリスの法は言及している。このことは、配慮の費用を相殺する公的基金の程度によって、配慮の義務の範囲が異なることを示唆している。また、加盟国によっては、前文二一の要素に加えて、「配慮」の決定にあたり、過度な負担に関わる追加の要素を規定している。

2　合理的配慮義務に対する公的支援

二〇〇九年報告書は、ＥＵ加盟二七カ国とアイスランド・リヒテンシュタイン・ノルウェーの計三〇カ国の障害者の就労や財政支援に関わる責任機関を特定し、合理的配慮の提供と促進に関わる公的支援（金銭給付）の現状をまとめている。あわせて、合理的配慮に関わる非財政支援の情報提供も、各国の調査担当者に求めている。

調査の結果、二九カ国においてさまざまな「配慮」の全費用あるいは一部費用に対応する八二の公的な金銭給付制度が確認されている。多くの公的な金銭給付制度は、その対象を事業者に限定しておらず、障害のある労働者あるいは双方を対象とするものもある。また障害の種類を特定していない。しかし、なかには聾者への手話通訳等、特定の障害の特定の「配慮」措置に対応する支援もある。公的資金は、多くの場合は補助金の形をとっており、付加価値税の払い戻しをする場合もある。

公的な金銭給付制度の半分以上は職場の適応（アダプテーション）に、約三分の一は訓練あるいは就労上の援助に対応している。就業準備及び労働環境の調整に対する金銭給付制度や、多様な「配慮」を支援する包括的な制度は、相対的には少ない。同調査は、確認された公的な金銭給付を、①職場の物理的な適応（車椅子へのアクセス確保、補助テクノロジーの導入、オフィス用品の適応）、②職業上の訓練、③職場における支援者の提供、④労働条件の調整（労働時間の調整、テレワーキングの調整、チーム内の業務の再配分、定期的なリハビリテーション）、⑤包括的な制度（さまざまな配慮への支援）、の五つに分けている。それぞれに対応した金銭給付制度の内訳数は、①が四五、②が二八、③が二七、④が一七、⑤が一三である（重複分類含む）。

同時に、非財政的な支援も重要な位置づけにあり、金銭給付制度がない場合には、現物給付（サービス）としての「配慮」の提供があり得ることがわかった。

3　合理的配慮の事例の検討

(1)　合理的配慮の種類・費用・効果

同調査はさらに、事業者による合理的配慮の実際を明らかにするために、三〇カ国から合理的配慮の二五〇例を収集し、うち一六〇例を事例検討している。また、成功事例として選ばれた一六カ国の二四事例について、さらなる検討を加えている[39]。事業者の種類の内訳は、民間企業七〇％、公的機関二〇％、社会的企業・ＮＧＯ一〇％であった。規模は、大規模・中規模が三〇％、小規模が二五％、九人以下の企業（micro enterprise）が一五％であった。被用者の障害種別は、身体障害者が約五〇％、感覚障害者が二〇％、知的障害者が二〇％、精神障害者が一〇％であった。

事例検討の結果、事業者のうち五〇％強が職場適応を、四〇％が労働条件の調整を、一五％が就労支援者・コーチ・助言者を、一〇％強が訓練を、一〇％が事業所内の啓発措置を実施していた。さらに、包括的なプログラムも確認された。合理的配慮の諸措置は個別性が高いものの、その分類も進展しつつある。主要な分類として、技術的な解決、組織的な調整、支援者の提供、職務上の適格性を高める措置、啓発措置がある。

合理的配慮の措置は個々人で異なるため、その費用も多様である。実質的なの費用把握は、直接的な費用だけではなく間接的な費用を伴うため難しい(40)。さらに、同一の措置にかかる総費用も、与えられた状況や可能な財源によって大きく変化する。費用把握ではこれらに加えて、追加的で肯定的な影響を加味しなくてはならない。例えば、特定の障害者への合理的配慮の措置は、職場の適応が有効である他の中高年の労働者や、ワークライフバランスを求め柔軟な働き方を希望する他の労働者にも歓迎される。障害者への合理的配慮は、すべての被用者の個別的なニーズへの尊重を促し、事業者にも利益を与える可能性がある。その他、下記の効果も期待できる。

・職場における就労支援者の存在は、職場の雰囲気を改善することがある。
・障害者のニーズへの対応は、企業の高齢化する労働者への対応にも繋がり、被用者の忠誠心を増す。
・合理的配慮の実施には障害関連のＮＧＯがしばしば関与する。この過程で企業とＮＧＯの継続的な協力が生まれ、新たな成果が導かれる。
・障害者は労働市場において複合的な差別に直面する。このため、雇用する企業にとって忠誠心と意欲の高い労働者となる。
・企業における障害のある労働者の存在が、社会的意識の高い消費者や障害のある人々等の新たな顧客層を取り込む助けとなる。企業は障害者雇用の実績から受賞することがあり、これは企業等のイメージアップや市場における社会的信用を高める。

いずれにしても、合理的配慮の費用対効果の分析においては、すべての可能な基金（職場における合理的配慮に関わる基金に加えて賃金補填等（五で後述））を考慮すべきと報告書は記している。

(2)　事業者が合理的配慮を実施する動機

事業者が合理的配慮を行う主な動機は、四つ確認された。①在職中の労働者の事故や疾病に応える、②障害のある人の求職に対応する、③ＮＧＯのイニシアティブや公が開始したプログラムに対応する、④職場の多様性（ダイバーシティ）戦略の実施、である。

多くの事例において、特定の配慮が、特定の障害に結びついている（身体障害者に対する車椅子のアクセス確保やオフィス機器の適応、感覚障害者の補助テクノロジー、知的あるいは精神障害者・重度身体障害者のための就労支援者や援助等）。労働条件の調整、訓練、意識向上のための啓発措置等は、障害者の支援においてよい結果をもたらしている。

4　合理的配慮の成功要素と政策介入——内的要素と外的要素

多くの事例検討から、障害者と就労を結ぶ合理的配慮を成功に導く必須の諸要素があることがわかる。これらの諸要素は、職場における内的要素と公的部門に関わる外的要素に分けられる。内的要素は、事業所内の経営側の関与、被用者の参加、明確な責任の所在、相談を行う専門家がある組織体制である。外的要素は、補足的な（補完的な）公の支援、つまり適切なサービスと専門家の提供、財政支援、柔軟な公的支援とこれを可能とする順応性のある規則である。

合理的配慮の成功の鍵となる要素は、事業者と労働者の創意工夫による「配慮」の促進にあり、これを可能とするために国やＥＵが政策的に介入すべき事項が、次の五つにまとめられる。

①　個別化した支援サービスを可能とすること。このサービスに、障害関係団体（ＮＧＯ）や障害者の利益に関

係するすべてのステークホルダーの知見を生かすこと。
② 合理的配慮のための柔軟な基金と、生産性を補填する一般的な財源が必要であること。
③ 障害者の就労を支援する労働市場の手段が必要であること。この手段において、企業と障害当事者のリスクを最小限に止める必要があること（例えば、長めに設定された試用期間、NGOの支援のある雇用モデル等）。
④ 合理的配慮及び、労働や社会保障を含むすべての諸支援、課題に対応する知見が一括して提供され、クライエントを適切な組織と結び付ける「ワンストップショップ（ワンストップサービス）」を立ち上げ、これを改善していくこと。[41] この拠点には、サービス評価を行う全ステークホルダーが関与し、常に最新の法的支援や財政支援、支援サービス等があること。ワンストップショップが、企業等のビジネス側と障害当事者の双方によく周知されるよう、適切な広報活動を行うこと。
⑤ 成功事例、実際的な情報、インセンティブ（財政インセンティブや企業への追加的な積極的効果）を普及するための、啓発措置を実施していくこと。

全体として、障害者の就労上の均等待遇を確保し、就労の可能性と質を高める合理的配慮を実現するには、これらの成功要素と政策介入すべき点が重要となる。加えて、五の一（二）で既述したように、合理的配慮の「合理的」の解釈においては〝効果性〟を検討し、「配慮」の決定には公的支援等が考慮される。以上の視点をもって、EUは雇用・就労上の合理的配慮に取り組み、これにより障害者等が社会的に包摂され、また事業者が追加的な効果から利益を得て、行政と社会が長期的には社会的支出を抑制し、ひいては社会的結束と経済の安定を目指すのである。

（28） 非差別分野の法的専門家の欧州ネットワーク（The European Network of Legal Experts in the Non-discrimination Field）は、欧州委員会によって二〇〇四年に創設された。雇用均等枠組指令（2000/78/EC）と人種民族均等指令（2000/43/EC）におけるすべての事由の差別に関して、欧州委員会に独立した助言を行う目的を有している。

(29) The European Network of Legal Experts in the Non-discrimination Field, Anti-Discrimination Law in Europe, European Commission, 2006

(30) The European Network of Legal experts in the Non-discrimination Field, Lisa Waddington and Anna Lawson, Disability and Non-discrimination law in the European Union –An analysis of disability discrimination law within and beyond the employment field", European Commission, 2009

(31) Austrian Institute for SME Research、前掲書、二〇〇八（註26）

(32) The Finnish non-Discrimination Act 21/2004, Preparatory Works to the Finnish Non-Discrimination Act, HE 44/2003

(33) Law 51/2003

(34) Social Law Code, ドイツについては、廣田久美子「ドイツにおける障害者差別禁止と「合理的配慮」をめぐる動向」独立行政法人高齢・障害者雇用支援機構　障害者職業総合センター　二〇〇八　前掲書、等参照

(35) オランダでは、差別 discrimination とう用語の使用に議論があり、オランダ法は区別 distinction という用語を使用する。

(36) The Dutch Act on Equal Treatment on Grounds of Disability or Chronic Illness 2004

(37) 川島聡「二〇〇八年ADA改正法の意義と日本への示唆―障害の社会モデルを手がかりに」『海外社会保障研究』二〇〇九年、長谷川珠子「アメリカにおける障害者雇用の実態と二〇〇八年ADA改正法」『福祉労働　一二二』現代書館　二〇〇八年等参照。

(38) DDAの合理的であることの判断基準には、調整の効果に関することと、一方で事業者の調整を行う際の困難が含まれている。澤辺みさ子「英国における障害差別禁止と合理的配慮をめぐる動向」独立行政法人高齢・障害者雇用支援機構　障害者職業総合センター二〇〇八　前掲書、等参照

(39) Austrian Institute for SME Research、Practices of providing reasonable accommodation for persons with disabilities in the workplace -24company case 'studies across Europe' 2008

(40) 長谷川珠子（前掲書　二〇〇八：注37）は、ADAによる合理的配慮のコストに関わるハリス調査の結果について記している。これによると、ADAの合理的配慮は障害者雇用に一定の効果があり、また大企業の八〇%が、その費用はほんの少しあるいは殆どかからないと答えている。また、殆どの使用者が、合理的配慮の提供は会社に利益をもたらしたとする。

(41) EU内では、オランダやフランス等をはじめとして、ワンストップショップが既に実施されている。

六　二〇一〇年代以降のＥＵの障害者の人権保障

障害者の社会的排除の事実は、ＥＵにおいて障害政策、経済社会戦略、均等待遇／非差別保障などによる相互に関連のある観点から議論され、その結果、障害者の労働分野の均等法（雇用均等枠組指令：二〇〇〇年）がまず制定された。同法は、障害を事由とする就労上の均等待遇を通じた労働参加とその質の確保を目指す要の手段として、合理的配慮義務を規定した。障害のある個々人の状況に対応する合理的配慮が実質的に成功するか否かは、事業者のみならず社会的支援のあり方に左右される。社会的支援には、財政・非財政支援、就労支援者を含む労働・社会福祉分野の専門家の提供、障害に関わる知見をもつＮＧＯ等と企業の連携の形成、ワンストップショップにおける社会サービスの提供等が含まれる。つまり、合理的配慮の実施の際には、労働と社会保障の一層の連携と、これによる調和のとれた社会的支援が求められる。

また、合理的配慮規定の実施に関連する社会的支援として、ＥＵでは国家補助に関わる一括適用免除規則（No 800/2008）や公共調達指令（2004/18/EC）がある。[42] 国家補助に関わる一括適用免除規則は、障害のある労働者や不利な立場にある労働者への採用補助や賃金補塡、訓練補助、障害のある労働者を雇用する付加的な費用への補助を規定する。同規則は例えば、障害者雇用・就労に関わる〝追加的な全費用（就労支援者の人件費、建物の改造、設備・機器・用具等の費用等）〟及び、〝障害のある労働者の賃金補塡の上限七五％〟等の条件を満たせば国家補助が可能であると定める。この範囲内の国家補助は、ＥＵ域内市場を歪めないと合意されており、この規定は、障害者雇用・就労にあたり加盟国やＮＧＯ等のステークホルダーに、社会的支援の幅を検討させるものともいえよう（上限を超えるには、欧州委員会に届け出て、域内市場メカニズムを歪めないと判断されなければならない）。一方、公共調達指令（2004/18/EC）は、障害者の保護プログラムや保護雇用を行う事業所からの優遇的な公共調達を認め、また公共調達に関わる全ての事業者に、障害者を含むすべての人のための商品開発や調達計画を求めている。[43]

合理的配慮やこれら賃金補塡にも関わり、ＥＵでは障害のある労働者に対して、最低賃金等の労働者保護を確保する方向にある。[44]また、合理的配慮等への支援を担う機関や専門家の力量にも関わる、ＥＵ域内共通の〝社会的サービスの質の原則〟を確立する動きが進んでいる。[45]

ＥＵ理事会はさらに、ＥＵの障害を事由とする差別への取り組み等の実施を根拠に、ＥＵによる国連の障害者権利条約（二〇〇六年採択、二〇〇八年発効）の批准（正式確認）を、二〇〇九年一一月二六日に採択した。国連の人権諸条約の世界の地域的統合機関による批准（正式確認）は、歴史上初めての出来事となる。ＥＵは国連障害者権利条約への批准書（正式確認書）を国連に早期に寄託予定であり、その後には、同条約はＥＵに対して法的効力を有するようになる。[46]同条約は、人としての当り前の権利と自由を、障害のある人にもない人と同じように認め、障害者が社会の一員として尊厳をもって生活することを目的とする。[47]第三条で一般原則として、固有の尊厳、個人の自律・自立の尊重、非差別、社会への完全かつ効果的な参加および包摂等を謳い、第二条で、合理的配慮義務とその遂行の否定を差別と規定し、第五条三項は、締約国や地域的機関が合理的配慮を提供するためにすべての適切な措置をとると定める。[48]第一〇条から第三〇条の個別の権利においては、労働及び雇用に関する権利（第二七条）や、地域で自立して暮らす権利（第一九条）等を規定している。

国連障害者権利条約とＥＵ雇用均等枠組指令の内容は、合理的配慮義務規定を含む障害者の就労上の均等待遇の確保に関わり、多くの点で重なっている。一方、前者は合理的配慮の否定を差別とするが、後者はこれを明記していない等、両者には相違もある。この相違や解釈上で生じる多様性等は、国連・ＥＵ・加盟国間の定められた法的関係性と、このもとでの見直しによって収斂していくこととなろう。[49]ＥＵ障害法政策は二〇一〇年以降、ＥＵ障害法政策の小史で触れた経済成長による障害者の雇用創出等の言説のみに拠らず、より普遍的な人権保障に基づく

〝具体的権利〟をその基軸に据えつつある。欧州委員会副委員長は、二〇一〇年秋に公表予定の「欧州障害戦略二〇一〇—二〇二〇」について、EUが国連障害者権利条約に法的に拘束されれば、本戦略はこれを具現化する諸行動を含むものとなると述べている。(50)

(42) 詳細は、引馬知子「EUの保護雇用に関わる現状と法政策の方向性—障害のメインストリーム化と就労支援・労働者保護」『福祉的就労分野における労働法適用に関する研究会—国際的な動向を踏まえた福祉と雇用の積極的融合へ』日本障害者リハビリテーション協会　二〇〇九年
(43) 一方で、公共調達指令がEU域内の社会サービスの提供に課題を生み出していることも指摘されている。
(44) Luk Zelderloo and Jelle Reyaert, An International comparison of methods of financing employment for disadvantaged people, EASPD, 2007, EIRO, New law adopted on people with disabilities (LU0310103 FFR) 等、参照
(45) The Platform of European Social NGOs, A position paper on quality social and health services, June 2008 等参照
(46) 障害者権利条約においてEUは地域的統合機関に位置づけられ、地域的統合機関は、条約を正式確認（formal confirmation）できることとなっている。「正式確認」の意味は、国による「批准」と同じである（同条約第四二—四四条参照）。
(47) 松井亮輔・川島聡「概説　障害者権利条約」法律文化社　二〇一〇年、等参照。
(48) 東俊裕「障害者権利条約における差別禁止と差別の三類型」『法律時報』vol.81 No.4（四月号）二〇〇九年、崔栄繁「労働と雇用」松井・川島編・前掲書（註47）二〇一〇年等参照
(49) 引馬知子「EU社会政策の多次元的展開と均等待遇保障—人々の多様性を活かし尊重する社会に向けて」福田耕治編『EU・欧州統合研究—リスボン条約以後の欧州ガバナンス』成文堂　二〇〇九等参照。
(50) IP/10/575

七　おわりに

本稿では、EUにおける障害者の社会的排除と就労を通じた社会参加、その背景にある福祉から就労への動き、合理的配慮の実施とこれを取り巻く社会的支援の試みについて検討した。合理的配慮とこれに関連する社会的支援

は、障害のある人の勤労権やディーセントワーク、さらには生活保障に関わっている。その成果は、ＥＵと国連障害者権利条約との関係性にみられるように、障害のある人々の実質的な人権の確保を目指す枠組みにおいても議論されつつある。また、障害当事者の家族や移民等にも合理的配慮義務を規定するＥＵ加盟国がある。本稿が検討したＥＵの障害や合理的配慮をめぐる議論や取り組みは、社会的に不利な立場にある全ての人にも新たな視座を与え得るであろう。ＥＵ理事会は二〇〇九年、「社会保護及び社会的包摂に関わる合同報告書[51]」において、今後の社会労働政策について次のように提案している。

「『包括的かつ積極的な包摂戦略』を実施する必要がある。このための戦略とは、①インクルーシブな労働市場、②社会サービスの質、③適切な最低所得、の三つの確保を目指す諸措置を、バランス良く進めるものである。」

この提案は、ＥＵ障害法政策の近年の動向にも沿っている。日本でも、合理的配慮規定を含む国連障害者権利条約の批准に向けた国内法施策の整備や、障害者自立支援法の廃案と障がい者総合福祉法（仮称）の策定等が議論され、障害者の職業訓練を含む就労上の支援や補塡（社会的支援）、及び、利用者負担等のあり方が論点となっている。ＥＵの取り組みは、日本の障害をめぐる労働及び社会保障の改革と、社会的に不利な立場にある人々の社会的包摂を進めるうえで手掛かりになろう。

(51)　Council (Employment, Social Policy, Health and consumer Affairs) to European Commission, Joint Report on Social Protection and Social Inclusion 2009, Brussels, 13 March 2009, COM (2009) 58 final.（雇用・社会政策・保健医療・消費問題担当の閣僚理事会が欧州理事会に提出した報告書）

10　運営適正化委員会による苦情解決と公的責任
――社会福祉協議会の位置――

橋本宏子

一　佐藤進先生との出会い

随分昔のことになるが、私は大学院在学中、沼田稲次郎先生のはからいで、佐藤進・小川政亮両先生の講義を受講させて頂いていた。佐藤先生の講義は、主として英米の社会保障に関ることであったが、時おり日本のことにも言及された。

その中で、佐藤先生が社会福祉協議会の将来について期待をもって語られたことは今でも記憶に新しい。このことは佐藤先生が、社会保障法における〈自律〉的性格と〈他律〉的性格（佐藤進『社会保障の法体系（上）』（勁草書房、一九六九）一七五頁以下参照）を重視して研究を進められていたことと無関係ではなかったように思う。佐藤先生には、私が新潟大学に職を得た後も、先生が、新潟での研究会に時折お顔をみせて下さったこと等からお世話になった。

研究会における佐藤先生はじめ新潟大学の諸先生のご教導を得て、私はアメリカ社会保障法タイトルＸＸや経済機会法のコミュニティ活動委員会における住民参加手続について研究を進めることになり、その一部は、佐藤先生が設立に力を尽くされた社会保障法学会の第一回大会で報告もさせて頂いた。

本稿が、表題のような課題を取り上げた直截の契機は、後年私自身が、社会福祉協議会の仕事、特に運営適正化委員会による苦情解決に身近に接するようになり、社会福祉協議会とは何か　その存在意義は何か　を考えるようになったことにあるが、その根底には、前述したような佐藤先生とのご縁があったことを、今さらながら感じざるをえない。

とはいえ、私自身は社会福祉協議会に対する評価に、確たるスタンスがとれないままでいる。一方では、社会福祉法の下で、地域福祉の推進を目的とし、「社会福祉に関する活動を行う者」を不可欠の構成員とすると規定された市区町村社会福祉協議会（市町村社会福祉協議会及び地区社会福祉協議会）に、アメリカのコミュニティ活動委員会を重ねあわせ、その将来に期待しつつも、他方では、社会福祉協議会の存在意義そのものにかなり懐疑的になってもいる。しかしいずれにせよ、現在の社会福祉協議会と国、地方公共団体（以下「地方自治体」ともいう）との曖昧な関係を整理し、両者の間に相互に自律した関係を築けるかどうかが、社会福祉協議会の今後を決する岐路のひとつであることは間違いなさそうである。

本稿では、このような問題意識にたって社会福祉法八三条（運営適正化委員会）、同八六条（運営適正化委員会から都道府県知事への通知）に焦点をあてながら、苦情解決における公的責任（国及び地方公共団体の責任）の所在と都道府県社会福祉協議会の自律を考えてみたい。そうすることで、ささやかではあるが、佐藤先生のご恩にお応えしたいと思う。

二　苦情解決制度と公的責任

1　福祉サービスに係る苦情解決制度を地方公共団体に置くことの可能性と本稿の問題意識

わが国では、福祉サービスに関する利用者等からの苦情を適切に解決するため、都道府県社会福祉協議会に運営適正化委員会が置かれている。この制度が、社会福祉基礎構造改革によって抜本的な改正が行われた社会福祉事業法（社会福祉法と名称変更）にもとづくものであることは周知のとおりである。

社会福祉基礎構造改革において、国は「福祉サービスの利用者が、自ら多様な自己実現が図れるように支援する」という立場を明確にしている（社会福祉法令研究会編集「社会福祉法の解説」三四頁参照（中央法規出版、二〇〇一年）、以下「解説」という）。そこでの国家の立ち位置は、突き詰めれば「後方支援」ということになり、公的責任のあり様は、例えていえば「夜警国家」的な支援が想定されているともいえそうである。苦情解決の仕組みが、都道府県社会福祉協議会に置かれることになったことにも「後方支援」としての国家の立ち位置が反映されているように窺える。しかし現代における福祉サービスに対する公的責任のあり様は、「後方支援」だけでは成り立たないのではなかろうか。社会福祉法のもとでも、苦情解決の仕組みを、都道府県社会福祉協議会ではなく地方自治体に直截に設置することは、福祉サービスの運営・管理に係る公的責任について規定した社会福祉法六条の趣旨とも矛盾するものではなく、今後あらためて検討されるべき重要な選択肢のひとつと考える。しかしこうした方向性についての検討は、ここでは指摘するにとどめたい。

本稿では先にも触れたように、すでに都道府県社会福祉協議会に設置されている運営適正化委員会が、国家（地方公共団体を含む）と一定の関係を持ちながら、そこに収斂されない自律性を保ち「苦情解決」の一端を担っていくことの可能性について検討したい。今後における「市民社会と国家の役割」のあり様を考えていく上では、こうした視点にたった検討もまた意義のあることに思われるからである[1]。

2　社会福祉法に基づく苦情解決制度の構造上の課題——注目したい国家の位置

(1)　運営適正化委員会が都道府県社会福祉協議会におかれた理由と実態との乖離

運営適正化委員会を都道府県社会福祉協議会に設置することとしたのは、都道府県社会福祉協議会が、都道府県の区域内において過半数の事業者が参加し、かつ、地域住民やボランティアも参加する公共性の高い団体であるため、運営適正化委員会を設置する団体として適当であると考えられるためであると説明されている（「解説」一八五頁）。しかし実態からみて、都道府県社会福祉協議会が「地域住民やボランティアも参加する公共性の高い団体」といえるかどうかについては検討すべき課題が多いが本稿では指摘するに留めたい。

(2)　「社会福祉の組織ないし管理に関する法」としての社会福祉法における八三条の位置

社会福祉法は、「～福祉サービスに関する利用者等からの苦情を適切に解決するため、都道府県社会福祉協議会に、～運営適正化委員会を置くものとする。」（八三条参照）としており、その規定の仕方からは、国や都道府県と運営適正化委員会の関係はみえにくい。

このような「主語がない」規定の仕方が、組織規定でしばしばみられることは周知のとおりであり、社会福祉法（遡れば社会福祉事業法）も、「社会福祉の組織ないし管理に関する法」であることからすれば、特段の問題はないようにもみえる。

しかしそもそも社会福祉事業法は、「厚生行政六原則」（公私社会事業の責任と分野の明確化、社会福祉協議会の設置等を原則として掲げていた）を受けて制定（一九五一年）されたものであり、遡れば国民の生存権について定めた憲法二五条一項を受けた同条二項が規定する国の保障義務を実行する上での組織ないし管理のあり方を規定するものであったと考えられる。事実　社会福祉事業法は、国と地方の間での社会事業の事務配分、国の行政機関、地方公共団体における行政機関、社会事業経営に対する公的規制（―公的責任と民間社会事業との関係）、社会事業財政について規定してきており、そこでは、社会福祉協議会は、社会事業経営に対する公的規制の対象として位置づけられてきたといえる。(2)

これに対して、改正された社会福祉事業法である社会福祉法においては、社会福祉協議会は、社会福祉法八三条をみる限り、国、地方公共団体と並んで、同等に社会福祉の事務を担う主体として位置づけられているようにみえる。

社会福祉基礎構造改革は、「今後の社会福祉の共通基盤制度を、日本国憲法が示す市民社会の原理に沿って」（「解説」はしがき）再構築することを謳っている。そして社会福祉法は、その「社会福祉基礎構造改革によって抜本的改正が行われた」（同）ものであるとされていることからすると、社会福祉協議会が、国、地方公共団体と並ぶ社会福祉の事務を担う主体として位置づけられることに矛盾はない、ということになるのだろう。

しかし、歴史的には市民法原理を修正する中で培われてきた社会保障法の成立の契機、その本質、機能との関りで、憲法二五条の意義を考えるとき、国民は、「社会福祉法を日本国憲法が示す市民社会の原理に沿って実施する」という社会福祉基礎構造改革の意味することを本当に理解し、承認しているのだろうか。疑問なしとしない。

社会福祉法八三条を善解すれば、苦情解決という社会福祉に係る事務については、国　地方公共団体と並び社会福祉法一一〇条に規定された「法定の団体である都道府県社会福祉協議会」もまたその事務の一翼を担うものとして位置づけている　ということのようにも窺えるが、その場合でも、都道府県と都道府県社会福祉協議会の間で、例えば委託契約ないしは協定といった形で、双方の合意が具体的に形成されていることが必要なのではあるまいか。

この点についての疑問も念頭におきつつ、次節に進みたい。

3　苦情解決事業の設置及び実施をめぐる運営適正化委員会と国、都道府県の関係

(1)　運営適正化委員会に関する政令の定め

運営適正化委員会については、社会福祉法八章二節に規定するものの他、政令等に詳細な規定が置かれている。まず政令では、運営適正化委員会について、委員の定数及び選任、委員の任期、委員の解任、委員長、会議の運営、合議体、事務局、委員等の秘密保持義務、情報の公開について規定を設けている（社会福祉法施行令六条〜一四条、選考委員長の選任については、社会福祉法施行規則に規定がある。「解説」二九三頁参照）。このように、運営適正化委員会に係る政令委任規定が置かれている理由として、国は、「運営適正化委員会の中立性・公正性の制度的な担保は、福祉サービスの利用者の利益を保護するうえで非常に重要な鍵になるためである」と説明している（「解説」二九二頁）。都道府県社会福祉協議会は、選考委員会の委員に係る関係者からの意見聴取の方法については、政令が定める方法等のうちから、都道府県社会福祉協議会があらかじめ定める方法とする（「解説」二九三頁）とされていること等をのぞけば、前記の点に係る事項について、都道府県社会福祉協議会が、自主的に独自に決定できる構成にはなっていないことは重要である。その理由として、国は、「都道府県社会福祉協議会は、公共性の高い団体ではあるが、事業団体としての側面もあることから、政令等に詳細な規定を置くことで、中立性・公共性を強化する必要がある」という趣旨の説明をしている（「解説」二八五頁参照）。仮にこの点に異論はないとしても、いかに法定の団体であるとはいえ、国が政令等で都道府県社会福祉協議会を規制していく根拠はどこにあるのだろうかという「公的責任と私的自治」に係る疑問は依然として消えない。

しかしこの点は後にあらためて言及することとし、ここでは運営適正化委員会に関する国の通知についてもう少し見ていくことにしたい。そこには、先の疑問にも関連する事項が散見されるからである。

(2)　運営適正化委員会に関する通知

運営適正化委員会については、先に述べてきた法令の規定に加え、運営適正化委員会及び選考委員会の設置要綱（「運営適正化委員会の設置要綱について」平成一二年六月七日社援第一三五三号）と、運営適正化委員会における福祉サービスに関する苦情解決事業に係る実施要綱（「運営適正化委員会における福祉サービスに関する苦情解決事業について」平成一二年六月七日社援第一三五四号）とが、それぞれガイドラインの形で定められている（『解説』二九四頁、同五三九頁、同五四八頁参照）。

注目したいことは、この二つの要綱は、地方自治法二四五条の四第一項の規定に基づく技術的助言として、各都道府県知事に当てられた社会・援護局長通知であることである。そして同通知には、法の施行にともない、福祉サービスに関する苦情の解決を行う機関として、「都道府県社会福祉協議会に運営適正化委員会が設置されることとなったところです。つきましては、運営適正化委員会及び選考委員会の設置について、別紙の通り設置要綱を定めましたので、管下関係機関にご周知の上、円滑な実施が図れるよう、ご配慮願います。」と記載されている（管下関係機関とは、具体的には、都道府県社会福祉協議会を指すと考えられる。以下　その前提で話を進める）。

(3)　技術的助言と自治事務の内容

この記載から、とりあえずいくつかの疑問　すなわち、要綱が地方自治法二四五条の四第一項の規定に基づく技術的助言としてだされていることからすると、運営適正化委員会による苦情解決事業は、都道府県の自治事務ということになりそうだが、その場合の自治事務の内容は、(a)　都道府県社会福祉協議会が行う苦情解決事業を監督するということなのだろうか。それとも(b)　都道府県が、苦情解決事業そのものを実施するということなのだろうかといった疑問が浮上する。

(i)　監督としての自治事務

社会福祉法八三条から八七条は、都道府県社会福祉協議会及び運営適正化委員会への義務づけのみの規定であることから、前記(3)の(b)の意味での都道府県の自治事務とは考えにくいというのが、予想される「一般的な考え方」かもしれない。

もっとも前記要綱では、「管下関係機関にご周知の上」とあるが、いかに法定の団体であるとはいえ、民間の団体である社会福祉協議会に対し、都道府県が、技術的助言に含まれるような監督を行うためには、前提として都道府県と都道府県社会福祉協議会の間に何らかの「関係性」がなければならないことになろう。

(ii)　社会福祉法人である都道府県社会福祉協議会への一般的監督

この点については、おそらく都道府県社会福祉協議会　指定都市社会福祉協議会が、すべて社会福祉法人であり（和田敏明＝斉藤貞夫編『概説　社会福祉協議会』三〇頁（二〇〇九年、全国社会福祉協議会）、以下「概説」という）、社会福祉法人の所轄庁は都道府県知事であることから（社会福祉法三〇条）、社会福祉法五六条に基づく社会福祉法人への一般的な監督として、都道府県社会福祉協議会が行う苦情解決事業を都道府県が監督するという理解が、想定されているように窺える。

しかしながら元来社会福祉協議会は、その本来事業の性質からして、社会福祉法人であることを必須の条件として求められているものではない（「概説」二九頁ならびに後掲小川「社会事業法制概説」一〇三頁参照）。都道府県社会福祉協議会は、諸般の事情からたまたま社会福祉法人となっているにすぎない（社会福祉法人化することで「税制等のメリット」が出てくることについては、「概説」二九頁参照）。

このようにみてくると、「都道府県社会福祉協議会が社会福祉法人であること」を根拠として、都道府県社会福祉協議会が実施する苦情解決事業について都道府県が、一般的監督を行うことに充分な根拠はないようにみえる。また老人福祉法一五条四項が規定する特別養護老人ホームのように、民間の場合には社会福祉法人でなければ経営できないとされる事業を営む民間団体が少なくないことから、都道府県社会福祉協議会以外にも社会福祉法人格をもつ民間団体は多いのに都道府県社会福祉協議会だけをとりあげ、社会福祉法人であることを根拠に規制を行うことは、この点からも説得的でない。確かに社会福祉協議会はほかの社会福祉法人と事業目的などに違いがあることから、厚生省（現在の厚生労働省）は、社会福祉法人としての社会福祉協議会に対し、固有の通知等を出してきたという経緯はある（「概説」三〇頁参照）。しかし都道府県社会福祉協議会が実施する「苦情解決事業」は法定の事業であり（「解説」三三六頁参照）、そもそも社会福祉法人でなければ経営できない事業かどうかの区分にも関係する「社会福祉法二条に定義される社会福祉事業」には入らないと考えられる。このようなことからしても、都道府県社会福祉協議会に対する前述の技術的助言を、都道府県から社会福祉法人である都道府県社会福祉協議会への一般的監督」に関連させて解釈することには無理があるようにみえる。社会福祉法人であることの延長線上で規制を考えるのであれば、少なくとも、老人福祉法四章の二に規定される指定法人に類似する仕組を介在させることが必要なように思われる。

いずれにせよ、身近なところでいえば神奈川県の場合、前記要綱（各都道府県知事に当てられた社会・援護局長通知）は、そのまま神奈川県社会福祉協議会の関係法令規程集に掲載されており、その意味では神奈川県社会福祉協議会を直截に「拘束」するものとして扱われている（かながわ福祉サービス運営適正化委員会　関係法令規程集参照）。神奈川県知事から神奈川県社会福祉協議会に対する特段の周知手続がとられているようには窺われないということである。

これらの点については、後にまた補足することとし、引続きここでは前記要綱の内容を少し具体的に確認することで、都道府県社会福祉協議会への周知徹底という名の「都道府県から都道府県社会福祉協議会への規制」の実態をみておくことにしたい。

4　運営適正化委員会と国庫補助

(1)　国から都道府県への補助金の流れ

通知「運営適正化委員会における福祉サービスに関する苦情解決事業について」では、「本実施要綱に基づく事業に要する経費については別に定めるところにより補助するものとする」としている（「解説」五五二頁参照）が、「別に定めるところ」が何かについては、具体的に規定はない。

やや古いが補助金の流れを検討する上では大きな違いはないと考えられるので、手元にある平成一八年度を例にあげると、当該年度におけるセーフティネット支援対策等事業費に係る国庫補助金の交付が「平成一八年度セーフティネット支援対策等事業費補助金交付要綱」により行うこととされたことを受けて、同年四月二〇日「平成一八年度セーフティネット支援対策等事業費補助金の国庫補助について」と題する厚生労働省事務次官通知が、都道府県知事、指定都市市長、中核市市長宛に発せられている。

このセーフティネット支援対策等事業費補助金が対象とする事業の中には、都道府県等地方公共団体が実施する事業の他、社会福祉協議会等が実施する事業に対し都道府県、指定都市が補助する事業も含まれており、福祉サービスの利用援助や苦情解決もその対象とされている（「平成一八年度セーフティネット支援対策等事業費補助金交付要綱」3(3)）。

重要なことは、セーフティネット支援対策等事業費補助金は、「地方自治体が、～様々なサービスを総合的、一体的に実施することにより、～地域の要援護者の福祉の向上に資することを目的（「平成一八年度セーフティネット支援対策等事業費補助金交付要綱」2（交付の目的）参照）とするところの「セーフティネット支援対策等事業」に対し、「予算の範囲内において、交付するものとされ、補助金等に係る予算の執行の適正化に関する法律、補助金等に係る予算の執行の適正化に関する法律施行令及び厚生労働省所管補助金等交付規則の規定による」ほか、「平成一八年度セーフティネット支援対策等事業費補助金交付要綱」の定めるところによるとされていることであろう。セーフティネット支援対策等事業は、地方自治体が総合的、一体的に実施する様々なサービスの総体として把握され、苦情解決もそうしたサービスの一環に位置づけられていることからすると、苦情解決は直截には社会福祉協議会等が実施する事業ではあるが、最終的には都道府県の自治事務として、都道府県ひいては国の公的責任のもとに行われる事業ということになりそうだがどうだろうか。

そうだとすれば、社会福祉法八三条はやはり、都道府県が公的責任にもとづき、法定（社会福祉法一一〇条）の団体である都道府県社会福祉協議会に、運営適正化委員会（苦情解決機関）を置くものとしていると解するのが実態にあっているように思えてくる。そうだとすると、八四条から八七条までの規定も、果たして表面的な規定ぶりからだけ判断して、都道府県社会福祉協議会及び運営適正化委員会への義務づけであると解することでいいのだろうか、そうではなくて都道府県の自治事務であることの意味は、都道府県が公的責任にもとづき、苦情解決事業そのものを実施することにあると理解しないと実態にあわないのではないかという疑問が再び浮上してくる。

この疑問は、法定の団体とはいえ、民間非営利組織（「概説」二頁）である都道府県社会福祉協議会に対する現在の社会福祉法八三条の規定の仕方や、「公的責任に基づき、都道府県から都道府県社会福祉協議会に発せられる規制」のあり方が、市民社会と国家を繋ぐ「中間組織」であるはずの社会福祉協議会と都道府県（ひいては国）のあり方として望ましいものなのかといったことについての疑問とも通じてくる。

前述してきたことが示唆するように、これまでの社会福祉協議会の国に対する関係が従属関係に近い関係だとすれば、国と都道府県社会福祉協議会（運営適正化委員会）の関係を、契約あるいは協定にもとづくものとして把握し、国との合意の上に社会福祉協議会の自律性を保障していくことが必要な気がする。

もとよりその場合には、社会福祉協議会が、そのような主体性をもった機関であることが前提となってくる。

以下ではこうした観点も念頭に置きながら、もう少し補助金の行方を追ってみることにしたい。

(2)　都道府県から社会福祉協議会への補助金の流れ

前述の「セーフティネット支援対策等事業費補助金交付要綱」によれば、苦情解決事業に対し、都道府県から都道府県社会福祉協議会に対し補助金が交付されることになる。都道府県社会福祉協議会等が行う事業に対し都道府県又は指定都市が補助する事業の交付額の算定方法については、前記要綱に規定がある（「平成一八年度セーフティネット支援対策等事業費補助金交付要綱」4(3)）。神奈川県社会福祉協議会の平成二一年度収支予算書（案）によれば、公益事業特別会計の中に運営適正化委員会事業（当初予算額二四、七二五千円）の項目がある。この運営適正化委員会事業と、同書に掲載された資金収支予算書（平成二一年四月一日〜平成二二年三月三一日）の神奈川県補助金収入（中区分）のうちの権利擁護相談センター事業費補助金収入は、金額が同じであり、両者は同一のもので、国から都道府県に交付された「セーフティネット支援対策等事業費補助金」に基づく神奈川県から神奈川県社会福祉協議会への補助金であると理解される。

都道府県から都道府県社会福祉協議会への補助金交付については、補助金等に係る予算の執行の適正化に関する法律（いわゆる適正化法）の適用はない。

その結果例えば神奈川県では、県が県以外の者に対して交付する補助金については、「補助金の交付に関する規則」（昭和四五年三月三一日規則四一号）によるとされていることから、神奈川県から神奈川県社会福祉協議会への前記補助金の交付についても、前記規則が適用されていることが窺われる。

前記規則では、補助事業の目的及び内容等について記載した交付申請書を添付することとされている他、補助金の支給要件、手続に関係するいくつかの事項も定められているが十分とはいえない。

一般に補助金は、民法が規定する負担付贈与と構成されているようだが、市民社会と国家を繋ぐ「中間組織」であるはずの社会福祉協議会と国のあり方からすれば、民法に依拠することでこと足りるのだろうか。

補助金についての法令または条例の規定は、それが存在するときでも概括的であり、また、裁判所の判断になじむ詳細な要綱があることさえ例外のようである。(3)補助金交付についても、支給要件、手続を条例・規則で明確に定めるとか、苦情解決事業に係る都道府県と都道府県社会福祉協議会との間で、苦情解決事業をめぐる契約や協定を締結するといったことを考えていきたいものである。

(1)　本論を発展させた橋本宏子「福祉サービスと苦情解決」(神奈川法学第四二巻二号及び三号所収)が、事情により先に刊行された。そのため本稿二以下は、結果として前記論文の補論二を再構成の上、要約するような形となっていることをお断りしておきたい。
(2)　小川政亮「社会事業法制概説」(誠信書房、昭和三九年)の目次参照
(3)　佐伯祐二「行政法」法学教室三二七号一五一頁(二〇〇七年)。なお佐伯論文が引用する文献の記載はここでは割愛する。前掲佐伯論文を参照されたい。

三　苦情解決機関の権限行使と法の整備

1　運営適正化委員会と調査

「適正化委員会は、福祉サービスに関する苦情について解決の申出があったときは、その相談に応じ、申出人に必要な助言をし、当該苦情に係る事情を調査するものとする」(社会福祉法八五条一項)とされ、必要に応じては事実関係を的確に把握するため、事業者側の意見も聴取することが想定されている(「解説」二八八頁)。「運営適正化委員会における福祉サービスに関する苦情解決事業実施要綱」では、運営適正化委員会による事情調査は、「申出人及び事業者の双方の同意を得て」行うこととされている。

国は、平成一二年の社会福祉事業法等の一部を改正する等の法律の施行に伴い改正された児童福祉施設最低基準

等では、児童福祉施設等は、「～社会福祉法第八三条に規定する運営適正化委員会が行う同法第八五条第一項の規定による調査にできる限り協力しなければならない」ことが規定された。

運営適正化委員会が行う苦情解決事業は、①国の都道府県への法定受託事務なのか（法定受託事務とする規定はないように判断される）、あるいは②都道府県の自治事務なのか（自治事務の意味については、二通りが考えられることについては前述参照）、それとも③法定された「民間団体」である社会福祉協議会に属する運営適正化委員会が独自に行うものなのだろうか　という疑問はここでも再燃してくる。①もしくは②であるとするなら、「～社会福祉法第八三条に規定する運営適正化委員会が行う同法第八五条第一項の規定による調査にできる限り協力しなければならない」とする規定との整合性は理解しやすいが、この場合には国あるいは都道府県と都道府県社会福祉協議会の間には、あらかじめ委託等の関係があるということになろう。③ということになると、運営適正化委員会が行う苦情解決に伴う調査に対し、事業者側に協力を求める根拠が、国の省令によって定められているという点で納得しがたいものが残る。

社会福祉施設の場合は、「施設基準」を遵守する義務が課せられているから（例えば、老人福祉法一七条参照）、①又は②を前提とすれば一応説明はつきやすいが、少なくとも在宅サービス事業者との間では、①又は②を前提とする場合でも、社会福祉法八三条に規定する運営適正化委員会が行う苦情解決に係る調査については、事業者側の自律と公的責任の関係を明確にするために、事前に運営適正化委員会と都道府県と事業者側の間で、協定もしくは契約を結んでおくこと等が必要と考えられるがどうだろうか。

2　運営適正化委員会と申し入れ

運営適正化委員会は、苦情の解決を求める市民への「助言」にとどまらず、必要と判断される場合には、事業者に対し、苦情の解決に係る申し入れを行っているが、申し入れを行う根拠規定はどこにあるのだろうか。(4) この点も明確にしていく必要がある。

運営適正化委員会が、「申し入れ」を行う際には、「申し入れ」を行う根拠が明確でないこともあり、表現等についても遠慮した対応がとられているともきくが、事業者側からすれば、「申し入れ」についての正式な「反論」の機会がないことにも不満があろう。

3 運営適正化委員会から都道府県知事への通知

社会福祉法は、「運営適正化委員会は、苦情の解決に当り、当該苦情に係る福祉サービスの利用者の処遇につき不当な行為が行われているおそれがあると認めるときは、都道府県知事に対し、速やかに、その旨を通知しなければならない」(八六条)と規定している。

かながわ運営適正化委員会の場合でいえば、神奈川県に通知されている事例が過去一〇例程度あるようだが、現状では通知がなされた後、県はどのような対応をするのかについての手続的規定はない。所管課が監査時に指導するという話もきくが、独自の対応が迅速になされるべきではないだろうか。

そもそも「利用者の処遇につき不当な行為が行われているおそれ」があるかどうかの判断も申立者の話から判断するだけでなく、前述した「調査」がどのような性格のもので、どの程度行われるのかによっても変わってこよう。「解決」後のフォローアップがどの程度行われるかによっても異なってくることにも留意したい。

(4) 「運営適正化委員会における福祉サービスに関する苦情解決事業について」(平成一二年 各都道府県知事宛 厚生省社会・援護局長通知)の四 解決方法の決定の中には、申入れについての記述がある(『解説』五五〇頁参照)。

四　地方民主主義の基本的要素としての苦情処理手続
――注意したい苦情の背後にある政策課題等の抑制――

苦情の中には、提供されるサービスの絶対量の不足が直接　間接に「苦情」に大きくかかわっている案件も散見される。しかし運営適正化委員会の場合、苦情を政策提言や政策の変更に繋げていく手立てを、社会福祉法に見出すことはできない。福祉サービスの全体量の不足についての「苦情」については、それを精査し地域保健福祉計画の策定の際の根拠にしていくこと等も検討していきたいものである。

アメリカのＬＴＣオンブズマン[5]は、施設居住者の権利と幸福に関る既存の或いは提案されている法律・規則・他の政策や行為に関し、審査し、必要があればコメントをすることができるとされている。

イギリスにおいても、苦情処理手続の導入に際し、解決委員会に地方議員が参加することとされ、苦情処理手続が、地方民主主義の基本的要素と目されていることに注目したい[6]。

本稿では言及できなかったが、横浜市福祉調整委員会の場合は、福祉保健サービス制度について改善等の措置が必要と判断する場合には、市長に対して提言を行うことができることになっている（横浜市福祉調整委員会設置要綱一六条参照）。またかならずしも表面化していない場合においても、苦情申立てや個別の調整結果から判断して、改善すべき問題点が内在していると認められる場合は、近い将来の制度改善に向けて、局長への要請を行うこととされてきた。最近は、「市長提言」も「局長への要請」も例がないようだが、「市長への提言」や「局長への要請」が、「苦情を政策に繋げていく」ための具体的な手がかりのひとつであることにも注目しておきたい。

（5）　ＬＴＣオンブズマンについては、橋本宏子「アメリカ　ナーシングホームと法」神奈川法学三二巻三号所収参照

（6）　橋本宏子「イギリスにおける苦情処理手続」神奈川法学二八巻一号参照

III

社会福祉への展開

11　生活支援施策の再構築と社会福祉

古川孝順

はじめに

周知のように、こんにち、二〇〇八年の金融危機を契機とする長期的な不況のもとで格差と貧困の拡大がみられる。そうしたなかで、いまやバルネラブルな人びとの生活上の困難や不具合は抜き差しならない状況に追い込まれている。他方において、そのような困難に対応すべき生活支援施策は、さまざまな側面において欠陥や欠損を露呈し、機能不全ともよべる事態に立ち至っており、生活支援施策の建て直し、再構築が求められている。

ここでの課題は、そうした状況を踏まえ、社会福祉の観点から、今後の生活支援施策のありようについて考察することにある。そのなかで強調される論点は、生活支援施策が再構築されるなかで社会福祉がどのような位置取りをし、役割と機能を果たすべきかということである。

この趣旨から、ここでの議論はかなり包括的かつ多面的なものにならざるをえない。議論を円滑なものにするため、事前に生活支援施策というタームについて一言しておきたい。従来、生活支援というタームは社会福祉の援助技術に関わる領域でもちいられてきた。そのため、政策や制度を論じるには不向きではないかという指摘がある。しかし、他方において、生活支援を生活問題の解決をめざす社会的な政策や制度のレベルにおいてもちいる例も少なからずみうけられる。例えば、それは、消費者保護施策において使用されている。

ここでは、生活支援施策をイギリスなどでソーシャルポリシー（社会政策）とよばれている一群の社会的な施策と重ねあわせるとともに、その内容に留意したタームとしてもちいることにしたい。ソーシャルポリシーは、一定の範囲の施策について、その生成の過程や機能のもつ社会的な、また政策的な性格に焦点をあてたタームである。それにたいして、生活支援施策は、そのような施策の内容的側面、すなわち人びとの生活を支援するための方策や活動という側面から捉えるタームである。以下、そのことを確認したうえで、生活支援施策とソーシャルポリシーを互換性をもつタームとして使用する。

さらに、そのことに関連して、ソーシャルポリシーとソーシャルサービス（社会サービス）の関係について言及しておきたい。ソーシャルポリシーと社会サービスはしばしば互換的にもちいられる。両者が区別される場合には、ソーシャルポリシーはそれが社会的、政策的に形成され、運営管理されるという外形的な側面を強調するタームとしてもちいられていることが多い。それにたいして、社会サービスは、それを構成する制度（プログラム）の実際的な内容や機能を強調するタームとしてもちいられる傾向が強い。

こうしたことから、われわれは、ソーシャルポリシーと社会サービスの関係について、以下のように整理しておきたい。すなわち、われわれはまず、ソーシャルポリシーを多様な社会サービスを包括する集合名詞的な性格をもつ概念として社会サービスの上位に位置づける。ついで、社会サービスを、そのように位置づけられたソーシャルポリシーを構成する個別の施策ないし施策群として位置づけることにしたい。

改めて標題に戻っておきたい。ここでいう生活支援施策は、一定の歴史的な社会においてソーシャルポリシーとして展開され、人びと、個人、家族、地域社会に関わって生活上の困難や不具合、総じていえば生活問題を解決、軽減、緩和しようとする多様な社会サービスを意味するタームとして位置づけられている。以下は、そのことを前提とする議論となる。

一　生活問題の現実と施策の乖離

わが国においては、ここ数年、生活支援施策とそれが対応している、あるいは対応するべき生活問題とのあいだのズレが際立ってきている。生活支援施策がそれを必要とする生活問題の実態に適切に対応しえていないのである。それは、既存の生活支援施策が生活問題の実態にたいして質的、量的にみて不十分であるという意味ではない。単に生活支援施策が不十分であるということであれば、これまでにも再三指摘されてきたことである。こんにちにおける論点は、わが国の生活支援施策がその対象として想定してきた利用者や彼らが担っている生活問題についてのイメージ、認識と実際の利用者やその担う生活問題の実態、そしてその背後にある人びとの生活やそれを支える雇用の実態とのあいだに明らかに大きなズレ、乖離が生じているということである。

わが国の生活支援施策が伝統的にその対象、すなわち利用者と生活問題について想定してきたモデルは、比較的低い失業率、終身雇用型の正規雇用、年功賃金、社宅や退職金などの企業福利、短い高齢期、夫または父親による家計の維持、家族（親あるいは兄弟姉妹）による高齢者、障害者、子ども、要扶養母子などの扶養、親類縁者による支援、近隣共同体（コミュニティ）による相互扶助、安定した住居の保有（借家、間借りなどを含む）などの諸要素から構成されていた。しかしながら、こんにち生活支援施策を必要とし、利用している人びとの雇用や生活の実態は、すでにかつての利用者や生活問題のモデルとは掛け離れたものとなっている。

若干の例を挙げてみたい。失業率は欧米の一部の国に比較すれば低いが、かつての好況期に比べれば明らかに高止まりしている。わが国の雇用型態のシンボルともいえた終身雇用と年功賃金を前提とする正規雇用は徐々に減少し、かわって規制緩和、グローバリゼーション対応として大幅に許容されたいわゆる派遣労働を含む非正規雇用が拡大し、それが近年における格差と貧困の拡大をもたらしてきた。しかも、派遣労働は企業の提供する社員寮やアパートへの入居とセットになっており、非正規労働者にとって契約の解除（失業）はそのまま住居の喪失を意味し、ネットカフェなどによる居住、そして最終的にはホームレス状態に転落する引き金となっている。

こうした危機的な生活状況にあるのは若者のみではない。十分な就労能力をもつ三〇歳代、四〇歳代の非正規雇用者たちが、必要なだけの生活費の蓄え、住居、家族をもちえないままに、解雇を契機に短期間のうちにネットカフェ難民、ホームレス生活者の境遇に転落する状況にある。しかも一度転落してしまえば、彼らの生活を再建することは容易なことではない。湯浅誠のいう「溜め」のない生活者である[1]。彼らネットカフェ難民やホームレス生活者たちにとって職場を確保することはきわめて困難である。たとえ就職先が確保できたとしても、最初の給料日まで生活を支え、就労を継続するだけの蓄えも居住の場も存在しない。

また、かつて社会のもっとも基礎的な生活の単位として、社会的に自立した生活をなしえない、あるいはそれが困難な高齢者、障害者、子どもなどを扶養してきた家族はその規模と機能を縮小させ続けている。その一方において、未婚の単身生活者、高齢単身生活者の着実な増加がみられる。さらに、もっとも緊密な親密圏を構成するはずの家族生活のなかで子どもの虐待や家庭内暴力などがうみだされてきている。一部の子ども、高齢者、障害者、さらには妻にとってすら、家族は安心して生活できる場所（アンカー）としての意味をもちえていない。地域社会のレベルにおいては、共同体的な紐帯が希薄化し、高齢者や障害者の孤立や孤独が拡大している。

戦後改革から高度経済成長の時期にかけて設計され、運用されてきたわが国の生活支援施策は、明らかに、このような近年の生活問題の変化に適切に対応しえていない。しかも、それは単に量的に不十分である、質が低位にあるということではない。従来、わが国の生活支援施策が設計され、構築された時期における人びとの生活の構造や生活問題はもはや存在しない。かつてのモデルは存在していない。それは、すっかりかたちを変えてしまっている。いま必要とされていることは、従来の生活支援施策の手直しという範囲を超えている。求められているのは、既存の生活支援施策を、新たな施策を導入することを含め、生活問題の実態に適合するように調整し、再構築することである。

現時点における生活問題と生活支援施策との乖離は、大枠において以下の三点に整理することが可能である。

1　施策が分立しているため、同時複合的に形成されるニーズに対応できていないこと

さきにも指摘したように、派遣切りにあった若年の非正規雇用者は所得と住居を一時に喪失する場合が多い。これにたいして現行の生活支援施策は適切に対応しえていない。生活の困窮に傷病が重なる場合やホームレス状態にある場合にはなおさらのことである。しばしば彼らは医療保険の適用資格をもたず、困窮した生活から抜け出すことができない。

2　社会保険と生活保護の中間に位置する施策が欠落していること

雇用保険の適用がある場合も、期限が切れた後は、最低生活の維持が不可能になり生活保護に頼る状況に陥るまで何ら援助が期待できない。すなわち、最底辺の生活レベルまで落層しなければ生活扶助を受けることができない。しかも、一度落層してしまえば、そこから抜けだすことは容易ではない。落層しないで済む、もう一度通常の雇用と生活に戻ることを援助する中間的な施策、いわゆるトランポリン施策が必要とされている。

3　自立支援／生活再建支援施策が不備であること

生活保護を受給している人びとの稼得については実質一〇〇パーセントに近い高額な課税（収入認定）が行われている。そのため、生活保護受給者は、生活保護から抜けだすための準備ができず、生活保護のなかに沈殿してしまうことになる。福祉サービスについても、事後対応的なサービスが多い。利用者たちの生活の再建と社会的な自立、社会復帰を促進するような積極的な施策に比重をかける必要がある。

（1）　湯浅誠は「溜め」についてつぎのように記述している。やや煩瑣にわたるが紹介しておきたい。湯浅によれば、〝溜め〟とは干天における溜池のようなものである。それは、「外部からの衝撃を吸収してくれるクッション（緩衝材）の役割を果たすとともに、そこからエネルギーを汲み出す諸力の源泉となる」ものである。このような意味での「溜め」には、預金などの金銭的な「溜め」、頼れる家族や友人などの人間関係における「溜め」、自分にたいする自信や自己重要感などの精神的「溜め」などさまざまなものが考えられる。湯浅誠『反貧困』（岩波新書、二〇〇八年）七八、七九頁。

二　生活支援施策の史的展開

こうした生活支援施策の再構築を実現するには、それらがどのような課題と方法をもって形成されてきたのか、その必然性や社会的な特性について適切に理解しておかなければならない。いささか迂遠になるが、生活支援施策の歴史的な成立、展開の過程に関して一定の整理を与えておきたい。

それぞれの社会、それぞれの時代にはそれぞれに特有な生活維持のシステムが形成される。大多数の人びとはそれによって生活を維持することができる。しかし、どのような社会や時代においても、それによって生命と生活を維持することのできない人びとが存在してきた。人びとの生存（安全や安心）、健康、生活、尊厳、つながり、シティズンシップ、環境が脅かされ、あるいはそのおそれのある人びと、社会的にバルネラブルの状態にある人びとがうみだされてきた。そのような人びとにたいして、その生活上の困難や不具合を解決、軽減、緩和することをめざして

図1　生活支援施策の史的展開（イメージ図）

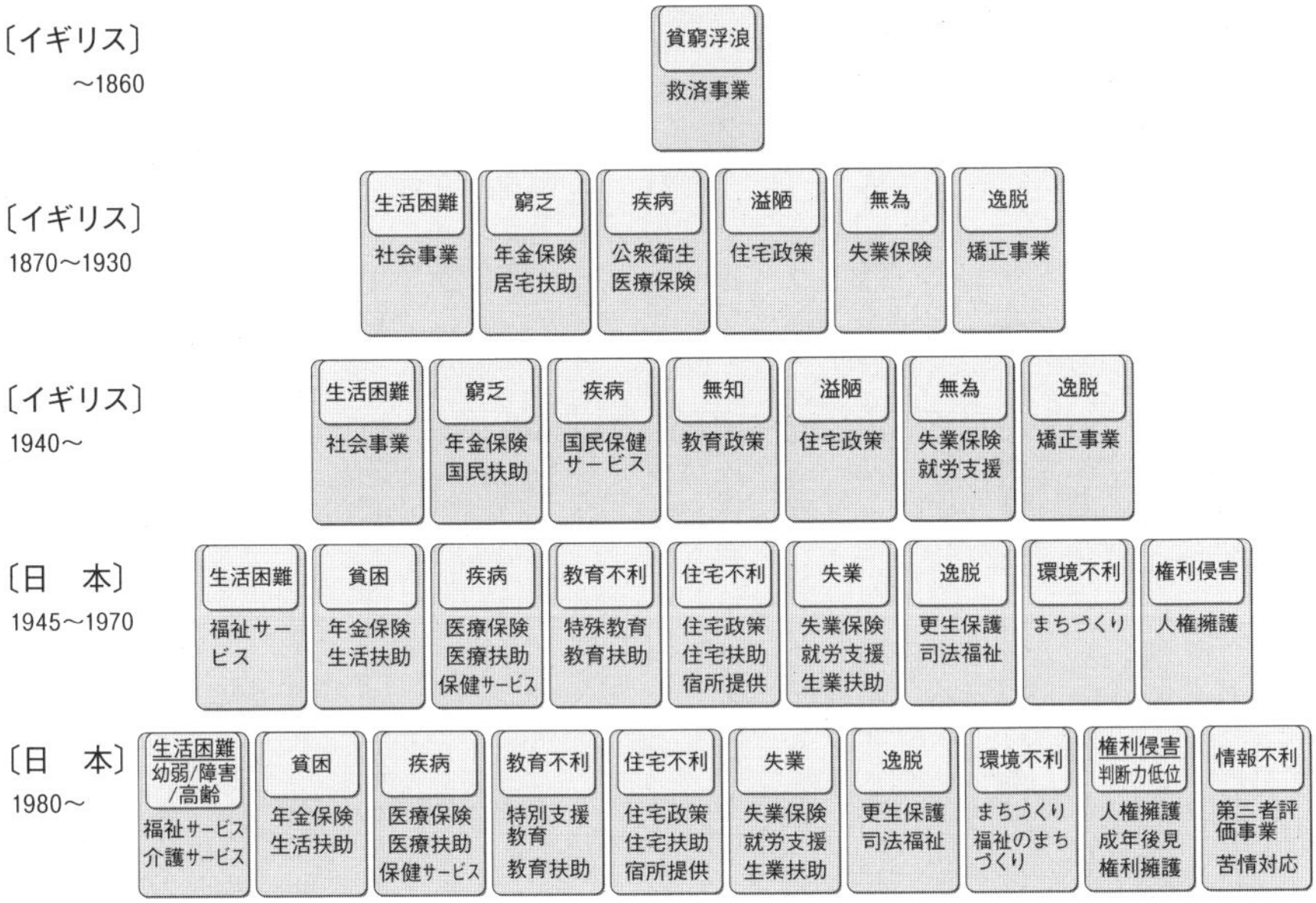

生成し、展開されてきた社会的組織的な施策が生活支援施策である。

図1の「生活支援施策の史的展開」は、そのような生活支援施策が歴史的にみてどのように発展してきたかを概観したイメージ図である。図1では、第二次世界大戦の時期を境にしてイギリスと日本を取りあげ、それぞれの時代を特徴づける生活問題とそれに対応する施策や活動が整理されている。図中の系統図的に示されている小さな箱のなかが生活問題であり、その下の記述がそれに対応する施策や活動、すなわち生活支援施策の名称である。

図1には、イギリスと日本のみが取りあげられていること、しかも両者が第二次世界大戦を境に接合されていることなど、難点も多い。時期区分も必ずしも十分考えられたものとはいえない。しかし、いまは取り敢えずそうした難点を省いていえば、われわれは、図1を通じて、この一五〇年ほどのあいだに生活問題に大きな変化がみられたこと、そしてそれに応じるかたちで生活問題に対応する施策も変化してきた事実を知ることができる。

ちなみに、ここでいう生活問題の変化のなかには、生活問題それ自体の変化とともに、生活問題にたいする認識方法の変化が含まれている。そして、そのような生活問題の実体とそれにたいする認識の変化が生活支援施策の発展、すなわちその分化と多様化をもたらしたのである。ここでは、そのことに改めて留意しておきたい。

このような生活支援施策の発展の過程において決定的ともいえる意味をもったのは、一九四二年に公刊されたイギリスのベバリッジ報告である。この福祉国家の青写真ともよばれる報告書において、ベバリッジは国民の生活を脅かすリスクとして窮乏、疾病、無知、隘陋、無為をあげている。すなわち、ベバリッジのいわゆる五巨人悪である。これらのリスクについて、ベバリッジは、それぞれ固有の施策をもって対応する必要性のあることを説いた。図1でいえば一九四〇年代の列がその言説に対応している。

ベバリッジ報告は、貧困（貧窮）に焦点をしぼりつつ、所得の中断、欠乏、不足に起因するリスクについて所得保障制度（包括的な国民年金と国民扶助）をもって対応することを前提に、疾病＝病気による不時の出費の拡大に起因するリスクついては無料の国民保健サービスによって、無知＝不十分な教育のため適切な就労機会がえられないことに起因するリスクについては教育政策の充実によって、隘陋＝密住と不潔という不適切な住環境に起因するリスクについては住宅政策の充実によって、無為＝失業に起因するリスクについては職業紹介や職業訓練を内容とする雇用政策の充実によって、それぞれ対応することを提案した。

周知のように、一九世紀なかばまでの貧困対策は、貧窮という結果状況にのみ着目する救貧法を中心に、いわば単線的、十把一絡げ的に行われてきたことから、十分な成果をあげることができなかった。それにたいして、二〇世紀の初頭には、無拠出老齢年金、健康保険、失業保険、居宅扶助、母子保健サービス、青少年保護施策、低家賃住宅政策などの新たな施策が登場する。これらの施策は、救貧法中心の単線的、十把一絡げ的な対応にたいする反省のうえに立ち、老齢や失業による所得の喪失や中断、疾病、出産、不良行為、隘陋など、生活問題の原因となるリスクを一定の範疇ごとに個別に捉えて設計されていた。

このような歴史的な経緯を背景にもつベバリッジ報告は、第二次世界大戦の終了とともに順次具体化される。一九四四年には家族手当法、四六年には国民保険法と国民保健サービス法、四八年には国民扶助法が制定され、ベバリッジが所得保障（社会保障）制度の前提として位置づけた完全雇用政策や教育制度の充実とともに、イギリス福祉国家体制の骨格が構築される。そのことのもつ歴史的な意義は周知のところである。

その後のイギリスにおいては、ベバリッジのいわゆる五巨人悪（生活リスク）に対応する施策の整備に引き続き、五〇年代から六〇年代におけるイギリス社会の変容とそれにともなう生活の変化に起因し、顕在化してきた新たな生活問題（生活上の困難）に対応する施策が登場してきた。いわゆる第六番目の社会サービスである。それは、淵源的には、一九四八年の児童法による福祉サービスや国民扶助に包摂されていた高齢者サービスと障害者サービスを継承しつつ、あらたな生活問題に対応する施策として形成されてきた。この新しい施策（社会サービス）は、個別的な対応を特色とするソーシャルポリシーという意味でパーソナルソーシャルサービス（個別的社会サービス）とよばれることになった。

このようなイギリスにおける生活支援施策の発展は、第二次世界大戦後のわが国においてほぼそのままのかたちで受け継がれる。わが国は、イギリスをはじめとするヨーロッパ諸国を生活支援施策、ひいては福祉国家のモデルとし、それにキャッチアップすることを目標としてきた。わが国においても、イギリスと同様に、所得保障（年金保険・生活保護）、健康保険、雇用政策、教育政策、住宅政策を基本にその整備が進められた。一九六〇年代後半から七〇年代初頭には、イギリスの個別的社会サービスに対応する福祉サービスも実質的に成立し、発展した。

一九八〇年代以降の展開については改めて解説を加えるまでもないであろう。社会福祉を中心にしていえば、多様化、複雑化、高度化し続ける生活困難に対応して、一方において伝統的な施設入所型社会福祉の地域福祉型への転換が求められ、他方において介護サービスが分離、独立する。その一方において、社会福祉は人権擁護、消費者保護、健康政策、まちづくりなどの施策と接点をもつようになり、いまでは雇用政策（就労支援）、更生保護や司法福祉との連携が改めて求められる状況にある。

以上は、イギリスとわが国における生活支援施策の史的展開の要約である。ただし、右の施策のうち、人権擁護、消費者保護、健康政策、まちづくりなどをソーシャルポリシーの範囲に含めることについてはあるいは異論もありうるかもしれない。しかし、こんにちにおける生活問題のありようは、それらの施策のソーシャルポリシーとしての展開を求めている。

すでにこれまでの外観から明らかなように、生活問題に対応する生活支援施策は、貧窮にたいして単線的、十把一絡げ的に対応する救貧施策にはじまり、次第に生活問題を引き起こすリスクの種類ごとに分離、分化させられ、やがてそれぞれが独立して機能する施策の体系として整備されてきたといってよい。このような分化や多様化はそれ自体としては生活支援施策の発展を意味するものであった。しかしながら、第一節において言及したように、生活問題の現状は、むしろそのように発展してきた施策個々をもってしては十分に対応しきれない状況にある。さらにいえば、そのような施策の分化、多様化がかえって桎梏になるというかつてない状況に陥っているのである。

三　福祉政策という視点

生活支援施策は、資本主義生成期以来の貧窮という古典的な生活問題にたいする救貧的な施策にはじまり、近代から現代へという時間的経過のなかで多様に分化、分節しつつ発展してきた。これまでの議論はそのことを前提としている。しかし、その前提を踏まえるとしてもいかなる特徴をもつ施策を生活支援施策というか、その範囲や種類についての議論は、必ずしも十分であるとはいえない。生活支援施策をソーシャルポリシーというタームに置き換えてみても事態はそれほど変わらない。近年、わが国においては、社会政策というタームを、その伝統的な使用法から解放し、ソーシャルポリシーの意味で使用する例が一般化してきている。しかし、ソーシャルポリシーというタームによって総括しうる施策の性格や範囲についての議論はそれほど深まっているわけではない。

われわれは、ソーシャルポリシーについて、総体社会を構成する社会、経済、政治、文化という四通りの要素のうち「社会（的なるもの）の領域」に関わる政策の体系としてこれを理解し、「市民社会において、個人、家族、集団、地域社会、社会階層、社会関係に介入、調整し、社会の統合と発展に資するとともに、社会資源の適正な配分や市民生活における安全、健康、安寧、人権、尊厳の維持、促進、回復を促進することを目的に、国や自治体あるいは民間の組織や団体によって展開されている特有の社会サービスならびにそれに関連する諸活動、さらにはそれらを支え、方向づけている原理の総体」と規定してきた。ここでの議論もそのことを前提としている。ただし、この規定は試論的なものであり、詳細については別の機会に委ねることにしたい。

ここではむしろ、近年、社会福祉の領域に限らず、ソーシャルポリシーの全体に関わって、福祉や福祉政策というタームが頻繁にもちいられるようになっていることに留意したい。もとより、福祉や福祉政策というタームそれ自体は新しいものではない。福祉や福祉政策は社会福祉や社会福祉政策を意味する日常的な短縮語としてかねてから多用されてきた。しかし、このところ、ソーシャルポリシーのレベルにおいては、ソーシャルポリシーを構成する、あるいはそれに関連する施策のうちより直接的に高齢者、障害者、子ども、家庭内暴力の被害者、ホームレス生活者、ネットカフェ難民など、一言でいえばバルネラブルな人びとの生活の安全、安定、安寧、尊厳、人権の実現、回復、促進などを目的とする、あるいはそれに連累する施策群を意味するタームとして福祉や福祉政策がもちいられる例が頻繁にみられるようになっている。

他方、社会福祉の内部においても、社会福祉の理念や目標をいわゆる福祉六法の範囲に限定せず、近接領域との連携や協働を通じて実現しようとする立場から福祉や福祉政策というタームがもちいられるようになり、すでに一部において定着するという状況がみられる。それは従来の社会福祉の理念や目標をより広い意味に設定しようとする試みであり、そこでは、福祉は、安全、安定、安寧、尊厳、人権の実現、さらにはその基底にある普遍的な価値を意味するタームとしてもちいられている。福祉政策は、そのような理念や目標を実現する過程において活用される所得保障、人権擁護、健康、保健、医療、雇用（就労支援）、住宅政策などを包摂するタームとしてもちいられる傾向にある。

福祉政策がこのように広い意味に捉えられるということになるとおのずと福祉政策とソーシャルポリシーの異同が問題となる。福祉政策を人びとの安全、安定、安寧、尊厳、人権を理念ないし目標としてと捉えることにすると、福祉政策とソーシャルポリシーはほとんど同義的な存在となる。たしかに、そのような意味づけも不可能ではないであろう。しかし、それではかえって福祉政策固有の輪郭を示すことは困難となり、福祉政策の意味内容は拡散してしまい、その内容は茫漠としたものとなる。社会福祉の類縁概念としての社会保障との区別も困難となる。福祉政策については別の角度からの規定が必要とされる。

われわれは、福祉政策を社会福祉そのものや社会政策と区別し、社会福祉を基軸に展開される施策コラボレーション（連絡、調整、連携、協働）の態様や機能を意味するタームとして位置づけることにしたい。福祉政策を、社会福祉を機軸に、それに近接する施策群、すなわち所得保障、人権擁護、健康、保健、医療、雇用（就労支援）、住宅政策などとのコラボレーションを視野に入れて展開される施策活動の新たなありようとして把握するということである。

すなわち、福祉政策の基本的な関心は、その輪郭やそこに包摂されるべき施策の範囲というよりも、社会福祉を基軸に展開される関連施策との連絡、調整、連携、協働の態様とその機能に向けられている。図2の「福祉政策のブロッコリー型構造」は、そのような福祉政策についての理解を促進するために、その態様をブロッコリーの形状になぞらえ、福祉政策のブロッコリー型構造としてイメージ化したものである。社会福祉がブロッコリーの中心となる茎の部分に位置づけられているのは、社会福祉が福祉政策の機軸となることを意味している。ブロッコリーの房（花蕾）にあたる部分に位置する施策群は、連絡、調整、連携、協働の対象となる施策群である。

社会福祉を機軸とする施策コラボレーションは二通りのレベルで展開される。第一のレベルは、政策策定、制度設計のレベルである。所与の理念や目的、目標が達成されるためには、幾つかの施策によるコラボレーションを前提とする政策が策定され、それを実現する制度（プログラム）が設計されなければならない。一例をあげれば、次世代育成活動計画を達成するためには、社会福祉の領域における保育サービスと雇用政策の領域における育児休業制度とその普及をめざす施策を内在的に結びつけるような施策のありようが必要とされる。介護サービスにおいては、それと健康政策、保健、医療、介護休暇を実現させるような雇用政策とのコラボレーションが求められる。いずれも、諸施策間の連絡、調整、連携、協働を前提とする分野横断的アプローチである。

　第二のレベルは実践活動のレベルである。このレベルにおいては、施策コラボレーションは、生活問題の解決、軽

図2　福祉政策のブロッコリー型構造

減、緩和を目標に、多様な施策との連絡、調整、連携、協働を通じて展開される援助活動（ソーシャルワーク）のありようとしてこれを把握することができる。例えば、人権擁護・成年後見制度、保健サービス、医療サービスと連絡、調整、連携、協働して行われる介護サービス、公共職業安定所（ハローワーク）による就労支援などの雇用政策、住居提供施策と連絡、調整、連携、協働して実施される非正規の失業労働者支援などがそうである。いずれも、社会福祉を基軸に関連する施策とのコラボレーションとして展開される援助活動である。

施策コラボレーションのなかで活用される人権擁護・後見制度、保健、医療、雇用政策は、いずれもそれ自体としては社会福祉の施策ではない。しかし、それらの施策は、社会福祉を基軸とする連絡、調整、連携、協働の営みに関与する限りにおいて、いずれも社会福祉の理念、目的、目標を実現することに貢献している。その限りにおいて、それぞれの施策は福祉政策を構成する要素となっているのである。

四　社会福祉の位置づけ

ここまでみてきたような福祉政策の位置づけは、近年における生活問題の新たな展開に対応しようとするものである。この試みは、ある意味で社会福祉の拡大を求めるものであるが、同時に社会福祉の限定を求めるものである。限定なしの拡大は社会福祉を生活支援施策すなわちソーシャルポリシー一般のなかに雲散霧消させることになりかねない。

われわれはかねてそのような両面的な要請に対応し、かつ機軸としての社会福祉のアイデンティティと立脚点を明確にするため、「社会福祉のL字型構造」という社会福祉認識の方法を提起してきている。図3の「社会福祉のL字型構造」はそのような認識方法、位置づけをイメージ化したものである。まず、社会福祉は、社会政策＝ソーシャルポリシーとして捉えられる多様な施策（社会サービス）の一つである。ただし、他の施策群と異なるところがある。それは、社会福祉が他の施策群と並立的に独立している部分と他の施策群と重なり合っている部分から構成されていることである。図3においては、そのことをアルファベットのL字の形状に重ね合わせてイメージ化している。

図3　社会福祉のＬ字型構造

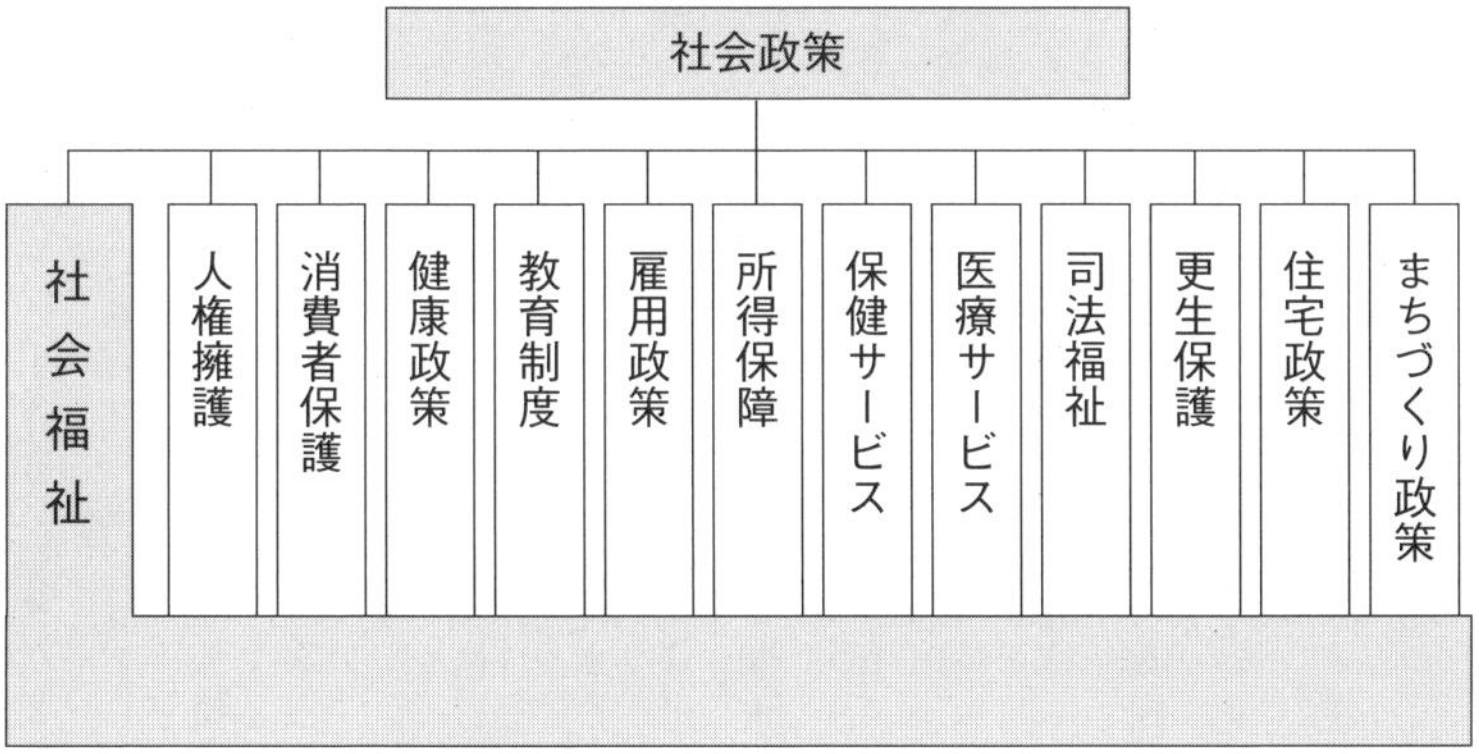

（概念図）古川孝順作成

社会福祉のもつ固有性、すなわち社会福祉を他の施策群と区別しようとするとき明確な根拠となりうる性質には二つのものが認められる。領域としての固有性とアプローチとしての固有性である。まず、領域としての固有性について簡単に記述する。

社会福祉のもつ領域としての固有性の第一は、それが他の施策群によるいずれの施策にも吸収されえず、それらとは明確に区分されうる独自の生活支援サービス、すなわち人びとの生命や活力の維持、回復、促進に関わる相談助言、指導、育成、養護、保護、介護などを提供していることに求められる。このような生活支援サービスについては、一部に適切な所得保障が行われ、かつ市場にこれに類するサービスが商品として提供されるならば、その必要性は徐々に減退し、ついには不要になるという言説もみうけられる。しかし、現実にはそのような期待は実現しそうにもない。たとえば、家族や地域共同体が弱体化するなかで集合住宅や地域社会のなかに孤立化し、孤独な日々を送る高齢者や障害者の生活に必要な日常生活支援を内容とする地域密着型サービスを、市場を通じて生活支援サービスを購買するというかたちで確保することはまずもって不可能であろう。L字型の縦棒の部分を社会福祉に固有の領域であるとする所以である。

領域としての固有性の第二は、L字型の横棒の部分である。この部分を特徴づけているのは、社会福祉が他の施策にたいしてもっている先導性と補充性である。ここでいう先導性はこれまで代替性とよばれてきた性質である。代替性は、後に固有の発展をみることになる施策がいまだ実体化しえていないでいるとき、社会福祉がその施策のもつべき役割や機能を肩代わりして果たすという側面に関わっている。そこにいう代替性は、やがて登場することになる施策の側から把握された社会福祉の特性であり、社会福祉が本来的にもっている特性の意味ではない。社会福祉の本来的な特性はむしろそれが他の施策にたいして先導性、開発性をもつことに認められる。社会福祉は他の施策にたいして繰出し梯子の関係にある。それにたいして、補充性は社会福祉のもつ特性である。それは、他の施策が十分に機能し得ない場合、あるいはそれが制度化され、一般性、普遍性をもつようになる過程において取り残した部分について、本来他の施策のなすべき機能を補充する、補完するという意味である。

社会福祉のもつアプローチとしての固有性は、第一には、それがもつ個別性、包括性と総合性、媒介性と協働性に認められる。まず、個別性はさらにいえば個別対応性である。イギリスにおいてわが国の社会福祉に相当する社会サービスにパーソナルという修飾語が冠されているのは、わが国において一部の人びとが論じているように、それが対人的な、すなわち人にたいする社会サービスだからというわけではない。パーソナルという修飾語は、対象とする生活問題について個別的に対応する社会サービスであることを意味している。われわれは、そのことについては、これまでにも再三にわたって指摘してきた。

第二に、社会福祉のもつアプローチとしての固有性は、その包括性と総合性に認められる。社会福祉の包括性と総合性は、それが対象として対応する生活問題が分節性と全体性をあわせもつ生活のなかから形成されるという事実に関連している。人びとの生活は多様な位相に分節しており、そのような分節の一つに起った生活問題は、多かれ少なかれ他の分節に、そしてやがては生活の全体に、影響を及ぼすことにならざるをえない。そのため、社会福祉には、生活の一つの分節や位相に集中する他の施策と異なり、生活のもつ分節性と全体性の双方に留意しつつ対応することが求められる。

社会福祉のもつ媒介性と協働性はそのことと関連している。社会福祉は、生活問題の解決、軽減、緩和のために他の施策を積極的に活用しようとする。社会福祉は、その成果を最適なものにするため、施策と施策のあいだを媒介し、多様な施策と協働する。社会福祉以外の施策も、自己の機能を高め、成果を最適なものにするために、関連する施策を活用することがある。しかし、個々の個人、家族、地域社会のもつ生活問題を解決、緩和、軽減するために、関連する多様な施策を活用し、そのために福祉ニーズと多様な施策のあいだを媒介し、関連する施策と協働するという作業を自己の本来的な機能の一部として位置づけている施策は、社会福祉を措いてほかには存在しない。

ところで、これら社会福祉の固有性のうち、アプローチとしての固有性は、社会福祉が最終的には社会福祉の専門職をはじめとする多様な従事者やボランティアによって担われる実践的な援助活動として展開されることに関わっている。この社会福祉の実践的な援助活動の側面は一般にソーシャルワークとよばれる。社会福祉はソーシャルワークなしには固有のものとして存立しえない。しかし、社会福祉は、それと同時にソーシャルポリシーとしての側面をもっている。この側面なしには、社会福祉は存立しえない。社会福祉はソーシャルポリシーとしての側面とソーシャルワークとしての側面を同時的にもつ施策である。社会福祉の固有性は最終的にはこの一点に帰着する。

新しい時代の生活問題対応として福祉政策的な展開を考えるにしても、その機軸となる社会福祉について、社会福祉がソーシャルポリシーとしての側面とソーシャルワークという側面を同時的に備えているという、その基本的な性格を明確に踏まえておかなければならない。図４の「社会福祉の基本的構成」はそのことを示している。

図４にみるように、社会福祉はその内部に相互に規定しあう関係にある政策、制度、援助という三通りのサブシ

図4 社会福祉の基本的構成

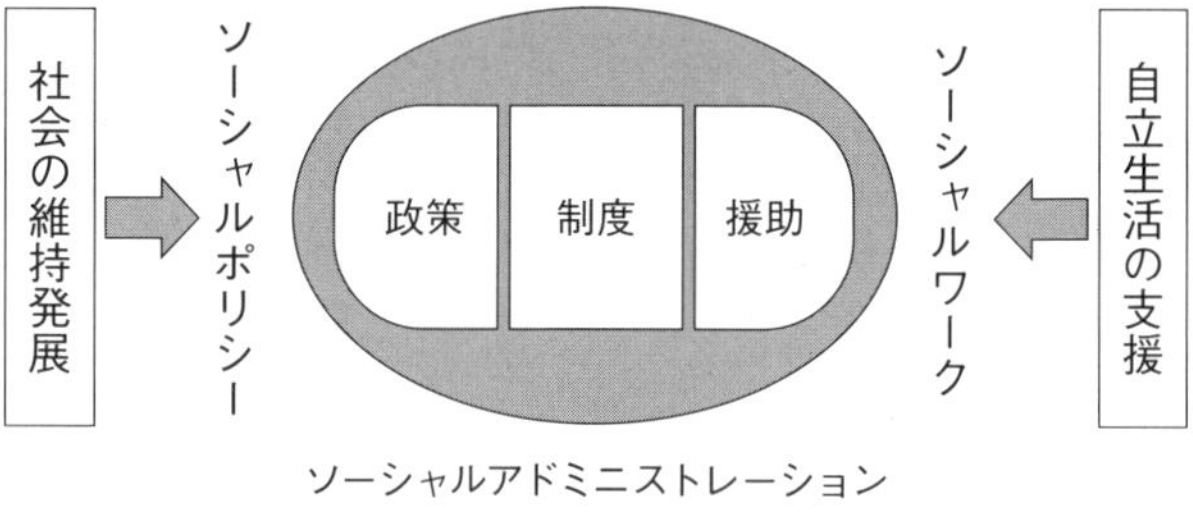

ステムをもつ一つのシステムとして存在している。そのような社会福祉はソーシャルポリシーという側面からみれば、社会の統合や発展をめざす社会的な施策であり装置である。社会福祉の政策はそのような方向に向けて制度（プログラム）を創出し、ソーシャルワークのありようを規制しようとする。逆に、ソーシャルワークという側面からみれば、社会福祉は利用者の自立生活を支援する援助活動である。

社会福祉のソーシャルポリシーとしての側面とソーシャルワークとしての側面は、相互の存在を前提にし、依存する関係であると同時に、相互に規定しあい、拮抗しあうという関係にある。そして、そのようなソーシャルポリシーとソーシャルワークとの関係を媒介し、調整するのがソーシャルアドミニストレーションである。このようなソーシャルポリシーとソーシャルワークの規定と拮抗の関係は混乱の原因ではない。むしろ、きわめて生産的なものである。そのような緊張関係のなかに新しい社会福祉のありようが芽生えるのである。

念のために付言すれば、ここでいうソーシャルワークは相談援助の活動に限定されるものではない。国際ソーシャルワーカー協会の規定を援用しついえば、ここでいうソーシャルワークの介入には、相談援助、保育、養護、療護、介護、更生保護などの心理社会的プロセスから、権利擁護活動、施設機関の運営、コミュニティワーク、コミュニティオーガニゼーション、さらにはソーシャルポリシーや経済開発に影響を及ぼす社会的・政治的活動に携わることまでが含まれている。

五　生活支援施策再構築の構図

さて、最後に、ここまでの議論を踏まえつつ、冒頭において設定した課題に戻らなければならない。その課題とは、二〇〇八年の金融危機を契機に顕在化してきた複雑かつ高度な生活問題にたいして欠陥や欠損を露呈し、機能不全ともよべるような事態に立ち至っている生活支援施策について、社会福祉の観点からこれをどのように建て直すのか、そこにおいて社会福祉がなしうる役割や機能について考察するということであった。

こんにちわれわれが直面させられている少子高齢社会化の進展、人口減少社会の到来、長期の不況による非正規雇用者の失業、ネットカフェ難民、ホームレス状態化、家庭内暴力などの新たな社会的バルネラビリティの増加、それによる生活問題の多様化、複雑化、高度化は生活支援施策にたいして新たな対応を求めている。それは、旧来の生活支援施策の改善や補正よる対応では不十分である。求められているのは、個別施策を超える施策のコラボレーションであり、分野横断的なアプローチである。さらには、旧来施策の空隙を埋めるような新たな施策の導入を含め、生活支援施策の再構築を試みることである。(2)

図5の「生活支援施策の新たな構図（イメージ図）」は、そのことを意識しつつ、非正規雇用者の失業、格差、貧困の拡大とそこから関係的に派生するネットカフェ難民、ホームレス、母子家庭問題などへの対応を念頭に、期待される生活支援施策の新たな構造をイメージ化したものである。

図5の新機軸は、施策の対象となる人びとを、正規雇用者と非正規雇用者からなる雇用者群、自営者群、非就業者群に分けるとともに、それらの人びとの抱える問題に対応する施策群を第一次セーフティネット、第二次セーフティネット、トランポリンシステム、最低生活保障システムの四通りの段階に設定し、相互の関連を展望したところにある。

図5　生活支援施策の新たな構図（イメージ図）

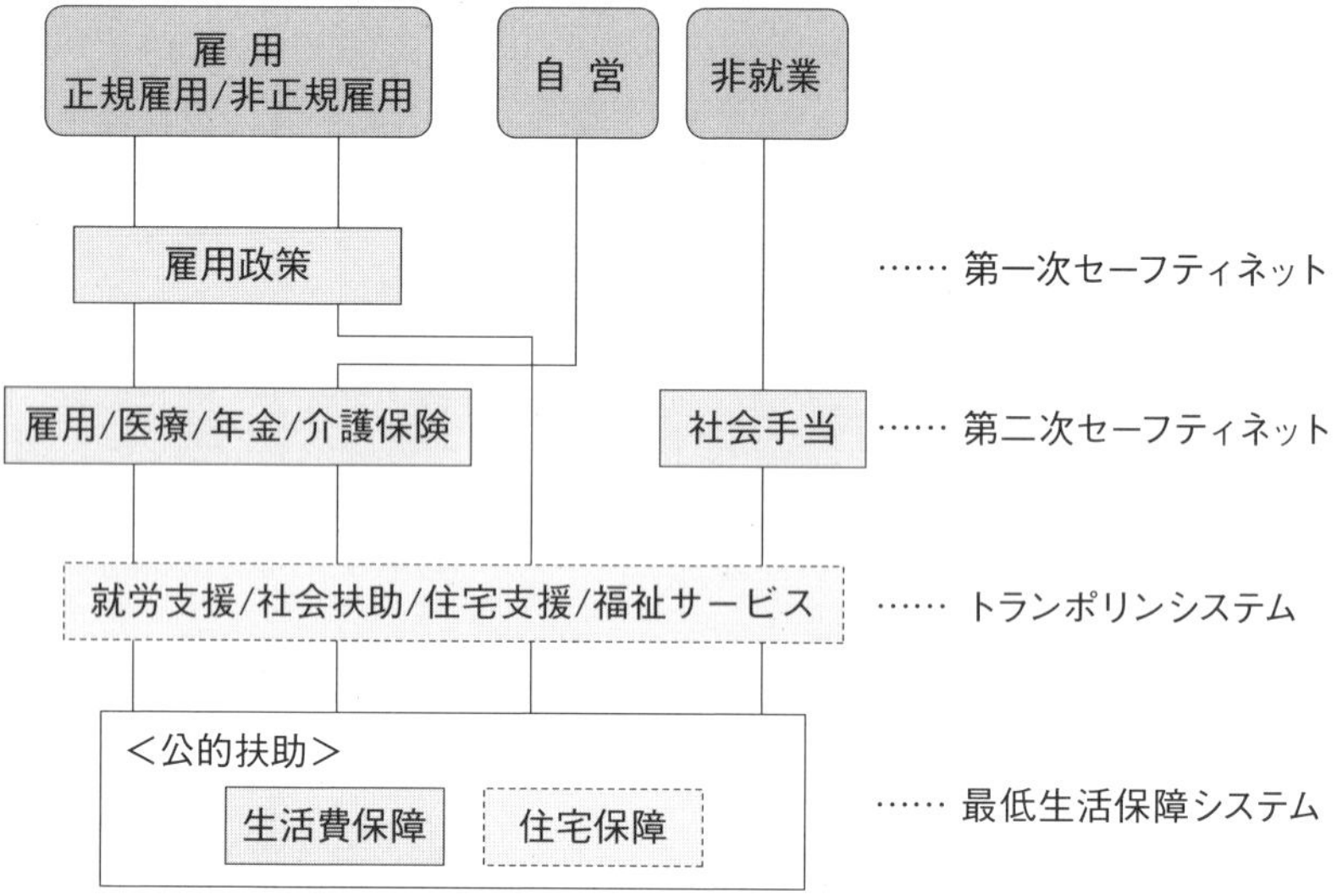

第一次セーフティネットのレベルは、雇用政策である。より具体的には就労の機会＝雇用を拡大させることにより失業問題の解消をめざす完全雇用政策、労働契約の規整（レギュレーション）、賃金や労働条件の最低限の設定などによってフェアな労働市場の実現をめざす規整政策、一定の比率において障害者、高齢者、女性などの雇用を促進するアファーマティブ（積極的優遇）政策などがここに含まれる。大規模店舗の出店を規制し、小規模店を保護しようとする政策なども自営労働（セルフエンプロイメント）の保全という意味ではここに含まれよう。

かつてのわが国においては、企業による終身雇用制度、年功賃金制度などの労働慣行が実質的な生活支援施策としての意味をもっていた。また、不況時に行われてきた公共事業による雇用の拡大政策も不熟練の失業者に雇用機会を提供するという意味をもっていた。グローバリゼーションによる企業の海外移転や派遣労働の許容範囲の拡大に象徴されるような規制緩和政策や公共事業の縮減は、わが国の伝統的な労働慣行を破壊し、就労機会の縮減をもたらし、格差と貧困を拡大する原因の一つとなった。雇用や自営による自助的生活の維持が資本主義社会における生活原理であることからすれば、従来の終身雇用や公共事業による雇用の拡大に頼らないかたちで雇用の確保をめざす新たな政策が導入されなければならない。障害者、高齢者、女性のためにはさらに積極的なアファーマティブ政策の拡大が求められよう。

第二次セーフティネットのレベルは社会保険や社会手当がその内容となる。社会保険は雇用保険、医療保険、年金保険、介護保険であり、非就業者にたいする社会手当としては特別障害者年金、過渡的福祉手当がある。就業か非就業という条件とは別に障害にたいする社会手当ということに着目すれば、障害児福祉手当と特別児童扶養手当もこのカテゴリーに含まれよう。

これらのうち社会保険についていえば、わが国の場合、一九六〇年前後以来の国民皆保険皆年金体制の成立ということもあり、雇用保険も含め、社会保険は形式的にはそれなりに整っている。しかしながら、各種保険の加入条件、拠出の納付状況、納付期間、給付期間など細部にわたれば、多数の人びとが社会保険制度から排除されている。非正規雇用者にたいする雇用保険の加入要件の問題、いわゆる無保険者や無年金者の問題など、改善されるべき課題は多い。

トランポリンシステムのレベルに対応するのは破線で囲んだ施策である。貧困者や生活困難者が社会保険や社会手当のネットから漏れたり、それらが不十分であったりした場合に、最低生活水準へ転落するまえの溜めとなり、あるいは通常の生活水準に復帰するための跳躍台としてトランポリン的な効果を期待して構想されたものである。このレベルに属する社会扶助と住宅支援は、いずれも公的扶助（生活保護）とは別に、スティグマをともないがちなミーンズテスト（資力調査）を利用の要件とせず、インカムテスト（所得調査）だけで給付される新たな金銭給付として構想されている。

トランポリンシステムレベルの施策の効果を高めるためには、就労支援、社会手当、住宅支援、福祉サービスを社会保険と公的扶助の中間に位置する利用しやすい施策として運用するとともに、個々の施策を相互に関連付け、分野横断的、総合的に提供することが求められる。第三節で考察した福祉政策的な発想による運用が必要とされる。

ここで少し具体的な施策の動向に触れておきたい。完全失業率が過去最悪の水準に低下するなかで二〇〇九年の一〇月以降、雇用保険と生活保護の隙間を埋める施策、ここでいうトランポリンシステムに該当する施策が導入されてきた。ハローワークを窓口にする訓練・生活支援給付、長期失業者支援、就職困難者支援、就職安定資金融資、福祉事務所を窓口にする住宅手当緊急特別措置、社会福祉協議会を窓口にする総合支援資金、臨時特例つなぎ資金貸付、がそうである。

さらには、窓口の違いによるたらい回しを避けるためにハローワークをキーステーションとしてワンストップサービス（一カ所で複数制度の手続きを済ませることのできるサービス提供の方法）も導入された。部分的にではあるが、われわれのいう施策コラボレーション的なアプローチが実現されてきたといってよいであろう。しかし、導入された個別施策をみると資金貸付（融資）の制度が多い。貸付制度は生活にたいする自己責任を重視した手法であるが、それは一方において利用を制限し、他方において負債を拡大させ、生活の再建を一層困難にする可能性が高い。制度設計のありようについて再考することが求められる。

図中最下段の最低生活保障システムのレベルに対応するのは公的扶助である。枠内の生活費保障は、生活保護のうち、生活扶助、教育扶助、介護扶助、医療扶助、出産扶助、生業扶助、葬祭扶助を包括したものである。住宅保障は生活保護の住宅扶助を発展させ、フローの所得保障としての生活費保障とストックの所得保障としての住宅保障というかたちに並立させたものである。非正規雇用者の失業が住居の喪失に連動し、なかなかそこから立ち直れないという状況に象徴的にみられるように、住居の確保が生活の維持や再建に決定的ともいえる意味をもつことをここで再確認しておかなければならない。

図5に示すような生活支援施策の構図において社会福祉は、第二次セーフティネットの介護保険、トランポリンシステムの福祉サービス、最低生活保障システムの公的扶助に関わっている。図5では介護保険は社会保険の範疇に含まれているが、その理由は介護保険制度がその財源システムとして部分的に社会保険方式を導入しているからである。介護保険という名称をもつものの、この制度によって提供されている介護サービスは福祉サービスの一部分である。

生活支援施策の再構築という課題との関係でいえば、社会福祉の役割や機能として重視されなければならないのは福祉サービスのトランポリンシステムとしての機能である。ここで福祉サービスに期待されているのは、古典的な表現をすれば、その治療的、回復的援助としての機能である。かつて、この機能は、特にそれが更生というタームで総括される場合には、生活破綻者にたいする自助的生活への復帰の促進というニュアンスが強かった。

たしかに、一部には、失業、破産、疾病などによって生活の危機に陥っている人びとについては雇用や年金、失業手当、生活扶助などの所得保障が適切に提供されることこそが肝要であり、それ以上の生活支援サービスは必要ないか、あるいは補足的な位置にとどめるべきとする言説も存在する。雇用や所得保障が前提的ないし第一義的な支援策であることはいうまでもないことである。しかし、新たな生活スタイルや生活習慣の獲得などを通じた生活再建に向けての生活支援サービスが必要な場合も多い。

客観的にみれば、格差や貧困の背景にイス取りゲームのイスの絶対的な不足があることは事実である。しかし、ゲームから脱落せざるをえないという状況のなかで職探しの不調、生活苦、不健康、住居の不安定化や喪失、生活意欲・自尊感情の減退、人生へのあきらめ、生きる意欲の喪失という負のスパイラルに陥った人びとには、所得保障や住宅保障と協働するかたちでの専門的な生活再建へ向けた支援サービスが必要とされる場合も多い。それらは、疾病が劣悪な労働条件や公害などに起因するものであった場合であっても、一度失われてしまった健康を回復するには医学的治療やリハビリテーションが不可欠とされるのと同様である。また、集合住宅や地域社会のなかで孤立し、孤独な生活を送る人びとには、日常生活の便益を確保し、生活意欲・自尊感情を維持し、生きる意欲をもち続けることを可能にするための日常生活支援が不可欠とされる。

このように、わが国の生活支援施策を現代社会のうみだす生活問題の新たな状況に対応しうものに再構築しようとするとき、社会福祉を機軸とする福祉政策的アプローチは極めて重要な意味をもっている。ただし、繰り返しになるが、そこにおける生活支援の理念や方法は、かつての社会福祉的援助からの早期の離脱をめざす自立助長的な支援とは異なっていなければならない。人びとのもつ短所や欠点、能力の低位性、生活習慣の崩れなどの負の側面の矯正や補強などを重視することよりも、他の人にはない長所や能力に着目し、その積極的な側面を補強し、促進することによって生活の再建を図る援助が求められる。それは、表現を変えれば、利用者のために、利用者とともに、利用者が自分自身の能力で事柄を決定し、実現する力量を獲得することをめざした支援である。

（2）　以下の記述については、日本学術会議包摂的社会政策に関する多角的検討分科会による提言「経済的危機に立ち向かう包摂的社会政策のために」も参照されたい。記述の基本的方向は同分科会提言の論旨を継承し、敷衍するものである。

12 社会福祉の哲学

横山　穰

はじめに

佐藤進先生（以下、敬称略）から以前に、社会福祉の哲学（以下、福祉哲学と称す）に関するよい洋書でもあれば、一緒に翻訳できたらとの有難いお話を頂戴した記憶がある。誠に残念ながら、遂に先生のご生前中に、その希望を実現することはできなかった。申し訳ないの一語に尽きる。

先生は常々日頃から、社会福祉学界に対する期待を込めながら叱咤激励の意味で、「今の社会福祉学には哲学がない」と手厳しく批判されるのであった。社会福祉の研究者は数多おりながら、時代の波に乗ろうとするばかりで、御用学問的な社会福祉研究から一歩も踏み出せないでいるという。さらに続けて、確固たる福祉哲学や福祉理念を持たず、時代のニーズに応えようとするばかりに、場当たり的で、かつその場しのぎの政策技術論に陥る傾向があると痛烈に批判した。こうした哲学や理念なき社会福祉学のあり様を、佐藤は、誠に嘆かわしい状況と感じておられたようである。

我田引水ながら、佐藤が我々社会福祉学の研究者たちに心底から訴え、主張したことを推察するならば、そもそも「社会福祉学とは何か」という問いにぶつかる。独自の「哲学がない」ことは、すなわち「学問としての基盤が脆弱であり、極論すれば学問としては成立し難い」ことの裏返しでもある。佐藤が社会福祉研究者に対して投げたよどみない直球をしっかりと胸で受け止め、先生に満足して納得して頂けるような球を投げ返すことが、今の私に与えられた命題であり、課題でもあると真摯に受け止めている。

そこで、微力ながらも福祉哲学についての試論を、佐藤の福祉観と照らして、これまで筆者が行ってきた社会福祉の価値研究をもとに提示していくことで、少しでも佐藤から頂戴した学恩に報いることができれば、誠に幸いと思う次第である。

一　福祉の哲学を考えるにあたって――佐藤進による福祉理解と問題提起――

佐藤が二〇〇五年に信山社から刊行した『続　ペダルを踏んで八〇年―傘賀を迎えて―』に収録されている「私の福祉観」には教えられることが多い。なかでも、佐藤独自の福祉哲学を端的に表現していると思われる記述は、「このように、労働・雇用の問題は、その所得によって現実の生活・生存を維持するという問題と結びついていることから、つねに人間が人間として働く生産労働環境、人間が人間らしく暮らすことのできる消費生活環境の保全は一体のものであることを感じます。（中略）「『福祉』の問題はその双方にかかわっており、労働の法とあわせて社会保障・社会福祉の法の政策を学ぶことは、きわめて重要なことであるという思いをもって今日にいたってきました」[(1)]というくだりである。

繰り返しとなるが、「人間が人間として働く」「人間が人間らしく暮らす」という表現に見て取ることができるように、いわば基本的人権を中核にすえた福祉観となっている。このことは、生存権規定とされる日本国憲法第二五条の「すべて国民は、健康で文化的な最低限度の生活を営む権利を有する」を想起せずにはおれない。

佐藤は、オランダを歴訪した際に、福祉省の前高官で障害者問題の専門家でもあるプロメスティンとの出会いから深い感銘を受けたと述懐している。それは、次なることばであったという。

「国家の偉大さとその真の発展水準は、社会において最も弱い市民を介助する度合いに規定されている。そして心身障害者は、その一部を構成している。世界中のいずれの国においても、心身障害者の介助は、弱者と強者との連帯のペースにおいて、それゆえに、なかんずく自由のための闘争であり、平等を求めるための闘争であり、新しい階級闘争（〝生産〟人口と〝非生産〟人口とのあいだの）である[(2)]」

佐藤が終生追究したテーマは、生存権保障があまねくすべての人々に行き渡るために、「生産性」という資本主義社会特有の価値判断基準を抜きにして、自由と平等を実現するために、労働権と生活権を擁護することであったといえる。佐藤は、西欧の「福祉国家」の基本理念に共鳴し、「福祉国家は人権尊重、真の人間の自由、平等、連帯なしには支えられない[(3)]」と述べている。そして、福祉の実現のためには、「経済開発にあわせて、人権と快適生活の向上に資する社会開発を積極的に推進することといえる[(4)]」と主張したのである。

佐藤は、常に社会的に弱い立場に置かれている人たちの人権に配慮し、国や地方公共団体は、彼らの生存権を保障する責務を果たす義務があることを強調した。近年、私的な自立自助原則が強調されるあまり、弱肉強食的な自然淘汰的な社会観が浸透しつつあるが、再度ナショナルミニマムの考えに立ち返る必要がある。佐藤が、公（国、地方公共団体）の負っている責務と果たすべき役割は何かを問い直したのは、実に意義深いことであった。

佐藤は、憲法第二五条の生存権保障原理、憲法第一三条の快適生活権（幸福追求権）、憲法第一四条の普遍的平等保障原則を根拠にして、国民の生活・生存を脅かす多くの社会生活事故に対する生活保障を公的責任のもとに実施する必要性を強調するとともに、国の社会的な公的財政支出による社会福祉（対人サービス）、社会保障（所得保障）、公衆衛生制度による施策の実現を重要視したのである。

ところで、佐藤が日本の社会保障のあり様に関して、いくつかの疑問点を挙げているので、引用しながら紹介することとする。

「なぜ、日本の場合、第一に国、企業の財政負担にウエイトをかけているEC（EU）の、GDP対比社会的支出に対し、日本の福祉財政支出の少なさ、そして社会保障・社会福祉制度政策の不備が問題とされないのか、第二に、なぜEC（EU）型のような地域住民、勤労者、家族の人権保障を理念とする社会的共生社会形成ができないのか、そして、この人間の顔をした社会生活政策の実現を、地域住民や労働組合運動、その他の「下」からの力の結集によってできないのかに、いまもっとも関心がある」(5)

佐藤は、従来の自民党政権や行政改革を目的とする臨時行政調査会が提唱した「日本型福祉社会」は、「成長なければ、福祉なし」の通念が基盤となり、「受益者負担強化」、「自立自助」、「私的扶養依存」をベースにした政策が大手を振った結果として、より一層の自立自助、民間活力の利用、さらには公的福祉依存からの離脱を目指す状況を生んだと指摘する。こうした変化は、現在の厳しい経済状況下、社会経済的に弱い立場に置かれている人たちが、一層困窮した生活を強いられることになったのはいうまでもない。

規制緩和や自由競争の推進は、少数の力ある者たちにとっては都合のよい状況を生み出したかもしれないが、多数の力のない者たちにとっては、過酷な状況を誘引したといえる。

佐藤は、ヨーロッパ諸国を幾度か歴訪し、EUが目指す経済統合および政治統合の理念の一つに、介助社会（Caring Society）の実現があることに感銘を受けたようである。つまり、福祉国家の理念として、社会的に弱い立場にある人々の生活を保障し、彼らの人権を擁護することを目的とした共同体社会の実現があり、基本的人権を尊ぶ社会形成を目的とする福祉国家理念に共鳴したのである。

介助社会は、障害者や高齢者に配慮した社会であり、生涯にわたる生活保障を約束するものであり、老後の生活はもとより、障害や疾病により生活上の制約（休業、失業等）を受けた場合に至っても、貧困に陥ることなく安心して生活できることを保障する社会でもある。

佐藤は福祉の問題を考える際に、費用負担の問題＝財源問題を無視することはできないと断言している。つまり、福祉にはコストがかかるという現実に、いかに向き合うかを模索することが大切であると力説するのである。福祉サービスに関していえば、サービス提供者対サービス消費者（コンシューマー）という考えに立つと、当然のこととして、サービスを受ける側はその代価として、サービス料を自弁で自己負担するということになる。

しかしながら、自己資金や自己資産に乏しい人々の場合は、自己負担にも限界があり、特に収入がない人々にとっては、受益者負担という考えは自ずと限界がある。そこで、公的な責任として、政府が自己負担能力のない人に代わって、サービス料を支払う必要がある。つまり、自己負担能力のない人が、国や地方自治体から必要な分に関しては、財政的な支援を受けることで（国や都道府県市町村に経済依存する）、人間として人間らしく生きられるための生活を保障されることになるのである。

佐藤は、「とりわけ国の公的責任による公的支援が、人権問題と関わって、福祉の思想的また法理念として登場した(6)」と述べ、どんな人にも自立発展、能力発揮の権利があることから、国は、自立発展の能力を発揮させる社会基盤を整備することが重要であると指摘している。具体的には、「快適な生産・生活環境の場作り、雇用機会の創出と所得の保障、人権の尊重、これらの教育の機会の整備が必要(7)」であると述べている。

こうした佐藤の指摘からして、彼が考える福祉の哲学は、日本国憲法第二五条に規定されている生存権保障をベースにしながらも、第一三条の快適生活権保障を実現するための公的（国家）責任と国の実施義務の明確化にあるといえよう。そして、ヨーロッパ諸国の福祉哲学に見られるように、障害者や高齢者をはじめ、何らかの公的支援を必要とする社会的弱者に対して、国家責任のもとに生涯にわたり人間らしい生活を保障するという基本的人権の確立が基盤となっていることを見逃すわけにはいかない。

(1)　佐藤進『続ペダルを踏んで八〇年』(信山社、二〇〇五年)八五頁
(2)　同上書八七頁
(3)　同上書八七頁
(4)　同上書八七〜八八頁
(5)　同上書八二〜八三頁
(6)　同上書八八頁
(7)　同上書八九頁

二　社会福祉の価値

現代社会は、価値観が多様化している社会といわれる。もちろん、このことに対して真っ向から否定するつもりはない。しかしながら、価値観が多様化しているのは表面上であって、実のところ、多くの人間が持っている価値観は、意外と少なく共通しているのではないかと思う。

たとえば、誰もが「経済的に安定し、充実感や満足感の持てる生活」「家族が健康で家族愛や幸福感を持てる生活」「よき友人や隣人に恵まれ、社会的交流を楽しめる生活」等々。つまりキーワードとしては、幸福、満足、経済的安定、生きがい、他者との楽しい交わり、等々となろう。

現代社会は、「価値観が多様化」しているのではなくて、単に「欲望が多様化し、肥大化」しているに過ぎないといえるのではないだろうか。近年、世界全体を席巻したといわれる物質(モノ)中心主義の「強欲さ」や「貪欲

さ」を肯定した価値観（生き方）は、新自由主義やマネー資本主義（マネーゲーム）の台頭や浸透とともに、何ら労せずして、一夜にして大金収入を得られるような錯覚をもたらしたのは記憶に新しい。つまるところ、とどまることを知らない金銭欲（物欲）が、人間ばかりか社会全体までも支配し、世界全体が、欲望中心のコントロールの効かない危険な暴走をし続けてきたかのようである。

一見して現代は、各個人の生き方において、選択肢が以前と比べて豊富となり、多様化しているように思われる。しかしながら、いざ自分の生き方を選択する段階となると、意外と選択肢として考えられる候補は限られてしまうのでないだろうか。例えば、「何でもよい」という選択肢は、すべての選択肢が良いと思われる選択肢であることを必ずしも意味しないし、実のところ、すべての選択肢が「できれば避けたい」という意味の裏返しかもしれないのである。こうした状況のなかで、人は何を生きる希望（のぞみ）として見出し、選択するのであろうか。

社会福祉の価値は、単純に生存ニーズと呼ばれる、水や空気、衣食住、睡眠、性欲等のニーズ充足では十分とはいえない。では生存ニーズと併せて、社会ニーズと呼ばれる安全、承認、愛情、所属等のニーズが併せて満たされれば十分といえるのであろうか。必ずしもそうとも言えない。これらの生存ニーズと社会ニーズに加えて、人間として人間らしく生きるために必要とされる実存ニーズ（生きがい、自己実現、ＱＯＬ、アイデンティティ等）も含めて満たされることが必要なのである。ＱＯＬの具体的な内容としては、生活の質、人生の質、生命の質、生きがいの質があり、これらがすべて質的に高く保たれてこそ、人は人間として人間らしく生きることが可能となるのである。また、最近益々重要視されてきたこととして、スピリチュアルと呼ばれ、霊的および魂といわれる「こころ」の質がある。つまり、人間の精神性を重要なものと見なし、こころに宿っている感情も含めて、誰もが避けて通ることができない生と死、老いと病について考え、生命や生きていることの意味、死後の世界等々について思いをめぐらすことである。

ところで、嶋田啓一郎は[8]「欲望の充足」が生きる目的なのではなく、人間として人間らしく生きるための「欲求の充足」こそが、尊ばれ保証されなくてはならないと述べた。無論、欲望をすべて悪しきものと見なす必要は全くない。欲望があってこそ、人はそれを満たすために、どんな困難に直面したとしても、最後まで諦めずに日夜努力をし続け、向上心を保ち続けるということもある。したがって、価値志向的な生き方としては、数多くある欲望のなかから、真にＱＯＬを保つために必要とされる欲望のみを取捨選択するか、あるいは、数多ある欲望のなかから優先順位をつけていく作業が求められるのである。また、欲望には際限がないという認識に基づいて、必要なだけの欲望を満たすことでよしとする節度ある生活を志向する必要がある。いわば、自身の欲望をコントロールし、「欲望＝価値」なのではなくて「欲求＝価値」であるという価値志向が求められるのである。

ところで、福祉は「社会正義」という重要な課題を担っている。「正義」とは、嶋田啓一郎によれば、各人に属すべきものを各人に属さしめるということである。言い換えれば、個人が生まれながらに持っている固有の権利に関して、他の誰もがそれを奪ったり侵害したりすることは、決して許されないとするものである。すなわち、基本的人権は誰に対しても平等かつ公平に保証されるべきものである。しかしながら、現実には、「平等」「公平」「公正」という理念は尊重されこそ、社会において実現するのは難しいという実態がある。むろん近年では、単に理想としての「結果としての平等」を意味するのではなく、「機会の平等」というように、能力主義に偏らない公正かつ平等な社会の実現を目指すものとなっている。

嶋田によれば、正義は法の秩序のもとで、誰に対しても保証される権利を擁護するいわば砦となるという。しかしながら、ともすれば人は個人の権利を強く主張し、それを守ろうとするあまりに自分の周囲に垣根をめぐらし、そこに閉じこもることで、他者との交わりを絶つに至るという。あるいは、自己中心的な生き方に走ることで、他者との関係において、軋轢、摩擦、葛藤等を引き起こすという。いわば哲学者ホッブスが述べたように「万人の万人に対する闘争」状態を引き起こすというのである。

したがって権利の行使にあたって、権利一点張りの主張だけでは、公共の福祉を実現することは困難となる。では、どうすればよいのであろうか。嶋田は、哲学者エミール・ブルンナーのことばを借りて「正義は愛に先行し、愛は正義を全うする」[9]と主張した。彼がいわんとしたことは、個人に属すべきものを個人に属させるという正義を先ず確立した後に、共同体における友愛的な交わりの実現の重要性を説いたのである。

「愛」について語ることは、ともすればセンチメンタルでナイーブな響きを覚えるかもしれない。ここでいう「愛」とは、自分に属するものを何の見返りも期待せず、無償で他者に与えるという自発的な行為を意味する。それは、マザーテレサが主張したように、率先して「喜びを持ち運ぶ器」として、人と神に同時に仕える生き方に通じるものがある。

嶋田は、マザーが述べたように、「仕える手」と「愛する心」を持って、単に犠牲の精神をもって他人や社会に対して奉仕をするのではなく、喜びを携えていく使者として隣人に仕えるという生き様こそ大切であると説いたのである。

いわば、嶋田による福祉哲学は、こうした「正義」と「愛」の理念を基盤として、人類の幸福や社会の平和を実現することを目指すものであり、そのために、我々人類がいかにあるべきか、いかに行動すべきかを指し示す羅針盤的な役割を果たすものである。

筆者は、嶋田が説くように、福祉の目的において「全人的な統一的人格の確立（Unified personality of the total human being）[10]」を目ざすとした点で意義を感じる。人格がないがしろにされている社会では、人間は単なるモノとしてのヒトに過ぎないから、命は軽く見なされ、扱われてしまう。その結果、人格が無視されたり、軽んじられたり、さらには、命が粗末にされ、個人の自由は制限を受け易い。しかし反面、人格が尊重されている社会では、命が大切にされ、個人の自由な意思決定が尊重されるのである。

嶋田が強調した「全人的」という立場からは、人間を部分的に切り刻んで理解しようとする局部集中的な理解ではなく、あくまで人間の全体像を把握理解し、人間に対して敬意を払いつつ、人間存在を神聖な存在と見なす態度が生まれるのである。

経済学者リチャード・ティトマスが述べたように、貧困は単に計数的な貧困（経済的貧困）のみを意味するのではなく、教育の貧困、情緒とコミュニケーションの貧困、資源配分の貧困、社会関係の貧困（差別や偏見）も含めるべきと主張した点は注目に値する。貧困は差別と深い相関関係にあるといえるが、貧困は差別から生まれるし、その逆に、差別は貧困から生まれるのも確かである。永遠の課題ながら、差別や偏見という問題に対してどう向き合うべきか、問題解決のための処方箋を考えることは重要である。無論、差別をなくするために、差別行為に関して法律上禁止したとしても、現実の差別はそう簡単に解消できるものでもない。先述したように、福祉の理念として社会正義の実現にあることからして、差別問題と正面から向き合い、それと取り組む姿勢を失ってはならない。偏見に関しても差別と同様であって、この問題を解決するのは至難の業といえる。なぜなら、人間の意識を変えることはそう容易なことではないからである。

（8） 同志社大学名誉教授であり、同志社大学社会福祉学専攻の生みの親といわれる。大学では、社会福祉概論および社会保障論を担当し、かつては協同組合論、社会思想史も担当した。わが国における代表的な古典的社会福祉理論の一つとされる嶋田理論を樹立したことで名高い（一九〇九年に金沢市に生まれ、二〇〇三年に京都で没した。享年九四歳）。

（9） 嶋田啓一郎『社会福祉体系論』（ミネルヴァ書房、第一版、一九八〇年）二七七頁

（10） 同上書三六一頁

三　福祉哲学とはなにか――試論にかえて――

佐藤が、基本的人権を擁護し、社会保障の公的責任を明記した法的根拠として、常に指摘した憲法第二五条の生存権保障、憲法第一三条の幸福追求権に基づく快適生活権保障、憲法第一四条の普遍的平等保障原則を挙げつつも、他方で、憲法第二九条の私有財産の尊重と私生活維持の個人責任に触れることを忘れていないことは注目に値する。

佐藤が指摘するように、日本社会は戦後、日本的社会生活システム（産業社会内部の年功序列的労使関係秩序と結びつい た企業一家的な労使関係システムや、相互扶助的な地域社会や社会システム）に支えられてきたがゆえに、私的扶養＝私生活自活責任を当然のこととし、家族介護や親族内での相互扶助に対して何ら疑問を挟む余地はなかったといえる。

しかしながら、核家族化はじめ少子高齢化が進行するなかで、高齢者の介護ニーズへの対応に見られるように、家族や親族内における私的扶養の限界が露呈してきたのはいうまでもない。したがって、佐藤が指摘するように社会的扶養＝公的な社会保障制度が、今後益々拡充されなくてはならない時代が到来したと考える。

日本国憲法が規定する生存権や幸福追求権の保障を念頭に、福祉哲学が真に人類の平和と幸福に寄与するものであることを実証するうえでも、福祉が抽象的な理念として存在するのではなく、現実態として具象化させる必要がある。

神学者ティリッヒは、「傾聴する愛」が福祉哲学に通じるものであると考えた。つまり、悩み、苦しみ、痛みを感じている人のそばで、じっくり耳をそばだてて、話す内容に関心を示しつつ、共感的な態度で聞き入ることが重要であると述べた。現代社会は、他者の話にじっくり耳を傾けることに対して、その必要性こそ理解されているものの、いざとなると、忙しいことを理由に、他者の話に対して、心をこめて耳を傾けることをしなくなったといえる。

哲学者マルチン・ブーバーが述べたように、「我と汝」という人格的な人間同士の出会いは、現代社会では生まれにくい状況にある。たとえ出会いが生まれたにせよ、人は形式的で表明的な出会いしか持てないのではないだろうか。さらには、自分ないしは他者が投げかけた問いや叫びに対して、人間同士が互いに反応し応答するといったコミュニケーションの機会が生まれにくい状況にあるといえよう。

現代社会は、個人の自由な時間と空間が得られることと引き換えに、他方ではますます社会的孤立や孤独が進み、人間同士が互いに関係性を持てないばかりか、自ら進んで持とうとしないために、お互いに相手に対して無関心、無責任となっているのが特徴でもある。こうした現象を鑑みて、福祉哲学が目指すものは、一つには人間同士の交わりの回復であり、関係形成のためのネットワークの構築にあるといえよう。むろん、懐古的かつ復古主義的な村落共同社会の復権を唱えるつもりは毛頭ないが、人間同士が必要に応じて気軽に集まり、そこからいろんな知恵を出し合って、起こってくる問題に対して互いに協力して取り組むといった、援助関係のあるソーシャルサポート・ネットワークの構築が、福祉哲学に必要な要素となるのではないだろうか。

また、福祉が単に理想としてではなく、現実の日常生活のなかで、身近な存在としてあるためにも、福祉の目指すものが、生きていることの有難さや生きることの意味を感じさせる、よりヒューマンなものでなくてはならない。IT社会が進むなか、障害者にとっては、これまで享受できなかった様々な恩恵を蒙ることとなり、生きる希望や楽しみが増したことは評価される。他方、情報が独り歩きするようになり、情報はたくさん得ることができても、それを実際に活用するために、様々な困難やリスクと直面せざるをえなくなったことは憂慮すべきことである。

佐藤が繰り返し著書や論文のなかで取り上げ、重要性を訴えてきた基本的人権を守る砦としての、憲法第二五条の生存権規定、憲法第一三条の快適生活保障規定と幸福追求権規定、憲法第一四条の普遍的平等保障原則規定は、福祉哲学を支える三つの法的根拠であることを忘れてはならない。ナショナルミニマムが適正に設定され、国が憲法に基づく役割と責務を果たしてこそ、社会的に弱い立場にある人ばかりではなく、貧困予備軍といわれる大多数の国民の生活は保障されるのである。佐藤の考える福祉哲学には、予防福祉的な発想を読み取ることができる。セーフティーネットワークの構築の重要性が強調される昨今、われわれ一人ひとりが、社会にとって欠くことのできない、かけがえのない存在であることを呼び起こす福祉哲学の樹立が望まれるのである。

おわりに

佐藤は、専門とする労働法と社会保障法を基盤に、自ら収集したデータをはじめ、実際に関係者と直接会って聞き出した情報をもとに、適確な政策分析と政策提言を行った。彼は、労働者はもとより生活者である国民全体の社会保障（生活保障）に貢献することを使命感として、文字通り自分の足でかせぐフィールド調査研究を欠かさなかったのである。

そして、特記すべきこととして、政府にとって都合のよい御用学者となることからは一線を画したのである。「自分には早稲田の血が流れている」と公言してはばからなかった。しかも、在野にあって自由闊達な発想と思考を併せ持ちながら、常に公正かつ公平無私な立場から、大局観をもって政治経済の動向を注視し続けた。時には、真っ向から時の政府に対して政策批判を行い、諸外国の動向をにらみながら、いつも前向きで建設的な提言を行うという終始一貫した姿勢には、学者としての真骨頂を垣間見る思いがした。

佐藤の学者としての信念と誇りは、彼の価値観はじめ思想や哲学に依拠するものであることはいうまでもない。彼にとって、スイスのジュネーブにあるＩＬＯ社会保障部での社会保障法制の体系的研究やアメリカの労使関係の研究を通して、先進的な社会保障の姿を学び、思索する機会を得たことは実に幸運であったと思う。また、佐藤が大事にした人との出会いや交わり、法律学者としての正義感や使命感は、彼の律儀さとともに終生変わることはなかった。誰に対してであっても、謙虚かつ低姿勢であり、他者から教えを請うなかで得られた知識や情報をもとに、物事の本質を見極めながら、独自の視点や考えを熟成させていくといった地道な作業を欠かさなかったことは驚嘆に値する。

佐藤は傑出した法学者であり、本人が述懐したように、自転車のペダルを一所懸命こぎながらも、それと同時に思索することを絶えず欠かさなかった点で尊敬に値する。佐藤は、現実主義と理想主義の間で優れたバランス感覚を持つ類稀な現実志向かつ未来志向の研究者でもあったといえる。本稿を締めくくるにあたり、改めて佐藤先生の学恩に深く感謝申し上げるとともに、先生のご冥福を心からお祈りしたい。

〈参考文献〉

佐藤進『続ペダルを踏んで八〇年』（信山社、二〇〇五年）
嶋田啓一郎『社会福祉体系論』（ミネルヴァ書房、一九八〇年）

13　福祉サービスの質の向上にむけて
――特別養護老人ホームの取り組みを中心に――

関川芳孝

はじめに

社会福祉基礎構造改革により、措置から契約へと社会福祉の制度枠組みが転換した。介護サービスの提供が市町村から市場に委ねられることになった。もちろん、介護サービスの市場は、契約といっても当事者の自由な取引を認めるものではない。国や地方自治体の関与のもとで、介護サービスの市場が維持されている。政府により管理されているにせよ、市場メカニズムを取り入れることにより、利用者がよりよいサービスを選択し、これによりサービス事業者を競争させ、結果として質の高いサービスをより効率的に提供できると考えられた。たとえば平成一四年八月に内閣府国民生活局物価政策課より発表された報告書「介護サービス市場の一層の効率化のために」も、民間企業を中心とする新規参入などにより、事業者の競争が促進しサービスの質が向上したと認めていた(1)。

しかし、平成一九年に起きたコムスン事件を見る限りでは、競争がサービスの質を向上させることについては、疑わしいように思われる。(2) 実際、事業者が競争によるシェア確保、利益重視を優先すると、組織としては、優れた人材を確保し定着させること、さらにはサービスの質の向上につなげていくことはきわめて難しいことが明らかになったといえる。言換えると、コムスン事件が問うていることは、民間事業者による不正請求の事案のみならず、民間参入を促進するだけでは、サービスの質が向上するとはいえないことである。コムスン事件を契機に失墜した信頼を回復するためにも、法令遵守のための業務管理体制の確立はもとより、福祉サービス第三者評価制度など、政府の積極的な関与により、サービスの質を向上させる仕組みが重要であることを示唆するものといえる。本稿では、こうした問題意識から、介護サービスの向上にむけた福祉サービス第三者評価の現状と課題について考えてみたい。

(1) 内閣府国民生活局物価政策課、介護サービス価格に関する研究会報告書「介護サービス市場の一層の効率化のために」二〇〇二年八月。
(2) 拙稿「コムスン事件が問うているもの―社会福祉法人のコンプライアンスとは―」月刊福祉九〇巻一三号四四頁～四七頁(二〇〇七)。

一　サービスの質の向上の取り組み

措置制度の時代では、最低基準を定め監査という手法で行政システムのなかで介護サービスの質をコントロールしてきた。施設の設置者に対し、厚生大臣が定める特別養護老人ホームの運営基準を遵守することを義務づけ、都道府県知事に報告の徴収および立ち入り調査の権限を与えた。改善命令に従わなければ、事業の停止および認可の取り消しができた。

介護保険法のもとでは、従来からの行政による監査・監督の手法に加え、経営情報の開示、第三者によるサービス評価、苦情解決、介護相談員派遣事業といった新たな制度が組み込まれた。二〇〇五年法改正から、介護サービス情報の公開も義務付けられている。また、介護報酬の見直しによって、事業者に対しサービスの充実に取り組むようにインセンティブを与え、誘導する手法もとられてきた。

さらには、ケアマネジメントの手法が義務付けられ、身体拘束も禁止された。介護事故回避のためのリスクマネジメントについても指針も公表された。二〇〇九年からは、法令遵守に向けた業務管理体制の確立も義務付けられている。

こうした制度の見直しは行なわれたが、はたして事業者により提供されるサービスの質は向上したのであろうか。措置の時代と比較して、どこまでサービスの質が改善されたかについては、必ずしも実証的かつ科学的に証明できる資料は持ち合わせていない(3)。しかし、サービス評価や苦情解決、リスクマネジメントなどの研究などから施設の実態に関わる中で、特別養護老人ホームにおいては、介護サービスの質の向上の取り組みについて、二極分化が進んでいると感じている(4)。

将来競争優位に立つため、サービス・マネジメントの手法をもちいて、介護サービスの質の向上に積極的に取り組んでいる施設も存在する。しかし、様々な仕組みが入ってきても、あいかわらず措置の時代と同じような方法・水準でサービスを提供している施設もある。こうした施設でも、最低基準を遵守しているので、指定の取り消しや認可の取り消しには至らない。市場原理がサービスの質の向上のために機能しない事例が少なからず存在している。

社会福祉基礎構造改革においては、施設自身による継続的な質の確保の取り組みに期待したが、必ずしも十分な効果をあげることに成功していない。これを施設経営者のモラルの問題を考えることもできようが、制度構造自体にも幾つかの要因が存在する(5)。

ひとつは、会計基準の変更があげられる。新しい会計基準では、介護報酬の使途が自由化され、経営努力により黒字となれば、経営成果すなわち事業上の利益として認められるようになった。措置の時代には、収支均衡が原則であり、繰越金に対しても限度額が設定されていたことからすると、経営者の裁量が拡大した。効率的な運営により、得られた利益をサービスの質の向上の取り組みに充当したならば、施設自身による継続的な質の確保の取り組みが可能となるはずであった。しかし、施設経営では、人件費を中心に経費削減には成功したものの、サービスの質の向上は、期待されたほどには進まなかった。

介護保険経営実態調査をもとに、特養などの施設経営が黒字となっていることを踏まえて、介護報酬は、改訂のたびに引き下げられてきた。二〇〇九年の改訂により、職員の処遇改善の必要から介護報酬が引き上げられたものの、増えた収入の一部がサービスの質の向上に当てられるかは、経営者の裁量に委ねられている。

もうひとつの要因は、市場機能に委ねるだけでは、サービスの質を引き上げるインセンティブが働かないことがあげられる。特別養護老人ホームの整備数は限られており、いまだ需要過剰の状態にある。利用料が安いこともあって、いまだ入居を希望する者は数多い。こうした状況では、施設のサービスの質に不満があっても、退去しようと考える利用者はごくまれである。また、経営者からみると、サービスの質を向上しなくても、施設の存続が危うくなる状況にはない。むしろ、利益を削ってサービスの質を向上しても、地域で一番信頼できる施設であるとの評価を得られようが、定員があるので、飛躍的な増収にはつながらない。

認知症対応型共同介護や有料老人ホームなどの特定施設入居者生活介護、小規模多機能居宅介護が増えているが、利用料の違いもあって、特別養護老人ホームの経営に脅威となる状況ではない。特別養護老人ホームに利用者・家族の需要が集中しなくなり、サービスの質の悪い施設においては、定員割れもありうることが明確になれば、第三者評価の仕組みや苦情解決はもちろん、サービス全体の継続的な改善・見直しなど、サービスの質の向上に取り組む施設が増えることであろうが、当面こうした状況は期待できない。

（3）　前掲注（1）報告書、「介護サービス市場の一層の効率化のために」においては、在宅サービスの分野はサービスの効率化がはかられたと認めているが、施設介護については、競争的でない市場において割高な価格設定がされている可能性があると指摘し、施設介護の分野でサービスの質と効率性の向上が課題であるとしている。

（4）　拙稿「介護保険法の課題と展望　瀧澤報告へのコメント」日本社会保障法学会編・社会保障法第一九巻六五頁以下（二〇〇四）。

（5）　増田幸弘は、介護サービスの質を保障する視点から、介護提供体制の組織と構造について着目し、①サービス市場の基盤整備②指定制度③資格制度と人材養成④利用者の権利保障について、具体的な検討課題を指摘しており、興味深い。増田幸弘「介護提供体制の組織と構造」日本社会保障法学会編・講座社会保障法第四巻『医療保障法・介護保障法』二〇二頁以下（法律文化社、二〇〇一）。

二　福祉サービス第三者評価について

福祉サービスの質の向上のために第三者評価の仕組みが導入されているが、必ずしも十分に普及・定着しているとはいいがたい。ここでも、積極的に受審に動いた施設と、様子見を決め込んでいる施設とに二分される。しかしながら、後者の全ての施設が、サービスの質の向上について、関心がないわけではない。サービスの質の向上の必要性を認めながらも受審を躊躇っている施設をターゲットに受審拡大を図るためには、制度上どのような課題があるのかについて検討したい。

1　福祉サービス第三者評価事業の経緯

福祉サービスの質の向上の取り組みは、利用者本位の福祉サービス利用制度への転換を行うために、重要な改革のテーマのひとつにあげられた[6]。中央社会福祉審議会が、一九九八年に、「社会福祉基礎構造改革について（中間まとめ）」を明らかにしたが、「サービス内容の評価は、サービス提供者が自らの問題点を具体的に把握し、改善を図るための重要な手段となる。こうした評価は、利用者の意見も採り入れた形で客観的に行われることが重要であり、このため、専門的な第三者機関において行われることを推進する必要がある」とされた。この中間まとめを受け、福祉サービスの質に関する検討会が、「福祉サービスの質の向上に関する基本方針」を公表し、福祉サービス第三者評価の基本的な枠組みを検討した。検討内容は、「福祉サービスにおける第三者評価事業に関する報告書」としてとりまとめられ、国は、社会福祉法第七八条にもとづき、福祉サービスの質の公正かつ適切な評価の実施に資するための措置として、「福祉サービスの第三者評価事業の実施要綱について（指針）」を通知として公表した。

「福祉サービスにおける第三者評価事業に関する報告書」では、福祉サービスにおける第三者評価事業を導入するに当たって、基本となるべき評価基準として、福祉サービス全般（全ての入所・通所施設及び在宅サービス）を対象とした基準を策定したが、個別のサービス分野ごとの基準については、厚生労働省の各部局において、本基準並びに各サービスの特性を踏まえて策定されることを期待するものとした。そこで、保育所・児童の分野、障害者の分野、介護の分野、それぞれ担当部局ごとに、福祉サービス第三者事業について検討、実施し始めた。たとえば、介護サービスについては、認知症対応型共同生活介護（グループホーム）は都道府県が定める基準にもとづいてサービスの自己評価を行い、外部評価を受けることが義務付けられた。また、介護サービス事業者に対し介護サービスの情報公開を義務付けることを検討していた。

さらには、地方自治体やＮＰＯも、個別に自ら基準や仕組みを構想し、第三者評価の事業を展開し始めた。東京都と大阪府の実施体制や評価方法が大きく異なるなど、地方自治体ごとに、評価基準および評価の仕組みには、かなりの違いがみられた。また、北九州市なども、条例にもとづき自治体が評価機関を設置し、自ら定めた評価基準にもとづいて第三者評価事業を始めた。こうした実施状況を受けて、あらためて全国的に共通した福祉サービス第三者評価事業の基準や評価の仕組みが必要とされた[7]。二〇〇三年、全国社会福祉協議会は、厚生労働省から補助を受けて、「第三者評価基準及び評価機関の認証のあり方に関する研究会」を組織し、評価機関の認証のあり方、評価基準の見直しの検討を行い、「福祉サービス第三者評価事業に関する指針について」をとりまとめた。厚生労働省は、これをもとに第三者事業の普及・定着のために二〇〇四年「福祉サービス第三者評価事業に関する指針」を公表した。この指針にもとづいて、都道府県ごとに推進組織を設置し、評価機関を認証、所定の評価基準にもとづき評価機関が行った評価結果を公表する現在の仕組みがつくられている。

二〇〇九年には、福祉サービス評価事業ガイドラインを一部改正した。まず、都道府県推進組織ガイドラインについて、①都道府県の関与を努力義務とする②第三者評価の客観性を担保するため「第三者評価機関は、自ら直接経営する事業所」についても評価できない旨明記③評価決定委員会の設置を規定④利用者調査を努力義務として定めた。評価機関認証ガイドラインについては、①評価調査者養成研修に修了要件を追加②第三者評価機関認証の有効期間の新設③第三者評価機関からの認証辞退の取り扱いについて定めた。福祉サービス第三者評価基準ガイドラインおよび福祉サービス評価結果の公表ガイドラインについても、若干の見直しを行なった。

2　福祉サービス第三者評価事業の仕組み

福祉サービス第三者評価事業の目的は、事業所によるサービスの質の向上に向けた取り組みを支援することにある。社会福祉事業の経営者には、自ら提供するサービスの質の評価を行うことその他の措置を講ずることにより、利用者の立場にたって、良質かつ適切なサービス提供の義務がある。第三者評価を受けることにより、事業運営やサービスの内容に具体的な問題や課題を発見・改善し、サービスの質の向上につなげることができる。また、評価の結果は、事業者の同意により都道府県の推進組織から公表される。こうした情報は、地域の利用者や家族などにとって、サービス選択に役立つ情報となる。

福祉サービス第三者評価事業が、事業者はもとより、地域住民からも信頼され普及・定着する体制づくりのために、都道府県ごとに推進組織が設置されている。都道府県が自ら推進組織となる場合が比較的多いが、都道府県社会福祉協議会、公益法人、任意団体も推進組織となっている。

事業者は、推進組織から認証を受けた評価機関のなかから受審する評価機関を選び、評価の申し込みを行い、契約にもとづき評価を受ける。福祉サービス第三者評価の受審は、あくまで任意であり、義務付けられているわけではない。なお、受審は有料であり、事業者が費用を負担する。受審を奨励するために、受審する事業者に対し費用の一部を補助する地方自治体もある。

評価基準は、いずれの施設にも共通する①福祉サービスの基本方針と組織②組織の運営管理③適切な福祉サービスの実施に関する五四項目からなる。児童福祉施設、障害福祉施設においては、サービス内容に関する追加基準が設けられている。利用者に対するアンケート調査も実施される。

受審する事業所は、まず事前に自己評価を行い、その結果を必要書類とともに評価機関に送付する。評価調査者は、こうした資料を事前に把握し、評価項目ごとにポイントを整理するなど、事前に分析しておく必要がある。評価調査者二名以上で、訪問調査を行う。事業所においては、評価調査者は、評価項目にしたがいながら、事業者に対する聞き取り、書類の確認、事業所内の見学、必要に応じて利用者からの意見聴取を行う(8)。

評価機関はこうした評価結果をとりまとめ、事業所から公表の同意をとりつけ、評価結果を公表する。公表されるべき内容は、福祉サービス第三者評価結果の公表ガイドラインによると、①第三者評価機関名②事業者情報③総評④事業者コメント⑤評価基準ごとの評価結果となっている。なお、都道府県によって、公表の様式にも若干の違いがみられる。

評価機関は、法人格をもっていることが必要である。したがって、法人の形態も多様であり、社会福祉協議会、公益法人、ＮＰＯ、株式会社などが、こうした認証を受けて、評価機関となることが可能である。たとえば、東京都は、平成二〇年度四月現在、一二二の評価機関が認証を受けている。団体の性格も、株式会社やＮＰＯなど様々である。認証の要件には、評価調査者や諸規程の整備、苦情解決の体制、第三者評価基準の遵守などがあり、福祉サービス第三者評価機関認証ガイドラインに定められている。全国規模の組織であっても、都道府県ごとに認証を受ける必要がある。

3　介護サービスの基準と質

介護サービスの質を評価する視点としては、(1)構造(2)プロセス(3)結果という三つの視点から考えることができる。これらは、いずれも介護サービスの質の向上と関わっている。さらには、報酬単価や人材の質もサービスの質の向上のための主要なファクターであることはいうまでもない。

第一の構造については、サービスの質に関わる基準として、監査により質をコントロールする仕組みがあげられる。ここでの基準としては、すべての施設や事業に対し遵守を義務付ける運営基準、指定基準があげられる。その内容は、設備や職員配置などについての基準と契約内容の説明同意、ケアプランの作成、苦情解決制度などのプロセスに関する基準が含まれている。サービスの質の確保について、事業者に義務付ける部分が最低基準として法定され、監査によりサービスの水準を担保している。監査によって、基準違反が、確認されたならば、改善命令や指定の取消などの行政処分の対象となる。しかし、監査のシステムでは、事業者が法律上の最低基準を守っている限り、サービスの内容が劣っているとしても、サービスの内容の見直しを求めることはできない。実際には、最低基準や指定基準を守っている施設においても、サービスの質に優劣が存在する。

最低基準においては、施設設備・人員配置などの外形的な基準が大部分であり、サービス内容についての基準は十分に定められていなかった。同一の最低基準や報酬単価のもとでも、事業者の経営努力により、サービスの質が向上する余地がある。サービス評価の仕組みは、サービスの内容についての評価基準を定めて、事業者をよりよいサービス水準に誘導することがねらいである。つまり、事業者による任意の経営努力に委ね、サービスの水準の向上を求めるものといえる。したがって、評価結果は、サービスの質の向上について、事業者の任意の経営努力を評価するものである。

第二のプロセスに対する評価としては、福祉サービス第三者評価の仕組みがある。第三者評価の基準は、サービスの質を評価するものであるが、監査との棲み分けを意識し、サービス提供のプロセスを重視したものとなっている。なかでも、業務手順書などを作成し各施設におけるサービスのプロセスを標準化することが評価対象に入っているのが特徴である[9]。さらには、サービス提供の理念や管理者のリーダーシップ、人事管理や人材育成についても、評価基準が設けられている。質の高いサービスを提供するためには、運営体制はかくあるべきであるという考えから、これら基準が加えられている。このため、評価基準は、より望ましいサービス・マネジメント体制の確立に重点が置かれている基準構成となっている。こうした内容は、法律により強制されて取り組むべき事柄ではない。

第三にサービスの結果を評価する方法もある。サービスの効果・結果や利用者の満足度をもって評価しようとするものである。福祉サービス第三者評価の基準づくりにおいて、評価対象に利用者満足を反映できないかという議論があった。しかしながら、福祉サービスや介護サービスの効果や結果を評価するにしても、何について、どのような基準で図るかという問題がある。医療であれば、平均在院日数や五年生存率などの治療効果に着目し、評価することができる。しかし、福祉や介護サービスについては、いまだこうしたサービス効果について、統一的な評価基準は開発できていない[10]。

考えられるのは、利用者満足をサービス提供の結果とみて、評価することである。しかし、利用者の満足度を調査できても、この結果をサービスの質を公正に評価する尺度としては使うことには、慎重に考えざるをえない。第三者評価は「公正・中立」、「専門的」、「客観的」に行われるものであるという基本的な考え方と齟齬をきたしてしまうからである。

福祉サービス第三者評価事業においても、利用者の認識を把握するためアンケートや聞き取りを行なう。これは、ヒアリングを行うこと等により、利用者の認識を把握し、第三者評価基準に基づく全体の評価結果をとりまとめる際の参考としようとするものである。利用者満足を評価に加えようとするものではない。また、利用者の苦情を拾い集めようとするものではない。

苦情については、苦情解決の仕組みが別途設けられている。苦情解決の仕組みには、サービスの質に関する基準は定められていないが、利用者側が契約およびサービスの質に対し不満をもった場合に苦情として申立てるわけであるから、サービスの質に対する利用者側に何らかの価値基準が存在すると考えられる。こうした利用者側の主観的な価値基準に照らして、サービスの質について「不満」「満足」といった評価がされる。こうした利用者側の不満の一部が苦情申立という行動にむすびつく。具体的な実際、苦情として申立てられる内容をみると、構造に関するもの、プロセスに関するもの、結果に関するものとすべての領域に及んでいる。個人の主観による基準であるから、最低基準はもちろん、業界標準を上回るものも少なくない。しかし、施設からみると、こうした対応が難しい苦情についても、何故できないかなど誠実に説明することが求められるようになっている。苦情解決の仕組みも、事業者に対しサービスの質を向上させる取り組みを促す機能をもっている。

こうした監査、第三者評価、苦情解決という三つの制度が、それぞれ性格の基準にもとづいて、サービスの質をチェックし、重層的かつ複合的に機能することで、サービスの質を向上させる仕組みとして出来上がっているのが

	構　造	プロセス	結　果
監査 公的にまもらせるべき最低基準	○	△	×
サービス評価 より望ましい業界標準	×	○	△
苦情解決 利用者の満足基準	○	○	○

特徴といえる。サービスのミニマム水準は公的規制に委ね、より望ましい水準をめざしたサービス改善の取り組みは、施設の側の経営努力と利用者評価に任せるという構造である。ただし、利用者が評価した結果を選択行動とむすびつけられない現状では、サービス評価も苦情解決に対する取り組みも、施設側の経営努力に期待するしかないのであるが、これがサービスの質についての事業者の取り組みにおいて、質の向上に熱心な施設とそうでない施設と、二極分化を招いている。

4　第三者評価受審の状況

現在、全国すべての都道府県において、第三者評価事業の都道府県推進組織が設置されているが、都道府県により組織体制を整備し、第三者評価事業を開始した時期には随分とズレがある。早いところでは、東京都は平成一四年から評価事業を開始しているが、多くの自治体は、厚生労働省による「福祉サービス第三者評価事業に関する指針」への対応の必要から、一七年に第三者評価事業を始めている。その後も、一八年、一九年と都道府県ごとに推進組織の立ち上げが続いた。

都道府県において推進組織が整備されないと、評価機関の認証ができない。その都道府県においては、特別養護老人ホームなどが、第三者評価を受けようと考えても、受審の機会が与えられない。そのため当初は、受審件数が少なかった。しかし、こうした第三者評価実施体制の立ち上げが進むにつれて、第三者評価受審件数も、一七年が一、六七八施設、一八年が一、九四七施設、一九年が二、八三五施設、二〇年が二、七五七施設、二一年が二、七二五施設（二一年二月末現在）と増えてきた。五ヵ年で、一一、九四二施設に及ぶ。

特別養護老人ホームは、福祉施設全体では受審率は高い方であるが、五年間で一、八六三施設、施設数全体の約三二%にすぎない。第三者評価を受審した施設においては、総じて第三者評価を受けた意義を認めている。すなわち、自ら提供するサービスの質を評価し、組織上の課題を把握した上で、組織外の専門の評価機関による客観的な評価を受けることにより、サービスの質の向上について多くの気づきを得られていると好評である。受審のメリットとしては、①現状の把握、どこに改善するべき課題があるかが把握できる②評価を受けるための事前の準備が、職員の意識啓発、改善に向けたアクションのきっかけづくりとなる③評価結果から改善に取り組むべき方向が明確になる④利用者・家族、地域からの信頼づくりにつながる、などが考えられる。サービスの質の向上に積極的に取り組む施設を増やすためにも、第三者評価事業のさらなる普及・定着に向けた取り組みが必要である。

大阪府の推進組織でも、二〇〇七年に受審した事業者に対しアンケート調査を行なっている。これによれば、受審した特別養護老人ホームの大部分が、自己評価、訪問調査から「気づきがえられた」と回答し（一一施設が「はい」・「どちらかといえばはい」と回答／全体一二施設）、評価によって「サービスの改善や向上のための具体的な方策がみえてきた」（九施設が「はい」・「どちらかといえばはい」と回答／全体一二施設）第三者評価を受審したことが「事業者のサービスや経営、質の向上に役立った」（一二施設が「はい」・「どちらかといえばはい」と回答／全体一二施設）と答えている。これからみても、少なくとも受審した施設からは、サービスの質の向上について、第三者評価を受審する意義があるものと認められていることがわかる。

5　第三者評価の推進にむけて

施設側がこうしたメリットを実感できず、第三者評価が進まない理由について考えてみると、幾つか検討するべき課題が浮び上がる。まず、特別養護老人ホームについて、第三者評価が普及しない一つの要因として、介護サービス情報公表システムの存在があげられる。毎年、全ての介護サービスの事業者に対し、情報の公表を義務付けている。事業者からすれば、介護サービスの情報公開に応じ、さらに第三者評価の受審までとても手が回らないというのが本音であろう。

介護サービス情報公表制度は、介護サービスの事業者が行っているサービスの内容や運営状況など特定の事項について訪問調査を行い、所定の事実を確認の上、明らかになった事柄を情報開示するものである。事業者に対し、利用者のサービス選択に必要な情報の提供を義務付けることがねらいである。確認の対象となる事項は一部重なるものの、福祉サービス第三者評価のように、福祉サービスの質の向上のため望ましい質の基準を定め、専門の第三者機関が目標達成度合いをA、B、Cと評価し、事業者に対しより望ましい水準に向って、サービスの質の向上を促す仕組みとは、事業の目的や性格が違っている。

介護サービスの情報を公表してもなお、特別養護老人ホームにおいては、自らの組織の提供するサービスの事業内容についての課題を把握し、サービスの質の向上の努力が求められる。むしろ、サービスの質の向上のためにも両システムは並存可能である。たとえば、事業者の負担を軽減するのであれば、制度の運用において、同じ評価機関が同じ日に一括してそれぞれの訪問調査を行うなどの工夫が可能であろう。事業者側の心理的、経済的、また業務上の負担は軽減される。

第二に、第三者評価の基準や評価方法に対して、不満をもつ事業者も少なくない[11]。特別養護老人ホームに対する第三者評価の基準は、前述のように①福祉サービスの基本方針と組織②組織の運営管理③適切な福祉サービスの実施について評価する。これは、サービスの質を向上させる組織体制が確立されているか、適切なサービス提供のプロセスが確立しているかについて評価しようとするものである。訪問調査者は、主として、こうした取り組みを裏付ける文書や記録があるか、マニュアルが整備されているかについて確認し、評価するという手法をとる。

これに対して、受審に消極的な施設の側からは、マニュアルや記録の確認ではなく、もっと具体的なサービスの内容や実践をみてほしいという意見も存在する。評価基準の検討においては、当初、全ての種別の施設や事業に共通する基準が必要という考えから、基準の内容を①福祉サービスの基本方針と組織②組織の運営管理③適切な福祉サービスの実施に絞り込んだ。そのため、特別養護老人ホームなど特定の福祉施設において提供されている具体的なサービス内容についての基準項目は、外された。その後、障害者や児童の福祉施設は、共通基準に加えて具体的なサービス内容についての基準を追加し、サービス内容についても評価している。これに対して、特別養護老人ホームの具体的なサービス内容についての評価基準はつくられていない。

共通基準だけでも、施設のサービスの質を向上させる取り組みを評価できるという意見もある。しかし、保育所などの第三者評価の実践を研究してみると、具体的なサービス内容に関する追加基準があるために、現場の保育士が自らの実践を振り返るきっかけとなっていたことがわかった。筆者自身も、当初は共通項目だけで十分と考えていたが、第三者評価の受審をきっかけにして施設において現場の職員を巻き込みサービスの質の向上の取り組みをダイナミックに展開することを期待するならば、追加基準の存在意義は大きいと考えている。したがって、特別養護老人ホームについても、認知症ケアの実践、ホスピスケア、医療・看護との連携など、現場の職員が関わる具体的サービス内容について、評価の対象に加えることが望ましい。そうすることで、評価方法においても、利用者の様子や施設職員によるサービス提供の場面の観察や聞き取りのウェートが増すことであろう。

最後に、事業者を第三者評価の受審へと促すようなインセンティブが制度上十分に組み込まれていない。現行制度では、第三者評価を受審し、結果公表に応じた場合には、措置費の弾力運用が認められている。しかし、特別養護老人ホームについては、契約施設であり、会計区分間の資金移動は認められているので、こうした措置費の弾力運用の取り扱いが、受審のインセンティブとならない。特別養護老人ホームに限らず、すべての施設に対し福祉サービスの質の向上をもとめ、第三者評価事業のさらなる普及・定着をめざすならば、あらためてインセンティブについての考え方を検討し直す必要がある。筆者も、サービスの質を向上させ、地域の利用者から信頼され選択されることが、何よりも事業者にとってサービス評価を受審するメリットでありインセンティブとなると考えていた。しかし、こうした立場から、第三者評価を受審する施設の割合は、業界のトップリーダー、三割くらいであるのかもしれない。施設全体の半数を超えるほどまで、受審件数をつみ上げ、第三者評価をさらに普及させるためには、これまでとは違うインセンティブ奨励措置の検討が必要ではなかろうか。

たとえば、東京都は、受審実績が著しく高い。全国の受審件数の約三分の二を東京都の施設によって占められている。(12) こうした受審実績があげられている理由のひとつに、積極的な受審の奨励措置がとられていることが、あげられる。すなわち、東京都は、都独自の「東京都特別養護老人ホーム経営支援補助金」交付の要件のひとつとして、第三者評価の受審を求めている。これは、少なくとも三年に一回第三者評価を受審することを条件としており、受審しない場合は補助金を減額するものとしている。同様に特別養護老人ホーム以外の福祉施設においても「東京都民間社会福祉施設サービス推進費補助」の交付要件のひとつとして、第三者評価の受審を求めている。受審しなければ、補助金を減額される。こうした補助金の交付にあたって、施設側のサービスの質の向上の努力・実績を考慮し、補助金の交付額に差を設けようとするのである。また、東京都は、介護報酬の支払いにおいて特定事業所集中減算をしない条件のひとつとして、第三者評価の受審を定めている。(13)

また、医療機能評価機構が行う病院機能評価では、受審する病院の数が伸びているが、病院機能評価を受審していることが、緩和ケア病棟入院料の施設基準、緩和ケア診療加算の施設基準に反映され加算対象となっているなど、診療報酬上のインセンティブを与えていることも受審する病院が増えている要因のひとつである。福祉サービス第備のプロセスが、サービスの質の向上によい効果をもっていることに気づくであろう。

に取り組む活動や成果に対するインセンティブ奨励措置が考えられてよい。受審のきっかけはなんであれ、受審準

三者評価事業も、受審することが目的とならないように配慮しながらも、第三者評価を受審しサービスの質の向上

(6) 社会福祉基礎構造改革における福祉サービスの質の向上についての議論の経緯は、次の論文が詳しい。古都賢一「福祉サービスの質の評価とそのシステムについて」Vita Futura 九号四四頁以下(二〇〇一)。

(7) 既にこうした一部の先行する自治体ごとに第三者評価事業が開始されており、国が改めて一律の基準を作り直すことについては、地方自治に逆行するとの指摘もあった。しかし、他方で、多くの県において第三者評価事業の取り組みがなされておらず、こうした自治体においても、第三者評価事業を普及させるためにも、評価基準の見直しを含め具体的な評価の枠組みを構築することが必要と考えられた。

(8) 全社協から「福祉サービス第三者評価実践マニュアル」が作成されている。詳しい評価のプロセスについて知ることができる。

(9) 西田和弘らは、医療機能評価機構による病院機能評価の基準と比較しつつ、「利用者本位のサービス提供」「福祉サービスの適切な提供」という基準について、権利擁護について内容が見られることを評価している。権利擁護は、本来法律で担保されるべき性質のものであるが、これに関連する基準が、第三者評価の基準に組み入れられていることについて、事前救済的な意義を認めている。西田和弘＝西元晃＝久木元司「医療・福祉サービスにおける第三者評価システムの比較検討」鹿児島大学法学論集三六巻二号五八頁以下(二〇〇二)。

(10) 古川孝順は、第三者評価の基準にアウトカムについての基準が欠落していると指摘する。そして、利用者のもつ福祉ニーズがどのように解決あるいは解決されたのか、そのことの評価がなければ、全体として不十分といわざるをえない、と批判する。『社会福祉の運営』一二六頁以下(有斐閣、二〇〇二)。現在の段階では、こうしたアウトカム重視の評価のシステムを開発できるまでにはいたっていない。第三者評価の課題のひとつといえるであろう。

(11) 第三者評価により、訪問調査の観察により、サービスの質が客観的かつ公正に評価できるのかに対しても、懐疑的に考える事業者は少なくない。瀧澤仁唱も、第三者評価について、評価項目については注目すべきものが多いとしながらも、評価内容や評価の方法に問題があると指摘する。評価を受けても真実が評価される保証がないと批判している。瀧澤仁唱「介護保険法の課題と展望　介護サービスの基準と質」日本社会保障法学会編・社会保障法一九巻五五頁下(二〇〇四)。確かに、マニュアルや記

録があるから、実際にサービスの質が優れていると保証することは難しい。さらには、第三者評価により優れた施設であると評価しても、虐待や不正請求などの不祥事が起きない保証はない。限られた評価項目によって評価するわけであるから、サービスの質すべてにわたって評価するものではないという制度に内在する限界はある。また、評価対象となっていない事柄について、不適切な対応などを発見しても、その事実にもとづいて施設を評価することはできない。

(12) 東京都の第三者評価の仕組みや実績、課題についての検討は、次の論文が詳しい。泉佳代子他「福祉サービス第三者評価の意義と役割」大妻女子大学人間関係学部紀要人間関係学研究第九巻四九頁以下（二〇〇七）。

(13) 京都府も受審実績が比較的多い。京都府は、介護事業の指定更新に必要な申請資料のひとつに、第三者評価の受審による評価結果の提出を求めている。しかし、施設が第三者評価を受審していなくても、指定更新は可能である。また、京都府も、特定事業所集中減算をしない条件のひとつに、第三者評価の受審をあげているが、こうした措置がどれだけ受審につながっているか定かでない。京都府担当者にヒヤリングしたところ、事業者団体の意識の高さが受審につながっていると説明していた。特別な制度的なインセンティブによるところではないようである。

三　社会福祉法第七八条第一項、経営者の役割について

社会福祉法第七八条は、社会福祉事業の経営者に対し「福祉サービスの質の向上のための措置」をとることを努力義務として定めている。経営者は、社会福祉法第五条「福祉サービスの提供の原則」にもあるように、利用者の意向を十分に尊重し、サービスを提供することが求められている。さらには、社会福祉法第七八条は、「サービスの質の評価を行うこと」により、「常に福祉サービスを受ける立場にたって良質かつ適切な福祉サービスを提供するように努める」義務を定めている。経営者は、どのようにして、こうした義務を果たしていくべきなのであろうか。

サービス評価の評価基準にもあるように、サービスの質の向上のためには、経営者が、サービスの質の向上についての基本方針を現場組織の末端にいたるまで浸透させることが大切である。現実の利用関係では、援助する側の

都合が、個々の利用者の立場に優越する。措置から契約へと社会福祉の基礎構造が転換しても、現実の力関係は、援助関係において、決して対等などではない。現実の援助関係を対等なものにし、質の高いサービスを提供するには、施設における職員の意識のみならず業務管理のあり方自体を変革する必要がある。サービスの質を向上させるためには、経営者のリーダーシップは欠かせない。

特別養護老人ホームなど社会福祉施設の経営者は、社会福祉法が定める「福祉サービスの提供の原則」や「福祉サービスの質の向上のための措置」をどのように受け止めたのであろうか。社会福祉法人のなかには、措置から契約への構造転換など外部環境の変化に自らの経営組織を対応させるため、あらためて経営理念を明確にし、中長期の事業計画や事業戦略を検討するなどし、組織が向かうべき方向を修正する法人もあらわれた。実際、法人の経営理念として、「利用者本位の質の高いサービスの提供」を掲げる法人も少なくない。

もちろん、経営者がサービスの質の向上についての理念を掲げているからといって、利用者本位のサービスの提供を実践できているとは限らない。形式的に掲げているにすぎないようにみえる法人や施設も多数存在するように思われる。そして、介護事業のように、国民のニーズが拡大し、市場が安定的に成長している状況においては、それでも経営は成り立つのであろう。しかし、利用者の視点から自らのサービス提供はどうあるべきかについて検討・実践している施設も存在する。むしろ大切なのは、外形的に理念を掲げることにとどまらず、こうした経営理念を組織においてどのように浸透させ実践するかである。経営者自らの実践なくしては、組織構成員の意識改革はありえない。

要するに、経営者には、利用者本位のサービスの提供をめざし、質の向上に努めるという経営理念をどのようにして組織に浸透させることができるかが問われている。ある経営者からの聞取りからは、次のように実践していると説明を受けた。まず、第一に、経営者自ら職員に対し、なぜ利用者本位のサービスの提供が大切なのかを繰り返し、説き続けることが大切である。具体的には、職員に対して、エンドユーザーは職員自身であるとして、「自分の親をうち施設に入れたいと思うか」「入居していただいて最後に親孝行ができたと思えるか」と問い続けているという。利用者本位の考え方が、法人経営のベースと考えるからである。第二に、職員にも「そうした施設になるにはどうしたらよいか、利用者・家族の視点から意見を述べてほしい」と意見を募ることが大切である。職員のなかにも、日ごろから心の中で「こうしたら、もっと利用者から喜ばれるのに」と思っている人は多い。こうした意見を業務の見直しに反映させる仕組みをつくる取り組みが必要である。そして、第三に、こうした利用者本位のサービスを提供するための業務改善をひとつひとつ実践し、積み上げていくことで、利用者からも感謝される、それによって職員の仕事に対するモチベーションが高まる。こうしたことが、経営者の安心・満足にもつながるという良い経営の循環がうまれることをねらっているという。

法人が提供する福祉サービスとは、職員による利用者への関わり自体である。したがって、現実の援助する側と援助される側との関係において「経営理念」が伝わることが大切である。言い換えると、実際に職員により日々提供されている福祉サービスこそが、経営理念の具体的表現とみるべきである。経営者や管理者は、こうした視点から現場にたって、自らかがける経営理念が利用者・家族に「価値あるもの」として伝わっているか、日々確認する努力が必要であろう。利用者家族から信頼され、事業を継続的、持続的そして発展的に経営するためにも、こうした経営者の努力が大切といえる。また、こうした経営者の取り組みこそが、社会福祉法七八条が求める経営者の役割であると考える。福祉サービス第三者評価の受審についても、経営者が自らの組織が利用者本位というベクトルからずれていないか客観的に確認できることに意義があると考える。

14 知的障害のある人の「意思の尊重」とソーシャルワークの課題
――英国におけるMental Capacity Actが示唆するもの――

中野敏子

はじめに

「障害者の権利条約」（国連総会決議、二〇〇六年一二月）の批准に向けて、国内ではさまざまな関連する法における整合性の作業が進められている。しかし、障害者基本法内容と当事者団体の「障害者差別禁止法」の制定要求との整合性など基本的な課題も残されており、「批准」までには時間を要している。とくに、「障害者の権利条約」がまとめられる過程で、最も根幹となる問いかけは、「権利の主体」は誰かであった。知的障害のある人たちによる「私たちを抜きに私たちのことを決めないでほしい」というメッセージは、権利の主体が誰であるかを明確に伝えるものである。条約が作られる過程への障害のある当事者の参画という事実は、本条約の形成過程自体が「権利の主体」は誰かを社会に確認させていくものであったといえる。(1) この「権利の主体」の確認は、これまで「権利擁護となるであろう」と考えられてきた、法というシステム、あるいは法に基づく支援サービスというシステムも改めて見直す必要性があるのではないかと問いかけるものである。

知的障害のある人たちにとっての「権利擁護」についてふりかえると次のことが見えてくる。「親」ではなく、障害当事者にとっての具体的な「権利擁護の実現の必要性」として認識されていくには、残念ながら、日本における数々の「権利侵害」の事実を認識していく過程が必要であった。その事実を事実として明らかにしていくことが「権利侵害」と「権利擁護」の認識を進めていくことになったという点を見落とすことはできない。(2)

「権利擁護」の具体化の一つとして、日本の民法が改正され、あらたに成年後見制度が発足して二〇〇九年で一〇年になる。成年後見人としてのソーシャルワーカーの働きも具体的にみえてきた。日本社会福祉士会が運営する「権利擁護センターぱあとなあ」の二〇〇九年二月の報告では、受任件数が四、六七八件で、そのうち法定後見は九三％であるという。類型別では、後見が七一％、保佐が一六％、そして補助が六％と圧倒的に後見の類型の利用である。また、意思能力が不十分な理由では、認知症によるのは四七％、知的障害によるというのが三一％、精神障害によるのが一五％という。(3)

成年後見制度が一夜にして出来上がったものではなく、それまでの「権利擁護」の認識を反映しての改正であったはずである。成年後見制度は、次の点で着目しておきたい。第一は、法という枠組みによって、知的障害のある人の「意思」について改めて社会の目を向ける機会となったこと、第二は、これまで「後見」は、親族以外では専門職の関与といえば弁護士に代表されるものであったが、「司法」の論理によって展開されてきた領域にソーシャルワーカーという社会福祉専門職の関与の意義が議論される機会になった点である。

本稿では、改正成年後見制度（以下、成年後見制度）の成立にあたって論議された課題に着目し、今日的状況を踏まえながら、あらためて知的障害のある人への権利擁護、とくに「意思の尊重」とソーシャルワークの課題とは何かについて考察を加えておきたい。その際、二〇〇五年に成立し、二〇〇七年一〇月に英国（England, Wales）で施行されたMental Capacity Act（以下、ＭＣＡ）とその実施にあたっての動向を視野に入れておく。本法については成立に先立って、あるいは施行後、日本では成年後見制度に関連する専門職を中心として関心を寄せてきている。本法の内容紹介、日本への示唆される側面など、これまでも法律の専門的立場、あるいは鑑定にかかわる精神科医の立場からいくつかの論文として散見される。(4) したがって、本稿では、ＭＣＡに関する先行論文の指摘内容も参考にしながら、筆者の立脚領域であるソーシャルワークの視点から、あらためてＭＣＡを捉えてみる。とくに、知的障害のある人にＭＣＡがどのような意義を提示しているのか、ＭＣＡとソーシャルワークの関わりと課題について、若干の考察を加え、今日、知的障害のある人の「意思」に着目した権利擁護としてのソーシャルワークの課題を整理しておくことにする。

考察にあたって、まず、成年後見制度の原則とは何かをふりかえっておく必要がある。もちろん、権利擁護は成年後見制度のみで成立つものではない。しかし、権利擁護という枠組みの一つとして位置づけられた成年後見制度の基本的な原則は、今日の日本における権利擁護の基本原則を構成する要素といえる。その上で、具体的な成年後見活動を通して課題とされてきていることは何かをとらえておきたい。権利擁護に関する啓発活動の結果、社会的に認識されるようになり明らかになったともいえるが、いずれにせよ、権利擁護者であるはずの親や近しい人々、また専門的支援をしていく人たちですら権利の侵害者となっている事実がある。(5) それに対して、例えば専門職が起こしてしまう「虐待」について、虐待したという「結果」への詳細な手立てを検討することが前面に出やすいが、むしろ、支援過程で求められることを明らかにする必要がある。利用者の個人の尊厳を重視する一貫としてケアマネジメント機能や個別支援計画などが提唱され、メニューとしては見えていても、果たしてそれが利用している当事者と支援者にとって具体的な力になっているのであろうか。共通認識できる「何を、どのようにするか」という具体的な行為をわかりやすい手続きを通して支援の過程に生み出していくことが求められているのではないだろうか。本稿ではその示唆を得たいと考えている。

(1)　本権利条約がとくに知的障害のある当事者の参加もあっての当事者による作成過程であることを留意しておきたい。それは、その後の条約の内容を情報として知らせる取り組み（社会福祉法人全日本手をつなぐ育成会『わかりやすい障害者の権利条約―知的障害のある人の権利のために―』二〇〇九年）としてもみることができる。

(2)　例えば、知的障害のある人への差別虐待事件について二〇〇四年一月から二〇〇五年の四月までのメディア報道の件数をまとめた（全日本手をつなぐ育成会事務局三好氏作成資料）人権侵害（虐待）事件をみると、六二項目中、施設での事件数は二二件、一般社会の中で四〇件である。内容は、身体的暴力、わいせつ行為、強制的寄付、投票への干渉、預金の勝手な流用などである。

(3)　日本社会福祉士会権利擁護センターぱあとなあ受任状況報告（二〇〇九年二月）

(4)　日本へのMCAの紹介例として以下のものがある。菅富美枝（二〇〇六）「英国・新成年後見制度の一考察―わが国における任意後見活性化のてがかりとして―」『実践　成年後見』一八、八四―九二）、同、菅（二〇〇七）「英国成年後見制度における身上監護―自己決定を支援する社会へ―」『実践　成年後見』二三、一五―二九）、英国最高法院保護裁判部長　デンズィル・ラッシュ（翻訳、中山泰道）（二〇〇五）「イギリス成年後見法改正の動向」（国際交流ミニシンポジウム2）成年後見法学会『成年後見法研究』民事法研究会2、一〇三―一一九）、五十嵐禎人（二〇〇八）「特集　鑑定実務の現状と課題　5　諸外国における鑑定の実情⑵イギリス新成年後見制度における精神鑑定」『実践　成年後見』二五、六四―六九）

筆者も本法の一般的な理解を進めるためのリーフレットの訳出を試み、それをもとにソーシャルワークに関連する人たちとのワークショップを持った際、直接、日々ケアを進めるソーシャルワークの専門職、関連する教育関係者にとって、本法における基本原則の実施の可能性という点に関心がもたれた。ワークショップに参加された支援者の皆様のご意見から、本稿をまとめるきっかけをいただけたことに感謝したい。訳出紹介した資料は、The National Care Association（2007）*Making decisions: A guide for people who work in health some decisions for themselves* である。五分冊からなった‘Making decisions’シリーズの三巻にあたる。訳出資料は、日本リハビリテーション協会『リハビリテーション研究』の「海外からの文献」（第一三七号、二〇〇八年一二月、第一三八号二〇〇九年三月）に所収。

(5)　児童虐待防止法、高齢者虐待防止法が制定されるなか、障害者虐待防止法の策定の必要性を明らかにし、法の成立を目指した厚生労働省内の勉強会（二〇〇七年一一月発足）でも、まずは虐待の実態を把握することから始められた。そこでは、知的障害のある人の支援を目的とする施設での「虐待」の存在と生み出す構造の複雑さが指摘された（勉強会での配布資料）。

一　知的障害のある人をめぐる権利擁護の視角

成年後見制度が知的障害のある人の権利擁護としてどのような機能を果たすことになるのかを捉えるためには、まず、知的障害のある人の権利擁護をめぐる社会的認識の変化を捉えておく必要があろう。

1　成年後見制度改正への促進要因

成年後見制度改正の促進要因には、少子・高齢化社会における高齢者の財産管理の課題があったことは明白である。しかし、それ以上に見落としてはならない点は、障害のある人の生活のあり方への認識の変化があったことであろう。身上監護の課題に着目し本制度の改正内容として新たな要素をくみいれることに影響を与えたといえる。障害者自身による自立生活運動をはじめ、障害当事者はもちろんのこと、関係者に留まらず国民一般を視野に入れた、国際障害者年の取り組みなどにみられる国際的な運動の積み重ねは、「入所施設」という「弱者保護」方法への社会的認識に一石を投じる機会となったといえる。障害のある人が地域で市民として生活をすることを当たり前とする条件整備の必要性が、「ノーマライゼーション」という理念とともに認識され、それを反映する制度を進めることに関心が向けられるようになったことも促進要因であった(6)。

2　「親の意思」による「意思」の表明

こうした要因に加えて、とくに、知的障害のある人たちにとっては、成人になっても「親」の意思に大きく影響される生活を余儀なくされてきたという長年の課題がある。言い換えれば、それは、「親」という存在がなくなった場合、「意思」というもの自体の存在が危ぶまれることになるという状況ともいえる。こうした状況を危惧して、知的障害のある人の権利擁護については国際的にも親の運動として進められてきており、「知的障害者の権利宣言」（一九七一年、第二六回国連総会決議）に述べられているように具体的な権利擁護のあり方の実現が求められてきた。そこには、「自己の個人的福祉及び利益を保護するために必要とされる場合は、知的障害者は資格を有する後見人を与えられる権利を有する。」（第五条）、あるいは、「重度障害のため、知的障害者がそのすべての権利を有意義に行使し得ない場合は、又はこれらの権利の若干又は全部を制限又は排除することが必要とされる場合は、その権利の制限又は排除のために援用された手続きはあらゆる形態の乱用防止のための適当な保障措置を含まなければならない。（略）」（第七条）などの内容が含まれている。

同権利宣言もその例といえるが、歴史をふりかえれば、本人の「意思表出」の困難さの故に、「後見人である親」の代理意見表明の活動を通して、その権利擁護へ高い関心が寄せられてきたという特徴がある。こうした親を中心とした運動の成果は、一九九一年の東京精神薄弱者・痴呆高齢者権利擁護センター（当時の表記のまま）、通称「すてっぷ」の開所、あるいは、施設における入所者の権利擁護活動（オンブズパーソン活動、サービス提供者の倫理綱領作成など）として展開されることになった。しかし、あくまでもそれは知的障害のある当事者以外の人々による「サービス改善」レベルに限定された活動であり、知的障害のある当事者の「意思」を積極的に尊重するための「権利擁護活動」には、知的障害のある人自身が「権利擁護」に関心を持つという過程が必要であったといえる。

3　本人の「意思」と支援者による「自己決定」への関心

一九九〇年代に入り、日本においても知的障害のある人自身の権利擁護への関心の広がりとして「本人活動」が動き出している。一方、支援者を介して、日々の支援活動における「自己決定の尊重」という「理念」への関心が展開していくことになる。知的障害のある人の「自己決定」という課題は、一九九〇年に入って、とくに、知的障害のある人のエンパワメントという文脈で語られるようになってきた。しかし、その「自己決定」を語る際に、明確に共通認識のもとに語られているとは言いがたい側面もあったといえる。「自己決定」がどのような権利擁護にとって意味をもち、したがって、何が実現されなくてはならないかという具体的な検討というよりも、「理念としての自己決定」が邁進したともいえる。(7)

知的障害のある人の「自己決定」という課題について、社会福祉における具体的なサービス支援のなかではどのように実現できているのか、今日、それまでの「概念的論議」ではなく、具体的なあり方を導き出すことに関心も寄せられてきている。たとえば、與那嶺司ら(8)は、生活施設における「自己決定」構造を支援環境との関係に捉えようとしている。生活施設という限定された場での支援者の回答を軸に展開するという調査の限界があるが、「意思」と「自己決定」という両者を捉えていく上でいくつかの点に着目しておきたい。

與那嶺らは、「新たな活動に繋がる支援」「本人の意思の尊重」「地域とのつながり」といった支援環境が結果的に「自己決定」を高める効果と連動しているという。「自己決定」する事項に対する選択の幅、言い換えると経験の幅、生活体験の拡大を可能とする生活条件下にいるかどうか、あるいは「自己決定」しなくても生活が流れていくという生活様式の中にいるか、という支援構造全体がもつ構造的課題と関連していることが示唆される。それは、次の指摘に現れる。「医療的処置に関する自己決定」や「個別支援計画における自己決定」では支援環境との連動性が捉えられなかったとしている点である。前者についてはとくに医療的ケアが必要な人の場合に起こりうることである。遠藤啓子らの研究結果(9)を支持するかたちで與那嶺は、こうした人たちが、「介助および介護の必要性が高く、選択を支持するためにも時間がかかり、自己選択および自己決定、自己表明の機会が少ない」という事実にふれている。後者については、「個別支援計画を作成する際、ある程度本人の意向を汲むことが制度上要求されるため、(略)、一定程度本人の自己決定が尊重される結果となる。[10]」と了解されている現実があるという点に留意しておきたい。いずれにしても、「障害程度が高い人たち」(ここでは量・質ともに高レベルの支援が必要な人々ととらえておく)をめぐる状況に、利用者本人の「意思の尊重」としての「自己決定」よりも、支援環境が生み出す「自己決定」構造という現実が見えてくる。

(6)　小林昭彦(二〇〇〇)「序　成年後見立法の背景」新井誠編『成年後見　法律の解説と活用の方法』有斐閣、一―一〇

(7)　中野敏子(一九九七)「わが国の知的障害のある人たちの〝本人活動〟と支援をめぐって―セルフ・アドボカシーへの課題―」『明治学院論叢　第五九二号　社会学・社会福祉学研究』一〇〇、七一―一〇三

(8)　與那嶺司＝岡田進一＝白澤政和(二〇〇九)「生活施設における知的障害のある人の自己決定の構造―担当支援職員による質問紙に対する回答を基に―」『社会福祉学』四九⑷、二七―三九、及び、同じメンバーによる與那嶺ほか(二〇〇九)「生活施設における支援環境と知的障害のある人の自己決定との関連―担当支援職員による質問紙に対する回答をもとに」『社会福祉学』五〇⑶、四一―五三

(9)　遠藤啓子＝大川絹代(二〇〇四)「知的障害者更生施設における生活状況調査」『西南学院大学教育・福祉論集』三⑵一二三、一二三―一四二

(10)　與那嶺司ら(二〇〇九)『社会福祉学』四九⑷、三四―三五

二　成年後見制度の原則と知的障害のある人の「意思能力」をめぐる課題

以上の視角を捉える中で、成年後見制度における「意思の尊重」と一般的に権利擁護をめぐって論議されてきた「自己決定の尊重」を単純に同列で議論することは避けなければならないと気づく。それは、成年後見制度の改正過程での論点として提示されたことに連なることでもある。すなわち、改正された成年後見制度は、高齢者の財産管理により関心を寄せている側面と、知的障害のある人などの日常的な生活支援に焦点を当てようとする側面とを

取り込んでいる。小賀野昌一が述べる「本改革は民法典の改正であることを重視し財産管理を中心とした改正にとどまるべきであるとする見解（財産管理アプローチ）」と、「要援助者を生活に重点をおいて支援するしくみとして位置づけるべきという見解（身上監護アプローチ）」の妥協点としての形態であることがわかる。(11)

改正された成年後見制度で、「意思の尊重」と「自己決定の尊重」はどのような論点として捉えられていたのであろうか。

まず、第一に確認しておくべき点は、後見制度を必要としている人が「事理弁識能力」に制限があることを前提として、「弱者保護」の対象とするという論理である。したがって、制限の程度により本人の意思尊重を反映する。つまり、「保佐」「補助」については本人の同意を必要とする（民法一二、一六）と規定されたが、「後見」については本人の同意を必要としていない。この点は当然と考えるべきなのであろうか。実際の支援上における本人の意思の尊重という点で、「後見」の場合が「同意」の不要という点には留意しなければならないと考える。

第二に、「事理弁識能力の制限者ととらえるか、身上監護能力の制限者ととらえるか」によって、その人の存在は違ってくることである。その人がある能力に関して限定的な存在として位置づけられるか、全体像としての人ととらえ、その人が生活をする存在としてあることを決定していくにあたって「制限された」人ととらえるかである。事理弁識能力の鑑定のみで判断されるものではないとしても、成年後見制度がそもそも財産管理という課題に対する「意思能力（事理弁識能力）」に着目したものであることは明白である。(12) 後見、保佐、補助の開始の前提に「精神上の障害により事理を弁識する能力」（民法七、一一、一四）の程度（事理弁識能力を欠くことが常状、著しく不十分）を前提にしている。成年後見制度で「意思の尊重」と「本人の心身の状態及び生活の状況に配慮すること」と、身上配慮義務を規定したこと（民法八五八）については画期的な点と評価された。しかし、小賀野が指摘するように、この身上監護（身上配慮）は努力義務のレベルであり、「総合的に身上監護を扱うものではない」とその限定性が課題として残る点の指摘もある[13]。財産管理能力としての「事理弁識能力」と「身上監護（身上配慮）」の両者がどのように整合性をもって実際の支援過程で展開されうるのかという課題である。

ここに、ソーシャルワークの視角から成年後見の機能を捉え直すことによって、この課題に対する一つの考え方が見えてくる。

成年後見は、その人の生活の中に「成年後見機能」が活かされることでその目的が果たされる。サービス提供の場が自宅であっても、施設であっても、社会福祉の現場にはそもそも契約という「法律行為」と支援するという「事実行為」が同時に存在する。そこで、そもそも異なる体系にある民法と福祉法の統合を見すえて「総合的な身上監護法」を制定するという方策が小賀野によって提起されている。小賀野が述べるのは「身上監護を柱とし、そこに財産管理をくみ入れる」「民法典から一応独立した単行法」の提起[14]に関心をおくものである。また、小嶋珠実が指摘する、「福祉サービスの契約を成立させた跡、その契約が確実に履行されているかどうか監視し、さらに被後見人のニードの変化に応じて新たな福祉サービスの契約に結び付ける」という「ケアマネジメントの過程」にみえる「後見事務」の機能は[15]、本来、利用者本人の生活を支援していくソーシャルワーク機能として欠かせないものである。社会福祉における本人を尊重した生活支援サービスの提供には必須の機能である[16]。ここでも、法制度枠を整備しても、それが、利用する人の力になるように働く機能がいかに機能しているのかという課題にぶつかることになる。

第三は、自己決定権と保護のバランスである。とくに知的障害のある人にとってこの点を丁寧に実現していかなくてはならない。細川端子は「判断の能力の不十分な知的障害者に、単に自己決定権を与えることだけでは何の解決にもならない。」とし、知的障害のある人の成年後見について、「どのようなプリンシプル（原理・原則）によって行うべきかをしっかり考えること」「措置の時代が長く、あるいは家族の庇護の下にあった知的障害者にとって、いかに生きることが本人のベスト・インタレストにかなうのか自分が十分に問われてきていないこともあり、安易に担われてはならない[17]」と述べる。それは、ソーシャルワーカーとして現実に生身の人間の生活にかかわっている者は、自己の責任で緊急事務管理として関わらなくてはならないことがあるとする池田恵利子の言葉にも表れることである[18]。すなわち、実際の支援で、成年後見制度の前提となる「事理弁識能力」の捉え方に、「本人の意思の尊重」を加えるならば、実際の場面での具体的な行為が求められるであろう。しかもそれは複雑でなく本人を含め関係する人たちが了解できるものでなくてはならない。

細川が指摘する成年後見制度の「原理・原則」を明確にするという点からすれば、判断能力がどれだけ欠けている、あるいは制限されているかを議論するというマイナス志向ではなく、判断の過程、つまり、意思決定の過程に「意思の尊重」がどれだけ実現できたかを議論する必要がある。そこに、本人が「存在する」ことができる。その意味で、小嶋が提示する「意思決定のための援助（適切な説明と内容の理解、得られた情報をもって自分の希望や意思を明確にする、当事者が決定した事柄を正確に周囲に伝達すること[19]）」が実際に何を生んでいるのか、何を阻害しているのかを明らかにしておかなくてはならないであろう。

(11)　小賀野晶一（二〇〇二）「成年後見法の成立と改革の意義」池田恵利子＝小賀野晶一＝小嶋珠実＝中井洋恵（二〇〇二）『成年後見と社会福祉―実践的身上監護システムの課題―』信山社、一一―一二

(12)　最高裁判所事務総局家庭局「新しい成年後見制度における診断書作成の手引き（抜粋）」新井誠編（二〇〇〇）『成年後見法律の解説と活用の方法』有斐閣、四九三

(13)　小賀野・前掲注(11)一五

(14)　小賀野晶一（二〇〇〇）『成年身上監護論制度論』信山社、一四二―一四五

(15)　小嶋珠実（二〇〇二）「福祉現場における実践例」池田恵利子他（二〇〇二）前掲注(11)五七

(16)　身上監護の対象とならない一身専属事項（例えば、結婚・離婚、養子縁組・離縁、臓器移植、認知等）について、後見事務として除外することの課題もあろう（権利擁護研究会（二〇〇一）『ソーシャルワークと権利擁護』中央法規出版、一〇七）。

(17) 細川端子（二〇〇七）『知的障害者の成年後見の原理（プリンシプル）』信山社、二〇五
(18) 池田恵利子（二〇〇二）「エンパワメント的福祉支援」池田恵利子他（二〇〇二）前掲注(11)八九
(19) 小嶋珠実（二〇〇二）「福祉現場からの提案」池田恵利子他（二〇〇二）前掲注(11)八〇—八六

三　Mental Capacity Act（2005）の取り組みから

日本における成年後見制度から知的障害のある人の「意思の尊重」に関わる課題を整理してみた。これらの課題に対して、ＭＣＡの取り組みを概観し、示唆を得たいと考える。Mental Capacity Act を訳出する場合、「成年後見法」とされて紹介されてもいる。しかし、「意思決定が困難な人」を支援するのではなく、どの人も「意思決定することができる」ことを前提として「意思決定することを」支援することに具体的に踏み出したという、本法の原則からすると、「成年後見法」という保護機能を表現する意味あいよりも、当事者の「意思決定能力」を中心にしてそれをいかにバックアップするかというニュアンスが強いと考えるため、「意志決定能力法」と訳する方が適しているのかもしれない。しかし、本稿ではあえて日本語にはせず原語のまま使用する。

なお、筆者は知的障害のある人の生活支援について研究の関心をおく者であり、法律学からの専門的研究の立場ではない。したがって、本稿でのＭＣＡの関心も、知的障害のある人の生活支援という視点から、日本における課題にあらたに何を提起するものかという視角から捉えていく。

1　成立の背景と施行にあたっての準備体制

ＭＣＡの成立の背景には、すでに施行されているMental Health Act（1959）, Mental Health Act（1983）, The Human Rights Act（1998）を通して、'Incapable People' への法的な位置づけと権利擁護としての課題については

認識されてきたところであった。その過程でとくに「私的な意思決定（personal decisions）」への法的な位置づけが明確でないこと、Common Law との関連での課題も指摘され、一九九五年ころから法委員会での検討が始まっている。[20] Mental Capacity の課題をもっている人はイングランドとウェールズでは、認知症があってという人が八四万人、重度の知的障害がある人は一四万五千人、軽度・中度の知的障害がある人が一二〇万人、重度の脳障害があってという人が一二万人とされている。[21] 例えば、日本の厚生労働省調査でとらえる知的障害のある人は五四・七万人（二〇〇五）であり、数量的な差にも、把握の違いが推察できるところである。

実施に当たっていくつかの動きをとらえておく。一つには、ＭＣＡの施行にあたって、実際のサービス提供における本法の理解を徹底させていく取り組みがなされている点に注目しておきたい。Code of Practice に関する研修はサービスの提供先（地域ケア、保健領域、居住ケアなど）のスタッフごとに実施され、また、ＭＣＡの実施にあたり、あるいは実施後、本法の原則、特徴が利用者やケアするスタッフにどのように受け止められるかの調査もなされている。[22] 調査のための資金提供元として報告書の提出先は SCIE（The Social Care Institute for Excellence）である。これは、児童ケア分野におけるケアの課題に端を発し全国規模で取り組まれた社会的サービスの質の担保のために制定された Social Care Standard（2000）を推進していく組織である。したがって、ＭＣＡが社会的ケアの質の維持向上と深く関わるかたちで進められていることがわかる。また、英国ではどの領域でも、とりわけ直接利害が関わってくる人にとって平易（Easy Reading）版が作成される。ＭＣＡの施行にあたって、その内容をもっとも伝えたい人々に対して平易な内容のパンフレットが作成されている。[23] しかも、これらは、絵を活用し、極めて分かり易い。

2　Mental Capacity Act の特徴

ＭＣＡは Person-centered アプローチ（障害をとらえるのではなく、「人」をとらえる、支援場面では「人」を主語として、そ

表1　Mental Capacity Act の5つの原則

①　すべての成年者には、自分で意思決定する権利がある（意思決定ができないことが証明されない限り、意思決定があると推定される）。
②　その人たちは意思決定できないと結論づける前に、できる限りの意思決定サポートをしなければならない。意思決定能力が不十分と立証されても、意思決定過程にその人を参加させることが重要。
③　他の人には「賢くない、妙な決定」と見えても、その人にはその決定する権利がある。すべての人は、自分の価値、信念、好みがある。他の人と同じでないという理由で意思決定能力が不十分としてはいけない。
④　意思決定能力が不十分な人のためになされることはどんなことでも、その人の最善の利益に基づいてなされなければならない。
⑤　意思決定能力がない人たちに、基本的権利や自由を制限する場合、最低限でなくてはならない。

のニーズを把握し、その支援を引き出す、共感を実践として統合していくことなどを尊重する）に立脚する。したがって、当事者のエンパワメントを尊重する姿勢をもっている。以下に特徴をあげておく(24)。

(1)　五つの基本原則

本法の基本的な原則は、表1に示すように、ケア、治療、支援などに関わる人たちに対して、日々の実践ではその人の「意思能力」をどのように理解しているかが具体的に求められることを示している。とくに、原則の③については、実現可能性として難しさが指摘されるところでもある。利用者やケアする人たちの意見調査の中でも、健康や生命に関わることであったらどうするのかという意見も聞こえる。

(2)　Mental Capacity の概念とアセスメントについて

ここで捉えられる Mental Capacity とは、次の四つの要素についてである。

・与えられた情報を理解する。
・意思決定できるように十分時間をかけて、その情報を覚えておく。
・意思決定するために、その情報が活用できるか慎重に判断する。
・意思決定したことを伝える。話す、サイン言語で、瞬きで、手を握るなどによって。

Mental Capacity に課題があるとされるのは、そのうちの一つの要素でも当てはまる場合である。ただし、四つの要素を漫然とチェックすることが求められているのではない。その前提には、「適切に情報は提供できたか」「時間を十分にかけたか」「意思決定するとは、ある特定のときに、あることについてするのであって、永続的、全てのことについてということではない」、したがって意思決定能力の制限があるということも、ある特定の時に、ある特定の決定においてそう言えると考えることが条件とされることになる。本法では、日本の後見制度においても対象としていない婚姻、離婚、養子縁組、そして選挙の投票については除外されている。

こうした記述から、Mental Capacity とは、その人と、ある決定を介してケア、治療、支援する人との相互作用の過程に形成されるものと位置付けられているといえる。それも特定化された意思決定（decision-specific）とすることで、意思決定能力のアセスメントについても、そうした考え方を反映したものとなっている。意思決定能力を機能的に検査する（精神〈mind〉、脳〈brain〉の機能に何らかの器質的障害があるか、何らかの機能不全があるか）が、その検査の結果をしてその機能不全がその人の意思決定をできなくさせていることを証明しないかぎり、その人の意思決定能力がないとはいえないという展開になる。これまでの専門職の一方的な鑑定結果として独り歩きすることはできない構造になっている点に注目しておきたい。

(3)　緻密な Code of Practice と実践に期待されるもの

ＭＣＡの内容については、イングランドとウェールズに住んでいる一六歳以上の人で、意思決定が全てのことについて全く自分ではできない、あるいは部分的にはできるという人をケア、治療、あるいは支援している人、その人に関係する専門職にはすべて適用される。前述したようにサービスの質の維持・向上として、本法のねらいとすることを具体的な治療、ケア、支援にどう活かしていくかが大きな課題でもある。そこで、提示されていることは、「具体的な手助け・サポートのプロセス」「伝える方法を見つけ出すためのあらゆる努力を」、そして、「その人がある特定の意思決定をするには意思決定が不十分であると結論づけるまでを」記録に残すことである。その人を中心において、ケア、治療、支援する人は何をしたのかの記録である。単に、業務日誌をつけるのではない。ここに、実践理念としての「意思決定」と、実践としての「何をしたか」という構造が成立してくる。

こうした、緻密に規定された実施指針は、さまざまな専門職間でなされる実践において、ソーシャルワーカーにとって、「自らの意思決定というものにも力をつけてくれることになり、自信がついた」と述べるものもいる[25]。専門職間の中にできた力関係と専門職としての意思決定という課題にも新たな機会を提供している面もあるようである。さらに、実践では、一般的なそれぞれの意思決定とそのとりまく環境というものに関心があてられるというよりも、意思決定能力をアセスメントすることに関連してくる課題が多くでてくるであろうという指摘もなされている[26]。

(4)　Mental Capacity Act と知的障害のある人の意思決定の課題

MCAは知的障害のある人に限定した意思決定に関するものではない、しかし、細川が指摘したように、自分のベスト・インタレストを知らないで生活してきたという状況で、MCAが専門職主導で「最善の利益」が追求されることを避けなければならないであろう。そのためには、「そこにその人がいる」ことがまず、出発点であろう。MCAが有効に機能するには、その人と支援者がともに経験を積んでいくことが必要であることも当事者との調査で明らかにされている[27]。さらに、「意思決定とリスク」についても最善の利益を実施していくには重要な要素といえる。たとえば、Hardie らは、「専門職、そして知的障害のある人をサポートする人たちの役割とは、弱い立場にある人びとを虐待、ネグレクトそして搾取から護ることと、選択と、自立、そしてリスクがあっても思い切ってすることをサポートすることとの適切なバランスをとることである」とのべており、加えて、他の市民同様に「市民として、賢くない決定をする権利がある[28]」としている。

（20）Peter Bartlett（2008）*Blackstone's Guide to The Mental Capacity Act 2005*, 2nd edn, Oxford University Press. 法文、Code of Practice の解説と原文が掲載されている。

（21）Department of Health, *Mental Capacity Act 2005 Core Training Set*, 8

（22）たとえば、アルツハイマーの人たちや家族と関わるソーシャルワーカーのインタビュー調査として Ann McDonald with Carol Dawson and Becky Heath（2008）*The Impact of The Mental Capacity Act 2005 on Social Workers' Decision Making*. がある。また、知的障害のある人とＭＣＡが影響してくる可能性について当事者らが話あったなかでの課題をまとめたものとして、Val Williams, Marcus Jepson, Beth Tarleton, Anna Marriott and Lisa Pointing（2008）*'Listen to what I want' The potential impact of the Mental Capacity Act (2005) on major life decisions by people with learning disabilities*, Norah Fry Research Center, University of Bristol.

（23）Department for Constitutional Affairs, Department of Health, *The Mental Capacity Act Easy Read Summary*.

（24）Department of Health, *Mental Capacity Act 2005 Core Training Set*

（25）Ann McDonald with Carol Dawson and Becky Heath（2008）ibid. 18

（26）Robert Johns（2007）'Who Decides Now? Protecting and Empowering Vulnerable Adults Who Lose the Capacity to Make Decisions for Themselves', *British Journal of Social Work*（2007）37, 557-564

（27）Val Williams, Marcus Jepson, Beth Tarleton, Anna Marriott and Lisa Pointing（2008）ibid.

（28）Elaine Hardie and Liz Brooks（2009）*Mental Capacity Act 2005: Implications for People with Learning disabilities*, The British Institute of Learning Disabilities. 22

四　まとめとソーシャルワークの課題――知的障害のある人への配慮――

成年後見制度は、知的障害のある人の「意思能力」についてあらためて確認する過程となった。二〇〇〇年の社会福祉の基礎構造改革に示された「社会福祉サービスの契約化」に先導された、いわば、この「自己決定」を契約社会における法律遂行において保護、支援する構造のひとつとして準備されたのが成年後見制度であり、果たして「理念としての自己決定」と同レベルでの論議ができるものか、なお課題が残るところではないだろうか。「意思」

を表出する機会としての「自己決定」が、支援の実践において抽象的に理念として受けとめられるだけではなく、「自己決定」の実態を解明し、「意思」を表出する機会となるよう具体的な行動を想起できる手立てとして構築する必要があるのではないだろうか。

その意味で、ＭＣＡが取り組もうとしている「意思決定能力」と「意思決定過程でのサポート」の相互の力を培う機会をどう実現できるかは、示唆的である。

「法としての人」と「生活する人」の統合は「身上監護」という脈絡だけで可能とはいえない。日本における後見と同意の不要という課題にも、決して「意思決定能力がない」としてサポートの手を休めてはならないことも明らかであることを問いかけることになる。すなわち、意思決定への援助は支援の質を担保できるという発想から、どのような緻密な「何をするか」を設定できるのか、具体化していくことが求められるのではないだろうか。意思決定は成年後見制度に限定された課題ではない、権利擁護という枠組み全体から、今何が求められているかを明らかにする必要があるであろう。そこにソーシャルワーカーの役割が期待されている。

最後に、まだ、ご意見を伺う機会はあるだろうと悠長に構えていたことが悔やまれます。佐藤進先生からこれまで賜りました柔軟で、寛大なご指導の数々に心から感謝申し上げます。ありがとうございました。心よりご冥福をお祈りいたします。

15　ネパールの高齢者福祉制度と〝sewa（世話）〟という規範

中村律子

はじめに

本稿では、これまで紹介されることのなかった、ネパールの高齢者施設を中心に高齢者扶養の現状を紹介するとともに、高齢者扶養の根底にある sewa という観念の重要性と可能性について考えて見たい。ネパール語の sewa はサンスクリット起源で、子供や親の世話のことを意味しており、発音も意味も日本語とよく似ている。

国家による高福祉高負担社会か、市場原理による自助努力社会かという両極端の議論に対して、近年ではあらためて地域固有の社会福祉のあり方、ことにエスピアン・アンデルセン（二〇〇三）などを中心にアジア福祉国家あるいは福祉国家の東アジアモデル研究が注目を集めている。それらの研究では、日本・韓国・台湾を中心に、香港やシンガポールも加えられ、国家的な所得保障や社会サービスに代えて、企業、家族、コミュニティなどの非政府機関が福祉供給主体となるという東アジア福祉国家の特質を明らかにし、その可能性に着目する。

このように、日本でも欧米でも日本を含む東アジア福祉国家モデルの研究が蓄積されているものの、これまでは、ヒンドゥー教とカーストに特徴付けられる南アジア、とりわけネパールに関心が払われることはなかった。二〇〇六年、第一一三回社会政策学会の第七分科会において、Ghan Shyam Gautam 氏によって、おそらく日本でははじめて、ネパールにおける社会保障の紹介がなされた。氏の報告は、一九六二年に発足したＥＰＦ（Employee's Provident Fund）に関する報告が中心であった。ＥＰＦは、もともと公務員のための制度であり、一九九〇年に民間事業所の従業員にも拡大されたものの、全労働者の二・八％であり、大半は公的扶助によってカバーされていると報告されている。しかし、氏の報告においても、ＥＰＦの改革をもとに社会保障制度全体の再設計が課題と指摘しているのみで、「社会福祉」やまして高齢者問題に対応するセーフティーネットに関する内容は紹介されることはなかった。

それは、ネパール社会に高齢者問題が無いことや高齢者福祉制度が皆無ということでもないし、高齢者福祉研究が行われていないということでもなく、ネパール社会が置かれている国家的状況、社会経済的さらには文化的、宗教的な背景が影響していたのである。ネパールは、「最貧国」とされており、政府は自国の社会政策を独自に決定するのではなく、むしろ、国際機関や援助国の方針に大きく影響されるという背景がある。度重なる政治不安や民族紛争などの政治的歴史的状況も大きいし、さらには、六〇以上の多民族が暮らす社会では、文化、宗教、慣習、カーストやジャートなどの身分制などの文化的・社会的文脈のなかで価値観や規範が形成されるという複雑なベースをもっていることも、ネパールにおける福祉、ことに高齢者福祉の議論を困難にしているのである。

このように複雑でさらに複雑化しつつあるネパール社会における高齢者と彼／彼女をとりまく問題を考えるためには、民族ごと、宗教ごと、地域ごとにそのあり方を記述するという方法が有効であるが、民族や宗教、地域を越えて拡がりつつある動きや規範に着目することも有効であろう。ここでは、その事例として sewa という規範、もしくは運動に着目する。家族や近所、地域などの実体的なコミュニティ規範だけではなく、より普遍的な人間の生の原理でもある sewa という観念、その実践のあり方は、世界規模で進むグローバル化の影響を受けて、新たな連帯論や互酬性、相互扶助的、相互補完的関係など、他者の生への保障、一人ひとりが排除されることなく、救われ活かされ、包摂されるセーフティーネットが求められている現在、そのヒントを提供できるのではないかと思う。以下では、ネパールにおいて、私たちと共同研究を続けているＮＥＣＲＩ[1]との研究成果に負いながら考えていこう。

（1）Nepal Environment and Culture Research Institute（ＮＥＣＲＩ）は、二〇〇一年、日本の大学院留学経験（修士課程修了）のネパール人六名と日本人一名からなるネパール環境文化総合研究所で調査研究のほか通訳や翻訳を行っている。

一　高齢者をとりまく状況

ネパール語では、高齢者をしめす「Jesttha Nagarik ＝ジェスタ・ナガリク」（尊敬に値する年齢の高い人）という言葉があるが、通常はバジエ（おじいさん）、バジェイ（おばあさん）、もっとくだけた表現としてはブリ・ブラ（ばあさん、じいさん）という言葉が使われる。

ネパールでは、伝統的に「親の sewa は子がみる」と考えられているため、老いゆく親の sewa は子どもが見るのは当然という家族規範が徹底している。したがって、高齢者の扶養問題も、個々の家族、子どもによって解決されるべきものであり、社会保障、社会福祉、高齢者福祉という考え方は、一般の庶民には馴染まないという状況が長く続いていた。子が老親を sewa するという場合、主として、息子である。息子のなかでも長男が老いた父・母の sewa をおこない、老父が亡くなった後に残された老母の sewa は次男が見るということが慣習である。こうした慣習では、男子がいない場合、たとえ子どもがいてもその子どもが女子（娘）の場合は、嫁いでいる娘と同居するなどして sewa を受けることはできない。この慣習は今も続いている。したがって、子どもの有無とその子どもが男子か否かで、老後の世話や面倒は異なっているという社会的文化的状況にある。

ネパールの高齢者の生活は、「朝六時ごろ起きて、屋上から神様を拝んで、お茶作って、時間があったら野菜を買いに行ったり、ちょっとおしゃべりします。孫たちの学校へ行く時間になったら一緒にご飯を食べます。その後、長男にご飯を食べさせるために交代で店番をします。他に仕事はありませんから気持ちいいです。お嫁さんは家事をやります」(2)というように約三〇人から四〇人の大家族のなかで、祖父母、父母、長男夫婦、未婚のキョウダイなどと生活し、孫の世話、家の仕事を手伝うなど高齢者にできる役割を担いながら、家族から世話を受けるという高齢者が「一般的」とされている。

また、退職後の生活も「（今の教師の仕事は）六五歳まではできます。その後退職金ももらえます。退職になっても私は何も仕事をしないでいたくないです。samaj sewa（社会的活動）や宗教的な活動などのことをしていきたいです。家だけの仕事をしていくつもりはありません」(3)と、老後の生き方や生きがいを語る。このように、ネパールの高齢者は、大家族のなかで家族や親族、地域社会において、それぞれの役割や宗教的な活動によって、「世話を受け、世話をする」といった生き方、老後観、幸福観を持っている。

しかしながら、現在のネパール社会における高齢者の置かれている状況は、「貧困」の問題ばかりでなく、近代化・民主化の過程で、都市部では、家族形態の変化がみられ、老親の世話・扶養にも影響が生じている。これまでは、老親の世話や扶養は、家族が中心に行い、その家族を近隣がサポートしてきた。また、家族や近隣からも外れた、家も身寄りもない貧困な高齢者は、唯一の政府の老人ホームであるPashupati Briddashram（パシュパティ老人ホーム）での保護、もしくは近隣の寺院で保護されていたのである。しかし、最近では、家族や近隣からもサポートを受けない（受けられない）独居の高齢者の存在（世話・扶養をする男子がいない）、長男夫婦と同居していても共働きのため日中は一人となる高齢者、虐待（財産をとられる、虐められるなど）される高齢者や、子どもが遠方にいて世話・扶養を受けることができない高齢者などが増加している。

また、人口の高齢化は、ネパールも例外ではなく確実に進みつつある。ネパールでの最新のデータである二〇〇一年の人口センサスによると、ネパールの人口は二三〇〇万人で、六〇歳以上人口は六・五％で約一五〇万人、六五歳以上人口は四・二％であり、平均寿命は男性六〇・八歳、女性六一・〇歳である。

このように、以前は先進国特有の問題として取り上げられていた事象が、ネパールの高齢者にも表面化するなど、高齢者をとりまく状況は大きく変化してきている。

（2）Nepal Environment and Culture Research Institute（2008）『ネパール社会における幸福調査』所収のインタビューより
（3）同右

二　高齢者関係の施策の実態

このような人口高齢化と高齢者をとりまく問題に対応するため、一九九〇年代後半から、ネパールでも政府によって高齢者関係の政策が制度化され始めてきている。ここでは、現在の施策の動向を概観しておこう。

ネパールでは、United Nations Principles for older Persons 1991, Macau Plan of Action on Ageing 1998, Madrid International Plan of Action on Ageing 2002、以降の高齢者に関する国際的な動向を見据え、高齢者関係の政策を確立する方向が模索されてきた。上記に明記された提言内容をネパールの状況に対応して段階的に実施するための国家実行計画がたてられてきている。国家実行計画には、高齢者の生活の充実、高齢者の知恵の活用、社会の進展を享受できるような生活インフラの整備、新世代には高齢者に対する尊敬と義務感をもたらすこと、高齢者の権利、福祉、安全、および経済的、社会的保障の環境を整備することが強調されていた。二〇〇二年のマドリッドで開催された国連の「第二回高齢化問題世界会議」への参加を契機に、「第一〇次五カ年計画（二〇〇二〜二〇〇七年）」には、高齢者に関する施策内容が提示されている。この計画は、一九九五年の「第九次五カ年計画」の反省点（予算不足、法的管理ができなかったこと、アクションプランやネットワーク化の不実行）を踏まえての国家政策の具体的な提言となっている。主な高齢者関係の施策内容をみると、1．高齢者の経験および知恵を政策に取り入れる（政策策定、雇用、参与など）、2．高齢者の権利や経済的社会的保証のための法律、規則、実行計画を策定し組織化する、3．高齢者のための社会保障および高齢者の地域活動の推進などである。具体的なプログラムとしては、高齢者に関する法律の策定、国家実行計画を用意し具体的なプログラムの実施、コミュニティに高齢者のための宗教的、娯楽的、講演などのプログラムを展開できるようなセンターを設置する、高齢者を尊重するPRやキャンペーンを行う、交通や健康分野での特別割引制度を設ける、高齢者手当を充実させる、高齢者福祉基金を作る、Secondary School の教科書に高齢者の権利、義務、責任、看病、安全、文化的価値を取り入れる、県や中央部、開発地域の私立病院内に老人病棟を設置するなどである。

これらの「第一〇次五カ年計画（二〇〇二～二〇〇七年）」をさらに発展させることを目的に「暫定三カ年計画」（二〇〇七／〇八～二〇〇九／一〇年）が公表されている。具体的な内容としては、ネパール七五郡に高齢者健康治療サービスプログラムの実施、老人ホーム、老人デイケアセンターなどの設置・運営などが明記されている。また、高齢者に関する活動を組織している体制強化、実施組織として民間、現地機関、非政府組織、コミュニティ内の相互扶助機関と政府の連携強化、介護や看護を必要とする老人ホーム（Geriatric Home）の整備などである。また、高齢者関係の組織として高齢者福祉協議会を設置することも目的としていた。

しかしながら、多くの施策が、不安定な政治状況と財政不足を理由に実施されていないのが実態である。なお、二〇〇九／二〇一〇年度予算は、二八五九、三億ルピーで、社会保障部門に七七、八億ルピーとなっている。主として高齢者、寡婦、少数民族集団、障害者を対象とした給付金を給付している。その中で高齢者の手当についてみると、一九九九年から開始された七五歳以上の高齢者への高齢者手当（Briddha Bhatta）は月一〇〇ルピーだったが、その後、月二〇〇ルピー（六〇歳以上の寡婦には一五〇ルピー、六五歳以上の寡婦には二〇〇ルピー）になり、二〇〇九年八月のマオイスト政権時に五〇〇ルピー（六〇歳以上の寡婦および七〇歳以上の高齢者）に増額され、政権が交代した現在でもその高齢者手当は続行されている。また、五つのモデル地区に老人ホームの増設やデイケアセンターの設立などが活発化している。ただ、後述するが、政府の高齢者施設は一箇所（Social Welfare Center Briddashram 通称 Pashupati Briddashram、通常は Pashupati とよばれているので、以下 Pashupati とする）のみで、多くはＮＧＯや民間団体、個人篤志家が設置・運営しているのが現状である。政府に登録している場合は年間補助金（一〇万ルピー、二〇〇九年八月からは、四〇万ルピーへ）を受けることができるが、登録していない場合は、政府からの補助はなく、運営はすべてＮＧＯや民間団体、個人、海外からの寄附に依存している。

以上、ネパールにおける高齢者福祉政策を概観してきたが、不安定な政権と財政不足から、高齢者福祉制度・政策の確立は中断されているなどが実情であり、高齢者福祉政策はプランのままで、ネパールにおける高齢者の生活や福祉には反映されていないというのが実態である。それでも、高齢者手当や高齢者関係施設の建設、治療費の補助も進みつつある。しかしながら、高齢者手当受給や施設利用に当たっては、必要書類を作成し行政機関に申請しなければならない（申請主義の問題）、地方に住む高齢者にとっては行政機関には自宅から四、五日歩いて行かなければならない（行政庁の点在、交通アクセスの未整備）、高齢者のなかには文字が読めない、書けないといった問題（リテラシーの不備）もある。このようななかで、最近、ネパール政府が取り組み、さらには、ネパール社会でも新たに sewa を受ける場所として認識されつつある高齢者関係施設をとりあげ、ネパールにおける高齢者福祉のその現状、特質、問題点を検討しよう。

三　高齢者福祉施設の実態

ネパール全体での高齢者施設数は不明である。政府による統計的把握ができていないという問題と、個人の宗教的な活動からボランティアで一〇人から二〇人ほどの高齢者を自分の「家」を改築してsewaをしているところまであり、把握そのものが困難という実態がある。ただ、NGO団体によると、一五〇万人の高齢者の中で約五〇〇人が入居しているとの報告もある。(4) 以下に取り上げる高齢者施設は、ネパールでの唯一、一カ所設置されている政府の施設であり、もう一カ所はネパール政府に登録している民間の施設である。(5) この二カ所によってネパールにおける高齢者施設の特質を一般化することにはならないが、そこからは様々な示唆を得ることができる。

(1)　Pashupati＝(Social Welfare Center Briddashram (Elderly's Home))

Pashupatiは、カトマンドゥ市内東部に位置し、ネパール最大のヒンドゥー教寺院であるPashupatinathに隣接している、一八八一年に設立されたネパールでも最古の保護施設である。Pashupatinathは、聖なるガンジス河の支流であるバグマティ川の川岸にある寺院で、ネパールのヒンドゥー教徒の聖地である。この川岸では、沐浴する人々の傍らで、荼毘に付された遺灰がバグマティ川に流される儀礼も日々繰り広げられている。Pashupatiで過ごす高齢者は、まさにヒンドゥー教の神々のもとで静かに最期を迎えることができ、またPashupatiはそのような場の象徴ともいえる。しかし、高齢者の中には「Pashupati（パシュパティ）には行きたくない」「子どもがいない、家族から棄てられた、身寄りのない年寄りたちが収容されているところ」といった抵抗感、同情と哀れみの施設としても認識されている。この複雑な認識の背景には、先述したように、ネパールでは子どもや家族とともに暮らすといった強固な家族規範とともに、「生活困窮」という入居要件、規則厳守の生活、老朽化した建物設備などもあるのであろう。

入居者数と入居要件　二〇一〇年三月現在の入居者は二三〇名（男性九四名、女性一三六名）で、六五歳から最高齢は九八歳である。入居の条件は、①六五歳以上であること、②身寄りがなく経済的に困窮していると判断されていること、③日常生活は自立していること（視覚や聴覚、身体に障害がある人は入居不可、ただし、アルツハイマー症は入居可能）、④地区役場 ward officer 宛てに入居希望の手紙を提出し、入居者の条件を満たしているか検討され、条件を満たした場合は Ministry of Women, Children and Social Welfare 宛に書類を提出する。そこで入居妥当の判断が出ると政府から施設に書類が送られ、施設側が本人と面会して入居が許可される。つまり、入居の可否の判断は、施設側ではなく、ネパール政府が行う。しかし、規則違反や書類に疑義があった場合は、施設側から本人に退所を求めることが出来るようになっている。なお、政府の施設であるため、カーストや宗教に関係なく利用できる。

運営費　この施設の運営費は、ネパール政府からの年間九一〇万ルピーである。入居している高齢者の日常生活費（食費、被服費、医療費、光熱費）および、職員（二〇名）の給与などの人件費に充当されている。なお、ネパール政府による公的施設なので、高齢者の入居料は無料である。また、高齢者一人当たりの食費は月額二五〇〇ルピーである。また、Pashupatinath に隣接しているため、Pashupatinath の寺院参りの時や、ヒンドゥー教徒だけでなく国内外のボランティアや一般人から、医務室の薬の寄附、衣類や寝具の寄附、食費の寄附、食料や果物の寄附も少なくない。政府からの運営費だけでは不足している部分をこうして寄附、ボランティアなどの sewa によって支えられているのである。

職員構成とケア体制　職員は二〇名で、所長（一名）、事務長（一名）、会計（一名）、スタッフナース（一名）は政府関係者で専任職員である。その他、清掃係、調理係、介護・看護係が数名配置されている。連携病院より、週三日（日・火・金）の午前中に、一名の看護師がボランティアとして、治療行為を行っている。また入居後、寝たきりやアルツハイマー症など健康状態が悪化した高齢者を専用にケアする居室が別棟にあり、三五ベッドが用意されている。専任のケアスタッフだけでなく、比較的元気な高齢者やインドのマザー・テレサの意志を継ぐMissionaries of Charityのシスターたちが、彼／彼女らの世話を担当している。現在二九名がケアや看護を受けている。このように入居者二四〇名（内、二九名は介護・看護が必要）に対し二〇名の職員配置では厳しく、国内外のボランティアが常時活動しているのも、大きな特徴である。また、今後の課題としては、夜間の当直者が一名しかいないなど、夜間の職員体制強化への希望が入居している高齢者からも出されており、検討されているとのことである。

日課　入居している高齢者の生活は基本的には自由ではあるものの、午前七時から九時と午後五時から七時の合計四時間は、入居者全員にお経を読むことを原則として義務づけている。その他は、食事の時間以外は、ヨガやお寺参り、各自の衣類の洗濯、水浴び、テレビを見る、健康な人は糸をつくり収入を得ている人もいる（収入の殆どは、お寺参りの時のローソク代に使うそうである）。外出は許可制で、外泊はできない。

建物設備　建物は二階建てで、一階には、事務所や医務室とともに、スタッフの見守りが必要な心身に障害がある高齢者を中心に二人部屋や三人部屋の小部屋がある。二階は、一部屋に二〇名のベッドが配置されている部屋が八部屋ある。部屋といっても部屋毎にドアがあるわけではなく、またベッドとベッドの間にも間仕切りはない。各自のベッドは両側の窓側に向かって縦横に配置されている。また、窓辺を利用して各自で祭壇を設け、お経を唱え祈りをささげ瞑想する場を確保している。各自が信仰する宗教の神様のポスターや写真も飾ってある。入居にあたっては最小限の荷物しか持ってこられないため、ベッドの枕元や足元には所狭しと、衣類、ティーカップ、薬ボックスなどの各自の持ち物が置かれている。各部屋の中央にはテレビがある。二階に上るには、急な階段を利用せざるえないことや、トイレは建物の外にあるため、夜間のトイレ移動には、電灯がない薄暗い階段の上り下りは危険を伴うとのことである。かつては食堂もなかったが、半年前に、通路に屋根を設け、食事場所を確保したとのことである。このように高齢者が住む場所としては問題の多い建物設備である。一二〇数年前のままの建物設備であるため、入居者の中には、トイレの問題やスロープの必要性を訴えているが、Pashupatinath が世界遺産に登録されているため、Pashupati もまた改築や改造することができないという制約がある。事務局長の話によると、これらの問題を解決するために、移転の話があるが、入居者の多くがヒンドゥー教徒にとっては聖地である「この場所を離れたくない」との意向が強く、Pashupatinath 近辺での新たな建築が議論されているとのことである。政府の施設であるため、近代的な設備と専門的ケア体制の充実が望ましいが、移築や移転の話は不安定な政権の問題から中断しているとのことである。

sewa する／される入居者　結婚したが子どもがいないことや夫のDVのため離婚し、メイド先の主人から、メイドの仕事が出来なくなったため、Pashupati を紹介され入居した女性の高齢者（七四歳）は、「八年前に入った最初の三ヶ月は、哀しくて泣いて暮らして居た。しかし、ここの生活に慣れてくると、夫のDVから開放されて、毎朝・夕にヒンドゥー教の寺院にお参りができることが何より幸せ」「食べるものや着るものに心配ない」「友人も出来たし、この中で困っている人を sewa することが生きがいになっている」と、ここでの生活を語る。結婚後二〇歳の時に単身でインドに出稼ぎに出て四〇年ぶりにネパールに帰国したが、すでに妻も死亡し、死亡した実父の財産の分与もなく、実弟は地方にいるため、生活が出来なくなり三年前に入居した男性（六八歳）は、一年半ぐらい前から、別棟のケアや看護が必要な二九名の sewa をおこなっている。また、夜間には自分の部屋の他の入居者のトイレ誘導や sewa もしている。さらには別の寺院で sewa を受けている高齢者へのボランティアも週一回行っている。「ここでは、健康な者が、助けが必要な人の sewa をするのは当然」という考えを持っている。

上記の二人の高齢者の過ごし方や考え方が、Pashupati の高齢者のすべてにあてはまる訳ではない。自分の意図に反して入居させられた高齢者の場合は Pashupati での生活に馴染めず「帰りたい」と不安定な精神状態にある高齢者もいるし、無断外泊や外出先から戻らず行方不明になった高齢者も少なくないそうである。こうした心理的精神的および生活問題を抱える高齢者に対応する専門のカウンセラーもソーシャルワーカーも配置されていないが、入居者同士の支えあい、ボランティア、スタッフとの連携によって、Pashupati の高齢者たちの生活が支えられているといった sewa の実態がみられる。

(2)　Nisahaya Sewa Sadan

設立背景　日本語に翻訳すると、「助けのない人を世話するホーム」ということである。場所は、カトマンドゥ市内の Shanti Nagar, New Baneswor。ネパール政府には、一九九一年に登録している。Nisahaya Sewa Sadan の設立背景をみると、社会活動家で、チャイルド・ケア・センターの設立者でもある Mrs. Sagun Shaha 氏によって設立された施設である。チャイルド・ケア・センターの実績が評価されるなか、近年のネパールの高齢者の置かれている厳しい状況に対応するために世話をする場所（土地）を検討した結果、様々な支援団体の支援が期待できることとなり、五〇〇ルピーからスタートしたとのことである。施設建設にあたっては Mrs. Sagun Shaha 氏より一〇〇万ルピーの寄付金があった。当初は、高齢者と孤児を保護するホームを作る予定だったが、高齢者のみを対象に保護しケアする施設として、現在に至っている。

入居者数と入居要件、入居手続き　一九九一年の設立当時は一人の利用者（現在死亡している）よりはじまった。二〇一〇年三月現在の利用者は三五名（男性一二名、女性二三名）。入居するための条件は、①豊かな家族であっても精神的に虐待を受けている者、②身寄りのいない者（主人あるいは子どももいない）、③子どもは娘だけがいて娘の嫁ぎ先の義理親と実家の親との世話を同時に行うことが難しくて、娘の薦めによって入った者、④子どもがいても虐待あるいは、苛められた者、⑤夫は再婚してしまい、共同生活できない者、⑥他人の家でずっと働いていて、高齢になって、働けなくなった者となっている。

入居手続きは、本人が住んでいる行政区役所から戸籍書をもらい、それとともに、住んでいる行政区役所から

「助けない人と明記された推薦書」および本人の「申請書」をそえて、直接、当ホームに申請する。入居が許可されれば入居できる。文字が書けない人には、行政担当者が代筆することもあるそうだ。

運営費　主な運営費は、ネパール政府より年間一〇万ルピー（二〇〇九年八月から四〇万ルピー）、会費（一般会費は年間一〇〇〇ルピー、一生会費五〇〇〇ルピー）、入居者からの寄付金（これまで、経済的に裕福な利用者一六名より、入所の際一万ルピーから二〇万ルピーまでの寄付金があった）、海外の支援（スイス人のL・M氏による年間一〇万ルピーの寄付金。これは、スイスの老人ホームの利用者から各人一ドル当たりを集めて得たもので、特に、入居者の健康治療に使用するように依頼されている）。ネパール政府からの年間補助金では、食費や被服費には不足しており、会費や入居者からの寄付金、海外支援によって、なんとか運営できているというのが実態とのことである。

また、運営費は、職員の給与など人件費にもなっている。入居者の利用料は無料である。

職員とケア体制　職員は、事務員（一名）、ケア係（一名）、ナーシングスタッフ（一名）、料理係（二名）、掃除係（一名）、洗濯係（一名）、警備係（二名）、利用者のお寺でのお経、お祈りと瞑想のため宗教関係（一名）の一〇名である。なおケア係は、最低でもソーシャルワーク系大学（カレッジ）などの卒業者であるとしている。事務員以外で、ケア係や料理係などは老人ホームに居住している。

また、ボランティアやソーシャルワーク系大学（カレッジ）からの実習生も受け入れている。日本から、三ヶ月のボランティア学生を受け入れた経験がある。また、コミュニティの様々な団体やライオンズクラブなどからの人的支援もあり、職員不足を解決するだけでなく、入居者とのコミュニケーションや支援において重要な一端を担っているとのことである。

昨年まで、カトマンドゥのOm Nursing Homeの職員たちがボランティアで運営しているパウラキ・ハート治療機関より月一回無料治療サービスが提供されていた。しかし、現在は、この活動が中止している。中止の理由は知らされていない。

日課　日々の生活は、午前五時から七時の間に起床し簡単な運動を行った後は、午前七時から八時半が宗教的な講演または瞑想の時間、午前八時半から九時が朝食の時間、十一時までは食後の自由時間で、引き続き午後二時まででも個々人で自由に過ごす。この時間では、テレビを見る人、木の葉でボウルのようなもの（お供え物を入れる器）を作る人、糸を撚って芯を作る作業（収入が得られる。一〇〇ルピー）、Pashupatinath の寺院参りへ行く人など多様な過ごし方をしている。午後二時には、軽食の時間、午後二時から午後五時半までは、また自由に過ごす。午後五時半には夕食で、夕食後は、お経、瞑想の時間となっている。なお、毎週水曜日の午後二時から三時までは全員がお経を読む、太陽暦の各一日にはお経と宗教的な講演を行っているとのことである。

建物設備　三階建てのコンクリートの建物である。一階〜三階の各階には、二人部屋が四部屋、個室が二部屋である。三階に事務所がある。各階にトイレが設置されている。台所と食堂は別棟にある。宗教的な講演、瞑想の時間も、別棟で行っている。主として二人部屋で、経済的に裕福な高齢者は個室で生活している。利用者本人の寄付金によって部屋を建設している人、八畳ほどの個室にはバスルームを整備している人もいる。各自の生活道具を揃え、家のように生活をしている。各自が信仰する宗教の神様のポスターや写真、祭壇、家族の写真なども立てかけてあった。また、各部屋のドアには利用者名と年齢が掲示されている。

エレベータの設置がないため、一階は歩行に困難な高齢者が生活し、二階以上は健康な高齢者が生活している。土地があるので、将来的には、利用者のための部屋を増やして五〇名が生活できるようにしたいこと、台所、食堂は狭くて、暗いため、台所や食堂を改築して、全員が食事できる場所を確保したいとのことである。

ケアし配慮する共生関係　高齢者の中には、数奇な運命をたどり、最期を迎えている人が少なくない。息子がなく、娘だけがいて、娘も嫁ぎ先の家庭の世話のために、実家の母親の世話ができなくなったため娘から当ホームに入れられた高齢者。子どもがいないため、主人が再婚してしまい、共同生活ができなくて当ホームに入居した高齢者。息子や、家族と土地の問題でトラブルが生じ、同居生活ができなく自分で入居を希望して生活している高齢者。九歳の時に二六歳の男性と結婚したが、子どももいなく夫が他の女性と結婚して離婚させられて一人になった高齢者。家を造るための土木作業労働を続け家庭を持つことができずに独身生活を送ってきた高齢者。裕福な結婚をしたが、親戚にだまされて財産は親戚に奪われてしまった高齢者。

厳しい生活状況を送っていた高齢者にとっては、衣食住が確保され、宗教的な行事（ヨガや瞑想、お経を読む）で心静かな生活を送ることができる施設は終生の場所となっている。嫁いだ娘やその夫が面会に来るケース、宗教関係の儀礼への外出、家族・親戚や友人宅への外泊の制限はなく自由に往来することができるという環境にも満足度が高いとのことである。また、手助けが必要な高齢者には、同室者だけでなく仲の良い入居者同士で助け合っている。常時、ボランティアが入居者とともに掃除、洗濯、話し相手などの sewa が繰り広げられている。ここには、複数の民族、カーストのひとびとが、他者の生や苦悩の現実へケアし配慮する共生関係がある。

（4） National Senior Citizen Organization Netwok, Nepal へのインタビューより（二〇〇九年三月八日実施）

（5） Pashupati＝(Social Welfare Center Briddashram) および Nisahaya Sewa Sadan への訪問インタビュー調査時期は、二〇〇八年九月、二〇〇九年三月、二〇一〇年三月である。

おわりに

以上、ネパール社会における高齢者福祉政策や高齢者施設の現状を取り上げて考察してきた。

ネパール社会においても東アジア社会においても、老親の世話・扶養は、家族が中心に行い、その家族を近隣がサポートし、それらのサポートが受けられないときに篤志家の私財や国際機関や援助国の助成金で運営されている老人ホームやデイケアセンターによって支えられているという形は、現在の多くのアジア社会にも共通した特質である。しかし、これまでみてきたように、ネパール社会ではこれらの根底にsewaという規範が根付いており、ネパール独特の老親の世話・扶養の仕組みが存在することを事例から理解できるだろう。sewaという規範が興味深いのは、sewaが家族や近隣のような実体的なコミュニティに内在する規範であるとともに、そのようなコミュニティを超えたところに敷衍される規範であることである（ここではそれをsewa型と呼んでおこう）。

とは言え、Briddashram（老人ホーム）やDay Care Centerについては、sewa型福祉施設として位置づくのか、それとも、欧米や日本などのドナー国の制度に近づいていくのか、現在はその過渡期にある。たとえば本稿では詳細は割愛したが、Day Care Centerについては、これまでこれらの施設の利用に対して否定的であった人びとの中からも、孤立感の解消や家族介護の負担軽減から積極的に利用しようという高齢者やその家族も現れてきている。裕福な高齢者専用のBriddashram（毎月六〇〇〇ルピーの利用料、入居時に三ヶ月分＋一万ルピーのデポジットを支払う）も出始めており、海外で生活する子供たちの老親や裕福な高齢者が入居している実態がある。このようにグローバル化のなかで、確実に、高齢者とその家族の置かれている状況に変化が生じているのである。(6)

このような新たな動きに対して、近代的な建物設備や医療や福祉の専門的ケアサービスの充実を要望する高齢者や施設運営者・スタッフも多い。しかし、その要望は、国政の事情から達成されていない。現行の不十分さをけっして良しとは考えていないが、施設での生活には、ヨガや瞑想、お経を唱えたり祈りの時間があり、もめ事や諍いなどを仲裁する高齢者同士の人間関係があり、健康な高齢者が心身の不自由な高齢者を世話する相互行為あり、入居している一人ひとりが救われ活かされる静かで豊かな時間が流れていることも事実である。また、政府の補助があっても少ない支援のなかで、宗教関係者や篤志家、コミュニティ、個人の寄附金や寄附の品物、裕福な（裕福でなくても）自分の経済的に支払える範囲で施設へ寄付をする、宗教団体や医療機関のボランティアによって運営や医療・ケアのサービスが支えられている。それらは宗教的な価値に支えられたsewaという規範に支えられており、施す／されるという関係は、sewaする／されるの関係そのものであり、慈善とは異なるばかりでなく、私たちがすでに当然の理念としている権利／義務の関係とも異なる独特の形態である。このようにネパール社会のBriddashram（老人ホーム）やDay Care Centerの存在には、先進国型の高齢者福祉としての老人ホームによる扶養とは異なった特質が見いだされるのである。

今後、ネパール社会における扶養やsewaを是とする規範や価値観が、これからのどのように変容しどのような関係性へと展開するのか、それが国家的な施策や、市場原理に基づく福祉施策とどう折り合っていくのかについては、さらなる研究が必要である。(7) しかし、そのsewa型が、現在、エスピアン・アンデルセンなどによって注目され、東アジア型社会保障・社会福祉・高齢者福祉の特質と指摘されている家族第一主義とは重なりつつも、家族を超える原理であることも確かである。それが家族や地域という実体的なコミュニティを超えた規範であり得ることが、家族や地域社会の解体がすでに問題になりつつある現在、家族の補完、あるいは「残余的社会福祉」というパースペクティブを超えた可能性を私たちに示しているように思う。

(6) 本稿では、主として都市部での高齢者施設ならびに、高齢者の置かれている位置づけ（家族形態の変化）に着目してきたが、農村地域でも、若者の都市への流出や海外出稼ぎなどによって過疎化・高齢化の問題が指摘されてきている。都市部とは違い、「先進国型」の高齢者福祉サービスが確立していないため、これまでの「sewa型」の機能が低下してくれば、農村での高齢者福祉はより厳しい状況に直面するといえよう。

(7) 本稿ではsewaの文化を紹介することに力点をおいたため、sewaの抑圧的な側面については記述してこなかった。イエやコミュニティにおいて、子どもは老親を（嫁は義父母を）sewaする義務があるというように、sewaが非常に強い足かせ・縛りなどとして規範化される側面にも注意しておく必要があろう。ネパールにおける「sewa型」には、社会的・宗教的な意味での「徳」の側面と「コミュニティ」や世間との関係に内在する「縛り」の側面があり、それらが共存している実態を見据えた分析が重要である。その点については別稿で論じたい。

〈参考文献〉
・埋橋孝文編（二〇〇三）『講座・福祉国家のゆくえ2　比較のなかの福祉国家』ミネルヴァ書房
・埋橋孝文＝木村清美＝戸谷裕之編（二〇〇九）『東アジアの社会保障—日本・韓国・台湾の現状と課題』ナカニシヤ出版
・田多秀範（二〇〇六）「東アジア福祉国家はいかに論じられるべきか」社会政策学会年報六六—七四
・Child and Women Development Center（2004）『A Study on Socio-Economic and Status of Community Elderly people』
・『Nisahaya Sewa Sadan のパンフレット』（二〇〇八）
・『Social Welfare Center Briddashram（Elderly's Home）パンフレット』（二〇〇九）

謝辞：今回のインタビューでの通訳、資料収集・翻訳については、共同研究をしているＮＥＣＲＩ、ことにアルニ・バジュラチャルエさんにお世話になった。また、NGO-JICAジャパンデスク・ネパール・コーディネーターの黒坂佐紀子氏からは貴重なコメントをいただいた。記してお礼申し上げたい。

16　介護予防と地域づくり・まちづくり

市川一宏

一　はじめに

二〇〇五（平成一七）年六月に介護保険法等の一部を改正する法律が成立した。この改革の特徴の一つは、持続可能な介護保険制度の構築をうたい、予防重視型システムへの展開を目指したことである。具体的には、要支援、要介護一と認定された軽度者に対するサービスをより本人の自立支援に近づけるために、地域包括支援センターが介護予防マネジメントを実施し、さらに新予防給付として、筋力向上、栄養改善、口腔機能向上等を組み入れ、介護保険の給付に位置づけた。同センターは、利用者の個別性に着目した目標の設定、自立を支援するプランの作成、サービス利用の定期的チェックによるモニタリングを行うとされた。また現行の老人保健事業と介護予防・地域支え合い事業を見直し、効果的な介護予防サービスを提供する「地域支援事業」として介護保険事業に組み入れたのである。ちなみに地域支援事業は、要支援・要介護になるおそれのある地域の高齢者を対象に、運動器の機能向上、栄養改善、口腔機能の向上、閉じこもり予防・支援、認知症予防・支援、うつ予防・支援を内容とする介護予防事業と、総合相談、権利擁護、包括的・継続的ケアマネジメント事業、介護予防ケアマネジメントを総合する包括的支援事業、そして家族介護支援事業等を内容とする任意事業で構成されている。

これらの改革は、今後の要支援・要介護高齢者の増加に対応した介護保険制度の維持を図るだけでなく、本来の高齢期の生き方、生活の質を目指したものである。そもそも介護保険法には、「その有する能力に応じ自立した日常生活を営むことができるよう、必要な保健医療サービス及び福祉サービスに係る給付を行う」（第一条）と規定され、また第四条では、国民の責務として、健康の保持増進の努力と要介護状態になった場合においてもサービスの利用により、もっている能力を維持向上するように努めることが求められている。

さらに改革の最終地点が見えてきた二〇〇五（平成一七）年七月、介護予防に関する各研究班の「総合的介護予防システム」「運動器の機能向上」「栄養改善」「口腔機能の向上」「閉じこもり予防・支援」「認知症予防・支援」「うつ予防・支援」マニュアル（案）が明らかにされた。とくに、総合的介護予防システムに関する研究班（班長：辻一郎東北大学大学院医学系研究科社会医学講座公衆衛生学分野教授）のマニュアル案において、以下のように記されている。「介護予防とは、単に高齢者の運動機能や栄養状態といった個々の要素の改善だけをめざすものではない。むしろ、これらの心身機能の改善や環境調整などを通じて、個々の高齢者の生活行為（活動レベル）や参加（役割レベル）の向上をもたらし、それによって一人ひとりの生きがいや自己実現のための取り組みを支援して、生活の質（ＱＯＬ）の向上をめざすものである。これにより、国民の健康寿命をできる限りのばすとともに、真に喜ぶに値する長寿社会を創成することを、介護予防はめざしているのである」

しかし、介護予防に関する検討内容と違って、筋力向上、栄養改善、口腔機能向上等の新予防給付が個々にとらえられ、またパワーリハビリを象徴とする個別サービスのみが強調されて論じられている場合も少なくないことに、私は問題を感じている。すなわち、介護予防は、保健医療福祉、さらには就労支援や環境、まちづくりという、人間の行動性と関係性を重視した総合的な施策としての側面を有しているのであり、新たな社会づくり、文化づくり、豊かな生活の創造をめざす重要な考え方ともなりうるものである。

以上の問題意識から、本論文では、政策としての介護予防の歴史的変化を検証し、介護予防のあり方を照射する基本的理念を述べ、その根幹となるまちづくりの視点を明確にしたい。

二　今日の介護予防に関する議論の背景

介護予防は、老化等を理由とする生活機能の低下を予防し、または維持・向上を図ることを内容とする。そのために、個々の生活習慣や生活環境、さらには各個人の健康に関する考え方、日々の生き方を含めて、検討することが必要である。したがって、専門家が各個人の状態を評価（アセスメント）して介護予防プログラムをサービスとして提供するといった取り組みだけでは自ずと限界がある。また、介護予防は、健康の維持、増進をめざすが、同時に「健康は、人生の目標ではなく、豊かな人生を築く手段である」という考え方に立ち、生涯を通した支援であることが不可欠である。なお、これは社会福祉法第三条にも規定されているように、「福祉サービスは、個人の尊厳の保持を旨とし、その内容は、福祉サービスの利用者が心身ともに健やかに育成され、又はその有する能力に応じ自立した日常生活を営むことができるように支援するものとして、良質かつ適切なものでなければならない。」という趣旨に則り、有する能力に応じた自立支援の取り組みとも一致する。

したがって、生涯学習、ボランティア活動や趣味・生きがい活動、日常的な仕事等を通して、自分らしく生きていくことができる受け皿が地域になければ、急激に心身の機能を低下させる閉じこもり等の孤立を防ぐことはできないし、せっかく回復した能力を維持することもできない。またそればかりか、交流や自己実現によって生活の質を高めたいという当然の機会が提供されないことにもなる。それらの意味で、介護予防は、介護保険給付の予防給付にとどまらず、個々の高齢者の生活の質、豊かな老後を目指す、幅広い内容をもつのである。

さらに、以下の点で、これまでの介護予防が、本来の目標に添うものであったか、検証される必要が生じている。

(1)〈孤立状態にある高齢者の増加〉孤立状態にある高齢者の数が、いっこうに減らないばかりか、高齢者人口の増加と相まって、増加している現状にある。

(2)〈老人保健事業の優先順位〉今までの老人保健事業は、参加意欲が高い者を中心として対象者が選定され、心身機能の低下等により閉じこもり状態にあって、参加できない対象者への対応が遅れ、事業実施効果が高い者を見過ごすというような負の成果も生じているという指摘もある。

(3)〈利用者のニードとのミスマッチ〉参加意欲が低い者に対しては、行政や専門家が一方的に働きかけた結果として、一方通行の関係、すなわち、利用者のニードに十分対応していないという指摘も否定できない。

(4)〈不十分な介護予防計画〉個々の高齢者に対する介護予防計画が不明確であったため、高齢者の自立意欲や残存能力の維持、向上をめざした支援が十分に行われず、廃用性高齢者を増加させたとの指摘がなされている。また継続的な支援がなければならないが、計画段階において、断片的なものとなっている。

(5)〈目標と手段の逆転〉介護予防を達成するための方法である機能訓練等が、あたかも事業実施目標にとどまり、地域における自立した生活の達成という介護予防の本来の目的が見失われてきている現状が、多くの事業において見られている。

(6)〈協働の成果〉介護予防を進めてきた保健医療福祉関係機関や人材、住民が、それぞれの役割を認識した上で、協働して取り組んでいくことが、介護予防において不可欠であるという認識がより強まったこと。特に閉じこもり状態は、様々な生活能力の低下をもたらす危険性がある。その状態から一歩外に踏み出すためには、住民や友人等の関わりや、訪問相談や情報提供、精神的支援を含めた働きかけが必要である。また物理的なバリアを取り除くことが、サービス利用や社会参加の機会を広げるのであって、このような多様なプログラムを提供することによって総合的に支援していくことの重要性が、実証されている。

これらのことから、確かに介護保険において、介護予防重視型への移行を強調し、また地域支援事業として再整理しようとする意図は十分首肯しうるものである。そこで、次章では、介護予防の展開として老人保健法成立時から今日にいたる施策を検証し、必要とされる介護予防について言及する。

三　介護予防に関する政策的動向

1　ゴールドプランと介護予防

一九八二（昭和五七）年に成立した老人保健法は、従来老人福祉法に規定されていた老人医療費制度や老人健康診査等を老人保健法として独立させ、予防施策として、おおむね四〇歳以降を対象にした保健事業を体系化した。具体的には、七〇歳以上の者および六五歳以上七〇歳未満の寝たきり老人等を対象にした医療給付と、おおむね四〇歳以上を対象とする健康診査、訪問看護指導、機能回復訓練等の保健事業を包括して規定している。

しかし、法定計画として、予防事業が明記された時期は、老人福祉法等の一部を改正する法律、いわゆる社会福祉関係八法改正が行われ、都道府県と市町村を単位とする老人保健福祉計画の策定が義務づけられた一九九〇（平成二）年である。老人保健福祉計画は、①サービスの利用者の把握、②必要なサービスの量的確保、③必要とされる専門的人材の養成と配置、④提供者の広がりに応じた責任体制の明確化、⑤施設と在宅の統合、⑥保健医療福祉の連携、等を目的とした計画であり、施設や在宅福祉サービス等の達成目標を明確化するとともに、地域における

介護予防に関する主な動向（ゴールドプラン以降）

1989(平成元)年　「高齢者保健福祉推進十か年戦略（ゴールドプラン)」
1990(平成２)年　「寝たきりゼロへの10ヵ条」
1994(平成６)年　「21世紀福祉ビジョン」、「新ゴールドプラン」
2000(平成12)年　介護保険法施行、「今後５か年間の高齢者保健福祉施策の方向」(ゴールドプラン21)、「介護予防・生活支援事業」(老人保健福祉局長通知)
2004(平成16)年　「介護予防・地域支え合い事業の実施について」(老人保健福祉局長通知)、「健康フロンティア戦略」、「老人保健法に基づく医療等以外の保健事業の平成17年度計画について」(老人保健福祉局老人保健課)
2005(平成17)年　介護保険法の一部を改正する法律成立、各研究班の報告書「総合的介護予防システムについて」、「運動器の機能向上について」、「栄養改善について」、「口腔機能の向上について」、「閉じこもり予防・支援について」、「認知症予防・支援について」、「うつ予防・支援について」、「介護予防事業に係る市町村介護保険事業計画に関する報告書」
2009(平成21)年　「介護予防マニュアル概要版」　＊（改革後の通知等は省略）

住民活動やボランティア活動との連携によるきめ細かな地域福祉の推進を目指した。

また老人保健福祉計画の指針となったものは、一九八九（平成元）年一二月に、大蔵大臣、厚生大臣、自治大臣の合意によって策定された高齢者保健福祉推進十か年戦略（以下、ゴールドプランという）である。ゴールドプランは、ホームヘルプサービス、ショートステイ、デイサービスを三本柱とする在宅福祉サービスの整備目標を数値化するとともに、在宅介護支援センターやケアハウス等の新しいサービスを提言している。

さらにゴールドプランは、「寝たきり老人ゼロ作戦」をうたい、「〈寝たきりは予防できる〉という意義を国民の間に浸透させ、二一世紀には寝たきり老人の新規発生はなくすることを目標として掲げて各種の施策の総合的な展開を図る」として、以下の重点課題を掲げた。①〈機能訓練の充実〉脳卒中後遺症の高齢者に対する機能訓練の充実と、場と移送の確保、②〈脳卒中情報システムの整備〉退院後に適切なサービスが円滑に提供されるように、医療機関から保健所を通じて市町村への情報提供、③〈介護を支える要員の確保〉ヘルパーの増員、在宅介護支援センターへの保健婦（現在の保健師）、看護婦（現在の看護師）等の在宅介護指導員の確保、さらに地域のボランティアである在宅介護相談協力員の設置、④〈健康教育等の充実〉「寝たきり老人」の原因となる脳卒中、骨粗しょう症、骨折等の予防のために健康教育、健康指導等の充実である。
ついで、一九九〇（平成二）年に、厚生省より以下の「寝たきりゼロへの一〇ヵ条」が出された。
第一条　脳卒中と骨折予防　寝たきりゼロへの第一歩
第二条　寝たきりは　寝かせきりから作られる　過度の安静　逆効果
第三条　リハビリは　早期開始が効果的　始めよう　ベッドの上から訓練を
第四条　くらしの中でのリハビリは　食事と排泄　着替えから
第五条　朝おきて　まずは着替えて身だしなみ　寝・食分けて生活にメリとハリ
第六条　「手は出しすぎず　目は離さず」が介護の基本　自立の気持ちを大切に
第七条　ベッドから　移ろう移そう車椅子　行動広げる機器の活用
第八条　手すりつけ　段差をなくし住みやすく　アイデア生かした住まいの改善
第九条　家庭（うち）でも社会（そと）でも　よろこび見つけ　みんなで防ごう　閉じこもり
第一〇条　進んで利用　機能訓練　デイ・サービス　寝たきりなくす　人の輪　地域の輪

2　新ゴールドプランと介護予防

(1)　二一世紀福祉ビジョン

ゴールドプランによる保健福祉計画の目標値を大幅に上回るニーズが顕在化していく一九九四（平成六）年に、厚生大臣の懇談会である高齢社会福祉ビジョン懇談会による「二一世紀福祉ビジョン」が出された。同ビジョンは年金、医療、福祉の割合を五：四：一から、五：三：二へとし、福祉サービスの整備目標値を上げた。と同時に、以下の三つの特徴を持っている。第一の特徴は、「個人の自立を基礎とし、国民連帯でこれを支えるという〈自立と相互扶助〉の精神を具体化していくためには、地域社会が持つ福祉機能を拡充、強化していくことが重要であり、地域を基盤とし、個人や家庭、地域組織・非営利団体、企業、国、地方公共団体などが各々の役割を果たす、総合的な保健医療福祉システムを確立することが必要である」とし、自助・共助・公助の重層的な地域福祉システムの構築を目指したこと。共助として、当時注目されていた住民参加型在宅福祉サービス供給組織の活動に着目し、「個人の自立的な相互援助活動、ボランティア活動や生活協同組合、労働組合等の非営利団体の地域活動は、地域社会においてきめ細かいサービスを展開するために大きな役割が期待されるものであり、政策的にもこうした地域の非営利活動を第三の分野として位置付け、それが活動しやすい条件づくりを行っていくことが必要」とした。また第二の特徴は、高齢者、障害者、子どもたちが安心して暮らすことができるまちづくりを提唱し、歩道、公共施設、交通機関等の物理的バリアフリー、点字、広報等の情報のバリアフリー、人と人との触れ合い・交流の機会と場所の提供を求めたこと。第三の特徴は、①保健医療福祉を通じた利用者本位のサービスの提供、②可能な限り在宅で自立した生活、③生活の継続性と快適性をめざした施設の療養環境の整備、④住宅対策、まちづくりの推進という新介護システムの理念を示すとともに、在宅福祉サービスの水準を例示し、新たなゴールドプランの作成を求めたことである。

(2)　新ゴールドプラン

同ビジョンに続き、①利用者本位・自立支援、②支援を必要とする高齢者やその家族等、誰にでも必要なサービスをあまねく提供するという普遍主義、③保健・福祉・医療等の総合的サービスの提供、④必要なサービスを効率的・効果的に提供するためには、高齢者個人に最も身近な地域（市町村）を中心に、体制づくりを行う必要性を強調する地域主義を基本理念とする新ゴールドプランが出された。

同プランの特徴を述べると、第一に、二一世紀福祉ビジョンを超えるサービスの目標値を設定し、二四時間対応ヘルパー、ケアプランの作成、緊急通報システムの整備、在宅介護支援センターの総合相談・ケアマネジメント等の新規事業を創設したことである。第二に、介護予防の関わりでは、要援護高齢者の自立支援施策として、「新寝たきり老人ゼロ作戦」を提起し、かつ配食サービス、緊急通報システムの推進を計画したことである。ちなみに同作戦は、①リハビリテーションマニュアルの作成と保健婦（現在の保健師）の訪問指導や機能訓練を通じたリハビリテーションと、脳卒中患者の退院後の援助計画を含めた地域リハビリテーション実施体制の強化、②食生活や運動等の生活習慣の改善指導、骨粗しょう症の予防等の健康教育を内容とする予防のための保健事業の充実、③地域における高齢者保健サービスの展開拠点である市町村保健センターの整備、④寝たきり老人の予防・在宅療養指導、痴呆性老人の在宅療養指導等を担う市町村保健婦（現在の保健師）の確保を提起した。第三に、二一世紀福祉ビジョンの考え方を敷衍し、シルバーハウジング等の高齢者対応型住宅の整備、バリアフリーのまちづくりの推進、民間サービスの活用を計画したことである。

3　ゴールドプラン21と介護予防

ゴールドプラン、新ゴールドプランに続き、一九九九（平成一一）年に「今後五か年間の高齢者保健福祉施策の方向」（ゴールドプラン21）が策定された。同プランの特徴は、第一に、市町村および都道府県に策定義務が課せられた介護保険事業計画および介護保険事業支援計画の内容を補強していることである。介護保険は、居宅介護支援事業者に対し、介護保険給付以外のサービスおよび住民やボランティア等の活動による支援を組み合わせた総合的な支援計画の作成を求めている。第二に、介護もしくは支援を要する高齢者とともに、自立した生活を営む高齢者すべてを対象とする計画であること。「地域生活支援体制の整備」において、「支え合うあたたかな地域づくり」を目標に、地域社会づくり、生活支援サービス、ボランティア活動等の推進、住民参画の推進等を示しており、同プランは、介護保険事業計画の内容の取り込みつつ、介護保険対象外のサービス・事業を含めた推進体制の整備を図るものである。第三は、予防、生きがいと社会参加を含めた総合的な政策体系と行政等の推進体制を組み込んでいること。同プランは、「元気高齢者づくり対策の推進」として、地域リハビリテーション体制の整備、介護予防事業の推進、生きがい活動の支援、社会参加・就労の支援を強化した。これは、介護予防・生活支援事業（二〇〇〇〈平成一二〉年五月、老人保健福祉局長通知）により具体化されている。第四に、幅広いサービスの担い手が参入しており、また措置から契約へと利用システムが移行している現状において、サービスの適正利用が保障され、権利が侵害されないよう、利用者保護システムの整備を重視していることである。

なお、介護予防・生活支援事業は、要援護高齢者、ひとり暮し高齢者、高齢者のみ世帯等を対象に、市町村が行う要介護状態に陥らないための予防的サービス、生きがいや健康づくり活動を内容とする。具体的には、①要援護高齢者およびひとり暮らし高齢者に対し配食サービスや外出支援サービス等を提供することによって、地域での生活を支援し、高齢者の保健福祉の向上を図る高齢者等の生活支援事業、②高齢者の経験と知識・技能を活かし、高齢者の生きがいと社会参加を促進するとともに、家に閉じこもりがちな高齢者、要介護状態になるおそれのある高齢者等に対し、通所等による各種サービスを提供することにより、社会的孤立感の解消、自立生活の助長及び要介護状態になることの予防を図る介護予防・生きがい活動支援事業、③②と同様の目的をもって、広報活動、世代間交流、健康増進活動の推進を図る高齢者の生きがいと健康づくり推進事業、④緊急通報体制等整備事業、⑤寝たきり予防対策普及啓発事業、健やかで活力あるまちづくり基本計画策定・普及啓発推進事業等を言う。

ちなみに、②に関しては介護予防・生きがい活動支援事業（介護予防事業として、介護予防教室、日常生活関連動作の訓練、地域住民グループ支援等）、高齢者食生活改善事業（食生活に関する教室、食生活改善推進員等による支援等）、生きがい活動支援通所事業（生きがい型デイサービス）、生活管理指導事業（日常生活、家事、地域住民との関係に関する支援・指導を行う生活管理指導員の派遣、短期宿泊）をメニュー事業として行うとしている。

さらに、介護予防・生活支援事業は、「介護予防・地域支え合い事業の実施について」（二〇〇四〈平成一六〉年、老人保健福祉局長通知）に改められ、より広範な内容となった。同事業の目的は、要援護高齢者及びひとり暮し高齢者並びにその家族を対象に、介護予防サービス、生活支援サービス又は家族介護支援サービスを提供し、その自立と生活の質の確保を図ること、第二に在宅の高齢者に対する生きがいや健康づくり活動及び寝たきり予防のための知識の普及啓発による健やかで活力のある地域づくりを推進することによって、総合的な保健福祉の向上を図ることであった。

なお、具体的に市町村が行なう事業の特徴を見ると、①介護保険が要介護・要支援高齢者を対象にするのに対し、本事業は、要援護・要介護高齢者、ひとり暮し高齢者、そして自立能力のある高齢者本人とともに、家族への支援も含め、対象を広げていること、②まちづくり、地域の支え合い活動への支援を加え、幅広いコミュニティの形成を目指していること、③保健福祉サービスや成年後見制度の利用を支援し、かつ痴呆性高齢者への各種援助、ひとり暮らし高齢者への緊急通報システムの設置等を規定することによって、利用者の権利保障を図ろうとしていること、④各種専門職の養成、配置をうたっていること、⑤保健医療福祉に留まらず、住宅改修や福祉用具の整備を明記していること、⑥要援護高齢者及びひとり暮らし高齢者に対し配食サービスや外出支援サービス等を提供することによって、地域での生活を支援し、高齢者の保健福祉の向上を図る高齢者等の生活支援事業を規定し、幅広く予防・対応・リハビリを規定していること、⑦地域の孤立高齢者等のニーズ把握や評価の実施をそれぞれの取り組みにおいて求め、かつまちづくり基本計画等による計画的な推進を明記していること、⑧高齢者自身が孤立、寝たきり予防を推進していくことができるよう、学習、広報活動、機会の提供等の支援を含めていることである。介護予防・生活支援事業をより強化したこれらの事業の実績は、徐々に各地で積み重ねられている。しかし、財政的基盤は必ずしも十分とは言えず、また地域間格差も大きく、これからの取り組みが期待されていた。

以上、ゴールドプラン以降、二〇〇五年の介護保険の改革に到る介護予防に関する施策の動向を見てきた。介護予防に関する広範な事業が創られ、要支援者、要介護者に対する介護保険と、両者を含み広く高齢者全般を包括する事業によって、老人保健福祉計画の内容が構成されていることが理解できる。しかし、介護保険が保険料に裏付けられたサービス供給計画であるのに対し、介護予防の財源は一般財源であり、市町村に実施を委ねられたこと、また一般的な必要性からサービスや活動を網羅した性格が強く、実効性をもつような行政支援も不十分な計画であったことは否定できない。その実態に、介護保険制度改正は切り込んでおり、予防制度の定着と確立のために、本格的なプロジェクトとなっていると言っても過言ではない。

4　健康フロンティア戦略と老人保健事業の見直し

「経済財政運営と構造改革に関する基本方針二〇〇四」（二〇〇四〈平成一六〉年度閣議決定）の中で、「健康フロンティア戦略」が明記された。同戦略は、二〇〇五（平成一七）年から一〇年間で、健康寿命を二年程度延ばすことを大きな目標とし、働き盛りの健康安心プラン、介護予防一〇ヶ年戦略等の重点実施を図るものである。そのため、①働き盛りへの健康づくりの「場」と「機会」の提供、②生涯にわたる効果的な健康指導、③気軽に介護予防の取り組みができる機会と場所の提供、④生涯スポーツ、文化活動を通じた介護予防、⑤効果的な介護予防プログラムと家庭、地域での支援体制、⑥認知症の専門知識を持つ人材の育成と地域での相談支援のサポート体制の必要性を明記した。

なお、「健康フロンティア戦略」は老人保健事業の見直しを不可避なものとした。二〇〇四（平成一六）年一〇月、厚生労働省老健局長の諮問機関である「老人保健事業の見直しに関する検討会」より中間報告が出された。そこで、新たな目標を「健康な六五歳」から「活動的な八五歳」へとし、基本的考え方として、それぞれのライフステージに応じた多様な事業（サービス）の展開、根拠に基づく事業の立案と評価、ケアマネジメントの導入を始めとする個別対応を重視するとした。生活習慣病予防に関しては、生活習慣の望ましい方向への定着をめざして、四〇歳未満から体系的な取り組みを進めることとした。そして介護予防に関しては、個々の生活行為の改善を通じて、生活機能全般の改善、そして高齢者の態様に応じた具体的な事業の設定と、科学的根拠を踏まえた定期的評価、さらに生活機能低下を早期に発見し、集中的な対応をとることができる保健・医療・福祉の関係者や地域住民等による連携体制の構築を提起している。また介護予防対策の観点から、認知症・うつ対策、口腔機能低下の予防、栄養改善、運動機能の向上、閉じこもり予防を強化すべきものと提案している。

ついで、二〇〇四（平成一六）年一二月には、厚生労働省老人保健福祉局老人保健課より「老人保健法に基づく医療等以外の保健事業の平成一七年度計画について」がだされ、①「健康日本21計画」の目標である健康寿命の延伸をめざし、疾病（特に生活習慣病）の予防と寝たきり等の介護を要する状態になること又はその状態の悪化予防（介護予防）の強化を図ること、②生活習慣病予防のため、壮年期以降における食生活、運動、喫煙等の生活習慣への取り組みを重視すること、③生活機能の低下、生活環境上の問題の改善を図るための保健サービスの強化と同サービスを推進するためのアセスメント手法を活用することを主要課題として取り上げている。その結果、機能訓練A型・B型のうち、前者を介護予防給付に位置づけ、また老人保健事業と従来の介護予防・地域支え合い事業を地域支援事業に再編し、介護保険事業に位置づけることとされた。

この老人保健事業の見直しは、第一に介護保険制度に介護予防を位置づけ、実効性をもたせようとしたこと、第二に介護予防の具体的な効果をもとめたこと、第三にエビデンス、すなわち科学的な根拠を軸にして予防の効果をあげるケアマネジメントの必要性をうたったこと等の特徴をもっている。しかも、サービスの仕組みづくりにとどまらず、社会参加と社会関係の維持という視点を強調した取り組みへの道筋を開いた点でも、インパクトのある改革であったと言えよう。

四　介護予防の基本的考え方――ヘルスプロモーションと福祉のまちづくり――

一九八九（平成元）年のゴールドプラン以降の介護予防に関わる計画・報告の内容を検証してきたが、それは、個別のケアへの取り組みから、地域のバリアフリー、保健医療福祉の連携、そして生活の質を目指した多様なアプローチと予防のシステム化が図られてきたことを理解できる。すなわち、ゴールドプランでは、寝たきり予防のための心身機能の維持、疾病予防、介護環境の整備が重点であった。それが二一世紀福祉ビジョン以降、総合的な保健医療福祉システム、地域での生活や活動を重視した多様なバリアフリーを強調してきた。さらにゴールドプラン21では、すべての高齢者を対象にした支え合う地域づくり、予防、生きがいと社会参加を含めた総合的な政策体系への移行が目指されている。と同時に、介護予防・生活支援事業（二〇〇〇年）、介護予防・地域支え合い事業（二〇〇四年）と、事業として介護予防を強化している。

このような経緯を踏まえ、本章では、基本的な考え方について、まちづくりの視点から述べ、システムについては、**五**で述べることにしたい。

介護予防には、不可避に訪れる老化に対し、健康寿命を延ばすように努力するとともに、元気高齢者に対する生活習慣病予防も含めた一次予防（生活機能の維持）から、虚弱高齢者に対する二次予防（生活機能低下の早期発見・早期対応）、要支援・要介護高齢者に対する三次予防（要介護状態の改善・重症化予防）までの連続性を確保し、その緩やかな老化と自立した生活を支援していくという連続性が求められる。厚生労働省老人保健福祉局長の私的検討会である「老人保健事業の見直しに関する検討会」が中間報告でまとめた「生活習慣病の予防と介護予防の新たな展開に向けて」（二〇〇四〈平成一六〉年一〇月）においても、介護予防と生活習慣病予防を一体的に推進することの重要性が指摘されている。

また、高齢者が活動的な暮らしをするためには、虚弱高齢者や要支援・要介護高齢者に対する介護予防サービスだけではなく、「人と人の関係性に着目した視点を重視した共に支えあう人づくりや仲間づくり」を行うなど、「ヘルスプロモーション」や「地域づくり・まちづくり」の視点が重要である。ヘルスプロモーションとは、烏帽子田彰氏によると、人々がより良い健康水準を達成するための個人及び社会の努力のプロセスと説明することができる。そのため、健康維持、向上を支援する環境の形成を重視すること、根拠を明らかにし、健康という考えをあらゆる政策決定の場で位置づけること、生活の視点から、従来の保健の領域を超え、総合的に地域における健康増進活動を行うことそのものが、ヘルスプロモーションである。その意味で、政策・計画において目標を設定し、その目標に向かって効果的な方法を駆使して実現していく、実践的な側面を強くもつ。二〇〇五（平成一三）年の介護保険改正当時、「健康日本21」が出され、健康寿命を伸ばし、人生と生活の充実・満足感を確保すること等、いわゆる健康・ＱＯＬの確保を目的とし、従来の治療中心の医療保健対策から予防・健康増進に重点を移すことが目指されていると烏帽子田氏は指摘する。したがってまちづくりは、「世代を越えた住民の交流が必要となり、さらには、文化・歴史・伝統の誇りによって、地域特性の明確化も重要な要件」であるとされる。（烏帽子田彰広島大学大学院医歯薬学総合研究科教授「時代性による健康づくりの企画・実施とその方策〈健康日本12・ヘルスプロモーションの推進〉～全国の悉皆調査〈都道府県・政令指定都市・特別区・市町村悉皆〉の現状と展望～」）

また、社会福祉領域においては、従来から「福祉のまちづくり」の考え方が重視されてきている。住民それぞれの安定した生活が守られ、自己実現できる場としての地域を創造しようとする考え方である。社会福祉法第四条は、「地域住民、社会福祉を目的とする事業を経営する者及び社会福祉に関する活動を行う者は、相互に協力し、福祉サービスを必要とする地域住民が地域社会を構成する一員として日常生活を営み、社会、経済、文化その他あらゆる分野の活動に参加する機会が与えられるように、地域福祉の推進に努めなければならない」としており、実際に全国各地でまちづくりの取り組みが行われてきている。さらに地域福祉計画においても、地域づくり、まちづくりの事業や活動が明記されてきている。この考え方は、二〇〇五（平成一三）年の厚生労働省の介護予防事業に係る市町村介護保険事業計画に関する研究班〈主任研究者烏帽子田彰〉『介護予防事業に係る市町村介護保険事業計画に関する報告書』においても明らかにされている。

確かに、ヘルスプロモーションや福祉のまちづくりを実現しようとしてきた担当機関や関係者を見ると、前者の担当機関が保健所、区市町村の保健担当部局、専門職が保健師等であるのに対し、後者の機関が行政の福祉担当部局、社会福祉協議会、専門職が社会福祉士、地域福祉担当者等であり、互いの連絡がとられていない現状もあった。しかし、そもそも問題が発生する場を予防、解決の場に、広く生活の質の維持向上を目指すという基本的な考え方は、共通している。また住民サイドから見ると、直面している生活課題、保健医療福祉等の横断的課題であり、かつ住民活動は明らかにその垣根を取り払おうとしている。介護予防においても、今日の課題は、どのように住民の生活ニードに合わせたサービス体系を創りあげるかである。すなわち、両者は、住民参加の活動を重視すること、総合的な支援を目指していること、当事者や住民の主体力の形成を第一義としていること、様々な民間活力の導入を前提としていること等、個別の取り組みにおいても共通点は多い。したがって、それぞれの関係機関、関係者が協働して、既に行われている事業、活動の効果と可能性、そして必要とされる事業、活動の見直しを協働で行い、それぞれが果たしてきた役割とこれからの可能性の合意形成を図ることが緊急の課題であると言えよう。

また介護予防は、自立支援の側面を強く持っている。そもそも自立とは、日常生活をおくるために必要な入浴・食事・排泄等の日常生活動作能力や、買物・掃除・薬の管理等の日常生活能力、生命の質・生活の質の向上をめざした能力、そして地域における関係性や役割を維持する社会的能力等によって構成され、各能力が相互に関係している。しかも、自立支援とは、能力が低下し、単独では自立した生活をおくることが困難である状態に対しては支援を行うが、今ある能力は活用して自立をすすめることを意味する。えてして、障がいをもった場合には、利用者として保護の対象になるという、過去の支援の考え方にとどまるべきではない。二〇〇五（平成一三）年の介護保険改正を必要とした一つの要因に、サービスを提供することによって持っていた能力を失なわせているという廃用性症候群の指摘もあった。いわゆる依存的自立も自立であり、当事者の主体性と人格の尊厳を最大限尊重し、当事者主導型のサービス体系の構築がもっとも重視されなければならない。さらに、自立は、就労等の経済的活動による自立、日常生活における自立、人間関係・社会関係の維持を内容とする社会的自立等をあわせて考えていくことが必要である。

次章では、これらの視点を総称する、生涯にわたる介護予防、自立支援としての介護予防を推進するまちづくりの考え方について、述べることとしたい。

五　まちづくりの五つの視点

(1)　共生のまちづくり

高齢者が活動的な暮らしをするためには、人と人の関係性に着目した視点が重要である。特に、家族や地域との関係性が崩れて孤立することにより生活機能の低下を招くことが多いことから、その関係性を回復するためにも、共に支えあう人づくりや仲間づくりを行うとなどの地域づくり・まちづくりの視点が重要である。

そもそも孤立とは、物理的孤立、精神的孤立、情報の孤立、社会的孤立等の関係の孤立を総称する。したがって、それをもたらす障害、すなわちバリアをどのよう取り除くかが、介護予防とも密接に関係づけられる。孤立によって、個人や地域と社会との関係性が断ち切られる危険性が生まれ、その結果、高齢者の心身の能力は急激に低下する恐れがある。そもそも、関係性を維持できるように、以下のハード、ソフトの両面にわたって配慮された支援は、介護予防の効果をより高めるのである。

① 建物、生活環境等の物理的バリアフリー：移動しやすさ、公共施設の障害者対応、自宅でできるだけ自立した生活を営むことができる段差や手摺等の配慮

② 心のバリアフリー：不必要な不安や誤解による排除と偏見の意識に対する取り組みである。

③ 参加・自己実現のためのバリアフリー：参加・自己実現を保障するためには、就労の開発と機会の提供だけでなく、選挙による参加、社会福祉計画策定の策定プロセスへの参加、後述するボランティアとしての参加等、多様な参加が考えられる。

④ 情報のバリアフリー：母国語等の言語の違いにより地域住民とのコミュニケーションがとれないことによって、社会から孤立することを防ぐための、多言語による情報提供、また通訳者の確保。さらに利用者が理解できるサービスに関する分かりやすい情報提供等である。

⑤ サービス利用のバリアフリー：社会福祉制度自体が、国籍による制限や生活保護の受給に際して資産調査を受ける時に伴う差別感、サービスの担い手が広がることによるプライバシーの侵害の不安等、サービスの運営もしくは制度自体がもつ敷居の高さを取り除くことである。

このように、バリアフリーのまちづくりの基本は、安全が保障され、生涯にわたって安心して生活できるハード（住宅や道路のバリアフリー）とソフト（サービス・生活環境）の総合的施策であり、言うまでもなく、予防やリハビリを含め、保健医療福祉等のサービスの整備や住民による助け合い活動、ボランティア活動への支援、施設機能の地域への開放と地域にある施設への転換というソフトの面も含めて検討される必要がある。その他、ハードの面を中心

に考えると、①日常生活における危険防止のための多様かつ二重三重の情報提供、②自立を促進するための福祉機器等の開発と提供、そして普及、③公共施設だけでなく、商店や生活の拠点である住宅の改造も含めた、設計モデルやチェックポイントの提示といった指針（バリアフリーユニバーサルデザイン）の明確化、④車椅子等で自由に移動できる環境づくり、⑤さまざまな参加の機会が提供されるまちづくりである。

(2)　地域特性を重視したまちづくり

住民の生活に関わる支援を総合的に検討する場合、地域性が重要な要素となる。全国一律の基準は、最低基準の点からは必要であるものの、それだけでは十分ではない。これは介護予防についても言えるのであり、人、もの、金、とき、知らせという、表にあるような資源を最大限有効に活用し、積極的な事業展開を進めていくことが必要とされる。これがマネジメント、すなわち経営の考え方である。したがって、①表にある、それぞれの地域の人材、施設、機関、サービス等の既存の地域の社会資源の可能性を模索し、かつ潜在的な資源を開拓すること、②人間の活動を重視したまちづくりの視点による教育・就労・住宅・交通などの生活関連分野との連携を図ること、③日常生活圏域の生活支援を基軸に、市区町村圏域─広域圏域（市町村の連携）─都道府県圏域─国の五構造による支援システムを具体化すること、④フォーマルサービスとインフォーマルケアも含めたまちづくりの創造を目指すこと、が大切である。

資源の例示
「人」：問題解決に取り組む当事者、医師、保健師、社会福祉士・ケアワーカー・ケアマネジメント等の専門職、住民、ボランティアといった保健医療福祉等に関わる広い人材
「もの」：保健・医療・福祉・教育・公民館等の施設、サービス・活動、物品はもちろん、住民関係、地域関係、ボランティア協議会、医療保健福祉等の専門職ネットワーク等のネットワーク

「金」：補助金・委託金、寄付金、収益、研究補助金
「とき」：就業時間、ボランティアが活動する時間。課題を共有化し、合意して取り組むチャンス
「知らせ」：上記の資源情報、サービス利用者情報、相談窓口における情報等のニーズ情報、計画策定に必要な統計等の管理情報

(3)　協働のまちづくり

地方自治体を英語でローカル・ガバメントと言う。しかし、近年、ガバメントは統治を意味し、住民と行政が主従関係にあるような誤解を招くので、住民、ボランティア、社会福祉団体、企業等々と行政が協働した取り組みを意味するガバナンスへ、基本的役割を転換させようとする市町村が多く見られてきた。その根拠となる考え方が、「新たな公共性」という規範である。

従来の日本において、公共性は官すなわち行政、もしくは意思の決定機関である政治のみが担い、推進することができるという考え方が強固であった。これに対して、「新たな公共性」とは、①多様性の認識と排除しない社会づくり（ソーシャルインクルージョン）、②互いの相違を認め合いながら、社会で生活する者としての連帯（生活を基盤にした連帯）、③住民としての当事者性と自己責任の自覚（自己責任）、④個人の尊厳の保障（ノーマライゼーション）、の実現を目指している。そして、それを実現するために、⑤生活問題に対する共通認識（課題の共有化）、⑥それに対する目標と達成する方法の共有化（取り組み方法の共有化）、⑦各個人、民間団体、関係機関、行政等の間の役割の確認（パートナーシップ）、⑧住民自身が政策と実施の決定、および評価に参加するプロセスがとられていること（プロセス重視）を掲げているのである。

(4)　利用者主体、生活者主体のまちづくり

まちづくりは、前述のように、当事者を含めた住民、生活者の視点にたって進めることが必要であり、計画策定の過程、計画の実施と評価において、当事者の参加が前提である。この計画段階における視点とともに、実際のサービスが利用者や生活者である住民に使いやすいか、日常生活の視点から、まちづくりをとらえ直すことが必要である。それは、従来企画レベルで人間的な息吹のないものが多く見られ、結局使いにくいまちづくりがなされたことの反省による。経済性と効率性は、重要な政策ポイントであるが、そこに生活の視点をどのように組み込むかが重要である。したがって、高齢者の入浴・食事・買物等の能力の低下への対応に留まらず、高齢者と援助者の信頼関係の形成、ニーズ把握、自立意欲を維持できるような丁寧な相談、情報の提供という内容を包括した生活支援と介護予防プログラムを組み合わせる必要がある。

その際に、重要な計画課題は、どのように圏域を定めるかという点である。住民の生活圏域を前提に、圏域が設定されることが重要である。多くの場合に、住民相互の関係が密な基礎的単位として、町内会や小学校圏域などが第一次的圏域とされる。またデイサービスやデイケアというように、アクセスが重要なサービスの効果を規定する場合には、通所可能な範囲で第二次的圏域が設定されており、これは各市町村の地域性が反映される。その意味で、日常生活圏域、市町村圏域、さらに保健医療福祉機関の中でも、専門性が強く、前二者の圏域をバックアップするために、都道府県圏域より範囲の狭い広域圏域が設定されている。

(5)　情報ネットのまちづくり

情報には、サービス利用者や住民のニーズ情報、先に述べた地域資源に関する情報、ケアマネジメントに必要なケア情報、住民やボランティア活動・ＮＰＯに関する情報、既存の調査や地域診断に基づく客観的情報等があることは、(2)の資源の中ですでに述べた。

介護予防の関係では、特に、閉じこもりがちな高齢者へのアプローチは多様でなければならない。すなわち、情報の内容はシンプル、しかし情報の提供方法は多様であることが求められるのである。情報を理解できない、サービス利用意欲が低下する等々、加齢にともない、そもそもサービス自体を利用しない、利用できない状態になる。この加齢に伴う諸症状や活動・参加の縮小による「あきらめ」やこれ以上機能の向上は無理であるとの誤解による自信の喪失等をもたらす。しかし、社会関係、家族関係、サービス活用状況等を分析し、多様な支援体制を考え、日常的な関係性を維持・強化することにより、回復が見られた事例、住民や専門職の訪問や派遣によって、自宅における関係性が回復し、信頼関係や社会との関係を取り戻してサービス利用に繋がった事例が数多く報告されている。多様なメニューの提示と利用者との合意形成、そして利用意欲・自立意欲の維持・向上を図る支援が大切である。友人や民生委員等とのパーソナルな関わり、町会、老人クラブ、サロン等の帰属組織・団体等々を活用することによって、内容が理解しやすいように改められ、また参加動機も生まれる。

さらに、住民が持っているニーズをキャッチするシステムが必要である。相談窓口には、直接本人から寄せられる相談以外にも、多様な経路（ボランティア、民生・児童委員、住民、介護者等）を通じてくる相談も多い。このような地域にある多様な経路、すなわち、ニーズをキャッチするアンテナとなる人、機関等との連携を強化しておくこと。そして窓口に専門職が留まるのではなく、時としてサービス提供者間の調整会議や介護者教室等、必要な場所に出向くこと（アウトリーチ）も大切な取り組みである。とくに近い将来に介護保険の申請を行う層へのアプローチは、介護予防の重要な役割である。

六　検討すべき課題

今日の介護予防に関する議論の背景、政策的動向、介護予防に必要とされるまちづくりの考え方について述べてきた。そして、介護予防システムの中心的役割を期待されたのが、地域包括支援センターである。同センターには、総合的保健師（または地域ケアの経験のある看護婦）や社会福祉士、主任ケアマネージャーなどの専門職が配置され、市町村、在宅介護支援センターの運営法人（社会福祉法人、医療法人等）その他の市町村から委託を受けた法人が運営主体とされる。六五歳以上の高齢者三、〇〇〇人から六、〇〇〇人ごとに三人の専門職を配置することとなり、市町村ごとに担当エリアを設定するが、小規模市町村の場合には共同設置も可能とされている。なお、同センターの運営・事業は中立性とともに、様々なニーズに対応する専門性を有する人材確保が必要なことから、市町村や地域のサービス事業者、被保険者、専門職団体などの代表により構成される地域包括支援センター運営協議会が関わり、市町村が事務局となっている。

地域包括支援センターは、介護保険改正以降、様々な実践が積み重ね、いくつもの地域において、大きな成果を上げている。センター間の相互の検証により、地域全体のケア体制が強化されている実践報告もなされている。しかし、実際の地域の変化に対応しきれず、打開策を見いだせないという閉塞感を抱いている現場も少なくないのではないだろうか。

ここでは、特に介護予防システムが直面する課題を示し、解決策を模索したい。

第一は、継続システムと発見システムの課題である。新予防給付メニューに関しては、筋肉トレーニング等による運動器機能向上が強調されている。確かに、筋トレは一定期間の実施によりそれなりの効果はあるものの、日常生活において実施し、生活レベルにおける機能の維持と向上には必ずしも結びつかない。また虚弱になると歩行や調理、買い物、さらに食事や入浴等の生活機能が低下し、引きこもりになりやすく、かつ要介護状態に陥りやすい。高齢者へ継続的なケアができているか、検証することが必要である。そして、虚弱な単身の高齢者は、介護予防システムが起動する基本検診の案内通知を理解できない場合が少なくない。その結果、生活能力の低下の危険性はもちろん、低下した状態にあること自体を見逃し、「孤独死」を防げない現状もある。五で述べたまちづくりが、それぞれの地域で実現できるかが、緊急の課題である。

第二は、自立支援そのもののあり方に関する確認を踏まえた、計画の再編を図ることである。自立支援とは、①利用者が直面する保健医療福祉課題とともに、利用者の能力を総合的に判断した個別援助計画の策定、②自立意欲・自己決定を尊重し、当事者としての解決意欲、解決能力を高める支援、③当事者の活動を尊重した支援、④診断や評価による根拠（エビデンス）に基づいた残存能力や潜在能力の活用、⑤適切な情報の提供とサービス利用、活動支援、⑥保健医療福祉、そしてインフォーマルなケアも含めた総合的支援、⑦様々な社会活動への参加の機会の提供である。そして、四章で述べたように、これはヘルスプロモーション、福祉のまちづくりの考え方に共通する。ならば、保健医療に関する計画、生涯学習に関する計画と老人保健福祉計画・介護保険事業計画の関わりが不明確ではないだろうか。介護予防には地域保健医療機関も重要な資源である。直面する高齢者の生活課題を共有化し、地域にある資源と期待される役割を合意し、求めたい地域に描くことが必要になっている。

第三に、高齢者保健福祉問題の発見・整理・提起、合意形成、計画化、コーディネート、実践の評価等を内容とする専門性を明らかにすること、そして推進する人材である社会福祉士、保健師、福祉活動専門員、ボランティアコーディネーター等の専門職の適正配置を図ることが必要である。

特に、介護予防を推進する役割を果たす地域包括支援センターにおいて、相談業務は中心的業務であり、①相談者の相談を聞き、何が課題なのかを把握する能力、②相談者の不安を受けとめ、本人自身が問題解決に向かうことができるように支援する能力、③相談内容が、担当者の能力と所属機関の権限等を超えるか、もしくは緊急性を有するか迅速に判断する能力、④保健、医療、福祉等の専門職や専門機関、ボランティア等の解決能力を把握し、相談者につなぐ能力等々が必要とされる。

第四は、介護予防が、幅広い内容をもっていることから、チームアプローチ、ネットワーク、コーディネーション、ケアマネジメント等の専門技術が必要であること。特に、高齢者に対する生活習慣病の予防や生きがい健康づくりの推進といったポピュレーション戦略との連続的かつ一体的な推進も重要である。そのためには地域包括支援センターが、市町村の地域保健や地域福祉分野、さらには教育分野との垣根を越えた密接な連携協働ができるようにする必要がある。

なお、協働、連携に関しては、以下の点に留意することが必要である。

① 調整を行うキイパーソンの権限と責任を制度として明らかに位置づけるとともに、個別事例にあわせて誰がキイパーソンとして適切か、具体的に検討すること。

② 保健医療福祉等関係者のそれぞれの役割に対する理解と確認。たとえば、住民に関しては、孤立する高齢者の生活問題と身近であり、発見することが可能な場合も少なくない。さらに情報を提供することもアクセスの点から容易なこともある。さらに地域を基盤とした見守り等の推進者、介護予防や生活支援への理解を地域に広まる啓発者としての可能性もあり、それぞれの可能性と限界を合意した上で、地域保健福祉における役割を模索することが必要である。

③ 支援目標の明確化・問題意識・課題及び目標の共有化

④ 日常的なコミュニケーションと協働した取り組み

⑤ 必要な情報の共有化

⑥ 協働、連携による効果の確認

⑦ 再評価システムの確立

第五は、協働における市町村の役割を明確にすること。介護保険事業計画の作成にあたって、現行事業の把握や精査、実施する地域支援事業、そして老人保健福祉計画、地域福祉計画との調整のために、老人福祉部門、老人保健部門、介護保険部門の担当者の協議と合意形成が不可欠である。さらに総合的なサービスシステムを構築するために、市町村は、①サービスの水準のチェック、サービス評価、②計画の策定と地域で必要とされるサービスの量の確保、社会資源の開拓、③適正な競争の推進、④情報提供、⑤一般事業者が大幅に参入することが見込まれない領域におけるサービスの協働、連携的提供、⑥サービス提供者間の協議の場の提供、保健医療福祉の協働、連携の強化と実施モデルの提供、⑦サービス利用者の権利の侵害への対応、⑧市民参加の促進と行政と民間のパートナーシップの構築、善意が生かされるシステム（寄付、活動、事業）の整備、⑨研修による従事者の質の確保、等の役割を期待されている。

二〇〇五（平成一七）年に介護保険法が改正され、実施されてきた予防給付は、実績を積み重ねてきたとともに、課題も顕在化させてきた。しかし、基本的な視点は適格であり、将来の社会福祉のあり方を示したものであると言えよう。運営やシステムの課題だけに目に向けるのではなく、孤立状態にある人々、将来に不安を持つ一人ぐらし世帯や高齢者のみ世帯、また家族だけでは負いきれない介護負担に直面する人々が急激に増加している今日、介護予防が目指した「まち」をどのように描くのか。かつ行政にとどまらず、公私の福祉関係者、保健医療関係者、さらに環境、情報、産業等々に広がる関係者、そして住民が、どのように「つくり」あげていくのか、緊急の課題が提起されているのである。そしてこの大きな課題に取り組むことが、佐藤進先生からいただいた恩に報いることであると思っている。

注：本論文は、二〇〇五（平成一七）年一〇月、厚生労働省「介護予防事業に係る市町村介護保険事業計画に関する研究班（主任研究者烏帽子田彰）報告書」の市川が執筆した箇所をもとに、再構成した。

17　社会福祉労働をめぐる現状と課題

伊藤博義

はじめに

近年、介護・福祉事業の分野は深刻な人手不足の状況にある。とくに介護保険サービス事業を実施する事業所では、施設・居宅サービスとも従事者の離職が急増し、その補充が間に合わないという「介護現場の危機」が続いている。その主たる要因は、介護現場の就労実態が低賃金・過重労働であることから、介護福祉士やホームヘルパー等の有資格者が就労を忌避しているからである。

政府・厚生労働省（以下、厚労省）は、この事態を打開するために、前政権が導入した「介護・福祉職員処遇改善交付金」等による従事者の待遇改善や、フィリピン・インドネシア等からの外国人労働者の受け入れ等の施策を講じている。しかし、目下のところ、これらによって事態が好転する兆しは見えていない。

これに先だって、二〇〇七年八月、厚労省は「社会福祉事業に従事する者の確保を図るための措置に関する基本的な指針」（略称「福祉人材確保指針」平成一九年八月二八日 厚労省告示二八九号）を公布した。これは、厚労大臣に義務付けられている「社会福祉事業に従事する者の確保（中略）に関する基本的な指針を定めなければならない」（社会福祉法八九条）に基づくものである。

同指針の概要は、以下のとおりである。

「国民の福祉・介護サービスへのニーズがさらに増大するとともに、認知症等のより複雑で専門的な対応を必要とするニーズの顕在化等を背景として、質的にもより多様化、高度化している状況にある。（中略）福祉・介護制度が福祉・介護ニーズに応えるよう十分機能していくためには、福祉・介護サービスを担う人材の安定的な確保が前提となる。（中略）就職期の若年層を中心とした国民各層から選択される職業となるよう、他の分野とも比較して適切な給与水準が確保されるなど、労働環境を整備する必要がある。（中略）従事者の負担を考慮し、また、一定の質のサービスを確保する観点から、職員配置の在り方に係る基準等について検討を行うこと」等を提言している。

改訂前の福祉人材確保指針（平成五・四・一四厚生省告示一一六号）においても、「①専門的知識・技術と豊かな人間性を備えた資質の高い人材を早急に養成すること、②魅力ある職場づくりを推進し、必要な人材を確保すること」を掲げ、「社会福祉事業においては従来ともすれば、従事者の人格や熱意に過度に期待する傾向が見られた。社会福祉を志し従事する者が誇りと生きがいを持ち、長期にわたって就業しその能力を発揮出来るよう、職務の困難性・専門性を適切に評価し、賃金、労働時間、福利厚生等の改善を図ること」と提言されていた。さらに、社会保障制度審議会勧告「社会保障体制の再構築」（平成七・七・四）でも、「保健・医療・福祉の分野を担う人材の養成確保は重要であり、そのためにはその領域での労働時間、給与、育児環境などの労働条件や、福利厚生面の大幅な改善が欠かせない」、また、「質の良い人材を確保するためにも、就業に魅力ある職場づくりを進める施策を行うべきである」と提言されており、中央社会福祉審議会社会福祉構造改革分科会「社会福祉基礎構造改革（中間まとめ）」

（平成一〇・六・一七）でも、「福祉サービスの質については、サービスの担い手が重要な意味を持っている。したがって、適切な人材の養成・確保と併せて、サービス提供における専門職の役割及び位置付けを明確にする必要がある」と指摘されていた。

一　社会福祉労働施策の問題点

このように、福祉人材確保の重要性・必要性については、かなり以前から積極的な指針や提言が行われていたにもかかわらず、社会福祉労働者の確保をめぐる「危機的な状況」がもたらされたのは何故であろうか。端的に言って、それらの指針・提言を実行するための具体的な施策が講じられなかっただけでなく、むしろ、それと相反する施策が次々と実施されてきたからである。そのいくつかを例示してみよう。

(1)　福祉職俸給表の不適用

社会福祉関係者の長年にわたる念願であった「福祉職俸給表」が、人事院の報告・勧告を受けて平成一二年一月から施行された。同法の国会審議において、政府は「地方公共団体や民間の福祉関係職種への波及の期待」を表明していたにもかかわらず、そのための有効な具体化措置を講ずることなく、結局、同俸給表の適用は僅か千人足らずの国立（独立行政法人を含む）の社会福祉施設に限られた。同種の医療職や教育職の俸給表との相違は、何に由来するものだったのであろうか。

(2)　営利企業の参入

平成一二年四月から実施された介護保険法によって、社会福祉事業への営利企業の参入が認められた。それまで民営の社会福祉事業の経営主体は、非営利・公共性を本質とする社会福祉法人に限られていた。しかし、「措置から契約へ」と転換することになった介護保険制度の下で、ホームヘルパーの供給等の居宅介護部門に、株式会社等の営利企業が経営主体になり得ることが認められた。株式会社等は、利潤を上げて株主に配当することを存立目的としているが、人件費比率の高い労働集約型産業である介護・福祉事業において、利潤を上げようとすれば人件費を削減するしかない。そこで、各事業所は、パート労働者等の非正規雇用を増やし、また、時間管理を徹底することで人件費の削減を図ったのである。しかし、それによって介護労働者から生活の余裕と働き甲斐とを奪う結果になった。

(3)　職員配置基準における常勤換算方式の導入

かつて、社会福祉施設における職員配置は、常勤の正規雇用労働者数を基準として定められていた。しかし、短時間・短期雇用等の非正規労働者が増えていく中で、それを追認し合法化するために常勤換算方式、すなわち「当該施設職員の勤務延べ時間数の総数を、常勤職員が勤務すべき時間数で除することにより、基準所定の常勤職員数に換算する方法」が導入された。それによって、福祉現場において、パートや臨時で身分保障が不十分な非正規雇用の労働者が急増することとなった。

(4)　派遣労働の解禁

一九八五（昭和六〇）年に労働者派遣法が制定され、それまで職業安定法の労働者供給事業の禁止（同法四四条）や、労働基準法の中間搾取の排除（同法六条）によって規制されていた「労働者派遣」が解禁された。当初は、専門的・臨時的な業務に限定するとされていたが、数次の改正、とりわけ一九九九年改正による対象業務の原則自由（ネガティブ・リスト）化によって、社会福祉分野への導入も可能となった。同法の特徴は、派遣労働者は就労する派遣先企業とは雇用関係がなく、派遣先企業にとっては、機械や設備のリースと同じく「外注費」で扱われることである。

二〇〇八年末から翌年にかけて猛威を振るった「派遣切り」は、まさに景気の調節弁としての存在に過ぎなかったことが如実に示された。

(5)　事業所への報酬の日額払い制

二〇〇六（平成一八）年四月から施行された障害者自立支援法は、利用者に対して、所得に応じて負担するという従来の「応能負担」から、受けるサービスに応じて一割の定率負担を求めるという「応益負担」に変更され、また、事業者に対しては、事業報酬（運営費）の支払を従来の月額払いから、利用者が休んだ日の分は控除する「日額払い」制に変更した。

これによって、障害の重い人ほど負担が増えることになり、また、事業者は月給制による常勤の正規雇用を維持できなくなるという困難をかかえることとなった。

二　社会福祉労働の研究に携わって

私は、かつて社会福祉法人が経営する養護施設（現・児童養護施設）で児童指導員として勤務したことがあり（一九五九～六三年）、その体験に基づいて、社会福祉労働者の待遇改善をめざして労働組合の結成に参加し（岩手県社会事業職員組合・現在の岩手県社会福祉労働組合の前身・一九六〇年）、その延長線上で、労働法研究への道を歩むこととなった。したがって、「社会福祉労働」のテーマは、私の研究活動の原点であり、ライフ・ワークでもある。

そのような経緯から、これまで社会福祉労働に関して、いくつかの論考を発表してきた。内容上の重複や記述の長短はあるが、年代順に列記すると以下のとおりである。

①「施設利用者の権利と福祉労働者の権利」（福祉ジャーナル六号）一九七五年
②「社会福祉労働の現状と問題点」（季刊労働法一一二号）一九七九年
③「福祉労働から福祉労働研究へ」（法と民主主義二九七号）一九九五年

④『福祉の労働 Q&A』編著（有斐閣）一九九七年
⑤「福祉の労働――現状と課題」（『日本福祉年鑑』講談社一九九七～八）一九九七年
⑥「福祉の労働――労働時間問題」（『日本福祉年鑑』講談社二〇〇〇）一九九九年
⑦「社会福祉労働と労働法」（労働法律旬報一四九五・九六号）二〇〇一年
⑧『福祉労働の法 Q&A』編著（有斐閣）二〇〇二年
⑨「介護福祉士の専門職性と就労実態」（保健福祉学研究一号・共著）二〇〇三年
⑩「これでいいのか『日本の福祉』」（書斎の窓五二四号）二〇〇三年
⑪「なぜ、日本の福祉労働者は劣悪な条件で働かされるのか」（福祉のひろば四〇五号）二〇〇三年
⑫「仕事と担い手の雇用・労働条件」共同執筆（『新版社会保障・社会福祉大事典』旬報社）二〇〇四年。

なお、①・③・⑩・⑪は、私の古稀記念論集『福祉の現場――実践と発言』（信山社・二〇〇四年）の資料編に収録している。

前掲の著作について、以下、簡単なコメントを付しておく。

①・③等では、私が福祉現場での体験を経て、民間社会福祉事業で働く労働者の個人加盟による産業別労働組合の結成に参加し、さらに労働法研究へと歩んだ経過について記述している。①では、生存権保障の理念にもとづく施設利用者の権利と福祉労働者の権利の一体性、③では、組合結成が利用者の処遇改善取り組みの延長線であったことを述べている。

②は、社会福祉施設の公私格差、とくに職員の賃金格差の実態とその要因について述べている。すなわち、公立施設の職員は、公務員給与表が別枠で適用されるのに対して、私立施設の職員は、措置費に組み込まれた人件費の

枠内で支給されており、勤務年数が重なると給与は頭打ちになるシステムであることを指摘し、施設最低基準の改訂と措置費の大幅な引き上げが必要であると述べている。なお、これは、日本社会保障法学会の前身「日本社会保障法研究会」における発表の要旨である。

⑤・⑥は、佐藤進先生監修の年鑑であるが、その中で、社会福祉施設数・従事者数の推移や、従事者の賃金額及びその公私格差、労働時間の実態等を明らかにしており「職員増のない労働時間の短縮は、結局のところ、職員の過重労働か利用者の処遇低下でしかあり得ない」と指摘している。

⑦は、社会福祉労働が、女性・小規模・同族経営等の職場環境による従事者の団結活動の困難性、ボランティアの労働者性や業務委託契約によるヘルパーの非労働者化への対応の必要性、社会福祉士・介護福祉士の資格が職域確保の業務独占でないこと、社会福祉職が教育職や医療職のような計画養成になっていないことなどの諸問題を指摘している。

⑧は、④の改定版であるが、東北地方在住の九人の研究者・弁護士・実務家による共同執筆であり、社会福祉労働者に関する労働法・社会保障法上の諸問題について、三一の設問と回答によって構成されている。その序論「なぜ『福祉労働の法』か」の中で、編者として次のように述べている。

「要するに、社会福祉従事者の労働条件は、そのまま利用者にとっての処遇条件なのであり、したがって、社会福祉を整備・拡充していくためには、福祉労働に従事する人たちを、質・量とも豊かに確保していくことが肝心だということです。その意味で、福祉労働者の身分保障や労働条件は、その国の『社会福祉の水準を計るバロメーター』と言っても過言ではないでしょう」。「このように、社会福祉は『個人の尊厳』や『人間らしく生きる』という、まさに人権に関わる問題であり、社会福祉の仕事は人権擁護の仕事にほかなりません。社会福祉の仕事に従事する労働者は、高齢者・障害者・子どもなどの人権を守るべき重大な職責を負っているのです。しかし、福祉労働者は、自らの人権が守られずに、どうして利用者の人権を守っていくことができるでしょうか」。「その立場を貫くことを可能とするためには、労働者としての団結活動が不可欠である」ことを強調している。

⑨は、専門学校を卒業して社会福祉現場で働く介護福祉士に対して行ったアンケート調査を集計し、それを分析したものであり、その勤務実態や専門職性について検討している。なお、共同執筆者は、介護福祉士養成の福祉系専門学校講師である。

⑩は、フィリピン大統領が、「フィリピン国内で日本の高齢者に介護施設を提供できる」よう、日比間で協議する意向を示したとの新聞報道に接して、「日本の高齢者を、誰が、どこで看るのか」という問題は、福祉労働をめぐる近年の動向、例えば営利企業の参入による実態などから、決して遠い将来の仮想問題ではないと警告している。

⑪は、このタイトルのままでの執筆を編集者から依頼されたのであるが、「日本の福祉労働者が劣悪な条件で働かされている」理由について、四点にしぼって検討している。第一は、慈善事業から始まった社会福祉事業であること、第二は、措置費等に占める人件費が低額であること、第三は、民主的な経営でない場合があること、第四は、福祉労働者の団結活動が弱いこと、を指摘している。また、そのための改善策として、国に対しては「福祉労働の専門性に相応しい労働条件の確保」を、福祉労働者に対しては「団結活動の強化」を、それぞれ提言している。

⑫は、医療・福祉労働者の現状と問題点を、主として看護職員と社会福祉施設職員について考察し、両者とも、職員不足による長時間・過重労働、低賃金の就労実態を明らかにしている。

三　社会福祉法人の経営に携わって――なのはな会の給与改定――

前記のように、本稿のテーマである「社会福祉労働をめぐる現状と課題」については、これまで論述する機会が多くあったので、ここでの再論は避け、その代わりに約十年にわたって私が理事長職を務めてきた仙台市内に在る「社会福祉法人なのはな会」における実態と最近における給与改定の事例を簡単に紹介することとする。特に優れた実践例というわけではないが、厳しい財政状況の下でも最大限の経営努力を続けていることを、いささかでも知ってもらえれば幸いである。

なのはな会は、一九七六（昭和五一）年五月、障害のある子どもを持つ親たちやボランティアが仙台市内のキリスト教会の一室を借りて、自分たちで細々と始めた無認可の通所施設に由来する。その後、民家の無償貸与を受けて居を構え、さらに各種基金の助成や寄付等によって設備を整え、一九九〇年には社会福祉法人の認可を得た。現在では、知的障害のある児童の通園施設二ヵ所、同じく成人の通所施設三ヵ所を市内各地域に設置するとともに、障害のある人たちの地域生活をサポートするために、ホームヘルプサービス事業、レスパイト事業、ケアホーム、相談支援等の事業を運営している。

従事者は、生活支援員、保育士、指導員、運転手、看護師、事務員等で、常勤職員六七名、非常勤職員六七名、計一三四名である。非常勤が多いのは人件費の裏付けのない運転手、看護師、事務員、ヘルパー等の職種であって、直接処遇職員の常勤比率では八五％以上を占めており、常勤職員数だけでも国基準を上回る職員数を配置している。直接処遇の専門性を重視し、それに相応しい処遇を心がけてきたからである。

法人全体の財政規模は平成二〇年度の経常収入額で約四億五千万円程度であるが、障害者自立支援法が施行された平成一八年度には、経常収入の七割を占める四施設で約一五〇〇万円の減収となる経営危機に見舞われた。しかし、応益負担・日額払い制等の同法に対して、当事者・家族・事業者・関係者等の広範な反対運動が盛り上がる中で、自治体や国による補正予算等の激変緩和措置が講じられ、最悪の事態を回避することができた。そこで、むしろこれを契機として、懸案であった職員給与の改定作業の着手を施設長会議で決定した。本法人における施設長会議とは、地域事業責任者を含む六名の施設長の他に、理事長・事務長もメンバーとなっており、法人の日常業務の執行機関であり、理事会における審議事項の提案主体でもある。このような実態に即して、近いうちに「施設長会議」を「法人運営会議」と改称する予定である。

そのための「給与制度等改定プロジェクト委員会」は、佐保主紀・法人理事（日本社会保障法学会会員）を委員長に、加賀谷尚・施設長を副委員長、主任クラスの職員七名を委員とし、伊藤惠仁・法人事務長をオブザーバーとして、二〇〇八年八月に発足した。委員会は一年間にわたって一五回の会合を重ね、二〇〇九年八月に答申を提出した。同答申は、その後、施設長会議・理事会の議を経て、給与規程（略）及び給与表（別表1・2）が改正され、一〇月からの実施、一二月には二・五ヶ月分の特別手当（賞与）も支給された。

詳しい説明は省略するが、今回の給与改定によって、一般職員では最低一万二千円程度のベースアップ（平均八・一％）、主任では二万円から三万円のベースアップが実現された。大卒初任給も諸手当を含めると一八万八五〇〇円となり、それまでの諸手当を含めた額から二万円近い引き上げとなった。初任給基準は、大卒の指導員、支援員、理学・作業療法士、保育士、栄養士、事務員等は一般職三級五号、短大卒の保育士、事務員等は一般職三級五号、三年制専門学校卒の理学・作業療法士等は一般職三級四号に、それぞれ格付けし、その他は、これに準ずることとした。

また、これに先だって非常勤職員の時給を、職種に応じて八五〇〜一五〇〇円にアップした。本法人には、これまでの経過における過度的な雇用形態として、月給一五万八千円、賞与二・五ヶ月、社会保険加入の常勤的非常勤

別表１　基本給表

等　級	一般職３級	一般職２級	一般職１級	指導職	管理職２級	管理職１級
職種・役職	支援員 保育士等	支援員 保育士等	支援員 保育士等	主任等	施設長・副 施設長等	施設長・法 人事務長
号俸間差	3,600	4,200	5,200	6,400	6,800	7,000
1	171,100	204,100	247,100	226,700	270,700	305,900
2	174,700	208,300	252,300	233,100	277,500	312,900
3	178,300	212,500	257,500	239,500	284,300	319,900
4	181,900	216,700	262,700	245,900	291,100	326,900
5	185,500	220,900	267,900	252,300	297,900	340,900
6	189,100	225,100	273,100	258,700	304,700	347,900
7	192,700	229,300	278,300	265,100	311,500	354,900
8	196,300	233,500	283,500	271,500	318,300	361,900
9	199,900	237,700	288,700	277,900	325,100	368,900
10		241,900	293,900	284,300	331,900	375,900
11			299,100	290,700	338,700	382,900
12			304,300	297,100	345,500	389,900
13			309,500	303,500	352,300	396,900
14			314,700	309,900	359,100	403,900
15			319,900	316,300	365,900	410,900
16			325,100	322,700	372,700	417,900
17			330,300	329,100	379,500	424,900
18			335,500	335,500	386,300	431,900
19			340,700	341,900	393,100	438,900
20				348,300	399,900	445,900
21				354,700	406,700	452,900
22				361,100		
23				367,500		
24				373,900		
25				380,300		

注）１　渡りは、一般職については、各等級の最終号俸から、上位等級の１号俸に渡る。
２　一般職から指導職、及び指導職から管理職への渡りは昇格によるものとする。昇格にあたっては、現行号俸の直近１号俸上位に位置づけるものとする。
３　一般職・指導職・管理職２級は、55歳をもって昇給を停止し、管理職１級は60歳で昇給を停止する。

別表2　級別職務表

職務級	職　務　内　容	職　　種
一般職３級	助言を受けながら日常的に業務が遂行できるレベル	支援員・保育士等
一般職２級	判断を伴う日常的業務が自分で遂行できるレベル	支援員・保育士等
一般職１級	高度の知識・経験を有し、日常的業務遂行における指導判断ができるレベル	支援員・保育士等
指導職	日常業務遂行における上級指導・判断	主任等
管理職２級	施設長、もしくは施設長に準ずる業務、及び施設長の代理	施設長及び施設長に準じる職務、副施設長等
管理職１級	施設長・法人事務長の職務	施設長・法人事務長

職員Ａが数名在職しているが、出来るだけ早い機会に、正規雇用と時給制の非常勤職員とに二分化する予定である。つまり、本法人の非常勤職員は、あくまでも労働者本人が短時間就労・短期雇用を望んでいる場合に限るという人事方針を徹底したいと考えているのである。

基本給表は、二〇歳台から六〇歳までのライフスタイルを勘案した金額と昇給幅によって作られており、一般職間の「渡り」や指導職・管理職への「渡り」については注記のとおりである。いわゆる成果主義賃金の方式を採らないのは、施設や事業の仕事が職員間のチーム・ワーク、グループ・ワークで行われているからである。

なお、諸手当の種類・金額についても改定を行い、概要は以下のとおりである。

①　職務手当（定額）は、施設長四万円、副施設長三万円、主任一万円（但し、残業手当を併給する）を支給する。

②　特別手当（賞与）の支給は、六月、一二月の年二回とし、六月は、基礎分（基本給表の該当号俸＋職務手当）×一〇〇／一〇〇と、加算分（前年度決算の実績を見て、一〇〇／一〇〇の範囲内で労使協議による）を支給し、一二月は、基礎分×一〇〇／一五〇と、加算分（当該年度の上期決算の状況を見て、一〇〇／一〇〇の範囲内で労使協議による）を支給する。基礎賞与分は絶対額であるが、加算分賞与は実績に応じた相対額となる。事業あっての雇用関係という「人件費総額管理」の

う。

③　その他の諸手当は、基本給に一部を繰り入れたりした上で、通勤手当、住宅手当、扶養家族手当、超過勤務手当、宿泊手当に整理した。これらの種類・支給額等については、今後も見直しの検討が適宜続くこととなるだろう。

以上のような、給与改定に関する検討作業に職員たちが参加したことで、それまで無関心であった法人・施設・事業の経営・財政問題に対する関心が高まったこと、さらには、一施設・一法人の経営努力の限界を知り、それを超える制度的な問題に取り組む必要性、そのための運動への意欲を高めることとなったように思われる。

また、これまでは各施設・事業ごとの職員集団であったが、この作業を通じて法人全体の職員集団に広がり、従来の主任会は職員の直接投票による「職員代表者委員会」に改組された。今後、さらに産業別の労働組合へと発展していくことが期待される。それは、私が理事長就任以来、一貫して職員たちに語りかけてきたことが、ようやく動き始めたという実感でもある。

むすびにかえて

佐藤進先生は、一九九六年から二〇〇五年まで約十年間にわたって、新潟青陵女子短期大学福祉心理学科長・新潟青陵女子大学福祉心理学部長・副学長・学長等を歴任され、同大学の充実と発展に多大な尽力をなされた。その間、先生は、私が同郷の新潟県出身であり、また、先生の学生時代からの親友である外尾健一先生（東北大学名誉教授）の門下生であることから、長年にわたって公私とも懇意にして頂いた。その中で、同大学の三年次対象の「保健医療・福祉労働論」の講義担当を依頼され、私は二〇〇二年から〇六年まで前掲書⑧をテキストにして非常勤講師を務めた。当時、「保健医療・福祉労働論」という講義科目の授業が行われていた大学が他にあったであろうか。かねて先生は福祉労働論に対して深い関心を寄せておられ、私の知る限りでは次のようなご業績がある。

①「社会福祉施設の管理運営と施設労働実態と法規制の問題点――社会保障法と労働法との交錯過程にある領域問題の視角を求めて――」（石井照久先生追悼集『労働法の諸問題』所収・勁草書房一九七四年）

②「社会福祉サービス従事者と労働関係法」（佐藤進『社会保障と社会福祉の法と法政策』（第四版）所収誠信書房一九九六年）

論文①は、「公費負担による社会福祉施設運営基準の低さが、施設労働従事者や被収容者の生活権問題を規定していること」は「無視できないもの」と指摘されて、公営・民営施設の特性や問題点について詳細に検討された上で、労働力不足や低劣な賃金等に対して、「労働法の面からも、社会保障法の面からも早急に立法対策が講ぜられねばならない問題」であり、「従事者に対する労基法違反をそのままにして、対象者の人権保障に即した社会福祉措置を両立させることを不可能にしている時代が今日来ている」と述べておられる。

著書②は、昭和六二（一九八七）年の「社会福祉士・介護福祉士法」について、「この法の制定によって、ヒューマンにして質的にすぐれた福祉労働者が誕生をみるのかは、今後の福祉教育体制やその処遇、技術訓練体制と深くかかわるが、現行の資格試験の在り方には、多くの問題がある」との懸念を示されている。また、「社会福祉施設は、（中略）入居主体の基本的人権と、関係従事者の基本的人権保障の場」であり、「従事者と入所者との共生の場」である。「少なくとも、労働組合を通じて、社会福祉施設の民主的運営が確保され、ある面で、運営参画が、社会福祉法人施設内部で実現できるようなシステム化は今日必要である」と結論づけられている。

このような先生のご指摘や提言は、社会福祉労働の現状に照らして、今もなお古くなっていないと言えるであろう。

先に、先生の傘寿論文集の企画に際しては、日程の関係で寄稿を辞退申し上げたのだが、それを追悼論文集に切り替えるということで、あらためてお声掛けを頂いた。そこで今回は、長年にわたる先生の学恩に報いる最後の機会と考えてお受けしたのだが、時間的余裕がなく、研究論文としては不十分なものとなった。しかし、「実践から研究へ」、「研究から実践へ」の人生行路を歩んできた者の報告として、先生は寛恕して下さると思い、追悼論文集の末席に連ねさせて頂いた次第である。謹んで先生のご冥福をお祈り申し上げる。合掌。

18　社会福祉事業の再構築
――法対象との関係、事業種別、事業手続、行政監督を中心に――

鵜沼憲晴

一　はじめに

社会福祉事業法は、「共通的基本事項を定め」ることを目的として施行され、現行の社会福祉法にもその法目的は継受されている（社会福祉法第一条）。

しかし、その目的を果たしているとの評価を下すことはできない。

本稿は、「共通的基本事項」を定める社会福祉法を、社会福祉法制度における基本法的性格を具備する法律と位置づける。その根拠として、①社会福祉法総則において、福祉サービスの基本的理念（第三条）、福祉サービス提供者、国および地方公共団体の責務（第五条、第六条）等、憲法第一三条、第二五条等の基底的理念を福祉の視点で具体的に規定していること、よって、まさに憲法と個別分野法との間をつなぐ「基本法」としての性格を有すること、

②社会福祉を目的とする事業の「全分野」における「共通的基本事項」（第一条）を規定するという意味において、いわばすべての個別分野法の上位法的位置にあることを挙げる。すなわち筆者は、福祉関連法制度の基本法・上位法として社会福祉法を置き、その下位に児童福祉法や生活保護法等の個別分野法が連なるという法体系を意図している。

そして、「共通的基本事項」のなかでも、とりわけ社会福祉法制度の「中核的な位置を占める事業」[1]である「社会福祉事業」を検討対象とし、さらに近年における当該事業に関する動向にも着目しながら、その種別、事業手続、行政監督規定について問題点を指摘し、今後のあり方を提起する。

（1）　社会福祉法令研究会『社会福祉法の解説』六二頁（中央法規、二〇〇一）

二　社会福祉事業に関する法制度上の問題

1　法対象（社会福祉を目的とする事業）との関係

周知のように、社会福祉事業法から社会福祉法への名称変更理由は、「…社会福祉事業に限らず、社会福祉を目的とする事業の健全な育成、…などの諸規定を設けたことから、…社会福祉全般について共通的基本事項を定める法律となり、その題名について『社会福祉法』…に改められた」とされている。[2]すなわち、対象事業を「社会福祉事業」から「社会福祉を目的とする事業」へと改正したこと（社会福祉法第一条）が挙げられている。

しかし、法対象である社会福祉を目的とする事業の定義、および社会福祉事業との関係については、具体的に示されていない。市区町村社会福祉協議会の参加者および事業（社会福祉法第一〇九条）や共同募金および準備金の配分先（社会福祉法第一一二条）からすれば、社会福祉を目的とする事業が社会福祉事業を包含する事業であることは明らかであるが、社会福祉事業以外の社会福祉を目的とする事業、いわば「狭義の社会福祉を目的とする事業」[3]の定義なり範囲については不明である。また、社会福祉事業の適用除外事業規定（社会福祉法第二条第四項）は社会福祉法でも存続するが、当該適用除外事業が社会福祉を目的とする事業に該当するかについてもふれられていない。同様に、社会福祉に関する活動（社会福祉法第八九条、「国民の社会福祉に関する活動への参加の促進を図るための措置に関する基本的な指針」平五厚告一一七）との関係についても未明である。

さらに関連領域まで拡げてみれば、特定非営利法人が行う一七の活動分野には「保健、医療又は福祉の増進を図る活動」や「子どもの健全育成を図る活動」があり（特定非営利活動促進法第二条、別表）、公益法人が行う事業には「障害者若しくは生活困窮者又は事故、災害若しくは犯罪による被害者の支援を目的とする事業」、「高齢者の福祉の増進を目的とする事業」、「児童又は青少年の健全な育成を目的とする事業」がある（公益社団法人及び公益財団法人の認定等に関する法律第二条、別表）。

「社会福祉を目的とする事業の全分野」を法対象とするならば、その定義なり、適用あるいは除外条件を一定明示した上で、社会福祉事業との関係を示す必要がある。同時に、上記関連事業あるいは活動との関係についても規定するべきであろう[4]。

2　個別分野法に規定されない事業の存在

社会福祉事業法制定時において個別分野法に規定されない社会福祉事業には、第一種では助葬事業、生活保護法によらない授産施設経営事業、資金融通事業が、第二種では生計困難者に対する居宅保護・相談事業、簡易住宅貸付・宿泊所提供事業、医療保護事業、社会福祉事業の連絡または助成事業があった。

連絡または助成事業以外の事業は、社会福祉事業法案段階において改正社会事業法案の対象とされたものであったが、当該改正法案が廃案となったため、社会福祉事業法において取り込まざるを得なくなった事業である[5]。しかし以降も、一九五八（昭和三三）年の社会福祉事業法の一部を改正する法律による結核回復者後保護施設経営事業（第一種）および隣保事業（第二種）、一九五九（昭和三四）年の社会福祉事業法の一部を改正する法律による精神薄弱者援護施設経営事業（第一種）、一九九〇（平成二）年の老人福祉法等の一部を改正する法律による父子家庭居宅介護等事業（第二種）、社会福祉法による福祉サービス利用援助事業（第二種）が個別分野法によらないまま列挙されてきた[6]。このうち結核回復者後保護施設経営事業は一九六七（昭和四二）年の身体障害者福祉法の一部を改正する法律で削除され、精神薄弱者援護施設経営事業は、のちの精神薄弱者福祉法に改めて明記された。また父子家庭居宅介護等事業は、二〇〇二（平成一四）年の母子及び寡婦福祉法の一部を改正する法律によって母子家庭等日常生活支援事業に包摂された。

よって、現行における個別分野法によらない事業は、助葬事業、生活保護法によらない助産施設経営事業、資金融通事業、居宅保護・相談事業、簡易住宅貸付・宿泊所提供事業、医療保護事業、隣保事業、福祉サービス利用援助事業、社会福祉事業の連絡または助成事業となる（社会福祉法第二条第二項第一号・第七号、第三項第一号・第八号・第九号・第一一号・第一二号）。

個別分野法に基づいて列挙される社会福祉事業と社会福祉法それ自体に基づいて列挙される社会福祉事業が併存するという現状は、「共通的基本事項」を定めるという社会福祉法の目的から矛盾するし、国民にわかりにくい構造でもある。また、宿泊所提供事業が「ホームレスの受け皿ビジネス」[7]あるいは「貧困ビジネス」[8]と称され、利用者の人権侵害が起きている問題につき[9]、個別分野法に基づく具体的な事業内容や法令レベルの行政監督規定が不十分であるが故の結果であることを踏まえれば[10]、社会福祉事業の列挙について、社会福祉法と個別分野法との関係を再検討する必要があると考える。

さらに、介護保険法における居宅介護支援事業および地域包括支援センター経営事業が社会福祉事業として列挙されていない点につき、「法律上の整理が直感的な理解に沿わなくなっている」との批判[11]もある。こうした個別分野法に規定されながら列挙されていない事業も合わせて検討する必要があろう。

3　不明瞭な事業種別区分

第三に、種別化の基準が不明になりつつある点である。種別区分の根拠について、社会福祉事業法制定当時の厚生省社会局長木村は「人を収容して生活の大部分をそのなかでいとなませる施設を経営する事業を主とし、これに経済保護事業で、不当な搾取がおこなわれやすい事業をふくませた」のが第一種であり、第二種は、「第一種社会福祉事業でない社会福祉事業」であり、「社会福祉の増進に貢献するものであって、これにともなう弊害のおそれが比較的にすくないもの」とした[12]。

しかし、一九九〇（平成二）年の社会福祉事業法改正（法律第五八号）によって居宅介護等事業等が第二種社会福祉事業へ追加されて以降、上記木村の見解による単純な区分の踏襲では、利用者の権利保障という視点から問題が生じている。

例えば認知症対応型老人共同生活援助事業（社会福祉法第二条第三項第四号）は、実態としては、明らかに認知症高齢者の入居生活全般を支援する事業である。また小規模多機能型居宅介護事業は、福祉サービス利用者を多面的・継続的に援助するものであり、利用者との接触時間が比較的長いサービスである。これら事業における「対象に対する影響」という点では、例えば第一種に規定されている軽費老人ホーム経営事業（社会福祉法第二条第二項第三号）等と比較しても、その軽重の度合いは大差ないと考える。また、これら二事業のみが介護保険の「指定地域密着型サービスの事業の人員、設備及び運営に関する基準」第七二条第二項、第九七条第七項において「自らその提供する…介護の質の評価」とともに、「定期的」な「外部の者による評価」を受けることが義務づけられている。つまり行政自らが利用者の「人格の尊厳に重大な関係を持つ事業」であると判断しているのであり、よってこの点からも、これら二事業が第二種として規定されている整合性が問題となってこよう。「施設を経営する事業」ではないから「弊害のおそれ」が「比較的すくない」とはいえないほど、社会福祉事業は多様化している現状がある。あらためて種別化の必要性、および必要であるならばその区分のあり方を考えていく必要があろう。

4　社会福祉事業経営者の問題

周知のとおり、第一種社会福祉事業の経営主体は、原則として国、地方公共団体、社会福祉法人に限定されている（社会福祉法第六〇条）。この根拠は、第一種社会福祉事業、とりわけ入居施設経営事業が「もし、その経営に適正を欠くようなことがあるならば、人権の擁護といううえから非常に重大な公共の責任がある問題なので、…社会的弱者が不当な処遇を受けないようにしなければならない」からとされている(13)。しかし、二〇〇九（平成二一）年九月に発覚した社会福祉法人全国精神障害者社会復帰施設協会の不正経理や、度重なる社会福祉法人経営施設での暴行、強姦、わいせつ行為から、もはや社会福祉法人のみが社会福祉事業の「純粋性の維持と公共性の高揚」を担い、「社会的信用を高めることのできる組織(14)」とする見解は妥当でない。

また、当該原則そのものについても曖昧になりつつある。例えば、日本赤十字社は、従来から第一種社会福祉事業および第二種社会福祉事業を経営することができ、その場合は社会福祉法人とみなされてきたが（日本赤十字社法第三五条、生活保護法第四一条、老人福祉法第三五条）、それ以外でも、病院または診療所を設置する農業協同組合連合会は、特別養護老人ホームを設置する場合に社会福祉法人としてみなされ、当該ホームを設置することができる（老人福祉法附則第六条の二）。また社会医療法人および医療法人は、A型およびB型以外の軽費老人ホーム経営事業等、第一種社会福祉事業のうち所定の事業を行うことができる（「厚生労働大臣の定める医療法人が行うことができる社会福祉事業」平一二厚告四五六）。さらに構造改革特別区域における特別養護老人ホーム不足地域においては、選定事業者（民間企業）の参入が認められている（構造改革特別区域法第三〇条、民間資金等の活用による公共施設等の整備等の促進に関する法律第二条第五項）。

特別養護老人ホームの整備率が介護保険事業（支援）計画の七三％であり[15]、かつ特別養護老人ホームの入所待機者が約四二万人であるという現状からしても[16]、第一種社会福祉事業の民間事業経営者を社会福祉法人のみに限定する原則について、再検討する必要があると考える。

5　事業の開始および休廃止手続等に関する問題

社会福祉法は、社会福祉事業の開始および休廃止手続に関する規定を設けているが（社会福祉法第六二条〜六九条）、個別分野法にも同旨規定があり、かつ個別分野法における規定を優先している（第七四条）。これにより、社会福祉法において、社会福祉法人が施設設置をともなう第一種社会福祉事業を開始する場合（同法に準ずる母子福祉施設、障害者支援施設、軽費老人ホームを含む）は都道府県知事に対する事前届出であるのに対し（社会福祉法第六二条、母子及び寡婦福祉法第四〇条、障害者自立支援法第八三条、老人福祉法第一五条）、保護施設、児童福祉施設、養護老人ホーム等は、都道府県知事の認可を必要とする（生活保護法第四一条、児童福祉法第三五条、老人福祉法第一五条）。第二種社会福祉事業においても、社会福祉法人等が行う開始、変更、廃止手続は、社会福祉法では事後一ヶ月以内の届出であるのに対し、身体障害者生活訓練等事業等の開始手続は事前届出であり（身体障害者福祉法第二六条第一項）、児童自立生活援助事業、老人居宅生活支援事業等においては、開始、廃止手続がいずれも事前届出である（児童福祉法第三四条の三第一項、老人福祉法第一四条）。

個別分野法における各施設・事業の対象や機能、あるいは不正事業経営者の増加等を踏まえたうえでの規定であろうが、「共通的基本事項」を定める「基本法」としての社会福祉法という視点からすれば、個別分野法ごとに事業手続が相違することにより、同種別事業間の整合性・統一性が保持できないという問題が生ずる。また個別分野法の規定を優先するとすれば、わざわざ社会福祉法において種別ごとにまとめて列挙する意味そのものが曖昧となる。各事業の特徴を踏まえて整理したうえで必要な事業手続を統一し、基本法としての社会福祉法に集約する必要があろう。

6　行政監督に関する問題

行政調査（事業監査）や改善命令等、いわゆる行政監督は、社会福祉事業によって提供される福祉サービスの質を確保するうえで重要なものである。その具体的内容として、①厚生労働大臣による最低基準策定義務、②都道府県知事による社会福祉事業経営者に対する報告の徴収、施設等の検査・状況等の調査、③都道府県知事による施設経営者に対する改善命令、④都道府県知事による虚偽報告、指導監査の拒否・妨害、改善命令違反、不当な処遇等を行った社会福祉事業経営者に対する社会福祉事業経営制限、停止、許可取消がある（社会福祉法第六五条、第七〇条～第七二条）。しかし、これら行政調査に関する規定も、上記二5と同様、個別分野法の規定が優先する。そのため、同様に個別分野法間での整合性が問題となる。

例えば、①の最低基準には厚生労働省令によるものと通知（「母子福祉施設の設備及び運営について」平一六雇児〇一二〇〇〇二）によるものがある。また②にかかわらず、個別分野法における行政調査の対象は、「児童福祉施設の設置者、児童福祉施設の長」（児童福祉法第四六条）、「保護施設の管理者」（生活保護法第四四条）、「養護老人ホーム又は特別養護老人ホームの長」（老人福祉法第一八条）、「指定障害福祉サービス事業者（指定障害者支援施設等の設置者）若しくは指定障害福祉サービス事業者（指定障害者支援施設等の設置者）であった者若しくは…従業者であった者」（障害者自立支援法第四八条、同法施行令第二五条の二）と、その表現および範囲に統一性がない。[17] さらに、④に関しても、障害者支援施設および養護老人ホーム等では、都道府県知事による「停止又は廃止…」となっており（障害者自立支援法第八六条、老人福祉法第一九条）、都道府県知事の権限が個別分野法および事業ごとに相違する。

厚生労働省内各局の縦割り行政による、こうした「複雑な法のモザイク」[18]を、社会福祉法において整理・統制する必要があろう。

（2）社会福祉法令研究会・前掲注(1)五三頁

（3）古川孝順『社会福祉原論［第二版］』一六三—一六四頁（誠信書房、二〇〇三）

（4）さらにいえば、厚生労働省設置法第四条第一項第八一号、厚生労働省組織令第一一条第一項第二号等にある「社会福祉に関する事業」の定義についても検討する必要はあろう。

（5）一九五〇（昭和二五）年六月一日付の社会福祉事業基本法案（厚生省社会局）第二条は、「社会福祉事業」を、生活保護法の適用をうける事業、児童福祉法の適用をうける事業、身体障害者福祉法の適用をうける事業、公益質屋法の適用をうける事業、社会事業法の適用をうける事業としており、社会事業法を改正・再生する法案であった。

（6）具体的な事業名のみを列挙することで「社会福祉事業」を示した一九五〇（昭和二五）年一一月付社会福祉事業基本法案、一九五一（昭和二六）年一月付社会福祉事業基本法案を経て、一九五一（昭和二六）年二月六日付の社会福祉事業法案第二条では、「社会福祉事業」を「生活保護法…、児童福祉法…、身体障害者福祉法…、公益質屋法…の適用を受ける事業その他援護、育成または更生を要する者に対し、必要な指導その他の措置を講じ、社会の成員として能力を発揮せしめることを目的として行う事業」としている。いずれも「社会事業法は廃止する」とした。

（7）中川正美「路上探訪　第二種社会福祉事業」季刊 Shelter-less 一八号一〇八頁（二〇〇三）

（8）湯浅誠『反貧困—「すべり台社会」からの脱出』一四三—一五四頁（岩波書店、二〇〇八）

（9）佐藤は、「社会福祉学プロパーの研究者、実践者にとって、『労働問題』、『雇用問題』は、対象としてはマイナーの問題かもしれない」が、「今日、豊かな社会においてもホームレス、不安定就労層、外国人労働雇用問題などは、ベーシックな問題と考えている」と指摘していた（佐藤進「法と社会保障、社会福祉理論化に向けて—国際的、学際的研究、調査を目指して—」社会福祉研究八四号九一頁（二〇〇二）。
（10）宿泊所に関する規定は、現在において「社会福祉法第二条第三項に規定する生計困難者のために無料又は低額な料金で宿泊所を利用させる事業を行う施設の設備及び運営について」（平一五社援〇七三一〇〇八）および「（別紙）無料低額宿泊所の設備、運営等に関する指針」（平一六社援〇一二〇〇〇七）のみである。
（11）藤井賢一郎「社会福祉事業と経営（上）」月刊福祉九〇巻一二号五五頁（二〇〇七）
（12）木村忠二郎『社会福祉事業法の解説（改訂版）』三四、三九頁（時事通信社、一九五五）
（13）木村・前掲注（12）三四頁
（14）木村・前掲注（12）一四二頁
（15）厚生労働省老健局「第三期（平成一八〜二〇年度）市町村介護保険事業計画及び都道府県介護保険事業支援計画における介護給付等サービス量の見込みと実績の比較について」（http://www.mhlw.go.jp/houdou/2009/09/h0910-1.html、二〇〇九・九・一〇）
（16）厚生労働省老健局「特別養護老人ホームの入所申込者の状況」（http://www.mhlw.go.jp/stf/houdou/2r98520000003byd.html、二〇〇九・一二・二二）
（17）「管理者」と「施設の長」は同義として解釈されている（社会福祉法令研究会・前掲注（1）二三八頁、小山進次郎『生活保護法の解釈と運用』五〇一頁（日本社会事業協会、一九五〇））。であればこそ、社会福祉関連法の一定の整備が図られた現在において、表現の統一がなされて然るべきであろう。
（18）佐藤進「社会福祉事業法の理念とその問題点」月刊福祉六四巻七号一一頁（一九八一）

三　社会福祉事業に関する課題

以上に挙げた社会福祉事業における問題に対する立法課題を、以下で提起する。

1　社会福祉を目的とする事業の法的位置づけ

まず、「広義の社会福祉を目的とする事業」の定義として、「生活上の福祉ニーズをもつ者に対し、適切な福祉サービスを提供する事業である」との明記が求められよう。また、「狭義の社会福祉を目的とする事業」については、社会事業法第一条および勅令「社会事業法第一條ノ規定ニヨル事業指定ノ件」第二条による社会事業の法規定の応用が適切であろうと考える[19]。すなわち、いったん「社会福祉事業以外の福祉サービスを提供する事業」と広く設定した上で、「他の法律により行う事業」を社会福祉法の「適用除外事業とする」旨の規定を置く、といった法的定義・法対象規定である。「適用除外事業」には、上記二1に挙げた特定非営利活動、公益法人の行う事業はもちろん、社会福祉事業適用除外事業とされている更生保護事業、社団または組合の行う社員または組合員のための事業（社会福祉法第二条第四項第一号、第三号）も含まれよう。

なお、その他の社会福祉事業適用除外事業は、上記「狭義の社会福祉を目的とする事業」の定義・法対象規定からすれば、当然に社会福祉法の対象となるため、現行の当該適用除外事業規定（社会福祉法第二条第四項）は削除してもよいだろう。

社会福祉を目的とする事業の定義なり法的範囲をこれ以上厳格に規定する必要はなかろうが、当該事業の無秩序な拡散は、一般的な顧客サービスに埋没させてしまう危険をはらむため、当該事業の範囲なり条件については今後も検討していく必要があろう。

また、「狭義の社会福祉を目的とする事業」の健全発達のため、一定の事業手続や行政監督等に関する規定が必要であろう。例えば、①事業経営者は、事業開始後速やかに、事業責任者、事業内容、職員配置、利用者負担等を記載した書面を都道府県へ届出を行うこと、②都道府県は当該書面の記載事項に誤記がないことを確認した後、当該「社会福祉を目的とする事業」およびその経営者を告知すること、③都道府県知事は、必要に応じ、事業経営者に事業の報告をさせる権限を有すること、④都道府県知事は、一定の頻度で事業経営者および利用者の調査をする権限を有すること、⑤届出書類と実態とが相違する等、調査で明らかになった不正等について都道府県が指導を行うこと、⑥指導に従わなかったり、利用者の権利侵害が明白である場合は、都道府県知事が事業制限もしくは事業停止を命ずること等の規定は必要であろう。先進性、地域性、自主性、開拓性等、「狭義の社会福祉を目的とする事業」がもつであろう性格からして、なるべく規制による縛りをかけるべきではないが、二〇〇九（平成二一）年三月に火災事故を起こした高齢者宿泊施設における劣悪かつ不十分な環境設備を鑑みれば[20]、不適切な事業者の参入および当該事業利用者の権利侵害の抑制・防止をすすめる最低限の手続・行政監督は必要であると考える。

さらに、職員・利用者による個別特定の信頼関係を媒介とし、またサービス利用期間が長期にわたるという福祉サービスの特徴から、「狭義の社会福祉を目的とする事業」経営の安定的継続が図られる必要がある。よって上記届出を行っている事業経営者に対し、他法による補助を優先しつつ、事業経営補助費の支給および当該事業利用者に対する一定の利用料助成等がなされるべきである。

2　社会福祉法と個別分野法の関係

上記二2で示した個別分野法によらない社会福祉事業のうち、隣保事業については、その拠点である隣保館の運営主体が市町村であること（「隣保館の設置及び運営について」平一四社援〇八二九〇〇二）、隣保館の事業のうち、社会福祉法人等に委託することができる「隣保館デイサービス事業」、「地域交流促進事業」、「継続的相談援助事業」は、老人福祉法等の既存個別分野法による規定で足りること等から、現在において社会福祉事業として列挙する意義は薄いと考える。

それら以外の個別分野法によらない事業については、個別分野法の立法化あるいは既存個別分野法への規定追加が求められる。例えば、経済的対策である助葬事業、生活保護法によらない授産施設経営事業、資金融通事業、居宅保護・相談事業、簡易住宅貸付・宿泊所提供事業、医療保護事業は、「経済支援事業法」（仮称）の立法化により、事業目的、対象、内容、最低基準等を規定される必要がある。また、福祉サービス利用援助事業についても同様に、「福祉サービス利用支援法」（仮称）を立法化したうえで社会福祉事業に加えていくことが求められよう。

以上より、上記三1で述べた「狭義の社会福祉を目的とする事業」における事業手続、および自主的活動である社会福祉に関する活動を踏まえ、社会福祉事業としての列挙に至る過程を考えれば、①社会福祉に関する活動の開始およびその定期的実施・定着、②「狭義の社会福祉を目的とする事業」として都道府県に届出、②福祉ニーズの実証的顕在化および同種事業の全国的展開・普及、③それにともなう継続的な公的規制・公的助成の必要性[21]の社会的認識の向上、④既存の個別分野法あるいは新立法による、事業、対象、事業主体、事業内容等の規定、⑤社会福祉法第二条に社会福祉事業として追加、となろう。

3　社会福祉事業の種別区分

(1)　社会福祉事業として列挙する意義

二3で述べたように、現在では、入所型施設・授産事業等は第一種、それ以外は第二種とする単純な種別区分は、多様化した社会福祉事業の機能および形態からして限界が生じている。では、星野が指摘するように「社会福祉事業と非社会福祉事業の区分を撤廃」すべきであろうか[22]。あるいは、山本の「第一種・第二種の区分」「は速やかに撤廃されるべきであろう」とする見解[23]や、戸沢の「（種別は：筆者）単純な形式的分け方」であり、「社会福祉の本質から言ってもおかしい」との指摘[24]のように、種別区分を撤廃すべきであろうか。

たしかに、社会福祉事業経営者は、その提供する福祉サービスの機能・形態の如何によらず、常に当該サービスの自己分析および自己改善を行っていく責務があろう。また常に社会状況の変動からニーズを敏感に察知し、そのニーズ充足を具現化していく開拓精神と実践力をも合わせもつべきであろう。よって本来的には、社会福祉事業の主体性や創造性を遮るような規制を設けるべきではない。

しかし一方、利用者へと視点を向ければ、共通して何らかの理由から日常生活において独力で生活することが困難であり、相応の支援を必要としている。こうした特徴から、利用者への権利侵害の危険性が他の一般顧客サービスに比して高いことは明らかである。よって、利用者の権利を保障しその侵害を防止すること、および充実した福祉サービス提供環境を整備し、利用者のニーズに即した福祉サービスの質を継続的に担保する必要がある。そのためには、「社会福祉事業」として列挙し、事業手続の一律化・公明化や行政監督・指導等の規制を行う必要がある。ただしその規制は、全ての事業において一律である必要はない。その規制の程度は、各事業の利用者の自立度に対する対人援助技術・設備等の専門的機能の必要性に比例する。すなわち社会福祉事業の列挙および種別化は、今後、利用者の心身状態や事業目的等から導出される権利侵害の危険性の度合を基準として再構築される必要がある。(25)

(2)　事業種別の細分化

以上を前提とし、利用者の権利侵害の危険性により社会福祉事業を大別すれば、まず食事、排泄、入浴、移動等の日常生活動作等において職員の手による「直接的に人的サービスを提供する事業」と、「間接的にサービスを提供する事業」に大別することができる。当然に、職員等による直接的に人的サービスを提供する事業のほうが、利用者への権利侵害の危険性は高くなる。

「直接的に人的サービスを提供する事業」は、さらに利用形態別分類として入居型―通所・訪問型のベクトルと、対象の心身機能の状態による機能別分類として介護・自立支援―生活支援型のベクトルとで四つの事業に区分できる。すなわち、①介護・自立支援型入居施設経営事業（救護施設、児童養護施設、知的障害児施設、肢体不自由児施設、特別養護老人ホーム、障害者支援施設等を経営する事業）、②介護・自立支援型通所・訪問事業（母子家庭等日常生活支援事業、老人居宅介護等事業、老人デイサービス事業、障害福祉サービス事業等を経営する事業）、③生活支援型入居施設経営事業（母子生活支援施設、軽費老人ホーム、母子福祉施設、認知症対応型老人共同生活援助事業等を経営する事業）、④生活支援型通所・訪問事業（放課後児童健全育成事業、保育所、老人福祉センター、移動支援事業等を経営する事業および相談に応ずる事業）である。

一方の「間接的にサービスを提供する事業」には、ＡＤＬや社会性向上に貢献する物品等を提供する⑤福祉用具等製造・提供事業（手話通訳事業、介助犬訓練事業、補装具製作施設、盲導犬訓練施設、日常生活用具貸与等）、上記三2で提起した「福祉サービス利用支援法」（仮称）に基づく⑥福祉サービス利用支援事業、融資・募金等により事業経営者に対し資金的援助を行う⑦現金取扱事業等が含まれよう。

上記七カテゴリーは便宜上のものであり、もちろん現行第一種・第二種同様、その社会的価値や必要性の順位ではない。

4　社会福祉事業の経営主体

上記二4でみた社会福祉法人での不適切事例の増加、多様な事業経営主体の参入、老人福祉施設に象徴される深刻かつ慢性的な不足状態等を踏まえるならば、もはや事業経営主体の原則的制限を継続する積極的理由は見あたらない。多様な主体の参入を認めたうえで、利用者の権利侵害となる危険性を排除するための条件を厳格に適用していく方向に移行すべきであろう。

ただし、上記現金取扱事業は、不正流用等のおそれがあるため、個別分野法においてその経営主体を現行社会福祉法人に限定すべきであろう。同様に、生活保護法および上記「経済支援事業法」（仮称）に基づく入居施設経営事業および通所・訪問事業については、利用対象者の経済的社会的状況から経済的搾取のおそれがあり、よって、現行社会福祉法人[26]および一部の関連非営利法人（公益法人、職業訓練法人、特定非営利法人等）に限定すべきであろう。なお、それ以外の社会福祉事業経営主体としての社会福祉法人は、設立要件等の規制緩和が図られるべきである。[27]

5　事業手続

国・地方公共団体以外の経営主体による事業手続では、上記三3で提起した社会福祉事業の七カテゴリーにあてはめて考えれば、少なくとも以下のような規制が必要になると考える。

①介護・自立支援型入居施設経営事業の事業開始については、現行救護施設の規定等にみられる都道府県知事の認可で統一すべきであろう（生活保護法第四一条第二項、児童福祉法第三五条第四項、老人福祉法第一五条第四項等）。さらに、入居者の心身状況・住宅環境等を鑑み、経営主体の条件として自由な事業撤退の禁止を課すこと、廃止については、他施設等への転居手続、交付金・補助金等の返還等の完遂をしたうえで都道府県知事による廃止の時期の認可を必要とすべきである。

②介護・自立支援型通所・訪問事業は、生活基盤が居宅であってもその利用者の心身状況から権利侵害の危険性が高い。また③生活支援型入居施設経営事業は、心身の残存機能が高い者を対象とするが、入居施設であり常時職員との関係下に置かれる。よってこの二カテゴリーでの事業開始は、都道府県知事の認可が必要であろう。廃止に関しても、利用者の心身状況および家族の状況を踏まえ、他事業所のサービス変更手続あるいは他施設等への転居手続を完遂したうえでの都道府県知事の認可が必要と考える。

④生活支援型通所・訪問事業および間接的に提供する事業（⑤〜⑦の事業）は、利用者の心身状況および生活の中心が居宅であることを踏まえても、事業開始・廃止は都道府県知事による認証[28]が必要であろう。

そしてこのようなカテゴリーごとの事業手続等を、「基本法」たる社会福祉法に集約し、既存個別分野法から削除することで、同カテゴリーにもかかわらず個別分野によって手続が異なるという事態を回避し、カテゴライズそのものの意義も明確となろう。

6　行政監督

まず、直接的に人的サービスを提供する事業（上記①～④のカテゴリー）および⑤福祉用具等製造・提供事業、⑥福祉サービス利用支援事業は、行政庁による施設設備・職員配置・サービス内容等に関する最低基準の設定、および施設あるいは事業経営主体による遵守義務は、規定されるべきであろう。現行社会福祉法下では、通所・訪問事業の最低基準設定についての規定はないが、一九九〇（平成二）年の老人福祉法等の一部を改正する法律による社会福祉事業法改正から通所・訪問事業が中心となっている現状において、また利用者の心身状況を踏まえ、職員配置・サービス内容についての最低基準および事業経営者の遵守義務を新設すべきである。そして、具体的な最低基準は、地域の実情を踏まえつつ、行政調査および改善命令等の権限を有する都道府県あるいは市町村が策定すべきと考える。

なお、二〇〇九（平成二一）年一二月に閣議決定された「地方分権改革推進計画」では、一〇月に公表された地方分権改革推進委員会「第三次勧告」を受け、最低基準を都道府県または市町村に委任するとした。この点について筆者は評価するが、①児童福祉法、老人福祉法、介護保険法、障害者自立支援法に規定される事業のみが該当するとされている点において、「共通的基本事項」を定める社会福祉法という視点からすれば、条例による事業と従前の基準によるものとが混在し、一層複雑化すること、②国の基準三類型のうち、「標準」および「参酌すべき基準」に該当する最低基準が、地方財政によって大きく下回る危険性があること、③だからこそ条例制定過程において、情報公開および住民参加が強く要請されることを課題と考える。

行政調査の対象については、障害者自立支援法の規定を踏まえ、「施設の設置者、施設の長、事業者、従業者およびこれらであった者」とすべきであろう。これにより、過去に遡っての調査を可能とし、またサービス提供場面におけるサービス内容についても精査することが可能になると考える。

また、⑦現金取扱事業については、設備・職員配置等の基準を必要としないが、現金の取扱に不正がないよう、その手続きについては調査が求められる。例えば募金事業であるならば、事業を実施する前に、募金の目的、目標募金額、募金活動場所、募金活動時間、募金配分予定等の募金計画を提出する義務や配分後の都道府県による確認調査が導入される必要があろう。

さらにサービスの質を確保・向上する施策として、少なくとも①～③のカテゴリーに含まれる事業については、入居者の心身状況および利用形態から、介護保険における「認知症対応型老人共同生活援助事業」経営者等に対する規定と同様、「定期的」な「外部の者による評価」の義務を導入すべきである。

そして、事業手続と同様、「基本法」たる社会福祉法に集約し、既存個別分野法から削除することで、同カテゴリーにもかかわらず個別分野および事業によって監督権限が異なるという事態を回避することが望まれる。

(19)　社会事業法第一条は「本法ハ左ニ掲グル社会事業ニ之ヲ適用ス但シ勅令ヲ以テ指定スルモノニ付テハ此ノ限ニ在ラズ」とし、「社会事業法第一條ノ規定ニヨル事業指定ノ件」によって「救護法、母子保護法其ノ他法律勅令ニ依リ行フ事業」、「軍事援護ニ関スル事業」、「司法保護ニ関スル事業」等を除外事業とした。

(20)　当該高齢者宿泊施設の経営者は特定非営利法人であったが、同様のことが「狭義の社会福祉を目的とする事業」でも生じる危険性は十分考えられよう。

(21)　社会福祉法令研究会・前掲注(1)六八頁

(22)　星野信也「社会福祉事業区分の撤廃を」週間社会保障一九二〇号六八—六九頁（一九九七）

(23)　山本信孝「戦後社会福祉の変化と社会福祉事業法の果たした役割」月刊福祉六四巻七号二〇頁（一九八四）

(24)　戸沢政方「座談会生活保護三〇年⑤　新法の源流と、新法の展開について」『総合社会保障』二〇巻四号六〇頁（一九八二）

(25)　新田秀樹『社会保障改革の視座』二一四—二一六頁（信山社、二〇〇〇）

(26)　堤は、「公益性」に焦点をあて社会福祉法人制度の課題を提起するなかで、社会福祉事業についても「公益性」に基づいて類型化している。すなわち公益性ある社会福祉事業とは、①「制度上応益的な利用者負担とされている事業において、事業者自らの費用負担で低所得者に無料・低額でサービスを利用させる事業」、②「生計困難者に対しサービスや金品などを与える事業」、

③「措置制度の対象として存続している事業」の三つであり、公益性のない社会福祉事業は、「介護保険や障害者自立支援制度による事業であって生計困難者に対し利用者負担の軽減措置を講じないもの」、「一般住民向けの〝事業〟として行われるもの」である（堤修三『社会保障改革の立法政策的批判—二〇〇五／二〇〇六年介護・福祉・医療改革を巡って—』一五四—一五九頁（社会保険研究所、二〇〇七））。この類型は、社会福祉事業経営主体を考察する上では有効であろうが、法的類型においては、やはり利用者の権利侵害の度合いおよびそれに基づく公的規制の必要度によってなされるべきと考える。

(27)　現に、社会福祉法人設立・認可のための資産所有権および資産要件に関しては、順次緩和されている（「国又は地方公共団体以外の者から不動産の貸与を受けて特別養護老人ホームを設置する場合の要件緩和について」平成一二年社援一八九六・老発五九九、「居宅介護等事業の経営を目的として社会福祉法人を設立する場合の資産要件等について」平成一二年障六七一・社援二〇三〇・老発六二九・児発七三三等）。今後は、福祉サービスを提供する新法人の創設を含めた抜本的な改革がなされてもよいと考える。

(28)　「認証」については、特定非営利法人（特定非営利活動促進法第一〇条第一項）や宗教法人（宗教法人法第一二条）等の認証法人を参考とした。社会福祉法は、本文上記のとおり種別に限らず事業開始等の手続は「届出」を採用しているが、筆者は、届出制を「社会福祉を目的とする事業」へと転用し、より権利侵害の危険性が高い社会福祉事業の事業開始等については、「認可」もしくは「認証」を採用すべきと考える。

四　おわりに

以上、社会福祉法を「基本法」的性格を持つものとして位置づけ、近年の動向を踏まえながら、事業種別、事業手続、事業主体等について課題を提起してきた。

長期的展望に立てば、ノーマライゼーション理念のさらなる具現化のため、あるいは国民にとって利用しやすい社会福祉事業となるため、入居施設の小規模化、通所・訪問事業の「多機能フルセット化(29)」、個別分野あるいは事業の再編・統合化に向かうべきであろう。その点、本稿で提起した課題は、依然として従来の枠組みに沿った小手先の修正案に過ぎない。しかし、当面の間つなぎであるとしても、現行法制度と現実態とが乖離している状況への対応策として、また抜本的改正の的確な方向を見定めるうえでも、本稿での提起が早急に必要であろうと考える。

また、「基本法」としての社会福祉法という視点から検討すべき重要事項として、福祉サービスを利用しようとする者および福祉サービス利用者の権利体系、国・地方公共団体・利用者の関係、福祉サービス利用手続、権利擁護システム等が挙げられよう。(30) 今後の課題としたい。

(29)　小笠原浩一「社会福祉法人の改革と施設運営の課題」社会福祉研究八五号三一頁（二〇〇二）

(30)　たとえば利用者の権利体系について、河野は、実態的サービス請求権、手続的権利、救済争訟権を中心とし、さらにそれら権利ごとにそれらを構成する主要素を提示する（河野正輝『社会福祉法の新展開』一四〇—一四一頁（有斐閣、二〇〇六））。また秋元は、福祉サービスの特徴を踏まえ、新しい権利保障概念として「柔らかい権利」を導出し、その成立条件や形式について検討する（秋元美世『福祉政策と権利保障　社会福祉学と法律学との接点』一七四—一八二頁（法律文化社、二〇〇七））。今後、こうした先行業績を踏襲しつつ考察していきたい。

19　前近代における社会福祉制度
――「寛政の改革」の現代的意義――

桑原洋子

一　序

昭和初期に始まった世界恐慌にさいして、時の大蔵大臣井上準之助は「国民は消費を節約いたさねばなりませぬ[1]」と訓示し（昭和五年）、閣議は公務員の減俸を決定した。そして安達謙蔵内務大臣は減税を行い、同時に従来の恤救規則より緩和された基準で生活保護が受給できる救護法の実施を確約した[2]。不況時において税収が減少するなかで、このような方針を実施したことは、国家の政策としては二律背反である。しかしそれは、恐慌という経済的社会的不安の中で民心を慰撫し、社会的治安を維持するために前近代から行われてきたやむを得ざる政策であったといえよう。

寛政期においても災害等により幕府の財政は疲弊し、窮地におかれていた。この状況を克服し、また前政権の不正をどう是正するかが寛政の改革の課題であった。

我われが制度研究の前提として、史的研究を行うのは、先人が財政が逼迫する中で如何なる政策を実施したか、それはどのような社会的状況を招来したのか、その是非を検討し、現在わが国がおかれている状況を踏まえて、どのような福祉制度の構築が必要であるかを模索するためである(3)。

史的研究を行うためには時代区分が必要となる(4)。時代区分には多様な基準がある。たとえば足利時代・徳川時代といった政権担当者の「家」による区分、鎌倉時代・江戸時代といった政権の所在地による区分、中世・近世・近代といった時の遠近による区分、古代律令国家・前期封建国家・後期封建国家・近代国家といった国家体制による区分がある。ここでは国家体制に基づく時代区分に従う。国家体制による時代区分は時代の潮流に則したものであり、とくに前近代については「土地で働く農民がどのような社会関係の中に置かれていたか……を見ることが、いっそう進んだ時代区分の仕方だということになる(5)」からである。

本稿では、前近代のなかでも、後期封建国家の時代に実施された「寛政の改革」における福祉制度を検討する。後期封建国家は徳川家が政権を担当した時代であり、「幕藩体制と呼ばれるように、幕府と藩の二重支配体制(6)」であった。この期には幕府法と藩法があり、そのなかに窮民救助制度をはじめとする福祉に関する法令がみられる。これは三期に分けることができる。

第一期は、徳川幕府の政権が確立するまでの時期である。この期は「人口が増殖し」、また「幕府の首脳であった人間が概してしっかりした人物(7)」であったことが政権を確立する要因となった。

第二期は、「徳川の最も光輝ある時代(8)」と呼ばれる享保時代ならびに老中田沼父子の活躍により市場が活性化した時期である。吉宗は享保の飢饉を乗り越え、社会的矛盾を懐胎しながらも「光輝ある時代」を築きあげた。その後、田沼父子という傑出した幕臣が幕政を運営しわが国の経済は発展した。

第三期は、松平定信が老中となった天明八（一七八八）年以降をいう。それは京都で大火に罹災した窮民が救済を求めて御所千度参りを行い、社会的蜂起を企てた年である。本稿が対象とする寛政の改革は第三期の嚆矢となるものである。

寛政の改革は後期封建国家における三大改革[9]（享保・寛政・天保）の一つであるが、「この時期こそ……近世国家・社会の解体の始まりであり、近代の胎動[10]」の序章であった。その解体を阻止しようとする幕府や藩の対応の一つとして構築されたのが福祉制度であったといえよう。

寛政の改革は、松平定信が老中に就任した天明七（一七八七）年にはじまり、定信の引退する寛政五（一七九三）年までをいう。定信は宝暦八（一七五八）年、御三卿田安家の七男として産まれたが、白川藩主松平定邦の養嗣となり、天明三（一七八三）年に白川藩主となった。天明の飢饉における農政重視の藩政が評価され、天明七（一七八七）年老中となった。その後大老となり幕閣を統率した。商業流通政策に重点を置き、市場経済を重視した田沼政治を刷新し、農政を重視する政策に復帰した[11]。また役人の不正を摘発し、勘定所役人を更迭、将軍交替時の巡見使を利用して腐敗代官らを摘発、恣意的な関東の支配機構を整理し、経費削減を実施した。まさに現政権の政策に類するものがこの期において実施されていたのである。

天明七（一七八七）年の凶作は「米価高騰・飢饉・一揆・打ちこわし」が「連鎖[12]」して幕政は危機に瀕していた。この状況を克服するため定信は、食糧の備蓄政策をとった。寛政元（一七八九）年には諸大名に毎年囲米をすることを命じた[13]。

夫食《ふじき》貸付・囲米奨励・馬喰町屋敷公金貸付、農村人口回復を目的とした人返し令を出したこと等が、寛政の改革の特徴である。寛政の改革は、騒動の取締りや弾圧とともに、その原因となった社会的矛盾への対応、つまり「封建的社会政策[14]」が幕藩制国家維持のため実施されたということである。

（1）大霞会編『内務省史（一）』（昭和五五年、原書房）四七八頁
（2）同書四八〇～四八一頁
（3）桑原洋子「日本社会福祉法制史論――古代律令国家における社会福祉法制」皇學館大学社会福祉学部紀要第五号　二一頁
（4）桑原洋子「前期封建国家における社会福祉制度」四天王寺国際仏教大学紀要大学院第二号　二一頁
（5）和歌森太郎編『日本史の争点』（昭和三九年、毎日新聞社）二三九～二四〇頁
（6）吉田久一『日本社会事業の歴史』（昭和四五年、勁草書房）八〇頁
（7）内田銀蔵著・宮崎道生校注『近世の日本・近世史』（昭和五〇年、平凡社）二六頁
（8）桑原洋子「後期封建国家における社会福祉制度――徳川吉宗の時代」『社会福祉学部開設十周年記念誌』皇學館大學社会福祉学部（平成二〇年）一頁
（9）津田秀夫『江戸時代の三大改革』（昭和三一年、弘文堂）三～四頁
（10）藤田覚編『日本の時代史（一七）』（平成一五年、吉川弘文館）二七四頁
（11）竹内誠『寛政改革の研究』（平成二一年、吉川弘文館）九～一〇頁
（12）藤田・前掲注(10)二七四頁
（13）同書同頁
（14）同書二四頁

二　寛政の改革と福祉制度

寛政の改革の動機となったのは京の大火であった。この大火（天明八〈一七八八〉年）において、京では罹災した民衆の救済を貸付けた米と金銭の返済を基金とする囲米で行った。また天明の大飢饉の際に「米買占めの不正を働いた」「商人の財産を没収し」「これを囲米の購入資金にあて、京都町奉行所に建てた土蔵に備蓄した」。大坂では「町人に『志し次第』と自発的な金銭や米の拠出を求めてこれを蓄えた」[15]。つまり不正の摘発により没収した財産と民間に拠出させた金品が窮民救助の基金としての備蓄となっていった。

この制度が明治一三（一八八〇）年制定の「備荒儲蓄法」の根源であり、現行の「災害救助法」に継受されている。

以下、寛政の改革において実施された窮民救助制度、災害救助制度、行旅病人・行旅死亡人取扱制度、障害者取扱制度、児童保護制度、荒地起返並小児養育御手当貸付金制度について述べる。

寛政の改革の端緒となった民衆運動は、光格天皇在位時、天明の大飢饉が起こり、天明七（一七八七）年、京都において窮民は朝廷による救済を求めて請願運動を行った。これが同年六月に行われた御所千度参りである。天皇は窮民の救済措置をとることを幕府に下達した。これを受けて幕府は「窮民救済のため米の放出を京都所司代に命じ」[16]た。飢饉の際の窮民救助対策は本来幕閣が主体となって実施するべきことであるが、これが天皇の命に従って実施することの「先例」となっていった。

〔一〕　窮民救助制度

窮民救助制度として米銭給与制度と七分積金制度を検討する。

米銭給与制度

米銭給与制度は従来から実施されてはいたが、寛政の改革において整備された。幕府は「享保六年九月の令」で餓死が迫っている者には、五日ないし七日間扶持米を支給する旨を令示し、享保一八（一七三三）年四月には対象となる者を拡大した。この米銭給与制度の給付基準を整備し、適用対象を明確にしたのが寛政四（一七九二）年五月二一日制定の「窮民御救起立」である。

寛政四子年五月

窮民御救起立

總町々

名主

家主共

一　七拾歳位より以上ニ而、夫并妻ニわかれ、手足之働も不自由ニ而、やしなわるへき子も無之、見繼可遣ものもなく、飢にも可及もの
一　拾歳位より以下ニ而、父母ニわかれ見繼可遣もの無之類
一　年若ニ候共、貧賤なるもの、長病ニ而見繼可遣ものも無之、飢にも可及類
右箇條之類ハ、町役人共得と糺候而、柳原籾藏會所江、其町々名主印形書付を以、家守共より可申出候、去年觸置候通、町々積金之内ニ而、右之通、実之難儀成者江ハ、手當可渡遣候
右之趣、町々名主家守共、不洩様可申通候
　五月廿一日(17)

その概要はつぎのとおりである。

七十歳以上の者で夫または妻に死別・離別し、身体が不自由で、その者を経済的に扶養し、介助する子どもがなく、餓死する危険性のある者。

十歳未満の者で父母に死別し、養育する者のない児童。

年の若い成人ではあるが、貧しく身分の低い者が病気になり長期に渡って療養し、それを看護する者もなく餓死する可能性のある者。

これらの者は、町役人が調査の上、各家の世帯主から所属する町内会長の捺印した書類を榊原籾蔵会所へ届け出ること。そうすれば昨年通達したように七分積金の中から手当が支給される。

右の趣旨を、各町の名主・家守達は、町民に手落なく通達すること
その給付額はつぎのとおりである。(18)

一　単身世帯の者
1　単身で壮年の者が三十日未満、病気で寝込んでいる場合は白米五升、銭（金銭）一貫六百文[19]を支給する。もし、三十日以上病床にあるならば半人増。五十日以上であるならば一人分増。また百日以上ならば二人分増し給付する。
2　七十歳以上で身寄りのない者が三十日未満病床にあるならば白米五升、銭三百貫百文。三十日以上になれば三十日未満の二倍、五十日以上になれば三倍、百日以上は四倍支給する。
3　右にあげた者に所定の給付を行った後にもなお病気が全治しない場合は更に規定の給付を行う。十日を周期として給付する。その額は壮年の者には白米五升（一升は約一・八リットル）、銭四百文（一文は一厘の穴銭）三人増。高齢者には白米五升、銭四貫六百文で四人増し給付する。

二　二人世帯の者
1　二人世帯の者でそのうちの一人が病床に伏せば、白米一升、銭二貫二百文を給付する。
2　二人同時に病床に伏すならば二人分を給付する。

窮民御救起立による救済は、餓死の可能性の有無を基準とする厳しいものではある。しかし給付基準を定めることによって一定の生活状態に立ち到った者は救済されることを明記した。これは現行生活保護法の原点といえよう。

町会所及七分積金制度

町会所および七分積金制度は、寛政二（一七九〇）年の物価引下令の失敗を契機とするものである。つまり「物価引下令を強行する過程で」、「幕府はさまざまな障害につきあたり、この方策のただならぬ困難さを如実に知らされることによって、むしろ従来、物価引下令の伏線ないしは一手段として、間接的に立案されていた七分積金令、およびそれに伴う町会所の設置に、幕府の主要な関心が移行[20]」していった結果制定された制度である。寛政三（一七九一）年、天明の飢饉の後、江戸市中の物価が高騰し、町方の負担が重くなったので、町法を改正して町費の節減をはかり、それによって救貧行政の実績をあげる目的で、この制度は寛政三（一七九一）年一二月に創設された。これは江戸町人（地主層）が負担する町入用を節減し、その節減額の七分（＝七〇％）を新たに設置した町会所に江戸町人をして毎年積金させ、その積金の約半額を目途に籾を購入して飢饉に備え、残余の積金は、不動産を担保に低利融資するという仕法で、翌寛政四年から実施に移された」。「この七分積金令が、物価引下策の一手段として立案された」が物価引下令を有効に機能させるため「別の方法による間接的な物価引下策を、関係役人に提示[21]」していた。

つまり、町入用金を節減して得た金額のうち、二分を地主等の増手取金とし、一分を町入用の予備費として取りおき、残りの七分を町の囲籾と積金とし、飢饉等不時の入用に備え、また窮民・孤児の救済費に充てることを目的としたのである。この事務を取り扱う機関として、寛政四（一七九二）年に町会所が設立され、同時に籾蔵が設けられた。町会所の役員には、監督として勘定奉行、町奉行、与力、同心、ほかに用達十数名、手代若干名を置き、幕府の下賜金一万両をはじめとして、町内の積金を預かり、会所諸入費の支払、家賃及び利子の取立、窮民の手当、米銭の総勘定等を実施した[22]。

町会所は明治初年にいたるまで続き、その資金も当初は節約金三万七千両、七分積金二万五千九百両であった。明治七（一八七四）年、東京市に引き継がれたときの総額は百七十万両になっていた。新政府はこの積金で東京府庁の新築、両国橋その他大橋の架橋、商法講習所の創設、ガス燈・街灯の設置、共同墓地の設置、外濠の浚渫《しゅんせつ》（泥をさらって深くすること）を行った[23]。窮民救済を目的として庶民の拠出する町費によって創設された積金制度は、救貧行政のためには十分に活用されなかったということである。江戸は度重なる火災・水害に遭《あ》い、凶作に見舞われている。その都度多くの生活困窮者を排出し、餓死した者も多い。それにもかかわらず、積金は増加し、創設より八〇年間で百七十万両の巨額となった。つまり、積金が窮民救済のためには支出されず、幕府の資金源として役人の手に保管されていたということである。

この制度は、幕藩体制を財政面で支えはしたが、金銭を拠出する町民の不満は大きかった。しかし一方で、飢饉等の問題が発生した時に江戸の秩序維持に機能するという効果をもたらし民衆を安定させたのである。

〔二〕　災害救助制度

郷村貯穀の方法として、幕府は天明八（一七八八）年四月「備荒法」を布令し、寛政二（一七九〇）年には郷稟《ごうりん》（村の米倉）を創設し、幕府が若干の補助を行い、郷村で食料を備蓄することになった。同法により凶作にそなえて代官が指示して主として稗《ひえ》を貯え、ついで麦、黍《きび》、乾截《ほしな》、ら蔔（だいこん）の類を貯えた。当初は小量を徴収し、村の富農の倉に貯蔵し、毎年新穀と換積するように命じた。しかしこの方法は農民に、郷稟を管理する富農が、貯穀を着服しているのではないかという疑惑を与えた。そこで村民の疑惑を解消するために、徴集した穀物は、代官、手代もしくは委託地の吏員が之を管理することにした。また穀物の徴集名簿を作成して毎回その額を記録し、後日代官および委託地の長官が臨検し、その帳簿の監査を行った。なお各村の儲穀には、幕府から三年に限り若干の補助を行い、凶作のために儲穀の徴集が困難な村には、穀額を給付し、また郷稟の建築には官林の木材を供与し、釘および鉄具、木匠・工夫等の費用は郷村が負担するものとした(24)。

市街地における救助制度は多少遅れ、寛政三（一七九一）年、江戸において同様の令示が出され、各藩においても各種名称組織のもとに、社倉および義倉制度が実施された。

定信の隠退直後の寛政六（一七九四）年三月、大坂市街に災害救助に関する令示が出された。これは天満川崎奉行所の司管に属する会計場の閑地に、官費で倉稟《そうりん》（穀物等収納庫）を新築し、これに米穀を買い取り、蓄積し、また市民に金銀銅貨もしくは米・雑穀の上納をさせ、これによって凶作にそなえたのである。その儲穀に対しては、その後一〇年間毎年官費をもって補助し、倉稟および米穀換積等の諸費もことごとく官費で支弁することとした(25)。つまり寛政の改革による福祉政策は、一部、次代の政権に継受されたということである。

〔三〕　行旅病人・行旅死亡人取扱制度

行旅病人・行旅死亡人の保護については、すでに寛永元（一六二四）年九月、「郡村の制規九ヶ条」、元禄七（一六九四）年「公領地各村の五人組帳条目六十一ヶ条」、享保一〇（一七二五）年「倒死病死人等之儀ニ付町触」等により、ある程度制度的保護がなされてきた(26)。

これを整備したのが亀山藩の「議定書」（寛政元〈一七八九〉年）であり、また行旅病人・死亡人を発見しながら、これを放置した者に対する罰則を規定した布令「行旅病者・死亡者等の届け出を怠った者への科罪」である。

亀山藩議定書は藩主松平紀伊守信道が寛政元（一七八九）年六月に制定公布した行旅病人・死亡人の保護措置について規定した指示書である。これは藩の令示である。

論所見并検使且変死人行倒もの等取計之事

一、行倒もの有之届出候者、在方者手代、町方ハ町目付町年寄罷越遂見分、病死於無相違ハ、其もの之郷里を正し仮埋申付置、先方之役人迄村町役人より其段申遣、先方より人差越候者、死骸為見改候上、雑物等相渡、証文取置可申候在所不相知候者、其所惣墓江埋置、札建置候而所持之品有之ハ、其所之役人江預置可申候、追而尋ニ来候もの無之者穢多并隠墓江為取可申候、尤札に建捨ニ致可申事

但往来手形致所持候歟、又者同行人有之候者、郷里江不及申遣、同行人証文取置其所ニ為埋可申候、尤札建候ニ不及候、同行人願候とも火葬可為無用候勿論行倒もの、始末其所之役人より口書可取之、行倒者身柄により療治いたし

候医師之口書も可申付候尤少も怪敷儀有之者、同行人留置可伺之候怪敷儀も於無之者、所持之雑物ハ同行人申旨ニ可任候、寺江納候者一札取置可申事

一、変死人有之、御領分ものニ無紛候者、縊死水死人等者、其村町之役人并親類呼出可為相改、外に相替儀無之候者、死骸渡遣へし、其所之役人并変死人之村町役人并親類共口書取之可申候手疵等ニ而死又ハ手負候もの者、疵所相改、相果候者儘桶ニ入番人付置可申候、手負等未死候者、其所之役人江預ヶ証文取置、医療為加可申事

一、他領もの縊死人殺害人者、其儘ニ而番人付置可申、水死人者死骸引上ヶ置其上ニ而郷里相知候ものニ候者、懸り両奉行より先方役人江立会検使之儀可申遣候其外手負人等右同断之事(27)

その概要はつぎのとおりである。

行倒の者がいる旨の届出を受けた担当行政機関の役人は、その場に出向き、病死であることに間違いが無いならばこれを仮埋葬して、その者の郷里を調べ、その役所に通知をし、検認を求めたうえ引き渡す。郷里が不明の場合は、行倒れ地に埋葬し、立札を建て引取人の申出を待つ。所持品は役人が預かる。引取人がない場合は死体処理担当者に取り次ぎ埋葬を依頼する。この場合、所持品は確認書を取った上で寺に納めてもよい。また死亡した行旅病人の治療を行った医師の意見も聞いておかねばならない。先方から人が来ればその者の所持品を渡し、その引渡確認書を取っておくこと。領内で他領の者が自殺又は殺害された場合は役人に申付ける。水死人は水中より引上げておき、郷里の判明している者は、奉行より先方の役人に立会を求める。負傷者についても同様とする。

行旅病人・死亡人のある事を知りながらこれを届け出ることを怠った者に対しては、次のような処罰が科せられることを規定した布令が「行旅病者・死亡者等の届出を怠った者への科罪」（寛政元〈一七八九〉年）である。

倒死并捨物手負病人等有之を不訴出もの御咎之事

一、倒死并捨物等有之を隠し不届出候者　当人　過料三貫文
名主庄屋　同　弐貫文
組頭　同　三貫文

但名主庄屋組頭不存ニ決候者、無構

一、変死并手負候ものを隠置不届出、其外病人等其所ニ差置候を嫌、隣村隣町江送遣候もの　当人　過料三貫文
名主庄屋　同　弐貫文
組頭　同　壱貫文

但右同断、其品ニより名主庄屋者、役儀取上可申事(28)

その概要はつぎのとおりである。

行旅死亡人の所持品があることを知りながら隠して届け出なかった場合、当人、名主・庄屋、組頭にそれぞれ罰金が科される。名主・庄屋、組頭がその事実を知らなかった場合は、当人のみ処罰を受ける。

変死者・負傷者を届け出ず、また病人を村から隣接する町村に追放した場合も同様の罰金刑が科される。そして名主・庄屋は役職を剝奪される。

この法令は刑罰的取締りにより、行旅病人・死亡人の保護を民間の組織と民衆に転嫁したものである。「公」は罰金は徴収するが、給付は座視したのである。

〔四〕 障害者取扱制度

この期において財政が低迷するなかで障害者を救済するために、寛政四（一七九二）年、幕府はつぎのように布令した。

盲者竝廃人

一、俄に盲になりたる者には白米五升、銭一貫六百文。外に銭一貫五百文。但し家族の内なれば一貫文を給与す。

一、廃人になりたる者には白米五升、銭二貫三〇〇文[29]。

これは視覚障害者（盲者）ならびに心身に障害があり日常生活に支障をきたしている者（廃人）を対象として制定された給付基準である。

視覚障害者の中でも中途障害者は職業訓練を早くから受けていないため、経済的自立が困難であり、給付が実施されたのであろう。但し、その者が家族と同居している場合には給付基準を下げている。つまり当時からわが国は、障害者に対する支援を家族制度に依存していたのである。さらに、障害者であっても、聴覚障害者に対する支援については等閑に付されていた。

視覚障害者については職業訓練を行えば自立できる。それゆえ寛政元（一七八九）年「盲人并盲僧取扱心得方之事[30]」という布令が出されている。つまり都会で百姓や町人の息子が琴三味線・鍼治療を職業とするには検校（視覚障害者の最上級の官名）の弟子となること。武士の息子でも鍼治療を職業とする場合は検校の配下（指図を受ける身分）となること。視覚障害者が僧侶となり地鎮経を読むことを職業とする場合、百姓町人の息子は検校の配下となるが、武家の息子の場合は「青蓮院の宮」の配下に属すべきこととした。

視覚障害者には、琴三味線の師匠、鍼治療、僧侶等の職業につき社会的経済的に自立する道が開かれていたということである。ただし、その者の身分による格差はあった。

〔五〕　児童保護制度

貧窮児童の保護

徳川期において児童の施設保護についてはみるべき展開はなかったが、棄児の禁止および養育に関する保護立法は制定されていた。貞享四年四月の地元民に対する棄児養育の委託に関する布令、元禄三年十月の幼児遺棄厳重禁止、元禄九年の棄子厳禁の令示等がある。

寛政の改革において幕府は、児童を遺棄・虐待する者に厳格な刑罰を科する法令を整備しこれを実施した。しかし生活苦に喘ぐ民衆にとっては、棄児等も自らが生き延びるためのやむを得ない手段であった。それゆえ棄子厳禁等の布達も効果はなかった。寛政の児童対策は二面性を持つもので、更に厳しい刑罰主義をとる一方で、人口政策として児童養育金貸付制度を創設した。この制度は帰農令と一体となった法令であるので〔六〕において後述する。

寛政元（一七八九）年の布令は、買った棄子を再び捨てたり、虐待死させた者に対する重い刑を科する規定である。

捨子之儀ニ付御仕置之事

一、金子を添捨子を貰
其子を捨候もの　　引廻之上
獄門

但切殺〆にをいてハ引廻之上磔

一、捨子有之を内証ニ而隣町隣村
江又々捨候儀顕にをいてハ　　当人
村払町払

但吟味之上名主庄屋組頭不存ニ決候者無構、存候ニをいては重過料可申付事(31)

その概要は金銭を貰って棄子をもらい受けた者がその子を捨てた場合は引き廻しのうえ獄門《ごくもん》（晒《さら》し首）とする。その子を殺した場合は引き廻しのうえ磔《はりつけ》とする。棄子を表向きにせず、隣接する町村に捨てた場合は、当人は現住

の町村から追放される。ただし検討した後に、名主・庄屋、組頭が事実を承知していなかった場合は、この者たちには刑罰は課せられない。事実が判明していた場合は、多額の罰金が科される。

このことは当時、児童が売買の対象となることが多かったということである。そのためこうした厳しい処罰規定を制定しなければならなかったのである。公的機関においては事実の把握が充分に出来なかったため、名主等の地域の統率者に責任を負わせたのであろう。

非行児童の保護制度

幕府は初期においては、非行児童に対して、『今川仮名目録』の制度を踏襲した。その後、享保八年に放火犯に就いて規定を設けるにさいして、一五歳以上と一五歳未満に分け、前者には火罪、後者には遠島を科することとした[32]。

寛政の改革においては、非行児童に対する特別処遇として、寛政元（一七八九）年「十五歳以下の者、御仕置の事」を布令した。

十五歳以下之もの御仕置之事

一、子心ニ而無弁、人を殺候もの　十五歳迄親類江預置、永牢

一、子心ニ而無弁、火を附候もの　右同断

一、盗いたし候もの　大人の御仕置より一等軽く可申付

一、十五歳以下之無宿小盗いたし候もの　穢多ニ申付

一、御領分中之もの子心ニ而致悪事、十五歳迄親類預申付置候処、弟子ニ致度段寺院より願出候者、伺之上出家ニ可申付、尤出家ニ成候上者　公儀、御目見いたし候寺院并御朱印地、且御領分中ニ而寺持候儀不相成訳、師弟共証文取置可申候、

出家ニ罷成候上相願候寺院之僧、右致出家候もの召連、公事場江可罷出事
但御領中之ものニ候共御奉行所ニをいて御仕置ニ成候ものニ候者、御奉行所江可願出事ニ候、且又人殺ニ候者、殺され候親類存念相糺し、申分於無之者、出家可申付事。[33]

その概要はつぎのとおりである。

年少ゆえに思慮に欠け人を殺した者は、一五歳迄は親類預かりとした後に終身刑に処する。年少ゆえに思慮にかけ放火をした者も同罪とする。窃盗については成人よりも一段階低い刑に処する。一五歳以下で住所不定の者が軽い窃盗を行った場合は、「弾左衛門」に委託する。

年少ゆえに思慮に欠け、領内で犯罪を犯し親類預けとなっている者を弟子にしたいという申出が寺院からあった場合は、奉行所の指図を求めたうえで出家させてよい。出家した後も、幕府直轄の寺院・公領地・御領分内で寺をもってはならない。このことを師弟ともに文書として保管しておくこと。その後は、貰い受け願のあった寺の僧はこうした者を同伴して公の場に出ることができる。

ただし領地の者であろうとも奉行所で裁を受けた者は、その奉行所に願い出てこれを行うこと。殺人を犯した者でも被害者の親族に異存がない場合は出家することが許される。

〔六〕　荒地起返並小児養育御手当貸付金制度

天明の飢饉のなか農村から江戸に大量の人口が流入し、農村の人口は減少した。江戸に移入した者は無宿者となり、菰《こも》をかぶり往来にたむろした。このことは江戸の治安を悪化させた。寛政の改革における農村政策の主眼は、第一に「農業生産人口の回復増加」、第二に「荒地起返による耕地面積の復旧増大」、第三に「地主制の展開にどう対処するか」、第四に「農民の抵抗をどう抑え、年貢収奪をどのように貫徹すべきか」が「この期の農政に欠かせ

ぬ重要課題であった」。このため「幕府は、『荒地起返並小児養育御手当御貸附金』という名目の公金貸付を大々的に展開した」。それは「困窮農民に対する再生産の保障金[34]」となった。

幕府は帰郷する者に旅費と農具代として金三両を支給する旨布令した。しかし支給額が少ないためこの制度を利用して帰郷する者はほとんどいなかった。これらの者が犯罪予備軍となっていくことを防止するため、幕府は人足寄場に収容し、職業訓練を行って社会復帰をさせようとした。[35]これは寛政の改革において実施された現在にも通じる福祉政策の一環といえる。

またこの期に幕府が抱えていた問題としては、農民が江戸に移入したことや、子どもの堕胎・間引きにより農村の人口が減少し、耕作できなくなった農地が荒地となりこれが増大したことである。それは「村と百姓身分を主要な経済基盤としている幕藩体制にとって死活の問題[36]」であった。そのために出されたのが「旧里帰農令」であり、人足寄場における就労支援ならびに小児養育金貸付制度（寛政二〈一七九〇〉年）であった。つまり農村人口の増加と荒地の耕作が幕府の存続にとって必要なために実施された制度である。

児童養育金制度は「荒地起返並小児養育御手当御貸付金」として実施された。これは各藩に幕府が公的資金を貸付け、藩はこれに領地の「富裕な農民や商人の献金を加えて基金とし、これを年利一割で近隣の大名や大名領内の富裕者に貸付け、そこから得られる利子」を「小児養育のための資金に充て[37]」、間引きや堕胎による人口の減少を抑制しようとした。つまり小児養育貸付金は児童の健全育成を目的とする児童福祉政策ではなく、農地を耕し税金を納める者を確保するための人口政策であったといえる。村の女性が「妊娠すると村役人が代官所へ届け出て、貧富に応じて養育料として一～二両支給し、さらに困窮者には、お七夜過ぎに籾二俵、さらに一年後に籾二俵を支給する制度[38]」である。

つまり幕府は自ら背負うべき課題を民間活力に依存したということである。

(15) 藤田・前掲注(10)二四頁
(16) 同書同頁
(17) 石井良助校訂『徳川禁令考・前集第五』(平成二年、創文社)三五二頁
(18) 富田愛次郎『日本社会事業の発達』(昭和一七年、巌松堂書店)一八一〜一八二頁
(19) 当時わが国は金貨・銀貨・銅貨の三貨制度を採用していた。一貫は分銅実測三・七五キログラムであって、千文に相当する。
(20) 竹内・前掲注(11)二二三頁
(21) 同書二二一〜二二二頁
(22) 谷山恵林『日本社会事業史』(昭和二五年、大東出版)四六五頁。藤田・前掲注(10)二五頁
(23) 富田・前掲注(18)一七九〜一八〇頁
(24) 富田・前掲注(18)一九四頁
(25) 同書一九五頁
(26) 桑原・前掲注(8)七頁
(27) 京都帝国大学法学部日本法制史研究室(牧健二)編『近世藩法資料集成第一巻』(昭和一七年、京都帝国大学法学部)三三一〜三三四頁
(28) 同書九八〜九九頁
(29) 富田・前掲注(18)一八二頁
(30) 高柳眞三＝石井良助篇『御觸書天保集成下』(昭和五二年、岩波書店)四二九〜四三〇頁
(31) 前掲注(27)『近世藩法資料集成』七二頁
(32) 石井良助「我が古法における少年保護」『少年保護論集』所収(昭和一九年、創文社)一四四頁
(33) 前掲注(27)『近世藩法資料集成』一一九〜一二〇頁
(34) 竹内・前掲注(11)二二一〜二二三頁
(35) 藤田・前掲注(10)二六〜二七頁
(36) 同書二七頁
(37) 同書二八頁
(38) 同書同頁

三 結 び

松平定信が大老であった当時のわが国は、成熟した農業文明と外国との交流の途絶が内政を充実させた。治山・治水、各藩固有の政策、豊かではないが飢餓のない社会を維持しようとした。

享保の改革では新田の開発、湿地帯の開拓等、従来より耕地面積を増大することに幕府の資金を投入し増税をはかった。それは厳しい上意下達の慣習に基づくものであった。当時、税制度は土地を基本としていたため、商業から得る利得は無に近かった。田沼は市場経済を導入することで、低成長を脱し、商取引による収益からの徴税を求めて産業を振興しようとした。これは幕府の財政に資する政策であった。しかしそこには特定の豪商に特権を与えることの見返りとして賄賂等が横行した。豪商と官僚の間に現在と同様に不正な癒着が生じたのである。

これを是正し、民衆の幕府への信頼を取り戻そうと意図したのが寛政の改革であり、その基本政策となったのが旧里帰農令であった。これは、郷里を捨て都市に出ていく農民を村に復帰させ、農業を基本とする生活の安定をはかるものであった。また福祉の充実を政策課題の一つとした。定信の行政改革の信条は清廉を本意とし、不正を摘発し無駄を省き、些細な過ちも許容しなかった。こうした政策は、当初は民心を掌握できたが、経済を発展させ財政を健全化するには足枷となるものであった。

福祉制度の充実は、国家の財政の安定を基盤として達成し得るものである。定信には、田沼が構想していた産業の発達・経済の発展こそが幕藩体制を支えうるものであるという認識が稀薄であった。それ故にその政策は風水害・飢饉・大火等の緊急の問題には即応しうるものであり、困窮者の救済が適切に行われた。しかしそれを支える経済の進展を顧慮することのない政策であったが故に、その政権は短命に終った。不正の摘発等による清廉ではあるが柔軟さに欠けた政治は、民衆に働く意欲を喪失させ、経済は疲弊し、税収は減少する。これが寛政の改革の限界であった。

定信は寛政の改革により福祉制度は充実させたが、産業の発達による税収の増加への顧慮に欠けていた。清廉な政治・福祉制度の充実と、財政の安定は必ずしも両立するものではない。定信は不正の取り締まりを強化するあまり世間の不評を買い、孤立し、約七年間で老中を辞任せざるを得なかった。しかし幕府の財政が逼迫するなかで制定した福祉制度は、窮乏する者にとっては慈雨であった。

既述のように困窮する者が病床にある場合、単身で壮年の者には三ケ月以内であるならば米五升・銭一貫六百文を支給し、七〇歳以上で単身の者には米は同量であるが銭は三百貫百文、約二倍の銭が支給された。年齢に基づくこの格差は、自助・自立が望めない老人は餓死の可能性が高かったということであろう。また当時の老人人口の比率が現在とは異なるものであったとはいえ、現在のように高齢者を「オッドマン・アウト」の対象とするような風潮ではなく、老人に対する畏敬の念があったといえよう。

また親が児童を扶養するための費用については、現在実施されようとしている「子ども手当」のように給付金とはせず、貸付金としたことである。「小児養育御手当貸付金」は、返済を伴うものである。その返済金がさらなる貸付金の基金へと循環していく。また貸付制度は貸付を受けた者に返済のための努力を要求するものである。これは給付への依存から脱却して自立にむけて歩み出すことを要請する。

こうした制度は、財政が低迷するなかで、為政者に福祉制度構築の方向性について示唆を与えるものである。こうしたことが寛政の改革の現代的意義であると考える。

Ⅳ

労働法の諸問題

20 労災保険および健康保険の適用とその間隙

西村健一郎

はじめに

周知のように労災保険は、業務上の事由または通勤による労働者の負傷、疾病、障害、死亡等に対して年金給付を含む必要な保険給付を行う制度であり（労災法一条）、他方、健康保険は、労働者の業務外の事由による疾病、負傷、死亡等に対して療養の給付を中心に必要な保険給付を行う制度であって（健保法一条）、当該傷病等が業務上か業務外かでその適用が大きく区別されている。(1) また、労災保険は、「労働者を使用する事業」をすべて適用事業とする（労災法三条一項）が、(2) 健康保険法では、同法が適用事業所として定める事業所で使用される一定の被用者（労働者）および任意継続被保険者を被保険者としている（同一条）。事業所に「使用される者」とは、事業主との間に事実上の使用関係があればよく、有効な雇用関係の存在までは必要ではないと解されている。(3) 健康保険法における労働者もその中核は労基法でいう労働者（九条）であり、その判断は、使用従属関係の存否によって判断される。他方、健康保険法の実務では、法人の理事、監事、取締役、代表社員、無限責任社員等で、「法人の代表者又は業務執行者であっても、法人から、労務の対償として報酬を受けている者は、法人に使用される者として被保険者」とするとされている。[4] 裁判例でも、健康保険法においては「労使間の実勢上の差異を考慮する必要がない」として、株式会社の代表取締役も「事業所に使用される者」に当たり、保険料納付義務を負うとする。[5] このように健康保険法における使用関係については、雇用関係にある労働者だけではなく、委任関係にある法人の役員等も含まれることになる。[6]

問題は、いうまでもなく、傷病等の保険事故が生じたときに、給付されるべき保険給付に労災保険と健康保険との間に大きな違いがあるため、当該傷病等が業務上か否かで給付上でかなり格差が生じることである。この格差は、被災者が労災保険にいう労働者といえるかどうかによっても生じることになる（被災者が労災保険にいう労働者でない場合、通常は国民健康保険法が適用されるにすぎない）。そのため、業務上の事故により一定の傷病等が生じたときに、被災者が労災保険でいう労働者に当たるか否かをめぐって大きな紛争が生じることになる。さらに、労災保険が業務上の傷病等を、健康保険が業務外の傷病等を対象としていることから、特定の者がこの両制度のどちらからも給付が行われないケースが生じることがある。本稿では、こうした点について若干の法的な考察を行う。

（1）　労災保険と厚生年金保険等年金保険との間にはこの区分はない。したがって、両者の給付は併給されることになるが、年金保険の給付が一〇〇％支給されるのに対して、労災保険の年金給付に一定の減額率を乗じて減額する仕組みが採用されている（労災法一五条二項・一八条一項・別表第一参照）。

（2）　現在なお、事務処理体制の整備されるまでの経過的措置として労災保険が適用されない事業が、零細農林水産の個人経営の事業につき若干ながら残っている（暫定任意適用事業）。

（3）『健康保険法の解釈と適用（平成一五年改訂版）』（法研、平成一五年）一二九頁。法律上の雇用関係の存否は、使用関係の認定の参考となるにすぎない。他方で、名目的な雇用関係があっても、事実上の使用関係がない場合は、使用される者とはならない。

（4）昭和二四・七・二八保発第七四号。

（5）広島高岡山支判昭和三八・九・二三判時三六二号七〇頁。詳細は、馬渡淳一郎「社会保障の人的適用範囲」講座社会保障第一巻（法律文化社、二〇〇一年）一〇五頁参照。そこでは、委任契約関係のすべてを含むのではなく、「労務の対償として報酬を受けている」ことや、「生活の安定」「福祉の向上」が考慮されているとしている。

（6）この点は、厚生年金保険においても同様であり、一般の社会保険と、いわゆる「労働保険」（労災保険と雇用保険）との重要な相違点である。

一　労災保険法の労働者

1　労災保険法の労働者と労基法の労働者

労災保険法の保護を受ける労働者は、労基法九条にいう労働者と同一であると解されている。(7) 労基法九条は、「この法律で労働者とは、職業の種類を問わず、事業又は事務所（以下「事業」という。）に使用される者で、賃金を支払われる者をいう」と定めている。「職業の種類を問わず」とされていることから明らかなように、雇用形態（常雇いか臨時工か、アルバイトかパートタイマーか）のいかんを問わない。問題は、労基法にいう事業で「使用される者」であるかどうかをどのように判断するかであるが、学説では、「使用される者」とは、一般に他人の指揮命令に従って労務を提供する者をいうとし、これを使用従属関係と捉えている。(8) この使用従属関係の存否をいかなる基準に基づいて判断するかであるが、この点は雇用契約か請負か委任かといった外形的な契約形式・名称で判断するのではなく、労務遂行過程における実質的ないし事実上の使用従属関係の有無によって判断されることになる。もっとも、使用従属関係といってもそれが具体的に現れる形態・程度は必ずしも一様ではない。(9) それゆえ、次にあげるような諸点、すなわち、①専属関係の有無、②仕事の依頼・業務に対する諾否の自由の有無、③勤務時間の拘束、勤務場所の指定の有無、④第三者による代行性の有無、⑤業務遂行過程での指揮命令の有無、⑥生産器具・道具等の所有（帰属）いかん、⑦報酬が労務の対償たる性格をもつか否か、などを総合的に考慮して判断すべきであるということになろう[10]。

健康保険法の被扶養者であっても、アルバイトあるいはパートタイマーとして就労している場合は、労災保険法の労働者である。不法就労の外国人にも労災保険は、当然のことながら適用される[11]。大学の研修医も大学の附属病院との間に労働契約関係と同様な指揮命令関係が認められる場合には労働者と認められる[12]。映画の撮影技師についても、監督の指揮監督の下に業務が行われ、個々の仕事について諾否の事由がなく、時間的・場所的拘束性が強く、労務提供の代替性がなく、撮影機材のほとんどがプロダクションから提供されている等の事情があるような場合は、労働者性が認められる[13]。行政通達では、いわゆるバイク便の事業者と運送請負契約を締結して業務に従事しているバイシクル・メッセンジャーおよびバイク・ライダーについては、その就労実態から使用従属性があるとしてその労働者が肯定されている[14]。

なお、さまざまな社会的活動が、社会奉仕者、ボランティア等、雇用以外の形態をとって行われれており、ボランティアの中にも有償ボランティアのように雇用と截然と区別することが容易でない者も含まれている。これらの者の仕事中の事故について労災保険が適用されるかどうかについては、比較法的にみても多様な方式があり一様ではないが[15]、わが国では、これの受皿としては、特別加入制度以外にはない。これで足りるのかどうか、今後検討が必要となると思われる。

これに対して、自己の所有するトラックを会社の工場に持ち込み、運送係の指示に従って同社の製品の運送業務に従事していた傭車運転手について、運送という業務の性質上当然に必要とされる運送物品、運送先および納入時刻の指示以外には、業務の遂行について特段の指揮監督を行っていなかったとして労働者性が否定されている[16]。また、自己所有の卓上電動のこぎりを用いて新築マンションの建設現場で作業をしていた大工（「会社一本」と呼ばれ、作業場を持たず、他人を雇わず、一人で工務店の仕事を請負う形で仕事をしていた大工）についても、報酬の支払を労務提供の対価としてみることは困難である等として労働者性が否定されている。(17)

2　法人・団体の役員等

株式会社・有限会社などの法人、団体の代表者、役員は労働者とはいえないが、行政解釈では、「法人の重役であっても、業務執行権又は代表権をもたない者が工場長、部長の職にあって賃金を受ける場合はその限りにおいて労基法九条に規定する労働者である」とされており、(18)また、「法人の取締役、理事、無限責任社員等の地位にある者であっても、法令、定款等の規定に基づいて業務執行権を有すると認められる者以外の者で、事実上、業務執行権を有する取締役、理事、代表社員等の指揮、監督を受けて労働に従事し、その対償として賃金を得ている者は、原則として労働者として取り扱う」とされている。(19)裁判例でも、同様の観点から株式会社の取締役の労働者性を認めたものがある。(20)

近時の裁判例では、高校卒業と同時に袋物、かばん等を扱う（K会社の前身である）個人商店に就職し、その個人商店がK会社に組織変更された後、専務取締役に就任していたSが、営業用車で北陸方面に六日の予定で出張し、宿泊先のホテルで急性循環器不全のため死亡したことについて、その妻X（原告）が、労基署長YがSの死亡は業務上ではないとして行った遺族補償給付等の不支給決定処分の取消を求めたケースで、裁判所は、労災保険法上の労働者は、労基法上の「労働者」（九条）と同じであると解した上で、「労働者」に当たるか否かは、「その実態が使用従属関係の下における労務の提供と評価するにふさわしいものであるかどうかによって判断すべきものである」との基準を立て、①本件の被災者Sは、高校を卒業と同時に現在の社長の祖父が営む本件会社の前身である個人商店に従業員として雇用され、少なくとも昭和五一年に専務取締役に就任するまでの約一八年間、営業の業務を担当し、前記祖父との使用従属関係の下、労務を提供していたということができるから、被災者が、その期間において労災保険法にいう労働者性を有していたことは明らかである、②被災者が専務取締役に就任した後も、その担当する業務は営業であって、その業務に格別変化はなく、他の従業員と同様に、現在の社長から叱責を受けることもあったのであり、そうすると、被災者が専務取締役に就任したことをもって直ちに本件会社との使用従属関係が消滅したということはできない、として労働者性を肯定している(21)。

これに対して、有限会社A海事を設立してその代表取締役であった潜水夫Aについては、潜水業務の具体的な業務遂行の方法について自らの裁量に基づいて行なっていたこと、始終業時刻についての拘束はなく、出勤簿も作成されていなかったこと、また報酬も労務の対償としての性格が弱かったこと、さらに、亡Aが、個人企業と異ならないとしても潜水作業のための船を所有し、「網とり」と呼ばれる補助労働者を使用し、曲がりなりにも独立の事業者としての性格を備えており実質上事業者性を具備していたことなどから、労働者性が否定されている(22)。また、造園有限会社の代表取締役の義弟で自らも取締役として造園業に従事していた者についても、同族会社ともいうべき会社の中において、身分上は代表取締役の義弟としての立場にあり、法律上も同会社の対内的な業務執行権限を有する取締役としての地位を有し、報酬等の点でも他の従業員とはまったく異なる取り扱いを受けていた等の点からその労働者性が否定されている(23)。

（7）　横浜南労基署長（旭紙業）事件・最一小判平成八・一一・二八労判七一四号一四頁等、判例の立場である。日田労基署長事件・福岡高判昭和六三・一・二六労判五一二号五三頁は、労災保険が労基法第八章「災害補償」の使用者の補償責任の責任保険として制定された経緯をその理由として挙げている。もっとも、立法論としては、この両者を区別して論ずることは十分可能であると思われるが、労災保険の業務災害に対する給付事由が労基法の災害補償に根拠が置かれている現在の法制度（労災法一二条の八第二項）の下ではあまり意味がないと思われる。

（8）　下井隆史『労働基準法（第四版）』（有斐閣、二〇〇七年）二六頁以下、荒木尚志『労働法』（有斐閣、二〇〇九年）五〇頁以下参照。

(9)　就業形態の多様化等の事情によって、具体的事例において判断が容易でないケースが増加している。労働省労働基準局編著『労働基準法の問題点と対策の方向』(日本労働協会、昭和六一年) 五三頁以下参照。

(10)　大塚印刷事件・東京地判昭和四八・二・六労判一七九号七四頁参照。

(11)　日本において技能を学ぶために研修生契約に基づいて企業に受け入れられている「研修生」は、雇用関係のある者としては取り扱われない。もっとも、研修生であっても労働者とみなされる実態があれば労働者である (三和サービス事件・津地四日市支判平成二一・三・一八労判九八三号二七頁参照)。

(12)　関西医科大学事件・最二小判平成一七・六・三民集五九巻五号九三八頁。

(13)　新宿労基署長事件・東京高判平成一四・七・一一判例時報一七九九号一六六頁。

(14)　平成一九・九・二七基発〇九二七〇〇四。

(15)　労働政策研究・研修機構『NPO就労発展への道筋―人材・財政・法制度から考える―』〈二〇〇七年報告書八二号〉参照。

(16)　前掲注(7)判例。

(17)　最一小判平一九・六・二八労判九四〇号一一頁。

(18)　昭和二三・三・一七基発四六一号。

(19)　昭和三四・一・二六基発四八号。

(20)　三重労災保険審査会事件・津地判昭和二八・一二・九労民集四巻六号六〇五頁。断裁工であった従業員が経営不振で失職し、その後設立された会社においても断裁工として雇用されたが、経営参加の趣旨で設けられた会社定款の規定に基づいて取締役に就任していたというケースであるが、「取締役たる人も会社との間に雇傭契約を締結しその労務に服する場合はこの限りにおいては会社と使用従属関係に立つ」と判示している。

(21)　大阪労基署長（おかざき）事件・大阪地判平成一五・一〇・二九労判八六六号七一頁。本件で、判旨は、被災者Sは、本件会社の従業員の採用や賃金の決定についても、社長から相談を受けて関与していただけでなく、従業員が新規に取引先を開拓したり出張したりする際には一定の範囲で決済を行い、新規の仕入等について社長不在の際には社長を代行して決裁し、社長に事後報告するなど本件K会社の業務の執行にも関与し、従業員に対しても一定の指揮命令を行っていたし、自己の担当する業務についても社長から逐一指揮命令を受けることなく、一定の裁量権を与えられていたことがうかがわれるから、Sを単なる名目上の取締役にすぎなかったと断言しがたい面があり、被災者と他の従業員との間に待遇面での差異も存在した（雇用保険も、当然のことながら加入していない）としながらも、これらのことも被災者の労働者性と両立しない事実と評価することはできない、と結論づけている。

(22) 長崎労基署長（才津組）事件・長崎地判昭和六三・一・二六労判六一二号六〇頁。

(23) 福島労基署長（大藤造園）事件・福島地判昭和六〇・九・三〇労判四六三号七三頁。

二　特別加入制度

労災保険は、労働者災害補償保険の名が示すように、労働者の業務災害または通勤災害に対して給付を行う制度であり、労働者ではない事業主、自営業者、家族従事者等は労災保険の保護の対象とならないのが建前である。しかし業務の実態、災害の発生状況などからみて、これらの者にも労災保険の仕組みを利用して保護を与えることが妥当な場合がないわけではない。このような趣旨で設けられたのが特別加入制度である。

現在、特別加入できる者は、①中小事業主、および中小事業主が行う事業に従事する者（家族従業者）（第一種特別加入者）、②個人タクシー運転手、大工などいわゆる一人親方およびその事業に従事する家族従業者（第二種特別加入者）、③特定農作業従事者、職場適応訓練受講者、家内労働者など特定事業従事者（第二種特別加入者）、④海外派遣者（第三種特別加入者）である。労働組合の代表者および非専従の役員は、上記の①の特別加入者となる（労働組合の専従の役員は、業務の実態からみて労働組合に使用されている労働者とみなして労災保険法が適用される扱いになっている）。また、平成八年四月一日以降、現地法人の社長（事業主等）として海外に派遣される者も、一定の要件のもとに海外派遣者として特別加入できることになっている。

特別加入者については、業務または作業内容が他人の指揮命令によって決まるわけではなく、いわば自分が決定するため、どこまでを業務上災害とするかについて難しい問題が生じる。そのため、労働基準局長の定める基準に基づいて業務上の認定を行うことにしている（労災則四六条の二六）。(24) 通勤災害についても同様である。

判例では、土木工事および重機の賃貸を業とする事業主で上記の①の中小事業主として特別加入していた者が、貸与すべき重機の運搬作業中の事故により死亡したことについて、労働者を使用することなく行っていた重機の賃貸業務については保険関係は成立していなかったとして保険関係の成立が認められていない。[25] 中小事業主が特別加入するためには、その労働者について保険関係が成立し、労災保険事務の処理を労働保険事務組合に委託していることが要件とされているからである。[26]

(24)　判例として、所沢労基署長（田中製作所）事件・浦和地判昭和五八・四・二〇労判四一一号二六頁参照。このケースの詳細な分析については、青野覚「労災保険法特別加入事業主における業務上認定の基準」労判四一一号一八頁以下参照。

(25)　姫路労基署長（井口重機）事件・最一小判平成九・一・二三判時一五九三号一二七頁。本件の争いの背景には、労災保険の特別加入制度の趣旨および労災保険の保険関係（正確には「労災保険に係る労働保険の保険関係」）の成立について当事者に認識のギャップが存在していることが挙げられる。

(26)　中小事業主の特別加入につき、労災保険事務の処理を労働保険事務組合に委託していることを要件としているのは、中小事業主が特別加入するためにはあらかじめその労働者を労災保険に加入させておく必要があり、また、労働保険事務組合の普及に役立ち、中小事業の労災保険への加入促進が図られるからであるとされている。厚生労働省労働基準局・労災補償部労災管理課編『七訂新版　労働者災害補償保険法』（労務行政、平成二〇年）五六二頁。

三　中小企業の事業者の「業務上」の災害

健康保険法は業務外の傷病を対象とし、労災保険は業務上の傷病を対象としているが、両者の適用対象者が異なることで、両制度の狭間（谷間）に陥るような事態が生じることがある。健康保険法（および厚生年金保険法）では、右で述べたように、法人の代表者あるいは業務執行者も、労務の対償として報酬を受けている場合、当該法人と使用関係があるものとして被保険者資格が認められる取扱いであるが、健康保険法が「業務外」の傷病を対象にしているため、これらの者の業務遂行過程において、業務に起因して生じた傷病、すなわち「業務上」の傷病については、健康保険の給付対象にならないのである。その一方で、これらの代表者は、労働基準法九条にいう労働者でないため、労災保険の給付も行われない。その結果、これらの者が業務遂行過程において、業務に起因して生じた傷病については、健康保険からも労災保険からも保険給付が行われない。

こうした不都合を埋めるために、現在、当面の暫定的な措置として、被保険者が五人未満である適用事業所に所属する法人の代表者等であって、一般の従業員と著しく異ならないような労務に従事している者については、その者の業務遂行過程において業務に起因して生じた傷病についても、健康保険による給付対象とする取り扱いが行われている[27]。しかし、裁判例では、鋼材の加工・販売等を業とする株式会社（健保の適用事業、被保険者数は会社取締役を含めて九人）の会社取締役が、切削加工作業に伴い生じた切粉による右眼角膜傷害について、「業務外の事由」による負傷とはいえず、健康保険法の療養の給付の対象にはならないとされたため、当該不支給処分の取消を求めた事件で、本件のような保険給付の谷間に陥るようなケースについて、任意の制度である特別加入の制度によって対処するという方法の立法政策上の当否は残るとしても、現行法の解釈として、健康保険法一条の「業務外の事由」を「労災保険法の適用対象外の事由」と解釈することは相当ではないとし、また、原告のような比較的小規模の企業の取締役等については、労災保険法上、特別加入制度が設けられており、原告においても、これを利用することが可能であり、原告の業務上の傷病等については、特別加入制度の利用による自己防衛措置に委ねることが不当であったとはいえない、としている[28]。

中小零細企業においては、取締役・役員といっても従業員と同様な活動を行う実態があることが少なくないのであり、これらの者が業務上で負傷等した場合の救済は、現在では、右で挙げたごく零細な企業の場合を除いて、特別加入制度以外にはないということである。特別加入制度の普及促進が勧められるべきであるが、このような間隙を法が許容すると考えるべきかどうか、疑問が残るところである。

(27)「法人の代表者等に対する健康保険による保険給付について」平成一五・七・一厚生労働省保険局長・社会保険庁運営部長の各都道府県社会保険事務局長宛通知、庁保発〇七〇一〇〇一号。
(28) 国・太田社会保険事務所長事件・前橋地判平成一八・一二・二〇労判九二九号八〇頁参照。

四　残された課題

労災保険あるいは健康保険のどちらか一方から給付が受けられても、なお問題が残るケースが存在する。たとえば、兼業をしている労働者（A社で正社員として月三〇万円で雇用され、夜アルバイトとしてB社で月八万円で就労）が、アルバイトとして就労していたB社で労働災害を被った場合、[29] アルバイトの月八万円をベースに労災保険法から補償給付を受けることができるが、労働災害であるため、A社の健保からは傷病手当金等の給付は受けられない。[30] 労働災害の被災の場合に、A社・B社の報酬が合算されて補償が受けられれば問題は解決するが、現在はそのような取扱いになっていないのである。[31] 検討が必要な課題であろう。

(29) 現在、労災保険法の改正で、「厚生労働省令で定める就業の場所から他の就業の場所への移動」について通勤災害の保護が認められている（労災法七条二項二号）。したがって、A社からB社へ赴く途上で通勤災害を被った場合も、同様の問題が生じる。
(30) 昭和二八・八・四保文発四八四四号。
(31) 判例は、複数の雇用関係にありそれぞれの使用者から別個の賃金の支払を受けていた労働者が労働災害を被った場合について、かれが支払われていた賃金の総額ではなく、当該労働災害を被った事業の使用者から支払われていた賃金だけに基づいて給付基礎日額を計算している（王子労基署長・凸版城北印刷事件・最三小判昭和六一・一二・一六労判四八九号六頁）。

21 ジェンダー視点の意義と労働法

浅倉むつ子

はじめに

一九九九年に男女共同参画社会基本法が制定されて以来、学術の分野においても、男女共同参画に強い関心が向けられるようになり、女性研究者の比率を高めること[1]と同時に、ジェンダー視点の意義が強調されるようになった。とくに日本学術会議は、各種の報告書において、学問分野へのジェンダー視点導入の意義を強調してきた[2]。第二〇期日本学術会議の学術とジェンダー委員会『対外報告：ジェンダー視点が拓く学術と社会の未来』（二〇〇六年）は、その意義について、①学術活動において要請されている「客観性や普遍性」という価値理念を自省的に検証することにつながるとともに、②社会の構成員に男女両性を含めることにより、学術研究活動の成果を普遍化するもの、と位置づけている。現在、日本学術会議が総力をあげて取り組んでいる『日本の展望——学術からの提言二〇一〇』においても[3]、ジェンダー研究は、人種・民族・階級・年齢・障碍の有無など多様に分かれる人々が、それらによって差別されることなく、相互交流・相互依存していくべき二一世紀の社会の形成にとって、不可欠な研究として位置づけられる。

本稿では、以上のような学術研究をめぐる新たな展開を背景として、ジェンダー視点の導入が、労働法分野においてどのような意義と影響をもたらすのかについて、論じてみたい。

（1）　女性研究者の比率向上、学術分野のポジティブ・アクションについては、辻村みよ子『憲法とジェンダー』二八〇頁以下（有斐閣、二〇〇九年）参照。

（2）　たとえば第一八期日本学術会議ジェンダー問題の多角的検討特別委員会『ジェンダー問題と学術の再構築』報告書（二〇〇三年）、第一九期日本学術会議ジェンダー学研究連絡委員会および二一世紀の社会とジェンダー研究連絡委員会『男女共同参画社会の実現に向けて――ジェンダー学の役割と重要性』（二〇〇五年）などがある。

（3）『日本の展望』と題する文書は、二〇一〇年四月の日本学術会議総会で採択されることになっているが、日本学術会議が担う政府への政策提言の集大成として、持続可能な人類社会と日本社会の展望を切り開くために、基礎研究を明確に位置づける学術政策への転換の必要性が強調される予定である。なお『日本の展望』は、学術会議の各部、各分野別委員会ごとにも、とりまとめることが予定されており、人文・社会科学分野である第一部の文書では、ジェンダーの視座の意義が強調されることになっている。

一　ジェンダーとは

1　ジェンダー概念の多義性

まず、ジェンダー視点とは何かを問わねばならない。ジェンダー概念は、一九八〇年代から、女性学・ジェンダー学研究者によって、広く採用され定着してきたが、これは時代とともに精緻化し、同時に、多義的な用い方をされてもいる。代表的なジェンダー学研究者である江原由美子は、ジェンダーという言葉は一般に「社会的・文化的性別」という定義を核としながらも多様に使用されているとして、比較的多い七つの使用法を、以下のように示

している。(4)

第一は、性別とほとんど同義で使用する場合である。たとえば社会調査研究などでは、階級・エスニシティのような変数と並んで、ジェンダーが「単に性別」を意味する語として使用されている。第二は、当該社会で見出しうる「事実上の性差」という意味で使用する場合であり、たとえば男女の高等教育における進路格差、などの用例がある。当該社会で見出しうる事実上の性差や統計的性差においては、生物学的要因と同時にジェンダーという社会的・文化的影響も大きいと判断されるからであろう。

第三は、男女の性別特性のうち、生物学的特性とは別の、「社会的・文化的特性」をさす用法であり、これが最も一般的な使用法である。第四は、身体的・生物学的性別や性差に対する、「社会的・文化的意味づけ」という意味で使用する場合である。たとえば生物学的にみて脳の容量の性差は確かに存在するが、その意味を、「知能の性差の証拠」と解するかどうかは、時代によって異なる。

第五は、当該社会において共有されている「性別や性差についての知識一般」という意味で使用する場合である。身体や生物学的性差についての知識も、社会的・文化的な活動によって、生産され、維持され、正当化されるのである。

第六には、その社会の「性別カテゴリーに関連する社会規範および社会制度」をさす用法がある。たとえば「性差がある」という主張は、「男女で異なる性別規範やそれに基づく社会制度を維持すべきだ」という主張と結びついて使用されることがある。第七に、男女の権力関係を意味する用法もある。第六の用法で一定のジェンダーを前提とすると、当該社会において男女間に権力的な関係が形成されることが考えられるため、このような用法も成り立っている。

その他の研究者も、多かれ少なかれ、江原が示す以上の七つの用法のいずれかに該当する意味合いで「ジェンダー概念」を使用してきており、この概念が多義性をもつことは、ほぼ研究者の間で了解ずみである。[5] ジェンダー概念に複数の用法があり、この用語自体が多義的であることは、なんら問題ではない。「有効な概念」は使用され続け、「不要な概念」は淘汰されていくというにすぎないからである。それよりも重要なのは、なぜ「ジェンダー概念」が登場したのか、ということであろう。

2　ジェンダー概念の登場の意味

同じように性差・性別を示す言葉として、「セックス」と「ジェンダー」という二つの言葉があるが、「セックス」は「生物学的な性別カテゴリー」であり、「ジェンダー」は「社会的文化的な性別カテゴリー」である。問題は両者の関係である。なぜ、フェミニズムは、一九八〇年代に、新たにジェンダー概念を導入したのだろうか。

「ジェンダー論」登場以前には、性差は生物学的セックスによって決まる「宿命」であり、変えられず、生まれもった肉体的な性別こそが男女それぞれの魂のあり方を決定づけているという、きわめて固定的な性別観が幅を利かせていた。これに対して「ジェンダー」論は、その宿命からの解放をめざし、人の性別・性差はセックスではなくジェンダーによって決まるのであり、性別には社会的・文化的な多様性がある、としたのである。それは、社会を作っている人が性別・性差を変えることもできるという理解をもたらした。あまりにも有名なボーボワールの言葉にその発想は含まれている。すなわち、「ひとは女に生まれない。女になるのだ」というわけである。

3　ジェンダーとセックスの新たな関係[6]

その後、ジェンダーとセックスの関係性をめぐる議論は、さらに発展した。著名な歴史学者、ジョーン・スコットは、ジェンダーに「肉体的差異に意味を付与する知」という定義を与えた。[7] これによって「ジェンダー」は、経験的に認知する対象である性差を意味する場合と、性差についての知識を意味する場合との、二つの用法に分かれることになった。つまり、認知の対象としての性差としては、生物学的性差すなわちセックスと、社会的性差すなわちジェンダーとが、それぞれ独自のものとして定義される。一方、性差についての知識のあり方としては、「男・女」という厳格な「性別二元論」の枠組みのジェンダーが、人間の性別（セックス）とはどのようなものかを認知するのである。その意味で、セックスという「身体的性差」そのものにどのような意味を与えるのかは、その社会が構築したジェンダーという知識による、ということになる。ここでは、「生物学的な性差という知識もまた社会的に形作られたものであり、セックスとジェンダーを厳密に区別することはできない」という説明が成り立つであろう。(8)このようなジェンダーの使用法は、前掲の江原による第五の用法である。

ジュディス・バトラーは、このスコットの概念を用いて、「セックスは、つねにすでにジェンダーなのだ」「セックスを……生産することは、……ジェンダー……が行う結果なのだ」という命題を提起した。(9)ここで「セックスはジェンダーだ」とバトラーが言っていることは、生物学的な性差研究も、性別二元論を前提とした、当該社会のジェンダーに関する知識を使用して行われている、という観点を示したものである。バトラーは、著書の中で、「結論としての非科学的な補遺」として、このことを具体例をあげて詳細に説明している。(10)

バトラーが述べるように、もし生物学に「男・女」という二元的な性別そのものの根拠がないのであれば、私たちが信じ切っている二元的な性別の根拠は、肉体という対象をみつめる私たちの〈まなざし〉にある。人間が、「人間には男と女しかいないのは当然だ、それ以外の人間は異常だ」という規範的な理由付けをし、それに適合するような法や制度を作り上げているところにこそ、二元的性別の根拠があり、そのことが、バトラーのいうところの、「ジェンダーがセックスを生産する」という意味であろう。

このことを理解しておけば、「セックスはジェンダーだ」というバトラーの言説をターゲットとして、ジェンダー論は「いっさいの生物学的性差を認めないといって、人間の中性化をねらっている」などという、いわれなき非難に反論することは容易である。(11)

（4）江原由美子「ジェンダー概念の有効性について」若桑みどり他編著『「ジェンダー」の危機を超える！』三八～六〇頁（青弓社、二〇〇六年）。

（5）たとえば加藤秀一は、ジェンダーを、①性別それ自体、②性別自認、③性差、④性役割、という水準で区別されるものだと述べる。加藤秀一『知らないと恥ずかしいジェンダー入門』（朝日新聞社、二〇〇六年）。また、伊田広行は、ジェンダーの意味を、①単なる性別としてのジェンダー、②社会的性別・性質としてのジェンダー、③規範としてのジェンダー、④性に関わる差別・支配関係を示す概念としてのジェンダー、として説明している。日本女性学会ジェンダー研究会編『Q＆A　男女共同参画／ジェンダーフリー・バッシング』（明石書店、二〇〇六年）。

（6）この部分については、注(5)に掲げた文献以外にも、上野千鶴子「ジェンダー概念の意義と効果」『東北大学21世紀COE研究叢書第10巻　ジェンダーの基礎理論と法』（東北大学出版会、二〇〇七年）、同「差異の政治学」『岩波講座現代社会学第11巻　ジェンダーの社会学』（岩波書店、一九九五年）など、多くの好著があり、それらを参照した。

（7）ジョーン・W・スコット（荻野美穂訳）『ジェンダーと歴史学』一六頁（平凡社、一九九二年）。

（8）加藤秀一・石田仁・海老原暁子著『図解雑学ジェンダー』二四～二五頁（ナツメ社、二〇〇五年）。

（9）ジュディス・バトラー（竹村和子訳）『ジェンダー・トラブル』（青土社、一九九九年）は、以下のように述べる。「セックスの自然な事実のように見えているものは、じつはそれとはべつの政治的、社会的な利害に寄与するために、さまざまな科学的言説によって言説上、作り上げられたものにすぎないのではないか。セックスの不変性に疑問を投げかけるとすれば、おそらく、『セックス』と呼ばれるこの構築物こそ、ジェンダーと同様に、社会的に構築されたものである。実際おそらくセックスは、つねにすでにジェンダーなのだ。そしてその結果として、セックスとジェンダーの区別は、結局、区別などではないということになる」（二八～二九頁）、「セックスを前—言説的なものとして生産することは、ジェンダーと呼ばれる文化構築された装置が行う結果なのだと理解すべきである」（二九頁）。

（10）ジュディス・バトラー・前掲書一九一頁以下。

（11）いわれなき非難と私が述べているのは、今世紀に入って急速に、ジェンダー学やジェンダーという用語に対して拡大した、いわゆる「ジェンダー・フリー・バッシング」といわれる一連の動きである。その中には、①東京都の委託事業である国分寺市の人権講座講師に予定されていた上野千鶴子教授が「ジェンダー・フリーという用語を使うかもしれない」という理由から、東京都が反対し、講座そのものが中止されたという事件（二〇〇五年秋）、②DV防止講演会開催へのバックラッシュ勢力からの抗議メールを受けて、つくばみらい市が講演会を中止したという事件（二〇〇八年一月）、③公立図書館からジェンダー関連の図書が隠されるという事件、④養護学校の性教育が「過激だ」と威圧的に批判した都議の行為や、それを根拠に教員を処分した東京都の行為が名誉棄損で違法な行為であるとされた七生養護学校事件（東京地裁平成二一年三月一二日判決）、⑤バックラッシュに抵抗した男女共同参画拠点施設の三井マリ子館長を、さまざまな情報操作を行いつつ再任しなかった豊中市と財団の措置が人格権侵害として争われた訴訟（大阪地裁平成一九年九月一二日判決は原告の請求を棄却したが、控訴審である大阪高裁は、平成二二年三月三〇日に、原告に対する人格権侵害があったことを認定し、市と財団に一五〇万円の損害賠償を命じた）などがある。私は最後の⑤の事案について「意見書」を大阪高裁に提出した。

二　ジェンダー法学

1　ジェンダー秩序と法

法学におけるジェンダー概念の意義についても検討しておきたい。近代以降の法制度や人権論が、すべての人の普遍的人権を保障したかのような外見をとりながらも、実際には、性差別や人種差別を内包していたということについては、フランス人権宣言を批判したオランプ・ド・グージュの主張を引用するまでもない(12)。スコットのように、「ジェンダー」をある社会における「知（知識）として構築される性別」という広義のものとしてとらえてみた場合、これは法とどのような関わりをもつのだろうか。実際、ジェンダーに関わる科学的「知識」は、歴史的にも、近代以降の国の制度や市場秩序を正当化してきたことがうかがえる(13)。三成美保は、社会を支配する権力は、国家や共同体が認める「法」という最高の権威と権力をもって、ジェンダー秩序を表現するとして、「法は、ジェンダー規範の最たる表現」であり、その本質において「ジェンダー法システム」にほかならない、と述べる(14)。さらに三成は、近代法の基礎となった西欧近代社会のジェンダーに関する社会秩序総体を描き出す優れ

市民社会と親密圏

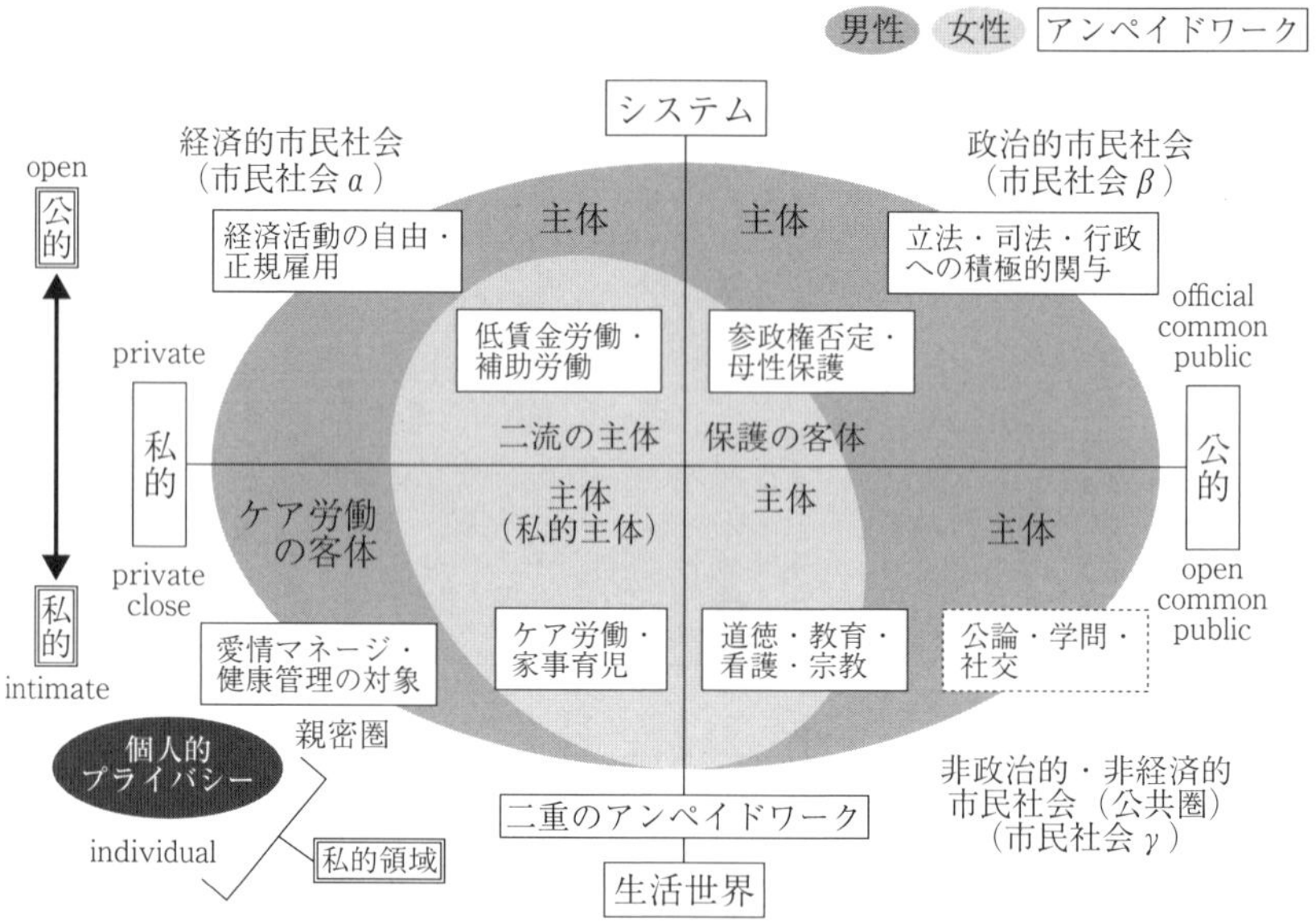

三成美保『ジェンダーの比較法史学』47頁（大阪大学出版会、2006年）より

た著書[15]の中で、国家、市場、家族といったあらゆるレベルの社会単位は、それが属する社会のジェンダー秩序にしたがって機能している、という。このジェンダー秩序を見事に示したのが上記の図である。

現代社会にも通じるところの、フランス革命以降のヨーロッパの近代社会は、この図に示されているように、三つの「市民社会」と一つの「私的分野」から成り立っている。「公的」な三つの市民社会のうち、右上が「政治的市民社会」すなわち近代国家、左上が「経済的市民社会」すなわち市場経済、右下が「非政治的・非経済的市民社会」すなわち公共圏であり、それらの裏面には、左下の「親密圏」すなわち家族という「私的」な世界がある。それらの社会を貫いている「公私二元的なジェンダー規範」は、①性別役割分業（国家と市場は男性、家族は女性）、②分業の非対称性（優越的地位にある公的領域を男性が担い、従属的地位にある私的領域を女性が担う、公的領域は自由・平等という規範が支配し、私的領域は恭順に基づく支配・従属関係が作用している）、③それぞれにジェンダー・バイアスが付着している、などの特色を有する。そして法制度は、当該社会のジェンダー規範を反映し、それを体現するものとして成立してきたのである。

以上のような理解によれば、近代以降の社会では、あらゆる領域にジェンダー秩序が行き渡っており、法制度は、「ジェンダー規範」を反映し、それを体現するものとして成立してきたといえる。そして、このような西欧近代市民社会におけるジェンダー規範の系譜は、若干の修正を加えられながらも、今日の日本社会にも引き継がれてきているのである。

2 ジェンダー法学の展開

現代社会における基底的な規範が「ジェンダー規範」であるということを理解すれば、それを対象とする学問が登場することに何の不思議もない。とはいえ、「ジェンダー法学」は、個別分野の法学（民法や刑法など）のように、一般的に承認された法体系や方法論があるわけではなく、いわば、ジェンダーに敏感な視点で法と社会を深く分析し、研究することや、法におけるジェンダー・バイアスを発見し、それを批判することなどの目的を共有している法学の総称、と言ってよいかもしれない。

アメリカでは、暗い保守主義の時代から抜け出した一九六〇年代、女性が大量にロースクールに入学したことが、フェミニズム法学の契機となった。公民権運動を担ったロースクールの学生たちは、法を「改革の道具」として認識し、自分たちで「女性と法」という自主講座をスタートさせ、その中から、女性教員の採用を強く要求し、多くの改革を行った[16]。

日本では、金城清子『法女性学のすすめ』（有斐閣、一九八三年）が、男女平等の実現という観点から、法や制度の望ましいあり方を描き出し、角田由紀子『性の法律学』（有斐閣、一九九一年）が、セクシュアリティと向き合う法律学として、新鮮な知的刺激をもたらした。一九九七年に岩波書店から出版された『岩波講座現代の法』シリーズでは、第一一巻が初めて、「ジェンダーと法」というタイトルで編集された。また、法制度的には、一九八五年の女性差別撤廃条約の批准、男女雇用機会均等法の制定、一九九九年の男女共同参画社会基本法の制定などが、固定的な性別役割の見直しという機運をもたらした。

「司法改革」とジェンダー法学との密接な関わりについても指摘しておきたい。司法制度改革においては、国民を中心に据えた司法という標語が掲げられたものの、当初、マイノリティや女性の権利についてはほとんど意識的な取り組みはなく、ジェンダー視点も不十分であった(17)。しかしその後、司法におけるジェンダー・バイアス批判が登場し、検事任官の女性枠問題も世間を騒がせ、ジェンダー法学教育の必要性が認識されるようになり、「すべての人にとって手の届く司法」をめざした司法改革の理念の実現と連動して、大規模なロースクールでは、「ジェンダーと法」の講義をおくようになった。ジェンダー法学会は、二〇〇四年四月からのロースクールのスタートを前に、前年の一二月に発足したのである。

3　ジェンダー法教育

二〇〇六年段階では、四〇％弱のロースクールにおいて、何らかの形でジェンダーと法に関連する科目が設けられた(18)。ロースクールでジェンダー関連の教育を実施することには、いくつかの格別な意義を見出すことができる。第一に、女性やマイノリティが抱える問題に共感することを通じて、法曹としての資質を高めることができるし、第二に、法曹が人権に配慮する役割を担うことに着目すれば、ジェンダー法教育は人権教育としての役割も担うというべきである。そして第三に、ジェンダー法を通じて、既存の法理論を批判的にみる視点が養成され、さらに、すべての知識を連結させて問題解決のために有効な方法を探る訓練としての意味も見出しうるであろう(19)。

実際、私自身の早稲田大学での経験からも、学生たちの反応は悪いものではなく、授業評価の結果からは、知識の量ではなく、法曹としての役割や自覚を問い直すような講義としての意義が見いだされているように思う。[20]しかし一方、テーマによっては既存の法理論との衝突場面が多く、学生たちからのとまどい、疑念、反発もある。[21]制度的な課題もある。ジェンダー法は先端・展開科目であり、司法試験とは無関係な科目であるため、試験の合格率を重視すれば、この科目を廃止するロースクールもでてくるであろう。また、法科大学院の教員の中には、必ずしもジェンダー視点への理解が十分ではないという傾向もみられる。もしすべての教員がジェンダーに敏感な視点をもってさえいれば、各科目の教育を通じて、学生がジェンダー問題に触れることが可能になり、「ジェンダーと法」という科目自体をおく必要性はなくなるかもしれない。しかし現状では、学生の教育と同時に、教員の教育も不可欠であるといわざるをえない。

(12) オリヴィエ・ブラン著（辻村みよ子訳）『女の人権宣言――フランス革命とオランプ・ドゥ・グージュの生涯』（岩波書店、一九九五年）。
(13) たとえば、女性は妊娠するから為政能力がない、として参政権を否定され、市場取引の行為能力を制限されてきた。
(14) 三成美保「ジェンダー概念の展開と有効性」ジェンダーと法五号七八頁（二〇〇八年）。
(15) 三成美保『ジェンダーの比較法史学』（大阪大学出版会、二〇〇六年）。
(16) この経緯は、フランシス・オルセン（寺尾美子編訳）『法の性別』（東京大学出版会、二〇〇九年）五七頁以下に詳しい。
(17) 浅倉むつ子「司法改革・法学教育・ジェンダー」『法の科学特別増刊：だれのための「司法改革」か』二一八頁（日本評論社、二〇〇一年）。
(18) 後藤弘子「ジェンダーと法曹養成教育」ジェンダーと法四号（二〇〇七年）。
(19) 後藤・前掲（注(18)）論文一五頁以下。
(20) 「自ら考える機会や時間を大切にしている講義だと思う」「視点を変えて身近な物事を見るようになった」という感想を寄せてくれる学生も多い。
(21) 私の経験では、強姦罪・性犯罪のテーマでは刑法の謙抑性との衝突が、ポルノグラフィのテーマでは表現の自由との衝突が問題になり、また売買春問題をめぐってはフェミニズム内部の対立もあり、議論が混迷することがしばしばである。

三　労働法とジェンダーの視点

1　アプローチの手法

ジェンダー視点をもって労働法にアプローチする場合、その手法にも多彩なものがある。たとえば、第一に、従来から「女性労働問題」としてとりあげられてきたことに、ジェンダーの視点から改めて分析を加え、それにより既存の労働法学に新たな知見をもたらすというアプローチが可能である。雇用平等法理の研究、妊娠・出産をめぐる差別問題、同一価値労働同一賃金問題など、例示できることは多い。この中には、セクシュアル・ハラスメントのように新しい概念の創出も含まれる。

第二には、労働法の基礎理論の再構築にとっても、ジェンダーの視点は有益であろう。労働契約法理や集団的労働法の基礎理論が形成された時代に労働法研究者が念頭においていた労働者のモデルは、「男性・世帯主」であった。しかし、原則として「選択の自由」を有する者として描かれるそのような男性労働者モデルをベースとした労働契約法理は、果たして「家族のケアを引き受けざるをえない」労働者（＝女性）にも、当然に適用されるべき法理たりうるのか。ジェンダー視点をもって労働法における人間像を転換することは、労働法の基礎理論の見直しという問題を提起するであろう。

第三に、ジェンダー視点は、労働法がこれまで「他者」として排除してきたさまざまな問題に焦点をあてる契機となる。労働法は、労働の世界にさまざまな境界を設け、非労働者、女性、アンペイド・ワークなどを、明らかに異なる領域としてきた。しかし、こうした境界の自明性は大きく揺らぎ始めている。ジェンダー視点の導入は、労働法が排除してきた「他者」に目を向けた労働法研究をうながすことになるのではないか。すなわち各種の非正規雇用労働者、従属的自営業者、性産業従事者、外国人労働者、家族従業者などを、改めて労働法の対象として浮かび上がらせることになる。

以下、紙幅の関係から多くを取り上げるわけにはいかないが、ジェンダー視点から見直されるべき労働法理論のいくつかについて、述べてみたい。

2　妊娠・出産を理由とする不利益処遇

法のレベルでは、妊娠・出産に関わる各種の保護的な制度・措置が確実に充実してきており、女性の権利は、十分に保障されているかのようにみえる。しかし、妊娠・出産を理由とする不利益禁止規定を検討していくと、労働法におけるジェンダー視点の欠如という問題もまた浮かび上がってくる。

均等法の指針（平成一八年一〇月一一日厚生労働省告示第六一四号「労働者に対する性別を理由とする差別の禁止等に関する規程に定める事項に関し、事業主が適切に対処するための指針」、以下「指針」とする）によれば、妊娠・出産を理由とすることを禁じられる「不利益」のうち、「減給や賞与において不利益な算定を行うこと」、「人事考課における不利益」、「不利益な配転」などについては、それだけでは直ちに「不利益」とは認定せず、さまざまなことを勘案して判断されるべきだという（「指針」第4の3(3)ニ）。たとえば、「減給や賞与において不利益な算定を行うこと」について、「指針」では、「不就労期間や労働能率の低下を考慮の対象とする場合において、同じ期間休業した疾病労働者と比較して、妊娠・出産……について不利に取り扱うこと」や、「現に妊娠・出産等により休業した期間や労働能率が低下した割合を超えて、休業した、又は労働能率が低下したものとして取り扱うこと」が禁止されている（「指針」第4の3(3)ニ③④）。しかし、これらを反対解釈すれば、「疾病労働者と同じであれば、妊娠・出産による不就労や能率低下を考慮する不利益処遇は許される」し、「休業期間や労働能率の低下の割合に応じて、不利に扱ってもよい」

ということに他ならない。すなわち妊娠・出産休暇という労基法上の権利行使を理由にした減給や賞与の不利益算定は可能であると、「指針」は宣言しているのである。現実には全く労働能率の低下を伴わない妊娠・出産などは想定しにくいのであり、このことは、労働法が、生殖活動そのものを不利益処遇の根拠としているということではないだろうか。

「指針」におけるこの考え方は、東朋学園事件最高裁判決（平成一五年一二月四日労働判例八六二号一四頁）に依拠したものである。最高裁は、本件で、出勤率が九〇％を超えないかぎり賞与を不支給とする「九〇％条項」を、労働者に与える不利益が大きく、産休取得という労働者の権利行使を抑制するものとして無効とする一方、賞与の計算において産休による欠務日数を欠勤として算定することは適法とした。最高裁が、産休の欠勤日数に応じて賞与の減額を可とした論拠の一つは、産前産後休暇が、年休とは異なり法律上有給ではなく、就業規則でも無給とされているところにある。すなわち最高裁は、制度上、労働者に産休期間中の賃金請求権がないこと、つまり無給であることをもって、産休という権利を他の休暇の権利よりも劣後させる根拠と解している。しかし、このような理解にこそ問題がある。

そもそも妊娠・出産休暇はなぜ法制度的に無給なのか。母性保護に関するＩＬＯ第一〇三号条約は、「……出産休暇による休業中、女性は、金銭および医療の給付を受ける権利を有する」（四条一項）とし、「金銭および医療の給付は、強制的社会保険または公の基金によって与えなければならない」（同条四項）とする。そして、同条八項では「いかなる場合にも、使用者は、その使用する女性に与えられるべき前記の給付の費用について個人として責任を負わない」と規定する。すなわちＩＬＯは、休業中の女性の所得保障を社会保険など公の財源によって確保すべきとしており、その結果、個別使用者の負担を免除しているのである。ニコラス・バルティコスは、これについて、「（母性保護に関する三号、一〇三号という）二つの条約とも、使用者がこれらの給付の費用について個人として責任を負うことがないよう定めている。これは、女性の雇用に関して差別的な措置がとられたり、支払自体の問題を防ぐことを目的としている」のだと説明する。[22] 出産休暇が無給であることは、その権利性を弱めるものではなく、むしろ、生殖活動それ自体がいかなるマイナス効果ももたらしてはならないというメッセージに他ならない。それを理解しない最高裁判決は、ジェンダーの視点を欠落させているといえないだろうか。[23]

3　セクシュアル・ハラスメント

現実世界における男女の社会的位置を直視することは、ジェンダーの視点を身につける場合に必要不可欠である。セクシュアル・ハラスメントについても、単に職場に「異常な人間」が紛れ込んだために生じる現象として把握するのではなく、現実の社会構造、すなわち職場や大学というホモ・ソーシャルな社会構造が、こうした問題を生じさせやすいということに目を向けるべきである。そのことは、密室における強姦事件など性暴力に関して根強く存在する固定観念や偏見、すなわち「強姦神話」を「経験則」とするような、加害者側の主張に敏感になるということでもある。[24]

経験則の転換という点で、日本のセクシュアル・ハラスメント裁判に大きな足跡を残したのは、京都大学事件・京都地裁平成九年三月二七日判決（判例時報一六三四号一一〇頁）である。今なお、この訴訟をめぐる訴状、準備書面、意見書などは参照されてよいものばかりである。[25] 本件では、加害者側が提示した時代錯誤の法律学による「強姦神話」が、被害者側が提示した「フェミニスト心理学の成果」によって、見事に突き崩されたのである。

この事件は、世界的な著名な学者Y教授が秘書の女性Aに対して長年行ってきた性的関係の強要が明るみに出て、それを知った同僚の小野和子教授がY教授を批判して、「学者と人権感覚」と題した論評を発表したところ、Y教授のほうから名誉棄損の訴えが提起されたものであり、通常のセクシュアル・ハラスメント事件における原告・被告の立場が逆転している訴訟といえる。Y教授側は、Aとの関係は七年もの間続いた合意に基づくものであり「意に反したもの」ではないと主張したが、その際に用いた理論が一九三五年のウィグモアの『証拠法入門』[26]であり、一九五六年のハウツの「証拠から証明へ」という論文であった[27]。これに対して被害者側は、最新のフェミニズム心理学を論拠とした主張を展開し、京都地裁は後者の理論を採用したのである。

京都地裁判決は、AとY教授の関係は一般にレイプと言われる関係であったと認定し、AがY教授の誘いのままにホテルの部屋に入ったこと、逃げ出そうとしなかったことも、「意に反して行われた性的関係」を否定する事実ではなく、「強姦の被害者が意に反した性交渉をもった惨めさ、恥ずかしさ、そして自らの非を逆に責められることを恐れ、告発しないことも決して少なくないのが実情であって、自分で悩み、誰にも相談できないなかで葛藤する症例（いわゆるレイプ・トラウマ・シンドローム等）もつとに指摘されるところであるから、……告発しなかったことをもって、意に反したものでなかったということはできない」とした。Y教授はその後に本件以外にも四件の提訴を自ら行い、すべて棄却・取り下げになっている。

「強姦神話」を否定する「経験則」は、その後、横浜事件や秋田県立農業短期大学事件においても、地裁判決を覆した高裁判決によって採用されており[28]、今日では、一定の流れを形成しているところである。

4　男女間の賃金差別訴訟

最後に、男女間の賃金差別訴訟を取り上げたい。「男女別コース制度」をめぐる裁判は、男女間の賃金差別事案の大きな部分を占めている。一九八五年の均等法制定を機に、それまで男女別に異なる雇用管理を行ってきた企業が、いわゆる「コース別雇用管理」を導入したからである。男女が自らの意思に基づき自由にコース選択ができるかぎり、この制度そのものを男女差別と判示するのは難しいものの、今世紀に入って次々と出された判決において争点となっているのは、「男女別コース制」であって、労働者によるコース選択が許されていたわけではない事案である。すなわち、従来の「男女別」の違法な雇用管理がもたらした男女格差をそのまま引き継いだ制度である。ところが「男女別コース制」の存在を認定しているにもかかわらず、判決の動向は、紆余曲折を経た。初期のケースでは、「男女別コース制」に基づく処遇格差は「募集・採用」の違いに起因する問題とされ、使用者の広範な採用の自由、ならびに「時代制約論」（当時の社会意識や社会的実態という時代的制約の下では、男女の採用区分は公序違反ではないとする理論）によって、公序違反性は否定された。(29)

その後には少し異なる流れが登場し、同じく「募集・採用」の違いとしながらも、改正均等法の施行（一九九九年）後の「男女別コース制」は、均等法六条および公序違反であるという判決が出るようになった。(30) しかし一九九九年以前については、特別な事情により明白な女性差別が認定された事案(31)を除いては、最近まで、これを違法とした判決はほとんどなかった。(32)

そのような状況の中で、兼松事件・東京高裁判決（平成二〇年一月三一日労働判例九五九号八五頁）は、原告女性たちの損害賠償請求期間の始期である平成四年（一九九二年）以降につき、男女別コース制下の男女間の賃金格差を違法とした点で、異なる流れを作ったと評価できる。とりわけ、兼松の高裁判旨は、原告ら六人中四人について、職務内容や困難度に同質性があり、職務の引き継ぎが相互に繰り返されている男性と比較して、賃金に「相当な」格差がある場合は、合理的な理由がない限り、性差別と推認すると判断した。職務内容に注目して、同質の仕事をしている限り、賃金に格差があれば違法とする考え方は、採用時や配置の格差のみに賃金差の要因を求めてしまう従来の判例の流れとは異なり、同一価値労働同一賃金原則のほうに親和的な判断であり、評価できるものであろう。(33)

ただしこの判決に、女性職に対する「ジェンダー・バイアス」が暗黙のうちに反映されていないかどうかを問うてみたい。判旨は、ある原告につき「専門性が必要な職務を担当していない」と認定し、賃金格差を違法としなかったが、その職務は秘書業務であった。判例集に掲載された判旨では「秘書業務」の詳しい分析はなされておらず、「女性職」への偏見の有無は明確ではない。しかし職務の価値を要素ごとに分析して男性の職務と比較するという手法をとらないかぎり、裁判官の職業に関する固定的なジェンダー・バイアスが判旨に反映されないという確実な保障はない[34]。この点、男女間の同一価値労働同一賃金原則を法に定め、職場内に職務評価制度が存在しない場合には、個別労使紛争処理機関である雇用審判所において、中立労働者と比較対象者の労働の価値を評価する手続きを設けているイギリスの制度は[35]、ILOの条約勧告適用専門家委員会や女性差別撤廃委員会などの国際機関から、繰り返し、労働市場における男女の事実上の平等を実現すべく勧告を受けている日本[36]にとっても、おおいに参考になるに違いない。

(22)　ニコラス・バルティコス著『国際労働基準とILO』二五六頁（三省堂、一九八四年）。

(23)　浅倉むつ子・角田由紀子編『比較判例ジェンダー法』一八四頁以下（不磨書房、二〇〇七年）参照。

(24)　これら固定観念や偏見とは、「本当に嫌だったら徹底して抵抗するはず」、「逃げられたはず」、「本当に被害を受けたならすぐに助けを求めたり誰かに打ち明けたはず」というような「強姦神話」である。

(25)　小野和子編著『京大・矢野事件』（インパクト出版、一九九八年）が参考になる。

(26)　「婦人の反抗を抑圧して強姦が行われた場合、その婦人は自分の家その他避難場所にたどりつくとすぐその暴行を人に訴えるのが自然であり、また人間性の必然である」というもの。京都大学事件・被告（小野）準備書面（五）より（前掲書・注(25)・一一七頁）。

(27)　「申告の長い遅延は虚偽の訴えを指し示すものである」というもの。京都大学事件・被告（小野）準備書面（五）より（前掲書・注(25)・一一七頁）。

(28)　横浜事件・横浜地裁平成七年三月二四日判決、東京高裁平成九年一一月二〇日判決、秋田県立農業短期大学事件・秋田地裁平成九年一月二八日判決、仙台高裁平成一〇年一二月一〇日判決。

(29)　日本鉄鋼連盟事件・東京地判昭和六一年一二月四日労働判例四八六号二八頁、住友電工事件・大阪地判平成一二年七月三一日労判七九二号四八頁、住友化学事件・大阪地判平成一三年三月二八日労判八〇七号一〇頁。

(30) 野村證券事件・東京地判平成一四年二月二〇日労判八二二号一三頁、岡谷鋼機事件・名古屋地判平成一六年一二月二二日労判八八八号二八頁。
(31) 住友金属事件・大阪地判平成一七年三月二八日労判八九八号四〇頁。
(32) コース別雇用以外の事案では、昭和シェル石油事件・東京地裁判決（平成一五年一月二九日労働判例八四六号一〇頁）、東京高裁判決（平成一九年六月二八日労働判例九四六号七六頁）のように、改正前の均等法下でも（努力義務規定）、職能資格給下の賃金についての男女格差は違法であるとした判決もある。
(33) 本件について詳しくは、浅倉むつ子「評釈：男女別コース制の下での男女賃金格差の合理性――兼松事件」『ジュリスト臨時増刊：平成20年度重要判例解説』一三七六号二五〇頁～二五二頁（二〇〇九年四月）参照。
(34) たとえば昭和シェル事件・東京高裁判決（平成一九年六月二八日労判九四六号七六頁）では、和文・英文タイプの仕事について、繰り返し、「困難性は高くない」と評価しているが、これも職務の価値を要素ごとに分析した客観的な判断とはいえないものである。
(35) 浅倉むつ子『労働とジェンダーの法律学』一九九頁以下（有斐閣、二〇〇〇年）参照。
(36) 二〇〇九年六月の第六次日本報告の審議結果として出された国連・女性差別撤廃委員会の総括所見については、以下の文献を参照。浅倉むつ子・林陽子「対談：女性差別撤廃条約の三〇年」一〇〇頁以下労働法律旬報一七一一・一七一二合併号（二〇一〇年一月）、国際女性の地位協会編『コンメンタール女性差別撤廃条約』（尚学社、二〇一〇年）。

院生時代から折にふれご指導いただいた佐藤進先生は、既存の法体系や法理論に固執することなく、常に新しい発想で、労働法と社会保障法の架橋となるさまざまなテーマを精力的に追究しておられた。それを思い出しつつ、はなはだ未消化なままではあるが、ジェンダー法と労働法の架橋を願いつつ書きあげた本稿を、佐藤先生に捧げたいと思う。

22　労働規制緩和と教育改革の帰結

中野育男

序

本稿では、ベルリンの壁が崩壊して以降の我が国における労働立法・労働政策の特質を、教育政策の展開から映し出すことを目的としている。国民国家における公教育の要請という特殊時代的な背景をふまえて、ここでは労働規制緩和と教育改革との相互的な関連や連携の分析を進める。この作業は必然的に教育改革と労働規制緩和の思想性を析出することになるが、一方で、それに対する対抗軸の検証も必要となる。

一　パラダイム転換と市場原理主義の跳梁

ソ連邦の崩壊までは、資本主義諸国家の経済政策においては勤労者大衆に対して、ソ連圏共産主義国家群の存在という現実をふまえて、労働保護や社会保障をはじめとして相当程度の配慮ないし妥協を行わざるを得なかった。しかし、ベルリンの壁の崩壊に象徴されるソ連邦をはじめとした共産主義国家群との対抗関係の消滅以降は、勤労者大衆に対する配慮や妥協の現実的な必要性は著しく低下し、資本主義諸国家の経済政策はそのシステムの本質を一層鮮明にすることとなった。

1　現代資本主義の本卦帰り

この歴史的なパラダイム転換は、「現代資本主義」における社会改革の理念型とされたフェビアン主義、社会民主主義、構造改革論などの存在意義をも一気に希薄化させていった。そして、赤裸々な市場原理主義を標榜する新自由主義が今日の資本制生産システムの支配的形態となり、現代資本主義は本卦帰りを果たすことになった。

(1)　思想的源流

市場原理主義の思想的源流の一人としてミルトン・フリードマンをあげることが出来る。フリードマンは、マネタリストの原則である「競争している市場は安定している」「競争市場はつねに公平だ」という前提に立脚する。フリードマンが学んだシカゴ大学経済学部にはフランク・ナイト、ジェイコブ・ヴァイナーらの自由主義思想を持つ気鋭の研究者がいた。彼等は自由な競争的市場の必要性を説くイギリス古典派経済学とりわけマーシャルの理論体系の信奉者であり、ヴァイナーは、マーシャルの提唱した新古典派のミクロ分析の手法を確立し、ナイトはイギリス経済学の伝統である道徳哲学を継承発展させた。この二人が後に「シカゴ学派」と呼ばれることになり、シカゴ大学経済学部の伝統である自由主義思想を確立することになる。同じく『隷属への道』で反社会主義を説いたフリードリッヒ・フォン・ハイエクもシカゴ大学にあって徹底した自由主義論者であった。フリードマンは彼らの下で学び、その影響を受けて、ジョージ・スティグラーらとともにシカゴ学派の第二世代と称されることになる。

(2)　マネタリズムと市場原理の徹底

フリードマンは「国家からの自由」を志向して、新自由主義、ネオリベラリズムを自らの学説としてマネタリズムを発展させ、ケインズ学派に対抗した。福祉国家志向型のケインズ主義的な公共政策では、資本家や大企業の優越的な力による市場支配を政府が規制し、不況に対しては財政投資と公共事業によって雇用を創出することでその悪影響を緩和し、累進課税の強化と社会福祉の充実によって富の再配分を行う。これに対してフリードマンは貨幣の供給量によって経済のコントロールを行い、政府の公的事業にかかる部分も、規制を排除し市場原理を徹底することを求めた。そして、福祉のバラまきは勤労意欲を失わせ、経済の活力を削ぐと主張した。

(3)　選択の自由

フリードマンは公的医療保険の構築に反対し、公衆衛生についても、食品や医薬品に対する安全規制が技術革新を遅らせ、社会に弊害をもたらすとして反対する。最低賃金制度が雇用を阻害していると主張したり、さらには「公民権法からの自由」についてまで言及している。フリードマンは、個人の「選択の自由」に対する国家による一切の束縛を排除せよ、という極端な自由主義の思想を持っている。圧政に対する抵抗の思想として生まれた「国家からの自由」とは、国家も制度も民族も一切力を持つことなく、自由な市場によって人間社会が結ばれることが最も幸福であるという主張である。

(4)　市場原理主義の拡散

一九七九年一〇月、連邦準備制度理事会議長のポール・ボルガーは、インフレと不況の併存というスタグフレーションに対する懸念の高まりに対して、フリードマンのマネタリスト的なアプローチを採用する。貨幣供給量を減らし、利子率の急上昇を許し、失業率を高めてでもインフレを抑制しようとした。この試みにより、インフレ率は劇的に低下した。このことから、多くのマネタリスト、すなわち市場原理主義を信奉するエコノミストが政権中枢に進出することになった。ＩＭＦやＷＴＯ、世界銀行といった国際機関や各国の省庁においても、シカゴ学派の洗礼を受けたエコノミストの進出が著しく、グローバリズムと市場原理主義を広めていった。

(5)　規 制 緩 和

一九八一年に政権についたアメリカ共和党のロナルド・レーガンは、フリードマンの新自由主義を自らの政策のなかに採り入れる。その結果、レーガン政権の下で様々な規制緩和が矢継ぎ早に実現される。安全性や安定が重要とされる分野である交通、医療、福祉、金融などで規制がはずされ、参入と退出を自由化した。また、成功者を罰する税制であるとして累進課税制度を廃止し、高額所得者の税率を引き下げていった。貿易の自由化により経済グローバル化が進んだ。これらの規制緩和政策によって、終身雇用が廃棄され、一方で富裕層は益々富裕になった。多くの勤労者大衆は小売業やサービス業で、低賃金かつ不安定な雇用に吸収されていった。(1)

2　小泉構造改革と日本版レーガノミクス

二〇〇三年一月の施政方針演説で小泉元首相は、デフレ克服のためと称して「歳入改革」、「歳出改革」、「規制改革」、「金融改革」という四つの構造改革の必要性を訴えた。

(1)　大 増 税

第一の歳入改革とは、要するに財政再建のために増税をするということである。発泡酒の税率、タバコの税率を引上げ、配偶者特別控除の廃止、老年者控除の廃止、公的年金等控除を縮小している。さらに定率減税の廃止など空前の大増税が、それも子どもを持つ親、パートで働く主婦、老年者など弱者を狙い撃ちした大増税が実現した。皮肉なことに、増税は収入の手取り額を減らすことになり、普通はデフレ対策どころかデフレ要因になる。

(2)　不良債権処理とリストラ

第二の歳出改革も、具体的には公共事業を大幅にカットすることで、地方では建設業者の売り上げが落ちて不況に陥るのでやはりデフレ要因になる。第三の規制改革は、規制を緩和して競争を促進するということであり、酒販免許の自由化により酒類販売に、ディスカウント店やスーパーなどの新規参入が増え競争が激化し、酒の販売価格が下落している。規制緩和もデフレを引き起こす。第四の金融改革は、金融機関の抱える不良債権の処理を加速化することで、大手銀行の不良債権比率は劇的に低下したが、実際には、過剰債務を抱えた企業をつぶしてハゲタカ外資に売り飛ばしただけで、企業の資産は叩き売りされ、従業員はリストラされてしまった。これもデフレ要因である。

(3)　サプライサイドの勝ち組

デフレを促進させる対策を四つも並べて、デフレ対策と強弁したところに小泉改革の本質がある。デフレが起きる経済的な構造は単純で、供給が需要を大きく上まわると物が溢れて価格が下がるということだ。この状態を是正する方法は二つあり、一つは需要を伸ばして供給に追いつかせることで、減税や公共事業により有効需要を創出する伝統的な方法である。小泉内閣はまったく逆の方法をとる。過剰になった供給をカットして需要に合わせようとする。それも一律にカットするのではなく、規制緩和や金融の引き締めで、生産性の低い企業や過剰債務を抱えた企業を専ら叩き潰してきた。供給者が減れば、やがて需給バランスが取れる。しかも生き残っているのは競争力の高い勝ち組企業だけなので、再び日本経済は強い国際競争力を取り戻すというのが基本的な考え方である。

(4)　非正規雇用の増大

問題は潰された企業で働いていた人々の行く末である。倒産失業の場合しばらくは失業保険で食いつなげるが、いずれ保険は切れる。ところが中高年者の場合、再就職先はほとんどない。それでも家族を守る必要から、多くの人々は派遣でも嘱託でもパートでもいいから仕事に就くという選択をした。契約、派遣、嘱託、パートなどの非正社員として働いている人々の比率は劇的に増加した。二〇〇四年七月の厚生労働省の調査（平成一五年就業形態の多様化に関する総合実態調査結果）によれば、非正社員の比率は九九年の二七・五％から〇三年には三四・六％と七ポイントも増加した。また、非正社員の月給では、月収一〇万円未満の人々が三七・二％に達している。一〇万から二〇万円未満の人々は四〇・八％である。平均値は公表されていないが年収にして一二〇万から一三〇万とみられる。年代の比率でいえば四〇代が二四・三％で最も多く、次いで二〇代が二三・二％、五〇代が二〇・四％となっている。親子でフリーターをしているケースも十分にありうる。

(5)　貧困層の拡大

二〇〇五年二月、ＯＥＣＤは加盟国の貧困率を調査したリポート（九〇年代後半のＯＥＣＤ諸国における所得分配と貧困）を公表した。この場合の貧困率とは、各国の国民を所得の高い順に並べ真ん中に位置する人の金額を中央値として、その半分以下の所得しかない人の割合のことである。計測可能な二四カ国の中で、貧困率一位はメキシコ（二〇・三％）、二位アメリカ（一七・一％）、三位トルコ、四位アイルランドと続き、日本は五位（一五・三％）にランクされた。一〇年前の調査では八・〇％であったので、この間に貧困層が二倍に拡大した。一九八〇年代から九〇年代にかけて、アメリカとイギリスが行ったサッチャーリズム、レーガノミックスを二〇年遅れて日本で行ったのが「小泉政策」である。しかも、かつてイギリスやアメリカが経験した市場原理のマイナスの部分に手当をせず、高い水準の冷酷非情さで構造改革を進めた。さらに、日本の上流階級を形成するのは、金を右から左に転がして巨万の富を得ただけの人々で、欧米の富裕層のように、慈善事業や社会福祉事業に還元もせず、文化や芸術、スポーツへの投資も金儲けの手段としか考えない教養も品性もない人達である。(2)

（1） 内橋克人『悪夢のサイクル～ネオリベラリズム循環』文芸春秋（二〇〇六年）七八頁

（2） 森永卓郎「小泉改革～年収一二〇万円時代がやってくる」サピオ二〇〇五年一一月二二日号八頁

二　規制緩和と自由な労働市場

この一〇年以上にわたって、労働分野では一貫して首相直属の行革組織の下で規制緩和がすすめられてきた。特に、省庁再編と合わせて経済財政諮問会議が誕生した二〇〇二年以降、ほぼ同時期に発足した総合規制改革会議や日本経団連と緊密に連携しながら、強力に規制緩和路線を推進してきた。まさに経営者の論理で政策が決定されてきた。こうした政策決定プロセスは、特に労働問題で深刻な事態を引き起こした。悲鳴をあげる層からの声がプロセスに乗らず、労働者側の声が遮断される。そればかりか、選挙で選ばれた政治家も政策の主部隊から追いやられてしまっている。

1　自由な労働市場の形成

二〇〇六年一二月、首相の諮問機関である経済財政政策諮問会議は、労働市場改革専門調査会を設置した。この調査会は、民間議員を会長に据え、労働市場改革を通じて日本の新成長戦略を打ち出していくとしている。民間議員の考え方は、労働法制の規制緩和をベースにした労働ビッグバンである。流動的な労働市場を作り出すことで、非正規労働者の正社員への登用機会を増やし、格差を是正する。また、民間による職業訓練を促すことで、急速に進むＩＴ・ハイテクの知価社会に日本の労働力が対応できるようにするというものである。一方、自民、公明、民主の各党もそれぞれ雇用問題を扱う党内機関や協議会を設置して、積極的に提言を始めている。こちらは従来の雇用システムをベースに漸進的に労働市場改革を進める考え方が基本になっている。同年一二月、自民党は「雇用・生活調査会」を設置し、労働の規制緩和に異を唱えだした。(3)

(1)　日経連「新時代の日本的経営」

一九九四年、日経連は雇用状況や今後の見通しについて大がかりな企業アンケートを実施した。当時、どの企業も雇用過剰感でいっぱいであり、働く人達の意識も変化していた。従来のように大半が終身雇用で維持するのは難しく、この部分はかなり変わるという声も出ていた。すでに先進的な企業ではそういう働き方をしていた。この方向で提言しないと時代の変化に対応できないという意識があった。このアンケートで「今後、終身雇用は維持できるか」を聞いたところ、「維持できる」が三〇・四%、「一部変更を必要とする」は五〇・八%であった。今後の雇用形態のあり方としては「長期雇用者と流動的雇用者の組合せ」が八八・三%、「全従業員を流動化させる」が七・四%であった。こうした結果をふまえ、一九九五年五月に発表した「新時代の日本的経営」では、①長期蓄積能力活用型、②高度専門能力活用型、③雇用柔軟型の三グループからなる「雇用ポートフォリォ」の考え方を打ち出した。このうち②は専門的能力を活用するグループで、③はパート労働者などだ。

この報告書を出す以前からすでに、流れはあったが、非正規雇用がはっきりと増えていったのは、九七年の金融危機以降だ。企業収益が減り、人件費の圧力も大きくなって、企業が危機感を持ったことがその背景にある。この雇用ポートフォリォの考え方は、弾力的な働き方を根底においており、身分の固定化を意図したものではなかった。しかし、実際には職務的にほぼ同じ仕事をしているのにも関わらず、格差が改善されない状態が続いている。景気が改善された段階では、格差をある程度、埋めることを考える必要がある。過度にスリム化してパート、派遣を採用しすぎても後継者や技術の伝承の面で中心になって働く人たちがうまく育たない問題がある。(4)

(2)　労働時間規制の適用除外

ホワイトカラー・イグゼンプションすなわち、労働時間規制の適用除外が実現すると、今まで八時間かけていた仕事を四時間でこなして、残り四時間を勉強にあてようとか、ボランティアをやろうとか、介護育児にまわすこともできる。自主的に時間を管理して自分の裁量で働く。これは労働者にとって大変なプラスである。労働時間を自己管理しつつ自分で能力開発をしていけないような人達は、それなりの処遇でしかない。格差社会といっても、格差は当然に出て来る。これは能力には差があるのだから仕方のないことだ。下流社会にしても、格差社会にしてもそれらは言葉の遊びだ。そう言って甘やかすのは如何なものであろうか。経営者は、過労死するまで働けなどとは言っていない。過労死を含めて、これは労働者の自己管理の問題だ。自主的に判断して、まとめて働いたら、まとめて休むというように労働者個人レベルで決めていく社会に変わるべきだ。労働基準監督も不要で、個別企業の労使が契約で決めていけばよいことだ。残業が多すぎて不当だと思えば労働者が訴えればよいのであって、民法で済むことだという考え方がある。(5)

しかし、労働時間規制の適用除外対象者は、管理職一歩手前の人達で、来年は課長に昇進と目の前にニンジンをぶら下げられている人達なら、むしろ遅くまで働いてでも成果を出そうとする。職場は今もグループで仕事をしており、あなたは自由だから、期日までに仕上げさえすれば、出社も保育園へ子どもを迎えに行くのも何でも自由などというのはありえない。(6)

(3)　労働条件決定の個別化

労働契約法では、労働条件の変更の制度が明文化される。これまで、労働条件の変更に関するルールは、判例法つまり裁判の積み重ねに依拠してきたが、裁判所によって合理性の判断が変わるような不安定な法になっていた。大事なルールなのに、その判断基準がはっきりしていなかった。こうした点を含めて労働契約のルールを明確にしようとするものである。労働組合の加入率が低下し、労働者個人が使用者との間でトラブルに直面することも多くなっている。個人が自分で自分の労働条件を決めていく時代に、労働契約法は非常に重要になる。[7]

(4)　労働市場近代化論の再生

経済財政諮問会議の民間議員が労働ビッグバンで目指す世界とは、終身雇用や年功賃金を廃棄し、転職の盛んな職業別労働市場が形成され、賃金の職業別世間相場が成立した世界であり、技能は雇い主ではなく訓練業者がつくる世界で、市場で売買されるのは技能と金銭的インセンティブに喚起された努力だけで、企業に対する従業員の忠誠心や、帰属感、好意を抜きにした世界ということになる。このような考え方は、日本の労使関係における温情主義が未成熟な産業経済における通常の特質であり、それが資本主義の合理性と背反するものである以上、義理人情を知らない、市場指向の流動的な西欧型の本来のシステムに道を譲らざるを得ないとしていた一九六〇年代の「労働市場近代化論」の再生である。ちなみに八〇年代に入ると近代化論が後退して「日本的経営論」が主流となっていた。民間議員のねらいは諮問会議に労働市場改革専門調査会を設置して、解雇権濫用法理を放逐する労働契約法やホワイトカラー・イグゼンプションの実現などを妨げている労働政策審議会から労働法制の主導権を奪い取ることにあった。[8]

(5)　集団的分配メカニズムの崩壊

賃金水準について、従来は春闘という重要な制度があった。正社員の組合の団体交渉の如何によって、パートや中小企業の賃金が大いに影響された。春闘が終わった後のベースアップの平均は、世間相場として日本の津々浦々の常識となった。組合のない中小企業の経営者もこれに配慮しないわけにはいかなかった。中小と大企業の「賃金の二重構造」は、景気変動による微々たる縮小拡大はあっても、相対的レベルはこうして大体安定していた。春闘という制度は、実質的に経済全体の生産性向上の恩恵を広く国民の間に配分するメカニズムとなった。

今や、春闘も、産別交渉も衰え、企業別組合の団体交渉における労働側の力の喪失はもはや取り戻せないだろう。国家レベルで経営者の春闘無用論に対して抵抗する政治的なセンスも力も組合になかった。企業レベルで、賃金の団体交渉から個人別交渉への移行を意味する成果主義導入という経営者の戦略に対しても、むしろ歓迎する組合が多かった。

しかし、団体交渉の他に、労働法制も重要である。複線型の働き方、労働市場の効率性・柔軟性、個人の自由、不当規制廃止、企業の国際競争力向上などの大義名分によって、労働側の交渉力を支えてきた法制が部分的に崩れてきた。正社員を希望退職に追いやり、賃金の安い派遣社員に代替させることが経営者にとって朝飯前となれば、正社員組合の交渉力はどうしても落ちてしまう(9)。

(6) 団体交渉の制限

二〇〇六年一二月末にまとめられた政府の規制改革・民間開放推進会議の最終答申は、次期通常国会での労働時間法制見直し、労働契約法案提出に加え、派遣の事前面接解禁、雇用申込義務の見直しを検討することを求めていたが、答申の原案では、これらに加えて、従来の日本の労使関係を一変させる提案が盛り込まれていた。労働組合の団体交渉権を、組織率が一定割合以上の組合に限定することの検討だ。現状では、例え一人しか組合員がいなくても、使用者は等しく団体交渉義務を負う。最高裁もこれを認めている。結局、厚生労働省から憲法違反の恐れがあると強いクレームがついたことで、閣議決定となる具体的施策からは外された。

これは、前身の総合規制改革会議の頃から雇用・労働ワーキンググループに加わり、また経済財政諮問会議の労働市場改革専門調査会にも就任していた専門委員の持論である。この委員によれば、現状こそ異常で、組合員の獲得に努力しなくても団体交渉権を入手できる現行のシステムは、結局のところ労働組合の弱体化を導く。団体交渉権や協約締結権の要件として、組織率を当初は一〇%と定め、順次三〇%まで引き上げていくことが望ましい。これは使用者の過重負担を軽減するためにも必要で、一〇%でも高いというなら、もはや甘えとしか言いようがないとしている(10)。

経済財政諮問会議の議員も、少数派組合と交渉しても何も決まらず、時間の無駄で非効率であるとして、これに賛成している。一方で、正社員組合に入れない非正社員の均等待遇は誰が守るのか。法の保護があっても団交権がないとすべては絵に描いた餅になってしまうと批判も強い。

一方で二〇〇六年一一月三〇日の経済財政諮問会議の会合に臨時議員として出席した柳沢伯夫元厚生労働大臣は、民間議員からの労使自治原理の訴えに対し、労使自治といっても、労使が対等の交渉ができるかというと、実際の力関係からいってできない。これをまったく平等でフリーなマーケットでやれるなら民法でやればよいと述べた上で、最低限の労働保護規定を設けることは労働法制の基本なので、そこはしっかり考えてもらいたいと苦言を呈している。

2　潮目の変化

経済財政諮問会議の民間議員が会長を務める企業で二〇〇六年に、偽装請負の横行が発覚したが、当の民間議員は諮問会議で、請負法制に無理がありすぎるとして現行法の見直しを要請していた。そこには経営者の立場と民間議員の立場を混同する著しいモラル低下がみられ、諮問会議における政策決定の歪みは明らかである。

労働規制緩和に対する慎重論はすでに二〇〇六年から自民党内でわき上がっており、同年一二月には、パートや派遣などの非正規雇用の待遇改善などの労働政策を「党主導で行う」雇用生活調査会が発足し、会長に川崎二郎元厚生労働大臣が就任している。事務局長の後藤田正純は「労働の流動性とか規制緩和が大事だという主張が未だにあるが、ある意味で潮目が変わったと思っている」と述べている。初会合では、「規制緩和が企業よりになりすぎると労働条件の低下を招く」、「派遣社員の身分が固定化すると、働き手の格差が拡大する」などの意見が噴出した。また、後藤田は経済財政諮問会議が主導する政策決定のあり方について、同諮問会議の民間議員は、すでに民の声とはいえず、経営者の論理にすり代わっていると批判している。労働の規制緩和によって拡大した非正規雇用は、正社員との格差問題を生み、働いても収入が上がらないワーキングプアの問題も深刻化している。こうした喫緊の問題に対し、自民党が党主導で取り組むという姿勢は注目に値する。自民党の調査会が経営者の論理と対抗するというは構図は奇妙な「ねじれ」である。もともと党内には、諮問会議主導の政策決定プロセスのあり方への不満がくすぶっていたところに、調査会という「受け皿」が用意されたことで、行き過ぎた規制緩和への批判という形で不満が一気に噴出し、これが「ねじれ」を生んだ[11]。

3 派遣法のポジティブリスト方式

労働者派遣法は、一九八五年に制定されてから二〇年以上経ち、現状は派遣法制定当初の立法趣旨と乖離している。現状では、派遣が劣悪な働き方を生む需給システムと批判されても反論できない。派遣対象業務を原則自由とし劣悪な雇用を生むネガティブリスト方式を改め、立法化当初の専門職種に限定するポジティブリスト方式へ回帰させるべきだ。常用雇用型派遣は期間制限を撤廃し、偽装請負対策として、機械設備を保有しないものは請負とは認めず、派遣に切り替えるべきである。「労働ビッグバン」で派遣のより一層の自由化を認める論考は、労働市場の実態に無知な提言だ[12]。

戦後、占領軍GHQの民主化政策により、一九四七年制定の職業安定法は、労働組合以外の労働者供給事業を禁止した。だが、昭和三〇～四〇年代になると大型ビルのメンテナンス・清掃の需要が増え、「業務請負」と称する労働者供給事業がでてきた。また、商社などでは午後五時以降に働く夜間テレックス・オペレーターとして、正社員の穴を埋める派遣社員が導入された。昭和四〇年代の初めからその実態を調べ、そこで働く人たちの権利をいかに保護するかを考える問題提起がなされてきた。

一九七八年一〇月、中央職業安定審議会に労働力需給システム研究会が設置され、労働者派遣事業の法制化に向けた検討が行われた。当時は労使とも、終身雇用、長期雇用システムは崩すべきでないという意見だった。このため派遣と長期雇用の労働市場を棲み分け、競合を防ぐために、派遣労働は業務限定とすることにした。これが専門的知識経験を必要とする業務だけ派遣を認める「ポジティブリスト」方式である。労働者派遣法は一九八五年に成立、翌八六年の施行時には一六業務でスタートした。専門的知識を前提とする業務限定だから、派遣社員も交渉力を持ち賃金も高い、良好な派遣供給が形成されると期待された。派遣と正社員は競合せず、常用雇用を代替しない仕組みだった。

この派遣法には、三年ごとに見直す条件があり、一九九六年には対象業務は二六業務にまで拡大したが、ポジティブリストは崩さなかった。しかし、九五年に日経連が非正規社員の活用をうたう「新時代の『日本的経営』」を発表したのを機に、除外業務以外を原則自由とする「ネガティブリスト」化の議論が浮上した。その後、派遣業の規制を定めたＩＬＯ一八一号条約の批准のため、一九九九年の法改正でネガティブリスト化が実現する。ここで、派遣という臨時雇用が、常用雇用を代替する仕組みになってしまった。ネガティブリスト化された派遣事業では社会的批判が強まる。派遣法の原点に戻るべきであり、劣悪な労働を作るのが労働政策であってはならない。良好な雇用機会を作ることが重要だ。経済財政諮問会議が検討する「労働ビッグバン」は何でも自由にさせれば、経済はよくなるという発想だが、労働者はモノではない。一日ごとの軽作業請負・派遣は「人間の使い捨て」経営の典型的悪例であり戦前の手配師による人入れ稼業と変わらない。企業は儲かるかもしれないが、経済総体としては健全な労働力が供給されなくなり、このままでは日本の産業はつぶれる。原点に帰って、ネガティブリストをやめ、ポジティブリストに戻すべきだ。偽装請負も、機械設備を持たない構内下請けは請負と認めるべきではない。一九五二年の職業安定法施行規則改正まではそういう規則であった。「請負の規制を緩和せよ」という日本経団連の提言は、人入れ稼業の労働者供給事業を認めろということで、派遣法を逃れて請負と称しているのだから困ったものだ。(13)

(3) エコノミスト二〇〇七年一月三〇日号二二頁「本当の労働ビッグバン」
(4) 小柳勝次郎インタビュー「身分の固定化は社会、企業にとって問題だ」エコノミスト二〇〇七年一月三〇日号三二頁
(5) 奥谷礼子「何でもお上頼りが間違い～過労死は自己管理の問題です」東洋経済二〇〇七年一月一三日～四四頁
(6) 長谷川祐子「長時間労働の悪化を懸念・本当に休みは取れるのか」東洋経済二〇〇七年一月一三日号四五頁
(7) 荒木尚志「不合理な管理監督者扱い野放し状態に一線を引く」東洋経済二〇〇七年一月一三日号四五頁
(8) ロナルド・ドーア「労働ビッグバンで日本企業が失うもの」エコノミスト二〇〇七年一月三〇日号三八頁
(9) ドーア・前掲注(8)
(10) 小嶌典明「団体交渉に制限を」東洋経済二〇〇七年一月一三日号五一頁
(11) エコノミスト二〇〇七年一月三〇日号二四頁「経営者の論理に異議を唱える自民労働政策のねじれ現象」
(12) 高梨昌「派遣法制定当初の趣旨と完全に乖離してしまった」東洋経済二〇〇七年一月一三日号四九頁
(13) 高梨昌「歪められた規制緩和」エコノミスト二〇〇七年一月三〇日号三二頁

三　教育政策の変容

近代公教育は、国民国家の成立と軌を一にしているが、それは学校を中核とする公教育の制度が、国民国家の存立基盤となっており、その国家的要請に常に応える形で公教育が展開されてきたことからも明らかである。この間の市場原理主義的な労働市場の再編は、国家の教育政策においても早い段階から織り込まれてきた。

1　労働力政策と軌を一にした教育改革

市場原理主義を体現するための公教育の変容は、すでに一九八〇年代から始まっており、市場原理主義に対応した人材養成、新自由主義的な人間形成が、労働市場規制の再編に先行して行われてきた。ここでは、その経過を見て行くことにする。

(1)「ゆとり教育」と規制緩和

明治以降、日本における教育の改革は、大きな社会変革と軌を一にして行われてきた。一つ目の大きな改革は明治維新であり、日本が欧米型の近代国家へと変貌する過程の中で行われた。明治五年に学制が発布され、ヨーロッパの学校制度が導入され、公教育が確立された。欧米列強の帝国主義的な圧力を緩和するための富国強兵策を実現するための土台であった。二つ目は、第二次世界大戦の敗戦にともない、占領軍によって実施された一連の戦後改革の中で、日本にアメリカ型の学校制度が導入された。これにより民主主義の社会を実現し、その後に始まる高度経済成長を支える広範な人的資源の開発がすすめられた。三つ目の教育改革は、グローバリズムの進展に伴う大きな社会変動に対応してすすめられてきた。情報通信技術の発達に伴い人間の活動領域は地球的規模に拡大されている。経済のみならず環境、食料、人口などいずれの問題も全地球規模での対応が求められている。このような社会の変化に対応して、教育のあり方も大きく変わることが求められている。

一九八四年、当時の中曽根内閣のもとで臨時教育審議会が設置され、三年に及ぶ審議の末、一九八七年に答申が出された。この答申の中で、偏差値による進路決定や学校の格付けを排し、学歴社会を正して行こうとする方向性が示された。また、「生涯学習社会」への転換も併せて訴えている。臨時教育審議会が、一九八七年八月に行った答申の中で提示された生涯学習社会とは、国民のすべてが、生涯にわたって学習する権利を保障された社会である。学校五日制、学校のスリム化などの「ゆとり教育」の本質は、子どもに「生きる力」が身につくようにするために、学校、家庭、地域がそれぞれもっている教育力を合わせて、全体として、子どもの学習を支援していくことにあるとしている。家庭、地域の教育力を高める中で、相対的に、大きくなりすぎた学校とのバランスを回復させ、子どもの「生きる力」を健全に育むことをねらいとしている。ここでのポイントは多様性にあり、学校教育が基本的に画一性をもっていることに対し、家庭や地域における教育は選択的であり、多様性を持つことが大きな特徴である。学校をスリム化して家庭と地域の教育力を高めることは、画一的な教育をスリム化して、選択的で多様な教育を拡大して行くことであるとしている。

中学校では、業者テストをやめ、偏差値による「進路指導」をやめた。高校では、男子も家庭科を履修するようになり、総合学科の設置をはじめとして、多様で自由な学習ができるようになった。そして、小学校では、生活科の授業が始まった。「ゆとり教育」のなかで、高校教育も大きく変わることになった。高校は原則的に何をやってもいい。原則自由の例外として数学I、国語Iは必修だが、学習指導要領に掲げてある科目、及びそれと同等の内容を持った科目ならば、何をやってもよいということになった(14)。

このような「ゆとり教育」の推進とは、グローバリズムの進展を受けて、規制を取り払い、新自由主義的な公教育の環境的整備を進めることであり、労働における規制緩和に対応した人材養成のプラットホームを形成することであった。

(2)　「生きる力」と自己責任

今日、様々な社会システムの変革が迫られているなかで、教育のあり方そのものも抜本的な見直しが求められている。一九八七年、臨時教育審議会の示した改革の指針に沿って教育界では様々な改革の取り組みが行われてきている。これまでの職業高校という呼称は、一九九五年四月から「専門高校」と変更された。普通科指向の強い背景には、偏差値による高校の序列化があり、単純に普通科は上、職業科は下と整理されてきたことがある。高校の選択が偏差値によるものから、本来の興味や関心、適性に応じたものに変われば、自分の意志で職業科を選ぶものも相当いるはずであると考えられた。

一九九二年一〇月、埼玉県教育長は県内中学校に対して、業者テストによる生徒の偏差値を高校に提示しないよう指示した。また、当時の文部大臣もこれを支持し、一九九三年二月に中学校での業者テストの廃止を全国に通知した。今の子ども、それ以上に保護者や、進路指導にあたる教師たちは、偏差値の「余り」を出したくないと考えている。手持ちの偏差値を目一杯に使い切る。使い残しがあると損をしたような気持ちになる。しかし、使い勝手のよい偏差値秀才では、もはや国際的な競争に打ち勝って行けない。創造的な人材は日本の学校にはいないので、企業としては、外国に行ってスカウトして来なければならない状況も出てきた。企業はここにきて急に、もっと個性的で、創造的な人材を養成するよう求めてきた。偏差値秀才はもう要らない。これは企業の論理として当然のことで、学校の外ではすでに風向きは変わっていた。

一九九六年七月、第一五期中央教育審議会が第一次答申を出したが、このなかで「生きる力」という言葉が使われた。教育は生きる力を身につけるためにあり、そのために学習をするということであり、「生きる力」とは、生活をする力という意味である。戦後、先ず経済復興と成長に必要となる、有能な工業技術者の大量養成が教育の課題であった。次ぎに、経済社会を円滑に運営するための有能な事務技術者、すなわちホワイトカラーを大量に育てることが、戦後教育の目標となった。しかし、これからはバランスの取れた「生きる力」を持った生活者を育てることが重要になってきたとしている(15)。

ここでの「生きる力」とは、単に生活を維持する能力という意味ではない。グローバル化した社会のなかで、市場原理主義が貫徹される労働市場において、常にリスクテイクしながら、自己の責任の下で自律的に生きて行ける力のことである。「ゆとり教育」とか「生きる力」という言葉には、新自由主義が求める教育観、人間観が込められている。

(3)　公教育への市場原理の導入

二〇〇六年一二月、内閣府の規制改革・民間開放推進会議は第三次答申を出し、教育への市場原理、競争原理の導入をはかることの検討を求めた。その中核となるのが学校選択制であり、児童生徒数により教育予算を配分する教育バウチャー制度である。規制改革・民間開放推進会議の「教育・研究ワーキンググループ」に所属している専門委員は、市場機能の発揮こそが公教育の質を向上させるとして、以下のような主張をしている。

「サービスの供給者である学校や教師が、相互に創意工夫するようなインセンティブの仕組みを作ることが教育改革の最重要課題だ。教育の場でもよいサービスには高い評価がなされ、その提供者がエンカレッジされ、さらによいサービスが供給されるという市場機能がもっと発揮されるべきだ。納税者の負担によって、雇われているのだから、いかに効果的に楽しく教えることができたかで評価され、場合によっては現場から退場を迫られる。そうした明確な評価と序列付けなくして、子どもの満足度と学力を高めることはできない。国は公教育として必要な一定の達成水準を定めて、それで学校を管理する。ナショナルミニマムさえ確保すれば、学校ごとに個性があってもよい。学校選択性にすれば各学校はしのぎを削り、特色ある教育を実践しようと教師も一生懸命に努力する。予算も教育バウチャー制度にして、学級編成や先生の数なども自由に学校で決めればよい。イギリスやオランダは、そうした制度を導入して、子どもたちの満足度を高め、教育の底上げを実現した。そもそも教員免許などは無用であり、むしろ有害である。能力のありそうな人間を積極的に任用し、教師にしてから厳しく評価すればよい。入り口は広く、出口は厳しくだ。そうしたメリハリがなければ教師はよくならない」としている[16]。

2　公教育の市場主義的再編の帰結

このような公教育それ自体を市場主義的に再編しようとする動きに対しては、強い批判が存在する。それは、公教育に内在する固有の論理に市場メカニズムが馴染まないことと、それを強行した場合に、必然的に社会の格差化が進み、国家システムそのものを弱体化することになるという危惧である。

(1)　教育における格差化の進行

学校教育では、ある学校に選択が集中すると、その学校に行けない生徒がでる。選択時点での実質的価値（機能的価値）がどうであれ、選択集中校の社会的価値は高まり、他の学校の社会的価値は低下する。しかも、その社会的価値は実質的価値を左右する。なぜなら、どちらの価値も、入って来る生徒とその保護者によって左右されるからだ。つまり、誰かがより価値の高い教育を受ければ、誰かが相対的に低い価値のサービスを受けざるを得ない。そうした、格差化のメカニズムを内包している点で、選択制の学校市場は一般の商品市場と大きく異なる。

小学校、中学校などの義務教育は、基礎を学ぶもので、高校・大学への進学の機会を左右する。早い段階から差別化することは好ましくない。義務教育は自由権的な権利ではなく、誰もが一定の基礎教育を受ける権利があるという「社会権的な権利」であると見るべきだ。

エリート形成という観点から考えても、早期選抜は人材の浪費をもたらす。早い段階でエリート候補として選ばれた子どもたちが、期待通り成長する可能性はもちろんある。だが、残りの膨大な子どもたちのなかにも、将来エリートとして伸びる可能性を持つ子どもが多数いるはずである。早期選抜はその可能性を閉ざす。エリートが特定階層からのみ輩出されると、結果としてエリートの質は落ち、社会的な差別感も強まる。

欧米諸国での学校教育は、階級社会をベースに民間で始まり、その後、国民教育制度として発展した。だから、初めから教育格差、学校格差があり、上層階級にとっては私立を含めて学校を選ぶのは当たり前だった。だが、大半の保護者は学校を選ぶことをせず、地元の学校に子どもを通わせていた。それが、イギリスでは、サッチャー改革で学校間の競争がおこり、教育熱心な保護者が選択権を行使するようになった。それが学校間格差の拡大や退学処分の増加をもたらすことになった。

これまで、日本では義務教育は平等で、全国どこの学校でも一定水準を保っていた。それが学校選択性で、義務教育段階からの教育格差、学校格差が新たに作り出される局面に入った。こうした教育格差は、さらに社会的な格差を促進することになる。(17)

格差の拡大で、貧困層の子どもは高い教育が受けられず、将来に希望を持てなくなり、階層が固定化する。また、貧困層の子どもには学習意欲の面での格差が存在する。富裕層と貧困層では家庭環境から異なり、富裕層の家庭には教育に適合的な文化があるが、貧困層の家庭にはそれらがなく学習意欲を汲み出してくることができにくい。こういった社会心理的な歪みは、経済的な歪みに比べて「粘性」が高いといわれている。(18)

(2)　教育格差の帰結

イギリス型階級社会では、貧富の差により生じた教育格差が、エリートと非エリートの層の固定化を確実なものにした。イギリスでは階級が異なれば教育レベルや人生観も異なる。特定の階級に共通するライフスタイルのみを取り上げてイギリスを評価することは困難である。我が国ではこれまで、階級という意識をもって生きる必要はほとんどなかった。格差や差別がなかったわけではないが、国民の九割までもが中流意識をもっている社会であった。ところが二〇世紀末のあたりから、親の学歴や年収と偏差値は比例するなどと言われ、貧富の差は教育環境の格差に反映されて、その結果、世代を超えて固定化されてきていることが知られるようになってきた。

イギリスでは中産階級と労働者階級は併存しており、労働者階級とは特殊な技能熟練を必要としない（ノンマニュアル）仕事に従事する人達のことをいう。中産階級はいわば金持ちの平民で教育や資産の点ではるかに恵まれているものの世襲の特権を持たない人達のことで、日本の「中流」とは大分ニュアンスが異なる。イギリスでは、中産階級の家庭に生れた子どもは親が多少の無理をしてでも小学校から私立に通わせ、エリート教育を受けさせるが、労働者の子弟は、義務教育を終えれば親と同様、労働者になればよいという伝統的な考え方がある。今も、公立学校出身者の約半数は義務教育を終えただけで労働者となり、一方、オックスフォードなどの名門大学の合格者の過半数は小学校から私立で教育を受けている。階級格差は貧富差だけでなく、教育環境の格差を通して世代を超えて固定化されたものなのである。

イギリスの階級社会の歴史は長く、階級によって異なるライフスタイルがあり、労働者階級の子弟は労働者として一生を終えることを宿命として受け止め、きわめて刹那的な人生観を持つようになることが多いという。立身出世とか、マイホームとか、ましてや国家天下を憂うということは少なく、酒と博打が大きな関心事となり、むしろ、そうした生き方を誇りにさえする。フェアーな競争を経ることなく「生れ・育ち」といった要素でエリートと非エリートを分け隔ててしまうような社会になると、非エリートと位置づけられた人達のモラルが毀損される。余り知られていないサッチャーの業績の一つに、階級社会の伝統に果敢に闘いを挑んだことがある。証券取引所の会員権が開放され、金融ビッグバンを通じて労働者階級出身の若者たちにも金融ビジネスに参入する機会をもたらした。機会の平等が失われた社会は、活力を失い衰退する。(19)

(14)　寺脇研『動き始めた教育改革』主婦の友社（平成九年一月一日）
(15)　寺脇・前掲注(14)六三頁
(16)　福井秀夫「市場機能の発揮こそ教育の質を向上させる」東洋経済二〇〇七年一月二七日号八五頁
(17)　藤田英典「選択性による教育格差が社会格差を促進させる」東洋経済二〇〇七年一月二七日号八四頁
(18)　宮崎哲弥「格差論議・景気回復で解決できるのか」サピオ二〇〇七年二月一四日号一三頁
(19)　林信吾「教育格差・生まれたときからエリート・非エリートに分類される社会の絶望と諦念」サピオ二〇〇五年一一月二二

四　進む両極分解と貧困化

労働市場の規制緩和が進行するなかで、労働関係の原生的な形態が露わになってきた。一部の富裕層に益々富が集中して行き、一方で、庶民の多くは窮乏の度合いを深めて行く。このような貧困化のなかで、働く人たちのなかにハードワークが蔓延する。また、貧窮した人々をターゲットにした貧困ビジネスが隆盛する。格差と貧困は人々の意欲を蝕み、ギャンブルに浸り、転落の途をたどるものも少なくない。二極分解と貧困化はスパイラルとなって益々進行する。

財務省「法人企業統計」によると、大企業（資本金一〇億円以上の非金融業約五六〇〇社）は二〇〇一年から二〇〇五年の五年間に、平均して配当を一七四％増やした。そして、ほぼ同じ額の自社株買いで株主に大サービスをしてきた。取締役はストックオプションを除いても、給与と賞与を合わせた額は一人当たり九七％上がった。一方、同じ期間に従業員一人当たりの給料と福利厚生費の合計は六％減っている。正社員賃金の停滞及び正社員減らし、代わりに派遣・請負・契約の非正規労働者を増やしたという両面での人件費削減である。正に「企業の好業績が賃金に反映されていない」世の中になった。

1　貧困化の進行

法人企業のうちで一番規模の小さい企業（資本金一〇〇〇万円以下）で働いている従業員（法人企業雇用者の一六％）の一人当たりの給料は二〇〇一年から二〇〇五年までの間に一〇％も減っている。戦後、右肩上がりだった給与が最高額に達した一九九三年からは、実質で二〇％の減少である。こうした中で、ＯＥＣＤの貧民率番付で日本は着々と順位をあげている。一九九〇年代中頃には七位だったのが、二〇〇一年集計では四位、二〇〇六年集計ではアメリカに次いで二番目となった[20]。

生活保護水準以下となる所定内給与が年間二〇〇万円に満たない勤労者の数は、二〇〇五年で五四六万人（厚生労働省・賃金構造基本統計調査）にものぼる。これは調査対象労働者の二五％に相当する。この中で男性の増加傾向が鮮明になっている。二〇〇一年から二〇〇五年の間に女性が二三万人増えたのに対して男性は三四万人弱も増えている。この層の人たちのなかで四五～五九歳の中高年男性についてみると、二〇〇一年の三〇万人から二〇〇五年には四〇万人にまで増加している。中高年層の場合、消費支出を抑制することが難しい。所得の低下に合わせて支出を抑えようとしても中高年層の家計の場合、他の年齢層に比べて切り詰められない支出がたくさん残る。子どもの教育費や住宅ローンの返済など何かと生活費のかかるこの年代の人がリストラなどでこの層に陥ると、その経済的、精神的なダメージは計り知れない[21]。

2　ハードワークの受容

労働の世界ではハードワークが蔓延している。低時給で酷使されることを受け入れていく人の心理には、いくつかのパターンがあるという。一つはいわゆる「一国一城の主」という概念に麻痺させられてしまうパターンで、一般にファーストフード店の店長などがこれに該当する。自分の店をもっているという満足感によって、本部から酷使されているという事態を感知し難くなってしまう。起業精神と労働を結びつけた巧妙なカラクリである。もう一つは、「自己肯定」を受け入れて過酷な労働をしてしまうパターンで、介護士などが該当する。人を助ける（癒す）仕事だというのが「言い訳」になっている。「他人に必要とされている感覚」に麻痺させられている。中途半端に専門性があることも仇になっている。続けていればひとかどのプロフェッショナルになれるという幻想を抱きやすいことから、その仕事の未来のなさが、専門性によって隠蔽されてしまう。三つ目は、「仕事による自己実現」から受け入れてしまうパターンである。趣味を仕事にするというような働き方が低賃金での酷使へとつながる。バイク便ライダー、探偵、演劇制作の人などもこれに該当する。団塊ジュニアの世代はこのパターンに陥りやすい。額に汗してコツコツ働いてお金をためることをバカにして、「やりがい」という得体の知れない幸せを求めてしまう。現実を直視する醒めた目を失ったとき、人は低時給のスパイラルに飲み込まれていくことになる。(22)

3　貧困ビジネスの勃興

急造する新貧困層を新たな市場と考える「貧困ビジネス」が登場してきている。自立支援や社会貢献といった大義名分の下に、金のないはずの貧困層をターゲットにして高い収益をあげている。老朽化したアパートを一軒丸ごと買い取るなどして、そこにホームレスを住まわせ、自治体に生活保護を申請する手続を代行し、各人からその生活保護費の大部分を徴収する「宿泊所ビジネス」がある。せいぜい五～六万円程度の家賃の部屋に二～三人を同居させ、一人当たり約一四万円の生活保護費のなかから一〇万円弱を徴収するのだから、業者側はぼろ儲けである。マスコミで報じられ、ホームレスをだしに生活保護費（税金）を搾取する福祉のたかりではないかと批判を浴びた。この種の宿泊所の最大手であるＮＰＯ法人は二〇〇〇年度に三億七〇〇〇万円であった家賃収入が二〇〇三年には三五億三〇〇〇万円と三年間で一〇倍にまで急成長した。

このような中高年向けのホームレス宿泊所に代わって新たな貧困ビジネスが台頭してきた。フリーターや地方からでてきた求職者などを対象とした「レストボックス」（宿泊所）である。住空間の提供とともに仕事の斡旋もするサービスで、この事業の先駆けである株式会社は直営レストボックスを二二カ所運営し、年商は七億円を上げている。一泊一八八〇円のレストボックスは、事務所でプリペイドカードの購入によって支払を済ませ、雑居ビル内の一室に所定番号を入力して入る。なかには三〇㎡ほどの部屋に二段ベッドが六組（一二人分）並んでおり、一室の居住面積は一人当たり二・五㎡となる。室内には三分一〇〇円のコインシャワー、トイレ、冷蔵庫、洗濯機、電子レンジなど、一通りの設備が整っている。天井からはテレビ二台と防犯カメラが釣り下がっている。

ここで斡旋される仕事は日払いのアルバイト労働で、建設内装関連（材料移動、場内清掃、作業補助）とイヴェント関連（資材搬入、場外整理、設営補助）の二種類で、各所に現場があり、宿泊者はそこへ出向く。労働形態は派遣ではなく請負ということである。給料は八時間働いて日給七七〇〇円で、ここから「安全協力費」「福利厚生費（休憩所利用権等）」の名目で五〇〇円が差し引かれる。さらに仕事場までの交通費は一〇〇〇円まで自己負担なので実質日給六二〇〇円となる。ここから寮費を支払うと手元には四五〇〇円ほどしか残らない。ここから食費を支出しなければならない。仕事は日替わりや週替わりの雑役ばかりでは、手に職がつくこともないし、就職活動への本格的サポートがあるわけでもない。このビジネスは、昔からある飯場の仕事にすぎず、それをヨコ文字で呼び変えてチェーン展開しているにすぎない。住居と仕事を提供するのは、全国にある飯場（建築現場などの労働者のための宿舎）が伝統的に行ってきたことである。レストボックスの形態は労働基準法の定める「事業附属寄宿舎」の範疇に入り、所定の要件（一室の居住面積一人あたり二・五㎡以上）をぎりぎりでクリアしているが、通常の飯場の仕事でも、食事、寮つきで五〇〇〇～六〇〇〇円もらえるので、食費なしで手元に残る四五〇〇円程度では余り条件はよいとはいえない。

このような貧困ビジネスの興隆は、格差拡大による新貧困層の急増という社会状況によるものであることは論を待たない。貧困層が特殊の人々から社会の一角を占める階層として定着したとすると、その層を対象としたマーケティングが成立する。この状況をビジネスチャンスととらえれば、この階層が増えるほど収益をあげるビジネスが成立することになる。(23)

4　下流喰いの構図

格差と貧困は人々の意欲を著しく蝕む。ギャンブルに浸り、転落の途をたどるものも少なくない。もちろん、ギャンブルに嵌まってしまう人たちは何も低所得者層ばかりではない。しかし、ギャンブル資金欲しさに消費者金融から金を借りるのは、だいたいが低所得者層なのである。そこにははっきりとした「下流喰い」の構図が見てとれる。この「下流」を食い物にするはのは、パチンコ業界と消費者金融業界、そして、この両業界にキャッチボールされることで多重債務に陥った人達を、それこそハゲタカよろしくついばむ闇金業者という構図である。そもそも、積極的にギャンブル資金を貸そうという発想自体がヤミの発想である。この種の資金の提供を目的とした融資は、公序良俗に反することは間違いない。場外馬券売り場の周辺には大手の消費者金融業者が先を争うような形で自動契約機を設置しているのが実情だ。そうした利用者が多重債務に陥る可能性はきわめて高い。ギャンブルに嵌まった人間がその資金欲しさに借金を次々と重ねていくという、お決まりの転落のプロセスをたどることになる。(24)

(20)　ドーア・前掲注(8)三六頁
(21)　門倉貴史「働いても生活保護以下・激増する働き盛りワーキングプアの蟻地獄」サピオ二〇〇七年二月一四日号一〇頁
(22)　阿部真大「我々はなぜ超低時給という事態を受け入れてしまうのか」スパ二〇〇七年一月三〇日号四三頁
(23)　野村旗守「急増するニュープア相手に仕事斡旋で脚光を浴びる自立支援宿泊施設に泊まってみた」サピオ二〇〇七年二月一四日号二二頁
(24)　須田慎一郎「消費者金融とギャンブル業者が債務者を身ぐるみかっ剝ぐ下流喰い最前線」サピオ二〇〇七年二月一四日号一九頁

五　対抗軸形成の可能性

貧困層を量産する新自由主義に、どのような対抗軸を示すことができるのか。ここでは諸外国の実践例に沿って、市場原理主義とその必然的な帰結である窮乏化に対する施策に関する理念型形成の可能性を探求する。

1　社会的排除に対する施策

アメリカの貧困層は三七〇〇万人に及び、なかでも全米人口の七割を占める白人の貧困層の数は一七〇〇万人に達し、実に貧困者の四五％は白人が占めている（二〇〇四年の米国勢調査）。それにも関わらず白人貧困層は、外からは見えにくい存在になっている。時にホワイト・トラッシュという侮蔑の言葉を浴びせられることもあるが、米国内においてすらメディアで論じられる機会は少ない。黒人やヒスパニックがマイノリティーグループとして米国内に存在することは誰もが日常的に認知する現実であり、貧困問題もその存在を通して意識することになる。しかし、人種も言語も同じ白人貧困層の存在は、意識して見ようとしないかぎり、分断された社会では容易に視界から消えてしまう。

それでも、白人貧困層の問題はアメリカ社会に厳然と横たわっており、低学力↓学校中退↓低収入のスパイラルは白人貧困層にも共通して存在する。そして黒人貧困層には様々な施策が講じられたのに対して、白人の貧困問題は顧みられてはこなかった。白人貧困層を増加させる契機となったのは、一九八〇年代の「レーガノミックス」にあった。新自由主義と競争市場経済の大義名分の下に、社会福祉、とりわけ所得保障プログラムの領域が大幅に削られ、結果的に貧困層が拡大した。経済のグローバル化にともなって米国の製造業が空洞化し、多くの白人が職を失って中産階級から転落したことも、白人貧困層の増加に拍車をかけた。

白人貧困層の問題はヨーロッパでも起きているが、ヨーロッパには現実態として「社会的排除（socila exclusion）を受けている人間は皆救済されるべきだ」という考え方が広く浸透している。これは新自由主義への対抗軸としての可能性を持つ哲学である。このような共通認識のないアメリカでは、「自らの権利を放棄している人間を救う必要があるのか」という考え方が強い。このことが白人貧困層の救済を難しくしている。

日本の場合、マイノリティーの問題に対して広く人権問題として扱うという建前がとられ、「社会的排除」をめぐる議論・施策はむしろ後退する傾向にある。アファーマティブ・アクションなどの実績を積み上げてきたアメリカと比べ、日本では経済的に恵まれない家庭に焦点を当てた教育プログラムなど、階層間移動支援が本格的に施策化されたことがない。実際に、若年無業者の三分の一弱は高校中退者（中学卒）であり、その家庭の多くは貧しいという現実がある。(25)

2　中南米における異議申し立て

中南米は二〇〇六年、選挙の年で、二〇〇五年末から数えて一二の国で大統領選挙が行われた。注目すべきなのは、その内の三分の二で左派ないし中道左派政権が誕生したことだ。アメリカ主導の市場改革に批判的な勢力が力を伸ばし、反米や、アメリカと距離をおく政権が相次いだ。一九九九年のベネズエラのチャベス政権に続き、二〇〇〇年にはチリのラゴス政権、二〇〇三年にはブラジルでルラ政権が誕生した。二〇〇五年にはウルグァイでバスケス政権が誕生、ボリビアでも史上初の原住民出身ラモレス候補が稀に見る高得票で当選している。ペルーでも穏健ながら中道左派政権となり、アメリカの軍事援助で内戦を闘うコロンビアのガビリア政権を除くと、左派から中道左派が南米のほぼすべての国を席巻したことになる。

(1)　新自由主義への反動と資源価格の高騰

中南米でこのような政権の左傾化が進んだ理由は、何よりも新自由主義への反動である。一九八〇年代の経済破綻から回復するため、中南米諸国はアメリカ政府やＩＭＦの勧告に従い、経済の自由化、民営化などの徹底した市場改革を実施した。しかし、その成果は年率三％台という失望的なもので、近年は資源輸出が好調なことから四％

台に回復しているが、貧困人口は四〇％と横這い、失業率は一〇％と高止まっている。中南米は五億五〇〇〇万の人口の四〇％が一日二ドル以下で生活する貧困層で、世界的にみても、最も大きな貧富の差を抱える構造的特質をもっている。このような構造が成長を抑制し、その一方で一九九〇年代に実施されたアメリカ主導の市場改革は、その成果が一部の富裕層に偏り、格差が一層拡大した。その結果が政策批判を強め、左派への政権交替を促した。

また、近年の資源価格の高騰がある。資源価格の急騰は、価格低迷期の契約のもとで、多額の利益を上げる外国資本に対する批判を強めた。新自由主義の下で資源が収奪されているとの不満が吹き出し、資源を国家の手に取り戻し、収益を国民に再配分する資源ナショナリズムが一部で発生していた。特に、豊富な石油収入を手にしたベネズエラのチャベス政権は巧みな反米外交で周辺国に影響力を拡大した。さらに、中国が中南米の主要な貿易相手国となっていることも左派政権を支えるファクターとなっている。二〇〇四年の中国主席の中南米訪問を機に活発な資源外交が始まり、貿易、投資などで戦略的同盟国としての重要度を増しており、それが外交の多角化を促している。

(2)　中道左派政権の取組み

こうして誕生した中南米の左派政権であるが、中身は様々な対立軸を孕んでいる。ただ総じていえることは、貧困や失業などの社会問題を改善するため、行き過ぎた市場主義を見直し、国家の役割を戦略的に強化し、独自の観点からグローバル化と向き合おうとするものだということである。その方向性は概ね二つに分類される。一つは冷戦時代の社会民主主義政党の流れを組む新しい左派である。その代表格はチリで、四期続く中道左派政権は市場原理を活かしつつ、経済の持続的拡大をなし遂げ、社会投資により貧困人口を半分に減らした。国内貯蓄を高め、輸出振興を行い、競争力のある産業を確立した。ブラジル、ペルーの政権もこれに続こうとしている。グローバル化の中で外国資本と技術をテコに開発アプローチをとる今日の左派の主流である。国益重視のプラグマティズムを特徴とし、対米関係も是々非々で臨む傾向がある。

(3) 急進的左派政権の拡張

他方、反米ブロックの構築をめざすベネズエラのチャベス政権は、キューバとの関係を二〇〇〇年以降強化し、日量九万バーレルの石油提供の見返りに、キューバ人医師ら医療関係者三万人を受け入れ貧困地区に配置してきた。二〇〇六年四月、キューバの首都ハバナで、ベネズエラ、ボリビアそしてキューバの三カ国首脳が会議を開き協定に調印した。ベネズエラによる天然ガス開発・工業化の協力、キューバからの医師・教師の派遣、ボリビアの大豆輸出など三カ国の協力関係は、市場経済に代わる混合経済、競争ではなく連帯と協力にもとづく人民貿易協定による統合をかかげている。チャベス政権は反米の盟主として、石油収入をテコにボリビア以外にも周辺諸国に影響力を行使し、反米左派連合の拡大を図ろうとしている。カリブ海諸国への安価な石油供給、エクアドルやアルゼンチンの国債買い取り、ブラジルとの石油精製所建設、アメリカのメディア支配からの脱却(CNNに対抗するテレスル衛星放送の設立)、天然ガス南米縦断パイプラインの敷設構想などを通じて、アメリカへの対抗姿勢を強めている。これらの急進的左派政権は欧米外資との決別も辞さず、中国との戦略的連携によってこれに代替しようとしている。(26)

3 市場メカニズムへのアクセス

イスラム圏では、貧困から抜け出すための市場メカニズムへのアクセスを可能にする取組みが始まっている。貧困者も買える手頃で上質な製品あるいはサービスを開発することができるなら、それは貧困層世帯を顧客とすることができる。支払のプランなど新しい販売方法を創り出す必要があるが、ポイントは貧困層に売り出すことで、貧困から抜けだす市場メカニズムへのアクセスを提供することだ。貧困層を顧客として取り込むためには、企業はコスト構造を劇的に変化させ良質で安価なモノを作り出さねばならないが、それは世界的な市場を創り出すイノベーションとなる。ノーベル平和賞を受賞したバングラディシュのグラミン銀行は、貧者は借金を返済できないという常識を覆して、「マイクロクレジット」と呼ばれる貧困層を対象にした低金利の無担保融資を事業展開した。年利三〇〇％などの地元の高利貸しから借りるしかなかった貧しい人々に新しい生活を提供するものとなった。慈善事業や企業の社会的責任ではなく、あくまでビジネスであることが大事であるとしている。(27)

4　市場に対する市民社会的制御

市場に対する市民社会的制御は、北欧フィンランドの社会ではすでに根付いている。これらの国々の基礎自治体は「フリー・コミューン」とも呼ばれ、日本の市町村と同じ規模ながら、広範囲の自治権と、独自の財源や国からの補助金の自由裁量権をもっている。必要とする公共サービスの供給を実現する目的で、居住地域に関わりなく、公共サービスに格差を許さないという国民的なコンセンサスが形成されている。このコンセンサスの実現のためにＩＴの普及をすすめた。先進的な遠隔医療サービスを実現し、都市の大病院との連携のもと、地元スタッフによる迅速なケアが行われる仕組みが整備されている。このようなシステムを作るために、ＩＴが発達した。ＩＴ技術を国民の誰であろうと貧富の差に関係なく等しく利用できその恩恵に浴さなければならないという国民的合意がある。

市場にすべてを任せ、貧困者がサービスを得られなくても止むなしとするアメリカと比べ、フィンランドでは格段に共生的なサービスの普及が早いといえる。たんに、企業が利潤を求めて研究をすすめても技術の開発や普及が進むわけではない。企業が社会的な視座を欠いた場合、開発した技術もその普及が遅々として進まないことになる。技術の進歩、普及という観点からはアメリカのような市場主義的なやり方よりもフィンランド方式の方がずっとスピーディである。

学校教育でも、フィンランドでは、小学校から大学まで無料で、義務教育期間は、給食や教科書も支給される。教育方法も受験圧力のもとで、塾に通い、点数を競いあうのではなく、少人数での議論を通して学んで行くやり方が、どの高校でも中学でもとられている。教師の待遇も高い水準に保たれ、よい人材を集めている。競争原理を導入することはないが、ＯＥＣＤの学習到達度調査ではトップクラスの高い水準を維持している。[28]最近、日本で導入された教員免許更新制は、教職の魅力を著しく低下させ、優秀な若者は教師を目指さなくなる。一部に問題を抱えた社員がいるからといって、社員全員に資格審査や技能検定を行い、社員としての身分を定期的にチェックする企業などない。[29]

（25）藤田晃之「新自由主義席巻の裏で最大貧困層ホワイト・トラッシュが置き去りにされている」サピオ二〇〇七年二月一四日号二八頁
（26）遅野井茂雄「四〇％の貧困層を抱える中南米が手にした左派政権の二大潮流」サピオ二〇〇七年二月一四日号三二頁
（27）Ｃ・Ｋ・プラハラード「一日二ドル以下で生活する世界五〇億人の貧困層にこそ革命的ビジネスチャンスがある」サピオ二〇〇七年二月一四日号三四頁
（28）内橋・前掲注（1）二〇〇頁
（29）藤田（英）・前掲注（17）

結

労働規制緩和が目指すものは何なのか。金融の規制緩和の時は、世界標準という目標があった。しかし、労働の場合は、アメリカを除くＯＥＣＤ加盟国の大勢はワーク・ライフ・バランス（仕事と私生活の両立）を重視している。アメリカという特殊な国にだけ合わせるのであれば、それは世界の常識からかけ離れている。景気の改善がいわれても、地方においてはその実感がない。背景には雇用の問題、賃金格差の問題が広がっている。

今や三人に一人が非正規雇用であり、その賃金は正規の約六割、ボーナスなし、退職金なしで、生涯所得では相当な格差がついてしまった。少子化対策という側面からも、この問題を考えなければならない。経済力の乏しい非正規雇用の人達の婚姻率が低いのは周知の事実だ。労働規制緩和の先にある国家とはどのようなものなのか。努力するものが報われる社会は当然だが、黙々と汗を流したら誰もが一定の成果を得られる社会にすべきだ。優秀な人達だけの社会を目指しても実りは少ない(30)。

労働市場の市場原理主義的な再編に先行する形で、公教育における政策面での新自由主義的な「改革」がすでに一九八〇年代から進行しており、その最終段階では公教育システムそれ自体が市場原理主義的に再編されようとしている。ビッグバンにもたとえられる労働市場の規制緩和の動きは、これを支える人間形成、労働力養成において公教育の先行的な再編が不可欠であった。そして、それは公教育の劣化の過程でもあった。

(30)　川崎二郎「労働ビッグバンが掲げる国家観がまったく見えない」東洋経済二〇〇七年一月一三日号五一頁

23 労基法四条改正と同一価値労働同一賃金原則
――職務評価制度の導入をめぐる問題――

林　弘子

一　ＩＬＯ一〇〇号条約と労基法四条

１　ＩＬＯ条約勧告適用専門家委員会意見

日本は、一九五一年に採択されたＩＬＯ一〇〇号条約を一九六七年に批准している。批准国はＩＬＯ憲章二二条に従って、条約を実施するためにとった措置を二年ごとに定期的に政府報告書として提出することを義務づけられている。報告書は一一月から一二月にかけて開催されるＩＬＯ条約勧告適用専門家委員会（以下、専門家委員会。政府報告審査のために設置（一九二六年）された二〇名の国際的な専門家で構成されるＩＬＯの独立機関。ＩＬＯ条約の最終的な解釈権限は、国際司法裁判所にあるが、現実には使われておらず、専門家委員会の解釈が有権的解釈とされている。）で検討される。

専門家委員会は、一九八四年度以降何度も、日本政府に対する意見（observation）を公表してきた。ＩＬＯには、専門家委員会の意見の実施を加盟国に迫るために、三者構成の監視機構である総会・基準適用委員会制度がある。一九九三年と九四年に連続して日本政府は、一〇〇号条約違反で総会・基準適用委員会で取り上げられた。しかし、専門家委員会のこれらの意見は、一九九四年総会討議に至るまで報道されることもなく、日本ではほとんど注目されなかった(1)。

日本政府は、労基法四条が「使用者は、労働者が女性であることを理由として、賃金について、男性と差別的取扱いをしてはならない。」と罰則（労基一一九条一号）付きで、性による賃金差別を禁止していることを理由に、ＩＬＯ一〇〇号条約の要請を満たしているとして、法改正の必要はないという主張を一〇〇号条約批准以来四〇年以上まったく変えていない。

二〇〇五年には、専門家委員会は「条約の適用を確保するためには、男女の同一価値労働同一賃金の原則を立法に移すことを考慮し、この点に関するいかなる展開も次回報告すること」を求めた（二〇〇五年専門家委員会意見）。これに対して二〇〇七年の日本政府年次報告は、「労基法四条は、『使用者は、労働者が女性であることを理由として賃金について差別的取扱いをしてはならない。』と規定している。この条文は、単に『女性であることを理由とする』のみならず、女性の平均勤続年数が男性よりも短いこと、女性の多くは主たる家計の維持者ではないこと、といったような、女性の置かれた平均的な状況や先入観に基づいて差別的取扱をすることも禁止しているものと解釈されている。第四条は、このような幅広い概念を含むものであるので、現行条文のままで一〇〇号条約の要請を満たしているものである。」とこれまでと同じ説明を繰り返している。また、職務評価については、わが国では、職能資格に応じて賃金が決まる職能給が中心となっているので「女性が賃金面で差別を受けないようにするためには、職務評価という手法よりは、人事評価を含めた賃金決定に影響を与える雇用管理の各局面や、能力開発の手段でもある配置や業務の与え方において差別を排除することが有効である。」とこれまで通り導入に否定的な見解を示している。

二〇〇七年六月の第九六回ＩＬＯ総会における基準適用委員会でＩＬＯ一〇〇号条約が日本の個別審査の対象になり、男女に対する同一価値労働同一報酬を法律の面でも実施の面でもより積極的に促進し、現行法と諸施策の実施と監視を強め、またその間接差別と同一価値労働同一賃金原則への影響を評価すること、賃金制度並びにコース別人事制度を含む雇用管理制度が女性の賃金に対して及ぼす影響について、賃金差別の解消に向けて努力する目的でさらなる検討を進めること、インセンティブや指導の提供、この分野における実施面での改善、努力の強化などを通じて、男女間の賃金格差を撤廃することにつながる環境を整備すること、これらのすべてについて政労使三者でさらに協議することが求められた(2)。

これを受けて専門家委員会は、二〇〇八年の日本に対する意見(3)の冒頭で、二〇〇七年六月の総会・基準適用委員会で行われた審議の結果としての結論に留意すると述べ、委員会は、総会・基準適用委員会が同一価値労働同一賃金原則を法律上も事実上も、より積極的に促進するように日本政府に強く要請したことに、特に留意すると次のように述べている。

「客観的な職務評価手法を促進するための努力を強化するように政府に求めた総会委員会の要請を想起しつつ、日本政府がこの点に関していかなる情報も提供していないことに留意する。連合は、同一価値労働同一賃金原則を実施するための手段として、客観的な職務評価手法の活用を提案したいとしている。本委員会は、日本政府に対し、ＩＬＯ一〇〇号条約に則って客観的な職務評価を促進するために取られた措置について、次回報告で示すように強く要請する（傍線筆者）。」

専門家委員会は、再度「労基法四条では、使用者は、労働者が女性であることを理由として、賃金について男性と差別的取扱いをしてはならないと、規定しているが、本委員会は、同法が同一価値労働同一賃金の基本に触れていないことから、同条約の原則を十分に反映していないことを想起する。日本政府は、報告の中で、第四条は本条約の要件を十分に充たしているとする見解を繰り返し、内容の異なる仕事を行う男女間の賃金格差は、労働基準法第四条に違反するとした判例を想起している。」と述べている。

ＩＬＯ一〇〇号条約は、基本的原則を謳うことを目的としたいわゆる宣言的な条約であり、具体的な目標を定めず、長い目で見てその国の状況に合わせた一般的な政策がとられることを規定している。職務評価が有効と思われる場合には、職務の客観的な評価に基づいて価値を決定すべきであり、その際には労働者の性別ではなく、遂行する職務を基礎にすべきであるとしている。ＩＬＯ一〇〇号条約と同時に「同一価値の労働についての男女労働者に対する同一報酬に関する勧告第九〇号（一九五一年）」が採択され、同一価値労働同一賃金原則に従って報酬率を決定することを容易にするために、労働者の性別にかかわらない職務分類を行うため、職務分析又はその他の手続によって、仕上げるべき仕事の客観的評価の方法を確立し又はその確立を奨励すべきである。」と規定している。

ＩＬＯ一〇〇号条約を批准した当時、日本政府は、職務の客観的評価を促進する措置について国内法に規定はないが、職務の客観的な評価は法律的に強制的にやれと言う趣旨ではないと国会で答弁している（外務委員会議録第一六号昭和四二年六月三〇日五頁）。当時、国会も、労働省も、労基法制定当時と同じく「同一労働」と「同一価値労働」は明確に区別しておらず、正確な両者の違いは認識されていなかった[4]。

専門家委員会は、二〇〇八年の意見で、同一価値労働同一賃金原則の実現のために性中立的、客観的な職務評価システムの導入の必要性について述べ、法改正を行うように求めている。

「本委員会は、男女同一価値労働同一賃金原則は、男女が行う職務または労働を、技能、負担、責任あるいは作業条件といった客観的要素に基づいて比較することを必ず伴う点を強調したい。その比較が不可能な場合、どのように原則が適用されているのか判断するのは難しい。本条約は、職務内容を同一報酬の確立に向けた出発点としているが、客観的かつ非差別的に適用されている限りにおいて経験、能力、成果といった要素が報酬決定の際に考慮されることを妨げることにはならない。したがって、本委員会は、日本政府に対して、男女同一価値労働同一賃金原則を規定するために法改正の措置を取るように求める。

専門家委員会は、政府に対して、本条約の原則に影響を与えるような労働基準法四条の下での賃金差別に関する、あらゆる新たな判例について詳細な情報を提供するよう求める。賃金差別に対処するという目的で、雇用管理制度と賃金制度が女性の所得に与える影響をさらに調査するように求めた総会委員会の政府への要請を想起しつつ、本委員会は政府に対して、これに関して政府が取った措置と調査から得られた結果について示すように求める（傍線筆者）。」

2　労基法四条違反と同一価値労働同一賃金原則

日本政府は、二〇〇五年に全国の労働基準監督機関において、一二二、七三四件の定期監督等を実施し、そのうち労働基準法四条違反として指導を行った件数は一〇件である。また、同年において同条違反容疑で送致した件数は一件であると述べ、「労働基準監督官は、事業場に対し必要な書類の提出を求め、又は使用者や労働者に対し尋問を行うことにより、事業場における賃金の取扱いについて詳細に調査した結果、当該事業場における男女間の賃金格差が、労働者が女性であることを理由とするものか、職務、能率、技能等の差によるものであるかどうか等を確認し、同条違反である場合には、必要な指導を実施しているところである（傍線筆者）。」と報告していた（二〇〇七年日本政府報告）。

これに対して専門家委員会は、職場での男女間賃金格差について、「労働者が女性であるという事実によるのか、あるいは、職位、能力、技術の差違等の事実（on the fact that workers are women or the differences in posts, ability, technique. etc.）によるものか」を監督官が確認するとした政府の指摘に留意する。本委員会は、職務の異なる男女が同一価値労働同一賃金を行っている場合、監督官が用いている具体的な手法についての情報を提供するとともに、労働基準監督官に対して同一価値労働同一賃金原則に関する特定の訓練が提供されているかどうかを示すことを」（二〇〇八年専門家委員会意見）日本政府に求めている。日本の労働基準監督官は、定期監督や労基法違反の申請に基づいて、女性であることを理由とする賃金差別について行政指導や検察への送検を行うが、しかし、職務が全く異なる男女間の賃金差別について同一価値労働同一賃金原則違反を労働基準監督官が指導・是正勧告する法的な根拠はない。

また、専門家委員会は、「改正パート労働法では、一定のパートタイム労働者はフルタイムと同等とみなされるものとし、それは、すなわち、とりわけ賃金、教育訓練、福利厚生施設、及びその他の条件に関して差別がないことを意味することに留意する。」と述べ、改正パート労働法に関心を示し、次回報告で適用状況、パート労働法が男女間の賃金格差にどの程度寄与したのかを報告するように求めている。

労働基準監督に関する日本政府の報告は、改正パート労働法（「短時間労働者の雇用管理の改善等に関する法律」）八条の「通常の労働者と同視すべき短時間労働者の差別的取扱いの禁止」規定について、パート労働者を通常の労働者と比較するメルクマールの一つになる「職務」の内容が実質的に同一であるかどうかの判断基準に極めて類似している。判断基準によれば、職務の内容は「業務の内容」と「責任の程度」に分けられ、「業務の内容」が実質的に同一であるかどうか、「責任」の程度が著しく異なっているか否かが判断される。単に「同一」又は「異なっていない」だけではなく「実質的に同一」および「著しく異なっていない」を基準としている。次に、「業務の種類」が同一であると判断された場合には、比較対象となる通常の労働者及び短時間労働者の職務を業務分担表、職務記述書等により個々の業務に分割し、その中から「中核的業務」と言えるものをそれぞれ抽出し、抽出した業務が異なっている場合には、当該業務に必要とされる知識や技能の水準も含めて比較して「実質的に同一」と言えるかどうか判断する。最後に、責任程度が著しく異なっていないかどうかチェックする。いずれの判断も役職名等外見的なものだけで判断せず、実態を見て比較することが必要としている（傍線筆者。「事業主が講ずべき短時間労働者の雇用管理の改善等に関する措置等についての指針」平成一九年厚生労働省告示第三二六号参照）[5]。この職務内容の判断基準には、職務評価と類似する点がかなりあり、専門家委員会は、労働基準監督官が労基法四条の同一価値労働同一賃金原則違反を判断する際の基準は女性であることを理由とするものなのか、それともこれらのファクターによるものなのか日本政府に報告を求めている。厚労省は、パート労働法八条を日本版「同一労働・同一賃金」の実現と称しており[6]、専門家委員会は同一価値労働同一賃金原則について質問し、日本政府は、同一労働同一賃金原則について報告しており、両者の間には食い違いがある。

後述するカナダのオンタリオ州では、同一労働同一賃金は、雇用基準法（the Employment Standards Act）で規定し、同一価値労働同一賃金は、ペイ・エクィティ法（the Pay Equity Act）で規定している。したがって、同一労働と同一価値労働では、管轄行政機関も異なる。雇用基準法の管轄行政機関は、雇用基準局（Employment Standards Branch）であり、違反の申告に対しては公務サービス法に基づいて任命された雇用基準監督官（Employment Standards Officer）が調査する。しかし、ペイ・エクイティ法に基づく同一価値労働同一賃金関連の事件に対しては、雇用基準監督官の権限は及ばない。ペイ・エクイティ法の下では、審査官（Review Officer）が具体的な紛争解決を図り、命令を出す権限を与えられている。命令に従わない場合や命令に不服がある場合には、ペイ・エクイティ聴聞審判所（Pay Equity Hearing Tribunal）が個人の権利救済のための具体的な救済命令を出すことができる最終決定機関となっている。

3　女性差別撤廃委員会の最終見解と労基法四条

労基法四条は、アメリカの同一賃金法（一九六三年）、イギリスの同一賃金法（一九七〇年）、カナダのオンタリオ州の雇用基準法（一九六九年）およびペイ・エクイティ法（一九八七年）のように同一労働、類似労働、同一価値労働の定義を明確に規定しておらず、具体的に何を基準にして男女労働者の労働が「同一」あるいは「実質的に同一」または「同一価値」かを判断するのかについて、何の基準も規定していない。

ＩＬＯの専門家委員会の意見を読む限り、日本政府に対して同一価値労働同一賃金原則の立法化のみを求めているようであり、そう理解している研究者も少なくない。しかし、二〇〇九年の女性差別撤廃委員会の最終見解は、労基法四条には、同一労働同一賃金原則も同一価値労働同一賃金原則も欠如していると両者をはっきり区別して、指摘している。一九八五年に日本が批准した女子差別撤廃条約の一一条一項は、「締約国は、男女の平等を基礎として同一の権利、特に次の権利を確保することを目的として、雇用の分野における女性に対する差別を撤廃するためのすべての適当な措置をとる」と規定し、同項(d)で「同一価値労働についての同一報酬（手当を含む。）及び同一待遇についての権利並びに労働の質の評価に関する取扱いの平等についての権利」の保障について規定している。女性差別撤廃条約における報酬という文言は、ＩＬＯ一〇〇号条約一条で定義されるものと同一であるという合意の下で現行の規定を採択している(7)。

女性差別撤廃条約締約国は、条約一八条に基づき条約批准後一年以内に第一次報告書を提出し、以後少なくとも四年毎に定期報告書を提出することを義務づけられている。審査は、二三人の専門家によって構成される女性差別撤廃委員会によって審査される。第六次日本政府報告を審査した女性差別撤廃委員会（第四四会期二〇〇九年七月二〇日―八月七日）は最終見解において、「特に、委員会は女性差別撤廃条約やＩＬＯ一〇〇号条約による同一労働同一賃金または同一価値労働同一賃金原則が労基法に欠如していることを懸念している（傍線筆者）。」（CEDAW/C/JPN/

CO/6・Para. 45, "In particular, the Committee is concerned about the absence in the Labour Standards Law of a provision recognizing the principle of equal pay for equal work and of equal value in accordance with the Convention and the ILO Convention No. 100."）と述べており、労基法には、同一価値労働同一賃金原則のみならず同一労働同一賃金原則も欠如していることを指摘し、懸念を表明している。

（1）戸塚悦朗『ＩＬＯとジェンダー—性差別のない社会へ』（日本評論社、二〇〇六年）二三二頁。
（2）大久保暁子「第九六回ＩＬＯ総会の審議を見て—本会議・委員会の概要—」世界の労働二〇〇七年八月号二一～二二頁。
（3）CEACR: Individual Observation concerning Convention No. 100, Equal Remuneration, 1951 Japan（ratification: 1967）Published: 2008
（4）居城舜子「『同一価値労働・同一報酬』原則の変遷と到達点」世界の労働二〇〇九年一一月号四八頁以下、林弘子「労基法四条と『男女同一賃金の原則』をめぐる法的問題—同一労働同一賃金と同一価値労働同一賃金原則」安西愈先生古稀記念論文集『経営と労働法務の理論と実務』（中央経済社、二〇〇九年）三八二頁。
（5）高﨑真一『コンメンタール・パートタイム労働法』（労働調査会、二〇〇八年）一九七～二〇一頁。
（6）高﨑・前掲書一〇七頁。
（7）米田眞澄「女子差別撤廃条約における同一価値労働同一賃金原則に関する一考察『労働の質の評価に対する取扱の平等についての権利』をめぐって」世界人権問題研究センター研究紀要一号（一九九六年）一六九頁以下。

二　ＩＬＯ一〇〇号条約と職務評価

1　同一価値労働同一賃金原則の促進のための性中立な職務評価

ＩＬＯ一〇〇号条約に関して専門家委員会が同一価値労働同一賃金原則の立法化、職務評価の導入を中心に勧告してきたのに対し、女性差別撤廃委員会が、労基法四条には同一価値労働同一賃金原則のみならず、同一労働同一賃金原則も含まれていないと改めて指摘したことは注目すべきである。ＩＬＯは、同一価値労働同一賃金原則には同一労働同一賃金と同一価値労働同一賃金が含まれるとして、両者を明確に区別している。欧米諸国、特にアメリカ、イギリス、カナダ、ＥＵも同一労働同一賃金と同一価値労働同一賃金原則を明確に区別している。

男性職、女性職の職務分離が世界中どこの国でも見られ、女性職が低く評価されることによる男女間の賃金格差撤廃のために、ＩＬＯは二〇〇八年に『同一価値労働同一賃金原則の促進のための性中立な職務評価―段階的ガイド』(ILO, Promoting Equity: Gender -Neutral Job Evaluation for Equal Pay. A Step-By-Step Guide, 2008)（以下、『ＩＬＯ職務評価ガイド』）を出版した。同書は、男性コンピューター専門家と女性コンピューター専門家、男性看護師と女性看護師のように、男女が同じ仕事をしている場合の直接差別に起因する男女の賃金格差の場合もＩＬＯ一〇〇号条約の適用対象となるが、この差別は一般的に簡単に確認できるので、このガイドの対象としていないと説明しており、ＩＬＯ一〇〇号条約は、同一価値労働同一賃金だけではなく、男女間の直接差別である同一労働同一賃金も対象にしていることを明らかにしている(8)。

2　ＩＬＯ一〇〇号条約と職務評価

ＩＬＯ一〇〇号条約二条一項は、「各加盟国は、報酬率を決定するために行われている方法に適した手段によって、同一価値の労働についての男女労働者に対する同一報酬の原則のすべての労働者への適用を促進し、及び前記の方法と両立する限り確保しなければならない。」と規定している。同条約三条一項は、「１　行なうべき労働を基礎とする職務の客観的な評価を促進する措置がこの条約の規定の実施に役立つ場合には、その措置を取るものとする。２　この評価のために採用する方法は、報酬率の決定について責任を負う機関又は、報酬率が労働協約によって決定される場合には、その当事者が決定することができる。」と規定している。

ＩＬＯ一〇〇号条約と同時に採択された「同一価値の労働についての男女労働者に対する同一報酬に関する勧告

第九〇号（一九五一年）」の五条は、「同一価値労働同一賃金原則に従って報酬率を決定することを容易にするために、労働者の性別にかかわらない職務分類を行うため、職務分析又はその他の手続によって、仕上げるべき仕事の客観的評価の方法を確立し又はその確立を奨励すべきである。前記の方法は、この条約の第二条の規定に従って適用すべきである。」と規定している。

日本の賃金と欧米の賃金のもっとも大きな差は、賃金と職務（job）の関係である。欧米では、個々人の賃金は、基本的に従事する職務に応じて決まる。職務の重要度や困難度に応じて賃金を支給するのである。定期昇給があるので、同じ職務に従事していてもある程度、賃金は上昇する。しかし、大きく上昇するためには、企業にとって価値の高い職務に異動しなければならない。日本では、賃金と職務の関係はかなり弱い。職務が変わっても賃金は変わらないのが普通である。日本では、賃金は職務ではなく、その人に応じて支払う傾向が強いといわれてきた[9]。しかし、年功序列の下で年齢や勤続年数によって賃金が機械的、一律的に決定された時代と異なり、能力給や職能給の制度が浸透し、雇用形態の多様化が進み、賃金決定方法も変わりつつある。「職務および賃率の決定の際の不明確さに基づく差別待遇の存在の余地は、職務の分析に基づく職務の評価、それに応ずる賃率の決定によって、賃金決定の客観的基準が立てられ評価の恣意性が除かれるならば、除くことができるかも知れない」という発言が既に一九五〇年になされていたにもかかわらず[10]、日本では職務評価は浸透しなかった。

日本の男女賃金格差が縮小しない主な原因の一つが、いわゆる性による職務分離である。女性職の賃金と男性職との賃金格差は、職務の違いによるもので直接的な性差別の結果ではない場合が多いので労基法四条が適用できないことになる。女性差別撤廃委員会から、同条約一条の間接差別の禁止の法制化が求められてきたが、二〇〇七年の雇用機会均等法の改正により、同法の七条に間接差別禁止規定が置かれた。しかし、賃金に関する差別は、労基法四条の問題とされ、結局、①福利厚生や家族手当に関する世帯主要件、②処遇決定における正社員の優遇、③福利厚生や家族手当に関するパートタイム労働者の除外等の賃金格差は間接差別禁止の対象とはされなかった[11]。

二〇〇八年のＩＬＯ専門家委員会の意見は、日本が同一価値労働同一賃金原則を実現するためには、次の六点が必要であると述べている。①性中立的、客観的な職務評価システムを導入すること、②法改正を行うこと、③同一価値労働は、男女が行う職務または労働を、技能、負担、責任あるいは作業条件といった客観的要素に基づいて比較することを必ず伴うこと、④職務の比較が不可能な場合、同一価値労働同一賃金原則の適用は困難である、⑤ＩＬＯ一〇〇号条約は、職務内容を同一報酬の確立に向けた出発点としている、⑥客観的かつ非差別的に適用されている限りにおいて、経験、能力、成果といった要素が報酬決定の際に考慮されることは認められる。

3　『ＩＬＯ職務評価ガイド』

既に述べたようにＩＬＯは二〇〇八年に『ＩＬＯ職務評価ガイド』を出版した。本ガイドの主題である同一価値労働同一賃金原則“the principle of equal remuneration for work of equal value”を表わすために、曖昧さを避ける意味もあり、広く使われるようになってきたペイ・エクイティという表現を使うと説明している[12]。『ＩＬＯ職務評価ガイド』は、職務評価方法には、包括的方法（global method）と分析的方法（analytical method）の二種類があると解説している[13]。包括的方法に含まれる序列法（ranking）および分類法（classification）は、職務の中身の詳細な分析をしないで職務の基本的な条件にしたがって職務を比較し、分類する。包括的評価制度の欠点は、圧倒的に女性が多い女性職の評価を下げる主な原因である偏見とステレオタイプの影響を確認し、除去することができないことにある。このために、包括的分析方法は、ペイ・エクイティの目的のためには推薦できないと述べている。

分析的方法は、ある事業・企業におけるすべての職務の必要条件を共通の正確で詳細な評価基準を使いながら体系的に調査し、評価し、比較することを可能にする。得点と要素に基づく分析方法は、通常、得点要素法（pointfactor methods）と称されている。ＩＬＯは、この方法が、ペイ・エクイティの目的には、最適の方法であると述べ、この方法を『ＩＬＯ職務評価ガイド』の基本としている。[14] 得点要素法は、安定しており、信頼できる方法とされている。職務価値を計るファクターと質のレベルの選択とを注意深く選べば、職務評価の方法としては潜在的に最も有効な方法とされている。ただし、得点決定の客観性の問題と開発に費用がかかることが難点である。[15]

ＩＬＯ職務評価ガイドは、評価要素として、次の四要素を挙げている。必要に応じてこの四ファクターをそれぞれサブ・ファクターに分けるのである。

① 資格（Qualifications）

② 負担（Effort）

③ 責任（Responsibility）

④ 作業条件（The conditions under which the work is performed.）

それぞれの職務を評価する際には、①～④のファクターがすべて使われなければならない。職務評価・賃金の専門家によれば、その企業がいかなる経済セクターに属しているかに関わらず、ある組織において履行されているすべての課業（tasks）を評価するのに、これらの四ファクターは欠かせないものであり、これで十分である。後述するように、アメリカの一九六三年同一賃金法制定の際の議会における説明でもこの四ファクターについてまったく同じ評価がなされている。

この四ファクターは、それぞれの企業における異なった種類の職務の詳細な異なった性格を考慮するために、サブ・ファクターを置かなければならない。例えば、資格は、業務関連の知識、手仕事の器用さ、人間関係の技術、負担は、精神的な負担と身体的な負担等である。企業の規模と評価する職務の多様さによるが、多くの方法は一～一六のサブ・ファクターを使っている（表1参照）。いずれにしても、職務評価における方法の厳密さと性中立性と

表1　評価表の参考例

ファクター	比　率	点　数
資格	32%	320
職務知識	12%	120
コミニュケーション	10%	100
身体的技術	10%	100
負担	19%	190
感情的負担	5%	50
精神的負担	8%	80
身体的負担	15%	60
責任	39%	390
対人	12%	120
対物	12%	120
財務	15%	150
作業条件	10%	100
物理的環境	5%	50
心理的環境	5%	50
合計	100%	1000点

Source: ILO, Promoting Equity: Gender -Neutral Job Evaluation for Equal Pay. A Step-By-Step Guide (2008) p. 70.

いう二つの条件は、厳しく守られなければならない。

（8）ILO, Promoting Equity: Gender -Neutral Job Evaluation for Equal Pay. A Step-By-Step Guide (2008) p. 2.
（9）笹島芳雄『アメリカの賃金・評価システム』（日経連出版部、二〇〇一年）一七頁。
（10）労働省婦人少年局「男女同一労働同一賃金について」中央婦人問題会議労働委員会記録（一九五〇年）四八頁。
（11）林弘子「間接差別規制をめぐる日本の課題」世界の労働二〇〇六年三月号五～七頁。
（12）ILO, op. cit., p. 2.
（13）ILO, op. cit., p. 26.
（14）ILO, op. cit., p. 27.
（15）Rita Mae Kelly and Jane Bayes (eds.), *Comparable Worth, Pay Equity, and Public Policy*, Greenwood Press (1988) p. 136.

三　海外の職務評価

1　イギリスの同一賃金法と職務評価

(1)　一九七〇年同一賃金法

日本の現在の状況は、イギリスで一九七〇年に同一賃金法（The Equal Pay Act）が制定された際に「同一労働」か「同一価値労働」かが議論されたときと似ている。同一労働同一賃金原則は、まったく同一の労働と狭義に解釈される恐れがあり、同一価値労働同一賃金原則を明文化すれば、労働の価値の決定方法を規定しなければならない。また、全産業の職務評価は、技術的に極めて困難であるばかりでなく、男性労働者の職務の再評価も含まれる。しかしながら、統一的な同一価値労働同一賃金の評価方法が法律によって明確化されない限り、伝統的に女性が集中している職種や職務は、賃金格差是正政策から除外されるという矛盾に直面したのである。結局、一九七〇年のイギリスの同一賃金法は、同様な労働（like work・一条二項(a)）あるいは同等と評価された労働（work rated as equivalent・同法一条二項(b)、同等の評価は各企業が行う職務評価による）に従事する男女に同一賃金を保障していたが、同一価値労働同一賃金原則（equal pay for equal value work）は抽象的で曖昧であるという理由で同一賃金法の対象としなかった[16]。

イギリスは、一九七一年にＩＬＯ一〇〇号条約を批准したが、同一賃金法を改正して、同一価値労働同一賃金原則を明文化したのは一九八三年である。イギリスが同一賃金法に同一価値労働同一賃金原則を入れたのは、ＩＬＯ一〇〇号条約の批准の直接の結果ではなく、欧州司法裁判所にローマ条約一一九条（現・一四一条）、ＥＣ男女同一賃金指令（75/117/EEO）違反を指摘されたからである。ＥＣ男女同一賃金指令一条は、「条約一一九条（現・一四一条）に定められた男女同一賃金の原則とは、同一労働又は同一価値労働に関し、報酬のあらゆる側面及び条件について性別に基づくあらゆる差別を撤廃することを意味する。特に賃金決定について職務評価制度が用いられている場合、男女同一の基準に基づくあらゆる差別を排除するものでなければならない（傍線筆者）。」と規定している。強制メカニズムがないＩＬＯ条約は、強制力の点では、欧州司法裁判所とは比較にならないのである。[17]

ＥＣ委員会は、イギリスの同一賃金法の同一価値評価が各企業に委ねられていて客観性に欠けること、使用者が職務評価をしない場合には価値評価が出来ないために、同法を改正するようにイギリスに勧告し、更に欧州司法裁判所に提訴した。この判決（EC Commission v. UK Case 61/81. [1982] I.C.R. 578）を受けて、一九八三年にイギリスの同一賃金法が改正され（The Equal Pay（Amendment）Regulations 1983, SI 1983/1794）、同一価値労働同一賃金の原則が同法の一条(2)(c)に規定された。また、企業内の職務評価によって同一価値労働と評価された場合でも、労働者が評価基準そのものが差別的であることを立証できれば、同一賃金請求訴訟を提起できることになった。イギリスでは、労働者は、ある労働者に対する類似労働と別の労働者に対する同一価値労働の請求を同時にすることが認められているが、複数の訴えをすることは、珍しくない。

同一賃金法違反を雇用審判所に申し立てるとＡＣＡＳによる斡旋に付される。あるいは、雇用審判所を通さず、直接ＡＣＡＳに斡旋を申立てることもできる。雇用審判所への同一価値労働（work of equal value）の申立は、類似労働（like work）、あるいは使用者が等しいと評価した労働（equivalent work）のいずれにも該当しない場合に、認められる最後の請求である。

国際的には、ＩＬＯも提唱する四ファクターを核とする要素得点法が職務評価制度として広く使われているが、イギリスでも使用者（多くは使用者と労働組合）による職務評価には要素得点法が多く用いられている。一九八三年の同一賃金法の改正で、同一価値労働同一賃金原則が新たに規定されたが、一九八三年の改正は、明らかに独立専門家（the independent expert）による職務評価を前提にしたものであった。[18] イギリスの同一価値労働同一賃金を争う事例では、独立専門家による職務評価の役割が大きいのが特徴である。独立専門家は、面接、筆記試験、ロールプレイ、様々なディスカッションを経て任命され、ＡＣＡＳ（Advisory, Conciliation, and Arbitration Service）のリストに載せられる。二〇〇八―二〇〇九年ＡＣＡＳ年報によれば、二三名の専門家がリストアップされている。同期間に、審判所サービスは、一三九件に対して、独立専門家を任命したが、このうち一二〇件はＮＨＳ（National Health Services）の事件であった[19]。

雇用審判所は、必要と判断すれば、独立専門家を任命し、評価を命じる権限を有している。イギリスの職務評価について、the Equal Pay（Amendment）Regulations 1983 には、負担（effort）、技術（skill）、決定（decision making）が要素と挙げられているだけで、これらの基準を使うことは義務づけられていなかった。したがって、評価方法は専門家によって異なっている。職務評価のファクターには、精神的負担、身体的負担、技能、知識、経験、訓練、交渉力、情報収集力、責任、意思決定、作業条件等があるが、事例によって用いられるファクターは異なる。審判所は、独立専門家の職務評価を受理するか否かの決定権を有し、別の専門家に依頼することもできる。中立人と被申立人は、同一価値審問において職務評価に対して交差尋問を行うことができる。使用者は、「真に重要な要素（genuine material factor）」の抗弁を主張することができる[20]。

（2）　イギリスの裁判例と職務評価

イギリスの職務評価は、一九四〇年代にアメリカから保険、金融を中心に導入され、次の一〇年で民間企業全般に、七〇年代の初期に公務部門に導入された。イギリスの初期の職務評価では、女性は分離され、賃金は低く設定されていた。一九七〇年に同一賃金法が制定されるまで、女性が男性と同じ労働、あるいは同一価値労働をしていても女性の賃金を低く設定することは普通であった。同一賃金法は、一九七〇年に制定されたが、施行されたのは、五年後である。女性に対する低い賃金率を撤廃することも一九七五年まで施行が延長された一因である。

後掲の表2、表3は、具体的な事件に対する専門家の評価の要約であるが、このように上、中、下のような評価もあれば、もっと複雑な評価方法を用いる専門家もいる[21]。ＩＬＯや後述するカナダ・オンタリオ州のペイ・エクイティ法に基づく職務評価と比べて大雑把な感じがするが、イギリスの同一価値労働同一賃金原則は比較対象者と比較した価値が一〇〇かそれ以上でなければ同一価値とは認めない、つまり、一〇〇かそれ以上なければ比較対象になる労働者を選び直さなければならないことになり、アメリカやカナダのように価値に比例して賃金を決める比例価値原則を認めていないことも原因ではないかと推測される[22]。

後掲の表2は、一九八四年に申立てられたイギリス最初の同一価値労働に関する事件（Hayward v. Cammell Laird Shipbuilders Ltd.）で出された独立専門家の職務評価の要約である。造船所の食堂で働く女性コックの週給は一〇〇ポンドであるのに対し、同じ造船所で働く男性である塗装工、絶縁工、船大工の週給が一二五ポンドであることに対して同一価値労働同一賃金を請求して、雇用審判所（一九九八年まで労働審判所）に申立てた事件である。独立専門家は、五つのファクターで、各職務を比較して、四つの職務は同一価値であると評価した。

この事件のために、ＡＣＡＳは、新聞広告を出して独立専門家を募集し、約一三〇〇人の応募者の中から選考して約六〇人に面接した。最終選考で一五人に面接して、大学の労使関係の講師であったTerry Dillonをこの事件の独立専門家に選んだ。Dillonも含めてほとんどの応募者は、学問的に職務評価を勉強したことはなかった。Dillonは、労働組合の調査スタッフをしていたときに職務評価をした経験があったが、ＡＣＡＳは、厳密な意味の専門家を求めてはいなかった。むしろ、労使関係・給与制度の知識、労使関係への良識、報告書作成のための学識および雇用審判所の審判で自分の報告書を防御するために明快に説明できる能力を求めた[23]。

中立人の女性コックと比較する三人の男性労働者は、中立人が加入していた労働組合（the General, Municipal, Boilermakers and Allied Trades Union）の法務担当者が選び出した。労働組合は、訴訟費用を援助し、弁護士、職務評価の専門家を雇った。ＥＯＣ（現・ＣＥＨＲ）は、同一労働同一賃金に関する最初の事件として先例になることを考慮して、申立人のために差別問題で有名な法廷弁護士およびイギリスで最も有名な職務評価の専門家を雇った。Dillonは、申立人の職場に行き、三日間かけて、申立人と比較対象者の仕事を観察した。会社と労働組合の代表者が同行した。報告書作成には、五ヶ月かかった。被申立人の代理人は、職務評価が大雑把すぎることや、職務観察期間が短いことなどを批判したが、被申立人側の審判手続き上のミスが相次いだこともあり、審判所は、Dillonの職務評価を採用し、申立人の同一賃金の請求が認められた（[1984] IRLR 463）。

しかし、会社は申立人が基本給と超勤手当率で男性より不利益を受けたのは認めたが、疾病手当と食事休憩時間等を含めれば、全体として男性と等しく扱われているとして同一賃金の支払いを拒んだために、申立人は雇用審判所に再度申立てた。一九八五年に雇用審判所は契約を全体として検討して男性と同じであれば、契約の特定部分について救済を求めることはできないと裁決したため、原告が控訴審判所に控訴し、次いで控訴院に控訴したが、いずれも棄却され、貴族院（現・最高裁）に上告した。貴族院は、適切な比較は、申立人女性と比較される男性の基本給と超勤手当率についてなされるべきであるとして、控訴院の判決を破棄して、雇用審判所に差し戻した（[1988] IRLR 257, H.L.）。一九八八年の夏の終りに雇用審判所で申立人の週給を一二五ポンド引上げ、一九八四年の同一労働同一賃金法の改正施行に遡ってバックペイとして五〇〇〇ポンドを支払うことで和解が成立した[24]。

表3は、室内装飾家具工場で働く三人の女性縫製工と比較対象労働者である男性のキルト工および男性の縁かがり工に関する独立専門家の職務評価である（Report of the Independent Expert, J. Colville M.Sc.）[25]。

表2　Terry Dillon（独立専門家）の職務評価

Hayward v. Cammell Laird Shipbuilders Ltd.

職種／要素	コック（女性）	塗装工（男性）	絶縁工（男性）	船大工（男性）
身体的負担	中	中	中	中
環境的要件	中	中	中	中
計画と決定要件	中	低	低	低
技術・知識要件	同（高）	同（高）	同（高）	同（高）
責任要件	低	中	中	中

表3　J. Colville（独立専門家）の職務評価

Agnew, Pidgeon & Avery v. Warvick Upholstery Limited

職種／要素	縫製工（女性3人）	キルト工（男性）	縁かがり工（男性）
身体的負担	中の下	中の上	上
精神的負担	中の上	中の下	中の上
技術	中の上	中の上	上
知識	中の上	中の上	中の上
責任	中の下	中の下	中の上

The Equal Pay（Amendment）Regulations of 1983によって、職務の同一価値性について疑問がある場合には、雇用審判所は審判を開始する前に独立専門家に職務評価報告書の作成を求めることができる。独立専門家は、身体的負担、作業条件、計画・決定、技術・知識、責任の五つのファクターで評価し、結果的に、縫製工とキルト工は同一価値、縫製工と縁かがり工は同一価値ではないと評価し、結果を雇用審判所に提出した（表4）。独立専門家が申立人と比較対象労働者との職務が同一価値であるか否かの職務評価を審判所に依頼されたのが、一九八九年六月二三日、審判所に報告書を提出したのは、一九九〇年三月二八日であり、九ヶ月かかっている（表5参照）。

類似労働（like work）と異なり、同一価値労働の訴えは複雑で雇用審判所が最終的な決定に至るまでに、手続きは数ヶ月、長い場合は数年かかることもあった。二〇〇四年に手続きが改正され、雇用審判所（構成および手続規則）規則附則六（the Employment Tribunals（Constitutional and Rules of Procedure）Regulations 2004（SI 2004/1861). Schedule 6）によってかなり改善された。審問は、第一段階、第二段階、第三段階に区分され、雇用審判所は、両当事者の争点がはっきりしており、専門家の職務評価を必要としないと判断した場合には、第二段階の同一価値労働審問を省略することができるようになった[26]。

近年、職務評価が男女間の同一賃金を実現するための手段のように考えられる傾向にあるが、もともと職務評価は同一価値労働同一賃金を達成する目的で設計されたものではない。一九三〇年代から四〇年代にかけてアメリカで職務評価が開発された当時は、男女平等への関心も低かったし、法律もほとんどなかった。職務評価が、当時構

表4　J. Colville（独立専門家）の所見と結論

1．縫製工とキルト工の比較
●技術・知識・責任については、縫製工は、キルト工と同率である。 ●身体的負担については、縫製工は、キルト工より1レベル低い。 ●精神的負担については、縫製工は、キルト工より1レベル高い。
2．縫製工と縁かがり工の比較
●精神的負担と知識については、縫製工の業務は縁かがり工と同率である。 ●技術と責任については、縫製工は、縁かがり工より1レベル低い。 ●身体的負担については、縫製工は縁かがり工より1レベル低い。
3．独立専門家の所見と結論
●縫製工とキルト工の職務を比較して、5ファクターのうち3つの評価は同じである。 ●身体的負担についての評価でキルト工より1レベル低いが、精神的負担で1レベル上回っているので、相殺される。 ●従って、縫製工とキルト工の職務は同価値であると評価する。
●縫製工は縁かがり工と2つのファクターで同じ評価を得ている。 ●縫製工は、縁かがり工と比較して5つのファクターのうち2つについて1レベル低いので、全体として2レベル低い。 ●縫製工と縁かがり工の価値を比較すると大きな差があり、縫製工と縁かがり工の職務は同価値ではないと結論する。

表5　独立専門家のスケジュール

1989/6/23	審判所から調査の要請
1989/6/26	両当事者の代理人への最初の面接要請の手紙
1989/7/19	申請人の代理人から連絡、最初の面接が1989年7月27日に決定
1989/7/21	申請人の代理人から申請人らの履歴書を受け取る
1989/7/22	被申請人の代理人と連絡、1989年9月8日まで相互に日程が調整不可能
1989/7/27	申請人の代理人と申請人の専門家との面接
1989/9/8	被申請人および代理人との面接
1989/9/13	審判所から進行状況について質問
1989/9/15	上記の日程を審判所に報告
1989/9/20	申請人、比較対象者、被申請人とのインタビュー
1989/9/22	申請人と比較対象者の仕事の観察
1989/10/2	更なる観察とインタビュー
1989/10/2	両当事者の代理人へ12月1日までに全ての提出物と意見書の作成を要請
1989/11/22	申請人の代理人から意見書を受け取る
1989/11/29	被申請人の代理人から意見書を受け取る
1989/12/5	両当事者の代理人が意見書の要約を求める書面を送付
1989/12/12	両当事者から返事
1990/1/3	意見の要約を両当事者に送付して、1990年2月初旬までにコメントを求める
1990/2/18	両当事者の代理人がコメントの日時について書面
1990/2/26	申請人の意見書に関する被申請人のコメントの受理
1990/3/4	被申請人の意見書に関する申請人のコメントの受理
1990/3/28	審判所に報告書を送付

築されたのは、次のような目的のためであった。

① 当時製造業で広く使われていた作業能力測定法に代わる事務職、行政職、管理職従業員の仕事の分析的な測定方法の必要

② 事務職、行政職、管理職に対する市場の評価の反映

③ 組織に既存するヒエラルヒーの合理化

Hayward v. Cammell Laird Shipbuilders Ltd. 事件（以下、Hayward 事件）が、同一価値労働同一賃金原則に関する最初の成功ケースと言われているのに対して、最初の失敗ケースといわれている Neil and others v. Ford Motor Co.（(1984) IRLR 339）事件（以下、Ford Motor 事件）では、職務評価が女性差別を正当化する役割を果たした。

一九六〇年代のフォード・モーターでは、当時の多くの企業と同じように、生産労働者には四つの賃金率しかなかった（①熟練男性率、②半熟練男性率、③未熟練男性率、④女性率）。縫製工は全員女性であった。フォード・モーターでは、一九六六年にコンサルタント会社に依頼して、職務評価が行なわれ、一九六七年に職務評価制度が導入された。責任、作業条件、身体的負担、精神的負担のファクターの下に、二八指標が置かれた。裁縫工は、イーストマン・カッターに比べて、責任の点数が低かった。一九六七年の職務評価の導入後、縫製工は、「同一賃金」ストライキを行い、一九七〇年の同一賃金法の制定を促進する役割を果たした。縫製工は、さらに一九七〇、七四、八一、八二、八三年にもストライキを行なった。一九八四年の改正法施行と同時に三人の縫製工が男性職のイーストマン・カッター、溶接工等との同一価値労働同一賃金を求めて雇用審判所に提訴した。一九八三年改正規則によって、雇用審判所は、独立専門家の職務評価を求める前に、使用者が行なった職務評価に性に基づく差別があるか否か、その職務を同一価値と決定する合理的な理由があるかないかを検討しなければならなかった。

一九八四年に審判所は、多数意見として（審判官は二対一に分かれた）、一九六六／七年に実施された被申立人の評

価システムの下で、男性のイーストマン・カッター、ヘッドライナー、溶接工が女性縫製工より高く評価されたと決定する相当の理由はないとして申立てを棄却した。Hayward 事件では、大学講師であった Terry Dillon が作成した報告書は、大雑把には見えたが、職務評価に必要な身体的負担、作業条件、決定、計画、責任の各要件を含んでいた。Ford Motor 事件では、長年経験を積んだ専門家が企業の依頼で作成した職務評価が対象であり、中立人は重回帰分析等を使って反証したが、審判官たちは、高度の数的処理については訓練を受けていなかったのである。(27) その後、さらにストライキがあり、結果的に、使用者と組合は独立の仲裁委員会による決定に同意して、仲裁委員会は、女性労働者がかなり低く評価されているとして、評価を引き上げた。(28)

職務評価は、一見性的偏見がないように見えても、分析的に検討されなければならない。Bromley and others v. H & J Quick Ltd.［1988］IRLR 249 CA）事件では、企業のコンサルタント会社が作成した職務評価は差別的ではないと審判所は申立てを棄却したが、控訴審判所は破棄して、独立専門家による報告を求めた。職務評価は、女性によってなされる職務と男性によってなされる職務の重要な特徴をカバーし、測定するものでなければならない。(29) 職務評価に潜む過失として、①見落とし、②重複計算、③省略（要約）が挙げられている。①見落としの例としては、女性によって遂行される職務のうち手先の器用さ、対人的な技術、ケアする責任、整理整頓する技術などが評価されない。②重複計算―職務の特徴が複数のファクターの下で重ねて計算される。例えば、一九七〇年代初期に地方自治体の事務職、行政職、専門職、技術職に適用するために開発されたＧＷＬＣの職務評価は、いくつかの特徴、例えば、専門的な地位、管理的な役割、身分構造における地位―などは、沢山の見出しの下で重複計算されていた。③省略（しばしば、要約とも呼ばれる）――一つ以上の職務特徴が一つのファクターの見出しで要約され、結果的に一つの特徴が評価の過程を独占してしまうことになる。

これらの欠点を回避するためには、要素を要約しないで、重要なファクターを全部測定し、補償できる範囲を広

表６　ファクターの選択：過去と将来の地方自治体職務評価制度

地方自治体（GWLC）のより差別的な職務評価制度（1977）	地方自治体（National Joint Council: NJC）の差別が比較的少ない職務評価制度（1997）
1．教育	1．知識
2．経験	2．精神的技術
9．創造的な仕事	3．対人的なコミュニケーション
8．交渉	4．身体的技術
5．受ける監視の量	5．決定と独立
6．仕事の複雑さ	6．身体的負担
3．監督的責任	7．精神的負担
4．決定	8．感情的な負担
7．財政	9．人に対する責任
（番号は、原本のまま）	10．他の従業員を監督する責任
	11．財源に対する責任
	12．物資に対する責任
	13．作業環境

くすることである。この実例となるのが、地方自治体ＮＪＣ職務評価である（表６参照）。一九九七年のシングル・ステイタス協約（Local Government Single Status Job Evaluation Scheme ——そのまま訳せば、地方自治体職工身分撤廃職務評価協約であるが、ブルーカラー労働者、管理職、技能職、事務労働者ごとの職務評価に代わって全ての職種を統合した職務評価制度のことである）に基づく評価の見直しを支援するために設計されたものである。(30)

２　ＥＣ——男女の機会均等及び均等待遇の原則の実施に関する統合指令

一九九七年にアムステルダム条約によって改正されたローマ条約の一四一条は「加盟国は、同一の労働又は同一価値の労働に対する男性又は女性間の同一賃金の原則が適用されることを確保するものとする。」と規定しているが、改正前の旧一一九条には、同一価値労働はなく、同一労働に対する同一賃金のみが規定されていた。ローマ条約一四一条二項は「本条において賃金は労働者がその雇用に関して使用者から直接又は間接に受け取るところの通常の基本的な又は最低の賃金又は給与もしくは現金であれ現物給与であれ他のいかなる報酬をも意味する。性に基づく差別のない同一賃金とは、(a)出来高払いの同一労働に対する賃金は、同一の計算単位に基づいて計算されなければならない、(b)時間給の労働に対する賃金は、同一の職務（job）に対して同一でなければならない。」と規定している。

一九七五年に採択されたＥＣの「男女同一賃金原則の適用についての加盟国の法制の接近に関する指令」（75/117/EEC）は、第一条で「条約一一九条（現・一四一条）にいう同一賃金原則とは、同一労働に対して又は同一価値とみなされる労働に対して、報酬のすべての側面及び条件について、性を理由とするいかなる差別をも排除することを意味する。特に賃金決定のために職務分類制度を利用する場合には、この職務分類制度は、男女双方に対して同一基準に基づき、かつ性を理由とするいかなる差別も排除するように作成されなければならない。」（傍線筆者）と規定し、ローマ条約よりも先に「同一労働同一賃金」から「同一労働同一賃金又は同一価値労働同一賃金」原則に改正し、職務分類制度について、男女同一基準および性中立性を求めていた[31]。

ところで、ＥＣ男女同一賃金指令は、諸指令、自営業と公的社会保障に係るものを除き、二〇〇六年七月に一本の「雇用及び職業における男女の機会均等及び均等待遇の原則の実施に関する指令」（2006/54/EC）に統合された（EC Directive on the implementation of the principle of equal opportunities and equal treatment of men and women in matter of employment and occupation（recast））、男女同一賃金指令（75/117/EEC）、男女均等待遇指令（76/207/EEC・02/73/EC）、社会保障における男女均等待遇指令（79/7/EEC）、挙証責任指令（97/80/EC）などを統合して修正されたＥＵにおける男女平等政策の核となる指令（以下、統合指令）である。統合指令四条は、「同じ労働（same work）又は同一価値労働に対する報酬のすべての側面及び条件について、性による直接・間接の差別は撤廃されるべきである。特に賃金決定のために職務分類制度を利用する場合には、この職務分類制度は、男女双方に対して同一基準に基づき、かつ性を理由とするいかなる差別も排除するように作成されなければならない。」と規定している。一九七五年の同一賃金指令の「同一労働（equal work）」が「同じ労働（same work）」に拡大され、賃金に対する直接差別だけではなく、間接差別も禁止されている[32]。

3　アメリカにおける職務評価と同一賃金法

(1)　一九一〇―四〇年代の職務評価

アメリカは、職務評価の発祥地と言われ、職務評価の歴史は古く一八三八年に連邦政府は同一労働同一賃金の要請に対応するために、上院で、各省の長に履行される労働の質、課せられる注意と責任、求められる資格、それぞれのサービスの市民に対する価値を考慮して公務員を分類するように求める決議を採択した（24th Congress, 2d Session)。この決議は公共政策として、賃金は職務の価値に対応して支払われるという原則を初めて確立した。一八七一年に連邦政府が最初に正式な職務評価を使い始めた。(33)

第一次世界大戦後の一九二三年には公務員分類法（the Federal Classification Act）が制定され、連邦公務員を職務の等級と階級で分類して、統一的な給与体系が確立された。この法律は何度か改正され、最終的に一九四九年の連邦分類法に改正された。一九四九年法は、職業グループを一般的スケジュール（GS）と連邦賃金システム（GWS）の二つの制度に分けている。一九七〇年代の終りには、ほとんどの連邦公務員が職務評価の適用を受けていた。

一九一〇年代から二〇年代にかけて職務評価は、民間企業にも採用されるようになった。M・R・ロット（Merrill R. Lotto）が、Wage Scale and Job Evaluation（New York, Ronald Press, 1929）を書き、それぞれの職務を一五の要素に分け、企業にとっての重要度に応じて、ポイントを付けた。一九二五―二六年にかけて得点法が始まり、今日のポイント・システムの原型となった。代表的な得点要素法であるNEMA（National Electrical Manufacturers Association）法は、一九二〇年代にウエスタン・エレクトリック、ゼネラル・エレクトリック、ウエスティングハウス三社が共同開発した職務評価法であり、得点要素として初めて、①知識・技能、②精神的・身体的負担、③責任、④作業条件の四要素を用いた。(34) 一九二六年には、フィラデルフィア・ラピッド・トランジットのベンジ（E.J. Benge）らが、職務評価の基本的なスケールとして五つの基本的ファクター―精神的要件、技術的要件、身体的要件、責任要件、作業条件を加え、これを要素比較と呼んだ。この頃までには、すでに三つの主要な職務評価、ranking, classification, point rating が使われていた。当時の工場の職務評価の例として、①技術と情報、②精神的・身体的負担、③不快要因――埃、油、湿度、熱、寒さ等、④仕事が会社にもたらす特別な価値をファクターとして、ポイント制にする例が紹介されている。(35)

アメリカで本格的に職務評価が拡大したのは、一九三〇年代から四〇年代である。一九三五年に労働組合の団体交渉権を保障したワグナー法（the Wagner Act）が制定され、一九三〇年代には、製造業を中心に労働組合運動が広がり、使用者側は、組合に対抗するために職務評価を導入した。組合組織化の前に賃金表を合理化し、組織化後には特別賃金に対する団交を減らすために、賃金体系の合理化が不可避であった。また、戦時労働委員会（以下、WLB）の賃金政策を回避するために職務評価が急速に導入された。(36)

(2)　一九六三年同一賃金法

アメリカにおける同一賃金法の歴史は古く、第一次大戦直後の一九一九年にはすでにモンタナ州とミシガン州で同一賃金法が制定されている。しかし、当時の同一賃金法は、男女平等の視点からではなく、戦時中に男性職に女性が進出し、男性労働者と労働組合は、安い女性労働者が男性に取って代わるのではないかという恐れから女性の賃金を引き挙げたのである。その後も次々と州レベルの同一賃金法の制定が進んだが、女性に平等賃金を支払うことには強い抵抗があった。(37)一九四二年にＵＡＷとＵＥがＷＬＢに提訴した結果、一九四二年一一月にＷＬＢは有名な一般命令一六号（General Order No.16）を出し、「同じ又は類似した質と量の労働に対して」男性と同一賃金を認めた。政府の政策として同一労働同一賃金が確立されたのである。戦時中に、それまで男性がしていた仕事に女性が進出するようになり、同一労働同一賃金の原則の確立の必要性が意識されるようになった。賃金率の決定と不平等に関する紛争の解決のために職務評価と賃金関連の分類が必要な手段となり、この頃からアメリカの企業に職務評価や賃金分類が飛躍的に導入されるようになった。労働組合は同一労働同一賃金を女性労働者の地位向上の闘いの中心に置き、一九四五年には、UEがゼネラル・エレクトリックとウエスティングハウスを相手に両者が制度的に女性の仕事を女性職に分類して低く評価しているとして、女性労働者の賃金引き上げを求めてWLBに提訴した。その要求には、一九八〇年代にいう「同一価値労働同一賃金（equal pay for comparable worth）」の請求も含まれていた。一九四五年一一月二九日のWLBの決定は、「慣行的に男性が行なってきた仕事を女性がしても、男性と同じ賃金を受けていない」と組合の主張を認めたが、会社は無視したために、一二月一七日にWLBは女性の時給を四セント上げ、女性労働者のために二セントを積み立てるように命令を出した。しかし、第二次世界大戦が終結して、WLBには強制力はなかった。WLBの一二月一七日の命令から数時間後に両企業は命令に従わないと発表したため、ゼネラル・エレクトリックとウエスティングハウスに対する大規模なストライキが行なわれた。ストライキの結果、賃金格差を縮小する手段として、賃金のパーセントではなく、定額引き上げの原則が電機産業の先例として確立された(38)。

連邦レベルでは、一九四五年に女性平等賃金法案（the Women's Equal Pay Act of 1945）が女性議員によって出されたが、同一価値労働同一賃金原則であったために大議論になり、成立しなかった。以後、毎年のように法案が提出された(39)。しかし、同一賃金法は、第二次大戦中も大戦終了後も立法化されなかった。一九五四年には、全体の四分の一だった女性労働者は、一九六二年には三分の一まで増えていた。しかし、この間、企業の職務評価による複雑な人事管理制度が進むにつれて、男性と女性の職務分離が進行し、組合の同一賃金の要求は低下したのである。

アメリカの同一賃金法（the Equal Pay Act of 1963, 29 USC 206（d）（1））は、一九三八年の公正労働基準法（the Fair Labor Standards Act）の改正法としてケネディ政権の下で制定された。一九六一年、六二年に法案が議会に出されたときは、同一価値労働同一賃金法案で、同一の技術（equal skill）を要する同一価値（comparable）労働に対する賃金差別を禁止していた（equal pay for "work of comparable character on the job the performance of which requires comparable skills"）。しかし、一九六三年に議会に出されたときには、同一価値労働から同一労働に修正されていた。理由は、「同一価値」基準は、第二次大戦中に、同一ではない（dissimilar）職務で働いていた男性と女性の間の賃金不平等を評価することを可能にする政策の根拠として使われたということであった。議会は、「同一価値労働」ではなく「同一労働」という言葉を採択することによって同一賃金法がこの戦時中の経験を繰り返さないことを表明したと説明されている（Shulz v. Wheaton Glass, 421 F 2d 259, 265（3rd Cir. 1970））。[40] 産業界は、草案の「同一価値労働」になれば、労働長官が企業の職務評価制度の有効性を判断する権限を与えられるのではないかと恐れていたのである。[41]

下院、上院における同一賃金法案審議において同等の技術のみを要件とする同一労働の定義は、企業が取り入れているかなり複雑な職務評価に比べて曖昧で、不充分であると企業側は批判した。企業側の証人は、職務の価値を決定する際に、技術、負担、責任、作業条件の四ファクターを考慮するように求めた。これらのファクターは、更に体系的に様々なサブ・ファクターに分けられる。職務評価の下で評価する職務のサブ・ファクターに得点評価が割り当てられ、その合計が、相対的、客観的な職務の価値である。職務評価は、賃金における衡平を達成するために受け入れられ、試された方法であり、多数の企業が過去の慣行および賃金管理の基本としての契約的な合意に基づいて職務評価を行なってきたと主張した。結局、産業界の要請を受けて四ファクターが法文中に明記されたのである。同法の立法過程で、この四ファクターはすべての職務分類制度の核であり、賃金格差の合法的な基礎であると説明されている（109 Cong. Rec. 195（1963）（Rep. Frelinghuysen））。

同一賃金法には、知識・技能、精神的・身体的負担、責任、作業条件（Skill, Effort, Responsibility and Working Conditions）の四ファクターが同一賃金決定要素として規定され、「同一労働」は「その遂行に同一の技術、負担及び責任を要し、かつ同様の作業条件の下で行われる職務」と定義されている。同一とは、全く同じではなく職務が実質的に同じであればよいと解釈されている。この四ファクターについては、CFR（Code of Federal Regulations）にそれぞれ定義が規定されている[42]。同一賃金法の「同一労働」の四ファクターはすべて満たされなければならない。これらは相殺したり、補いあったりはできない。例えば、より高度の技能が必要である職務をそれほどの技能は要らないが、より身体的負担を要する職務と「同一」であるとすることはできない。また、職務の同一性には、質的な同一性も必要とされる[43]。

原告は、①異性労働者と同一労働をしていること、②労働は同じ事業所で行われたこと、③原告の賃金率が同一労働をする異性労働者の賃金率よりも少ないことの三要件を立証すれば、使用者は賃金格差が①先任権制度、②能力主義、③製品の量又は質を評価する制度によるものであることを立証しなければならない。

(3)　アメリカにおける同一価値労働同一賃金原則

アメリカの同一賃金法は、同一価値労働同一賃金を対象としていない（EEOC v. Madison Community United School District No. 12, 818 F. 2d 577（7th Cir. 1987））。したがって、同一賃金法の適用対象となったのは、限られた女性労働者であり、看護師、販売員、事務労働者のような女性が集中している職務には、同一賃金法は適用されないのである。結局、戦時中の女性労働者の躍進による同一価値労働同一賃金原則で、世界のリーダーシップをとったアメリカは、同一賃金法の制定によって、同一価値労働同一賃金運動から大きく後退してしまったのである。

一九六四年の同一賃金法施行後、異なった二つの職務の職務評価の総得点が同じであることを理由に、同一賃金法に基づいて同一価値労働同一賃金の請求をした事件において、連邦地裁は二つの異なった職務の評価点が等しいことは認めたが、職務の能力や、効率は、いかなる分類や、評価システムからも切り離して調べなければならないと言う理由で請求を棄却した（Krumbeck v. John Oster Mfg. Co., 313 F. Supp. 257（E.D. Wisc. 1970））。

同一賃金法制定の翌年、一九六四年に公民権法（the Civil Rights Act）はその七編で人種、皮膚の色、宗教、出身国と並んで性を理由とする賃金も含む労働条件における差別を禁止した。公民権法第七編が同一賃金法と同じように同一賃金あるいは実質的に同じ労働に対する賃金差別だけ禁止しているのか解釈が分かれていた。公民権法第七編に基づく、同一価値労働同一賃金請求訴訟が、相次いで起こされた。

ワシントン郡は女性看守の仕事と男性看守の仕事とを比較してその経済的価値を決める調査を実施し、その結果、女性看守の労働の価値は、男性看守のほぼ九五％と言う結論が出た。にもかかわらず、郡は、男性看守には評価額の全額を支払い、女性看守には七〇％しか支払わなかったために、女性看守に評価額の全額を支払わなかったのは、使用者の差別的意図による性差別であるとして、公民権法第七編違反で提訴した。連邦地方裁判所は、原告ガンサーらの訴えを認めなかったが、控訴裁判所は、使用者による差別的意図を認めて公民権法第七編違反と判決した。郡が上告したのに対し、一九八一年に最高裁は高裁判決を支持し、性を理由とする賃金差別がある場合には、職種が異なっていても公民権法第七編に基づいて争うことが出来ると判示して（County of Washington v. Gunther, 452 U.S. 161 (1981)）、公民権法第七編が同一賃金以外の賃金差別訴訟を認めていることを明らかにした。しかし、ガンサー事件は、同一価値労働同一賃金に関する事件ではない。原告は、女性の職務が男性の職務と同一価値であるか否かの判断を求めておらず、使用者が負担して行なった評価に基づく差額賃金の支払いを請求しているだけである。判決は、同一価値労働同一賃金原則の訴えを認めるか否かは明らかにしていない。

ＥＥＯＣは、National Research Council に同一価値労働の概念に関する調査を依頼し、一九八一年に出された報告[44]は、女性の職場進出は進んだが、賃金は大幅に下がっていることを明らかにしたことから、同一労働同一賃金ではなく同一価値労働同一賃金の重要性が改めて問題となったのである。ガンサー事件の最高裁判決が出た後、一九八一年七月に全米地方公務員労組（AFSCME）のサンノゼ市職員は同一価値労働同一賃金を求めてストライキを行なった。全米地方公務員労組一〇一支部が、サンノゼ市に市職員の全職務について価値評価を求めたために、外部委託調査が行なわれ、女性の職務に対する賃金は、市職員全体の平均より二～一〇%低いことが明らかになった。労組はＥＥＯＣに訴えたが、これに対して州が団体交渉を拒否したために七月にストライキを行なった。

ワシントン州が民間のコンサルタント会社に外部委託して職務評価した結果、女性が全体の七〇%を占める職務では、男性が七〇%を占める職務よりも賃金が二〇%も低いことが判明し、全米地方公務員労組がワシントン州を相手に提訴した事件では、州が格差を是正するためには、莫大な費用がかかること、一九八二年の提訴以来、州は一九八四年から一〇年かけて同一価値労働同一賃金原則を実行するために二つの法律を制定したと主張したが、連邦地方裁判所（AFSCME v. State of Washington（578 F. Supp. 846（W. D. Wash. 1983））は、本件差別を公民権法第七編違反として、州に差別を被ってきた二万五五〇〇人の職員（ほとんど女性）の賃金の引上げとバックペイの支払いを命じた。しかし、州は控訴し、連邦控訴裁判所は州が賃金体系を同一価値労働同一賃金原則ではなく市場競争に基づく賃金に基づいて決定したことは公民権法第七編に違反しないと判示し、差別が個別的かつ確実に立証出来るときに限るとして地裁判決を覆した（AFSCME v. State of Washington, 770 F. 2d 1401（1985））。州は州自体が作り出したのではない経済的不平等を排除する義務はないといわゆる「市場の抗弁」を認めた(45)。

一九八五年にＥＥＯＣが続けて同一価値労働同一賃金の事件を全員一致で、却下したこともあり、行政の支持が得られないと判断した原告は上告せずに、この事件は、州が三万五〇〇〇人の職員（ほとんど女性）の賃金を先ず二・五%引上げることで和解した。同じ裁判所は、一九八四年に、Spaulding v. University of Washington 事件（740 F. 2d 686（9th Cir. 1984））で、ワシントン大学の看護学部の女性教員が他の学部の男性教員よりも賃金が低いと訴えた事案でも、同一価値労働の請求を認めなかった。また、American Nurses Association v. State of Illinois（606 F. Supp. 1313（N. D. Ill. 1985））では、議会は公民権法第七編に同一価値基準を認めていないし、同一価値の概念は健全でも、実行可能でもないと判示している。

いずれの事件も労働組合の要求を受けて使用者が行なった職務評価が重要な役割を果たしている。ミネソタ州とサンノゼ市では、ビジネスコンサルタント会社 Hay が、ワシントン州では同じく Willis が職務評価を委託されている。(46) 一九八六年にＩＬＯは、アメリカの五分の二の企業で、ヘイ・システムの職務評価が導入されていると報告している。(47) しかし、既存の職務評価の性的中立性については、問題があることはすでに明らかにされている。(48) 広く使用されているヘイ・ガイド・チャートプロファイル・メソッド（the Hay Guide Chart-Profile Method）は factor comparison と point method のハイブリッドで、一九四〇年代に開発されたものである。ヘイ・システムは、職務の複雑さと重要度をノウハウ、問題解決力、アカウンタビリティの三つファクターで評価し、三つのファクターに八つのサブファクターが配置され、このうち五つは、管理的職務に高得点が入るように配分されている。既存の職務評価は、女性が従事している職務や下位職務に不利に設計されており、社会的な慣行としての賃金制度を再試算する手段になっている。(49)

アメリカは、今日でも同一価値労働同一賃金原則を認めておらず、同原則を含むＩＬＯ一〇〇号条約、女性差別撤廃条約も批准していない。連邦裁判所が同一価値労働同一賃金原則を否定する判決が相次いだため一九八〇年代に多くの州は、公務員に関する同一価値労働同一賃金、ペイ・エクイティ政策に取組むようになった。既に述べた AFSCME v. State of Washington 事件で、連邦高裁が、州は同一価値労働同一賃金計画を立法化する裁量を有しているると述べたこともあり、州レベルでは、一九八二年ミネソタ州公務員ペイ・エクイティ法（the State Employees Pay Equity Act）、地方自治体レベルでは一九八四年ミネソタ州地方自治体ペイ・エクイティ法（the Local Government Pay Equity Act）を制定してから、各州、各自治体で公務員に対するペイ・エクイティ法（同一価値労働同一賃金法）が制定された。(50) しかし、州、地方自治体レベルの同一価値労働同一賃金原則の適用は公務員に限定されており、民間企業の労働者については、同一価値労働同一賃金原則ではなく、ミネソタ州を初めとして連邦同一賃金法および州労基法等により男女同一労働同一賃金原則が適用されている[51]。

最近の事件として注目されるのは、ウォルマートの約一五〇万人の現職、および退職した女性労働者が過去五年間に同等の職位にいる男性との賃金差別を公民権法第七編違反でクラス・アクションを提起したDukes et. al. v. Wal-Mart Stores, Inc. 事件（222 F.R.D. 137（N.D. Cal. 2004））である。連邦高裁は、原告が多数であることは、被告会社の賃金および昇進政策における差別の推認は、原告に共通の影響を受けているとして、クラスアクション証明書を出したが（Dukes et. al. v. Wal-Mart Store. Inc., 509 F. 3d 919（9th Cir. 2007））、高裁は再審理を行ない、二〇一〇年四月二六日、六対五の僅差でクラスアクションを認めた（Dukes v. Wal-Mart Stores Inc., 2010 WL 1644259）。第一一一議会（二〇〇九年一月三日〜二〇一一年一月三日）でオバマ大統領が就任後最初に署名した法案（the Lilly Ledbetter Fair Pay Act of 2009（H.R. 11/S. 181））が成立（123 Stat. 5（2009））し、公民権法、年齢差別禁止法の関連部分が改正された。違法な雇用慣行が起きた時点に、賃金決定の時に加えて、違法な賃金、給付その他の支払い時点が含まれると改正され、ＥＥＯＣへの賃金差別の申立てを違法な雇用慣行が行なわれた時点から一八〇日以内と規定していた公民権法の要件が拡大された（42 USC 2000e-5(e)）。差別的行為による逸失賃金の請求については、二年を限度に遡及を認められることになった。同議会には、the Pay Check Fairness Act（H.R. 12/S. 182）, the Fair Pay Act（H.R. 2151/S. 904）が出されている[52]。

5　カナダ――オンタリオ州

(1)　連邦と州――同一労働と同一価値労働

カナダでは、連邦および州レベルで一九五〇年代には、同一労働同一賃金原則が法制化されている。カナダは、連邦も州も同一労働同一賃金原則と同一価値労働同一賃金原則を区別して、両原則を別の法律で規制している点に特徴がある。一九五六年に連邦の女性労働者同一賃金法（the Female Employees Equal Pay Act, ch. 38, 1956 Can. Stat. 257）が制定され、同法は一九七一年にカナダ労働法典（the Labour（Standards）Code, R.S.C. Ch. 17,（2nd Supp.）, s. 38. 1）に編入された。カナダは、一九七二年にＩＬＯ一〇〇号条約、一九八一年に女性差別撤廃条約を批准し、一九七七年のカナダ人権法（the Canada Human Rights Act, R.S.C. 1985, C. H-6）一一条に連邦公務員（連邦政府の管轄下にあるクラウンコーポレーションの労働者を含む）に対する同一価値労働同一賃金原則（the concept of equal pay for work of equal value）が明記された(53)。

カナダで初めて民間労働者と公務員に適用される同一価値労働同一賃金原則をペイ・エクイティ法（the Pay Equity Act, 1987, S.O. 1987, c. 34）として制定したのは、オンタリオ州である。カナダは一〇州と三つの準州からなる連邦制を取っているが、ペイ・エクイティ法を制定しているのは、マニトバ州（一九八六年）、プリンスエドワードアイランド州（一九八八年）、ニューブランズウイック州（一九八九年）、ノバスコシア州（一九八九年）、ケベック州（一九九六年）である。ケベック州は、オンタリオ州と同じく民間と公務員の両方に適用されるプロアクティブな法律を制定している（http://www.equalpaycoalition.org/other_prov.php）。

オンタリオ州では、一九五一年に英連邦初の女性衡平賃金法（the Female Employees Fair Remuneration Act, S.O. 1951, c. 26.）が制定され、一九六二年にオンタリオ人権法典（the Ontario Human Rights Code S.O. 1968, c. 35）に編入された。一九六二年の男女同一賃金条項は、一九六九年にオンタリオ州の雇用基準法（the Employment Standards Act S.O. 1968, c. 35）の一九条に移された(54)。一九六九年（二〇〇〇年改正）雇用基準法四二条一項(b)(c)（旧一九条一項）は、「使用者あるいは、使用者のために行為する者は、同一事業所内においてなされる実質的に同一の技能、負担、責任を必要とし、かつ、類似の作業条件の下で行なわれる、実質的に同じ種類の労働に対して、女性労働者に男性労働者に支払うよりも低い賃金率で支払うことにより、男女間賃金差別をしてはならない。但し、先任権制度、業績主義、生産の質と量に基づいて報酬を決定する制度、性以外の理由による賃金格差については本条の適用を除外する。」と規定した（傍線筆者）。雇用基準法の四ファクターは、アメリカの同一賃金法の影響を受けており、連邦法レベルでも一九七一年の改正連邦労働法典に明記され、一九七七年のカナダ人権法に編入された。

雇用基準法に男女同一賃金原則が規定されると訴訟が増えた。一九七四年に「同一労働」から「実質的に同じ種類の労働」（substantially same kind of work）に改正される前に、裁判所は雇用基準法の同一賃金原則をかなり拡大して解釈していた（Regina v. Howard et al., Ex parte Municipality of Metropolitan Toronto, [1970] 3 O.R.555）。同一労働は、全く同じである必要はなく、実質的に同じ種類の労働で（substantially the same kind work）、実質的に同じ技術、負担、責任を必要とし（substantially the same skill, effort and responsibility）、同じような作業条件で（under similar working conditions）行われれば同一労働と評価される。[55] 但し、先任権、業績主義、生産の質と量に応じて賃金を決める制度、その他性以外のファクターによる賃金格差は除外される（s.42（2））。

その後、一九八七年に同一価値労働同一賃金原則によって制度的性差別を是正することを目的とするペイ・エクィティ法（the Pay Equity Act. 1987. S.O.1987, c.34）が制定された。同法五条一項は雇用基準法と同じ四ファクター（skill, effort, responsibility and working conditions）で、男性職と女性職の「同一価値」の決定を行うと規定している。

オンタリオ州では、同一労働も同一価値労働もまったく同じ四ファクターを判断基準としているが、比較の方法は異なる。雇用基準法の同一労働同一賃金では、四ファクターは比較対象となる職務に対して各々独立に評価され、四ファクターのうち一つに大きな差があれば、賃金格差があっても雇用基準法違反ではない。アメリカの同一賃金法の四ファクターの解釈と同じである。これに対して、ペイ・エクィティ法の同一価値労働同一賃金原則では、四ファクターは、それぞれ独立して比較され、四ファクターの総合ポイントが等しければ同一価値労働と評価される。[56]

（2）　オンタリオ州ペイ・エクイティ法

ペイ・エクイティ法は、法律で使用者に差別是正のための積極的な義務づけをするプロアクティブな法律である。一九八〇年代後半からプロアクティブな公的・私的部門で同一価値労働を強制的に行なう国が増え、スウェーデン、カナダ（オンタリオ、ケベック州）、フインランドで採択された(57)。

ペイ・エクイティ法の適用対象となる使用者は、公共部門と一〇人以上を雇用する民間の使用者である（the Pay Equity Act. s.3）。一〇人未満の事業所は除外される。使用者は、オンタリオ州に従業員を有する事業所をいうが、複雑な雇用関係の下では使用者の特定が困難な場合もある。

適用対象となる使用者の下で働くフルタイムおよび常用労働者がペイ・エクイティ法の適用を受ける。通常の労働者の三分の一以上働くパートタイム労働者も含まれる。通常の労働者の三分の一未満であっても、定期的かつ継続的に働く労働者は、適用対象となる。休暇中に働く学生は含まれない（s.8（4））。

在籍者が一〇人以上あって職務クラス（一つの事業所において類似した義務や責任を負い、類似の資格が要求され、同じような採用手続きで雇用され、同じ賃金体系、給与等級、同一範囲の給与率を有する職位を意味する（s.1））の六〇％以上が女性である場合には、女性職務クラス（s.1. 以下、女性職）、在籍者が一〇人以上あって職務クラスの七〇％以上が男性である場合には、男性職務クラス（s.1. 以下、男性職）と定義される。男女いずれの職務クラスでもない中立な職務クラスに対しては、ペイ・エクイティ法は適用されない。

職務賃金率とは、一つの職務グループに対する最高の賃金率を意味する（s.1）。賃金とは、付加給付、ボーナス、コミッションを含み（s.1）、時間賃率に換算して行なわれる。

同一価値と評価された男女間に賃金格差が存在する場合、①性差別のない先任権制度、②男女双方に対する臨時の訓練・訓練の割当て中の特別措置、③性中立な業績主義賃金、④職務比較の結果、賃金が下がる場合に賃金調整するための特別措置（レッドサークル）、⑤労働力不足による賃上げを理由とする賃金格差は抗弁として認められるが、挙証責任は使用者にある（s.8（1））。

使用者は、(a)一年一%ずつ段階的に引上げて、賃金格差を是正するか、(b)ペイ・エクイティを達成するために必要な金額の引上げをしなければならない（s.13（4）（a）59）。

一九九三年の法改正で、比較対象となる男性が存在しない女性労働者を救済するために同一事業所内の男性職の賃金と職務価値を適用して賃金を是正する、比例価値比較法（proportional value comparison method）が導入された（s.21. 2）。

使用者は、ペイ・エクイティ・プランの作成を義務づけられている（s.13）。プランは、次のように実施される。①各事業所において必要なプランの数の確認、②女性職と男性職の決定、③比較対象となる職務の決定、④性中立な職務比較方法の選択、⑤女性職と男性職の価値を比較、⑥同一価値職種の賃金の決定、⑦ペイ・エクイティを達成するために必要な賃金調整の決定、⑧プランを文書で作成、⑨プランを社内に掲示、⑩必要な賃金調整を行なう。

カナダの労働関係法（the Canadian Labour Relations Act. 1995. S.O. 1995）は交渉単位制を採用しているので、使用者は事業所内の交渉単位毎に性中立な職務比較制度、および賃金プランについて「誠実」に交渉し、同意に達することが義務づけられている（s.14）。使用者は、同一事業所内の女性職と男性職の価値の比較を行なう。これらの職務クラスの価値は、「技術」、「負担」、「職務を履行するために通常必要とされる責任」、「職務が履行される作業条件」の総合で決定される（s.5（1））。使用者及び労働組合は、男性職を女性職より優遇することのない限り、これらの四要素の基準の内容をどのように定義してもよい。

交渉単位内で比較出来る女性職と男性職の比較を行ない、比較対象者がいない場合には、他の交渉単位の中で探さなければならない。労働者の合意があれば、プランを統合するができる。未組織労働者の場合には、別のプランが必要である。プランは使用者が作成するので、プラン掲示後三〇日以内に異議申立てができる。プランは、労働協約に優先し、調整された賃金は協約の一部になる。複数のプランがある場合には、相互の調整が必要となる。労働者が労働組合に代表されている場合には、労働組合と使用者は全体のプランについて交渉しなければならない。労働者が労働組合に代表されていない場合には、使用者はプランの導入について労働者と交渉する義務はない。しかし、労働者は、ペイ・エクイティ委員会に異議を申し立てることができる（s.22（1））。ペイ・エクイティ委員会の審査官が申立ての受理、不受理を決定し、受理した場合には調査・紛争解決に努力し、命令を出す。命令に不服がある場合、あるいは遵守しない場合には、司法管轄権を持つペイ・エクイティ聴聞審判所でヒアリングが行われ、決定が行われる（s.23（4））。

(3)　性中立な職務評価基準

ペイ・エクィティ法は、性中立な職務比較制度（a gender-neutral comparison system）の使用を求めている（s.12）。職務比較を保障する条件については、オンタリオ州では、法令では規定せずに労使に判断を委ねているが、職務評価は除外されておらず、次の四つの職務評価制度が広く使われている— the ranking system, the classification system, the factor comparison method, the point method.[58] マニトバ、プリンスエドワードアイランド、ノバスコシア各州のペイ・エクイティ法は、全ての使用者に単一の職務評価制度を使用するように義務づけ、マニトバ州は、更に進んで、分析的な職務評価システムの使用を義務づけている。[59]

しかし、現在、オンタリオ州で使われている職務評価制度は、ほとんどが一九四〇年代に開発されたものであり、オンタリオ・ペイ・エクイティ委員会によれば、いずれもある程度のジェンダーバイアスを含んでいると指摘されており、職務評価の性中立性の確保は簡単ではない。職務比較の性中立性が争われた最初の事件は、ペイ・エクイティ聴聞審判所に看護師の労働組合が使用者である市を相手に申立てた事件（Haldimand-Norfolk（No.6）（1991）. 2 P.E.R. 105）である。看護師労働組合は、市が提案した得点要素法の職務評価が看護師の賃金における制度的な性差別を認識せず、評価していないと不服を申立てた。労働組合が勝訴して、労使双方が示された基準に即して、再度、職務評価制度の交渉を行なうことにした。審判所は、性に中立な要件について、厳格な要件を示している(60)。翌年にも、職務評価の性中立性を争った事件が審判所に申立てられ、使用者が敗訴している（Women's College Hospital（No. 4）（1992）, 3 P.E.R. 61）。従って、多くの使用者は、「性中立な職務評価制度」を確保するために、現在使用している職務評価制度を注意深く検討するか、あるいは新しい職務評価制度を実行することを求められている(61)。

（16）Steven E.Rhoads, *Incomparable Worth: Pay Equity Meets the Market*, Cambridge University Press（1994）p. 133.

（17）Gwyneth Pitt, *Employment Law*（*Third Edition*）, Sweet & Maxwell（1997）p. 21.

（18）Michael Armstrong, Ann Cummins, Sue Hastins, Willie Wood, *Job Evaluation: A Guide to Achieving Equal Pay*, Kogan Page（2007）, pp. 36-45.

（19）Advisory, Conciliation and Arbitration Services（Acas）Annual Report and Accounts 2008/09, p. 13 and p. 33.

（20）Suzanne McKie and Diya Sen Gupta, *Tolley's Equal Pay Handbook*（*First Edition*）, Lexis Nexis Butterworths（2006）pp. 31-32.

（21）帆足まゆみ「独立専門家に対するヒアリング概要」労旬一六七五号六四〜六八頁。

職務評価に関する行為準則は、ECとEOC（現・CEHR）の行為準則に含まれている。Employment & Social Affairs: A Code of practice on the implementation of equal pay for work of equal value for men and women: Luxembourg, 1996, EOC: Code of practice on Equal Pay, Manchester, 1997.

（22）Simon Deakin and Gillian S. Morris, *Labour Law*（*Third edition*）, Lexis Nexis Butterworths（2003）p. 634.

（23）Steven L. Willborn, *A Secretary and A Cook; Challenging Women's Wages in the Courts of the United States and Great Britain*, ILR Press（1989）pp. 35-49. ACASと独立専門家については、浅倉むつ子「男女同一賃金原則における同一『価値』労働評価について—イギリス同一賃金法の研究（下）」東京都立大学法学会雑誌三五巻一号二七頁以下参照。

（24）Steven L. Willborn, op. cit. pp. 123-124.

（25）Agnew, Pidgeon & Avery v. Warwick Upholstery Limited 事件（Case No's 20729/88 20730/88. 20731/88）の独立専門家の報告書のコピーは、雇用審判所から直接入手したものである。

（26）内藤忍「イギリスにおける同一賃金紛争の解決手続」労旬一六七五号四四～四五頁。
（27）Michael Jefferson, *Equal pay for work of equal value: a comment on Hayward v. Cammell Laird*, Industrial Relations Journal (1985) Vol.16 Issue 2, p.78.
（28）Jeanne Gregory, Equal Value/Comparable Worth: National Statute and Case Law in Britain and the USA, Peggy Kahn and Elizabeth Meehan（eds.）, *Equal Value/Comparable Worth in the UK and the USA*, Macmillan（1992）pp.55-56.
（29）Jeanne Gregory, op.cit., p.56.
（30）表6は、Michael Armsrtrong, Ann Cummins, Sue Hastings, Willie Wood, op.cit., p.41による。森ます美「イギリス公共部門における職務評価制度」昭和女子大学女性文化研究所紀要三五号（二〇〇八年）七五～七九頁。
（31）林・前掲論文（二〇〇九年）三八三～三八四頁。
（32）濱口桂一郎「EU指令に見る男女均等の展開」世界の労働二〇〇九年一一月号四〇頁。
（33）Donald J. Treiman, *Job Evaluation: An Analytic Review, Interim Report to the Equal Employment Opportunity Commission*, National Academy of Sciences, Washington, D.C.（1979）p.1.
（34）笹島・前掲書五八～五九頁。
（35）Franklyn Meine, Job Analysis for Employment Purposes, *Annals of the American Academy of Political and Social Science*, Vol.110, Psychology in Business（Nov. 1923）, p.29.
（36）Maeve Quaid, *Job Evaluation: The Myth of Equitable Assessment*, University of Toronto Press（1993）pp.45-46.
（37）Deborah M.Figart, Ellen Mutari, and Marilyn Power, *Living Wages, Equal Wages: Gender and Labor Market Policies in the United States*, Routledge（2002）pp.146-147.
（38）Ruth Milkman, *Gender at Work, the Dynamics of Job Segregation by Sex during World War II*, University of Illinois Press（1987）pp.73-83.
（39）Deborah M.Figart, Ellen Mutari, and Marilyn Power, op.cit. p.165.
（40）Walter Fogel, *The Equal Pay Act: Implications for Comparable Worth*, Praeger（1984）p.69.
（41）U.S. Cong. Rec. 1099179（1963）
（42）29 CFR Ch.XIV §1620.15, §1620.16, §1620.17 §1620.18.
（43）マック・A・プレイヤー（井口博訳）『アメリカ雇用差別禁止法』木鐸社（一九九七年）一五六頁。
（44）Donald J.Treiman and Heidi I.Hartmann（eds.）, *Women Work, and Wages: Equal Pay for Jobs of Equal Value*, National

Academy Press (1981).

(45) Mark R. Killingsworth, Comparable Worth and Pay Equity: Recent Developments in the United States, *Canadian Public Policy-Analyse De Politiques*, Vol. XXVIII, Supplement/Numero Special 1 2002, pp.177-180. Helen Remick, Comparable Worth in Whashington State, Rita Mae Kelly and Jane Bayes (eds), op.cit. pp.223-236, Michael W. McCann, *Rights at Work: Pay Equity Reform and the Politics of Legal Mobilization*, the University of Chicago Press (1994) pp.48-74.

(46) Deborah M. Figart, Ellen Mutari, and Marilyn Power, op.cit. p.189, Joan Acker, *Doing Comparable Worth: Gender, Class, and Pay Equity*, Temple University Press (1989) p.49, p.62 and p.103.

(47) ILO, *Job Evaluation* (1989) p.107.

(48) Joan Acker, op.cit., p.91.

(49) Ronnie J. Steinburg, Gendered Instructions: Cultural Lag and Gender Bias in the Hay System of Job Evaluation, *Work and Occupations* (1992) Vol.19 (4), p.387, 居城舜子「職場における同一価値労働の比較のための方策について—米国に学ぶジェンダーニュートラルな職務評価の可能性」世界の労働二〇〇四年二月号二七〜二八頁。

(50) Sara M. Evans and Barbar J. Nelson, *Comparable Worth for Public Employees: Implementing a New Wage Policy in Minnesota*, Peggy Kahn and Elizabeth Meehan (eds.), op.cit., pp.238-255. AAUWの調査によれば、二〇〇三年の時点で、三九州がペイ・エクイティ法を制定している（www.aauw.org/advocacy/laf/lafnetwork/library/payequity_statelaw.cfm）。

(51) Minnesota Statute: Equal Pay for Equal Work Law Sec. 2 [181.67].

(52) Jody Feder and Linda Levine, Pay Equity Legislation, *CRS Report for Congress*, July 27, 2009, pp.5-10.

(53) GAO, *Pay Equity: Experiences of Canada and the Province of Ontario*, Diane Publishing Co. (1993), pp.56-65, 木村愛子「カナダ　オンタリオ州『賃金衡平法』の解釈」季刊労働法一八一号九一頁以下、高島道枝「カナダ・オンタリオ州の公正賃金政策（Pay Equity Act of 1987）について—同一価値労働同一賃金政策の新たな試み—經濟學論纂（三六巻四号）九九頁以下。森ますみ『日本の性差別賃金』有斐閣（二〇〇五年）一七二頁以下。

(54) GAO, op.cit. pp.55-87. Morley Gunderson, Male-Female Wage Differentials and the Impact of Equal Pay Legislation, *the Review of Economics and Statistics*, Vol.57, No.4 (Nov. 1975) p.464.

(55) *Employment Standards Act 2000: Policy and Interpretation Manual*, Vol.1. 16・3 Sec.42, Carswell (2009).

(56) Cheryl J. Elliott and Stewart D. Saxe, *Pay Equity Handbook*, Canada Law Book Inc. (1987) p.22, 林　弘子「同一労働同一賃金原則と同一価値労働同一賃金原則について」労旬一七一一号四七頁。

(57)　ILO, op. cit.（2008）p. 3.
(58)　Cheryl J. Elliott and Stewart D. Saxe, op. cit., p. 24.
(59)　Maeve Quaid, op. cit., pp. 44-45.
(60)　性中立な職務評価制度として、①職務情報の正確な収集、②職務情報に価値を付けるメカニズムの決定、③労働の価値決定へのメカニズムの適用の仕方、④比較が挙げられている。高島・前掲論文一一四～一一八頁。
(61)　Cheryl J. Elliott and Stewart D. Saxe, op. cit., p. 26.

四　おわりに――労基法四条と職務評価導入の可能性――

労基法四条に違反した場合の効果については、労基法一一九条一号に違反した使用者に対する罰則規定が置かれているが、民事上の効果については何ら規定がないという法の欠缺状態が、労基法制定時から今日まで続いている。労基法四条違反が成立した場合に、差額賃金請求権を認める学説は多いが、そのほとんどが、労基法の条文の解釈や立法趣旨の追及、組み合わせの段階にとどまっており、賃金請求権の具体的内容、すなわち賃金額の確定まで視野に入れていないのである。年功序列の下で賃金が年齢や勤続年数によって決定されていた時代には、差額賃金請求権を認める解釈でも支障がなかったとしても、能力給や職能給の制度が浸透し、比較対象とされた男性労働者についての賃金額そのものが明確ではないケースが少なくない。したがって、性差別が認められ、差額賃金請求権が認められても、女性労働者が現実に支払いを受ける賃金額を具体的に確定できないことになる。現在の労働事情の下では、「男性労働者との賃金の差額について賃金請求権を有する」というだけでは問題の解決にはならないのである。(62)

男女賃金差別に関する裁判例はかなりあるが、差額賃金請求権を認める裁判例よりも不法行為による損害賠償請求権を認める裁判例が増えている。事実認定の問題として賃金請求権を認めることができる場合には、労基法一三条の規定を根拠としない裁判例も増えており、労基法四条違反で無効となった女性の賃金が確定できない場合は、結果的には不法行為に基づく損害賠償事件となっている。

「労基法一三条は、労基法の直律的効果を認め、民法の私的自治に対する例外として、当事者の意思表示なくして法律効果を発生させることができるとしている。それ自体として内容の明らかでない、『女子であることを理由として差別しないこと』が右の基準（労基法一三条）に該当すると考えることはできない。客観的な賃金の支給基準が存在しない本件については、労基法一三条もしくは労働契約上、被告の意思表示がないにも拘わらず、原告と被告の間で、原告につき労働契約が成立し、差額賃金請求権が発生したものと解することはできない。したがって、差額賃金請求権は認めることができない。」と判示して、差額賃金請求権は否定して、不法行為に対する損害賠償を認めた石崎本店事件（広島地判平八・八・七労判七〇一号二二頁）は、その典型的な裁判例である。特に一九九八年一月一日から施行された新民事訴訟法二四八条によって、①損害の発生が認められること、②損害の性質上その額の立証が極めて困難な場合には、原告の主張する損害額の範囲で合理的な額をその裁量により損害額として認定することが認められるようになり、(63) 差額賃金請求については、労基法四条違反の有無の判断以外には労基法の存在意義を失わせる結果となっている。

同一労働、類似労働、同一価値労働をいかに決定するかは、差額賃金請求額あるいは差額賃金額相当の損害賠償額、つまり、賃金額の決定のための前提条件であるはずである。同一価値労働同一賃金原則に関する鑑定意見書が出された京ガス事件（京都地判平一三・九・二〇労判八一三号八八頁）が注目されるのも、平等、均等、均衡、相当といった抽象的な判断基準ではなく比較される労働の価値を数値化して、物差しを示したからである。

京ガスでは、就業規則上、従業員が現業員と職員（監督、営業、事務など）に分けられている。事務職員の女性が原告となり、監督職員の男性との賃金格差が労基法四条違反で争われた事案である。カナダのオンタリオ州のペイ・

エクイティ法の同一価値労働の評価基準として規定された四ファクターにサブ・ファクターを配置して、つまり、①知識・技能は五サブ・ファクター、②責任は二サブ・ファクター、③精神的・身体的な負担と疲労度は三サブ・ファクター、④作業条件は二サブ・ファクターを使って各ファクターで男性従業員と女性従業員の職務を評価してポイント化し、比較対象男性労働者が一〇〇ポイントであるのに対して女性労働者一〇七ポイントと評価した鑑定意見書が出された[64]。京都地裁判決は、両職務の価値に格別の差はないと認め、本件賃金格差は原告が女性であることを理由とするものとして、労基法四条違反を認めた。しかし、京ガス事件地裁判決は、損害の認定については、「賃金の決定はそれだけではなく、個人の能力、勤務成績等諸般の事情も大きく考慮されるものである……これを考慮し、その損害を控えめに算出すべきである」として、それまで男性職員の七五％弱であった原告女性労働者の賃金を八五％に相当する金額に引き上げ、差額賃金、慰謝料五〇万円、弁護士費用六〇万円しか認めなかった。男性職の八割五分の賃金とした判決は、性差別事件ではないが、丸子警報器事件（長野地上田支判平八・三・一五労判六九〇号三二頁）の八割と同じく裁判官の裁量による決定であり、根拠は明らかにされていない。本件の場合、鑑定意見書の職務評価の結果は事実認定に際して参考とされたと推測されるが、職務評価は、それぞれの職務の価値の評価であり、それを担当する個人の能力や勤務成績を評価するものではない[65]。

職務評価のポイントをいかに賃金率に換算するかは別の問題である。たとえば、既に述べたアメリカのAFSC-ME v. State of Washington 事件では、コンサルタント会社は、①知識と技術、②精神的負担、③責任、④作業条件の四ファクターを使って、それぞれの職務の上限ポイントを決め、基準となる職務の点数を決定した。四ファクターの合計点数を賃金率に換算するために、回帰分析法（regression analysis）が用いられた。しかし、これ以外にも約二〇の方法があるといわれている。問題は、すべての方法で同じ結果が出る訳ではないということである[66]。

職務評価は、二つ以上の職務で行なわれる課業（the job tasks）が同じか否かを評価するものではなく、二つの非常に異なった職務を履行する場合に必要とされる技術のような要素の平等や不平等を評価するシステムである。職務評価の要素得点は、非常に異なった職務について等しくなる可能性があるが、一、二の重要な課業を除けば全く同じである二つの職務で大差が出ることもある。職務評価は、評価要素（compensable factor）に焦点を当てており、アメリカの同一賃金法が求めている中核的職務を確立するには有益ではないと評価されている。しかし、同一職務の評価が困難である場合には、同一労働同一賃金を争う場合にも職務評価が裁判所に証拠として出されることがある。原則として、裁判所は職務の同一性あるいは非同一性の証拠としては、職務評価の重要性を認めていない。裁判所は職務評価の主観性を問題にしており、多くの場合、原告あるいは被告が出した職務評価に依拠せずに、むしろ客観的な職務記述に基づいて判断が行なわれている[67]。

わが国にも使用者が行った職務評価に対応する賃金表を被告企業の女性差別を正当化するものとして厳しく批判した裁判例がある。男女が実質的に同一労働をしているにもかかわらず、賃金表を賃金表１（男性）、賃金表２（女性）の二本立てにして、労基法四条違反とされた事件である（内山工業事件・広島高裁岡山支判平一六・一〇・二八労判八八四号一三頁）。

被告会社の職務評価によれば、「男性職の最低点（自動裁断）と女性職の最高点（溝入れ加工）との差は三点しかない。一方、男性職の最高点（原料計量・混練り・冷却）は三六点、最低点は二四点であり、その差は一二点である。一二点の格差があるが、男性であるからいずれも賃金表〈１〉が適用される。すなわち、一二点の格差があっても同一賃金なのである。一二点の格差があるとしても同一価値労働とされているのである。そうだとすると、男・女の職務間においては、たかだか三点の差だけなのに、労働としての価値が、賃金金額において二〜三割もの格差がつけられるのは、明らかに矛盾である。要するに、労働の価値の相違から、賃金額が決められていないので、このような不都合な結果となるのである。……もし、控訴人が賃金の額について、男女間における性による差を設けなかったとしたら、被控訴人らは男性と同一の賃金を得られたはずである。控訴人が、女性であることを理由として賃金を低く設定するという不法行為をしなかったとするなら、男性と同一価値の労働をしている被控訴人らは、いずれも男性と同一の賃金を得られたはずである。」

男女賃金差別が争われた事件で、職務評価や価値という言葉を使っている判決は複数あるが（例えば、「同一の労働とは、労働基準法四条が男女の雇用平等、特に賃金の平等原則を定めたものであることから、形式的に職務内容及び職責を同じくする労働のみならず、職務内容、職責などに関して職務評価等を通じて同価値と評価される職務をいうと解すべきである（内山工業事件・岡山地判平一三・五・二三労判八一四号一〇二頁）。」、いずれも、欧米でいう同一価値労働の意味ではなく同一労働、あるいは類似労働の意味で使われている。

わが国では、女性の多数が、女性職に集中しており（女性が九〇％以上を占めている職種は、保健師―九九％、看護師―九五％、歯科衛生士―一〇〇％、保育士―九八％、小学校教員―九四％、家庭生活支援サービス職業従事者―九四％、家政婦・家事手伝い―九八％、ホームヘルパー九四％、電話交換手―九九％、和服仕立業者―九一％等である―二〇〇五年国勢調査）、職務分離については同一労働同一賃金の原則では救済できない。M・グンダーソンは、オンタリオ州でも同一労働同一賃金原則では、男女間の賃金格差を縮小することはできなかったと結論している(68)。しかし、労基法四条を根拠に法一般の平等原則から同一労働同一賃金、あるいは実質的に同一労働同一賃金の原則までは導き出せても、実定法上の根拠がないことを理由に、同一労働同一賃金原則の法規範性を否定している日本の裁判所が、現行の労基法四条から同一価値労働同一賃金原則を導き出す可能性は否定せざるをえない(69)。

ＩＬＯ一〇〇号条約は、同一価値労働同一賃金原則を確保するために、①国内の法令、②法令によって設けられた又は認められた賃金決定制度、③使用者と労働組合との間の労働協約、④これらの各種の組み合わせで行うように求めている。日本が批准した同一価値労働同一賃金原則を含む国際条約の自動執行性もＩＬＯ一〇〇号条約も含めて否定されており（京都女性協会事件・京都地判平二〇・七・九判決労判九七三号五二頁、大阪高判平二一・七・一六労旬一七一三号四〇頁、最判平二二・二・五上告棄却）、ＩＬＯ専門家委員会の意見から考えると、日本の選択肢は①か②であろう。

（62）細矢郁「賃金の男女差別と差額請求の法的構成」判例タイムズ八六一号一五頁。
（63）森ます美「京ガス男女賃金差別事件に関する意見書―同一価値労働同一賃金原則の観点から」二〇〇一年一月二五日京都地裁提出（森・前掲書二五五頁以下に所収）。
（64）河野正憲『民事訴訟法』（有斐閣、二〇〇九年）四六二～四六七頁、坂本恵三「判決③―損害賠償額の認定」『新民事訴訟法体系　理論と実務第三巻』（青林書院、一九九八年）二七四～二七五頁。
（65）Maeve Quaid, op. cit., p. 21.
（66）Steven L. Willborn, op. cit., pp. 148-149.
（67）Walter Fogel, op. cit., p. 70.
（68）Morley Gunderson, op. cit., p. 469.
（69）東京大学労働法研究会『註釈労働基準法（上）』（有斐閣、二〇〇三年）一〇二頁（両角道代執筆）、林弘子「男女間賃金格差をめぐる法的問題―同一価値労働同一賃金原則と男女コース別雇用管理制度を中心に―」女性労働研究四五号二九頁以下。

24 雇用保険法の育児休業給付の再検討

神尾真知子

一 はじめに

一九九二年に施行された育児休業等に関する法律（以下、育児休業法）は、休業期間中の賃金について規定していなかったので、使用者は休業する労働者に賃金を支払う法的義務はなかった（今もない）。そのため、多くの場合、育児休業期間中は無給となり、当時は社会保険料の負担がある上、前年の所得にかかる住民税も支払わなければならず、育児休業する労働者の経済的負担は大きかった。そこで、育児休業期間中の経済的負担が問題となり、雇用保険制度に新たに「雇用継続給付」として「育児休業給付」を設けることにした。

「育児休業給付」は、育児休業、介護休業等育児又は家族介護を行う労働者の福祉に関する法律（以下、育児・介護休業法）に定める育児休業を取得した場合に原則として支給されるので、雇用保険法と育児・介護休業法は連動している。したがって、育児・介護休業法が改正されると、雇用保険法における「育児休業給付」も、それに合わせる形で改正される。

二〇〇九年の雇用保険法改正は、育児休業期間中に支給される「育児休業基本給付金」と育児休業から職場復帰後六か月経過して支給される「育児休業者職場復帰給付金」を統合し、「育児休業給付金」として全額育児休業期間中に支給することにした。これは、制度設計を行った当初の育児休業給付の目的及びあり方を根本的に変更する改正である。

本稿は、育児休業給付の創設と改正の経緯を検証し、二〇〇九年の雇用保険法改正を批判的に検討し、育児休業給付の問題点を指摘し、育児休業期間中の所得保障のあり方を考察する。

二　育児休業給付の創設と改正の経緯

(1)　育児休業給付の創設[1]（一九九四年法改正・一九九五年四月一日施行）

育児休業取得者に対する経済的援助に関して、一九九三年九月二七日の労働省婦人少年問題審議会の「『育児休業取得者に対する経済援助のあり方』について」は、育児休業取得者に対する経済的援助を講じるための検討を速やかに行うことを建議している。その方法として、経済的援助を個々の事業主の責任として法律で一律に義務づけるのは適当でなく、社会的制度の枠組みにより措置することが適当であるとしている。その場合に既存の制度的枠組みによる方法と新たな枠組みを構築する方法が考えられるが、育児休業制度の趣旨・目的、現在の行財政事情等を踏まえると、育児休業取得者に対する経済的援助は、既存の枠組みである労働省所管の雇用保険制度において措置されることが、当面現実的かつ適当であると考えるとしている。その措置の具体的な検討に際しては、育児休業の趣旨・目的に則したものとなること、特に育児休業法に基づく育児休業は男女労働者がその一歳に満たない子を養育するためにする休業であること、及び育児休業の取得は任意的、選択的であるといった点について配慮がなされるべきであるとしている。

その後、中央職業安定審議会雇用保険部会において検討され、労働者の職業生活の円滑な継続を援助、促進するための雇用継続給付制度の創設の提言を含む雇用保険部会報告書が同年一二月に取りまとめられた。同報告書を踏まえて労働省が作成した「雇用保険法等の一部を改正する法律案要綱」は中央職業安定審議会、社会保障制度審議会の賛成の答申を経て、政府は「雇用保険法等の一部を改正する法律案」を国会に提出した。改正法は可決成立し、一九九四年六月二九日に公布され、一九九五年四月一日より施行された（以下一九九五年法）。

育児休業取得者に対する経済的援助の制度設計は、一九九三年の婦人少年問題審議会の建議が方向づけたのであり、既存の枠組みである雇用保険制度によることになったのである。労働省所管の既存の社会保障財源としては雇用保険と労災保険しかなく、育児を業務上災害とすることは不可能であり、雇用保険の財源によるしかなかったといえる。

一九九五年法は、雇用保険制度の新たな保険事故として、「雇用の継続が困難となる事由が生じた場合」を規定し、保険給付の目的を「労働者の雇用の安定を図る」こととした。すなわち、育児休業給付は、育児休業の取得に伴う賃金収入の全部又は一部の喪失により雇用の継続が困難となる状態を、「失業に準じた職業生活上の事故」ととらえ、このような事故が生じた労働者に対し、職業生活の円滑な継続を援助、促進することにより失業を回避し、その雇用の安定を図ることを目的としている。

育児休業給付は、育児休業法に定める育児休業を取得した場合に、支給される。支給要件は、満一歳未満の子を養育するために育児休業をした雇用保険の一般被保険者[2]が、育児休業開始日前二年間[3]に賃金支払基礎となった日数が一一日以上ある月（過去に基本手当の受給資格の決定を受けたことのある場合は、基本手当の受給資格決定を受けた後のものに限る）が一二か月以上あることである。

支給額は、育児休業開始前六か月間の月平均賃金額の二五％相当額とし、このうち、二〇％相当額は育児休業期間中に支給し、育児休業後六か月間被保険者として雇用された場合に月平均賃金額の五％に育児休業の月数を乗じた額を支給する。このように、育児休業期間中と育児休業後とに給付時期を分ける趣旨は、育児休業後の円滑な職場復帰を促進することにある。二五％という給付率は、離職して基本手当を受給する者との均衡等を考慮し、出産期の女性が失業した場合の基本手当の平均給付額と一〇か月分の育児休業給付の給付額が同じになること等を勘案して設定された。

育児休業期間中に支払われた賃金と育児休業給付（二〇％）相当額の合計額が、育児休業開始前六か月間の月平均賃金額の八〇％を超える場合は、その超える額を減額して支給する。

育児休業給付の支給期間は、労働者が養育する子が一歳に達するまでである。育児休業が任意的、選択的な性格を有していること、公的援助であることから、支給を行う範囲は、休業をめぐる社会的コンセンサスが確立している範囲とすることとしているので、育児休業法で認められている休業の範囲を考慮し、支給対象と定めている。したがって、育児休業法の定める育児休業ではない、同一の子に係る二回目以降の育児休業については、原則として育児休業給付は支給されない。

(2)　二〇〇〇年法改正（二〇〇一年一月一日施行）

二〇〇〇年法改正により、育児休業給付の支給率を二五％から四〇％とし、三〇％相当額は育児休業期間中に、一〇％相当額は育児休業後六か月被保険者として雇用された場合に支給する。一九九九年八月二七日の中央職業安定審議会専門調査委員会雇用保険部会は、「雇用保険の見直しについて（中間報告）」において、「少子・高齢化の中での職業生活と家庭生活との両立支援という観点から、育児・介護休業給付の給付率の見直しが必要ではないか」と指摘し、同年一二月八日の同部会の報告書「雇用保険制度の再構築について」においても、「最近の少子・高齢化の進展に対応し、職業生活と家庭生活との両立支援をより充実し、職業生活の円滑な継続を援助、促進する観点から、育児・介護休業給付の給付率の引上げについて、他の関連諸施策の動向も見つつ、検討する必要がある」としていた。その結果、二〇〇〇年法改正に至ったものである。

四〇％という支給率は、求職者給付の給付率が原則六〇％とされていること等を考慮して設定された[4]。

(3)　二〇〇三年法改正（二〇〇三年五月一日施行）

基本手当を算定する特例として、育児・介護休業法による休業又は勤務時間短縮期間中の賃金が喪失している期間中に、倒産・解雇等の理由により離職した者については、措置前の賃金日額を用いて基本手当日額を計算する。

(4)　二〇〇四年法改正（二〇〇五年四月一日施行）

二〇〇四年の育児・介護休業法改正に伴い、雇用保険法も改正された。育児休業給付に関しては、主に二つの改正が行われた。第一に、保育所に入所できないなど一定の場合に子どもが一歳六か月になるまで育児休業することができるようになったので、育児休業給付期間が最大一歳六か月まで延長された[5]。第二に、一定の要件を満たす期間雇用労働者についても育児休業が認められるようになったので、一定の期間雇用労働者についても育児休業給付が支給されるようになった。

育児・介護休業法が育児休業の取得を認める一定の期間雇用労働者は、次のような要件を全て満たす労働者である。①同一事業主に引き続き雇用された期間が一年以上であること、②子が一歳に達する日を超えて雇用が継続することが見込まれること、③子が一歳に達する日から一年を経過する日までの間に雇用関係が終了することが申出時点において明らかな労働者でないこと。

しかし、実際には、上記要件を満たす期間雇用労働者のうち、一定の者は育児休業給付を受給できない取扱いがなされていた（図1参照）。二〇〇七年一〇月一日より前に育児休業を開始した一般被保険者が期間雇用者である場

図1　2005年法における期間雇用者に対する育児休業及び育児休業給付の適用について

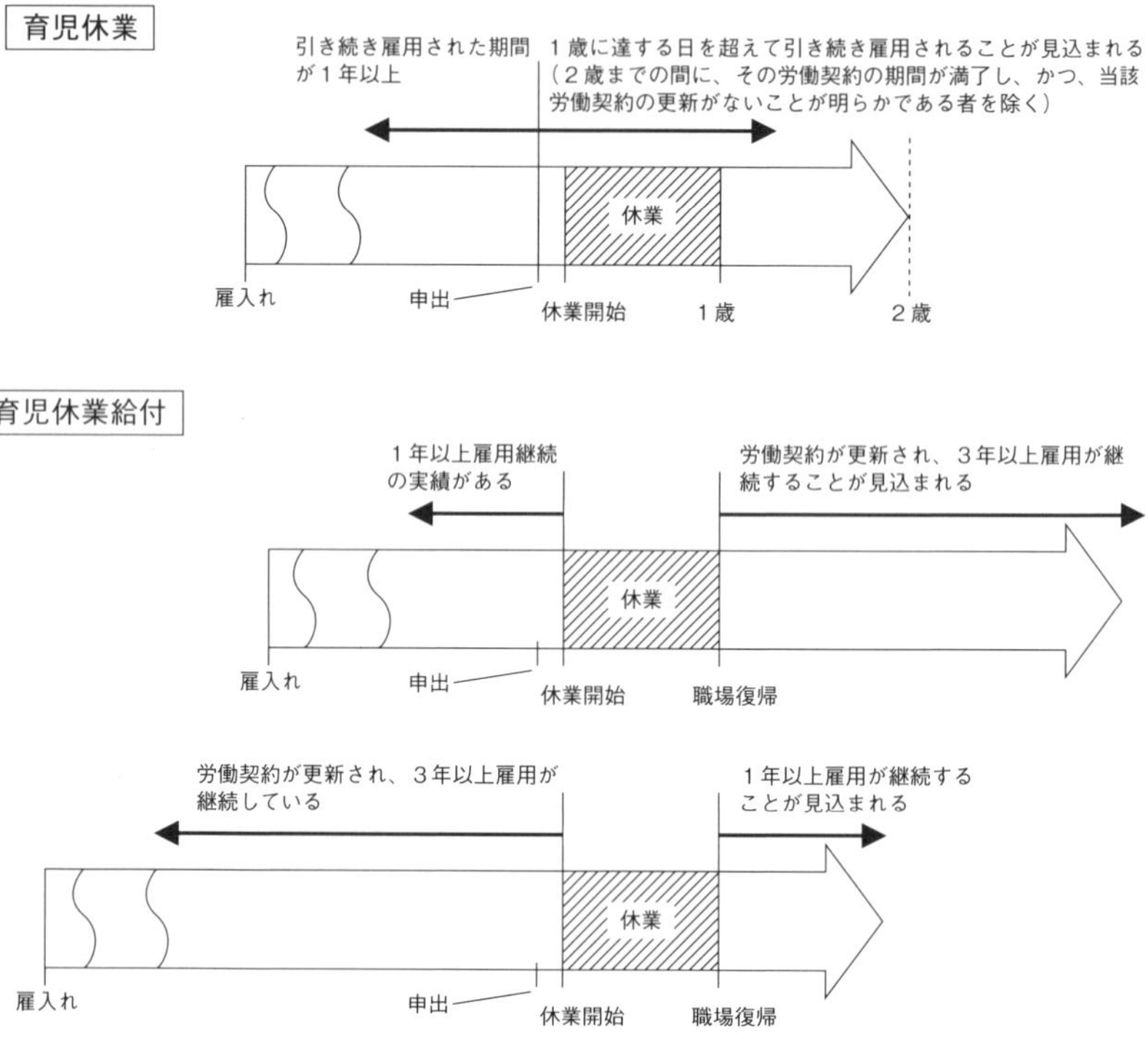

出典：厚生労働省

合、次の要件のいずれかを満たさないと、育児休業給付を受給できなかった[6]。①育児休業開始時において同一事業主の下で一年以上雇用が継続しており、かつ、休業終了後同一事業主の下で労働契約が更新され、三年以上雇用が継続する見込みであること、②休業開始時において同一事業主の下で労働契約が更新され、三年以上雇用が継続しており、かつ、育児休業終了後同一事業主の下で一年以上雇用が継続する見込みであること。①については、休業終了後の見込まれる雇用継続期間について、育児・介護休業法の定める育児休業を取得できる期間雇用者の見込まれる雇用継続期間よりも長く設定されている。②については、育児休業申出前の同一事業主の下での雇用継続期間について、二年長く設定されている。また、期間雇用労働者が、二〇〇七年一〇月一日より前に育児休業を開始する場合には、要件に該当する旨を記載した「期間雇用者の育児休業に係る報告」を事業主により提出することが求められていた。

このように、育児・介護休業法の育児休業の取得要件とは異なる取扱いが育児休業給付の支給要件についてなされたのは、二〇〇四年一月八日の労働政策審議会職業安定分科会雇用保険部会報告書が述べるように、育児・介護休業法の改正によって休業の権利が付与される期間雇用者のうち、「雇用継続を援助、促進する」という雇用保険制度として制度化された制度本来の趣旨に適う者について給付が行われるように必要な措置を講じたからである。

(5) 二〇〇七年法改正（二〇〇七年一〇月一日施行）

基本手当の日数を決める算定基礎期間の計算において、二〇〇七年一〇月一日以降に育児休業を開始し育児休業給付を受けた期間は、算定基礎期間（被保険者期間）に算入しないこととなった。

これまでの法改正において、育児休業給付は受給者にとって有利に改正されてきたが、二〇〇七年法改正は、不利な改正となっている。二〇〇七年一月九日の労働政策審議会職業安定分科会雇用保険部会報告書「雇用保険の見直しについて」（以下報告書）は、わざわざ、算定基礎期間への不算入に係る規定の創設に関して、労働者代表委員の「慎重に内容を規定すべきとの意見」を掲載している。また、改正法案が審議された第一六六国会においても、「子どもを産み育てる環境づくりの方針」と逆行するのではないかという質問がなされている。これに対して、政府参考人（高橋満氏）は、育児休業給付は比較的長期の給付を受けられる制度であること、その間賃金が支払われないので雇用保険料が納付されないことがほとんどであることを踏まえて、被保険者間の公平性の観点から、改正を提案していると回答している。(7)

報告書は、育児休業給付に関して、①育児休業給付の給付率の引上げ、②期間雇用者に対する育児休業給付の支給要件を育児・介護休業法の取扱いに統一することも提言している。

①に関して、報告書は、少子化対策はわが国の喫緊の課題であるが、育児休業給付は制度創設以来、育児休業の取得を促進する重要な施策として位置づけられていることから、一般求職者給付（基本手当）との均衡に配慮しつつ、暫定的に、給付率を休業前賃金の五〇％水準に引き上げ、雇用保険制度としての最大限の対応を図ることはやむをえないとしている。

この点に関し、二〇〇七年三月二九日の参議院の厚生労働委員会において、政府参考人（高橋満氏）は、次のように述べている。育児休業における社会保険料の負担を併せて免除すると約一〇％程度負担が免除されており、基本手当の基本給付率である五〇％とほぼ同様の水準で負担軽減というか所得保障がなされている。こういう中で、四割から五割に育児休業給付の引上げを行うことについて、雇用保険制度として最大限の対応を図るということについてやむを得ないとしている[8]。

二〇〇七年法改正は、暫定的に育児休業給付を五〇％に引き上げた。これは、子ども・子育て応援プランにおいて、二〇〇九年度までの期間において少子化対策を重点的に取り組むことになっていたことからきている。育児休業期間中に支給される三〇％相当額は変更ないが、育児休業後六か月間雇用された場合に支給される額を二〇％相当額に引き上げた（二〇一〇年三月三一日までに育児休業基本給付金の支給に係る育児休業を開始した被保険者対象）。明確に法改正の趣旨には示されていないが、育児休業給付の給付率の一〇％引上げと前述の育児休業給付期間の基本手当の算定基礎期間への不算入はセットになっている。

②に関して、二〇〇七年一〇月一日以降に育児休業を開始した一般被保険者である期間雇用労働者に対しては、育児休業給付の支給要件を育児・介護休業法の取扱いに統一した。

(6)　二〇〇九年法改正（二〇一〇年四月一日施行、二〇一〇年六月三〇日施行）[9]

二〇〇九年法改正には、二〇〇九年の育児・介護休業法の改正に伴わないものと育児・介護休業法の改正に伴うものがある。

前者の改正は、①育児休業基本給付金と育児休業者職場復帰給付金の統合、②育児休業給付の給付率を当分の間休業開始前賃金月額の五〇％とすることである。
①については、二〇〇七年改正法に関し参議院厚生労働委員会による二〇〇七年四月一〇日付けの附帯決議があり、今後、暫定措置期間が終了する二〇一〇年度以降の継続については、その在り方（育児休業基本給付金と育児休業者職場復帰給付金の在り方を含む）を検討することについて、政府が適切な措置を講ずることを求めていた。
二〇〇九年法改正は、二〇一〇年四月一日以降育児休業を開始した一般被保険者に対して、これまでの育児休業基本給付金と育児休業者職場復帰給付金を統合し、「育児休業給付金」として、全額育児休業期間中に支給することとした。
②について、二〇〇九年一月七日の労働政策審議会職業安定分科会雇用保険部会報告書「雇用保険制度の見直しについて」は、「少子化対策としての要請等も踏まえると、暫定措置を当分の間延長し、雇用保険制度として対応を図ることはやむを得ないものと考える」としている。
育児・介護休業法改正に伴う雇用保険法の改正は二〇一〇年六月三〇日施行であり、パパ・ママ育休プラス制度の創設に伴う育児休業給付金の支給及び、配偶者の出産後八週間以内に父親が育児休業を取得した場合の育児休業の再度取得に対する育児休業給付金の支給である。

パパ・ママ育休プラス制度は、父母ともに育児休業を取得する場合に育児休業可能期間を延長する制度であり、次のいずれにも該当する場合は、一定の要件を満たせば、子が一歳二か月に達する日の前日の間に最大一年まで育児休業給付金が支給される。子が一歳に達する日が二〇一〇年六月三〇日以降である人が対象となる。①育児休業開始日が、一歳に達する日の翌日以前である場合、②育児休業開始日が、配偶者（事実上婚姻関係と同様の事情にある当該者を含む）が取得している育児休業期間の初日以後である場合、③配偶者が当該子の一歳に達する日以前に育児休業を取得していること。父親の育児休業の場合は、育児休業給付金を受給できる期間の上限は一年間であり、母親の育児休業の場合は、出産日（産前休業末日）と産後休業期間と育児休業給付金を受給できる期間を併せて一年間が上限となる。

育児・介護休業法改正により、配偶者の出産後八週間以内の期間内に、父親が育児休業を取得した場合には、特別の事情がなくても、再度の取得が可能になり、再度取得日が二〇一〇年六月三〇日以降であれば、当該制度の対象となる。この制度により育児休業を再度取得でき、再度取得期間に育児休業給付金を受給できるのは父親のみである。

（1）一九九五年法による育児休業給付の概要については、主に、奈尾基弘「雇用保険法等の一部を改正する法律について」ジュリスト一〇五二号、一九九四年、一三〇頁から一三二頁によっている。
（2）高年齢者継続被保険者、短期雇用特例被保険者、日雇労働被保険者は、育児休業給付の支給対象とはならない。
（3）育児休業開始日前二年間に疾病・負傷等の理由により引き続き三〇日以上賃金の支払いを受けることができなかった労働者は、これらの理由により賃金の支払いを受けることができなかった日数を二年間に加えた日数（最大四年）となる。
（4）石垣健彦「雇用保険法等の一部を改正する法律について」ジュリスト、一一八五号、二〇〇〇年、七二頁。
（5）育児休業基本給付金の支給対象期間の延長申請に関し、保育所不承諾通知書が添付されていないことを理由に不支給とした原処分を取り消した事例がある（労働保険審査会裁決・平成二〇年雇第二三号取消。http://www.mhlw.go.jp/topics/bukyoku/shinsa/roudou/04.html）。
（6）雇用保険法施行規則の一部を改正する省令（平成一七年厚生労働省令第一六号）。
（7）参議院厚生労働委員会平成一九年四月一〇日（参議院厚生労働委員会会議録第九号）。
（8）参議院厚生労働委員会平成一九年三月二九日（参議院厚生労働委員会会議録第七号）。
（9）二〇〇九年に改正された育児・介護休業法については、神尾真知子「育児・介護休業法改正の意義と立法論的課題――二〇〇九年法改正が残したもの――」季刊労働法二二七号、二〇〇九年、一〇頁から二五頁参照。

三　現行育児休業給付制度の問題点

一九九五年に育児休業給付制度が施行されて以降、前述したように、育児休業給付期間を基本手当の算定基礎期間に算入しないこととした二〇〇七年法改正を除き、給付率の引上げ、育児休業基本給付金と育児休業者職場復帰給付金の育児休業給付金への統合、育児・介護休業法改正に伴う育児休業給付の支給期間の延長・支給対象の拡大等というように、育児休業給付制度を利用する労働者にとって有利な雇用保険法改正が行われてきた。しかし、改正の経緯と内容を検証してみると、育児休業給付の本来の目的・趣旨からは説明できない改正が行われている。

(1)　給付の考え方を変更したこと

一九九五年法による創設当初の二五%という給付率は、離職して基本手当を受給する者との均衡等を考慮し、出産期の女性が失業した場合の基本手当の平均給付額と一〇か月の育児休業給付の給付額が同じになること等を勘案して設定された。具体的には、育児休業給付の給付額は、結婚・出産退職者が平均九〇日の失業給付を受け、その大部分が従前賃金の八〇%相当額であったこととのバランスをとったものである[10]。一九九五年法の下では、育児休業法の育児休業を取得し育児休業給付を受給することと、結婚・出産で退職し失業給付を受給することとは、実際の給付額に差異がないように設定されていた。それは、育児休業は任意的選択的な性格を有しているので、育児休業給付が、育児休業を取得する選択にインセンティブとして働かないようにしたのである。このような考え方に基づく給付率の設定は、育児休業給付の当初の制度設計の考え方からすると筋が通っていた。

二〇〇〇年法改正は、給付率を四〇%に引き上げたが、求職者給付の給付率が原則六〇%とされていること等を考慮したと説明されている。これは、一九九五年法の給付の考え方を変更したものである。なぜ考え方の変更が必要なのか、なぜ給付額ではなく給付率を根拠としたのか、これにより基本手当受給者との均衡は図れるのかについて十分な議論はなされていない。育児休業給付の保険事故は「失業に準じた職業生活上の事故」であるから、失業を保険事故とする求職者給付と同じ給付率にすることは疑問であり、給付額からみると育児休業給付受給者の方が上回ることになり、基本手当受給者との均衡が図れない。また、このことは、出産後退職して失業給付を受給するよりも、育児休業を取得し育児休業給付を受給した方が有利であることを意味し、育児休業を取得する選択に対してインセンティブとして育児休業給付が働くことになる[11]。

さらに、二〇〇七年法改正で、「暫定的に」(三年間)育児休業給付の支給率を五〇%に引上げることを行い、期限切れを迎えたので、二〇〇九年法改正で、二〇一〇年四月一日から「当分の間」五〇%とすることになった。このことについても、十分な議論はなされておらず、政府は、国会において「雇用保険制度としてはもう最大限の対応を図るということについてやむを得ない」と歯切れの悪い答弁をしている[12]。

二〇〇七年法改正以降、給付率において、育児休業給付の給付率と介護休業給付の給付率の間には格差が生じ、拡大している。介護休業給付の給付率は四〇%にとどまり、かつ介護休業期間中の社会保険料の労働者負担は免除されていないので、加えて約一〇%の格差が生じている。その結果、現在の両者の給付率の格差は実質二〇%ということになる[13]。育児・介護休業法に定める休業であるのに、このように給付率に大幅な格差が生じているのは、育児休業の背景に少子化対策があるからである。

(2)　育児休業者職場復帰給付金が廃止されたこと

育児休業給付の支給時期は、育児休業期間中と、育児休業後六か月間被保険者として雇用された後に分けられていた。政府は、育児休業給付を分けて支給している理由を、育児休業後の円滑な職場復帰を促進することにあるとしている。このような支給方法は、当初から再就職の意思を欠く者と就業意欲のある者とに差をつけ[14]、モラルハえられる。ザードを防ぐこともできるし、育児休業給付の目的である雇用継続ということからも、適切な制度設計であると考えられる。

介護休業給付は、このように分けて支給しておらず、一括して介護休業期間中に支給している。その理由として、政府は、介護休業期間が最長でも三か月と短期間であるということで職場復帰も比較的容易であること、休業後の職場復帰に当たって種々の費用がまとまって必要となる場合が少ないことから、一括支給としていると説明している。(15) 一方、厚生労働省は、育児休業者職場復帰給付金の目的に、「休業後の職場復帰に当たって種々の費用がまとまって必要となること」が含まれると考えている。(16)

二〇〇九年法改正の育児休業給付金への統合に関しては、二〇〇八年一二月五日に開催された第四〇回労働政策審議会職業安定分科会雇用保険部会において、次のような様々な意見が出た。「今後の問題としては育児休業の給付を雇用保険でやることの説明がつかなくなるのではないか」、「うまくそれなりに機能しているということであるにもかかわらず統合してしまうことは、もう少しよく議論すべきではないか」、「最初のところで、給付金を払ってしまうことになると、悪い言葉で言えば食い逃げというか、実際に八三％（育児休業基本給付金を受給した者が、職場復帰後、育児休業者職場復帰給付金を受給した割合・筆者注）あるからいいではないかということは制度上なかなか言えないと思います。いまの方が支給する側としても合理的ではないかと思いますが、そこを変える理由というのは一体何にあるのかということを疑問に思っています」。

これらの意見に対して、厚生労働省の雇用保険課長は、全体の少子化対策の推進ということから、育児休業を取得しやすくすることによって、少子化対策にもつなげていくような観点で、育児休業給付を休業中にまとめて支給する方が効果的ではないかということで提案していると説明している。(17)

育児休業給付の支給時期の統合は、給付率の引上げと同様に単なる部分的な制度変更にとどまらず、育児休業給付全体の制度設計の変更をもたらすものである。雇用の継続が困難となる事由が生じた場合を保険事故として、職業生活の円滑な継続の援助・促進により失業を回避し、雇用の安定を図るということから、育児休業給付は、実際に職場復帰した後に一部支給するように制度設計されていたのであり、それが廃止されることは、当初の育児休業給付の制度設計の根幹の変更を意味する。

育児休業給付は、雇用保険制度の財源に頼らざるを得なかった経緯がある中で、雇用保険制度に組み込むことを説明できる仕組みである育児休業者職場復帰給付金制度を設けていたが、二〇〇九年法改正によりその仕組みを失ってしまった。また、当初から再就職の意思を欠く者と就業意欲のある者とを区別することができなくなり、モラルハザードを防ぐことができない。

(3)　非正規雇用労働者は育児休業給付を受給することが困難であること

育児休業給付は雇用保険制度の枠組みの中にあるので、図2に見るように、受給するためには、まず雇用保険の被保険者でなければならない（第1ステップ）。雇用保険の被保険者資格は、「賃金によって生計を維持する者」ととらえられ、四六八頁の表に見るように、以前は、労働時間、雇用期間、年収によって判断していたが、現在は労働時間及び雇

表　雇用保険の被保険者資格要件の変遷

	労働時間	雇用期間	年収
1975年以降	所定労働時間が通常の労働者のおおむね4分の3以上かつ22時間以上	反復継続して就労する者であること	52万円以上
1989年以降	週所定労働時間22時間以上	雇用期間が1年以上（見込み）	90万円以上
1994年以降	週所定労働時間20時間以上	雇用期間が1年以上（見込み）	90万円以上
2001年以降	週所定労働時間20時間以上	雇用期間が1年以上（見込み）	
2009年以降	週所定労働時間20時間以上	雇用期間が6か月以上（見込み）	
2010年以降	週所定労働時間20時間以上	雇用期間が31日以上（見込み）	

作成　神尾真知子

図２　期間雇用者と育児休業給付の受給

第１ステップ：雇用保険の被保険者資格を有すること ＊

週所定労働時間が20時間以上— NO ⟶ 雇用保険法の適用外

↓ YES

雇用期間が31日（2009年３月31日～2010年３月31日：６か月、1989年～2009年３月30日：１年）以上見込まれる— NO → 雇用保険法の適用外

↓ YES

第２ステップ：育児・介護休業法によって適用除外されていないこと

日々雇用労働者である— YES ⟶ 育児・介護休業法の適用外

↓ NO

期間雇用者であるが、以下の要件を全て満たしている— NO → 育児・介護休業法の適用外

①同一の事業主に継続雇用１年以上

②子が１歳に達する日を超えて雇用継続が見込まれること

③子が１歳に達する日から１年を経過する日までの間に雇用関係が終了することが申出時点において明らかでないこと

↓ YES

第３ステップ：労使協定によって適用除外されていないこと

労使協定によって適用除外されている以下の労働者である— YES → 育児・介護休業法の適用外

①継続雇用１年未満の労働者

②育児休業申出の日から１年（１歳６か月までの育児休業の場合は６か月）以内に雇用関係が終了することが明らかな労働者

③１週間の所定労働日数が２日以下の労働者

↓ NO

第４ステップ：育児休業給付の受給要件を満たしていること

育児休業開始前２年間に賃金基礎となった日数が11日以上ある月が12か月以上ある— NO → 育児休業給付を受給できない

↓ YES

育児休業給付を受給できる

＊2001年度までは、「年収90万円以上」という被保険者資格要件があった。　　作成　神尾真知子

用期間によって判断している。

育児休業給付制度が施行された一九九五年から二〇〇九年三月三〇日までは、週所定労働時間二〇時間以上かつ雇用期間が一年以上の見込みであることが要件となっていた（二〇〇〇年度までは年収要件があった）。二〇〇九年三月三一日から二〇一〇年三月三一日までは雇用期間が六か月以上の見込みとなった。パートタイム労働者や期間雇用者の中には、上記要件を満たせない者が少なからず存在している。二〇〇九年の雇用保険法改正で、二〇一〇年四月一日から雇用期間は三一日以上の見込みであればよくなったので、期間雇用者の雇用保険の被保険者資格者は増えることが予測される。

雇用保険の被保険者であったとしても、育児・介護休業法の適用対象労働者でなければ育児休業給付は受給できない。同法は日々雇用労働者及び期間の定めのある労働者（一定の範囲の労働者を除く）を育児休業の適用除外としているので、期間雇用者は、育児・介護休業法に定める、同一事業主の下での雇用継続期間の実績及び将来の雇用期間の見込みという要件を満たさなければならない（第2ステップ）。労使協定によって一週間の所定労働日数が二日以下の労働者等も適用除外になる可能性がある（第3ステップ）。

雇用保険の被保険者が育児・介護休業法に定める育児休業を取得したとしても、育児休業給付の受給要件を満たさなければならない（第4ステップ）。

非正規雇用労働者にとっては、雇用保険の被保険者資格、育児・介護休業法の適用要件、育児休業給付の受給要件のすべてを満たすことのハードルは高い。この結果、二〇〇八年度において、育児休業給付の初回受給者は一六万六六六一人いたが、そのうち、期間雇用者として確認できたのは四、八二三人であった。つまり、初回受給者に占める割合は約三％となっている[18]。

非正規雇用労働者が、育児休業給付を受給することは、このように、制度的に困難である。すなわち、雇用保険法の育児休業給付は、労働者に対する普遍的な制度設計にはなっていないということである。正規雇用労働者は育児休業給付の受給可能性が高いが、非正規雇用労働者の受給可能性は非常に低いのである。

(10) 八代尚宏「第八章　雇用保険制度の再検討」(猪木武徳・大竹文雄編『雇用政策の経済分析』東京大学出版会、二〇〇一年所収)二四八頁。
(11) 八代尚宏、前掲論文、二四八頁注一二。
(12) 政府参考人高橋満氏発言(参議院厚生労働委員会二〇〇七年三月二七日、参議院厚生労働委員会会議録第七号)。
(13) さらに、厚生年金保険において、三歳未満の子を養育する被用者の標準報酬月額が、子の養育を始める前と比べて低下した期間については、被保険者が事業主を経由して社会保険事務所に申出をすることによって、将来受け取ることになる年金額の計算に際して、子の養育を始めた月の前月の標準報酬月額(従前標準報酬月額)が当該育児期間(子が三歳に達するまでの期間)の標準報酬月額とみなされる扱いがなされている。
(14) 八代尚宏・二上香織「雇用保険制度改革と高齢者就業」(八田達夫・八代尚宏編『社会保険改革―年金・介護・医療・雇用保険の再設計』日本経済新聞社、一九九八年所収)一五三頁。
(15) 政府参考人高橋満氏発言(参議院厚生労働委員会二〇〇七年三月三七日、参議院厚生労働委員会議事録七号)。
(16) 厚生労働省職業安定局雇用保険課「育児休業給付について」週刊社会保障二一九一号、二〇〇二年、五八頁。
(17) 第四〇回労働政策審議会職業安定分科会雇用保険部会(二〇〇八年一二月五日)議事録。http://www.mhlw.go.jp/shingi/2008/12/txt/s1205-3.txt 参照。
(18) 政府参考人太田俊明氏の発言(第一七一国会・参議院厚生労働委員会二〇〇九年六月二三日、参議院厚生労働委員会会議録一八号)。

四　育児休業期間中の所得保障のあり方

三で検討したように、雇用保険制度に雇用継続給付として育児休業給付を創設する制度設計は、これまでの改正によって根本的に変更が加えられ、当初の保険給付の目的・趣旨を見失ってしまっている。

そもそも、雇用保険制度に育児休業給付を位置づけること自体に問題がある。第一に、**三**で指摘したように、非正規雇用労働者が育児休業給付を受給することが困難である。これは、一般的に日本の社会保障制度が正規労働者を前提として制度設計されていることに原因があるが、それに加えて、育児休業給付が育児・介護休業法の育児休業に対してしか支給されないことも原因となっている。

第二に、所定労働時間の短縮措置を利用して、所得が減少した場合に、現在の育児休業給付の制度設計では対応できないことである。育児休業給付は、高年齢雇用継続給付とは異なり、休業に対して支給するものであるからである。

第三に、雇用継続給付が保険事故とする「職業生活の円滑な継続を困難にする」事由の発生は、高年齢者が引き続き雇用される場合や労働者が育児・介護休業する場合に限定されないのに、それらの場合にのみ限定して支給する点で、被保険者間で給付の不公平・不公正が生じている。[19] また、最近の雇用保険の被保険者資格の拡大は、被保険者であるけれども育児休業給付を受給できない労働者を増やすことにつながり、この点においても、被保険者間の給付の不公平・不公正が生じている。

このようにさまざまな問題のある雇用保険制度上の育児休業給付であるが、育児休業給付のあり方を考えるためには、育児休業給付の目的は何か（何とすべきか）の再検討がまず必要である。もともと、現在の育児休業給付は、育児休業期間中の所得喪失（減少）に対する所得保障を目的として制度設計されていない。育児休業基本給付金を支給単位期間ごとに支給することとし、一日単位の支給としなかった理由のひとつとして、「育児休業給付には生活保障の性格がないこと」があるとされている。[20] また、水島郁子准教授も、「育児・介護休業給付は、所得保障を目的とするものではなく就業支援とセットになった所得補塡の性格をもって制度化されたものと考えられる」としている。[21] 審議会等などでの厚生労働省の説明等を検証してみると、育児休業給付に関して、所得保障という言葉をほとんど使用していない。

永瀬伸子教授は、育児休業給付を非正規雇用労働者全般に広げることを提案している。すなわち、育児休業をとれたかを資格要件とせずに、収入減少のみで十分として、雇用保険加入者に育児親手当を出すことを提案している。[22]この提案は大変魅力的ではあるが、現行雇用保険制度では、前述したように、育児休業給付は「育児休業期間中の所得保障」を目的としているものではないので、現在の雇用保険制度の制度設計下ではむずかしい。また、育児休業給付と育児を理由とする失業に対する基本手当との整合性をどうはかるかの検討も必要になる。

いずれにせよ、現行雇用保険制度の育児休業給付を維持し続けることは問題が多く、育児休業期間中の所得保障を目的とする給付を考えるのであれば、新たな構想に基づかなければ実現することはできない。新しい制度設計においては、次のような視点に立つことが必要である。

①　育児休業期間中の所得保障を目的とする。
②　所定労働時間の短縮に対しても所得保障を行う。
③　非正規雇用労働者も受給できるようにする。
④　育児・介護休業法の育児休業と連動させない。
⑤　事業主も財源の負担をする。

(19)　藤原稔弘「雇用保険法制の再検討」日本労働法学会誌一〇三号、二〇〇四年、六五頁―六六頁。
(20)　(財) 労務行政研究所編『新版雇用保険法（コンメンタール)』労務行政、二〇〇四年、七六一頁。
(21)　水島郁子「育児・介護休業給付」(日本社会保障法学会編『所得保障法』法律文化社、二〇〇一年所収)、二六六頁。
(22)　永瀬伸子「少子化対策として必要な非正規雇用者に対する社会的保護」週刊社会保障二五三九号、二〇〇九年、四四頁。

五　おわりに

日本の少子化対策は、「仕事と生活の調和の実現」を車の両輪のひとつとしている（二〇〇七年一二月「子どもと家庭を応援する日本」重点戦略）。そのなかで、育児休業の取得の推進は重要な政策課題となっている。育児・介護休業法も雇用保険法も、そのような少子化対策の強い影響を受けている。一九九四年当時、育児休業取得者の経済的援助のための社会保障財源として、雇用保険制度という既存の財源に頼らざるをえなかったことは理解できるが、新しい枠組みと財源を考えることに踏み込んでもいい時期にきている。その際には、子育てに対する所得保障はどうあるべきかの検討を行い、子ども手当も含めて全体的な社会手当の再構築を行うべきである。

25　労働組合とソーシャルワーク：類似と相異、協働と敵対
――アメリカを材料に――

秋元　樹

はじめに

労働組合（活動・運動を含む、以下同じ）とソーシャルワークは時にはきわめて類似しているように見える。時にはきわめて異なっているように見える。

両者は人間、特に社会の下層の人々にかかわり、その問題解決、地位向上に努める。少なくとも歴史的にはそうであった。そして、後には双方とも「中流」、より所得の高い階層にまでその翼《ウィング》を伸ばす。両者はしばしば同じ「言葉」すら用いる―尊厳、社会的正義、公正、平等・差別、人権、福祉の増進、大義、社会変革。であるが故に、

両者は今日までその歴史の中にあってしばしば同じゴールに向かって協働してきた。社会立法の制定はその典型である。しかし、両者は時には厳しく対立、敵対してきた。一九一〇年代から二〇年代福祉資本主義（welfare capitalism）における経験はその典型例である。ソーシャルワーカーは会社側スパイとしてすら働いた。

労働組合とソーシャルワークは何が共通的であり何が異なっているのだろうか？　この問いに答えることは、①知的興味を満たすためのみならず、②それぞれの本質、特徴、〝強さ〟と〝弱さ〟を知るために、③両者の現在の位置と将来への〝舵取り〟を考えるために、さらに④その協力関係の前進を戦略化する―そうすることに積極的価値を認めるとするならば―ために、または⑤労働組合およびソーシャル・ワークにかかわる有効な社会政策制度を検討、立案するために大いなる貢献をなすものと思われる。

本稿の直接的ゴールは労働組合とソーシャルワークの異同の概念的仮説的モデル構築の骨子、分析の枠組みを提示することにとどまる。提示されるモデルの現実妥当性を検証するための、実証的、統計的データの投入および労働組合、ソーシャルワーク、政府それぞれの政策レベルへの含意《インプリケーション》の検討は次のステップである。

一　先行研究とその限界

本稿と同一の関心を持つものは筆者の知る限り存在しない。しかし、その関心を一部共有する二、三のものおよびソーシャル・ワークの労働組合への関与を記述する少数のものが存在する。

第一は、本稿ときわめて類似したタイトルを持つものである。Shraussner and Phillips による “The relationship between social work and labor unions: A history of strife and cooperation.”（1988）および Karger による “The common and conflicting goals of labor and social work.”（1989）である。労働組合、ソーシャルワーク両者の関係、特に価値、考え方等の類似性と相違について直接的に言及する。現実に起きた「事件」を契機として、ソーシャル

ワーカーの組合・ストライキ参加の是非、ソーシャルワーカーのディレンマを媒介項として論じたものである。

第二は、両者の現実の協力関係、特にソーシャルワークの労働組合への関与についての記録である。現在の典型はＥＡＰ／ＭＡＰに象徴される〝フリンジベネフィット〟を中心とした労使によるソーシャル・サービス配給に関わるものとして、たとえば、Molloy and Kurzman による"Practice with unions: Collaborating toward an empowerment model."（1993）がある。この流れの嚆矢は Bertha Reynolds の例の *Uncharted Jouney* である。この域を超えたよりソーシャルワークの労働組合への直接的関与としてはジェーン・アダムスを象徴とするセツルメント運動の労働組合支援（ストライキ、組織化）の記録・考察がある。ソーシャルワーカーの組合およびそれへの組織化を述べるものもある。

これらの本研究への貢献の限界は、これらが基本的にケースのスポラディックな記述・分析であるという点である。扱われているケースの絶対数、種類、時代は限定されており、また、意識化されない協働・敵対関係、上部、指導部と州、ローカル組織以下、現場の違い[1]、労働組合およびソーシャル・ワークのそれぞれの中の多様性、さらに時間軸は無視・欠落されている。「意識化されない協働・敵対関係」とは、特定の事象、「事件」、政策―たとえば、三〇年代社会立法、戦後差別人権問題（たとえば、〝マッカーシーの赤狩り〟、六四年公民権法、ＡＤＡ）、戦争・国境がかかわる問題（たとえば、第二次大戦、朝鮮戦争、ベトナム戦争、湾岸戦争、現在のアフガン・イラク戦争）―に対し労働組合、ソーシャル・ワークそれぞれがどのように対応したかの歴史的事実のリビューである。

本稿では、これら限界を包括的、体系的にすべての穴埋めをする余裕はない。手持ちのデータ内で思索と推論を繰り返すことによりモデル構築へと向かう。主なる参考資料は巻末を参照されたい。

（1）　たとえば、一九八〇年代に言われたレーガン・デモクラッツがその典型である。幹部あるいは公式組織の民主党支持表明に

図1　労働組合、ソーシャルワークそれぞれの多様性

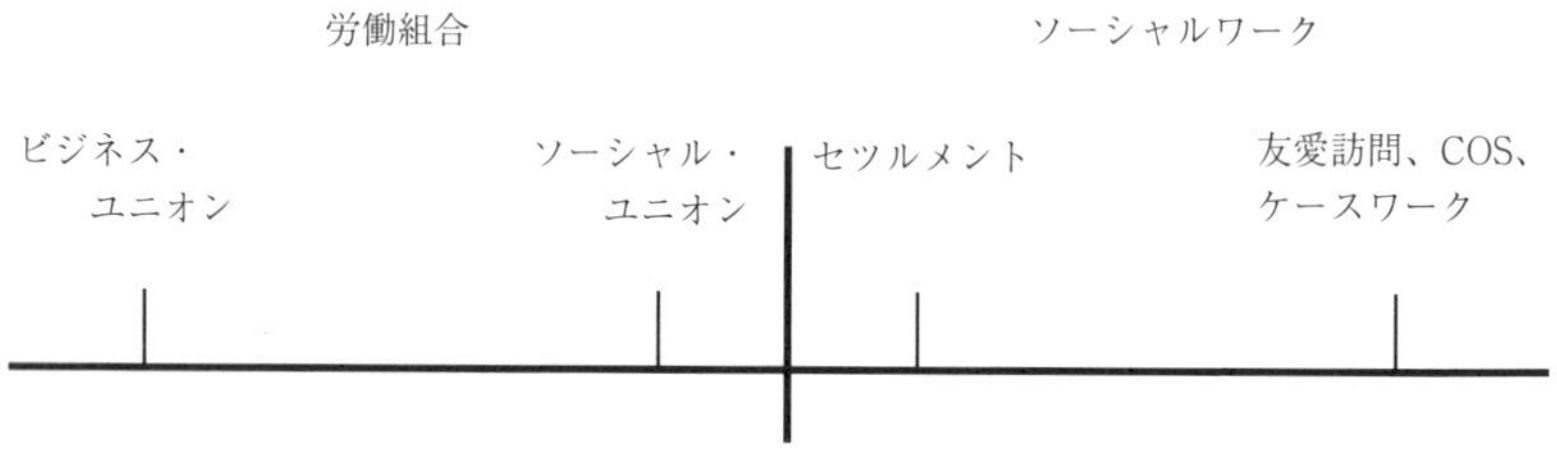

もかかわらず一般組合員はレーガンに投票する。

二　労働組合およびソーシャルワークそれぞれの多様性

ただし、労働組合およびソーシャルワークのそれぞれの中での多様性については一応の整理を必要とする。前節先行研究は極端にいうならば、「都合のいいところ」同士を引っぱり出してきて、その異同を論じているように見える。労働組合といっても多様な組合があり、ソーシャルワークといっても多様なものがある。たとえば、前者には一方の極に典型的ビジネスユニオンがあり他方の極にはソーシャルユニオンがある。後者には一方にセツルメントの系列があり、他方に友愛訪問、COS、ケースワークのグループがある。現実の組合、ソーシャルワークはそれぞれの二極の間にグラジュエーションとして存在する。図1はそのスペクトラムである。

中央の二者、ソーシャルユニオンとセツルメントとの間には多くの共通点と協働が見られる。なぜかは不明であるが、背景のイデオロギーも一ファクターであることは間違いあるまい。であれば、逆の両極、ビジネスユニオンとケースワークを比較、対比すれば労働組合とソーシャルワークの違いが鮮明にあぶり出されるようにも思われる。

しかし、仔細に見ると、両極の二者も互いに類似する。ボランタリズムという点においてである。双方とも政府の関与を嫌う。AFLは二〇世紀はじめ三〇年代に至るまで失業保険等の導入に反対をし続けた。COSはアウトドア救済（outdoor relief）の導入に反対し続けた。労働者のことは労働者自らの手でとの原則の主張であり、〝救済〟は自

分らによる〝院内〟に限られるべきとの主張である。(2)

もう一度、逆の極に戻ろう。両者を仕切る中心太線のすぐ隣、もっとも「急進的な」組合およびソーシャルワーク、ソーシャル・ユニオンの右に位置する組合およびセツルメントの左に位置するソーシャルワークは互いに相手を「保守的すぎる」と非難する。かつてランク・アンド・ファイル運動の中にあるソーシャルワーカーは労働組合をそのように呼んだ。かつてCOS大会に呼ばれた組合代表、最近ではもっとも進歩的と言われる組合（一一九九）の委員長はソーシャルワークを同様に批判する。

（2）　政治的な読みをするならば双方ともそれぞれ自らの「縄張り」を犯されることによってその存在の基盤を浸食されることを恐れてであるとの説明がなされる。当時の組合は額は少なくとも自らの失業救済給付を組織化の〝武器〟として持っていた。

三　多様性を超えて――原型モデル――

しかし、我々の試みは、これらそれぞれの多様性を乗り越えての、またはそれら多様性をうちに内包した両者の関係、比較の検討である。再度、労働組合とは何か、ソーシャルワークとは何かのそれぞれの定義の問題に戻らざるを得ない。一種の同義反復、循環論に陥る。

1　研究方法

表1は、アメリカにおける労働組合とソーシャルワークの原型モデルである。歴史上の特定の一点に実在した労働組合及びソーシャルワークを示すものではない。一九世紀末から一九三〇年代あたりまでの現実から抽出、総合された概念モデルである。

表1　労働組合とソーシャルワーク：多様性を超えた比較
【原型モデル】

	労働組合	ソーシャルワーク
定　　義	労働者の抱える問題を解決し、その地位を向上（し又は労働者階級を解放）するために、労働者自らによりなされる集団的自助努力又は活動。	「貧しい人々」の抱える問題を解決し、その置かれた状況を改善するために、これに憐れみ、同情、不公正を感じる上流階級に属する個人によりなされる自発的援助努力又は活動。
組織・援助・活動対象（Constituency/Clientele）	労働者（社会における底辺層） 自組合員、組織労働者または労働者階級全体	「貧しい人々」 移民労働者とその家族・地域、「寡婦」・「孤児」、「老人」、「障害者」、元「犯罪人」等
活動の基本的性格	アソシエーション（メンバー組織） 労働力の売買 自助活動／当事者運動	個人の自発的社会的活動（social work） 他者（上流階級に属する人々）による外（上）からの援助またはサービス
主体—客体関係	主客同一 一極モデル	主客分離 サービスの授受 （縦型）二極モデル
目的／ミッション	労働者の抱える問題との解決 労働者の地位の向上 社会改革、労働者階級の解放	「貧しい人々」の抱える問題の解決 「貧しい人々」の状況の改善
中心的関心	賃金、労働時間、労災その他の労働条件、雇い主・資本家の横暴・不公正等 経済条件＋政治、社会、文化条件	衣食住またはその確保のための労働／擁護・養育／社会適応準備等 貧困問題
問題発生源の理解	使用者、資本家 社会	個人 社会
推進力（Driving force）	現実の生活又はこれをもたらしている使用者又は資本家に対する「不満」「怒り」、「闘い」；理想	現実の生活に対する慈悲、正義感又は「貧しい人々」に対する哀れみ、同情、愛等；宗教心、博愛主義、人道主義
志向（Orientation）	「集団性」（Collectivity） “One for All, All for One”	「個別性」（Individuality）
ゴール	集団の地位の向上	個別ケースの解決・問題の緩和
プロセスと手段/“武器”	ストライキ（労働力提供の中止）を究極とする集団取り引き／活動 団結・凝集性・連帯；教育	ソーシャルワーカーによる資源の配給・提供 中・上流階級個々人への訴えと説得 教育と相談
人間の見方	集団として；“兄弟” 「奴らと我ら」；敵と味方 時に道具的（instrumental）cf. 軍隊	個として 社会的地位役割（階級等）を超えた人間 絶対的価値
利己主義／利他主義	内に利他主義を秘めた利己主義	内に利己主義を秘めた利他主義
イデオロギー（社会主義）	しばしばプロ社会主義	非政治的／反イデオロギー的（しばしば反社会主義）
人権／戦争／暴力	（暴力的衝突の歴史） 必ずしも戦争反対ではない	（非暴力）
世間の反応	憎しみと同情 抑圧と破壊	尊敬と冷笑 協力と無関心
構成員の属性（性）	男性中心	女性中心

表の一行目には一般に受け入れられている労働組合とソーシャルワークの概念的定義が入れられている。表の第二行目（組織・援助・活動対象）以下はこれをパラフレーズしたものと読まれても良いし、あるいは、逆に第二行以下の総合からつくられたのがこの定義であると読まれても良い。実際は定義からの演繹と個々の事例からの帰納との〝キャッチボール〟によって作り上げられたものである。データ（「個々の事例」）については出来うる限りナラティヴな歴史的〝エピソード〟の形として残したい。

図2：労働組合活動とソーシャルワークの比較

（原型モデル）

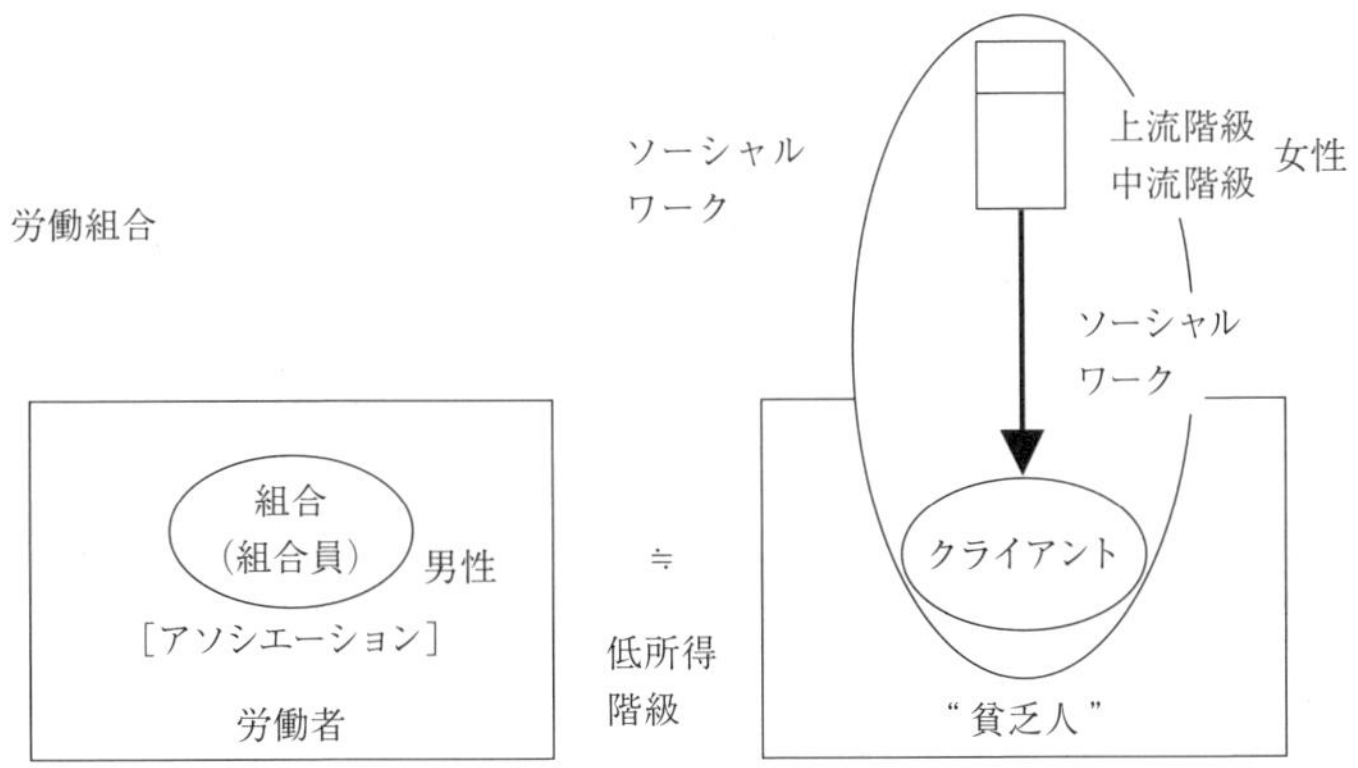

表側（複線以下）は前節労働組合、ソーシャルワークそれぞれの内部の多様なモデル間の異同を検討するプロセスで抽出されたファクター（因子）を基礎に選ばれた一六ファクターである。経営学における「職務分析」、統計学における「因子分析」に倣って、それぞれを構成するファクター別に分解し、比較し、労働組合とは何か、ソーシャルワークとは何かを学ぼうというものである。

2　社会の下層を対象

自助／当事者運動 vs. 外（上）からの援助

図2は表1の一部を図式化したものである。

労働組合（図2左）の組織・活動対象（Constituency/Clientele）は労働者である。一度（地域別、職業別、産業別又はこれらの区別なく）組織された後の労働組合は、その活動の対象を自らのメンバーに限定する場合もあれば未組織を含めた労働者階級全体とする場合もある。労働組合を担う主体は労働者自身である。その意味で労働組合は活動の対象（客体）と主体は同一である。それは一種の自助（self-help）活動、当事者運動と言って良い。それは一極モデルである。その組織は社会学でいうアソシエーションである。

これに対し、ソーシャルワーク（図2右）の援助・活動対象は「貧しい人々」（the poor）である。対象の現実の姿は、移民労働者であったり、その家族や居住地域であったり、「寡婦」や「孤児」であったり、「老人」であったり、「障害者」であったり、元「犯罪人」であったりする。ただし、労働組合は労働者という言葉を用い、ソーシャルワークは「貧しい人々」という言葉を用いるが実質的には両者はほぼ同じ社会の下層グループである。チャールス・チャップリン「モダンタイムズ」「給料日」の世界を思い浮かべればよい。

ソーシャルワークの実践主体は中流、上流階級に属するソーシャルワーカーである。その意味でソーシャルワークにあっては客体と主体は二重の意味ではじめから分離している。それは外からの援助活動であり、別階級の人々による上からの自発的援助活動である。それは縦型二極モデルである。

組合は基本的に男の組織であり、ソーシャルワークは女の活動である。

3　集団性と個別性

以上を超えては表を読まれたい。ここでは紙幅の関係で二、三の項目の紹介にとどまらざるを得ない。

労働組合とソーシャルワークの最も大きな違いのひとつは志向（orientation）とでもいうべきであろうか、一方の集団性（collectivity）と他方の個別性（individuality）である。解決さるべき問題の立て方（ゴール）にも、解決へ向かうそのやり方（プロセスと手段／〝武器〟）にも、人間の見方にもこれが見てとれる。

労働組合は、一般には問題をメンバーまたは労働者全体に共通するものとして解決を計る。賃金その他労働条件の引き上げを見よ。それを達成するための手段はストライキ（全員で働くことをやめる）を究極とする各種の集団行動であり、その〝武器〟は連帯である。労働組合も個別一組合員の遭遇する問題（たとえば、労災による労働不能、解雇、生活困窮）解決のために働くことはあるが、なおそのアプローチは集団的である。One for All, All for One のスローガンは労働組合の集団的性格をを良く示す。

ソーシャルワークは集団、地域等であることもあるが一般には個別ケースの解決・問題の緩和を計る。それを達成するための手段はソーシャルワーカー個人またはその集まりによる資源（金品、サービス、情報等）の提供である。ソーシャルワークもより直接的に社会の状況の変革を目すこともあるが、その場合にあってもその根、目は個人としての人間の存在を見据えていると期待して良い。

この集団または個への志向性は、それぞれの人間に対する基本的見方を規定する。労働組合にあっては、集団としてまたは集団の中の個人としてみる。全体の勝利を得るために一部をあきらめなければならない場合もあれば、敗北の程度を緩和するために一部を犠牲にしなければならないこともある。その意味で労働組合の人間の見方は時に道具的（instrumental）である。これに対し、ソーシャルワークは個としての人間を見る。個々人の社会的地位と役割（階級等）を超えてその先の裸の人間を見る。ジェーン・アダムスのプルマンストライキに関する「現代のリア王」（A Modern Lear）はこの違いを遺憾なく表している（Addams, 1912）。

4　利己主義と利他主義

労働組合は自分らの地位の向上を求める一種の当事者運動、自助運動であるという意味において基本的には利己的運動である。自らの惨めなまたは不条理な生活の現実に押されて、この現実をつくり出している雇い主または資本家に対し、「闘い」をいどむ。しかし、一度、「我ら」の中に入るやそれはきわめて利他主義に基づく運動である

図3：産業化のプロセスを通して

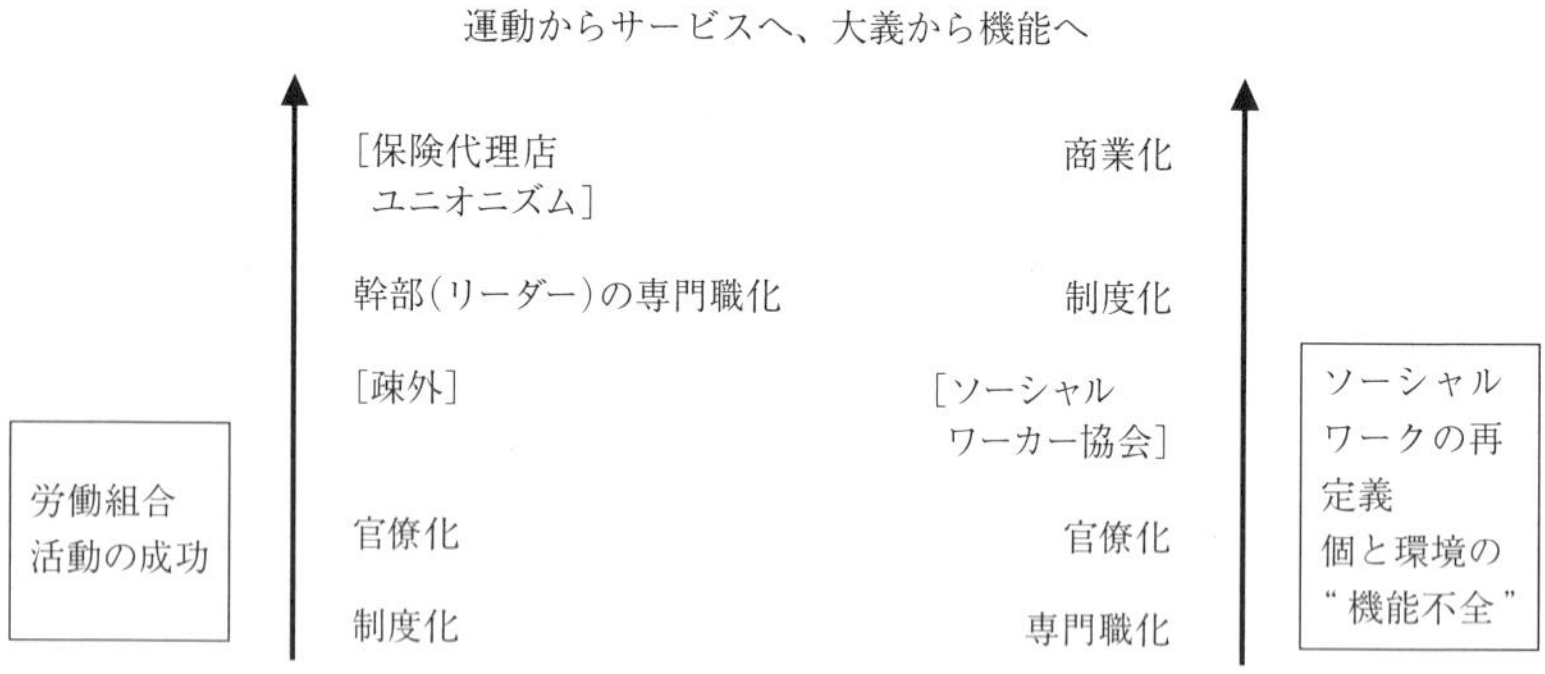

ことを見出す。それは外からの想像を超える。時には「自らの職をかけ、妻子の飢えをかけ、一度も会ったことのない仲間の賃金引き上げのために闘う」のである。その意味で労働組合はうちに利他主義を秘めた利己的活動である。

ソーシャルワークは典型的他利主義の活動である。彼女たちは誰に強いられたわけでもなく、その活動をしなければならない理由は全くないにもかかわらず自らの良心（慈悲、正義感、同情、愛、宗教心、人道主義等）に基づいて自己を犠牲にして献身する。しかし彼女たちはきれいな郊外のカーペットを敷きつめた暖炉のある暖かい住みかをもつ。自らの心地よい居場所は確保した上で、自らの心の慰みとしてまたは道徳的優越性（moral superiority）の確認行為として、慈善、援助活動に寒風の吹きすさぶ戸外に出て行く。この意味で彼女たちの活動は利己主義に基づいた他利主義といって良いだろう。

四　産業化のプロセスを通って

この原型モデルは産業化のプロセスを通じて変化していく（図3）。

まず労働組合の側には制度化、官僚化、幹部の専門職化が生ずる。制度化とは、その存在と活動の法的承認、合法化と、一定の枠組み、ルールの中へのはめ込みである。団結権、団体交渉権、争議権、不当労働行為制度、労働委員会制度等々、権利が保証されるとともに、体制内化され、体制に包摂される。官僚化とは、二重の意味である。一つは組合組織が巨大化することによる順機能、逆機能双方を抱え込んだ組織運営上の官僚主義化の必要と必然、二つは産業構造上の公共部門の拡がりによる公務員（官僚）の増加、その労働組合への組織化、包摂である。これら制度化と官僚化、特に法律、制度による規制と組合組織の巨大化は、必然的に組合幹部の専門（職）化を推し進める。

これらは、組合運動の成功によって―失敗によってではなく―組合が充分に強く効果的であったが故に達成されたものといって良い。そして、組合員（メンバー）は疎外されて行く。労働運動は「保険代理店ユニオニズム」へと向かう。

ソーシャル・ワークの側もまた類似の変化を経験する。しかし、こちらは専門職化で始めるのが良かろう。産業界における科学的管理法を思わせる専門職化、そして、官僚化、制度化、さらに商業化が追う。官僚化はやはり二重の意味である。ソーシャル・ワーク組織・施設の規模の拡大によるそれと政府（地方政府を含む）による公的社会福祉プログラム、サービスの拡がりという意味とである。専門職団体が組織される。専門職団体のミッションと機能はその専門的サービスの内容、方法の向上とその構成員の社会的、経済的地位の向上のふたつである。制度化とは、ソーシャル・ワークおよびソーシャルワーカーの法制度化、たとえば、資格・免許制度、クライアント／サービス受給者との権利義務関係の規定等である。

これらの流れには、ソーシャル・ワークの定義の変化が大きく関与している。個と環境の間の〝機能不全〟、それへの専門的介入との再定義である。「貧乏人のためだけにではなく（Not for the poor alone）」となる。ソーシャル・ワークの商業化が現在の到達点である。ソーシャル・ワークサービスの個人営業《プライベート・プラクティス》が象徴的である。

表2　労働組合とソーシャルワーク：多様性を超えた比較
【今日モデル】

	労働組合	ソーシャルワーク
定　　義	労働者の抱える問題を解決し、その地位を向上するために、労働者自らによりなされる集団的努力又は活動。	環境の中にある個人の社会的機能（social funciton）に焦点をあて、職業としてソーシャルワーカーによってなされる努力又は活動（実践／介入）。
組織・援助・活動対象（Constituency/Clientele）	労働者（中所得階級＋低所得階級） 組合員＋未組織労働者	社会的機能（social funciton）上の問題を抱える人々（「貧しい人々のため人だけでなく）
活動の基本的性格	アソシエーション（メンバー組織） 労働力の取引 組合（又は職業としての専門的幹部）によるメンバーへのサービスの提供 （運動から）サービス（へ）	専門的職業（ソーシャルワーカーの職業としての実践・介入） 外からの支援（必ずしも異なる階級からではにない）。 （大義から）機能（へ）
主体—客体関係	主客分離 メンバーによる幹部の選挙 （横型）二極モデル	主客分離 クライアントのソーシャルワーカーに対する法的・契約的諸権利 （横型）二極モデル
目的／ミッション	労働者の抱える問題の解決 労働者の地位の向上	問題を抱える個人の社会的機能（social funciton）の回復；人々の抱える問題の解決及びその問題を生んでいる状況の改善（社会変革 social change）
中心的関心	賃金、労働時間、労災その他の労働条件、差別（公民権）等 経済状況およびこれを越えたより広範囲の問題（政府の制度政策、選挙）	衣食住又はその確保のための労働、保育、移動等 医療、メンタルヘルス 以前よりより広範囲の問題
推進力（Driving force）	現実の生活又はこれをもたらしている使用者に対する「不満」 職業としての組合幹部（＝仕事） 協約改訂（労働力売買） ［以前より情熱は弱まる］	問題の現存と人道主義、宗教心 職業としてのソーシャルワーク（＝仕事） プロフェショナル団体の倫理綱領 ［以前より思い入れは弱まる］
問題発生源の理解	使用者 社会	個人 社会
志向（Orientation）	「集団性」（Collectivity）	「個別性」（Individuality）
ゴール	集団の地位の向上	個別ケースの解決／問題の緩和
プロセスと手段/“武器”	ストライキ（労働力提供の中止）を究極とする集団的活動 団結・凝集性・連帯 幹部の専門性能力（知識、技能）	ソーシャルワーカーによる資源の提供 ソーシャルワークの価値、知識、技能
人間の見方	集団として 「奴らと我ら」；敵と味方 時には道具的（instrumental） cf. 軍隊	個として 社会的地位役割（階級等）を超えた人間 絶対的価値
イデオロギー（社会主義）	非政治的／反イデオロギー的	非政治的／反イデオロギー的
利己主義／利他主義	［以前より弱い］内に利他主義を秘めた利己主義	［以前より弱い］内に利己主義を秘めた利他主義
人権／戦争／暴力	（暴力的衝突の歴史） ［ソーシャルワークに比し］人権、反戦弱い	（非暴力的） ［組合に比し］人権、反戦強い
世間の反応	憎しみと同情、無関心 抑圧と破壊	尊敬と冷笑 協力と無関心
構成員の属性（性）	男性中心	女性中心

図4：労働組合活動とソーシャルワークの比較

（今日モデル）

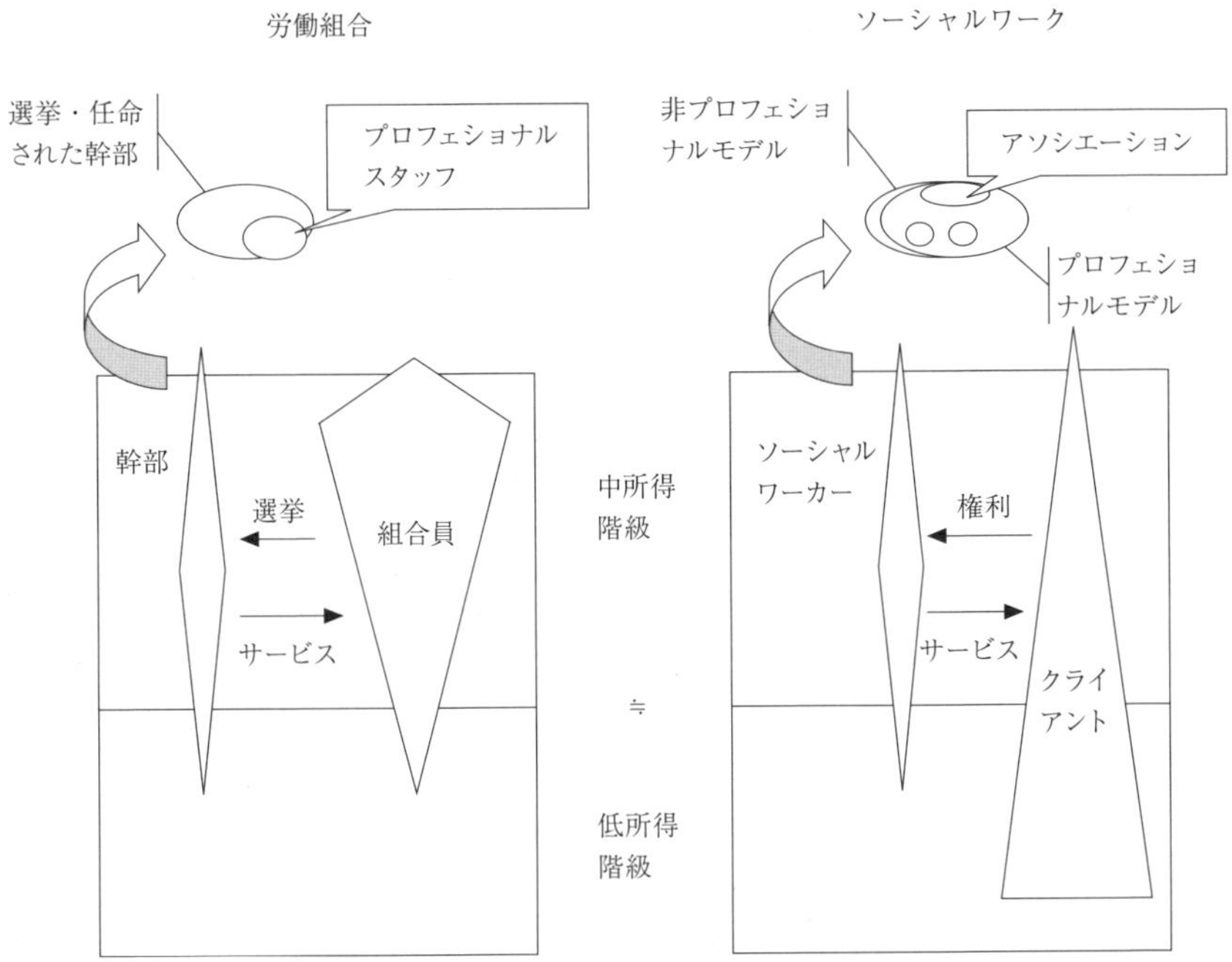

五　今日モデル

この産業化の過程を通して、先の労働組合とソーシャルワークの原型モデルは結局どう変わったのか？　表2と図4は、表1と図2にパラレルの表および図である。

1　中流化　横型二極モデルへ

図4を見て欲しい。労働組合もソーシャルワークも双方とも対象（Constituency/Clientele）を、斯くしてメンバーおよびクライアントを、下層から中流階層へ、時には上流階層へまでそのウィングを拡げ、シフトした。UAW（自動車労組）等労働組合は組合員の中流化をそのスローガン、ゴールと掲げる。ソーシャルワークにあってはメンタルヘルスへの傾斜がこれを進める。

他方、労働組合幹部はメンバーとともに下から上へと中流化する。巨大組合の幹部は時には高額所得の労働貴族とすら化す。ソーシャルワーカーもまた中流化する。この場合は上から下への地位低下である。ソーシャルワーカーはもはや中流階級《ミドルクラス》、上流階級の貴婦人ではない。貧困地域の小さな子どもが、大きくなったら何になりたいかと問われたときに挙げる幼稚園・小学校の教師、看護師、美容師と並ぶ職業の一つとなる。

労働組合リーダーとメンバー、ソーシャルワークサービスの提供者と受け手がそれぞれ同じ階層に属することとなる。

よって、組合の場合は一極モデルから、ソーシャルワークの場合は縦型二極モデルから、双方とも横型二極モデルとなった。組合幹部は今や外からサービスを提供するが如きであり、ソーシャルワークはもはや上からの援助／サービス提供ではなくなった。

組合幹部とメンバーの間の対等関係は今なお選挙はあるとはいえかつてより弱まり、ソーシャルワーカーとクライアントの対等関係は今や法的、契約的権利が介在することとなりかつてより強まった。

2　職業化　利己主義と利他主義

組合幹部もソーシャルワーカーもそのポジションは職業として持つことになり、すなわち仕事として働き、賃金を受け取り、サービスを提供する。

組合は〝運動からサービスへ〟とソーシャルワークは〝大義から機能へ〟と変わった。情熱、感情的思い入れ、理想はどこかへ行ってしまった。官僚組織にあっては「愛も憎しみも（喜びも悲しみも）なく、彼らは自らの仕事を遂行すべき」（マックスウェーバー）なのである。

労働組合は、中流化、体制内化を通して、その階級的利己主義を失った。内部の利他主義も同様に弱った。ソーシャルワークは中流化、職業化を通して、その純粋な利他主義を失った。ソーシャルワーカーとクライアントの階級的同一化の故に、内部のかつての階級的利己主義は限りなく弱まった。インスティテューショナル・アルトライズム（利他主義）、プロフェショナル・アルトライズム、オキュペーショナル（職業的）・アルトライズムの議論はまた別の検討を要する。

ソーシャルワーカーの専門職協会のミッションはソーシャルワーカー自身の経済面を含めた地位を向上することでもある。ソーシャルワーカー以外の専門職協会（教員、看護師等）の労働組合化は前世紀末に大きく進んだ。

3　残る違いと違いの低度の縮小

上のほか、表2（特に「労働組合」の欄）にあっては、表1において用いられていた次のような表現は消えている——「労働者階級の解放」（定義、対象、目的／ミッション）、「資本家」（中心的関心、問題発生源の理解、推進力）、「雇い主／資本家の横暴・不公正」（中心的関心）、「使用者又は資本家に対するする『怒り』、『闘い』」（推進力）、"One for All. All for One."（志向）、「『奴らと我ら』、敵と味方」（人間の見方）。しかし、上で述べた「自助、当事者運動」「一極モデル」から「横型二極モデル」への変化を含め、かつてのこれらが全くなくなったという意味ではない。非常に弱くなっているということである。逆に次のような表現は残されているが、その程度はやはり弱くなっている。「集団性」（志向）、「ストライキ（労働力提供の中止）を究極とする集団的活動、連帯」（プロセスと手段）、「憎しみと同情、抑圧と破壊」（世間の見方）等。構成員の男女比も相当に変わっている。

おわりに

労働組合とソーシャルワーク双方はずっと接近し、ますます類似してきた。だからどうだというのだ？「面白い」のは、双方が近くなり類似してきたこと、「面白くない」のは、双方が近づき、類似してきたことである。本稿ではわれわれは何が共通で何が相違であるか、そしてそれらがどう変わったかを尋ねた。これらの精緻化と実証と、これら共通点と相違点とその変化をどう読み、どう対処するかは次の作業である。

ただ一点。「貧しい人々」（the poor）を取り残し、高い所得階層にシフトした。それは「いい」「悪い」の問題ではない。組合とソーシャルワーク双方は成熟し、異なる発展段階に到達した。彼らのミッションが変わったということである。しかしここに残るのは、「それでは誰が『貧しい人々』のために働くのか?」である。労働組合は運動からサービスへ、ソーシャルワークは大義から機能へと変わった。政府、公共政策か？　労働組合やソーシャルワークがかつて持ったと同じように、「貧しい人々」にアイデンティティを持ち、彼（女）らのために働くことにパッションを持ちうるか？　マックスウェーバーは喜びも悲しみもなくわれわれは我々のミッションを遂行しなければならないという。あるいは、社会運動の異なるもの、すなわち、ある種のＮＧＯに期待できるか？　労働組合、ソーシャルワークが持った法的、社会的サポートはなく、力と拡がりを期待できるか？

労働組合やソーシャルワークは何をするか、すべきか？　彼（女）らは「貧しい人々」のために働くことを欲するか？　そうであるならどのように？　彼（女）らはどのように、自らを変え調整しなければならないか？　労働組合はもっと利己主義、自助運動モデルに戻らなければいけないか？　ソーシャルワークは外から、サービスを提供するもっと純粋な利他主義に戻らなければいけないか？

〈参考文献〉

Addams, J.（1912）“A modern Lear.”（An address, possibly in 1896, to the Chicago Woman's Club and the Twentieth Century Club of Boston）*Survey*. 29. November 2. pp.131-137. wysiwyg://79http://douglass.speech.nwu.edu/add_a01.htm.
秋元樹（1981）『デトロイト―ソーシャル・ユニオニズムの必然―』日本評論社．
秋元樹（1992）『アメリカ労働運動の新潮流』日本経済評論社、特に第四章．一八三―一九七頁．

Fridman, A. (1970). "The American trade union leader: A collective portrait," in J. Seidman (ed.), *Trade Union Government and Collective Bargaining*. New York: Praeger Publishers. pp. 207–37.

Gifford, C. (ed). (2003). Directory of U.S. Labor Organizations. 2003 Edition. Washington, D.C.: The Bureau of National Affairs, Inc.

Hodess, S. (1938). Why we went to Albany. *Social Work Today*, 5, April, 9–10. In Leslie Leighninger, ed., When social workers and unions allied in the 1930s [From The Archives], *Journal of Progressive Human Services*, 11(2), 2000, 103–112.

Karger, H. J. (1988). *Social Workers and Labor Unions*. New York, Westport, CN and London: Greenwood Press.

Karger, H. J. (1989). "The common and conflicting goals of labor and social work." *Administration in Social Work*, Vol. 13(1). pp. 1–17.

Lubove, R. (1965). *The Professional Altruist: The emergence of social work as a career, 1880–1930*. New York: Atheneum. Originally published by Harvard University Press.

Mills, W. (1948). *The New Men of Power: American's labor leaders*. New York: Harcourt, Brace.

Molloy, D. J. and Kurzman, P. A. (1993). "Practice with unions: Collaborating toward an empowerment model." Chapter 3 in Paul A. Kurzman and Sheila H. Akabas (eds.), *Work and Well-Being: The Occupational Social Work Advantage*. Washington, D.C.: NASW Press. pp. 46–60.

Reeser, L. C. and Epstein, I. *Professionalization and Activism in Social Work: The Sixties, the Eighties, and the Future*. New York: Columbia University Press.

Rosner, D. and Markowitz, G. (1984–85). "Safety and health on the job as a class issues: The Workers' Health Bureau of America in the 1920s." *Science & Society*. Vol. XLVIII, No. 4, Winter. pp. 466–482.

Schonfarber, J. G. (1890). Charity from the standpoint of the Knights of Labor. Proceedings of the National Conference of Charities and Corrections. 17th Annual Session. Boston: Press of G. Ellis.

Shraussner, S. L. A. and Phillips, N K. (1988). "The relationship between social work and labor unions: A history of strife and cooperation." *Journal of Sociology and Social Welfare*. Vol. 15(1). March. pp. 105–118.

Wenocur, S. and Reisch, M. (1989). *From Charity to Enterprise: The development of American social work in a market economy*. Urbana and Chicago: University of Illinois Press.

Winter, M. (1938). "Now I am a CIO organizer." *Social Work Today*. April 5, pp. 9–10. In Leslie Leighninger, ed., When social workers and unions allied in the 1930s〔From The Archives〕, *Journal of Progressive Human Services*, 11(2), 2000, pp.103-112.

V

保障と訴訟

26　生存権裁判に寄せて

小川政亮

はじめに

二〇一〇年一月で齢い九〇歳に達したものとして、論文などというものは到底書けるものではないし、そもそも誰も期待していない。従って生存権裁判の支援に当っている者の一員として、これまでに二―三の雑誌などに書いてきたものを中心に、まとめて見ることとしたい。

一 「国際貧困根絶の一〇年から」

「今年、二〇〇八年は、人間の尊厳、平等をうたい、『何人も社会の一員として社会保障をうける権利を有する』とした世界人権宣言が成立してから六〇周年、そして『われらは、全世界の国民が、ひとしく恐怖と欠乏から免かれ、平和のうちに生存する権利を有することを確認する』と前文でうたい、本文二五条で、わが国にあるすべての人が、健康で文化的な最低生活を営む権利を有し、それを保障する責任と義務が国にあることを明らかにした日本国憲法が施行されて六一年目にあたります。その要めの憲法九条が今日、危険な状態におかれていること—このところ世論の反感にあって、表面、静かですが—は、周知のところです。

同様にというか、むしろ、無視したように見えるのが実は、国際連合が一九九六年を国際貧困根絶年 The International Year of the Eradication of Poverty と宣言し、それに続く一九九七年から二〇〇六年までを『第一次貧困根絶のための国連の一〇年』と定めていたことです。

これについて一九九七年八月五日、外務省人権難民課の担当官に面接・照会したところ、日本政府はどういう対応をするのかということで、各省庁に外務省から意見を求めたけれど、どの省庁もちゃんとした回答がない、大体、日本政府には貧困問題に対応する省庁はないのです、というのです。

それで私が、それは厚生省が生活保護を担当しているのだから厚生省ではないのか、と聞いたら、「いや、その厚生省は、生活保護行政をちゃんとやっているから、わが方としては、この文書に対して何も対応するつもりはない」という趣旨だったと外務省の担当官は言うのです。それを聞いて私は全く呆《あき》れかえってしまいました。日本政府の態度は貧困者無視というより貧困者敵視というべきものではないか、と」（小川政亮「貧困克服の世紀にむけて—国民が福祉を創る—」『総合社会福祉研究』第一三号、総合社会福祉研究所、一九九八年七月号）。

そもそも、一九九二年一二月の国連総会は、世界人口の五分の一（一五億人）が極度の貧困状態に置かれていることをふまえて、「国際貧困根絶デー」（毎年一〇月一七日）の設置を決定し、つづいて一九九三年一二月の総会は、一九九六年を「国際貧困根絶年」と宣言したのです（唐鎌直義「国際貧困根絶年」、社会福祉辞典編集委員会編『社会福祉辞典』大月書店、二〇〇二年、一五九頁）。

第一次国連貧困根絶の一〇年は、「各国政府が、貧困の根本原因に取り組む」必要性を強調し、「貧困根絶には持続可能な生活を支えられる経済的機会をすべての人に保障し、その機会やサービスの利用を社会的弱者のために促進することが必要であることを確認し」と言い、その次に「貧困に苦しむ人々や不安定階層の人々が開発の真の担い手になりうるよう、特に対策の作成と実施に当っては組織と社会生活を通してエンパワー（力を発揮できるように）されねばならないことを確認し」（訳文は第三回社会福祉研究集会事務局による）と、いわば主体的参加とも言うべき極めて重要なことを述べています。（小川、「無視、その実、敵視の「つけ」――「国際貧困根絶その一〇年」更に――」日本労働組合総連合「月刊全労連」Gekkan ZENROREN・二〇〇八、二）。

二　「生存権裁判」の今

今、生活保護法による八種の扶助の中の生活扶助に関する保護基準の中の老齢加算や母子加算の減額・廃止を違憲・違法として、国（厚生労働大臣）の行為の被害者たる生活保護受給者中の一一〇人以上の人々が、その処分の取消を求めて、一〇（札幌、釧路、青森、秋田、新潟、京都、兵庫、東京、広島、福岡）の地裁に国を被告として訴を提起した。我々は、これを生存権裁判と呼んでいる。

うち四つが我々の強い期待に反して敗訴し、何れも高等裁判所にかかっている（表1）。東京地裁二〇〇八年六月二四日、広島地裁二〇〇八年一二月二六日、福岡地裁二〇〇九年六月三日、そして京都地裁二〇〇九年一二月一四

生存権裁判の提訴・進行状況

2009. 12. 7現在

裁判所（地裁）	老齢加算	母子加算	合計	提訴時期				裁判の現段階		
								最近の口頭弁論	次回弁論予定	判決
京都	（外1）　3	1	4	2005年4月	2005年7月	2006年7月	2007年4月	2009年5月20日（19回、結審）		2009年12月14日
秋田	4		4	2005年7月	2007年6月			2009年11月16日（21回）	2010年1月15日（22回）	
広島	（多1）　24	（多2）　2	26	2005年12月		2009年1月6日控訴		2009年9月30日（控訴審第1回）	2010年3月10日（控訴審第2回）	2008年12月25日（第1審）
新潟	3		3	2006年2月	2006年9月			2009年11月17日（18回）	2010年2月12日（19回） 2010年3月1日（20回）	
福岡	39		39	2006年3月	2007年3月28日	2009年6月15日控訴		2009年12月14日（控訴審第1回）		2009年6月3日（第1審）
東京	12		12	2007年2月		2008年7月8日控訴		2009年10月15日（控訴審第4回）	2010年2月9日（控訴審第5回、結審予定）	
青森	7	1	8	2007年4月	2007年9月7日			2009年11月13日（10回）	2010年2月26日（11回）	
神戸	9		9	2007年5月	2007年8月			2009年10月2日（11回）	2009年12月25日（12回）	
札幌		7	7	2007年12月				2009年9月4日（7回）	2009年12月18日（8回） 2010年3月19日（9回）	
釧路		1	1	2007年12月				2009年10月13日（7回）	2009年12月8日（8回） 2010年3月23日（9回）	
合計	101	12	113							

＜註＞　表中の（外）は在日外国人、（多）は多人数世帯（4人以上）の生活扶助基準減額に対しての提訴を示す。東京高裁2010・5・27判決予定。
（生存権裁判を支援する全国連絡会）

日何れも敗訴し、それぞれ高等裁判所に控訴中である。

ここで加算制度の趣旨を見ておこう。

母子加算は旧生活保護法の下で一九四九年五月から始まり、老齢加算は翌年五月の現行生活保護法のもと、かの朝日訴訟一審勝利判決（一九六〇・一〇・東京地・判例時報二四一）を目前にした一九六〇年四月に設けられたのであるが、厚生省は、内部文書で、(1)老齢者及び身体障害者、母子世帯の生活需要の特殊性に鑑み、これに応ずる措置として、また(2)国民年金制による福祉年金の支給に伴い、被保護者についても、これが実益を享受しうるよう配慮という二点を加算の趣旨として述べている。生活扶助基準は、基準生活費と加算から成り立っている。従って老齢加算や母子加算の減額・廃止は生活扶助基準の減額に他ならない。特に加算制度の趣旨の第一点にあげられている老齢者や母子等の「特殊性」は、いわば、此等の人々の、「本質的属性」ともいうべきものであって、老齢者や母子等である限り、つきまとうものである。従って此等の加算制度を廃止とする如きは、老齢者や母子等に対する死刑の宣告にも等しいものである。

老齢加算については、たとえば一九八三年一二月には、①加工食品（老齢化で咀嚼力や調理能力など簡単に食べ易いものを買う等）②暖房費等③保健

表　毎月の収入の２割近くを削減
—これでは生活できません—

老齢加算

	1級地	2級地	3級地
2003年度	17,930円	16,680円	15,430円
2004年度	9,670円	8,800円	7,920円
2005年度	3,760円	3,420円	3,080円
2006年度	廃止	廃止	廃止

母子加算

16歳以上18歳(18歳に達した日以後の最初の3月31日まで)			
	1級地	2級地	3級地
2004年度	23,260円	21,640円	20,020円
2005年度	15,510円	14,430円	13,350円
2006年度	7,750円	7,210円	6,670円
2007年度	廃止	廃止	廃止

15歳以下(15歳に達した日以後の最初の3月31日まで)			
	1級地	2級地	3級地
2006年度	23,260円	21,640円	20,020円
2007年度	15,510円	14,430円	13,350円
2008年度	7,750円	7,210円	6,670円
2009年度	廃止	廃止	廃止

母子加算は、2009年8月衆院総選挙で自由民主党公明党連立内閣に代って成立した民主党、社会民主党、国民新党連立内閣の下2009年10月厚生労働省告示459号により、同年12月1日から復活した。

医療等④交際費（子や孫との相互訪問、近隣の老人等とのつき合い、同年配者の葬祭費、子ども等の冠婚費等）⑤交通通信費など―とのべている。(1)

ドイツでも連邦社会法典第一二編社会扶助で、通常の生計扶助（住居給付、暖房給付等は実費）に加えて六五歳以上の者などには適用基準額の一七％の追加需要（Mehrbedarf）が承認される（三〇条一項）他に、第七一条老齢扶助 Altenhilfe の規定がある。やや長文であるが、引用しよう（訳文は、ドイツ社会法典研究会・社会法典第二編（求職者に対する基礎保障）・第一二編（社会扶助）、二〇〇五年九月三〇日による）。

「第七一条　老齢扶助

(1)　老人には、本編のその他の規定に基づく給付の他、老齢扶助を支給するものとする。老齢扶助は、加齢によって生ずる困難を回避し、克服し、緩和すること、老人に社会生活への参加の可能性を与えることに寄与するものとする。

(2)　老齢扶助の給付として、とりわけ以下が考慮される。

1. 老人が望んだ場合、何らかの作業および社会参画に対する給付
2. 老人の必要性に応じた住宅の調達時およびその維持に対する給付
3. 老人の世話を目的とする施設への入所に関する諸問題についての、とりわけ適当な養護の場を調達する際の助言および支援
4. 年齢に適したサービスを受ける際の諸問題についての助言および支援
5. 老人の社交、談話、教養、文化的必要を目的とする催しおよび施設への参加訪問に対する給付
6. 老人に近隣との付き合いを可能にさせる給付

(3)　第一項に定める給付は、老齢前の準備を目的とする場合もおこなうものとする。

(4) 老齢扶助は、援助および支援が個別に必要な限り、現にある収入および資産を考慮せず支給するものとする。」

なお資産活用について「とりわけ適当な生活遂行または適切な老齢保障の維持を著しく困難にするであろう限りで」資産の活用や換価を社会扶助の前提条件としてはならないと云う「苛酷」(Härte)条項までが設けられ(第九〇条)ていて、多くの判例がある程である。なお老齢者などに対する増加需要や老齢扶助ないし苛酷条項は、本質的に本法以前の一九六一年制定の連邦社会扶助法(BSHG)と変りはない(訳文は小川「ドイツ連邦共和国・連邦社会扶助法」総合社会福祉研究所、一九九九年八月参照)。

母子加算については老齢加算より早く、すでに旧生活保護法(一九四六年九月―一九五〇年五月)時の一九四九年に作られたことは既に述べたが、これは勿論、当時、母子保護、特に寡婦(当時は未亡人と言っていた)問題が(戦争とインフレそして出来たばかりの新憲法の人権思想・国会での動きなどの中で大きな問題となっていた(井上哲男『母子保護事業の基本問題』日本社会事業協会。『社会事業』一九四九年一二月三三巻一二号)。加えて、余り論じられてはいないが、旧生活保護法によって廃止された立法の一つである一九三七年制定の母子保護法の反省もあったのではなかろうか。もっとも母子保護法は、さらにそれに先立って、一九三一年三月第五九帝国議会衆議院に社会民衆党の片山哲が、母子扶助法案の名において「母親をして生計の維持と子女の養育との二重の負担を免れしめ、安んじて子女の養育を完からしめんがために貧困なる家庭の母親に対して国家が一定の扶助を与えるは国家の当然の任務である」として、①失業者の妻子をも対象とする②全額国家負担とする③教育的観点からみた児童の家庭生活を強調している。国庫全額負担のみならず、母子扶助委員会の如き民主的運営組織を、戦前すでに構想していたことなども今日改めて想起、尊重されて良い。

それに比べて余りにも母子保護法は貧弱であり、失業者の妻子は家制度的理由から含まず、母子の権利も勿論認めず、母子扶助委員会の如きも論外であり、国庫全額負担でも無かった（母子扶助法案については、『小川政亮著作集』第二巻、二八三頁。大月書店、二〇〇七年参照）。

三　自民・公明政権下・小泉内閣の「骨太の方針二〇〇三」

このような老齢加算、母子加算の理論の経緯があるにも拘らず、厚生労働省内に設置された社会保障審議会の「生活保護制度の在り方に関する専門委員会」（委員長・岩田正美氏、二〇〇三年八月六日から二〇〇四年一二月一五日まで合計一八回開催）の「中間とりまとめ」で、『七〇歳以上の高齢者については現行の老齢加算に相当するだけの特別需要があるとは認められないため、加算そのものについては廃止の方向で見直すべきである』と答申した。老齢者の本質的属性を否定したのである。厚生労働省は、これを奇貨として、前記専門委員会答申でも結論を出していないにも拘らず、母子加算の削減・廃止まで行うと決めたものである。

ところで、一人親世帯とくに母子世帯、とりわけその世帯の子どもたちの貧困については、広島や京都や北海道（札幌・釧路両地裁の母子世帯の状況）その他や、阿部彩氏の『子どもの貧困―日本の不公平を考える』（岩波新書、二〇〇八年）などに詳細に描かれているように、母子世帯の貧困率は国際的にも日本は異様に高い。一人親の労苦、子どもの部活、修学旅行の費用、子どもの平等観などなど問題は深刻である。

ところで、前記のごとく専門委員会を置こうと置くまいと、政府は既に決めていたのである。即ち二〇〇三年六月九日、財政審議会の答申「二〇〇四年度予算編成の基本方針の考え方について」で、政府は本建議の趣旨に沿い、今後の財政運営に生かすことを強く要望し、社会保障関係費の自然増放置を許さず、制度改革による公的給付の抑制により削減を図ることが必要とし、生活扶助基準、加算の引き下げ、廃止、特に老齢加算について廃止の方向で検討が必要と述べた。

小泉内閣は、これを受けて二〇〇三年六月二七日に経済・財政運営と構造改革に関する基本方針として「骨太の方針二〇〇三」を決めた。そして、事実二〇〇三年度以来、毎年度二、二〇〇億円が今日まで国の予算ベースで社会保障の自然増を抑制されているのである。

すでに路線は定まっていたのである。その前に区々たる庶民の命などはどうでも良かったのである。

そこで人々は訴えた。憲法や法律に照らし、せめて裁判所だけは、このような国の行政方針にとらわれず、此の老齢加算や母子加算の減額、廃止が違憲、違法であるとの判断をしてくれるのではないかと。そして原告は、ただでさえ低い生活が当局の措置によって如何に惨めな状態におちいったかの生活実態をもととして、訴状で訴え、弁護士諸氏は多くの証人や書証と共に、情理を尽くして厖大な準備書面を通して訴えた。

老齢加算では、たとえば東京七〇歳以上の単身老人が段階的制限の前の月の八三、三五〇円が、加算廃止後の二〇〇六年四月には月七五、七五〇円と一挙一割も下がり、食事は一日一、二回にへらす、入浴も週二、三回に減らす、寒空に暖房も十分にとれない、慶弔費も出せない、前は何かと誘ってくれた友人もお金がないと断っている内に誘ってもくれなくなった、趣味もがまんするなど全く「健康で文化的」どころではない。母子加算の場合も減額・廃止で生存権、生活権の侵害があるだけでなく、子どもも部活もできない、修学旅行も行けないなど成長、発達権の侵害でもある。

私は地裁の判決は、東京、広島、福岡そして京都と何れも傍聴した。いずれも入り切れないほどの傍聴人だが、ポーカーフェースの裁判長のぼそぼそした声で「訴えは棄却」といったかと思うと閉廷し、参加者は会場を移して弁護士からの怒りにみちた、しかし要点をつかんだ説明と何人かの原告の怒りの声で終るのであるが、ここでは広島判決への感想と京都地裁判決への弁護団と支援団体の声明文を引用しよう。

東京、広島各地裁とも原告・弁護団は訴状や準備書面、弁論を通して詳細、懇切に原告側の生活の深刻な実態を明らかにし、その減額、廃止は憲法二五条、これを受けた生活保護法一条・三条・八条・五六条に違反することを述べた。例えば、広島地裁の場合、詳細な訴状の外に準備書面を一五次にわたり、また布川証人の陳述書と、さらに弁護団としての意見陳述書まで、優に大型ファイル一冊をこえるものを提出している。

しかるに判決は、このような詳細・懇切な原告側の主張はほとんど考慮せず、判決書の順番からしても被告である行政当局側の主張をまず詳しく展開し、次に原告側の主張を簡単に紹介、そして裁判所の結論を述べるという順序で、あっさり原告敗訴の判決となるのである。

判決書の書き方に決まりはないというものの、やはりこの判決書の書き方は異常である。およそ国家権力を相手取り、無産の国民側が被害の深刻なことを、しかも理路整然と訴えていることからして、最初に原告側の言い分を丹念に取り上げて、それに対する被告の国側の反論を述べた上で結論となるべきではないのか、との感想を最初に述べておきたい。

そもそも、われわれは何のために高い税金を払って裁判制度を維持しているのか。一つに、裁判所が日本国憲法に忠実に、特に対権力訴訟において、行政権力側の誤りを明らかにしてくれると期待しているからではないのか。

原告側の書面や原告の立場に立っての現状調査での感覚をふまえず、裁判所が保護基準に関する最高裁判所の既存の結論（生存権裁判で云えば一九六七年五月二四日の最高裁判所大法廷判決は主文で朝日茂の死亡でこの訴訟は終了したという、いわば中間判決―その判決自身に問題があるのはおくとして―にすぎないのに、「なお念のために」という傍論の多数意見で、何が健康で文化的な最低生活かは厚生大臣が国家財政・国民所得、国民感情等諸多の不確定要素を考慮して慎重に定めるのだから裁判所は軽々に違憲・違法判断をすべきでないとして、いわば行政庁の自由裁量―行政裁量―に委ねることで支配の側の低基準政策を正当化した。そもそも最高裁判決の主文以外にも下級裁判所を拘束する力があるのかを問わずにである）金科玉条視し、この結論に合うように、原告側の事実や主張を一方的に選択し、あるいはゆがめたものを判決上の「事実」や「原告側の論理」として、それに従って、原告側の事実はいまだもって違憲とはいえぬと強弁しているとの印象を受ける。

だから裁判所の判決の字面だけを見て、判例評釈をやるとすれば、これくらい無意味というか、反動的なことはあるまい。とくに二〇〇九年一二月一四日の京都地裁判決に接して、この感を深くした。以下、京都地裁判決に対する原告団、弁護団、生存権裁判を支援する全国連絡会の声明を引用する。

（各裁判所にあらわれた限りでの厖大な資料をふまえての判例批評が望ましい。各弁護団にその方向での努力が望ましいのであるが、もともと原告自体資力のない人々であるから、この要望に応ずる広汎な人々からの支援に期待したい。）

「生存権裁判京都地裁判決に対する声明

二〇〇九（平成二一）年一二月一四日
京都生存権裁判原告団
京都生存権裁判弁護団
京都生存権裁判を支える会

本日、京都府内在住の七〇歳以上の生活保護利用者三名、母子家庭の生活保護利用者一名がそれぞれ居住する自治体を被告として、二〇〇四年から二〇〇六年にかけてなされた老齢加算の削減廃止、二〇〇六年から二〇〇七年にかけてなされた母子加算の削減廃止を内容とする各保護変更決定処分の取消等を求めた裁判について、京都地方裁判所第三民事部は、上記各処分について違法はないとして、原告らの請求を棄却した。

高齢の保護利用者、母子家庭の保護利用者は、もともとぎりぎりの生活を送っていた。老齢加算一万七九三〇円（京都市の場合）、母子加算二万三二六〇円（京都市で子ども一人の場合）は、彼ら、彼女らにとってのまさに命綱として憲法二五条に定める「健康で文化的な最低限度の生活」の一部となっていたが、各加算の削減廃止により「人間らしい生活」が大きく脅かされた。このような仕打ちに対し、全国で初めて生存権侵害であると声を上げたのが、本訴訟の原告松島松太郎さんである。松島さんの後に続き、現在全国一一三名の原告が七地裁、三高裁で闘っている。ここ京都地裁判決は東京地裁、広島地裁、福岡地裁に続く四番目の判決であり、政権交代後初めての判決である。

各原告は極めて厳しい生活の現状を訴えるとともに、生活保護を利用しながらささやかな楽しみを持ち、社会との繋がりを保ち、子どもを健やかに育て上げるといった「人間らしい生活」を取り戻すため、それぞれ人間の尊厳をかけて戦ってきた。老齢加算・母子加算の削減廃止によりねらい打ちされたのは、高齢者・女性・子どもという極めて弱い立場にいる者たちばかりである。格差と貧困が拡大し世界的な不況によって雇用が打ち切られる中、生活保護制度の重要性は増すばかりであって、生活保護制度は他の諸制度や諸施策と連動し、保護基準は国民生活全般に極めて重大な影響を及ぼす。

民主党中心の連立政権の下で母子加算が全廃後わずか八か月で復活するなど、政府の生活保護基準切下げ政策について転換の萌芽が見えつつある中、「ナショナルミニマム」の意味内容が問われた本裁判は、国に生存権保障を全うさせるための司法の役割がまさに問われた事件であった。

しかし、本日言い渡された判決は、高齢者世帯、ひとり親世帯の置かれた厳しい現状に目をつむり、政治の判断をそのまま追認するものであり、憲法によって与えられた司法の責務をも放棄するものであって、極めて不当な判決といわざるを得ない。この判決は、ひとり親世帯の貧困の連鎖から目を背け、高齢者に鞭打つ仕打ちを、司法もが繰り返すものである。政府自ら過ちを認め母子加算を復活させている現状がありながら、裁判所は独善に陥ってその役割を放棄し、三権の一角たる司法権の誇りを完全に失ったといわざるを得ない。

我々原告団、弁護団、支える会は、本日までの裁判闘争を支えてくれた全ての人々に深く感謝するとともに、本日両事件について直ちに控訴し、憲法二五条が保障する「健康で文化的な最低限度の生活を営む権利」を守るため引き続き全力で闘うことをここに宣言する。

以上

生活保護の老齢加算、母子加算廃止に対する京都地裁判決に関する声明

二〇〇九年一二月一四日　生存権裁判を支援する全国連絡会

本日、京都地方裁判所は、生活保護を利用する高齢者、母子家庭が国によって廃止された老齢加算、母子加算の復活を求めて提起した行政処分取消訴訟において、原告らの請求を棄却する判決を言い渡した。私たちは、余命いくばくもない高齢者、子育てに必死でがんばる母子家庭の訴えを退けた判決に強い憤りを禁じえない。

この間、政府・厚生労働省は、老齢加算及び母子加算の段階的な廃止を進めてきた。このことで、多くの高齢者が生きがいと明日への生きる意欲を奪われている。厚労省は、廃止の理由として、低所得世帯の消費支出との比較をあげている。しかし、いま、我が国では、「ワーキングプア」と呼ばれる人たちが増大し、格差と貧困が急速に拡大している。すでに世界金融危機を契機とした大企業による「派遣切り」の嵐が吹き荒れ、労働市場から放り出された人々が、住まいを失い、路頭に迷わされている。憲法二五条違反の低所得世帯の消費支出の放置こそ、社会的に許されない現実である。

このような状況において、本日の判決には、原告らの生活実態を踏まえて、老齢加算、母子加算を削減・廃止した保護変更決定の違法性を認めることが期待されていた。しかし、その期待は完全に裏切られ、加算廃止を厚生労働大臣の裁量の範囲内とすることは人間としての生活、人間の生命の切り捨てまで裁量の範囲というに等しい暴論といわざるをえない。

私たちは、不当判決に強く抗議するとともに、このような不当判決に屈することなく、続く新潟、秋田など

での勝訴判決をめざし、老齢加算、母子加算を復活させるために引き続きたたかうことを誓うものである。」

ちなみに経済協力機構（ＯＥＣＤ）二〇〇八年報告では、一八歳～六四歳で子どもがいる一人親世帯の相対的貧困率は二〇〇六年時点で五八・七％で、加盟三〇か国中で最悪の数字だといわれている（二〇〇九年一一月一四日、朝日）、母子加算の減額廃止がいかに間違っていたか。従って、二〇〇九年一二月からの復活は遅きに失したとはいえ、先ずは妥当であると云える。ただ、これすらもこれまでの提訴や多数の審査請求を始めとする多くの人々の闘いの成果であることは云うまでもない。なお母子加算復活に伴ない、母子加算にかかる生存権裁判（二高裁・三地裁）の原告、弁護団は、二〇一〇年四月一日、厚生労働省と基本合意書を取り交わし、二日、訴えを取り下げた。国は、憲法二五条にいう最低限の生活の確保に努めると約した。

四　生活保護法五六条違反

今次、生活保護法による老齢加算および母子加算の減額、そして遂には廃止が、生活保護法五六条の「被保護者は、正当な理由がなければ、既に決定された保護を、不利益に変更されることはない」に違反すると原告側は主張している。

すでに一九五〇年の本法第七回国会提案理由説明で当時の厚生省は、「例えば、予算の不足による減額の如きは正当な理由とは云うことができない」（「第七回国会生活保護法案説明資料」一九七頁）と、はっきりと述べているのである。「国権の最高機関」（日本国憲法四一条）に対しての日本政府の説明資料である。だから国会も、この法律案を審議、承認したのである。

憲法二五条がいう「すべて国民は、健康で文化的な最低限度の生活を営む権利を有する」（二五条第一項）からして社会における最後の砦としての「社会的安全網」としての生活保護制度は、憲法に恥じないよう、まともでなければならないことを権利として要求できるものでなければならない。

生活保護法第三条が「この法律により保障される最低限度の生活は、健康で文化的な生活水準を維持することができるものでなければならない」とうたい、厚生労働大臣の定める基準のあり方を示した同法第八条第二項でも、「最低限度の生活の需要を満たすに十分なもの」でなければならないと念を押しているところである。従って、これらの訴訟が起された場合、裁判所としては現在の保護基準がまず、健康で文化的なという意味での最低限度の生活の需要を満たすに「十分なもので」あるかどうかを審理すべきである。その立証を行政当局に対して求めるべきである。各地の提訴者は、現在の基準でも、それが容易でない、況《いわ》んや、それが減額・廃止されるにおいておやと、何度も窮状を訴えているのである。

そもそも現在の保護基準による保護そのものが、まともに行われているのかが問われねばならない。

五　厖大な漏救の存在

しかるに残念ながら、わが国の場合、厖大な漏救の存在こそが緊急に解決されねばならない問題として指摘されているのである。今の保護基準でも保護を受けられるはずの人々のうち、現に保護を受けられている人の割合（テークアップ・レート：捕捉率）は二〇％（二〇〇五年）にも満たない。「漏救率八〇％という公的扶助は、EU圏の先進工業国では有り得ない。二〇〇三年現在のイギリスの公的扶助の受給率は全世帯の二四・七％にも達し、捕捉率は八七％程度となっている」[1]というのである。フランスの捕捉率は九〇％（二〇〇五年）とも言われる。日本は保護率（人口一〇〇〇人対パーミルで表される。二〇〇六年、一一・八‰）、人口一〇〇人対で言えば一・一八％にすぎない。

（1）　唐鎌直義『生活保護は何を守るべきか』法律時報二〇〇七年一二月号三五七頁

六　保護基準と社会保障給付水準や賃金水準との関係

保護基準は、すでに厚生省が一九六一年七月発表した厚生行政長期計画基本構想でも、「保護基準の大幅引き上げは、社会保障制度における給付水準の全般的基礎」であると断言していた[2]。

保護基準の切り下げは、社会保障給付水準の切り下げに連動する。保護基準は「最低賃金や年金はもとより、児童扶養手当、就学援助、公務員の人事院勧告、国民年金、国民健康保険の減免基準、さらには公営住宅の使用料等々の基礎[3]」となっている。ことに最低賃金については、「最低賃金法の一部を改正する法律」（二〇〇七年一二月五日、法一二七）により、地域別最低賃金を設定する際の考慮事項として、第九条第三項が設けられ、「前項の労働者の生計費を考慮するに当たっては、労働者が健康で文化的な最低限度の生活を営むことができるような生活保護に係わる施策との整合性に配慮するものとする」が設けられた。

（2）　小川政亮「生活保護基準は社会保障給付水準や賃金水準とどういう関係があるのか」『賃金と社会保障』一二一八号（一九六三年八月）、のち『小川著作集⑥』（大月書店、二〇〇七年）二〇二頁

（3）　杉村宏編著『格差貧困と生活保護』（明石書店、二〇〇七年）四八七頁

七　手続き的、自己実現的権利

保護基準の重要性からすれば、それを誰が決めるかという手続き問題、また保護基準の主人公は本来誰かという問題が問われねばならない。現行の生活保護法では、厚生労働大臣が定めるとなっているが[4]、厚生労働大臣が単独で定めるとは書いていない。

それは当然、生活保護法を定めた第七国会でも問題になるであろうと予想された。前掲「生活保護法案質疑応

答」（四七～四八頁）では、

「問：基準は厚生大臣だけで定めることは官僚独善の嫌いがある。すべからく官民合同の権威ある機関に諮問して決めるべきだと思うが如何

答：基準の設定は、相当複雑かつ技術的なものであるから、常置研究機関を置くならば兎も角、諮問機関の程度では実効が期待できない。厚生大臣が決定するにしてもできる限り各方面の調査研究機関の協力を求めて最も合理的に決定するものである。」

官僚独善の嫌いがあるとは、正に質問している通りであるが、それを措くとしても、諮問機関では実効性がないとまで厚生省自ら述べている。しかし、常設審議機関は敢えて否定していない。

ちなみに日本弁護士連合会の生活保護法改正案（二〇〇九年）では、法律名称を「健康で文化的な最低限度の生活の保障に関する法律」（略称「生活保障法」）、被保護者を利用者とする他、保護基準は、法律の別表で定めることとして、基準決定権限を厚生労働大臣から国会にもってきている。

民主主義の原則から、また筆者のいう社会保障権の三側面の一つたる自己実現的又は自己貫徹的な権利の観点からしても、保護基準の制定については、当然、利害関係のある人々の主体的参加が要請される。社会保障制度に関して内閣総理大臣に対して勧告権を有する機関として設けられた社会保障制度審議会（社会保障制度審議会設置法、一九四八年一二月、法律二六六号）は、生活保護法の成立・施行に関し一九五〇年、即時、全面的に実施すべきことを要求した「社会保障制度に関する勧告」（同年一〇月）で、「扶助の基準額の決定については、主務大臣は必ず社会保障制度運営審議会の意見をきかねばならない。審議会はまた、つねに国民の最低生活費についての調査研究を行い、合理的な基準額を審議決定の上、主務大臣にその採決を勧告することができる」とし、運営審議会については、「社会保障制度全般の運営に関して、関係官吏、関係各利益代表及びに公益代表よりなる民主的な審議会を設ける」

とした。

全国生活と健康を守る会連合会（略称、全生連）の如きは、当然、ここにいう利益代表たりうるものであろう。然るに、爾来、六〇年、いまだに此のような民主的な審議会は設けられていない。この一事を以てしても、現行保護基準の妥当性、適切性が疑われる。日本政府は、保護基準に限らず、およそ生活保護法全般について、かくの如き民主的な機関を設けていない。貧困大衆の参加権を認めていないのである。

ちなみに二〇〇一年、中央省庁再編に伴ない、新たに厚生労働省が設けられ、総理大臣に対して勧告権を有する社会保障制度審議会は廃止され、単なる一省内の社会保障審議会が置かれることになって、民主的な機関は愈々夢となった感がある。

なお前記、日本弁護士連合会の生活保護法改正案では、前述のように「基準は国会が決める」とし括弧内で、民主的コントロールとしている。それは賛成であるが、続けて「韓国式の「最低生活保障委員会」等の審議会は国会の審議、決議権を形骸化させる恐れがあるので法定しない」としている。しかし、前記民主的コントロールの趣旨と社会保障権の趣旨からするなら、国会の下における社会保障制度審議会の勧告の趣旨の尊重こそが望ましい。

ちなみに、一九六一年のドイツ連邦社会扶助法一一四条第一項には、一般的行政規則の発布ならびに通常基準の確立に先立って、社会的経験ある者、とりわけ困窮者保護団体または社会給付受給者団体を代表する者の意見を聴かねばならない」とされている。そして此の条項は、二〇〇三年一二月二七日社会法典第一二編（社会扶助）にも、原則としてそのまま引き継がれている（第一一六条）。これは、社会扶助拒否や扶助の種類や程度の確定に対する異議申立についての決定にあたっても、事前に同様の人たちの助言的参加が必要である（同条第二項）。として、争訟過程への助言的参加権をも認めているのである。

憲法第二五条第一項にいう「健康で文化的な最低限度の生活」とは、生活保護法による生活保護の場合、憲法二五条の理念を強調したとも云うべき同法一、三、八条の趣旨からしても、この意味での最低限度の生活が行政権力による自由裁量でどうにでもなるものでなく、自由裁量の余地なく保障されるのでなければならない。このことを真正面から明らかにしたのが、かの有名な朝日訴訟である。

とくに、一審の東京地裁一九六〇年一〇月一九日判決（判例時報二四一号）は、生活保護法のよって立つ憲法第二五条の生存権的生活権的基本権の歴史的意義から説き起こした上で、「健康で文化的な」とは、決して単なる修飾ではなく、「その概念にふさわしい内実を有するもの」「必ずや国民に『人間に値する生存』あるいは『人間としての生活』というものを可能ならしめるものでなければならない」と判示する。

そして、そう解した場合、厚生大臣の保護基準設定権限は、「あくまで前記憲法から由来する同法第三条、第八条第二項に規定せられるところを逸脱することをえない」とし、一九五六年当時の国立療養所入院患者について、日用品費月額六〇〇円という保護基準と、療養所の給食で十分で補食の必要はないという当局の主張をともに憲法二五条をうけた生活保護法に違反するとしたのである。

とくに、この判決は、「最低限度の生活水準を判定するについて注意すべきこと」として、次の三つをあげている。

①　現実の国内の最低所得層いわゆるボーダーライン層の人々の現実の生活水準をもって直ちに生活保護法の保障する「健康で文化的な生活水準」に当たるとは解してはならず。

②　何が最低限度の生活水準であるかは「決して予算の有無によって決定されるものではなく、むしろこれを指導支配すべきものである。」

③　「健康で文化的な生活水準」とは、国民の何人にも全的に保障されねばならないものとして観念すべきものである。

とりわけ、財政に従属すべきでなく、逆に財政を領導する原則でなければならないとしている点は、当然とはいえ、今日、特に改めてその意義の重たさが想起さるべきである。

ちなみに、何が最低限度の生活水準かは、予算の有無によって左右さるべきでないとする点については、ドイツ公的扶助制度下でも連邦扶助法に先立つ保護義務令当時、すでに朝日訴訟同様、低額基準問題を扱った訴訟事件で、例えば一九五一年一一月二二日のハンブルク上級行政裁判所判決が、「財政的考慮のために法律をゆがめることは裁判官には許されない」（保護事件行政裁判所判例集、FEVS Bd. IS. 21）と述べていることに改めて今日、大きく学ぶべきところがあるであろう。貧困は今や多数の人民の問題となっているのである。

なお国際条約との関係について見ておこう。

国際条約との関係も、本生存権裁判の重要な争点である。しかし日本政府は耳を貸そうとしていない。しかし、条約は、日本の立法では、憲法に次ぎ、法律より上位にあると解されている（憲法九八条二項、第六一条）。従って条約は憲法を変える力は持っていないが、普通の法律よりも強い力は持っていると解される（憲法六〇条二項）。ところが、日米安保条約は実際には憲法以上の力を持っている。憲法九条で平和を強調しているのに、それを脅かし、無視している。

その一方で条約を日本の法律のみか命令までもが無視している。生存権裁判で問題になるのは、何れも国際人権規約や児童の権利に関する条約、とくにその第二七条である。

特に、前者、国際人権(A)規約（一九七九年、条約第六号）「経済的、社会的及び文化的権利に関する国際規約」は、「この規約の締約国は、社会保険その他の社会保障についてのすべての者の権利」（第九条）、家族の権利（第一〇条）、相当な食糧、衣類など住居を内容とする相当な生活水準ならびに「生活条件の不断の改善について」等のすべての者の権利（第一一条）「到達可能な最高水準の身体及び精神の健康を享受する権利」等（第一二条）等について定めている。

ところが政府は「…いわゆる社会権の完全な実現を漸進的に達成するために、締約国が行動をとることをその主な内容とするものであって…」（衆議院外務委員会会議録、一九七九年三月一六日）として、「漸進的」というところに重点をおいて、直ちに実施する意思がないような態度である。

しかし、先進国である筈の日本が「漸進的実現」を口実としての社会保障、公的扶助の非前進どころか後退は許されない。保護基準における老齢加算・母子加算の減額、況んや廃止の如きは「漸進」にすら、違反する。

すでに二〇〇一年八月三一日の社会権規約委員会、総括所見は、日本が社会権規約の実施状況について提出して、報告書を検討した結果についての報告書の中で、

「委員会は、規約の規定の多くが憲法に反映されているにも拘らず、締約国が国内法において規約の規定を満足の行く方法で実施していないことを懸念する。」とし、「また、立法及び政策立案の過程で充分に考慮されて居らず、かつ立法上もしくは行政上の提案または国会における議論でめったに言及されないことも懸念するものである」とし、進んで、「委員会はさらに、規約の何れの規定も直接の効力を有しないという誤った根拠により、司法決定において一般的に規約が参照されないことに懸念を表明する」と日本当局の立場に根本的疑念を表し、「締約国がこのような立場を支持し、したがって規約上の義務に違反していることはさらなる懸念の対象である。」と弾劾しているのである（括弧内は、日本弁護士連合会の社会権規約NGOレポート連絡会議編「社会権規約と日本二〇〇一」エイデル研究所、二〇〇一年一〇月による）。

ここで指摘されているように、この一連の生存権裁判でも、日本国憲法の下における国際社会保障法的観点での正しい解決が望まれるのである。

（二〇一〇・五・一九）

27　生活保護基準額以下の所得者に対する国民健康保険税（料）賦課は違憲・無効

北野弘久

一　国民健康保険税と国民健康保険料

本稿は、生活保護基準額以下の所得者に対して、ある地方自治体が国民健康保険税の賦課処分を行い、それに対して被保険者（同税の納税義務者）が国民健康保険税減免申請を行ったが棄却されたので、同棄却処分の取り消しおよび同賦課処分の無効確認を求めて訴訟を提起した事案を検証するものである。本稿で検証しようとする事案は、国民健康保険税に関するものであるが、国民健康保険は国民健康保険「税」の形式によらないで、国民健康保険「料」の形式でも行われる。この点について、実定法の規定を確認しておきたい。国民健康保険法七六条一項は、「保険者は、国民健康保険事業に要する費用に充てるため、世帯主又は組合員から保険料を徴収しなければならない。ただし、地方税法の規定により国民健康保険税を課するときは、この限りでない」と規定している。一部には、国民健康保険「税」は形式的には「税」であるので、憲法上も「租税」として扱わねばならないが、国民健康保険料を含む社会保険料等の受益者負担はもともと「税外負担」であって、国民健康保険「料」は憲法上も「租税」として扱うべきではないという主張がある。そこで、はじめにこの問題を検証しておきたい。

旭川国民健康保険料違憲訴訟として知られる事件の第一審旭川地裁一九九八年四月二一日判決・判例時報一六四一号二九頁は、国民健康保険料を地方税の一種として固有の意味での租税（地方税）に関する本来的租税条例主義（憲法九二、八四、三〇条等）がそのまま適用される、と判示した。[1] 同判決は、その根拠として、①強制加入制である。②保険料または保険税は選択とされ、いずれも強制的に徴収される。旭川市では市税条例が準用されている。③その収入の約三分の二を公的資金でまかない保険料収入は約三分の一にすぎない。それゆえ、国民健康保険は保険というよりも社会保障政策の一環である公的サービスとしての性格が強く、その対価性が稀薄である、ことなどが挙げられている。

筆者は、以上のほかに、現代租税国家における租税概念に関連して社会保険料、下水道工事負担金、公的保育所負担金等の多くについて、一般的に、そのような議論を展開してきた。すなわち、日本国憲法はその国の財政収入のほとんどを租税に依存する租税国家体制（Tax State, Steuerstaat）を前提にしている。租税国家では、憲法政治は所詮、租税の取り方と使い方とに帰着する。私たちの平和・福祉・人権などもそのような租税問題の処理の仕方によって基本的に決まるといってよい。憲法典は、そのような租税の取り方、つまり税負担のあり方と租税の使途のあり方とに関する規範原則を規定した法典といえなくはない。日本国憲法は、租税の取り方、つまり税負担のあり方については応能負担原則（憲法一三、一四、二五、二九条等）に基づくことのみを規定しており、そして租税の使途のあり方については「平和・福祉本位」の「法の支配」のみを規定している（憲法の自由権、社会権、平和的生存権等の人権尊重規定)。筆者は、結論的に日本国憲法のもとでは法実践論的には納税者側の租税概念が成立すると解している。[2] 伝統的な財政権力側の租税概念とは異なり、納税者側の租税概念は、①租税の徴収面と使途面とを峻別・分断せず、両面を一体として統合的にとらえている。②租税の使途面を射程に入れ、そもそも租税は「平和・福祉本位」に使用されねばならない。このこと自体が人権論としては社会権の要請であることはいうまでもない。上の租税の使途面を前提にしてかつ人々は各人の能力に応じてのみ納税の義務を負うことになる。この「応能負担原則」は人権論としては上の使途面と同じく徴収面における社会権的思想の投影である。③以上によれば、日本国憲法のもとではすべての租税が人々の福祉(生存権)のためのものでなければならないことになる。筆者は、これを「新福祉目的税論」と呼んでいる。[3] すなわち、憲法理論上はすべての税目が「福祉目的税」でなければならない。これにより、日本国憲法のもとでは特定の税目に「福祉目的税」を冠することができない。④社会保険料、下水道工事負担金、公的保育所負担金等の受益者負担の多くが日本国憲法のもとでは当然に租税概念に組み込まれることになる、という特質をもつことになろう。

以上のような納税者側の租税概念に鑑み、人々は憲法の意図する福祉目的のために各人の能力に応じて納税の義務を負うこととなる。租税国家体制では本来的には固有の意味での租税によって、上の「福祉目的」がカバーされねばならないはずである。それゆえ、社会保険料の負担についていえば、憲法理論的には人々は「社会保険料」という名称の租税を負担していることになろう。このようにみてくると、本稿で問題にしている国民健康保険料については憲法上「租税」として固有の意味での租税と同様の法理(租税法律主義・本来的租税条例主義、応能負担原則等)が適用されねばならない。この点、前出旭川国民健康保険料違憲訴訟の最高裁二〇〇六年三月一日大法廷判決・民集六〇巻二号五八七頁・判例時報一九二三号一一頁[4]が、国民健康保険料は租税ではなく、憲法の租税法律主義(ここでは本来的租税条例主義)の趣旨は妥当するが本来的租税条例主義が厳密には直接に適用されない、と判示したことは誤りである。日本国憲法のもとでは「判例（先例）拘束の法理」（doctrine of precedent, stare decisis）が適用されないので、わたくし達はこの誤った最高裁判決に拘束されず、これを変更させねばならない。

本稿でとりあげようとする事案は国民健康保険税に関するものであるが、以下に述べられるところは、そのまま国民健康保険料にも妥当することを確認しておきたい。

（1） この判決について、たとえば、増井良啓・ジュリスト社会保障判例百選・三版は、拙論と同様に国民健康保険料を一種の地方税として租税条例主義の適用を肯定し、同判決に賛成している。

（2） 従来の租税の定義は「国または地方公共団体がその財政経費に充てるために、国民から特別の給付に対する反対給付としてではなく、強制的に徴収する金銭給付である」とされてきた。これは、租税の徴収面と使途面とを峻別・分断し、租税を徴収面のみに関するものととらえ、かつ、国民の一方的義務としてとらえるものであって財政権力側のものであったといわねばならない。筆者は、たとえば、①国民〔人々〕主権主義・納税者主権主義、②法律によっても不可侵とされる基本的人権（自由権・社会権・平和的生存権など）の尊重、③人々の権利保障のために徹底した三権分立主義、④各地域社会の人々の生存権保障の法的装置としての「地方自治」の保障、⑤裁判所に違憲立法審査権の付与、などの日本国憲法の規範構造に鑑み、法実践論的には納税者側の租税概念が成立すると指摘してきた。これによれば、社会保険料等も当然に憲法上租税概念に組み込まれる。日本国憲法のもとでは、社会保険料等を含む租税につき、「租税〔社会保険料等を含む〕とは、国または地方公共団体が人々の福祉の費用に充当するために、応能負担原則を実体的内容とする『法』（法律・条例）に基づいて、人々から徴収する金銭給付である」となろう。詳細は北野『税法学原論・六版』（青林書院、二〇〇七年）二五頁以下。「日本国憲法の租税概念」など。

（3） 北野『納税者の権利・岩波新書』（岩波書店、一九八一年）四一頁。

（4） 詳しくは北野『税法学原論・六版』（青林書院、二〇〇七年）三二一、三三三頁、同『税経新報』二〇〇七年九月号。

二　一つの事例

北海道音更町の大畑実氏は、現在、七七歳であって、生活保護基準額を下回る所得しか有しない。本来であれば、生活保護を申請できる立場にある。しかし、同氏は氏自身の尊厳から、あえて申請をしていない。

氏は、音更町長に対し、平成一七年度（二〇〇五年度）国民健康保険税減免申請を行ったが、棄却された。そこで氏は、平成一八年（二〇〇六年）六月に、氏に対する平成一七年度国民健康保険税減免申請棄却決定処分の取り消しおよび平成一七年度国民健康保険税賦課処分の無効確認を求めて、釧路地裁へ出訴した。平成一九年（二〇〇七年）六月二六日釧路地裁判決および平成二〇年（二〇〇八年）三月二一日札幌高裁判決[5]は、いずれも氏の請求を棄却した。そこで、氏は最高裁へ上告することを決断するに至った。本件の納税者側には代理人弁護士が付いておらず、大畑実氏の本人訴訟の形で展開されている。このこと自体が注目されねばならない。

筆者は、日本国憲法二五条の生存権についての自由権的機能（「公権力からの自由」）にしぼって、本件国民健康保険税賦課処分および本件国民健康保険税減免申請棄却決定処分は、いずれも憲法二五条一項の自由権的機能に違反し（音更町税条例規定の運用違憲）、違憲・無効とする鑑定所見書を二〇〇八年四月にとりまとめた。同鑑定所見書は二〇〇八年五月に「上告受理申立て理由書」・「上告理由書」に添付して最高裁へ提出された。

以下は、筆者の同鑑定所見書の概要である。

（5）本件の控訴審の段階で斉藤一久氏（東京学芸大学講師）が結論としては筆者とほぼ同旨の鑑定所見書をとりまとめ、札幌高裁へ提出された。

三　日本国憲法と応能負担原則

日本国憲法は租税国家体制を前提にしている。公債収入は、納税者からいえば、租税の前払いということになる。先にも指摘したように、租税国家では、憲法政治は所詮どのような租税を徴収し、それをどのように使用するかに帰する。日本国憲法は、租税の取り方、つまり私たちの税負担のあり方および租税の使い方に関する規範原則を規定した法典といえなくはない。

日本国憲法三〇条は「国民は、法律の定めるところにより、納税の義務を負ふ」と規定している。ここにいう「国民」とはpeople, peopleの意味であって、日本社会を構成している人々、つまり、日本人のほかに外国人、法人等を含む。私たちは、無条件的に無原則的に納税の義務を負うのではない。私たちは、租税の使途面に関する憲法適合的な「法律」と、租税の徴収面に関する憲法適合的な「法律」とに基づいてのみ、納税の義務を負うのである。私たちは、自分たちが納付した租税が憲法の規定するところ（「平和・福祉本位」。日本国憲法の基本的人権尊重規定）に従ってのみ使用されることを前提にしてその限度で、かつ憲法の規定するところ（「応能負担原則」。日本国憲法一三、一四、二五、二九条等）に従ってのみ納税の義務を負うのである。租税の実体的あり方の基本原則としてはこの応能負担原則しか存在しないのである。その憲法上の根拠は次のごとくである。(6)

憲法一三条は、「個人の尊重」、「人間の尊厳」を規定している。租税のあり方も一三条に適合しなければならない。

一四条は「法の下の平等」を規定している。ここでの平等は、一八世紀、一九世紀のような形式的平等ではなく、まさに二〇世紀、二一世紀の現代憲法での平等である。現代憲法での平等は実質的平等を意味し、租税面では能力に応じた平等を意味する。

二五条一項は人々の「健康で文化的な最低限度の生活を営む権利」を保障している。ここで問題になる生存権は、社会権としてのそれではなく自由権としてのそれである。自由権の本質は「公権力からの自由」にある。したがって、自由権については立法裁量、行政裁量などの裁量論が入る余地がない。この規定から、最低生活費相当分には課税除外すべきであるということになる。課税最低限度額は人々の最低生活費以上、具体的にいえば生活保護基準額以上でなければならないことになる。課税最低限度額が生活保護基準額を下回るときは憲法二五条一項の自由権的生存権違反であって違憲・無効となる。

二九条については、その二項（「公共の福祉適合」）の存在に鑑み、一定の生存権的財産（一定の住宅地・住宅、現に農業の用に供している農地・農業用資産、一定の中小零細業者の事業所用地・事業所等）についてのみ基本的人権として保護するものと、しぼってこの財産権保障の法的意味を解すべきであるということになる。(7)

以上の憲法の諸条項から導かれる応能負担原則は、国税・地方税、直接税・間接税、個人の税・法人の税を問わず、適用される。また、最低生活費非課税の原則、一定の生存権的財産の非課税・軽課税（利用価額 Use Value ×低税率）の原則を含む。また、課税物件の性質を考慮した「質的担税力」に配慮しながら最終的に「量的担税力」の具体化として総合累進課税を要請する。

しばしば画一的な均等負担、比例負担を正当化するために応能負担原則ではなく、応益負担原則・応益課税原則が持ち出される。またタテの公平である「垂直的公平」（vertical equity）よりも現実の人々にとってはヨコの公平である「水平的公平」（horizontal equity）が重要であるといって、「水平的公平」を正当化するために応益負担原則・応益課税原則が持ち出される。しかし、応益負担原則・応益課税原則は、課税庁側がその課税の根拠のひとつの説明手段として用いることができるとしても、納税者の税負担配分の原理としては社会科学的にも憲法上も成立しない。

日本国憲法は、巷間主張されるヨコの公平である「水平的公平」は、応能負担原則の具体化であるところの「垂直的公平」の徹底のみにおいて成り立つものと、とらえているのである。

本件で問題になっている目的税を含めて、租税の実体的あり方については応能負担原則しか社会科学的にも憲法上も存在し得ない。応能負担原則は、租税国家体制を前提とした日本国憲法における最重要の立憲主義（constitutionalism）の要請であることが銘記されねばならない。

（6）　応能負担原則の詳細については北野『税法学原論・六版』（青林書院、二〇〇七年）一四三頁以下の「応能負担原則」など。

（7）　この二九条二項の法的意味を考えるにあたって、日本国憲法に関するマッカーサー憲法草案には、次のいわゆる土地公有権の明文規定が存在したことが注意されねばならない。「土地および一切の天然資源に対する終局的権原（ultimate fee）は、国民全体の代表としての資格での国に存する。土地その他の天然資源は、国が、正当な補償を支払い、その適正な保存、開発、利用および規制を確保し増進するために、これを収用する場合には、このような国の権利に服せしめられるものとする」。北野『税法学原論・六版』（青林書院、二〇〇七年）一六四頁。

四　目的税である国民健康保険税と応能負担原則

日本国憲法のもとでは、社会保険料等も租税である。本件で問題になっている国民健康保険税は法形式上も「税」であるので、憲法上租税であることは疑問の余地がない。ところで、普通税と目的税との違いは、当該租税収入の使途が法律上特定されているかどうか、にある。使途が、特定されていないものが普通税であり、特定されているものが目的税である。この使途についての特定以外に、両者の違いは全く存在しない。この使途以外については、目的税についても普通税と同様に日本国憲法は応能負担原則の適用を要請している。国民健康保険税は、国民健康保険事業に要する費用のための目的税である（地方税法七三四条一項参照）。

本件音更町国民健康保険税のあり方にも、当然に日本国憲法の最低生活費非課税の原則、累進賦課率などの「応能負担原則」の適用が要請される。音更町税条例においても本来、国民健康税について生活保護基準額以下の低所得者には非課税とする規定が整備されていなければならない。この点、雄勝町国民健康保険税条例（甲九号証）一七条一項には当然のことながら次の規定が存在することが注目される。

「町長は次の各号の一に該当する者のうち町長において必要があると認める者に対し、国民健康保険税を減免することができる。

1　貧困により、生活のため公私の扶助を受ける者又はこれに準ずると認められる者
2　当該年において所得が皆無となったため生活が著しく困難となった者又はこれに準ずると認められる者
3　前各号に掲げる者以外の者で特別の事情がある者」。

同条例を受けて、雄勝町国民健康保険税条例施行規則三条二項は、同条例一七条一項一号に該当する者の免税割合を一〇分の一〇と規定している。ここで注意すべきことがらは、日本国憲法は、「議会のみが課税権を有する」とする法理を採用しているという点である。これが租税法律主義の原則（ここでは地方税に関する本来的租税条例主義の原則）(8)である。同条例一七条一項は、「町長は…必要があると認めるものに対し、…減免することができる」と規定しているが、これは減免するかどうかを町長の裁量にゆだねるという意味ではない。本来的租税条例主義のもとでは減免について町長には裁量権は全く存在しない。同条例一七条一項一号の「貧困により生活のため公私の扶助を受ける者又はこれに準ずると認められる者」に該当する限り、町長は減免（減免割合は一〇分の一〇）しなければならないという意味である。減免しないときは、町長のその行為は本来的租税条例主義違反のゆえに違法となる。町長に裁量権があるとするならば、それはいわゆる裁量権ではなく厳格に何が法であるかについての法規裁量・覊束裁量にすぎない。

音更町条例一六六条一項には次の規定が存在する。

「町長は次の各号に該当する者のうち、町長において必要があると認められる者に対し、国民健康保険税を減免する。
(1)　災害等により生活が著しく困難となった者又はこれに準ずる者
(2)　当該年において所得が著しく減少し、生活が困難となった者又はこれに準ずる者
(3)　前二号に掲げる者のほか特別の事由がある者」

音更町税条例には、前出雄勝町税条例のような生活保護基準額以下の者についての明文の減免規定は存在しない。

すでに指摘したように、最低生活費非課税の要請は、日本国憲法二五条一項の生存権についての自由権機能である。自由権の本質は、「公権力からの自由」にあり、法論理上立法裁量、行政裁量が入る余地がない。生活保護基準額以下の者には日本国憲法は目的税である国民健康保険税について課税除外、つまり一〇〇%非課税を要請しているわけである。当該者に非課税するか、しないかの裁量の問題ではない。それゆえ、音更町税条例一六六条三号の「前二号に掲げるほか特別の事由がある者」のなかに当然に「生活保護基準額以下の者」を含むものとして運用されるべきである。繰り返し述べることになるが、これは憲法二五条一項の生存権についての自由権的機能の要請である。

(8)　本来的租税条例主義を肯認した裁判例として秋田国民健康保険税条例違憲訴訟がある。一九七九年四月二七日秋田地裁判決・判例時報九二六号二〇頁、一九八二年七月二三日仙台高裁秋田支部判決・判例時報一〇五二号三頁。筆者は、この事件について秋田地裁で鑑定証言を行った。北野「秋田国保税訴訟の展開と意義—自治体財政権の憲法的基礎」同『納税者基本権論の展開・現代法学者著作選集』(三省堂、一九九二年)所収〔原論文『佐藤進教授還暦記念・社会保障の変容と展望』(勁草書房、一九八五年)所収〕、同『税法問題事例研究』(勁草書房、二〇〇五年)四七頁以下の「本来的租税条例主義論の展開」、同七五三頁以下所収の「秋田市国民健康保険税条例に対する違憲判決」、同『税法学原論・六版』(青林書院、二〇〇七年)一〇四頁以下の「地方税・本来的租税条例主義」、同・ジュリスト社会保障判例百選・二版(一九九一年)など。

五　納税義務者大畑実の所得状況

平成一七年度(二〇〇五年度)の大畑実の所得状況は老齢厚生年金年九一万六四九四円、日本共産党中央委員会からの援助金年六〇万円、同北海道委員会からの援助金年一八万円の合計一六九万六四九四円である。夫婦二人。老齢厚生年金は九一万六四九四円となっているが、これを税法上の所得金額に置き換えると、公的年金等控除額は一二〇万円であるので(租税特別措置法四一条の一五の二第一項)(9)、税法上の所得はゼロとなる。

本人は、七七歳、年金生活者で高血圧・糖尿病患者。妻六四歳。リュウマチ病で障害二級であり就労できない。二〇年以上使用しているライトバンを有するが、これは地方での交通の命の手段であって財産とはいえない。不動産はなく、家賃を月三万円支払っている。大畑実の生活実態は生活保護を受けるべき状況にある。住民税は、当然に非課税となっている。

（9）　公的年金等は現在では「雑所得」であるが、かつては「みなし給与所得」とされていた。公的年金等控除額はかつての給与所得に関する「給与所得控除額」に配慮するものである。

六　結　語

国民健康保険法六条は、「生活保護法による保護を受けている世帯に属する者」を国民健康保険の被保険者にしない、と規定している。これは、生活保護世帯には生活保護法による医療扶助をもって対処しようという趣旨であると解される。思うに、人々が生活保護の申請要件に該当していても実際に生活保護の申請をするかどうかは各人のそれぞれの尊厳の問題である（憲法一三条参照）。

現実に生活保護を受けていなくても、大畑実のように、生活保護基準額以下の状況にある者の存在を私たちは看過し得ない。すでに詳論したように、目的税である国民健康保険税のあり方について日本国憲法二五条一項の生存権についての自由権的機能が適用される。そうである限り、現実に生活保護基準額以下の状況にある大畑実に対して、音更町長の行った本件国民健康保険税賦課処分および本件国民健康保険税減免申請棄却決定処分は、いずれも憲法二五条一項の生存権についての自由権的機能に違反し（音更町条例規定自体が違憲であるというよりも同条例規定の運用違憲）、違憲・無効である。

以上により、最高裁においては弁論を行って憲法二五条一項違反問題について、公正な審理をつくすべきである。

そして原判決は破棄されるべきである。そうでなければ、著しく正義に反する。

〔付記〕　その後、最高裁判所第一小法廷は、二〇〇九年一一月一九日に、「本件を棄却する。上告審として受理しない」と決定した。

28 在外被爆者援護の今日的課題

田村和之

はじめに

かつて日本政府は、旧法の原子爆弾被爆者の医療等に関する法律（以下では「原爆医療法」という）および旧法の原子爆弾被爆者に対する特別措置に関する法律（以下では「原爆特別措置法」という）並びに現行法の原子爆弾被爆者に対する援護に関する法律（以下では「被爆者援護法」という）は日本国外に居住する原子爆弾被爆者（以下では「在外被爆者」という）に適用されないと解釈・運用してきた。これを明示した通達が、一九七四年七月二二日衛発四〇二号厚生省公衆衛生局長通達「原子爆弾被爆者の医療等に関する法律及び原子爆弾被爆者に対する特別措置に関する法律の一部を改正する法律の施行について」（以下では「四〇二号通達」という）であった。これに対し、在外被爆者は「在外被爆者裁判一覧表」にみるような裁判を提起し、これらの諸法律の適用を求めてきた。原告勝訴を重ねた在外被爆者裁判の結果、政府は、ある時は被爆者援護法施行令および同法施行規則を改正し、また他のときは通達の発出などにより、在外被爆者に被爆者援護法を適用することに踏み切り、あるいは、その適用の拡大を図ってきた[1]。

被爆者援護法の在外被爆者に対する適用拡大の経過を、段階に分けて説明すれば次のようになる。

第一段階　二〇〇三年三月一日より、日本国内で被爆者援護法による手当（以下では「被爆者手当」という）の受給権を取得した在外被爆者は、国外の居住地で同手当を受給できるようになる。政府が郭貴勲《カクキフン》裁判の大阪高裁判決（二〇〇二年一二月五日。「在外被爆者裁判一覧表」の7）に従った結果であり、被爆者援護法施行令と同法施行規則が改正された（二〇〇三年政令一四号、厚生労働省令一六号）。

第二段階　二〇〇五年一一月三〇日より、被爆者健康手帳を所持する在外被爆者は国外の居住地から被爆者手当の支給申請を行うことができるようになる。政府が崔季澈《チェゲチョル》裁判の福岡高裁判決（二〇〇五年九月二六日。「在外被爆者裁判一覧表」の17）に従った結果であり、被爆者援護法施行令と同法施行規則が改正された（二〇〇五年政令三五六号、厚生労働省令一六八号）。

第三段階　二〇〇八年六月の被爆者援護法二条の改正（法律七八号）により、同年一二月一五日より、国外の居住地から被爆者健康手帳の交付申請を行うことができるようになる（被爆者援護法施行令と同法施行規則の関係規定も改正された。政令三八一号、厚生労働省令一七〇号）。

第四段階　二〇一〇年四月一日より、被爆者健康手帳を所持する被爆者は国外の居住地から被爆者援護法一一条に基づき原爆症認定申請を行うことができるようになる。この措置は、同法施行令と同法施行規則の改正（二〇一〇年政令二九号、厚生労働省令四七号）により行われた。申請が認められた在外被爆者は、同法二四条による医療特別手当または同法二五条による特別手当を受給できる。ただし、在外被爆者である認定被爆者に対する同法一〇条による医療の給付および同法一七条による医療費の支給は行われていない。

こうして、二〇一〇年四月時点において、被爆者援護法の主な規定で在外被爆者に適用されていないものは、同法一〇条の医療の給付とその関連規定（一一条を除く）、一七条の医療費の支給および一八条の一般疾病医療費の支給とその関連規定のほか、七条～九条の健康診断に関する規定、介護手当の支給に関する三一条である。また、同法第三章の諸規定（三七条～三九条）による福祉事業は、在外被爆者に対して実施されていないようである。したがって、在外被爆者援護に関する今後の課題は、在外被爆者に未適用・未実施の被爆者援護法の諸規定を、どのようにすれば在外被爆者に適用・実施することが可能となるかである。

（1）　在外被爆者裁判の展開状況、原告勝訴により政府・厚生労働省がどのように被爆者援護法の解釈運用を改めてきたかなどについては、筆者の次の論稿を参照されたい。「在外被爆者援護の現状と課題―四〇年の歴史的考察をとおして―」（『賃金と社会保障』一三九〇号、二〇〇五年三月）、「在外被爆者援護における今後の課題―在外被爆者裁判福岡高裁判決（二〇〇五年九月二六日）を機に」（『賃金と社会保障』一四〇四号、二〇〇五年一〇月）、「在外被爆者援護の到達点と課題―二〇〇七年の二件の最高裁判決を踏まえて」（『賃金と社会保障』一四六五号、二〇〇八年五月）、「被爆者援護法の二〇〇八年六月改正の意味するもの」（『ヒバクシャ』二五号、二〇〇八年八月）。

一　被爆者援護法二条の改正――国外からの被爆者健康手帳交付申請――

１　改正の背景と経緯

前述のよう、二〇〇八年の被爆者援護法改正により、国外に居住する者も被爆者健康手帳の交付申請を行うことができることになった。その背景と経緯を略述しよう。

同趣旨の被爆者援護法改正法案は、二〇〇七年一二月、当時の与党の自由民主党と公明党により第一六八回国会に提出され、継続審査となって第一六九回国会に上程されていたが、新たな法案を成立させる合意が全党により成立したため（超党派の国会議員により構成される「在外被爆者に援護法適用を実現させる議員懇談会」の調整による）、二〇〇八年六月四日、いったん撤回され、同日、附則第二条を追加した全党合意の新たな改正法案が衆議院厚生労働委員長に

在外被爆者裁判一覧表（2010. 4. 20現在）

（作成・田村和之）

	裁判の通称	判決年月日・裁判所	勝敗	掲載誌	備考
1	孫振斗被爆者健康手帳裁判	福岡地裁1974. 3. 30（控訴）	○	判例時報736号29頁	在韓被爆者の孫振斗氏が密入国し、不法滞在中に行った手帳交付申請の却下処分の取消訴訟
2	同上（1の控訴審）	福岡高裁1975. 7. 17（上告）	○	判例時報789号11頁 判例タイムズ1084号85頁	
3	同上（2の上告審）	最高裁1978. 3. 30	○	最高裁民集32巻2号435頁 判例時報886号3頁 判例タイムズ362号196頁 訟務月報24巻3号665頁	
4	三菱広島・元徴用工被爆者裁判	広島地裁1999. 3. 25（控訴）	×	訟務月報47巻7号1677頁	三菱広島の元徴用工（在韓被爆者）が原爆三法の不適用等による損害賠償を請求した裁判
5	郭貴勲裁判	大阪地裁2001. 6. 1（控訴）	○	判例時報1392号31頁 判例タイムズ1084号85頁 判例地方自治223号58頁	在韓被爆者の郭貴勲氏が帰国により打ち切られた手当の支払い等を請求した裁判
6	李康寧裁判	長崎地裁2001. 12. 26（控訴）	○	判例タイムズ1113号134頁	在韓被爆者の李康寧氏が帰国により打ち切られた手当の支払い等を請求した裁判
7	郭貴勲裁判（5の控訴審）	大阪高裁2002. 12. 5（確定）	○	判例タイムズ1111号194頁 判例地方自治244号68頁	
8	李康寧裁判（6の控訴審）	福岡高裁2003. 2. 7（上告）	○	判例タイムズ1119号118頁	
9	廣瀬方人裁判	長崎地裁2003. 3. 19（控訴）	○		日本人被爆者の原告が出国した期間打ち切られた手当の支払いなどを求めた裁判。時効の成立を否定。
10	李在錫裁判	大阪地裁2003. 3. 20（確定）	○	判例地方自治258号89頁	在韓被爆者の李在錫氏が帰国により打ち切られた手当の支払い等を請求した裁判
11	廣瀬方人裁判（9の控訴審）	福岡高裁2004. 2. 27（上告）	○×		提訴より5年以上前の不払い手当は時効が成立として9判決を取り消す（その後28最高裁判決により長崎市は5年以上前の手当を支払った）。
12	崔季澈裁判	長崎地裁2004. 9. 28（控訴）	○	判例タイムズ1228号150頁 判例地方自治267号82頁 賃金と社会保障1404号15頁	在韓被爆者の原告が韓国の居住地からした健康管理手当支給申請の却下処分の取消訴訟
13	在ブラジル被爆者裁判	広島地裁2004. 10. 14（控訴）	○×	判例地方自治267号89頁 最高裁民集61巻1号144頁	在ブラジル被爆者が出国により打ち切られた手当の支払いを請求。提訴前5年までのものは判決をまたず被告が支払う。5年以上前のものは消滅時効の成立を認める。
14	三菱広島・元徴用工被爆者裁判（4の控訴審）	広島高裁2005. 1. 19（上告）	○	判例時報1903号23頁 判例タイムズ1217号157頁 最高裁民集61巻8号2805頁	4判決について在外被爆者に関する部分を取り消し、原爆三法不適用による損害の発生を認め、原告の在韓被爆者一人当たり120万円の損害賠償を命じた。
15	在韓被爆者葬祭料支給申請却下処分取消訴訟	長崎地裁2005. 3. 8（控訴）	○	賃金と社会保障1404号23頁 判例タイムズ1214号169頁	12の原告の死亡により遺族が行った葬祭料支給申請の却下処分の取消訴訟
16	在アメリカ被爆者裁判	広島地裁2005. 5. 10（確定）	○	賃金と社会保障1404号23頁	在アメリカ被爆者4名がアメリカの居住地から行った健康管理手当等の申請の却下処分の取消訴訟。被告の広島市長は控訴したが、後に取り下げた。
17	崔季澈裁判（12の控訴審）	福岡高裁2005. 9. 26（確定）	○	判例タイムズ1228号150頁 賃金と社会保障1404号13頁	

18	在韓被爆者葬祭料支給申請却下処分取消訴訟（15の控訴審）	福岡高裁2005. 9 . 26（確定）	○	賃金と社会保障1404号22頁 判例タイムズ1214号168頁 判例地方自治282号51頁	
19	崔季澈裁判（第２次）	長崎地裁2005. 12. 20（控訴）	○	判例タイムズ1250号147頁	原告が1980年に出国したため打ち切られた手当の支払いを請求した。消滅時効は成立しないとされた。
20	在ブラジル被爆者裁判（13の控訴審）	広島高裁2006. 2 . 8（上告）	○	最高裁民集61巻１号166頁	15判決を取り消し、時効の適用は信義則に反し権利濫用となるとして、未払い手当の支払いを命じた。
21	在韓被爆者葬祭料支給申請却下処分取消訴訟・損害賠償請求訴訟	大阪地裁2006. 2 . 21（確定）	○×		在韓被爆者の遺族が葬祭料支給申請の却下処分の取消しと損害賠償を請求した。被告は裁判の途中で却下処分を取り消し、葬祭料を支給した。損害賠償請求は原告敗訴。
22	李康寧裁判（８の上告審）	最高裁2006. 6 . 13	−	最高裁民集60巻５号1910頁 判例タイムズ1213号79頁 判例時報1935号50頁	上告審の争点は、在外被爆者に対する手当の支給主体のみ。最高裁は国でなく、都道府県・広島市・長崎市であるとした。
23	廣瀬方人裁判（11の上告審）	最高裁2006. 6 . 13	−	訟務月報53巻10号2802頁	上告審の争点は、在外被爆者に対する手当の支給主体のみ。最高裁は国でなく、都道府県・広島市・長崎市であるとした。
24	在韓被爆者被爆者健康手帳申請却下処分取消訴訟・損害賠償請求訴訟	広島地裁2006. 9 . 26（控訴）	×	判例タイムズ1239号148頁	裁判中に原告が渡日して手帳を取得したことにより取消しの利益が消滅したとして取消請求は却下。損害賠償請求についても請求棄却。
25	崔季澈裁判（第２次）（19の控訴審）	福岡高裁2007. 1 . 22（上告）	×	判例タイムズ1250号141頁	19判決を取り消し消滅時効が成立したとした。その後、本判決は28最高裁判決により取り消された。
26	在ブラジル被爆者裁判（20の上告審）	最高裁2007. 2 . 6	○	最高裁民集61巻１号122頁 判例時報1964号30頁 判例タイムズ1237号164頁	違法な行政を行って在外被爆者の権利行使を困難にしたものが、消滅時効により未支給の手当の支給義務を免れることは信義則に反し許されない。
27	三菱広島重工業・元徴用工被爆者裁判（14の上告審）	最高裁2007. 11. 1	○	最高裁民集61巻８号2733頁 訟務月報55巻２号169頁	在外被爆者への原爆二法の不適用は違法であり、402号通達以降は国賠法上も違法であり、過失も認められる。
28	崔季澈裁判（第２次）（25の上告審）	最高裁2008. 2 . 18	○		26最高裁判決を踏襲し、消滅時効により未支給の手当の支払義務を免れることは信義則に反し許されない。
29	在ブラジル被爆者被爆者健康手帳交付申請却下処分取消訴訟	広島地裁2008. 7 . 31（確定）	○	判例時報2046号59頁	２名の在ブラジル被爆者が居住地から行った被爆者手帳交付申請に対する広島県知事の却下処分は、裁量権濫用であるとして取り消すとともに、国に対し損害賠償の（合計165万円）の支払いを命じた。被告の広島県が控訴したが、09年７月に取り下げた。
30	在韓被爆者被爆者健康手帳申請却下処分取消訴訟・損害賠償請求訴訟（24の控訴審）	広島高裁2008. 9 . 2（上告）	×		控訴人（原告）は控訴審の最中に死亡したため、取消訴訟は終了したとした。損害賠償請求訴訟では、被爆者援護法は在外被爆者の国外からの被爆者健康手帳の交付申請を許していないと解することはできないとして、申請却下処分は違法であるとしたが、国家賠償法上の違法があったとまではいえないとして、一審の結論を支持した。
31	在韓被爆者被爆者健康手帳交付申請却下処分取消訴訟	長崎地裁2008. 11. 10（確定）	○	判例時報2058号42頁	在韓被爆者の居住地からの被爆者手帳交付申請及び健康管理手当支給申請を却下した処分は、いずれも違法であるとして取り消すとともに（取消訴訟で原告勝訴）、被告の長崎県に手帳の交付を命じた（義務付けの訴えでも原告勝訴）。被告は控訴したが、09年６月に取り下げた。
32	在韓被爆者被爆者健康手帳交付申請却下処分取消訴訟・同健康管理手当認定申請却下処分取消訴訟	大阪地裁2009. 6 . 18（確定）	○×		在韓被爆者が居住地からした被爆者健康手帳交付申請及び健康管理手当支給申請を却下した処分は違法であるとして、７人の原告中６人について取り消した（原告１人については、健康管理手当支給申請をしていなかったため、遡って手帳申請却下処分を取り消す利益はないとして、却下）

「勝敗」欄の○印は原告（在外被爆者）勝訴（一部勝訴を含む）、×印は原告敗訴、−印はどちらともいえない場合である。

より提出され、六月五日に衆議院で、同月一一日に参議院で可決されて成立し、同月一八日に公布された（同年一二月一五日施行）。

このようにして被爆者援護法二条が改正されたが、これに至る背景について次のことを指摘しておこう。

第一に、在外被爆者裁判において原告の在外被爆者が勝訴を積み重ねてきたことである。各裁判は在外被爆者が被爆者援護法の適用を求めたものであり、同法の被爆者援護に関する個々の規定についての裁判所の判断であるが、大半の判決は原告の主張を認めるものであった。

第二に、このような裁判の状況を踏まえて、在外被爆者による被爆者健康手帳交付申請却下処分取消訴訟の提訴（二〇〇六年七月在ブラジル被爆者により広島地裁に提訴、同年八月在韓被爆者により大阪地裁に提訴、二〇〇七年二月在韓被爆者により長崎地裁に提訴）を指摘しておきたい。この裁判でも在外被爆者側の勝訴が見込まれる状況にあった。[2]

第三に、当時野党であった民主党、日本共産党および社会民主党の三党により、在外被爆者に被爆者援護法をほぼ全面的に適用することを内容とする被爆者援護法改正法案が二度にわたり国会（参議院）に提出されていたことも重要である（二〇〇五年七月第一六二回国会および同年一〇月第一六三回国会に提出、いずれも審議未了・廃案）。

第四に、三菱広島重工業・元徴用工被爆者裁判の最高裁判決（二〇〇七年一一月一日。「在外被爆者裁判一覧表」の27）を挙げておきたい。この判決は、次のように判示した。

「原爆二法は、これらの法律による各種の援護措置の対象となる『被爆者』について、原子爆弾が投下された際当時の広島市又は長崎市の区域内に在った者等であって、その居住地（居住地を有しないときはその現在地）の都道府県知事に申請して被爆者健康手帳の交付を受けた者をいうものと定めているものの、原爆二法による各種の援護措置を受けるための要件として、『被爆者』であることに加えて、その居住地が日本国内にあることまでは要求しておらず……」

この判示によれば、被爆者の居住地が日本国内にあることは、原爆二法（および被爆者援護法）による援護を受けるための要件でない。このように理解すれば、同法は国外に居住する被爆者にも適用されるべきものであるということになる。

このたびの被爆者援護法二条の改正は、以上のような背景的事情のもとで、全党一致の議員立法により行われた。

２　改正の内容と意義

この被爆者援護法改正により、同法二条は次のような規定に改められた。

「（被爆者健康手帳）

第二条　被爆者健康手帳の交付を受けようとする者は、その居住地（居住地を有しないときは、その現在地とする。）の都道府県知事に申請しなければならない。

２　被爆者健康手帳の交付を受けようとする者であって、国内に居住地及び現在地を有しないものは、前項の規定にかかわらず、政令で定めるところにより、その者が前条各号に規定する事由のいずれかに該当したとする当時現に所在していた場所を管轄する都道府県知事に申請することができる。

３　都道府県知事は、前二項の規定による申請に基づいて審査し、申請者が前条各号のいずれかに該当すると認めるときは、その者に被爆者健康手帳を交付するものとする。

４　前三項に定めるもののほか、被爆者健康手帳に関し必要な事項は、政令で定める。」（傍線が改正された部分）

第二項が追加されたことにより、「国内に居住地及び現在地を有しないもの」も被爆者健康手帳の交付申請の手続をとることができることになった。つまり、国外の居住地より被爆者健康手帳の交付申請を行うことができるようになった。

このたびの改正の意義は右にとどまらない。この改正により、国内に居住地及び現在地を有するかいなかにかかわらず、被爆者健康手帳が交付されることになったのであり、「被爆者健康手帳の交付を受けたもの」とは被爆者援護法にいう「被爆者」であるから（一条柱書）、被爆者の居住地・現在地が国内・国外のいずれであれ、被爆者援護法はひとしく「被爆者」に適用されなければならないことになる。換言すれば、同法は被爆者の居住地・現在地を区別することなく適用される法律であり、その諸規定はひとしく在外被爆者にも適用されなければならないのである(3)。ここにこそ、このたびの被爆者援護法改正の大きな意義が認められる。

以上のように解すると、次の課題は、在外被爆者に対して未適用となっている被爆者援護法の諸規定（はじめにの末尾部分参照）を在外被爆者に適用することである。在外被爆者に被爆者援護法を適用しようとする場合、被爆者がわが国の主権の及ばない国外に居住しているため、例えば被爆者本人の確認、あるいは申請内容や受給要件などの確認をどのようにして行うか、また、医療機関による医療給付の適正をどのようにして確保するかなど、諸種の困難が存在することが想定されないわけではない。従前、厚生省・厚生労働省は、そのような困難を理由にして同法を在外被爆者に適用できないとしてきた。そこで、このような問題を検討する必要があるとして、このたびの改正法には、次のような附則第二条がおかれた。

「（検討）

第二条　政府は、この法律の施行後速やかに、在外被爆者（被爆者であって国内に居住地及び現在地を有しないものをいう。以下同じ。）に対して行う医療に要する費用の支給について、国内に居住する被爆者の状況及びその者の居住地における医療の実情等を踏まえて検討を行い、その結果に基づいて必要な措置を講ずるものとする。

2　政府は、この法律の施行の状況等を踏まえ、在外被爆者に係るこの法律による改正後の原子爆弾被爆者に対する援護に関する法律第十一条の認定の申請の在り方について検討を行い、その結果に基づいて必要な措置を講ずるものとする。」

第二項は、被爆者援護法一一条一項の「負傷または疾病が原子爆弾の傷害作用に起因する旨の厚生労働大臣の認定の申請の在り方について」検討を求めている。その規定のしかたからみれば、本項は在外被爆者も原爆症認定の申請を行うことができるという理解を前提としたうえで、その在り方について政府に対し検討を求めたものである。すなわち、この改正により、被爆者援護法は被爆者の居住地・現在地が国内であるか国外であるかを区別せずにひとしく適用される法律となったのであり、在外被爆者も居住地において原爆症認定申請を行うことができるが、その手続などは自ずと国内被爆者とは異なるものとなるから、これについての検討を政府に求めたのである。

次に、「在外被爆者に対して行う医療に要する費用の支給について」検討し、「必要な措置を講ずる」ことを求めている第一項は、どのようなことを意味するのであろうか。本項の「医療に要する費用の支給」は被爆者援護法一七条一項の「医療費を支給する」および同法一八条一項の「医療に要した費用の額を限度として……一般疾病医療費を支給する」という文言と同義であるとすれば、本項はそれらの医療費の支給について「必要な措置を講ずる」ことを求めていると理解できる。すなわち、本項は、在外被爆者に対し被爆者援護法一七条の「医療費の支給」および同法一八条の「一般疾病医療費の支給」を行うこと、およびそれらの手続について「必要な措置を講ずる」ことを求めているということである。

だが、本項については右のような理解とは異なる考え方があり得ないわけではない。「医療に要する費用の支給」とは厚生労働省が二〇〇四年一〇月より在外被爆者に対して法外事業として実施している「在外被爆者支援事業(4)」の一つである「保健医療助成費の支給」を意味すると理解すれば、本項はこの「保健医療助成費の支給」について「必要な措置を講ずる」ことを要請するものであると解される。

いずれの理解が立法者意思に即しているかは、本改正法案について実質的な国会審議が行われなかったため、明らかでない。筆者は、政府・厚生労働省が行っている法外事業についての検討と「必要な措置を講ずる」ことを、あえて法律の附則で求める必要はない（国会の決議でよい）と考えるので、被爆者援護法の改正法という法律の附則により政府に求めているものは、被爆者援護法に定められている「医療に要する費用の支給」の検討と「必要な措置を講ずる」ことであると解するのが妥当であると考える。

(2)　在外被爆者による被爆者健康手帳交付申請却下処分取消訴訟の判決（「在外被爆者裁判一覧表」の29、31、32）は、いずれも被爆者援護法二条の改正後に出され、原告勝訴であった。

(3)　国内法である被爆者援護法の国外適用については、慎重に検討しなければならない問題がある。一般論をいえば、権力行使を伴う監督権限の行使に関する規定や外国で行われていないことを前提とする規定などの国外適用は困難である。

(4)　「在外被爆者支援事業」は、厚生労働省が二〇〇二年五月二二日「在外被爆者渡日支援等事業実施要綱（健発〇五三一〇〇〇三健康局長通知）により法外援護事業（国の補助事業）として始めたものであり、二〇〇六年度からは国から都道府県・広島市・長崎市への委託事業として実施されている。

二　被爆者援護法施行令・施行規則の二〇一〇年三月改正
――在外被爆者による原爆症認定の申請――

二〇一〇年三月、前述の附則二条二項を踏まえ、被爆者援護法施行令および同法施行規則が改正された（政令二九号。厚生労働省令四七号。いずれも同年四月一日から施行。以下では「政省令改正」ということがある）。この改正により、同法施行令八条の旧第二項が改正されて同条第四項とされ、同条に第二項および第三項が追加された。また、同法施行規則一二条の旧第二項が改正されて第三項とされ、同条に第二項が追加された。これらの改正により、在外被爆者が国外から行う原爆症の認定申請などの手続が整備され、在外被爆者はその居住地において原爆症認定申請を行うことが可能となった(5)。なお、このたび同法施行規則附則二条が改正され、国外から健康診断受診者証の交付申請を行うことが可能とされた。この改正は、本来、国外に居住する者が被爆者健康手帳の交付申請を行うことができるようにした二〇〇八年の被爆者援護法改正（前述）の施行の際に行われるべきものであった。

被爆者援護法一一条の厚生労働大臣による原爆症の認定を受けた被爆者は、同法一〇条の医療の給付または一七条の医療費の支給を受けることができる。在外被爆者も同様であると考えれば、このたびの政省令改正により在外被爆者に対する医療の給付や医療費の支給に関する手続規定の整備が行われるべきであった。しかし、そのような改正はなされていない。この結果、在外被爆者は厚生労働大臣より原爆症としての認定を受けても、同法の医療の給付・医療費の支給を受けることができない。

ところで、被爆者援護法の前身である原爆医療法は、当初、被爆者全員に対する健康診断と原爆症認定を受けた被爆者に対し医療の給付を行うことを内容とする法律として制定された（被爆者に対する諸手当の制度は、その後の同法改正および一九六八年制定の原爆特別措置法に定められたものである）。つまり、医療の給付は、原爆医療法およびその後継法である被爆者援護法における被爆者援護の中核的な施策である。このたびの政省令改正により、在外被爆者は原爆症認定の申請を行うことができるようになり、医療特別手当または特別手当を受給できるようになったが、これまでと同じように肝心の医療の給付・医療費の支給を受けられないのである。

関連して、被爆者援護法一八条の「一般疾病医療費の支給」について述べておこう。同条には、被爆者健康手帳を所持する被爆者が医療を受けたとき、自己負担した医療費について一般疾病医療費を支給する旨が定められている。ところが、現在、この規定は在外被爆者に適用されていない。したがって、被爆者援護法三章三節に定められている被爆者に対する医療援護（具体的には一般疾病医療費の支給、医療の給付・医療費の支給）は、在外被爆者に対して実施されていないのである（同節の規定で在外被爆者に適用されるのは、原爆症認定申請について定める第一一条だけである）。

右の点について、これまでのところ厚生労働省は正面から説明していないが、次の文章にその理由の一端がうかがわれる。

「在外被爆者の方々への医療費助成の御要望につきましては、それぞれの国によって医療保険制度や医療供給体制が異なっていることから、法律に基づかない予算事業により医療費の助成を行っているところであります。」(6)

この文章から判断すれば、厚生労働省は、国によって医療保険制度や医療供給体制が異なるため、被爆者援護法の医療援護に関する諸規定の在外被爆者への適用は困難であると考えているようである。国によって医療保険制度や医療供給体制が異なることはいうまでもないが、そのために被爆者援護法の医療援護に関する諸規定を在外被爆者に適用することが困難になるのであろうか。この問題の検討は、項を改めて行うことにしよう。

(5)　日本国内において原爆症の認定申請を行って認定を受けた在外被爆者が、国外の居住地から被爆者援護法二四条の医療特別手当を受給するにあたっての手続の整備は、すでに二〇〇五年厚生労働省令一六八号による被爆者援護法施行規則の改正により行われている（現在の同規則の二九条三項、三〇条～三四条）。

(6)　厚生労働省ホームページ・パブリックコメント：結果公示案件詳細（二〇一〇年三月一七日）「『原子爆弾被爆者に対する援護に関する法律施行令の一部を改正する政令案』に関する意見募集に対して寄せられた御意見等について」の番号2の「当省の考え方」

三　在外被爆者に対する医療援護

被爆者援護法三章三節には、医療援護として、①医療の給付（一〇条）、②医療費の支給（一七条）、③一般疾病医療費の支給（一八条）が規定されている。これらの援護を在外被爆者に対して行う場合、どのような困難が存在するのであろうか。

①医療の給付は、厚生労働大臣により原爆症認定を受けた者に対して行われる。在外被爆者も原爆症認定を受けられるのであるから、医療の給付を受けられるはずである。医療の給付は厚生労働大臣が指定する医療機関（指定医療機関）に委託して行うことになっているが（一〇条三項）、現在、国外に指定医療機関が存在しないので、在外被爆者は事実上その居住地で医療の給付を受けることができない。そこで、今後、新たに国外の医療機関を指定する必要がある。外国の医療機関の指定には難しい問題があると予想されるが、不可能であるとまでは考えられない。しかし、被爆者援護法一四条一項の「指定医療機関の診療方針及び診療報酬は、健康保険の診療方針及び診療報酬の例による」との規定を国外で実施することは困難であろう。なぜならば、「健康保険の診療方針及び診療報酬」は国内で実施されているそれを指していると解するほかないからである。同法一六条一項の指定医療機関に対する報告の請求および検査はどうであろうか。これらは直ちに公権力の行使を意味はしないから、国外の指定医療機関に対して実施することは容易でないとしても、困難であるとまではいえないであろう。

次に②医療費の支給はどうであろうか。被爆者援護法一七条一項前段によれば、「厚生労働大臣は、被爆者が、緊急その他やむを得ない理由により、指定医療機関以外の者から第一〇条第二項各号に掲げる医療を受けた場合において、必要があると認めるときは、同条第一項に掲げる医療の給付に代えて、医療費を支給することができる」。指定医療機関が存在しないことは「やむを得ない理由」に当たるといえるから、在外被爆者は医療の給付に代わる医療費の支給を受けられると考えられる。しかし、同法一七条二項本文によれば、「前項の規定により支給する医療費の額は、第一四条の規定により指定医療機関が請求することができる診療報酬の例により算定した額」であるから、医療費の支給には一四条一項について述べた困難が存在することになる。

③一般疾病医療費の支給は、被爆者が被爆者一般疾病医療機関から医療を受け、または「緊急その他やむを得ない理由により被爆者一般疾病医療機関以外の者から……医療を受けたとき」に支給される（一八条一項本文）。現在、

国外に被爆者一般疾病医療機関は存在しないため、在外被爆者に一般疾病医療費は支給されていない。だが、一般疾病医療費の額は健康保険の診療報酬の例により算定した額とされるから（一八条二項による一七条二項の準用。一四条）、②医療費の支給と同様の困難が存在することになる。

以上のように、現在の被爆者援護法では、①②③ともに国内で実施されている「健康保険の診療方針及び診療報酬」により行うとされている。言い換えれば、①②③に関する同法の規定は、被爆者は国内に居住するものであるとの前提にたっているということができる。そうだとすれば、これらの規定の在外被爆者への適用は困難であると解するほかなく、原爆症認定を受けた在外被爆者には医療特別手当または特別手当が支給されるだけであり、また、一般疾病医療費は在外被爆者に支給されないと「結論」づけるほかないように思えなくもない。

おわりに

ここまで論じてきて、筆者は、これまでの在外被爆者裁判において被告側（国、厚生労働省など）が、現在の被爆者援護法はその構造上、国外に居住する者に適用する仕組みになっていない旨を繰り返し主張してきたこと、裁判所は、結論としてことごとくこれを退けたことを想起している。このような在外被爆者裁判の展開過程に思いをめぐらせば、右の「結論」をただちに受け入れることには戸惑いを覚えざるを得ない。これまでの在外被爆者裁判は、被爆者健康手帳は国外に居住するときも有効か、被爆者手当の受給権は出国すれば失効するか、国外の居住地から被爆者手当の支給や被爆者健康手帳の交付の申請を行うことができるかなどが争われたものであり、①②③とは異なるという見解が唱えられるであろうが、それにもかかわらず、現行の被爆者援護法の解釈論として、①②③の在外被爆者への適用の可能性を検討すべきであると考える。この作業と同時に、他方で、立法論の検討もされてよいであろう。これらの課題の遂行は、別稿を用意して行うことにしたい。

29 参政権保障、表現の自由・コミュニケーション保障と自己決定・選択の自由

中津川市議会における発声障がいをもつ議員へのいじめ損害賠償請求事件（平成一八年(ワ)第八九二号）意見書（岐阜地方裁判所民事第二部宛）

井上英夫

緒言――中津川代読事件と障害のある人の権利条約――

小池公夫前市議が手術で声を失ったのは、二〇〇二（平成一四）年一〇月、提訴したのは二〇〇六年一二月である。発声障害をもつ議員が、コミュニケーション手段として代読を認めてほしいというだけのことに六年の歳月を費やし裁判を強いられている。まことに理不尽な話ではないだろうか。

他方、同じ二〇〇六年一二月には、国連で、人間の尊厳の理念、自己決定と選択の自由の原理に基づいて参政権

とコミュニケーションの保障を謳った「障害のある人の権利条約」（convention on the Rights of Persons with Disabilities）が採択されている。当時、中津川市議会と権利条約の人権保障におけるギャップに唖然としたのであるが、条約を待つまでもなく、市議会の代読拒否は、憲法、障害者基本法等日本の法体制のもとでも明らかに違憲、違法と言わざるを得ない。

なお、ここでは「障害をもつ人」あるいは「ある人」という呼称をもちいるが、日本の法制により公認された「障害者」のみではなく、児童、成人、高齢者を問わず、身体的、精神的要因により社会生活において「障害」、すなわち「固有のニーズ（specific needs）」を有する人を指している。人権保障の視点からすれば「障害者」の用語は使うべきではないと考えるからである。また、二〇〇六年の国連条約のタイトルは、政府訳をはじめ一般的には、「障害者権利条約」と呼んでいるが、それでは人権保障発展の意義を没却してしまうと考えるので、「障害のある人の権利条約」とする(1)。

（1）　この点につき、井上「『固有のニーズ』をもつ人と人権保障」障害者問題研究三一巻四号（二〇〇四年二月）八頁以下、同「人権保障の発展と『障害のある人』の権利条約」障害者問題研究三四巻一号（二〇〇六年五月）二頁以下を参照いただきたい。なお、障害のある人の権利条約については、川島聡＝長瀬修仮訳（二〇〇八年五月三〇日付）を基本とし、若干の修正を加えている。http://www.normanet.ne.jp/jdf/shiryo/convention/30May2008CRPDtranslation into Japanese.html 参照。

一　事件の感想と問題の本質

1　事件の感想

筆者は、障害をもつ人の人権保障、特に参政権保障について長年調査研究し、その問題点と課題について発言してきた。選挙公報、政見放送と手話通訳など情報、コミュニケーションの保障問題、そして投票権に関するＡＬＳ

（筋萎縮性側索硬化症）患者在宅投票事件、文書頒布が問題となった玉野事件等の裁判についても調査研究を重ねてきたのである。その中で、障害をもつ人にとって公職選挙法（公選法）をはじめ日本の法体制が選挙権をはじめとする参政権行使に大きな桎梏になっていることを明らかにしてきた(2)。

筆者はそうした経験から、二〇〇五（平成一七）年七月二九日、本事件を聞いて中津川市を訪れ、当時の市議会議長、同副議長、議会運営委員会委員長、同副委員長、議会事務局長と面談し、専門家として以下のような話をした。

日本国内および国際的な障害のある人の人権保障発展の歴史と現状からみて中津川市議会の小池議員に対する代読拒否は、①重大な人権侵害であり、国際条約はもとより憲法、日本の障害者基本法等に反し許されないこと、②予測される岐阜県弁護士会の勧告（二〇〇五年一一月一六日）に従い、早急に代読を認めるべきこと、③代読を認めずこのまま推移すれば裁判にならざるを得ないであろうこと、④裁判になれば、人権問題への理解が進んでいる司法の現状からして、議会側敗訴になり、議会にとっても社会的批判を受け、その名誉を失墜する可能性が高いこと、⑤従って、代読を認め事態をできるだけ早く収束することが、議会にとっても「傷」が深くならない最も賢明な判断である、と。

しかし、残念ながら、この助言は聞き入れられなかったわけである。

まず、法律論に入る前に、その時以来感じていることを述べておきたい。

事件が二〇〇三（平成一五）年に起きてからすでに六年、提訴からでも三年近くを費やしている。第一に、何故、代読をつけるというかくも簡単なことが、長期にわたり裁判をもってしてまで争わねば実現できないのか、理解ができないということである。法律「以前」の問題で、常識的に考えれば、結論は自ずから明らかである。一般社会では、本人の選択した使いやすい方法（例えば手話や点字、さらには「盲聾者」でいえば触手話、手話を使えなければ、要約筆記があり、福島　智東大教授は「指点字」という、母親と一緒に生み出した彼独自の方法を使って大活躍している）で、「話」し、意思を伝えている。他人があれこれコミュニケーション手段を指図しなくても良いではないか。

もっとも、そのことにより議会運営に重大な支障が出るなら別問題であるが、鎌倉市等の例をみれば、特に問題が起きるはずもない。

第二に、事件が議会で起こったことである。地方とは言え良識の府たる議会のことである。話し合えば、常識的に問題は解決すると思っていたわけである。

民主主義に通暁している、被告議員諸氏なら当然ご存知のことであるが、民主主義は多数決だけではなく、少数者の意見も尊重するところに真価がある。とりわけ、障害のある人のような少数者の人権、権利問題にあっては、たとえ一人でも人権は保障されなければならないし、その人権の制約は、他の人々の人権を侵害するような重大な場合に限られるというべきである。代読が他の人、たとえば議員諸氏の人権を侵害するなどということはあろうはずがない。

第三に、しかし、先ほど簡単なことと言ったが、解決方法は、代読を認めるという簡単なことであるが、ことの本質は人権侵害という誠に重大な事柄である。

全体に、この事件を「いじめ」ということで捉えているところが、日本社会の人権意識を象徴していて、深刻な事態だと思う。この事件の底流に、市井の人々のみならず良識の府の議員にさえ障害をもつ人への根強い差別意識、そして「障害者」観があるということである。まず、「障害者」は、憐憫、同情の対象である。したがって保護してやらねば（あげねば）ならない。しかし、保護してやるのだから、おとなしくいうことを聞きなさい。甘えてはいけない。こんなに一生懸命、あなたのためを思ってやってあげているのに、何の文句があるのか。人の善意を踏みにじるのか。面子をつぶすのか。けしからん。それでは「いじめて」やる。

これが、被告諸氏の思いではないのか。「いじめ」程度で、大したことはないと思っているのかもしれない。しかし、こうした「善意」こそ人権侵害という「地獄」に通じているといわざるを得ない。

こうした障害者観、人権感覚は第二次大戦前ならば許されたかもしれない。しかし、日本国憲法のもとで、我が国でも、国際障害者年やそれ以降の「完全参加と平等」への取り組み、心身障害者対策基本法から障害者基本法への改正、障害者自立支援法と、障害のある人の人権保障、その尊厳、自己決定と選択の自由がうたわれている現在許されることではない。

自分達の代読拒否という行為は、たんなるいじめではなく、人権の理念である人間の尊厳と自己決定・選択の自由の原理を否定し、具体的には障害をもつ議員の参政権そしてコミュニケーション保障・表現の自由という基本的人権を侵害しているという、事柄の重大さに気付いていなかったのかもしれない。

ここまで問題がこじれ、貴裁判所の手をわずらわさねばならないということは、原告にとって不幸であるが、中津川市議会の恥を日本全国、さらには世界にもさらすというまことに不名誉かつ不幸なことであると被告諸氏も認識すべきであろう。

なお、付言すれば、筆者の知る限りこのような地方議員の議会発言に代読をつけるか否かが争われた事例は、世界中寡聞にして聞かない。まして、裁判になるなど、少なくとも先進国で意見を聞けば、人々は「信じられない」と言うであろう。

貴裁判所には、中津川市議会の「常識」は、日本、世界の非常識であるという認識に立って、常識的判断を下されるようお願いしたい。

2　問題の本質

本件の争点は、つきつめれば議員の議場における発言に代読を認めるか否かである。したがって、代読という方法・手段に注目すれば表現の自由という人権を具体的にどのようなコミュニケーション手段で認めるかということになる。しかし、表現の自由の一般的保障（普遍的ニーズそして普遍的人権の保障）ではなく、二つの固有のニーズそして固有の人権が問題となる。

ひとつは、原告が障害のない人（「健常者」）ではなく、発声・言語機能に障害をもつ人であるということである。第二に、原告が、一般の市井の人ではなく議員であるということである。したがってこの側面では、参政権行使のための表現の自由の保障、すなわちコミュニケーション保障が問題となる。

要するに、障害をもつ議員の参政権保障をいかなるコミュニケーション方法・手段により保障するのが人権保障により適合的かということである。参政権保障と表現の自由のクロスした場に発生したのが本事件に他ならない。しかし、さらに根底的には、人権の理念である人間の尊厳とその具体化である自己決定・選択の自由（自己決定権といってもよいが）の保障こそが問われているのである。

従って、本意見書では、障害のある人の参政権保障と表現の自由、すなわちその具体化であるコミュニケーション保障について、自己決定・選択の自由の視点から論じることにする。

（2）　井上英夫『障害をもつ人と参政権』（法律文化社、一九九三年）、「障害をもつ人々と政治参加―『完全参加と平等』実現のために」河野正輝＝関川芳孝編著『講座　障害をもつ人の人権』第一巻、（有斐閣、二〇〇二年）一四頁以下など。

二　障害をもつ人の参政権保障の発展

わが国の憲法も人間の尊厳の尊重、基本的人権の保障という歴史的潮流を踏まえている。そのため、障害をもつ人々の人権保障も一定進んできたところである。一九七〇（昭和四五）年五月二一日制定の心身障害者対策基本法は、「すべて心身障害者は、個人の尊厳が重んじられ、その尊厳にふさわしい処遇を保障される権利を有するものとする」と第三条に規定し、一九七九（昭和五四）年には国際人権規約も批准している。さらに、一九九三（平成五）年には、心身障害者対策基本法は障害者基本法へと改正され、三条は引き続き基本理念とされ、第三項「何人も、障害者に対して、障害を理由として、差別することその他の権利利益を侵害する行為をしてはならない。」が追加されたのである。

また、同二項は、「すべて障害者は、社会を構成する一員として社会、経済、文化その他あらゆる分野の活動に参加する機会が与えられる。」と規定している。ここでは、政治参加が明文をもってうたわれてはいないが、「社会、経済、文化その他あらゆる分野の活動に参加する機会」とは、当然に政治参加を含むものである。したがって、これを受け現在不十分とはいえ、後に述べるように参政権の制度的保障も見られるのである。

日本における障害をもつ人の参政権保障については国際的にみても遅れていて様々な問題があるが、それでも人権保障の発展につれて進歩している。以下、障害のある人にとっての参政権保障の意義とその発展の歩みを簡単にたどっておこう。日本の参政権保障の現状からみても、中津川市議会、被告諸氏の行動、主張がいかに時代錯誤であり、人権に対する鎖国状態ともいうべき実態であるかが明白になるからである。

1　参政権保障の現代的意義――「完全参加と平等」と参政権保障

国連の人権保障活動の一つとして一九八一年が「国際障害者年」とされた。そのテーマは、「完全参加と平等（Full Participation and Equality）」であった。それ以降、一九八三（昭和五八）～九二（平成四）年の「国連障害者の一〇年」、さらに一九九三～二〇〇二（平成一四）年の「アジア太平洋の一〇年」等の活動が続けられ、障害をもつ人の人権保障は、大きく進んだのである。まず、国際障害者年の理念「完全参加と平等」の意味と参政権保障の意義を確認しておこう(3)。

①　完全参加の意義

完全参加とは、障害をもつ人がそれぞれ住んでいる社会において、社会生活と社会の発展の全ての部面に参加することを意味する。第一に、あらゆるレベルに参加する。国際的に、そして国内では地域、地方から国家レベルまで、政府、民間を問わず各種機関へ障害をもつ人々が参加するということである。第二に、あらゆる活動領域へ参加すると言うことであり、社会的、経済的、文化的そして政治的領域の社会活動のすべての部面にわたって活動するというものである。第三に、あらゆる形態で参加するということである。直接参加、あるいは選挙のような間接参加、さらには個人として、組織として参加する。

完全参加というとき内容は非常に広範なのであるがとりわけ政治参加の重要性が強調され、なかでも政策決定過程への参加が重視されているのである。自らにかかわる政策についてはその策定段階から決定、実施に至るまで障害をもつ人々あるいはその代表が参加してこそ実質的かつ効果的な権利保障ができるとの自己決定・選択の自由の原理の具体化である。

②　平等の意義

ここに平等とは、形式的あるいは機会の平等保障にとどまらず、障害をもつ人々のハンデイキャップないし固有のニーズにたいする適切な保護や保障を求めるという実質的平等の実現まで含み、複合的な構造を取るものである。第一に、他の市民と同等の「市民的及び政治的権利」を有するということ。第二に、生活条件が他の市民と対等であり、可能な限り通常のかつ十分満たされた相当の生活を送ることができる権利が保障されること。第三に、平等は現状を固定化するものではなく、社会経済的発展の成果としての生活向上に等しくあずかる権利を有するという発展的な性格を持つということである。こうして政治的・市民的権利の領域のみでなく、社会的・経済的・文化的権利の領域でも平等保障が貫かれ総合的に人権が保障されることによって、障害をもつ人々にたいして他の人々と同等の権利が保障された、すなわち完全参加が実現されたといいうるのである。その意味で、平等は「完全参加」の実現度を計る一つの基準としての意味を持つ。

以上のような、「国際障害者年」の基本理念が一九八三年からの「国連障害者の一〇年」、「アジア太平洋の一〇年」等の諸活動を経て、二〇〇六年の「障害のある人の権利条約」に引き継がれてきたのであるが、そのなかで政治活動への参加がより一層強調されている。

このようにして、障害をもつ人々の政治的意思決定過程への参加の程度は、その国の障害・ハンデイキャップ＝「固有のニーズ」をもつ人々ひいては全国民への人権保障の試金石となっている。

2　日本国憲法と参政権保障

日本において、国民が政治に参加したのは一八九〇（明治二三）年、普通選挙により男子が選挙権を持ったのが一九二五（大正一四）年、そして婦人の参政は第二次大戦後であり、一九四六（昭和二一）年公布の新憲法は国民主権とともに参政権保障の規定をおいた。憲法は、選挙権（憲法一五条等）と、憲法改正についての国民投票制度、最高裁判所裁判官の国民審査制度、住民投票制度、請願権等狭い意味の参政権と、これらの諸権利をより実質化するための思想及び良心の自由、表現の自由（一九、二一条等）等の広い意味の参政権を総合的に保障している。(4) 参政権は投票権・選挙権保障のレベルを越え、国民の主権を保障し、民主政治を成りたたせ、有効に機能させるための権利として、憲法の基本的人権として位置づけられているわけである。

選挙については、成年者による普通選挙が保障されている。問題がないわけではないが機会の平等を徹底しているわけである。ただ、被選挙権については、衆議院議員について満二五歳以上等の年齢制限があるのと選挙権、被選挙権について成年被後見人、選挙犯罪者、受刑者等についての欠格条項がある（公選法第一一条、第一一条の二）。

原則として二〇歳以上の日本国民には選挙権が保障されているわけである。したがって、障害をもつ人、高齢者も後見開始の審判を受けない限り、たとえ認知症であっても、知的障害が重くとも選挙権、被選挙権を有する。そして、参政権は、障害をもつ人にとって、障害をもたない人以上に重要で、切実な権利である。それは、障害をもつ人の人権保障を実効あるものとし、全ての人が人間の尊厳に値する生活を実現すること、すなわち「完全参加と平等」実現のためのもっとも核であり、基礎的な筋道であるからである。

3　障害をもつ人の参政権保障の現状

この憲法の参政権保障を受けて、公職選挙法などにより、不十分とはいえ、障害をもつ人々にたいしても一定の配慮がされ、選挙権特に投票権を中心に一定の制度的保障がされている。投票権の行使と選挙についての情報入手と情報提供にかんする保障、さらに被選挙権の行使・議員活動の保障を中心に見ておけば次のような状況である。(5)

(1)　投票に関する保障

投票については、公選法上限られてはいるが障害をもつ人の活用できるものとして、不在者投票としての郵送による在宅投票、施設における投票そして点字投票、代理投票の制度がある。

①　点字投票、代理投票

「視力障害者」は点字投票が、身体の故障または文盲の人は代理投票ができるが、この方法は投票所へ行く必要があり、在宅の障害をもつ人の実状に合わない。そこで、不在者投票として郵送による在宅投票と施設における投票が認められている。

②　不在者投票

ア、郵送による在宅投票　身体に重度の障害がある者は、郵送して投票することができる。しかし、対象者は、

ALS患者及び知的障害のある人の裁判闘争により、若干緩和されたものの厳しい制限があり、手続きも煩雑である。イ、施設における不在者投票　身体障害者更生援護施設、船舶、病院、特別養護老人ホーム等老人ホーム、国立保養所等においても、施設等の長の管理のもとに不在者投票を行うことができる。

③　投票所における便宜措置

投票所における投票について障害をもつ人や高齢者が投票しやすい環境を作ることが必要であるが、各自治体の「便宜供与」に任されている。ア、投票所の段差解消用スロープ、イ、身障者用投票記載台、ウ、特設照明、エ、点字器、オ、点字による候補者氏名等の掲示等である。

(2)　選挙における情報保障

障害をもつ人が投票するに際して、候補者、政策等について十分な情報が提供されなければならない。また候補者、運動員あるいは選挙民として情報と自らの考えが伝えられなければならない。障害に見合った適切な手段による両方向の情報の保障＝コミュニケーションの保障が選挙権行使の前提となる。

①　点字選挙広報、同朗読テープの貸出

点字、あるいは朗読テープによる選挙公（広）報の発行は、国政レベルでは義務づけられていないので地方自治体で一部実施されているに止まり、民間の努力に頼っている状況である。石川県知事選挙では、選挙管理委員会が委託して点字広報を発行したが、金沢市長選では、選管が発行を認めていないのがその一例である。

②　手話通訳者の配置

ろうあ者にとっての普通選挙は、立会い演説会の手話通訳が公費でつくようになった一九七一（昭和四六）年に始まったといわれる。手話通訳付きの立会い演説会は一九八三年一一月に全廃された。この復活と、個人演説会、街頭演説に手話通訳をつけるべきである。ようやく、二〇〇一（平成一三）年参議院議員選挙から「選挙活動に従事する者のうち、専ら手話通訳のために使用する者」（当時の公職選挙法一九七条の二）に報酬を支払うことが出来るようになった。

③　政見放送

立会演説会廃止にともない政見放送に手話通訳或は字幕テロップを導入することが、「聴覚障害者」の強い要求である。自治体によっては、政見放送のビデオを貸出し、手話通訳をつける等の便宜供与を行っている。一九八七（昭和六二）年には、音声もしくは言語機能に障害を有する候補者については、録音物使用が、手話通訳については、参議院比例代表選挙について一九九五年の通常選挙から、衆議院議員（小選挙区選出）選挙については一九九六年の総選挙から候補者届出政党等が自ら録音し又は録画した政見を提出する方式が採用された。

④　そのほか、情報の授受という観点からすれば、候補者のポスター作成、掲示板等も重要であるが、とくに障害をもつ人を配慮する施策はない。

(3)　被選挙権の行使と議員活動の保障

選挙に立候補して議員となり直接国政や自治体行政に参加すること（公務に服すること）も参政権の核の一つであるが、そのための諸活動に対する法的保障は先に述べた政見放送についての録音物使用以外に全くない。とりわけ、選挙運動について障害をもたない候補者と基本的に同一の条件なので、その困難は非常に大きく、障害をもつ議員の数はごく少数に留まっている。

それでも、議員活動については、「全盲」の議員、車椅子の議員等の活動により、議場のバリアフリー化等移動の保障と文書の点訳等情報の保障等一定の支援が議会の良識によりなされてきた（この点、古い調査ではあるが、拙著『障害をもつ人々と参政権』、法律文化社、一九九三年、で明らかにしたので参照いただきたい）。

代読についても、鎌倉市議会等の例があることは、すでに原告側準備書面により明らかにされている。しかし、裁判で代読等議員活動の保障について争われたのは本件が初めてである。

4　裁判の動向

障害をもつ人の参政権保障については、不在者投票制度を中心としていくつかの裁判で争われている。札幌の在宅投票事件最高裁判決のように結果的には原告敗訴となっているが、いくつかの裁判所が、公職選挙法の問題点を認め、障害のある人に対する差別が存在すると厳しく指摘しているのである。そして、在宅投票に関する札幌地裁、ＡＬＳ患者の在宅投票に関する東京地裁の判決を受けて、公職選挙法が改正されていることも指摘しておきたい。

①　小樽不在者投票事件

一九七四（昭和四九）年、小樽在宅投票訴訟において札幌地裁小樽支部は、改正前の公職選挙法の在宅投票廃止の立法は、実質的に選挙権を奪うに等しい措置で、憲法第一五条第一項、三項、第四四条、第一四条第一項に違反するとして、国に一〇万円の支払いを命ずる判決を下した。「一部のものの選挙権の行使を不可能あるいは著しく困難にするような制約は、必要やむを得ないとする合理的理由のある場合に限るべきであり、この見地からすれば、右制約の程度も最小限」でなければならないと合理性基準を明らかにし、さらに、弊害除去の目的のため在宅投票制度を廃止する措置が合理性ありと言うためには、「弊害除去という同じ立法目的を達成できるより制限的でない他の選びうる手段が存せずもしくはこれを利用できない場合に限られる」といういわゆるＬＲＡ基準を採用した。札幌高裁でも実質的には原告の主張を認め、一九七四年には公選法が改正され、廃止されていた在宅投票が一部復活した。(6)

②　玉野文書頒布事件

玉野事件とは、一九八〇（昭和五五）年に行われた衆参同時選挙をめぐって和歌山県御坊市で起きた公選法違反事件である。被告玉野ふい氏は、衆議院議員候補者の応援において、言語機能の障害により話が通じないため後援会加入申し込み書等を配布し、法定外の選挙運動文書頒布により公選法違反で逮捕、起訴された。

和歌山地裁御坊支部は、一九八六年、罰金一万五千円、公民権停止二年の有罪判決をくだした。この判決に対して、被告側が控訴したが、二審の大阪高裁にいたり新たな論点が加わり、玉野事件を他の公選法違反事件と違った特徴あるものとした。それは、被告玉野氏のもつ言語障害に光が当てられたということである。一九八一年の国際障害者年以降の国際的、国内的な障害をもつ人々の人権保障の運動を背景に、公選法の厳しい規制が障害をもたない国民にとって参政権、表現の自由の侵害になっているだけでなく、とりわけ障害をもつ人々にとっては殆ど選挙活動の自由を剝奪していること、その意味で二重に違憲の法律であることが立証された。

大阪高裁は、一九九一（平成三）年、公選法を合憲とし控訴棄却の判決を下したが、同時に、公選法下では、選挙運動に関し言語「障害者」と「健常者」との間に実質的不平等が存することは否めないとし、立法政策上、「健常者と言語障害者との間に存在する事実上の不均等を、健常者以上の文書頒布を許すことによって埋め合わせるということも、十分検討に値するであろう」、といっている。玉野氏は最高裁に上告中の九三年八月突然死亡し、事件は公訴棄却となった[7]。

③　ＡＬＳ在宅投票裁判

重度のＡＬＳ患者が在宅郵便投票を求めた事件で、東京地裁は二〇〇二（平成一四）年一一月二八日、諸外国の選挙制度の検討を踏まえ、「原告ら（承継前）が現行投票制度下で身体的条件によって選挙権行使の機会を奪われていることについて、投票行為の性質に伴う必然的な制約や、投票の秘密や選挙の公正の要請からやむを得ないものであると認めることはできない。……したがって、少なくとも本件各選挙当時において、公職選挙法に原告ら（承継前）が選挙権を行使できるような投票制度が設けられていなかったことについては、憲法一五条一項、同条三項、一四条一項及び四四条ただし書に違反する状態であったといわざるを得ない。」と断定したのである。これを受けて、公職選挙法が改正され、在宅投票について要件が緩和され、原告も訴えを取り下げたのである。[8]

（3）前掲注（2）書『障害をもつ人と参政権』参照。
（4）以下、同書及び井上「障害者の参政権保障の歴史と現状」早稲田法学六四巻四号（一九八九年）四一頁以下参照。
（5）以下、井上「障害のある人の参政権保障の現状と課題」ノーマライゼーション、二〇〇九年一月号、九頁以下参照。
（6）前掲注（2）書『障害をもつ人々と参政権』一三三頁以下参照。
（7）同書二二一頁以下参照。
（8）ＡＬＳ裁判については、井上「障害をもつ人々の参政権保障の国際的動向」法時二〇〇二年六月号、六六頁以下参照。

三　参政権保障をめぐる国際的動向

1　世界人権宣言と参政権保障

「国際障害者年」および「障害者の一〇年」等は、国連の人権保障活動の一つであるが、その源流は一九四八（昭和二三）年の世界人権宣言である。この宣言は、第二次世界大戦が、人類に非人間的で悲惨な結果をもたらしたことの反省にたって、人類社会の全ての構成員の固有の尊厳と平等で譲ることの出来ない権利の保障を戦後国際社会そして国家の義務としたのである（同宣言前文）。

したがって、障害をもつ人々も人間としてその尊厳に値する生活を送る権利を有することは当然である。しかし、現実には長らく「人類社会の構成員」として認められない状態が続いたといってよい。この状態を克服するために一九七一（昭和四六）年「精神薄弱者権利宣言」、一九七五年には「障害者権利宣言」が発せられ、これら宣言を具体化するための活動として、一九八一年の「国際障害者年」が決議されたのである。[9]

この国際障害者年のテーマが「完全参加と平等」と定められたことに象徴されるように、人権宣言をグランドデザインとする第二次大戦後の世界の歩みは、障害をもつ人を始めとする差別され人権を侵害され、剝奪された人々の人権回復、すなわち人権の平等保障のための活動の歩みである。こうした世界の人々の人権保障への意思は、次のような国連の国際年の歴史そして「障害のある人の権利条約」の制定に顕著に現れているといえよう。

一九六八年　国際人権年
　七一年　人種差別と闘う国際年
　七五年　国際婦人年
　七九年　国際児童年
　八一年　国際障害者年
　八二年　南アフリカ制裁国際年
　八五年　国際青年年
　九三年　世界の先住民のための国際年
　九四年　国際家族年
　九九年　国際高齢者年
二〇〇六年　障害のある人の権利条約

この世界人権宣言第二一条は参政権保障をうたっている。また、一九条は表現の自由の保障を掲げている。

2　国際人権規約と参政権保障

世界人権宣言は、現在では、道義的拘束力しか有しない宣言から国際慣習法に発展したとの考えが支配的とされているが、さらに、一九六六（昭和四一）年には、人権保障の内容を豊富化し、人権保障について実効性を持たせ、国家の法的義務の内容を明らかにした国際人権規約（経済的、社会的及び文化的権利に関する規約と市民的及び政治的権利に関する規約）が採択されている。わが国についても同規約は一九七九（昭和五四）年九月二一日に発効し、わが国の現行法として国内にも適用されることになったわけである。

すなわち、「日本の国内裁判所その他の官庁をはじめ日本国の管轄下にあるすべての人々が、この人権規約に従って行動しなければならなくなったのである」[10]。

ここに、すべての国家、とりわけ条約締約国は、世界人権宣言および国際人権規約の規定をその国内立法、行政および司法の各分野において実施・適用する義務があるといわねばならない。なかでも、被差別・平等原則は、一般国際法上の強行規範とさえいわれていて、人権と基本的自由の享有における差別の防止と撤廃は、すべての国家に課せられた義務であるとされている[11]。

国際人権規約のうち「市民的及び政治的権利に関する国際規約」は、規約人権委員会を設置し、同規約の公権的解釈を発する機関としている（第二八条以下）。同委員会は、市民的及び政治的権利に関する国際規約の選択議定書に基づく被害者個人からの通報について、数多くの決定を行っている。日本は、選択議定書を批准していないが、決定の解釈はわが国の裁判所をはじめとする人権規約の解釈、適用にあたって十分に尊重されなければならない。また、同規約の個々の条文を解釈するガイドラインとして「一般的意見（General Comment）」を公刊している。参政権については、「政治的権利に関する一般的意見」（一般的意見二五、第五七会期、一九九六年七月一二日採択）が出されている[12]。

さらに、国連人権センターは、専門家訓練シリーズ No.2として『人権と選挙―法的・専門的な選挙の人権的側面についてのハンドブック』（一九九四年）を刊行している。

以下、これらを参考に人権規約における参政権保障の構造と意味について検討してみよう。

「市民的及び政治的権利に関する国際規約」第二五条は、世界人権宣言をさらに具体化し参政権を次のように保障している。

第二五条

すべての市民は、第二条に規定するいかなる差別もなく、かつ、不合理な制限なしに、次のことを行う権利及び機会を有する。

(a) 直接に、又は自由に選んだ代表者を通じて、政治に参与すること、

(b) 普通かつ平等の選挙権に基づき秘密投票によって行われ、選挙人の意思の自由な表明を保障する真正な定期的選挙において、投票し及び選挙されること。

(c) 一般的な平等条件の下で自国の公務に携わること。

本件に即していえば、議員としての活動は、(a)項でいう、直接の政治への参与であり、ⓒ項における公務に参加する権利の行使ということになろう。

さらに、表現と情報の自由（一九条）、集会の自由（二一条）、結社の自由（二二条）の保障により、政治活動の保障を実質的なものとしている。とりわけ一九条の二項が、表現および情報伝達、取得の手段について選択権を保障していることは、障害をもつ人のコミュニケーション手段の多様性を考えると、選挙における情報取得、発信に重要な意味を持っている。

市民的及び政治的権利に関する国際規約二五条は、日本国憲法・世界人権宣言よりも一歩進んで、すべての市民に対して、政治的意思決定過程へ参加する権利＝参政権を個人の請求権として保障しているのであるが、その保障は、重層的である。

第一に、政治的自由の保障である。「表現、集会、及び結社の自由は、投票権の実効的な行使のために不可欠の

条件であり、完全に保障されなければならない」(「一般的意見二五」一二項)。

第二に、国家が市民の政治参加について一定の行為をしないことを要求する権利である(「一般的意見二五」二項)。後述のように、国家は、法によって差別を防止するという積極的な義務を負うと同時に、政治参加を妨げず、差別を慎むという消極的義務を負うのである(『人権と選挙』四九項)。

第三に、国家に対して、すべての市民の政治的権利が、手続的にも、実体的にも自由かつ真正に確保できる制度を定めるという積極的措置を請求する権利である(「締約国は、投票権を有するすべての人が、この権利を行使できるように確保するため、実効的な措置を取らねばならない」、「一般的意見二五」一一項)。

したがって、政治参加を抑圧し、政治参加の意欲をそぐような効果を持った法律は廃止ないしは効力停止されなければならない(『人権と選挙』三二、一一六項)。また、国家は、法によって差別を防止する積極的な義務を負う。以上、国家の負うべき義務は、地方政府としての地方自治体(公共団体)、そして地方議会にも等しくあてはまるのである。

3　国際人権規約と障害をもつ人の参政権

国際人権規約では、障害をもつ人々の参政権については、明文で規定しているわけではないし、差別事由の中に「障害」と明記されているわけではない(もっとも、市民的及び政治的権利に関する国際規約第一条二項の差別事由は、例示的であるし、「障害者」たる地位は、「その他の地位」にあたろう)。しかし、政治参加の権利は「すべての市民」に保障されるということであり、先に述べたように世界人権宣言、市民的及び政治的権利に関する国際規約ともに政治参加の権利にとどまらず差別や不合理な制限については厳しく禁じているのである。

すなわち、一般条項としての平等条項として市民的及び政治的権利に関する国際規約第一条二項、第二六条で平等、差別禁止、平等保護について定め、さらに男女の同等の権利をとくに独立して定め（第三条）、児童の権利（第二四条）、参政権（第二五条）においては、「いかなる差別」も禁止されている。

市民的及び政治的権利に関する国際規約の第二条一項は、「この規約の各締約国は、その領域内にあり、かつ、その管轄の下にあるすべての個人に対し、人種、皮膚の色、性、言語、宗教、政治的意見その他の意見、国民的若しくは社会的出身、財産、出生又は他の地位等によるいかなる差別もなしにこの規約において認められる権利を尊重し及び確保することを約束する」と規定している。

そして、第二項は、その権利の実現のために必要な立法措置を始めとする措置を取るための活動を各締約国に求めている。

また、第四条は例外的に、「国民の生存を脅かす公の緊急事態」の場合には、前述の義務に反する措置を取ることができるが、その場合ですら、厳しい制約がつき、人種、皮膚の色、性、言語、宗教又は社会的出身のみを理由とする差別をしてはならない。

さらに、第二六条は、「すべての者は、法律の前に平等であり、いかなる差別もなしに法律による平等の保護を受ける権利を有する。」と法の下の平等を規定している。注目すべきは、「いかなる理由による差別に対しても平等のかつ効果的な保護をすべての者に保障する」としている点である。

差別禁止ないし機会の平等のみでなく、より積極的に「効果的な保護」すなわち積極的措置を求めているのである。

したがって、参政権保障についても差別は厳しく禁じられているし（前掲『人権と選挙』は、(f)「被差別の原則」として、第四八～五一項まで割いている）、逆に、積極的な権利行使の援助は、むしろ「合理的な差別」として認められている（同四九項）。

具体的に参政権保障について障害との関係で論じられている点は次の通りである。

①　身体的障害を理由とする投票権の制限は不合理である

投票権は、最低年齢の規定のような「合理的な制限にのみ服する」のであり、「身体的障害を理由として投票権を制限し、または、識字能力、教育若しくは財産を要件として課すことは合理的ではない」（「一般的意見二五」一〇項）のである。

②　投票権の効果的行使への積極的措置

むしろ、「投票権を有するものが自らの権利を効果的に行使することを妨げている識字能力の欠如、言語上の障害、貧困、移動の自由に対する障害等、特定の障害を克服するために、積極的な措置が講じられなければならない」（「一般的意見二五」一二項）のである。また、投票や開票の安全を信頼できるよう、「身体障害者、視覚障害者または識字能力のないものに対する援助は独立したものでなければならない」（「一般的意見二五」二〇項）。

こうした措置の一つとして不在者投票や代理投票がある。「代理投票や不在者投票の規定は、選挙の安全性を害することなく、最も広い参加の可能性を奨励するように企画されなければならない。」ここでは、特別な考慮の必要のある投票者として、身体「障害者」、老人、等があげられ、「彼らにも便宜を与えなければならない」とされている（前掲『人権と選挙』一一〇項）。

特別な配慮のためには、「秘密投票」の大原則すらも制限されるのである。「秘密投票も事実に基づき正当化される限りにおいて合理的制限をうける。例えば、老人、障害者が投票する際の援助者制度及び不在者投票制度である」[13]。

③　制限のための「合理的な根拠」

したがって、二五条の権利行使を制限するには、「法律で定められかつ客観的で合理的な根拠を有する場合をのぞき、停止または排除することは出来ない」のである。例として年齢及び「精神的無能力」が確定されている場合があげられる（「一般的意見二五」四項）。

前掲『人権と選挙』では、より明確に、「合理的な制限事項は、通常、最低年齢、国籍、精神的能力に限られる」としている（六五項）。

ここで精神的無能力とは、投票に係る意思決定が出来ない状態を言うものといえよう。

このように、現代における参政権保障は、国に対し不合理な差別を禁ずるだけでなく、積極的に権利行使のための援助を求めているのである。

つまり「選挙期間中、差別から自由である状況が重要であることを強調しすぎることはない」（『人権と選挙』五一項）ということである。また、「選挙に関連して取られた積極的な性質を有するある種の手段は、特別の要件を満たすならば差別的とは見なされない」（『人権と選挙』六七項）ことも再度強調しておこう。

以上、繰り返しになるが、市民的及び政治的権利に関する国際規約の参政権保障は、機会の均等ないし形式的平等で差別を禁止しているだけではなく、障害をもつ人々の権利行使の効果的な積極的援助を求めている。したがって、政治参加を抑圧し、政治参加の意欲をそぐような効果を持った法律、行政行為は無効であり、ただちに廃止ないしは効力停止されなければならないのである。

これを本事件に即してみれば、小池前議員の代読を禁止することは、議員として行動するという参政権保障を「抑圧し、意欲をそぐ」ものであり、市民的及び政治的権利に関する国際規約に違反するものに他ならず、「無効であり、ただちに廃止なしは効力停止されなければならなか」ったのである。

4　障害をもつ人々の参政権保障を巡る各国の動向

以上のような、参政権保障の発展と障害をもつ人々の人権保障＝「完全参加と平等」を実現するための活動の合流するなかで、先進諸国は、既に一九八〇年代末には、参政権保障について次のような制度を確立してきている。筆者の行った調査等をもとにまとめれば、その特徴は以下のとおりである（以下、一九八八年に実施した国際調査及び、一九九九年九月に行ったコペンハーゲンの選挙管理委員会、「障害者」平等推進センター、デンマーク「障害者」団体協議会（ＤＳＩ）、ＡＬＳ全国協会及び患者等への筆者の聞き取り調査による）[14]。

(1)　選挙活動の自由の保障

まず、先の玉野事件で問題になっている、公選法のように選挙活動について厳しい規制をしている国は少なくとも先進国にはない。

(2)　福祉サービスと選挙活動支援

先進国では障害をもつ人に対して福祉施策あるいは交通手段の保障やまちづくり等においていろいろのサービスがあり、障害・ハンデイキャップ＝「固有のニーズ」をカバーしているのであり、その様な国では、とくに選挙活動に対する支援、援助があるわけではないが選挙活動を行うのに実質的障害がないような状態が存在している。

(3)　投票権・選挙権保障の拡大

各国とも重度の障害で投票所に行けず、自書できない人も含めて、すべての人への選挙権＝投票権の保障に努めている。

例えば、スウェーデンは、参加のデモクラシーを標榜し開かれた社会ということをうたい、選挙権特に投票権の拡大については非常に多様な対応をしている。特に郵便投票を積極的に活用し、あるいは代理投票制度の弾力的利用により出来る限り投票を可能にする。

こうした制度の基本的な考え方は、選挙というのは日常生活の一部としてごく自然に行うものであり、現実にも市民はその様に参加しているのだが、いったん選挙権をあたえておきながら、もう一方でその権利を実質的に剝奪することがあってはならない、というものである。

以下、デンマークの例である。

① 投票箱が家庭に、施設に、車に

投票所の近くまで車で行ける人は車まで（「国政選挙についての指導要綱」七・三）、家にも施設にも投票回収者二名が、投票箱を運んでいって投票をする（自宅投票―布告第一条）。

② 代理投票の自由化（後述）

③ 移動手段の保障

投票所で投票したい人のためには（投票所が重要な社会参加であり交流の場となる）、ストレッチャーを使ってでも行政が運ぶ。

④ 署名式ではなく記号式

日本では候補者名を自分で書くのが原則である。しかし、デンマークでは、名前を書く必要はなく、候補者リストに×印や、レ印をつければよい。そのことによって、読み書きのできない人、障害をもつ人、高齢者の投票の可能性も大幅に広がっている。

⑤ 自己決定・主権者教育

国会投票法第四九条第三項、布告第一九条第二項に規定するように、投票用紙記入の際の援助は、選挙人が投票したい政党や候補者をはっきり示すことができる場合に限られるのは当然であろう。

しかし、日本のように、認知症の人や重度の知的障害をもつ人の場合、「意思決定する能力がない」とすぐに決めつけ、棄権させ、家族が代行し、あるいは選挙権を剝奪するというようなことはない。あくまで本人の自己決定を尊重して、意思確認の可能性を追求している。より基本的には、政策を理解し、候補者選定を可能にするための力をつける、そのための主権者教育が必要である。例えば、知的障害のある人にも「選挙」に行こうとよびかけたマンガのパンフが知的障害をもつ人々の団体によって発行されている。

⑥　選挙と住民参加

不正を防ぐ仕組みと選挙への住民参加が徹底している。このことが、選挙への関心の高さと、七〇―八〇％というような投票率の高さの要因になっているといえよう。

⑦　デンマーク流民主主義と自宅投票

このような状況でも、法的なレベルでは、デンマークはスウェーデンに遅れているというのが一九九九年の「平等推進委員会」の評価である。第一に、国会選挙法第四九条第二項で、投票の際の援助が認められているのは「目の不自由な者や弱視の者」に限られている。第二に、投票者の家でパーソナルケア及び自宅介護や看護を行っている者等は、投票に関して援助する投票回収者になれないことである（布告第一〇条第三項）。スウェーデンでは、代理人投票の場合の代理人には、「職業的またはそれに類する方法で選挙人の世話している者、若しくはその他の方法で日常生活の世話をしている者」が含まれている（スウェーデン選挙法第一四章第三条）。

しかし、デンマークでは、自治体によっても違うが、法律を厳格に適用するよりも弾力的に運用し、実際は、障害の種類に関わりなく、投票所の代理投票あるいは自宅投票ともに、パーソナル・ヘルパーが代理・代筆して投票している。こうした弾力的な法の運用は、「すべての人の参加が、民主主義の基礎であるので、特定の人を排除すると基盤が崩れる」（全国「障害者」団体のメラー会長）、「法律を作ればよいのではなく、皆で話し合ってコンセンサスを得て解決を図る」（デンマークＡＬＳ協会）という「デンマーク流民主主義」が根底にあるといえよう。

5　参政権保障と平等条項違反について

さらに、差別＝平等条項違反という観点から簡単に見ておこう。市民的及び政治的権利に関する国際規約第二五条の参政権保障条項は、その内部に「差別禁止」を含んでいる。したがって、先にも述べたように、中津川市議会の代読拒否の市民的及び政治的権利に関する国際規約の違反性は十分明らかなのであるが、この点、憲法第一五条と規定の仕方に相違がある。したがって、わが国の場合、適用条項としての憲法第一四条第一項について別途考察の必要があろう。

市民的及び政治的権利に関する国際規約の参政権保障は、機会均等ないし形式的平等すなわち普通選挙の保障のみで良しとしているわけではない。つまり、消極的に差別を禁止するだけでなく、「効果的な保護」すなわち積極的措置を求めていることは前述の通りである。そしてこの積極的措置は、機会均等に反する差別ではなく、「合理的な差別」として承認されている。

これらの市民的及び政治的権利に関する国際規約の「平等」に関する解釈は、当然に憲法第一四条第一項の解釈にも反映されなければならない。

そもそも、憲法一四条一項は、裁判規範としては、法的取り扱いの不均等の禁止という消極的意味でのいわゆる形式的平等を保障したにすぎないものであって、社会に存する様々な事実上の優劣、不均等を是正して実質的平等を保障するものではない、というような主張があるが、もはや現代の人権保障の時代にはふさわしくないということである。

形式的平等か実質的平等かということは、ある意味で言葉の問題である。一方で一〇の権利が保障されている人がいる（圧倒的多数である）。他方で全く権利の保障されない〇の人がいる。この間には差別があると誰もが認めるであろう。〇を一〇にするのが、「効果的保護」であり「積極的措置」である。一〇になってはじめてマイナスαが埋められスタートラインに立てるのである。その意味で、積極的措置によってはじめて機会の均等が保障され、形式的平等が確保されたということになる。それを、実質的平等であるというならそれでもよいのであるが、要は憲法が認めるような合理性があるかないかである。

本件で問題になっているのは、参政権保障という基本的人権（Basic Human Rights）に関わる「不均等」であって、世の中に無数に存在する「様々な事実上の優劣や不均等」ではない。まさに、人間の基本的ニーズ（Basic Human Needs）にかかわる「差別」を問題にしているのである。本件原告は、言語機能の障害ゆえに発声・発言が困難なのである。自ら使いやすいとして選び決定した代読という手段が認められることによって基本的人権としての参政権、議員活動としての議場における発言が保障されるのであり、代読が禁止されることは人権が剝奪されることに他ならない。

障害がない議員は自由に発言でき、発言の機会が保障されている。しかし、原告の場合は、代読という手段が認められず、結果として発言の機会が奪われている。障害のない議員と原告の間に合理性のない差別が存在するのは明白であろう。

また、差別を合理化するために時間的、人的、物的制約が理由とされるのであるがこの点も合理的理由とはならない。仮に理由ありとするなら、被告側がその根拠を立証する必要があるが、未だに十分に論証されていない。

最後に、既にこの問題では、先に述べた小樽在宅訴訟札幌高裁判決が、法の下の平等の原則は、実質的な平等を意味し「相違に応じた合理的差別扱いを許容するものであるのみならず、進んで当該相違に応じた合理的差別を命ずる原理でもある」と言い切っていることを付け加えておこう。

なお、被告側は、原告はパソコンを使えるように努力すべきだと主張しているが、何故、障害がある原告だけが不慣れで、不具合のパソコンをつかわなければならないのか。原告にとって使い勝手のいい代読ではいけないのか。

何故、他の議員と同じ程度の努力で発言できないのか。合理的理由はないといわざるを得ない。障害のない議員にはとくに努力を求めないが、原告には特別の犠牲を強いている。全く反対ではないだろうか。誰でも「できるだけ無理な努力なしに」発言できるよう配慮することこそ求められているというべきであろう。

このように、被告の主張は、参政権保障の歴史的意義と発展についてのみならず、障害をもつ人の人権保障について全く無理解であるといわざるをえないのである。

そのことは、人権の根拠となる人間の尊厳、自己決定・選択の自由の原理についての無理解に根ざしているといえよう。

(9)　この点は、前掲注(2)書『障害をもつ人々と参政権』三頁以下参照。なお、精神薄弱者の用語は、現在知的障害者と改められているが、当時の呼称に従う。

(10)　宮崎繁樹他編著『国際人権規約先例集』(第一集)(東信堂、一九八八年)まえがき。

(11)　金東勲「人権の国際的保障の歴史と意義」前掲書『国際人権規約先例集』一三頁参照。

(12)　わが国においても、規約人権委員会の「一般的意見」が、市民的及び政治的権利に関する国際規約解釈の「基準」(解釈の補足的手段)になることは、裁判上確立しているといえよう。大阪高裁平成六年一〇月二八日判決(判例時報一五一三号七二頁)等参照。

(13)　マンフレッド・ノバック『国連の市民的・政治的権利に関する国際規約　CCPRコンメンタール』NP、エンゲル、ケーム・アム・ライン(一九九三年)四四九頁二九項参照。

(14)　前掲注(2)書『障害をもつ人々と参政権』二四六頁以下、前掲「障害をもつ人々の参政権保障の国際的動向——国際人権規約を中心に」法時論文参照。

四　人権保障と人間の尊厳の理念、自己決定・選択の自由の原理

1　人権、人間の尊厳、自己決定

現代の人権にとって、世界人権宣言、国際人権規約に明らかなように、その理念、根拠は第二次大戦の悲惨な経験への反省に立った人間の尊厳であることは否定できないであろう。日本国憲法も、この思想を、「すべて国民は、個人として尊重される」という原理によって宣明しているわけである。[15]

そして、さらに人間の尊厳を具体化し、平等の原理と並んで人権保障に通底した原理として自己決定及び選択の自由があることも明らかである。芦部は、自己決定権を幸福追求権から導き出される人権として論じている。しかし、論述の対象は、プライバシーの権利のほか「個人の人格的生存にかかわる重要な私的事項を公権力の介入・干渉なしに自律的に決定できる自由[16]」である。

この点では、後述するように、現在、自己決定の原理ないし自己決定権は、公権力の介入・干渉からの自由だけではなく、政策決定への参加（参政権の領域）、さらには自ら受けるサービスの量・質（いわゆる社会権の領域）にたいしても意見を言い、決定できるものへと発展しているのである。

さらに、芦部は、二〇〇二年当時、「わが国では自己決定権を真正面から認めた判例は存在しない[17]」と言っている。しかし、後に述べるようにノーマライゼーション原理の普及により自己決定（権）はいまや国際的常識あるいは、国及び個人の守るべきグローバル・スタンダードとなっている。

子供の権利条約の意見表明権、高齢者の国連原則、さらには、障害のある人の権利条約ともに自己決定・選択の自由が基本原理とされている。

2 「高齢者のための国連原則」と自己決定、選択の自由

一九九九（平成一一）年は、高齢者の人権保障を世界的に推し進めるために国際高齢者年が設定されたが、その諸活動の目標とされているのが「高齢者のための国連原則」（一九九一年）の実現である。(18) 一八の原則を掲げ、国の行動計画に取り入れるよう各国政府に要請している。これらの原則はいずれも、高齢者にとって重要かつ不可欠なものであるが、最小限のものに絞られている。一八の原則が、独立、参加、ケア、自己実現、尊厳の五つの原理にまとめられていることが、第二次大戦後の人権保障半世紀の歴史的成果を反映するものとして注目される。以下、内容をみておこう。

① 独立（Independence）

通常は自立と訳されている。しかし、日本の場合、「自立・自助」にみられるように、本来の意味とは違い、経済的自立の意味に矮小化したり高齢者を諸権利から排除する政策の「枕詞」として用いられる傾向があるので、独立と訳すべきである。

経済的な意味での自立と精神的な自律とをあわせ、しかも社会保障・社会福祉やその他のサービスや諸権利を自己決定に基づき活用することによって（第一項）、他者に支配されない生活＝尊厳ある生活を送ることが独立生活といえるであろう。

とくに、自宅に住み続ける権利をうたっていることが注目される（第六項）。

② 参加（Participation）

国際文書で「参加」というとき、社会への完全参加を意味するが（国際障害者年のテーマが「完全参加と平等」であったことを想起していただきたい）、もっとも核となるのは政治参加、行政参加であり、なかでも政策の立案・決定・実施過程に関与することである（第七項）。

総務庁パンフは「社会参加活動」と「世代間交流」を柱にするといっている。確かにバザーに行ったり、町の行事に出席したり、運動会に参加したり、ボランティアをするのも大事なことであるが、とくに、高齢者自身にかかわる福祉の計画、立案、決定、実施過程に参加し、さらに積極的に社会の創造に役割を果たすところに参加の真の価値がある。

参加は自己決定の原理の論理的帰結あるいは手段的保障といえよう。

③　ケア（Care）

ケアとは「介護」に限定されるのではなく、広く、医療、保健、看護あるいは世話、手助け、相談等々のサービスを受けることという意味をもっている。とくに一一項は健康権の保障をうたっている。また、ケアを受ける場合、施設か自宅か場所と時間は問わない（選択の自由）が、ケアの中身は、サービスを受ける人自身が決める権利があるということである（自己決定―第一三項）。

④　自己実現（Self-fulfillment）

人間は、加齢によって発達の可能性を奪われることはない。高齢者にも自己決定に基づき発達し自己実現できるような条件を保障することこそ重要だということである。参加、独立と合わせ、「老人」観の一大転換が行われていることを示している。

⑤　尊厳（Dignity）

「尊厳」については、搾取や虐待を受けないこと、そして差別を受けないことが掲げられている。とくに、第一八項で、高齢者は経済的貢献とは関係なく評価されるべきであるとのべていることに留意すべきである。人間であること、そのことだけで個人として尊重されなければならないということである。

人間の尊厳は、憲法第一三条等にも見られるように、基本的人権の理念である。第二次大戦の、ユダヤ人大量虐殺に代表されるような残虐、非人間的な数々の行為への真剣な反省にたって掲げられたものであるが、つきつめれば個人として自己決定できる状態といってよいであろう。自分が自分の生き方を、運命を決定する。自己実現、独立そして参加とは、他人に自らの運命を左右されない、ましてや国家には左右されないということでなければならない。逆にいえば、誰もが自ら自分の思っている人生を送れるような、そういう仕組みを作り上げること、それが尊厳を保障するということであり、高齢者のみならずすべての人の人権保障の目指す方向である。

そして、自己決定できるためには、選択肢が用意されていなければならない。選択なき自己決定は自由意思に基づく真の自己決定ではなく、強制された自己決定といわざるをえない。この選択肢――例えば本件で問題になっているコミュニケーション手段――を用意し提供することが国や自治体そして議会のなすべきことである。

その意味で、自己決定は選択の自由と一体となった原理というべきであろう。

3　障害をもつ人と自己決定・選択の自由

(1)　ノーマライゼーション原理と自己決定・選択の自由

障害をもつ人の人権保障に大きく影響を与えている原理は、「ノーマライゼーション（ノーマリゼーションともいう）」の原理である[19]。

この原理は、デンマークのバンク・ミケルセンやスウェーデンのベンクト・ニイリエによって、主として知的に障害をもつ人々の分野で提唱、理論化されたものである。国連の「知的障害のある人の権利宣言」、国際障害者年、行動計画、そして障害のある人の権利条約までの国際条約、文書の基礎的原理として認められ、北欧はもちろん世界各国の障害をもつ人々の政策、法律、行政に普遍的な原理として取り入れられているところである。

ミケルセンの定義が普遍的な価値をもつものとして広く支持されている。ノーマライゼーションの原理は、人権そのものであり、障害のある人たちを「ノーマルな人にすることを目的としているのではなく、その障害を受容することであり、彼らにノーマルな生活条件を提供すること[20]」である。また、この原理は、権利性、平等性が強く強調されているのであるが、ノーマライゼーション原理とは、「他の市民と平等の権利と義務をもつべきだという考え以上[21]」のことではないとも述べている。この点が、国際障害者年の「完全参加と平等」というテーマとなり、国際行動計画さらに国際条約に結実しているのである。

この原理をさらに発展させ、理論化しかつ具体化したのがニイリエである。「選択の自由と自己決定の権利を尊重するような、人道的で平等主義的な価値観を基礎においている。……個人を個人として尊重することや、その個人が他人とは異なるままでいることができる権利を重視するのである[22]」。すなわち、人権保障そのものといってよい。「自分の意思を表現し、自分で選択するように一人ひとりが励まされ、支援を受けるということを示している[23]」。

ニイリエは、この原理を具体化し、以下の八つの側面にまとめている。

1　一日のノーマルなリズム
2　一週間の　〃
3　一年間　〃
4　ライフサイクルにおけるノーマルな発達的体験
5　ノーマルな個人の尊厳と自己決定権
6　その文化におけるノーマルな性的関係
7　その社会におけるノーマルな経済的水準とそれを得る権利
8　その地域におけるノーマルな環境形態と水準

ニイリエは「個人の尊厳＝自己決定権」を最も重視していた。

こうして、知的障害のある人の分野から発展したノーマライゼーションの原理は、障害のある人のみならず、こども、高齢者、患者、女性等すべての人の自己決定を中核として、人権保障の基本原則として各国の制度、そして国際条約等に具体化されていくのである。

さらに、周知のように、スウェーデンでは、継続性、自己決定、能力の活用という高齢者福祉の三原則としても発展し、先に述べたように、国連高齢者原則にも生かされることになる。

ここで、付言しておけば、小池議員に発声の練習をさせ、パソコンの習得を強いることは、まさにノーマルな人になること、ノーマルな生活を強要することであり、ノーマライゼーションの原理に最も反することである。

(2)　日本国内の動向

①　立法の動向

こうした国際的潮流に日本も対応してきた。ある意味では、憲法学などにおける自己決定権論よりも立法あるいは行政の現実が進んでいる。

ア、障害者基本法と自己決定・選択の自由

一九七〇（昭和四五）年制定の心身障害者対策基本法は、その基本的理念として、第三条一項に、「すべて障害者は、個人の尊厳が重んぜられ、その尊厳にふさわしい処遇を保障される権利を有するものとする。」と謳い、二項に、「すべて障害者は、社会を構成する一員として社会、経済、文化その他あらゆる分野の活動に参加する機会を与えられるものとする。」と規定した。

一九九三（平成五）年の障害者基本法は、この基本理念をさらに発展させ、障害者の自立及び社会参加の支援等のための施策を総合的かつ計画的に推進し、障害者の福祉を増進することを目的として、心身障害者対策基本法を改正し次のように規定した。

第三条　すべて障害者は、個人の尊厳が重んぜられ、その尊厳にふさわしい生活を保障される権利を有する。

2　すべて障害者は、社会を構成する一員として社会、経済、文化その他あらゆる分野の活動に参加する機会が与えられる。

3　何人も、障害者に対して、障害を理由として、差別することその他の権利利益を侵害する行為をしてはならない。

このように、「処遇」を「生活」に変え、差別禁止が付加されたのである。

その他、国の中央障害者施策推進協議会への「障害者」の参加（二五条二項）が明記され、さらに、市町村障害者計画を策定するに当たっては、障害者その他の関係者の意見を聴くこと（九条の六項）が規定され、一五条では、「障害者の職業選択の自由を尊重」することがうたわれている。

さらに、情報の利用におけるバリアフリー化については、障害者が円滑に情報を利用し、及びその意思を表示できるようにするため、障害者が利用しやすいことと、障害者の利便の増進がうたわれている（一九条）。

イ、障害者自立支援法と自己決定・選択の自由

障害者自立支援法は、障害者基本法の基本的理念にのっとり、他の障害者及び障害児の福祉に関する法律と相まって、障害者及び障害児がその有する能力及び適性に応じ、自立した日常生活又は社会生活を営むことができるよう、必要な障害福祉サービスに係る給付その他の支援を行い、もって障害者及び障害児の福祉の増進を図るとともに、障害の有無にかかわらず国民が相互に人格と個性を尊重し安心して暮らすことのできる地域社会の実現に寄

与することを目的としている（一条）。

そして、市町村の責務として、障害者が自ら選択した場所に居住できるよう支援すること（二条一項一号）、意思疎通について支援が必要な障害者等が障害福祉サービスを円滑に利用することができるよう必要な便宜を供与すること（同三項）が規定されている。

② 行政施策と自己決定・選択の自由

ア、障害者計画

国、県、及び市町村には障害者基本法により障害者計画の策定が義務付けられているのであるが、これら計画は、明確にノーマライゼーションを理念とし、人権保障、人間の尊厳、自己決定・選択の自由を原則としているのである。

国の障害者基本計画（二〇〇三（平成一五）─二〇一二（平成二四）年）では、我が国の障害者施策は、長期計画に沿ってノーマライゼーションとリハビリテーションの理念の下に着実に推進されてきた、すなわち平成七（一九九五）年には、新長期計画の後期重点施策実施計画として「障害者プラン」が策定され、障害者施策の分野で初めて数値による施策の達成目標が掲げられた、とされている。

まず、基本的な方針として、「二一世紀に我が国が目指すべき社会は、障害の有無にかかわらず、国民誰もが相互に人格と個性を尊重し支え合う共生社会とする必要がある。

共生社会においては、障害者は、社会の対等な構成員として人権を尊重され、自己選択と自己決定の下に社会のあらゆる活動に参加、参画するとともに、社会の一員としてその責任を分担する。(24)」、と述べている。

イ、情報コミュニケーション保障

次に、「情報・コミュニケーション」として、「ＩＴ（情報通信技術）の活用により障害者の個々の能力を引き出し、自立・社会参加を支援するとともに、障害によりデジタル・ディバイドが生じないようにするための施策を積極的に推進するほか、障害特性に対応した情報提供の充実を図る。」、と基本方針を示している。

そして、情報バリアフリー化を推進し、「障害者が容易に情報を発信し、情報にアクセスできるよう、使いやすい情報通信機器、システム等の開発・普及等を促進するとともに、ＩＳＯ／ＩＥＣガイド七一（高齢者・障害者のニーズへの配慮ガイドライン）に基づき、障害者にとって使いやすいように配慮した情報通信機器設計の指針等をＪＩＳ（日本工業規格）化する。」、と具体的に述べているのである。

さらに、行政情報について、「選挙における障害者の投票を容易にする手段として、電子投票の導入を推進する。」、とも言っている。

コミュニケーション支援体制の充実については、「コミュニケーション支援を必要とする視聴覚障害者に対する手話通訳者、要約筆記者及び盲ろう通訳者の養成研修を推進するとともに、これらの派遣体制の充実強化を推進する。」、と積極的である。

ウ、市町村障害者計画

また、市町村障害者計画策定指針では、「地域の実情と障害者のニーズを踏まえた障害者計画」の策定が示されているのである。

実際、例えば、金沢市障害者計画『ノーマライゼーションプラン一九九八年、二〇〇四年、二〇〇九年』では、明確にノーマライゼーションの原理を掲げ、人権と自己決定・選択の自由を基本として計画が策定されている。(25)

③　判決に現れた自己決定・選択の自由

数は少ないとはいえ、以上のような国際的、国内的なノーマライゼーション原理、自己決定・選択の自由の原理の浸透を踏まえ、自己決定・選択の自由を認めた判決も現れている。

高信司生活保護訴訟は、金沢地裁（一九九九（平成一一）年六月一一日）、最高裁（二〇〇三年七月一七日第一小法廷決定）まで、扶養共済年金を収入認定し、保護費の減額をした金沢市の処分を違法とし原告が勝訴した画期的な事件であるが、二〇〇〇（平成一二年）年九月一一日の名古屋高裁金沢支部判決（平成一一（行コ）一四生活保護変更処分取消請求控訴事件）は、「原則的に施設で暮らすか、自宅で暮らすかは本人の選択の自由」であるとした。「被保護者が在宅保護によるか収容保護によるかの選択については原則として被保護者本人の意思によって決せられるべきであり、かつそれは最大限尊重されなければならないことであるが、その場合に、在宅保護か収容保護かの選択が単純に先にあるのではなく、施設保護の実態及び他人介護を含めた在宅保護の実態を踏まえて、被保護者が在宅保護か施設等による収容保護かを選択することになると考えるべきである。」

また、生活保護と学資保険の満期保険金の収入認定が問題となった中嶋訴訟においても福岡高裁（平成一〇年一〇月九日）、最高裁（平成一六年三月一六日）判決は、ともに生活保護費の自由使用を認めているのである。とくに、高裁判決は、「憲法二五条の生存権保障を具体化するものとしての生活保護制度は、被保護者の人間の尊厳にふさわしい生活を保障することを目的としているものであるところ、人間の尊厳にふさわしい生活の根本は、人が自らの生き方ないし生活を自ら決するところにあるのであるから、被保護者は収入認定された収入はもとより、支給された保護費についても、最低限度の生活保障及び自立助長といった生活保護法の目的から逸脱しない限り、これを自由に使用することができるものというべきである」、と明確に人間の尊厳と自己決定の原理を認めているのである。

(15)　芦部信喜著〔高橋和之補訂〕『憲法〔第三版〕』（岩波書店、二〇〇二年）八〇頁。
(16)　同上・一二〇頁。
(17)　同。
(18)　井上『高齢化への人類の挑戦』（萌文社、二〇〇三年）二一七頁以下参照。

(19)　この点、河東田博『ノーマライゼーション原理とは何か』(現代書館、二〇〇九年)参照。
(20)　同上、二一頁。ミケルセンについては、花村春樹訳・著『「ノーマリゼーションの父」N・E・バンク－ミケルセン　その思想と生涯』(ミネルヴァ書房、一九九四年)参照。
(21)　河東田前掲書四八頁。
(22)　同上・六四頁。
(23)　同。ニイリエについては、ベンクト・ニイリエ著、ハンソン友子訳『再考・ノーマライゼーションの原理―その広がりと現代的意義』(現代書館、二〇〇八年)参照。
(24)　http://www8.cao.go.jp/shougai/suishin/kihonkeikaku.html 参照。
(25)　井上「ともに創り　ともに生きる―金沢市「障害者」計画の世界」日本学術会議『学術の動向』二〇〇二年一〇月号四九頁以下参照。

五　参政権保障、表現の自由・コミュニケーション保障と自己決定・選択の自由

最後に以上の検討をまとめ、一定の補足をしておきたい。

1　参政権保障と自己決定・選択の自由

参政権保障は、民主主義国家の基本である。したがって、日本国憲法は第一五条その他の規定で保障している。さらに国際人権規約は、その内容を豊富化し、包括的に規定している。そして、障害のある人の権利条約がさらに発展させているのである。

①　市民的及び政治的権利に関する国際規約

市民的政治的権利に関する国際規約は、第二五条で、「すべての市民は、第二条に規定するいかなる差別もなく、かつ、不合理な制限なしに、次のことを行う権利及び機会を有する。

(a)　直接に、又は自由に選んだ代表者を通じて、政治に参与すること。

(b)　普通かつ平等の選挙権に基づき秘密投票により行われ、選挙人の意思の自由な表明を保障する真正な定期的選挙において、投票し及び選挙されること。

(c)　一般的な平等条件の下で自国の公務に携わること。」、と規定している。

ここでは、いかなる差別もないことが強調されている。さらに、本件とのかかわりでは、a項が重要である。すなわち議員は直接に政治に参与するのであるし、さらに、c項が意味深い。「公務に携わること」とは、国民の選挙権の行使、さらには被選挙権の行使という形での参加形態に他ならない。そして、一度議員として選ばれたからには、「公務員」として、国民、住民の代表（日本国憲法一五条「全体の奉仕者」）として憲法を尊重、擁護し、とりわけ国民への基本的人権保障をその使命として活動することを職責とするものである（九九条）。議場における発言はこの議員活動の生命であり、それゆえにその自由は、内容、形式において最大限保障されなければならない。それは、議員活動において自己決定と選択の自由が最大限保障されなければならないということである（同一三条）。

この理は、障害をもつ議員の場合も同様である。他の議員と同様に発言が方法、内容ともに保障されなければならないわけである。議場は、この意味で議員の尊厳、すなわち自己決定と選択の自由が最大限保障されなければならない。それこそが、議員としての参政権保障に他ならない。

②　障害のある人の権利条約

障害のある人の権利条約は、さらに参政権保障を発展させ、豊富化、具体化している。第二九条は「政治的及び公的活動への参加」として以下のように規定する。

「締約国は、障害のある人に対し、政治的権利の享有及びこの権利を他の者との平等を基礎として行使する機会を保障するものとし、次のことを約束する。

(a)　特に次のことにより、障害のある人が、直接に又は自由に選んだ代表を通じて、他の者との平等を基礎として、政治的及び公的活動に効果的かつ完全に参加することができること（障害のある人が投票し及び選挙される権利及び機会を含む）を確保すること。

(i)　投票の手続、施設〔設備〕及び資料が適切であること、アクセシブルであること並びに理解し及び利用しやすいことを確保すること。

(ii)　適切な場合には、支援技術〔支援機器〕及び新たな技術〔機器〕の使用を容易にすることにより、障害のある人が、選挙及び国民投票において脅迫を受けることなく秘密投票により投票する権利、選挙に立候補する権利、並びに政府のすべての段階において効果的に公職に就き及びすべての公務を遂行する権利を保護すること。

(iii)　選挙人としての障害のある人の意思の自由な表明を保障すること。このため、必要な場合には、障害のある人の要請に応じて、障害のある人自身により選ばれた者が投票の際に援助することを認めること。

(b)　障害のある人が、差別なしにかつ他の者との平等を基礎として、政治に効果的かつ完全に参加することのできる環境を積極的に促進すること。また、障害のある人が政治に参加することを奨励すること。政治への参加には、次のことを含む。

(i)　国の公的又は政治的活動に関係のある非政府機関及び非政府団体に参加すること、並びに政党の活動及び運営に参加すること。

(ii)　国際的、国内的、地域的及び地方的な段階において、障害のある人を代表するための障害のある人の団体を結成し、及びこれに加入すること。」

とくに、ここでは、a項のiiに、「選挙に立候補する権利、並びに政府のすべての段階において効果的に公職に就き及びすべての公務を遂行する権利を保護すること。」、と規定してあるように、人権規約がより詳細に具体化していることを指摘しておけば十分であろう。

2　表現の自由・コミュニケーション保障と自己決定・選択の自由

憲法二一条は、表現の自由の保障を定めている。この普遍的人権をさらに発展、豊富化させたのが国際人権規約であり、障害をもつ人の「固有のニーズ」に応じて補完する（「固有の人権」の保障）のが「障害のある人の権利条約」である。

①　市民的及び政治的権利に関する国際規約

市民的及び政治的権利に関する規約一九条は、以下のように定める。

「1　すべての者は、干渉されることなく意見を持つ権利を有する。

2　すべての者は、表現の自由についての権利を有する。この権利には、口頭、手書き若しくは印刷、芸術の形態又は自ら選択する他の方法により、国境とのかかわりなく、あらゆる種類の情報及び考えを求め、受け及び伝える自由を含む。

3　2の権利の行使には、特別の義務及び責任を伴う。したがって、この権利の行使については、一定の制限を課することができる。ただし、その制限は、法律によって定められ、かつ、次の目的のために必要とされるものに限る。

(a)　他の者の権利又は信用の尊重

(b)　国の安全、公の秩序又は公衆の健康若しくは道徳の保護」

情報伝達手段を具体的に列挙し、伝達者の選択により他の手段をも自由に使用しうることを示している。受け手としてだけでなく、情報の発信者送り手としての側面も見ている。(26)

②　障害のある人の権利条約

さらに、障害のある人の権利条約では、前文で、まず、(n)障害のある人にとって、その個人の自律及び自立（自ら選択する自由を含む。）が重要であることを認めている。

また、(o)障害のある人が、政策及び計画（障害のある人に直接関連のある政策及び計画を含む。）に係る意思決定過程に積極的に関与する機会を有すべきであることが考慮されている。

そして、この条約の原則は、次のとおりである。

(a)　固有の尊厳、個人の自律（自ら選択する自由を含む。）及び人の独立（independence）の尊重

(b)　非差別〔無差別〕

(c)　社会への完全かつ効果的な参加及びインクルージョン（包摂）

以下、あらゆる場面で、自己決定・選択の自由の原理が具体化されているのである。

列挙すれば、以下の通りである。

ア、第一九条、独立した生活〔生活の自律〕及び地域社会へのインクルージョン

「この条約の締約国は、障害のあるすべての人に対し、他の者と平等の選択の自由をもって地域社会で生活する平等の権利を認める。締約国は、障害のある人によるこの権利の完全な享有並びに地域社会への障害のある人の完全なインクルージョン及び参加を容易にするための効果的かつ適切な措置をとるものとし、特に次のことを確保する。

(a)　障害のある人が、他の者との平等を基礎として、居住地及びどこで誰と生活するかを選択する機会を有すること、並びに特定の生活様式で生活するよう義務づけられないこと。」

まず、障害のある人に、地域生活において他の者と平等な選択の自由の権利を認めている。さらに、a項は、居

住と生活の相手についての自己決定と選択の自由を認めているのである。

イ、第二〇条　個人の移動

「締約国は、障害のある人が可能な限り独立して移動することを確保するための効果的な措置をとるものとし、特に次のことを行う。

(a)　障害のある人が、自ら選択する方法で、自ら選択する時に、かつ、負担可能な費用で移動することを容易にすること。」

ここでは、日本国憲法二二条の保障する居住移転の自由を、自己決定と選択の自由の原理に基づいてより具体的に保障しているといえよう。

ウ、そして、表現の自由についていては、選択の自由はより明確に保障されている。

まず、第二条で、「コミュニケーション〔意思伝達・通信〕とは、筆記〔文字言語〕、音声装置、平易な言葉、口頭朗読その他の拡大代替〔補助代替〕コミュニケーションの形態、手段及び様式（アクセシブルな情報通信技術〔情報通信機器〕を含む。）とともに、言語、文字表示〔文字表記〕、点字、触覚による意思伝達、拡大文字及びアクセシブルなマルチメディア等をいう」と定義している。

第二一条　表現及び意見の自由並びに情報へのアクセス

「締約国は、障害のある人が、他の者との平等を基礎として、第二条に定めるあらゆる形態のコミュニケーションであって自ら選択するものにより、表現及び意見の自由（情報及び考えを求め、受け及び伝える自由を含む。）についての権利を行使することができることを確保するためのすべての適切な措置をとる。このため、締約国は、特に次のことを行う。

(b)　障害のある人が、その公的な活動において、手話、点字、拡大代替〔補助代替〕コミュニケーション並びに自ら選択する他のすべてのアクセシブルなコミュニケーションの手段、形態及び様式を用いることを受け入れ及び容易にすること。」

「第二一条に定めるあらゆる形態のコミュニケーションであって自ら選択するものにより、……権利を行使できること」と規定している。いうまでもなく、小池前議員の、「選択するコミュニケーション手段」、すなわち代読こそが保障されなければならないということである。

(26) 村上愛三「表現の自由」法学セミナー一九七九年五月号臨時増刊『国際人権規約』一九六頁以下参照。

結論

そもそも、既に述べたような先進国の事例や日本の障害者基本法等も掲げる障害をもつ人の尊厳の尊重の理念すなわち自己決定・選択の自由の原理と社会参加の促進の原則に照らしても、意志・意見伝達のコミュニケーション手段として何を選ぶかは、障害をもつ人自身が選択、決定すべきであり、それを尊重、保障、支援するのが行政、議会の責務である。

以上の検討の結果、被告らが原告の代読を認めなかった行為は、言語機能に障害をもつ原告を不当に差別し、その尊厳、自己決定・選択の自由を侵害するものであり、憲法一三条、一四条一項、市民的及び政治的権利に関する国際規約一条二項、障害者基本法三条一項、二項、三項、四条に違反し、さらに原告の議員としての参政権の侵害として憲法前文・一五条、市民的及び政治的権利に関する国際規約二五条（とりわけC項）、障害者基本法三条二項、四条に違反するものである。

重ねて、代読というコミュニケーション手段を認めないことは、本人の自己決定・選択にもとづく表現の自由の侵害として憲法二一条一項、市民的及び政治的権利に関する国際規約一九条二項、障害者基本法三条二項、一九条一項に違反するものである。

こうして、原告の選択し、決定した代読という手段を認めない中津川市議会の行為は、参政権、コミュニケーション保障の両者の人権を侵害するものといわざるをえない。

さらに、被告議員らの行為は、中津川市議会は、地方特別職公務員として、憲法九九条の憲法の尊重擁護すなわち人権保障義務違反である。まさに、「すべての人の参加が、民主主義の基礎であるので、特定の人を排除すると基盤が崩れる」（デンマーク全国「障害者」団体のメラー会長）という危機状況にあり、「法律を作ればよいのではなく、皆で話し合ってコンセンサスを得て解決を図る」（デンマークＡＬＳ協会）という民主主義の方向こそが同議会のとるべき方向である。

最後に、次のことだけ申し上げたい。

参政権はもちろん、障害をもつ人々の人権保障に司法の果たす役割が大きい事はご存知の通りである。とりわけ、国際人権規約の国内法への適用に、大きな期待が寄せられている。一九九八（平成一〇）年の前述規約人権委員会最終報告においても、日本政府に対し「裁判官、検察官、及び行政官に対し、規約上の人権についての教育が何ら用意されていないことに懸念」が表明され、このような教育を得られるようにすることが強く勧告されているのである。さらに、「裁判官を規約の規定に習熟させるための司法上の研究会及びセミナーが開催されるべきである。委員会の一般的な性格を有する意見及び選択議定書に基づく通報に関する委員会の見解は、裁判官に提供されるべきである。」と述べていることにも留意していただきたい。

わが国が選択議定書を批准しているかどうかに関わりなく、国際人権規約及び規約人権委員会の意見、見解、勧告等は、人権の解釈と運用についてのグローバル・スタンダードを形成してきている。先の最終報告は、「基準」

形成のにない手としての裁判官に寄せられる期待の大きさを示していると思うのである。

付　記

佐藤進先生には、直接学生という立場ではなかったが、大学院生時代からご指導いただき、とくに先生が心血を注がれた日本社会保障法学会の草創期、研究会から学会に発展した佐藤事務局長時代に鍛えていただいた。また、私は、現在、金沢大学の地域創造学類に所属しているが、一昨年まで法学部所属であった。先生は、法学部前身の法文学部時代に労働法とくに社会保障法学の先駆者としてご活躍であった。雪の金沢を共有させていただいたということで不思議なご縁を感じている。

そして、筆者が続けてきた裁判研究、運動についても折に触れて貴重なご助言をいただいた。

現在、岐阜地裁で、日本の人権状況を象徴するような裁判が進行している。下咽頭がんの手術により声を失った小池公夫前市議が、中津川市議会で代読発言を認めなかった市議二十七人と議長、市に損害賠償を請求したものである。本稿は、二〇〇九年八月、障害のある人、そしてすべての人の参政権、そしてコミュニケーションの保障を求めて岐阜地裁に提出した小池側鑑定意見書（なお、その他の意見書、特に川島聡「代読発言と自由権規約」（二〇〇九年八月二六日）もあわせて参照いただきたい。http://www.geocities.jp/chocoball1018/saiban/ikensyotokusyuu.html）に加筆したものである。

人権、そして社会保障の発展に尽くされた先生の追悼論文集に寄稿させていただき、先生のご冥福をお祈りする次第である。

〈特別掲載〉遺稿

現代社会法の思索の現状と展望をめぐって

佐藤　進

はじめに――現代社会法の現状と展望――

(1)　わが国における二〇世紀後半からミリオネア二一世紀へ

二一世紀にはいり、日本のバブル経済の崩壊とその企業、産業再生政策に向けて政府の財政金融政策と行財政改革をベースに、橋本、小渕、森さらに小泉、公明党連合政策化を経て、とりわけ小渕内閣による膨大な公金支出による金融機関の救済と不良債務整理を背景に、小泉政権の政策は企業再生・産業再生と企業減税政策を目ざましく推進し、一応企業再生を果たしたかに見える。自立自助、政府官業の民営化に加え、公的財政支出の社会福祉依存拒否政策を貫く政策がとられ小泉政権の郵政公企業民営化政策の選挙での圧勝、その後の後継の安倍総理の辞任二〇〇七年九月の、参議院議員選挙の民主党の大勝、そして参議院での自民党の政権政策の至難さがその突然の辞任と後継総裁選挙後小泉政権の政策に対する賛否両論がいまなお展開をみている。この政権下において、所得再配分にみる格差の拡大政策は、この格差を増大化し、貧困層を増加させているとみられる。とりわけ小泉内閣の登場は、自民党の日本的派閥政策と官僚支配依存政策改革や、国民世論重視政策用語を用いた極右イスタブリッシュメントの改革や、旧自民党派閥と癒着した道路公団、郵政改革など従来の改革ではふれられなかった政治の「暗部」にメスをふるってきた。しかし二〇〇六年九月小泉自民党総裁任期満了に伴う内閣引退後も、小泉政治の指標をあとに残す、行政推進改革法制定にその内容、実施法のゆくえは明確ではないが、後継安部内閣とその辞任後の後継福田内閣、さらに麻生内閣も旧自民党政策を承継してきていることは否定できないところである。

この小泉政治が改革の底辺においた現代的なニュー資本主義とその政治動向は、今日「所得不平等」や、「格差社会」の登場とか、「階層社会」、「豊かさ」とか、「貧困」再来とかの声が聞かれる現代日本の現状は、一八〜一九世紀の初期資本主義の、自由、競争時代とその時代の法思想を意味し、必ずしも規制なき国家の「夜警時代」を想像していたわけではない。しかし、現実は万事自由な競争と資本主義市場の絶対性理論の容認、政府の公的規制緩和、国際社会における日本企業の拡大、加えてアメリカ追従のブッシュ政策依存にみるイラク参戦と派兵や、アメリカ的な企業寡占独占時代を迎え、新たなバブル再来と企業再来への対応を示してきた。しかし後述のアメリカ住宅関連会社の倒産によってアメリカの金融財政不安は、同時不況の状況に世界が動揺している。一面、今日のＩＴ

時代の到来と前述の人間生活と雇用労働の貧困化の現実の法政策は、後述でみるようにまさにＩＴの繁栄と、一方、人間労働の苦難の現実への対応としての日本社会法の現状をみるとき、現代社会法にみる「階層社会」の現状、快適な安定した生活の維持・保障は現実の実現からみてきわめてこれと逆行する稀有な状況をみせているのである。

とにかくニートとかインターネットカフェホームレス族と呼ぶことの問題はありつつも、新たな雇用契約にみる社会的貧困層の増大、老若を問わず不安定就労者の増大と、雇用の不安化、非人間的な雇用の現況、社会的無気力層の増大、日本にみる企業間の格差増大、業態間の格差増大は、戦後直後の不安定、就労層と極めて類似する現代の変貌社会での新たな階層分化での時代の所産とみなされ、また多様な要援護者を社会的弱者から観念的に発達能力可能層化と把え、自立自助、福祉国家依存拒否、民営企業万能の政策実現を強化している福祉状況の現実を、一例として営利・利潤追求、このための苛酷な福祉労働雇用管理の相にみるコムソン福祉企業など、現代資本主義の現実からいかにみるべきなのか、今日注目に値するのである。無能力層の改革と障害者法制定にみるこれらの福祉政策の現実に対する批判の多様化をみるとき、政策の在り方とその現実を知ることができるのである。

(1)　社会法の後退現象とその法にみる今後とその課題

現代資本主義社会の社会問題の多様化と法規制の萎縮化現象は、社会法の現代的把握はともかく、法規制の後退化を意味し、被用者群や社会的弱者層、社会的不平等化の拡大などに、どのように対応しようとしているのかなどが問題となっている。西欧社会とは異なり現代日本社会の社会法は、これまで社会的力関係とりわけイスタブリッシュメントの優位性を現代においてふたたび発揮させようとしているのであろうか。企業の合併吸収や寡占、独占、企業の再生産の至難などは法のひ弱な階層への対応と、日本にみる金権万能への非対応とみる。

社会法は、これまでその資本主義の展開、発展段階からみて、社会的力関係のアンバランスを是正すべく、社会的弱者の人権尊重とその生活力の強化と自立を促進し、自己発展力の社会的発揮を目ざしてきた。(1) このことは、その賛否はともかく、後述のように西欧成熟国諸国、とりわけ拡大EU諸国にみる経済拡大とその苦境下にみる人権擁護と、社会的疎外の廃止やヨーロッパ観化にみる社会的支出増大実現などを提起してきた(2)。

(2)　現代資本主義の法政策の動向と急激な社会法の変貌

社会法による勤労者、家族、地域住民の生存権強化は、第二次大戦後の日本の経済転落に当面して資本主義の原理として資本、生産手段、企業自体にとってマイナスとして、資本や企業の事業取引拡大にかかわり、資本主義の法である私法（とりわけ民法や商事法など）の改正を通じて、企業の創設、株式安定、株式会社の合併・併合、さらに廃止、さらにそのための資本の増大、縮小、加えて被用者の人事管理による労務管理対応を試みてきた。しかし一方、その一例として、後述での指摘のように企業の資本増強と株主対策としてのファンド方式による「営利蓄積」本位の対応はともかく、労働組合の結成抑制や解散、さらに第二組合容認や団体交渉拒否、賃金引上げ抑制、ストライキ権抑制や、組合役員との話しあい拒否や組合役員の不当解雇など、労働組合法の禁止している不当労働行為の例もみられるのである(3)。これは、社会法の中軸である労働法や労働基本権の解体ともいえる現代的現象といってよい。

(3)　今日的状況と時の流れとしての反歴史的な資本主義行動

いま改めて、〈資本主義〉とは、その〈社会的倫理〉とはなどが〈金権〉万能主義のライブ・ドアの企業行動や無制約なファンドの増大などを眼のあたりとして、司直の対応はともかく、問題とされてきた。また企業のガバナビリティ（企業の統治的行動）や、企業のアカウンタビリティ（企業責任性、企業経理の公開性）などが、その改革とその強化が問われている。この種の行動が問われているのは、わが日本における企業経営体の企業経営における親族の自由な支配性などの特殊な風土性など、西欧諸国からみて極めて強い世襲制による支配性などを対象に問題にされているのはいうまでもない。加えて、これが資本主義企業の社会的、公的責任と抵触するような事業運営にみられ、ことに、公共的事業性の強い〈福祉事業〉にさえみられているのは極めて注目すべきであり、わが国の福祉事業や社会保障事業のような人間の生存権保障、公的生活権保障内容の実現化事業の官営化の問題と、公財政合理化と効率化を目ざす〈民営化〉による営利事業の展開により、生存権保障の空洞化と抽象的な生存権擁護の用語の叫びにあわせ、社会法的規制が自由な資本主義の桎梏とみられ、その緩和・解体と官僚的改革化は極めて注目すべきであり、今日ことにコムスン民営事業の独占的な社会福祉事業の営利化の一例として〈介護事業〉の営利化と、一方自治体の逃げ腰の対応に注視したいのである。

(4) 問題提起のさいごに

二一世紀にみるアメリカ発グローバリゼーション化と現代資本主義の独占化、寡占化の再生と無規制の巨大ビジネス化、非営利から営利化とアメリカ財政金融の破産と営利万能の民間損保加えて住宅融資保険の崩壊のみならず先進国、低開発国への対応による非情さ――スウェーデンのG・ミュルダール博士によるスウェーデン、デンマークなどの北欧福祉国家の、一国福祉から国際的福祉への福祉の多国籍化と戦争による平和の破壊による非情さと、国籍をこえた福祉活動の展開にみる非戦平和主義のヒューマンな行動は(4)、今日なお十分でないにせよ、EUなどの活動によって、ますます一国の経済財政状況のきびしさとあわせて、その市民の人間性の尊厳実現が問われているといってよいのである。いま人間とは、が問われ、生ける人間の生存、人権価値が、倫理、教育さらに人間、労働生活環境の在り方などを含めて改めて問われ、法の世界で、非人間化されている社会法の存在が改めて問われている。しかし一国のみならず多様な世界のなかで、社会的な力関係の差の存在のなかで、社会法は現代的なきびしい法環境のもとで改めてその存在が問われているのである。ここで、いま日本の現実をみても、今日なおアスベスト禍や多様な企業公害被災をめぐる人間の生の復元が、おくればせながら社会法のもとで問われていることを想起したいのである。

（1）橋本文雄『市民法と社会法』（岩波書店、昭三二（一九五七））所収の日本社会法の生成・展開と法理の分析参照。
（2）佐藤進「EU拡大化」のEU社会政策の意義と課題「社会保障研究」（一六五号所収）（二〇〇八・一二月）（国立社会保障・人口問題研究所刊）参照。
（3）ライブ・ドア企業家堀江発想にみる〈利潤重視〉と自己企業の優位性重視の政策、さらに、二〇〇七年〈村上ファンド〉にみる〈営利重視〉〈万能〉は、企業ガバメントの旧態的な対の不合理をつきつつ（「企業経営」の不合理是正というか、阪神経営ののっとり、阪神株のつり上げ企業経営体質改革など株式の独占化によるファンドの在り方）、従来の日本企業批判にみられなかった対応に注目すべきで、この方式は企業倫理に反して日本労使関係にもインパクトを与えることになっている現実と法制度をみてほしいのである。
（4）G・ミュルダール『貧困からの挑戦』（上・下）（大来佐武郎監訳（ダイヤモンド社、昭四六（一九七一））参照。

一　日本の労使関係構造と社会保障制度構造変貌の歩み

(1)　日本バブル経済崩壊と労使関係

構造変化の社会法体制へのインパクト——日本の産業構造の変貌と労働力構造の変化へのインパクト——

今日日本の産業構造、労使関係変化を労働力構成の変質は著しく変化せしめ、一九九八（平成一〇）年での第一次産業人口は四・九％。第二次産業の建設業で一〇・二％、製造業で二一・二％と凡そ三〇％に達し、第三次産業の卸小売業で二二・八％、金融保険、不動産業で三・九％、サービス産業で二五・九％と五一％余を占め、労働人口移動は、第一次産業から、第二次産業をへて第三次に以降していることが知られる。

労働人口は〈物づくり〉日本から、第三次産業雇用へと移り、この第三次産業は高度情報化産業をして労働力吸収の第一部門に転化した。この産業変動は、バブル経済の雇用吸収部門のゼネコン、金融機関、総合商社をはじめとして、日本の産業として官民政権党癒着の住宅・投機部門の産業部門の変位を示したといえ、被用者の雇用部門の大量整理による失業増大にあわせて、労働力吸収部門の代替とはなりえなかったといってよいのである[1]。

表1　産業別新規求人数（月平均）（＊）

（単位　千人）

年　度	産業計	鉱　業	建設業	製造業	卸売・小売業、飲食店	金融・保険・不動産業	運輸・通信業	電気・ガス・熱供給水道業	サービス業
昭和55年度	357	1	69	126	74	7	19	1	53
56	343	1	65	118	73	8	18	0	54
57	320	1	62	97	72	11	16	0	55
58	338	1	60	115	72	11	18	0	56
59	360	1	62	128	74	10	20	0	61
60	354	1	63	116	73	10	21	0	65
61	330	1	68	94	68	10	20	0	63
62	402	1	81	127	76	10	27	0	75
63	490	1	92	165	89	7	34	0	94
平成元	528	1	94	179	95	7	37	0	106
2	543	1	92	190	94	7	39	0	111
3	518	1	90	172	89	11	39	0	110
4	444	1	89	128	78	10	33	0	99
5	375	1	90	93	63	10	28	0	85
6	369	1	91	90	58	11	29	0	85
7	372	1	91	87	58	13	29	0	88
8	417	1	98	99	66	14	32	0	102
9	404	1	85	98	65	14	31	0	105
10	404	1	85	98	65	14	28	0	101

資料出所　労働省「職業安定業務統計」
（注）1　産業計には農林水産業、公務を含む。
　　　2　新規学卒者及びパートタイムを除く。

このような労働力流動は、一九九〇(平二)一〇月から、一九九八(平成一〇)年一〇月にいたる有効求人倍率の低下をみるとき、一・五一↓〇・四九へと減少し、高齢社会、人口少子社会、女性社会化の日本の労働人口変化の大きな要因の何れにも寄与しえなかったといってよい。

とりわけ年齢別人口について、六〇歳以上の雇用停滞は、団塊世代の対応の希求と評されても、これはわが国の定年年齢の六〇歳代定年は有無をいうことなく、雇用激減はともかく、五五歳旧定年はいうまでもなく、五五歳～五九歳の雇用延長、再雇用制度の日本的対応では雇用吸収の効果をあげえなかったのである

表2　定年年齢の推移

（単位　%）

年	一律定年制のある企業	～ 54 歳	55 歳	56 ～ 59 歳	60 歳 以 上
昭和53年度	100.0	0.1	41.3	19.4	38.5（33.7）
55	100.0	0.2	39.5	20.1	39.7（36.5）
58	100.0	0.3	31.3	19.0	49.4（45.8）
59	100.0	0.1	29.6	18.3	52.1（48.3）
60	100.0	0.1	27.0	17.4	55.4（51.0）
61	100.0	0.1	26.7	16.6	56.6（52.5）
62	100.0	0.3	23.0	18.0	58.7（53.9）
63	100.0	0.6	23.6	17.1	58.8（55.0）
平成元	100.0	0.5	20.7	17.0	61.9（57.6）
2	100.0	0.5	19.3	16.2	63.9（60.1）
3	100.0	0.3	14.8	14.0	70.8（66.4）
4	100.0	0.2	11.5	11.7	76.6（71.4）
5	100.0	9.7		10.3	80.0（73.9）
6	100.0	8.1		7.8	84.1（77.1）
7	100.0	7.6		6.6	85.8（78.6）
8	100.0	5.9		5.8	88.3（80.4）
9	100.0	4.6		5.2	90.2（82.0）
10	100.0	3.3		3.4	93.3（86.7）
11	100.0	0.5		0.4	99.2（87.5）

資料出所　労働省「雇用管理調査」

（注）1　60歳以上の（　）内は60歳定年制の割合である。

2　平成5年から年齢階級が変わった。

（表2参照）。〈定年六五歳導入〉政策も、大企業、地方有力企業でさえ導入には、至難であったといってもよいのである。

ことに、表1にみるように一九八〇（昭和五五）年から、二一世紀にいたる一九九九（平成元）年にみる産業別の新規求人の産業動向と新規求人による産業動向は、二一世紀にいたる二〇世紀末において、景気に左右された時期はともかく、たえず年功的労使関係において雇用の吸収が上掲の求人の製造業においてはみられてきた[2]。

また、日本的労使関係の変化要因の一つである〈定年年齢制度〉は表2にみるように、一九七〇（昭和五〇）年代に、定年五五歳への推移がみられてきている。一九八〇（昭和六〇）年代には、事実として六〇%台へと移ってゆく。ただ、この定年年齢の動きは、公的年

表3　雇用調整の産業別・規模別実施事業所割合の推移（製造業）（＊）

（単位　%）

産業・規模		平成6年				7年				8年				9年				10年				11年
		1〜3月	4〜6月	7〜9月	10〜12月	1〜3月	4〜6月	7〜9月	10〜12月	1〜3月	4〜6月	7〜9月	10〜12月	1〜3月	4〜6月	7〜9月	10〜12月	1〜3月	4〜6月	7〜9月	10〜12月	1〜3月
産業別	製造業計	47	44	39	36	34	36	38	36	33	29	27	25	21	21	22	24	31	36	38	46	45
	消費関連業種	22	25	24	18	21	24	26	19	20	17	19	16	19	15	16	18	26	23	22	32	29
	繊維・衣服	26	28	31	19	23	35	35	29	28	24	27	15	20	19	12	20	32	27	28	42	27
	素材関連業種	45	44	40	37	33	35	38	38	33	31	27	26	21	23	26	25	31	41	41	43	43
	鉄鋼・非鉄・勤続	52	52	48	44	36	41	43	43	37	40	31	29	28	22	32	30	36	53	56	52	52
	機械関連業種	60	53	45	45	42	43	43	42	39	34	31	30	22	22	24	26	32	39	44	54	54
規模別	1,000人以上	64	60	55	53	50	51	51	50	46	41	38	35	33	29	32	35	38	41	45	53	54
	300 〜 999人	49	40	39	38	32	36	40	37	33	28	28	27	17	19	21	21	29	38	40	51	44
	100 〜 299人	31	31	25	21	21	22	26	22	23	17	15	18	12	12	17	18	26	34	33	38	39
	30 〜 99人	26	27	19	14	13	15	19	14	15	14	14	14	13	14	12	15	23	26	25	35	35

資料出所　労働省「労働経済動向調査」

表4　雇用調整の方法別実施事業所割合（製造業）（＊＊）

（単位　%）

雇用調整の方法	平成6年				7年				8年				9年				10年				11年
	1〜3月	4〜6月	7〜9月	10〜12月	1〜3月	4〜6月	7〜9月	10〜12月	1〜3月	4〜6月	7〜9月	10〜12月	1〜3月	4〜6月	7〜9月	10〜12月	1〜3月	4〜6月	7〜9月	10〜12月	1〜3月
計	47	44	39	36	34	36	38	36	33	29	21	21	21	21	22	24	31	36	38	46	45
中途採用の削減・停止	19	19	16	15	14	15	15	14	11	9	5	5	5	4	4	6	7	9	10	14	13
臨時・季節・パートタイム労働者の再契約停止、解雇	8	5	4	4	3	2	3	3	3	3	1	2	2	1	1	2	5	4	4	8	8
希望退職者の募集・解雇	2	2	2	2	1	2	1	1	2	1	1	2	1	1	1	1	2	2	3	4	6
配置転換、出向	27	28	26	22	22	26	25	24	22	19	12	11	7	9	9	8	10	12	12	16	15
残業規制	37	31	26	25	23	24	26	24	21	19	12	11	11	10	12	14	18	23	25	31	29
一時休業	9	7	5	4	4	3	3	3	2	2	1	1	1	1	0	1	1	2	4	7	7
休日の振替 週休2日制の新規導入又は改定 夏季休暇・年末年始等の休日の増加	5	6	5	4	3	3	5	3	3	3	3	3	2	2	4	3	4	7	7	7	6

資料出所　労働省「労働経済動向調査」

（注）重複回答である。

金支給開始年齢と推移しており、一九八九(平成元)年には六〇%に達し、一九九九(平成一一)年には、これが九〇%台に達しており、これは、日本の年功序列的労使関係と連動してきた退職金制度とその公的年金化とあわせて、日本的な年功序列的労使関係の変化と連動して動きをみせてゆくのである。(3)

生産優位の日本的労使関係において、日本に迫る雇用問題は、表3における各産業、その規模別を問わず「雇用調整」が絶えず行われてきた。(4) これは、オイル・ショックその後の不況においても、一九九四(平成六)年～一九九九(平成一一)年にも行われており、表3・表4においてみるように、労働時間分野の残業規制が多く、また配置転換、出向などの管理(雇用)がみられてきたのである。(5)

(2)　日本的労使関係と雇用労働にみる変化

また、この日本的労使関係を支えてきた雇用(長期)関係も、雇用関係の十分でないパートタイマーの再雇用抑止や解雇、また希望退職者の募集においてもかなりみられたのである。

日本的雇用慣行といわれた労使関係にみる常用被用者の定年年齢までの雇用は、退職金制度や、退職年金制度とともに、二〇世紀末まではとかく、一九八九(平成元)年までには、一九八九(平成元)年七月総務省労働力調査によってみても、男性定職失業率五・二%、女性四・七%とそのリストラに加え、この時期までに非自発的失業状態の深刻さをまさに示しているのである。

なお前述の小泉政権とその雇用政策の始動は、景気回復、企業の自主的再生政策面はともかく、二〇〇一年秋の臨時国会において、「雇用安定国会」として、大量失業に対する雇用保険給付を中心に、その政策効果はともかくセフティ・ネット整備がとられていたことに注目しておきたい。なお、二〇〇一(平成元)年失業率二・二は、下記の一九九九(平成一一)年には倍増してゆくのである。(6) 以上のような二〇世紀末から二一世紀年初のリストラは、これまでアメリカ産業の合理化においても広くみられてきたのであり、今次のアメリカの民間保険、金融機関の倒産などによる、財政破たんとその世界的同時不況において、日本も動揺がみられており日本においては日本企業体質や、日本的労使関係の実態自体の内実の一端をみせることになったのである。(7)

(1) 労働省職業安定局編『失業対策年鑑』（平成一〇年版）参照。
(2) 労働省職業安定局編、前掲書三〇頁。
(3) 労働省職業安定局編、前掲書参照。
(4) 労働省職業安定局編、前掲書四二頁。
(5) 労働省職業安定局編、前掲書同上。
(6) 労働省職業安定局編、前掲書一七頁。
(7) 労働省職業安定局編、前掲書参照。

二　日本労使関係構造と社会法とその規制をめぐって

(1)　日本労使関係構造と社会法体系の推移

日本労使関係構造は、日本経済の展開、発展の推移とかかわって、その労働力の流入と配置に関連して日本労使関係構造を形成したことは否定できない。

今日、その性格が変化を示しているといえ、第一次産業が支配的で、それは人間の生活基盤であり、そこには大家族制度が強く支配していた社会では、過剰労働力を媒介し若年労働力の〈出稼ぎ型賃労働〉が必然的に生み出され、大家族生活への家計補充は低賃金とあわさって〈低賃金運用〉(1)、この雇用システムは、農村過剰労働力を前提に低賃金制度などをベースに近代的な労使関係形成の市民法的な雇用労働形態を生み出すことは至難であった。(2) その衣食住をとってみても低賃金、長時間労働、企業にとって合理的な寄宿舎による生活管理↓労働管理が支配した。

このような人間の労働生産、低消費生活貧困な住宅下の家族生活の現状改革は、市民法の雇用労働関係法の市民法理の展開化に対して、この雇用法理の転換をもたらしえなかった。この雇用法理の展開と微弱的な転換の契機は、明治年代（一八九〇年代〜一九〇〇年代）の「工場法」制定と、その限られた封建企業とその被用者への適用にみられたが、その大企業はともかく、中小零細企業には及ばなかった。(3)

ここでは、西欧諸国の〈労働保護〉の法理をベースにした、社会的法理は及ばなかったのである。

今日、現代資本主義を支え、資本主義社会における市民法理と拮抗・対応する被用者側への生存権保障〈社会法理〉が、現代資本主義の一角を形成してきた一九世紀の社会法理は、二〇世紀末〜二一世紀にわたる世紀末資本主義のラッシュのもとでの市民法理の復元による揺らぎで、この社会法理の再生を支える動きが目立ってきた。

今日、労働法はいうまでもなく、その分肢である経済法や社会保障法、社会福祉法、快適社会生活環境法を包含し、拡大化を示してきた社会法は、かつてドイツの社会根源の破綻についてラードブルフの指摘してきた特色は、時代が変化したはといいえ、改めて今日その再生が希求されている時代状況にあることを指摘しておきたい。

(i)　市民社会の各人の社会的地位にもとづく特徴＝社会的に勢力をもった者であるか、無能力であるかを考慮する。

(ii)　社会的な力ある者には統禦を加え、無能力者には保護を与える。ことに個人を中心とする市民法では平等思想と交換的正義が、社会法では実質的調整の思想と分配は正義が支配する。

(iii)　指摘な法律関係も社会的な法律関係として把えられ、それに関与する私人の背後に社会や国家が監視、干渉的に現われる。

(iv)　社会法は、法の形成と現実との調和、順応を図ろうとする。(5)

以上のラードブルフの指摘は、現代資本主義に必然的になお内在する特色で、個々人の自由放任、経済的自治などで匡正しうるものであるかを、往時はともかく現代において指摘できることである。現代にみる資本主義社会の企業の力の下での適応化法政策による社会法の再生は、現代社会法ではないのである。

以上のように市民法に対置された社会法は、市民社会の法主体である自由な市民の法的人格、取引契約の自由、自治、法の前での平等などによる自由権による生活の法的保障の貫徹にみる社会的、実質的平等の不在に対して、生ける具体的生活者の社会的平等を、その生存権の内実化のために、国、他の公的機関による自由な契約自由への介入を媒介として法、行財政的関係措置を通じて展開をみてきた。

しかし、西欧諸国はじめ多くの国にみる資本主義社会の展開段階においては、発生する初期の労使問題に対して、政府は具体的には個々の労使両当事者による自由という名の契約による、労働力商品化にみる、長時間労働、低賃金労働、低劣な作業労働環境のもとでの従来の必然性とその現実において非人間的な結果をみてとっていた。このようななかでの労働力の売手である個別労働者の労働保護立法が、女子、年少労働者保護、労働時間規制、低賃金規制、労働安全、衛生面などにおける労働環境保護、労働者生活擁護立法が制定をみる。(6) しかし、資本主義初期にみる社会法の展開・発展は、市民法万能との法政策者や、企業家や公権力による抵抗に遭遇することになる。

(i)　公権力による自由な労働契約締結への介入と規制は、資本主義社会の初期において、微少ではあるがその労働保護法領域においてみられてくる。

(ii)　ついで労働者の労働力保全にかかわって、最低労働諸条件の国家による法定規制をこえた労働諸条件、自律的規制を目ざし、集団的な労働組合の結成獲得運動をへて労働組合法制定がみられてゆくことになる。

労働組合の法認化は、西欧諸国国家においても第一次大戦をへて従来の労働組合活動を刑・民事的な不法共謀法理や、団体交渉や団体行動の合法化を権利とする法の公認とともに市民法による刑事、民事の不法行為の免責とその行政の正当性を獲得する。しかし、これはわが国の場合戦後（第二次）において、新しい憲法によって容認されたにすぎない。やがて、集団的な労働組合と企業との労働協約締結は産業自立法の形成に導いてゆく。

(iii)　以上にみる被用者の個別的、集団的な労働関係規制の法の時代的生成は、今日の憲法体制のもとでの職業選択の自由と就業の自由、職場における人間の労働安全、健康環境法令を、公的機関を通じての雇用安定による職業保障と生活保障にかかわり、公的な職業情報、職業紹介、労働紹介、職業訓練、加えて雇用保障にみる生活保障〈失業保障〉を内包する法的規制がおくればせながらみられることになる。

天賦人権である自由、平等保障の概念は、今日の現代資本主義下のジェンダー社会にみる男女平等、男女共生にかかわり、女性の健康保全、賃金保全、労働保全、女性ならびに子供とその育児の雇用差別禁止と雇用促進はじめ障害者、高齢者、移民などのマイノリティ就業保護の法規制とあわせて、ＩＬＯ、ＥＵでは、二〇世紀末から二一世紀への国際的な社会的保護政策に広く展開されてきている。(7)しかし、現実は、ジェンダー格差を生み出していることは否定しえない。

(3)　国際的な経済グローバリゼーションと国際的な社会法の動向

社会法概念と労働者の基本的人権擁護の思想とその包含性は、今日ＩＬＯや、ＥＥＣ→拡大ＥＣ→拡大ＥＵの展開・発展をはじめ、とりわけ資本主義社会の労使関係の変革を生み、ことにＥＵの発展にみる「経済開発」と「社会開発」の両輪、両軸バランスの社会政策発想は、その加盟国における社会法思想の拡大化を生み出すことになったのはいうまでもない。

なお、一九九〇年代の東ヨーロッパ共産圏、ソヴィエト連邦の崩壊は、アメリカ発の自由経済万能、競争主義と市場優先の論理が、国家間の対立抗争を抑止し、一方資本主義国家の資本主義政策のもとで、新たな経済グローバリゼーション拡大の下で、経済競争を生み、アメリカ化のグローバリゼーション化の二一世紀にみる謳歌は、一方、失した共産主義謳歌、国家と宗教とのフリクションのもとでのイスラム教謳歌の二一世紀の一現象を生ぜしめているることは注目に値するのである。しかし今日のアメリカの住宅金融企業の倒産によるアメリカの財政金融破たんは国際的な世界同時不況を発生させ、アメリカの経済力の弱さと対応は世界に動揺を生み出しているのである。

わが国の場合一九六〇年代の高度経済成長政策の成熟化と福祉国家の創出は、一九七〇年代のオイルショックによる世界経済停滞と福祉国家のゆらぎをみせ、一九九〇年以降世界で一極化した日本経済力の日本のバブル化とその崩壊は、二一世紀、世界諸国にみる経済グローバリゼーションによる資本主義優位の自由経済競争とその活性化と公的規制緩和、民間活力の利用、加えて自立自助、北欧型福祉国家依存回避、公的支出優先福祉国家原則の放棄促進強調をみることになったのである。

このアメリカのグローバリゼーション化のアメリカの動向は、その市場経済万能に支えられ、一方双児の金融財政に起因するその経済不安化と公的規制の緩和は、二〇世紀末から二一世紀を迎える各国にもそのインパクトを促進し、アメリカ発のインパクトをうけた東南、北東アジアはじめ中近東、アフリカ、中南米貧困国、日本は、国際的経済下の資本主義、とりわけ新興国における自由経済下の所得不平等とその不安定とあわせて、グローバル経済下の現代資本主義の無制約な、あくなき致富衝動、倫理喪失のむき出しの致富優先の資本主義批判を宗教問題と統合して噴出せしめている。

ことにわが国の後述の社会法形骸化と公的規制解体化は、小泉内閣による日本主義構造改革政策の実現と相まって所得の偏在、所得不平等化、必然的な社会的弱者層の雇用にみる顕在化と生活不安定化を生み、小泉政権末期の富裕層優遇税制→税の寡少化の金融財政経済政策による企業保護の顕在化など、一面資本主義再生のソフトな謳歌をみせても、今日二一世紀初頭の失政として批判され、後継安倍内閣に内閣を承継し、一方安倍内閣の突然の退陣による政策不在と、無責任政治の後継自民党福田、麻生政権に委ねられることになる。ただ、社会法概念が、危機的状況によって、その内容の変質化を生み出されることになるおそれはなお否定しえないのである。

（1）風早八十二『日本社会政策史』（日本評論社、昭一二（一九三七））第1表参照。
（2）風早八十二『日本社会政策史』前掲書所収、第2表参照。
（3）風早八十二『日本社会政策史』前掲書所収、第4表参照。
（4）橋本文雄、前掲『社会法と市民法』（岩波書店、昭三二（一九五七））所収「労働行為の特集」五一五頁以下参照。
（5）橋本文雄、前掲書所収「個人法より社会法へ」（ラードブルフ論文）四〇二頁以下参照。
（6）風早八十二、前掲書参照。
（7）ＩＬＯやＥＵ（拡大）に強くみられる。拙著『ＥＵの社会政策の展開』（法律文化社、二〇〇六）、および前掲拙稿論文（二〇〇八）参照。

三　日本労使関係構造改革と社会法の法的規制緩和化をめぐって

(1)　日本労使関係構造改革とアメリカ国際化、開放化への対応

すでに日本経済のバブル崩壊と、政府の膨大な公的支出政策の散布の効果は、前述の小泉内閣の財政金融政策や日本銀行のデフレ抑制→超金融緩和政策は〈量的緩和政策〉などにみられているが、デフレ抑制政策の一応の終焉を、低金利維持、などと日銀の政策で対応し、政府の主導でなかったことはいうまでもない。

しかし、この種の小泉内閣主導の政策は、二〇〇六年九月小泉内閣の退陣とあわせて、内閣の一翼を担ってきた竹中平蔵金融政策とともに日本経済の再生、産業、企業の再生を国際的経済競争に耐え、大、中小企業の合理化、とりわけ日本的年功序列的労使関係の国際性への非対応、さらに企業の体質の非対応に着目し、過酷な競争経済への対応としての労働力構造にいびつさを生み出した政策は何であろうと、所得格差、職業不安定格差の創出、失業は自由経済の一現象として、企業ソフト体質の改革を膨大な資金散布のみならず、新しい資本主義の競争原理や企業自由が内閣の一翼を担ってきた追随した竹中金融政策依存ともいわざるをえなくなっていることはいうまでもない。以下でみるように、企業活動にかかわる三商事法、商取引法、経営自由化と、企業優遇税制措置化などソフト

対応の促進領域に起点が注がれたことはいうまでもない。

今日公・私の領域を通じて高齢化社会と団塊世代の企業退職と労働力不足化、女性労働の社会的進出と雇用構造の変化などを生み出している日本的労使関係では、企業の過剰雇用の各種の調整が行われてきたが、従来アメリカ発の生産性重視、被用者の能力、能率重視とその解雇権が行使され、一応解雇などのアメリカ型調整が行われてきた。今日の日本労使関係ではこの種の模倣管理政策により、年功序列的労使関係を支えてきた労働力政策に対して調整方法がとられ、今日、年功序列下にある高賃金、定年年齢の高い技能のある長期雇用の団塊世代の被用者を解雇し、目下その代替労働力として部分的労働者が補充によって対応されている。が、この団塊世代の再雇用とその補充とその就業構造がいかに進行するか注目に値するのである。すでに、一〇〇年を迎えるにあたりシルバー人材センターの活用、活性化と変化する時代に対応する政策が、導入をみつつある。

前述の一九八五年〈労働者派遣法〉制度の導入は、日本的な雇用慣行の変革にあわせて多くの問題が指摘され、今次のバブル経済崩壊と経済再生と企業再生に関して、試みられた〈規制緩和〉の一環として、企業労使関係の変革として行われたものであるが、多様な人の雇用は虚像雇用として、その廃止とともに一九九五年派遣労働者改正法が行われているとみてもよい。

また、労働基準法の企業活動の自由の抑制化に対し、労働契約を中心に強力な雇用者へ権限を発動できるように、会議で対応できるよう、解雇制限禁止の法理を骨抜きできるよう労働契約の法規制を中心に改正を見せていることは、前述の雇用の自由の延長と関連しており、これが人間労働の否認を生み出しているといってよい(1)。

さて、企業の合併促進にかかわり後述の企業分割・合併に対する商事法改正や施行整備法、企業合併・承継にかかわる企業の被用者の地位に変動を及ぼす〈労働契約承継法〉などは、大なり、小なり企業内の労働組合やその被用者の地位に影響をもつ法制だけに、企業組織変動とかかわる社会法領域の〈労働法〉改革に後述のインパクトをもつ[2]。加えて労使関係の構造変革にかかる社会法領域の労働法改革―規制緩和―を取り上げ、とりわけ被用者の社会的地位に大きな変化を与えた雇用労働関係規制にかかわる〈派遣労働法〉の現状とその展望にふれることにしたい。

(2)　被用者の雇用関係法の改正動向

資本主義社会では、不況下の産業社会では欧米・日本とも前記のように雇用創出が提起され、これは年功序列社会での日本的労使関係では、企業の解雇関係法の変動とあわせて、雇用契約労働の変化を伴う、派遣労働やパート労働にみる契約労働の在り方の変化が見られている。

(i)　因みに日本では会社分割法（商法の一部改正法）（平一二年、法九〇）および商法一部改正法施行に伴う関係法整備法（平一二、法九一五）が平成一二年に制定をみた。これらの法は、企業の国際的競争の激化により、バブル経済で崩壊した金融機関をはじめ、企業がその効率化を示し、企業統括の実効性確保と組織再編の可能性を目的とするものであった。

改正法は、会社設立（企業分割）と承継会社の吸収分割を容認する。この商法改正により、労使関係分野に影響を及ぼすのは、企業分割、企業承継吸収などによる雇用労働者の労働の位置とその承継をめぐって、法的紛争が生じていることをみるとき大方理解できるところである。この改正とともに、労働契約承継法制度をもって企業分割に伴う労働者保権を図ったのもその一理である。

(ii)　前掲会社分割法制と「会社の分割に伴う労働契約の承継に関わる法律」（平成一二、法一〇三号）この法は、企業のリストラ、再編過程で行われる分社化などによる会社組織変更の際の、労働契約や労働協約の承継をめぐる法的関係について法的改正を試みたものである[3]。この法の施行に伴って、労働省自身は、「会社分割に伴う労働契約承継法」に関する「施行規則」と「指針」（平一二・一二）を発し、関係労働組合、労働者への通知内容、承継される営業に「主として従事する者」の範囲について、労働者の理解と協力を求めた施行規則および、「分割会社、設立会社等が講ずべき当該分割会社が締結している労働契約、労働協約の承継に関する措置の適切な実施を図るための指針」（告示）を公布する。

(iii)　一九八五年労働者派遣法制定（法八八号）から一九九九（平成一一）年労働者派遣法改正へ（法一五一、法一六〇号）

労働市場の公的職業紹介体制とあわせて、民間職業紹介体制への政策がとられたのは、一九八五年の民間活力利用とかかわる労働者派遣事業促進であった。この労働者派遣事業は、労働市場における自由な労働契約の締結促進はともかく、産業社会や企業社会の労働構造の変貌、とりわけ年功序列労使関係の変化に伴う、新しい雇用形態の導入への対応と、公的規制から弾力的雇用形態への促進として、その営利ビジネスの業としての運営を拡大してきた。しかし業としての民間営業労働派遣事業、受け入れ企業との個別労働契約、とりわけ労働者保護の脆弱性は多くの問題を提起してきた。ことにこの法は、企業経営労務管理政策のための法といってよく、労働組合組織の安定化とともに、雇用、労働者権の崩壊をもたらしたといってよい(4)。

経済拡充期の状況と前記の一九八五年法改正は、雇用創出と業における労働力流動化促進に及ぶもので、この法はバブル崩壊と産業再生の一環として、官による雇用規制の解除、終身長期雇用と年功的処遇、一方企業別労働組合を軸とする日本的雇用慣行の解体化、多様な雇用形態の法活用、企業の正規社員雇用の非正規雇用転換へのまさに実現を担うものであった。このような法、雇用を偽る労働者派遣事業の具体的形態は（朝日新聞九／三〇記事）、大手企業優位の製造業請負大手企業の「コーポレート」（大阪）にみられるように「偽装請負」、企業の人材派遣などの違法派遣により、企業自由、労働契約自由化により、労働派遣の法形態が骨抜きになっていることをみるとき、まさに社会法の脱法化がみられていることに注目したい。

ことにこの雇用規制緩和として、法は、対象業務の原則自由化、派遣元、派遣先への規制の見直し、労働者保護措置の導入を定めたが、この政策効果は、企業の解雇自由化へのアメリカ的雇用慣行への移行促進効果を招来したとみてよい。

ここでは労使関係をめぐる社会的規制の緩和として、社会法の労働法分野にみられた法の改正を中心に指摘したにとどまる。何れにしても、バブル企業のアウトソーシングはじめ企業合理化のリストラ政策は、いわゆる労働組合にとって経験のない「痛み」の出現にみる雇用労働関係の変動をもたらした企業の、年功序列的労使関係を改変し、経験なき人事管理とその人員整理、解雇、保護。雇用保障の脆弱化をもたらした商法による企業改革、さらに労働者派遣法による雇用企業によらざる改革が強行されたことは、今後の労使関係に大きな変動をもたらしたことになる。その新たな対応を求めざるをえないことはいうまでもなく、積極的な社会的規制から消極的な労働者保護規制への変化は、まさに時代の祖とみられよう。この国際的競争に対応を示してきた日本的労使関係は、労働者保護原理を消失せしめてその対応を求めているといってよい。

（1）　改正労働者派遣法（総括）（鎌田耕一、脇田滋「改正労働者派遣法の意義と法見直しに向けた検討課題」、安西愈「改正労働者派遣法の実務上の問題と使途」日本労働法学会会報九六号から所収、脇田滋前掲論文、七四頁参照。

（2）　荒木尚志「合併、営業譲渡、会社分割と労働関係─労働契約承継法成立と内容」、岩出誠「会社分割による労働契約承継法の実務①～⑥」労働判例七九二～八〇二号所収（二〇〇一・一・一五～二〇〇一・六・一五参照。橋本文雄「社会法と市民法」所収「個人法より社会法へ」（岩波書店、昭三二（一九五七））にみる。なおラードブルフの所論について参照。

（3）　前掲（2）参照。

（4）　朝日新聞、平成一八・九・三〇所収参照。

四　社会法の社会保障制度構造の変革と社会法の法分離現象化の特色

(1)　二一世紀の社会法（社会保障法、労働法など）の分離現象とその意味

第二次大戦後の日本資本主義の再編の推移のなかで、いま、日本国憲法が揺らいでいるといえ憲法二五条や二八条の労働基本三権保障の実現にかかわる労働法体系は整備をみてきたといってよい。日本の社会法の中軸は、労働法にあるといっても、日本の労働法の理念は、生存権保障の憲法二五条をベースに憲法二八条、二七条にあることはいうまでもないが、日本資本主義の再生と成熟にみる産業、企業の再生基底には、憲法二九条の財政権自由、企業自由にベースをおく。既に指摘してきた日本経済、国際経済動向とかかわって社会法の変化を生み出していることは否定できない。資本の自由な活動を展開している市民法体系構造改革政府にみる関係法の拡大、一方被用者と親族、家族、また社会的階層の弱者たる障害者や、高齢者や、子供、女性層の社会的保護の弱化を生み出している社会法の現況を見るとき十分理解できるところである。

さて、二一世紀に入って、高齢社会の急激な到来、加えて女性の社会的進出に関連する少産少死社会と子供の寡少化到来、身体的障害者の増大社会の到来、ジェンダー社会の女性の人権擁護と、男女共生社会の内実化の希求を伴う社会法のなかの労働関係法、社会保障法制の整備と公的支出増大化への対応の内実化は未だしといえども求められてきた。しかし、一方バブル経済の崩壊とその再生にみる資本優位政策は、公的支出の抑制と、政府の行財政の合理化および〈小さな政府〉政策の強化は、すでにみたように、資本主義にみる活性化と企業の自由活動、民営化企業の拡充と雇用拡大の強調を中心に、個人の自立自助、公的福祉への依存縮小化、公企業の民営化促進を提起する。さらに公的行財政の縮小化のため、少子化後代負担の縮小のために〈負担〉の縮小と給付の縮減とのバランス強化を提起し、二一世紀に向かっての社会資本の未整備を黙認し、公的行財政責任の縮小と責任回避の地域住民

福祉への転化により、社会法傘下の各種の社会保障法、社会福祉法、快適生活基盤整備をめぐる法などの行財政合理化が目立っている。

筆者は、自立自助実践のための公の基盤整備や、日本の各地域に存在する地域格差の目立つ地域でのソフト・ハードの地域福祉施策を軽視するものではない。しかし、バブル経済崩壊のベースにある政・官・民の癒着によった土地投機、住宅投機などの投機国家責任は、また民間私企業の利益万能責任は膨大な国民の公的支援投下による救済に終始してきた政府の金融財政政策に依存してきた。しかし、この結果、発生した金融機関などの不良債権の処理と政府公的資金の企業内蓄積、企業の対応にみる膨大な雇用不安を〈痛み〉としての「民」への転嫁の加速は、企業の公的債務の弁済を促進する一方、低利の公的年金と給付さらに企業退職にみる企業年金、退職金減額または放棄をもたらしたことも無視できないのである。このような対応としての〈セフティー・ネット〉対策は、社会保障制度や社会福祉制度政策として、何が対応しえたのであろうか注目に値するのである。

今日、この痛みは〈給付〉と〈負担〉にかかわり、国民への――大方低所得の――公租負担強化、各種社会保障制度の保険料負担強化、一部負担の受益者負担の強化はじめ社会福祉施設の利用料負担の引上げなどに関連し、また各種の公共料金の引き上げに結びついていったのである。これらは、二一世紀の快適な生活基盤整備に向けられたのであろうか。

(2)　バブル経済崩壊と日本の社会保障制度と日本的労使関係制度との分離現象化

従来の日本の不況下の政策対応は、事の当否はともかく、すでにのべてきた日本的労使関係による年功序列的な企業内労使関係をベースにその対応を講じてきた。しかし、この日本的労使関係の解体化が促進され、競争のため企業の生産体制や、労働力構成や、企業内の総合的生産能力に起因するのであろうか。日本の年功序列制度の一掃は、年功序列賃金とその総量、国際的競争力との差異はともかく、アメリカ発の能率、生産性向上の基底によるインパクトであったとみられよう。企業内労使関係のメリットである従業員の企業定着力と企業内人間関係はいうまでもなく、企業の将来の展望力が失われたのは、企業内の人材の職場配置などによるのであろう。競争力強化による企業の存在性は、被用者に反映してゆくのであろう。

一般的には、日本的労使関係を支配してきたわが国の労働人口・産業構造、社会生活構造とその変化でもたらされた日本的社会保障構造は、日本的人間労働力の労務管理の所産といってよく、ことに日本企業の各種の福祉構造は、被用者にとってマイナーのものではないし、戦前の個別的、集団的な労働力調達構造とそれはかなり今日でも存在するとみられる。

(3)　企業内労働力構造の変化と社会保障制度機能

第二次大戦後の企業内労働組合の組織率は、産業社会の変貌と関係し、今日高度情報産業化に関連して、既存生産企業の業態とその合理化とかかわる雇用形態への対応とあわせて低下している。今日企業は、生産にウエイトをかけた営利の人材派遣や企業やその他と関係し、契約形態の質が落ちる削減のための請求実現に参与する正規の常用雇用と対応して、請負、委任、派遣労働、さらにパート、アルバイト、さらに無名契約などの労働内容と関係する形式的な労働契約形態とその内容自体も大きく変化し、民営化によって洗脳された公的職業安定機関、労働保護関係機関をこえ、営利民間企業による就業あっせん、就職情報誌や、各種の労働力調達相談も大きく寄与している。

この多様な契約労働は、女性の社会的進出と女性の就業ニーズの多様化への対応実態はいうまでもなく、高学歴若年層の進出と多様なニーズ充足意向や、少人数の高度情報化社会に対応するソフトのオフィスビジネスなどにより、常用雇用就業はともかく就職率は低下し、組織に占める企業内労働力構造にも大きく変化している(2)。

以上のような変貌は、企業内の常用勤労者雇用を中心に、前述の年功序列的労使関係と結びついてきた日本社会保障制度に変化を与えることになる。

とりわけ常用基幹職員の雇用が限定され、派遣労働やパート形態労働が中心となると、日本にみる勤労者と地域住民との二本建て日本社会保障制度は、その稼得力による峻別から社会保障制度の中軸である社会保険制度、ことに医療保険制度の皆保険化を一つとっても、勤労者対象の多様な健康保険法（民間利用者対象の健康保険法、各殊の特殊職員のための国家共済組合、各地方公務員共済組合、私立学校共済組合などの法）と、市町村の地域住民対象の〈国民健康保険法〉が存在する。この二つの対象保険は、保険料をはじめとして各種の給付の違いがあり、保険財政の違いがみられ、目下後述のように、健康保険法改正、国民健康保険法改正、さらに七五歳以上高齢者対象の高齢者保険法制定が検討され、参議院の自民・公明支配構造の変化に伴う民主党支持の議院運営が注目されている状況にある。

また、公的年金制度も、日本的な全国民一元的な公的年金（基礎年金ベース）給付が行われる〈国民年金法〉が存在し、六五歳以上の高齢者対象の〈老齢基礎年金〉、さらに身体障害者（障害一級、二級）基礎年金、さらに遺族に対する〈遺族基礎〉年金給付が制定をみている。これは、国民の誰に対しても、一応平等な二〇歳加入、二五年間の最低拠出最低給付による国民年金法が制定をみた。加えて、民間企業勤労者に対する「厚生年金保険法」、国家公務員対象の「国公共済組合法」、地方公務員対象の「地方公務員共済組合法」、私立学校職員に対する「私立学校職員共済法」などが制定をみている。これらの法は、一階建ての「国民年金法」、そして二階建ての民間企業雇用者に対する厚生年金保険法、各種の特殊職員に対する国公共済組合法、地方公務員共済組合法、さらに私立学校教職員共済組合法などが制定をみている。しかし、これらの三共済組合法は、二階建て部分として将来一元化されることが議論されているが、この三共済は支給開始年齢、給付額、財源の在り方などに違いがあり、受給開始年齢六〇歳はともかく、制度間に相違があり一元化にも時を必要とする。

以上の日本の医療保険制度、さらに公的年金制度は、適用対象者ごとに制度が分立しており、ことに民間被用者の大企業労働者と中小企業労働者との間の制度適用の差別が少なくなったといえ、なお社会的弱者層への社会保障制度への差別が存するのである。

しかし、今日はバブル経済崩壊により、大企業の保険料拠出への財政的限界による被用者のみならず、また中小零細企業被用者には一層の不利がある。

何れにしても、日本的産業構造と結合してきた社会保険制度を支えてきた社会保障制度は、これらの多様な格差の存在と不平等是正が問題となっていることは否定しえない。産業構造と不可分に結びついてきた社会保障制度に関する法は今日、統一化を求めてなお分離化をみつつある。加えて公的年金運営行政の国・地方の訴訟が行政機関の腐敗によって崩壊状態にある。

何れにしても、日本の社会保障法制度は、前述の医療保険制度や公的年金制度の一元化、一本化するかの問題はともかく、伝統的、企業内労使関係と一体化してきた勤労者対象の各種保険制度は戦前の労使関係と結合してきた。しかし、その労使関係における勤労者の企業内定者と労使関係の安定化維持に労働力定常化のための労務管理機能実現のための企業内福祉制度として結合してきたものが、いま企業財政の弱さから解体化され、民営化の方向を辿ってゆらいでいる。

そして、後述のように社会保障制度の中軸である社会保険制度は、その多様な官僚的、非効率的な公的財政の運営とその限界に当面して、法定福祉、非法定福祉分野で、企業支出額の多い医療保険、公的年金部門とで労使関係合理化により、政府支出部門での財政合理化により企業内労使関係との関係を断ち、整理合理化を企業の合理化によって分離してゆかざるをえなくなっている。そして民営化すると公営化するはともかく、公的年金の一元化合理化が問題となっているのである。

（1）拙稿「日本労使関係変革と社会法改革にみる現状と課題」（立正法学三五巻二号（平一四）三月号所収参照。

（2）前掲、第二章参照。

五　社会保障制度改革とその対象領域（1）

(1)　二一世紀に向かう社会保障法体系と社会法の現実とその課題―課題の対応の底辺にあるもの―

一九世紀末から二一世紀に向かう日本的労使関係は、世界的な再オイルショックと当面する国際経済変動に当面しつつ、歴代保守政権内閣とその承継による小泉内閣にもとづく財政金融行財政合理化改革による銀行改革、民間活力による民間産業、〈自動車、電機、機械などの〉製造業の再生と外需、内需の拡大による平成下の景気回復による春闘復活と賃金引き上げ、夏への賞与闘争への立ち上げを二〇〇六年代に許してきた。しかし財政金融改革も、国内外の景況に支えられ、日本銀行のデフレ終結と金融緩和政策への移行などを含む景気回復動向がみられてきている。しかしこの日本経済のバブル禍からの回復が、今後どのようなインパクトを招来するかは、アメリカ経済財政金融政策の破たんと、その景気の動向に関連して〈金づまり〉〈消費需要減退〉の喚起、さらに第二の建築ブームやハコモノ福祉の再来をもたらすかは、今後の課題であろう。また、若年層の新卒者の雇用拡大と今日的な新規高卒者の雇用不安定は、格差是正に結合しうるかはこれまた大きな課題となろう。

しかし、資本主義の活性化と関わりあう団塊世代の退職到来とこれらの層の再就職と、〈物つくり〉の担い手であるこれらの層の雇用と社会的活動いかんは、変貌しつつある日本資本主義のシナリオ通りの再生と、二一世紀の一〇～二〇年後の超高齢化社会、少産少死社会、多様な身体障害者の抬頭と生活要求、加えてこれらとかかわる女性の社会的進出とその対応、喧伝されてきたセフティ・ネットの対応、整備とかかる公的財政支出を伴う雇用対応の動向にどのような社会的活動に参与しているかなどとかかわりあっている。しかしこの不安定な生活変動への対応としての、公的なセフティ・ネットと行財政の財政対応とその内容、それを法制度的に支えている社会法体制は、今日極めて不安定といわざるをえないのである。

いま改めて、公的財政支出と結合する社会法体系の社会保障法、社会福祉法、労働法、さらに経済法体系は、ミレニアムの体制に対してどのような状況にあるかを以下に指摘することにしたい。

筆者の疑問は、経済的、財政的に不安を内包している拡大ＥＵの〈社会的保護政策〉(Social Protection Policies) が消費税政策に支えられて仏独のごとき国内経済の多様な問題をかかえて、ＥＵの両輪政策〈経済発展と社会発展〉を維持しつつ、成熟資本主義と新しいヨーロッパ化に向かう旧社会主義東欧諸国との経済発展とその社会改革とのバランス――社会的財政支出 (Social for National Expenditures による)[1]を軸に、ＥＵの理念である社会的平等とヨーロッパ市民の人権保障と、社会的疎外の排除の在り方と、消極的な理念なき――新しい拡大資本主義の古典的拡大化政策の模索に終始している姿をみるとき、日本の姿の違いと日本的対応にあることを否定しえないのである。そこで、これらの課題の現状と今政の展望を、労働法にあわせて今次の社会保障法の制度改革について考えてみたい。

(2)　二一世紀に耐える持続的な社会保障制度とは

日本の社会保障制度は、当然のことながら、小泉構造改革およびアメリカとの軍事的、経済的協力を承継する安倍内閣と福田後継内閣とその承継の麻生内閣による国民投票法制定（平一九）とその憲法改正の布石といわれる平和優先生存権とあわせて核軍備と軍隊保持（憲法九条）をはじめとし、ゆらいでいる憲法二五条Ⅰ・Ⅱ項（生存権の保障）はいうまでもなく、憲法一四条（平等保障）、さらに憲法一三条（快適生活権保障）などに即応し、その内実化の危機にある。

いうまでもなく、主要西欧諸国、とりわけ拡大化を求めるＥＵ加盟国の政治的経済状況や財政事情をはじめ、成熟化しているその生産状況と被用者の労働保護状況と労働保障加えて社会保障制度政策、その適用と公的財政支出と被用者の対象やその負担状況の相違があることはいうまでもない。ＩＬＯやＥＵ加盟国が、ＥＵ条約、規則、内規などの法規範はいうまでもなく、その一層の補充規範に服して、その平等性、近接性、調整性は実現を求めて努力していることも指摘できるのである。そこで、以下、日本にみる制度改革について再論することにする。[2]

(3)　公的年金制度改革

今日わが国における制度改革は、すでに指摘したように高齢社会の到来と歴史的な複雑な公的年金制度に加えて、公的年金行財政の指導監督下の前述の社会保険庁の不当、不適切な人権侵害のみならず刑・民事事件にかかわる公的年金行政の不正事件の持続で、将来を支えうるに足る信頼できる体制の実現が目ざされてはいるが、その行財政体制は未定である。

すでに公的年金制度改革の第一歩は、一九八五年国民年金法改正による、国民に対し平等適用の〈基礎年金〉制度の導入と、既存の被用者対象の各種の被用者公的年金制度との関係調整制度の導入にあるが未だしである。そして国民年金の〈基礎年金〉をベースに、その支給開始年齢六五歳と満二〇歳による加入とその最低支給開始受給資格を二五年間の設定などを統一化した。また各種の多様な各被用者に対する共済組合年金支給開始を六〇歳から六五歳へと統一化することなどを試みてきた。しかし、二つの制度の財源対応は、猫の眼が変わるようなたえざる改正により、議会での決定や、公的負担割合の増加さえ未だしである。

しかし、橋本、森、小泉自民・公明連合政権内閣の後継である安倍内閣、福田内閣さらに麻生内閣において、新公的年金改革が、国民年金の〈基礎年金〉財政の財政安定化に対し、公費負担三分の一を、二分の一とする二〇〇四年政府案のおくればせの改革の実現にあわせ、賛否両論の財源対応としての消費税財源の在り方にかかわっているが、これも今日なお実現をみていない。一方、高齢化社会における公的年金受給者の増加と、その財源対応として、被保険者の保険料受給者負担の漸増化に対し、いま、全額公費負担論やその前述の消費税財源充当論に加えて、女性勤務者の公的年金加入促進、若年後代層負担増大化回避に対し、公的年金民間化論が台頭している状況にある。

すでにみた公的年金のナショナル・ミニマム部分〈基礎年金〉〈一階部分〉はともかく、その付加部分である既存の公民被用者の各種の〈部分〉は、報酬比例部分として各種制度の政府運営に対し、民営化論が提起され、とりわけ民間の被用者に適用される〈厚生年金保険〉の運営が論議されている。

ことに〈厚生年金保険〉の法定給付部分（未組織の中小零細企業被用者対象部分）はともかく、企業上積みの性格を有する〈企業年金基金〉制度は、往時の一時退職金の分割支払いを担ってきたが、今日この厚生年金法の〈厚生年金基金制度〉の企業負担部分が、日本企業の倒産、企業リストラによる企業不安による制度からの脱退、解散によって脅かされ、今日その権利者への支払いさえ滞っている。加えて日本の公的年金制度の一部を担ってきた税制適格年金、また自社積立年金制度も揺らいでいる。その支払不能は、企業の被用者への未払賃金の確定債務として残り、未払賃金支払確定債務としての対象化として賃金支払確保法の対象化している現状にある。このような退職金の分別として制度化された一九六五年公的年金法改正法が制定をみ、今日アメリカ型401K年金給付の模倣により〈確定年金給付型〉や〈確定拠出型〉年金制度を制定し、企業年金基本法制定がみているも、企業のなかに、また被用者のなかにどれほど定着しているのであろうか。

上記のように、日本の公的年金法の基本年金法である基礎年金法〈国民年金法〉は別として、その上積みの上記の被用者の部分年金法〈標準報酬部門給付〉は、前述の〈確定給付型年金法〉と〈確定拠出型年金法〉とが制定をみているが退職債権の労働者の雇用いかなる放棄などとみるときその実効性は将来の安定、信頼できる制度の確立であるが、すでに日本の社会保障によって支えられる公的年金の崩壊によって将来の財源問題に当面しているのである。

日本的労使関係制度の崩壊とかかわる労働力流動化制度の導入をみている日本においては、今後自立自助、自由契約型公的年金補足制度をベースに、公的年金保障は、基礎年金制度とその老後上積みが、自己貯蓄、資産保有とその運営（民間年金保険制度や、公的確定型、拠出型の契約年金による）に委ねられてゆくのであろうか。所得と資産保有による不平等社会のアメリカ型社会のモデルが予想される今日、アメリカにみる被用者払い企業年金保護ともいわれる〈ＥＲＩＳＡ＝被用者退職所得法〉ベースの老後直接保障法の整備を、被用者の退職給付権保障の制度が行うべきことが必要であり、アメリカ型労働社会をモデルにしている労使関係の在り方に即した日本的制度形成を、日本労働組合運動も研究しておくべきであろう。

アメリカにおいては社会保障法の不備に対応して、労働組合運動が Fringe Benefits〈附加給付〉[3]として附加賃金労働問題の案件改善のために、公的年金問題や保健医療問題などについて附加給付問題を団体交渉対象としてきたのである。

日本は、労使問題が、企業内福祉問題として、また社会保障問題（医療、年金、退職金問題）などが従来日本的社会保障問題として処理されてきた。

しかし、バブル崩壊と労働組合運動が萎縮し、政府、企業がプードル化し、拡大ＥＵ加盟国の労働組合運動とは異なった活動しか果せなかった現状は現代的な日本的現象であったといってよい。拡大ＥＵの労働組合運動は、ＥＵ行政機関と協力しつつ、一方その労働運動を通してＥＵへの要求を提起しているのである。

なお、企業経営健全化の指標として、企業経営、資産の実態が、退職金、退職年金などの退職をめぐる過去退職給付の積立を欠く企業経済の不安定化の折、一方国際経済との関係でも債務問題について、年金の財政積立安定とその維持の確保について、国際経営基準として公開義務づけが要請される時代となっており、日本的労使関係問題をして、このような被用者、家族問題を矮小化してはならないと考えるのである。

労働力流動化、促進にかかわり、日本企業労使関係の人間的労働の尊重を目ざす行動が合理化として放棄するようなリストラの一環として、被用者の権利を放棄し確定給付型から確定拠出型企業年金への導入化とその改革こそ大切であり、前記のアメリカ型４０１（Ｋ）導入はともかく、アメリカ式に良質の労働力を高く買い入れ、短期契約で企業に就労させること、ワークシェア方式などに加えて、定年から年齢差別の産業体制改革をベースにした、改めての日本型安定年金制度を形成することは至難なのであろうか？

（１）拙著『ＥＵの社会政策の展開』（法律文化社、二〇〇六）参照。
（２）拙著「ＩＬＯ、ＥＵ、ＯＥＣＤの社会的保護政策とその国際的な経済規制」日本財政法学会編『財政法講座（Ⅰ）』所収、（日本評論社、二〇〇六）参照。
（３）拙著『社会保障「上積み」と企業内福祉』（ダイヤモンド社、昭五一（一九七七））参照。

六　社会保障制度改革とその対象領域（２）

(1)　医療保険制度改革を対象

日本の医療保険制度は、大正時代に法定規模以上の勤労者を対象に、業務上、業務外の疾病、負傷、死亡などを給付事由として発足し、そして当時大企業内に存在していた「企業内福祉」の事業内容を中心に保健施設（病院などの）を「健康保険組合」として組みいれて、その従業員対象の組織として発展してきた。その結果、今日中小企業の被用者対象の「政府管掌」と、特定法定企業あるいは業種の被用者対象の「健康保険組合管掌」とが、法認されて運営されてきた(1)。

ただ今日大企業などの業種対象の「健康保険組合」は、バブル経済崩壊による企業の財政苦境や産業不振により、その活動を縮小化したり、廃止することによって健康保険組合組織から撤退していったのは、日本企業の労使関係組織として、公的保健医療組織の限界を示したといってよい。とりわけ企業内の被用者の福利厚生施設として、従来健康保険制度の特定付加給付組合としての存在は、年功序列労使関係制度として、企業内労使関係の安定化と企業内被用者への求心的労働力定着化促進に寄与してきた日本的特徴といってよい[2]。しかし、バブル経済崩壊の企業への、とりわけ、否健康保険組合へのインパクトは大きなものがあり、前述のようにその解散、そして「政官健保」への移行は注目に値する。ことに、「健康保険組合」の高齢者保健医療制度に対する財政調整による負担の増加は、健康保険組合連合会による過度の負担として負担支払い拒否もみられていたことである。以上のように年功序列労使関係下において、高齢者の企業内でのかかえは、健康保険組合制度を揺るがしていたといってよい。

バブル経済崩壊とその企業内リストラは、今日閉鎖的な年功序列的な労使関係を旧態的な制度として変革をみ、一方、長い間公的な健康保険制度として企業内福祉制度とも即応して制度を支えてきた健康保険制度を、今日大企業と中小企業との社会保障制度下の福祉格差、企業間格差現象をここに清算するモメントとしたことは今後いかなる推移を辿るのか注目に値する。

加えて今日、前述したように、日本にみる被用者対象保険と、一般地域住民（農、山林、漁村、中小零細企業、商工の被用者）対象などの二本立医療保険制度の在り方が問われてきた。この改革の方向は前述の二本立て制度依存の在り方、加えて薬価問題をはじめとして、医療供給組織の在り方と「医療費報酬制度」の在り方、さらに加えて医療保険利用者、消費者、医療保険受給サービスの権利の在り方などがその内在的な基本問題となっている。

すでに論議されてきたように、日本の医療費増加論は、高齢社会、少子社会の到来身障者保健医療費への対応などにあわせて高齢者医療費の増大とその抑制は、高齢者の社会的入院による保健医療費抑制にかかわり、十分な地域在宅処遇体制が整わないまま、「介護保険法」制度に委ね、その効果は若干具体化をみていることは事実である。そこで、現状をみてみよう[3]。

(2)　高齢者医療制度の動向

高齢者医療保険給付の増大は、介護保険法制度の創設により、若干の減少をみても大幅の減少をみることはなく、なお今日、高齢者対象保険医療制度を創設し特化制度化することが構想されることになった。二〇〇六（平成一八）年改正に加えて、平成二〇年度には七五歳以上高齢者対象の保険制度の実施により、一九七〇年代に発足した高齢者関係医療保健給付を対象とする高齢者関係保健制度の急激な改革は、二一世紀初頭にその一つの到達点に達したといってよいのである。

その第一は、一九七二年老人福祉法の改正であった。(4)この法は、老人の国民健康保険法の医療費自己負担三割について、東京都はじめ各地でおこりつつあるこの三割負担を無料化する運動に対し、老人の健康保険医療費三割を廃止し、無料化することを目ざした画期的な法であった。しかしこの法の改正は、高齢者の医療利用を促進し、医療費の増大を提起することになり、医療費の公費負担増大を招来し、法の改正から、受給者負担を促進することになった。

第二は、老人福祉法の改正により「高齢者保健医療費三割自己負担」に代わって、一九八一年「老人保健法」の制定をみる。この法は、高齢者自己負担による契約老人保健施設の設置を行い、七〇歳以上高齢者を給付対象とし、入・通院高齢者の給付を九割とし、一割定額→定率負担と設定され、治療、リハビリテーション、さらに入院医療を公費負担とする老人保健法の財源は、健康保険法加入者（企業、被用者）・国保被保険者負担などとともに、国庫負担とした。(5)

この老人保健法は、前記の高齢者入居施設として、介護ベースの「老人保健施設」を創設し、これは高齢者と民間施設との契約による負担と給付によって運営され、また訪問看護制度を導入して今日にいたっている。

第三は、前二者はともかく、老人保健法による高齢者保健医療給付費は、増大し、一方企業、その被用者負担も増大し、公費負担強化の声が強まり、この医療費増大に対し、医療保険ならびに老人保健法の負担の軽減を図るべく健康保険法改正、また入院医療介護から、在宅介護福祉の制度化のため、医療抑制、一方介護保険の創設による医療保険費の代替によりたえざる保険料の値上げをみる。

(3)　日本の医療保健制度改革の方向——国民健康保険制度の市町村運営から都道府県広域運営をめぐる問題

日本の医療保険制度改革は、全国の地域保健医療制度を担っている、各市町村運営の「国民健康保険制度」、被用者保険と国民健康保険制度との給付率の不平等＝格差を是正すべく、保険の本人七割給付、外来薬剤の一部負担や、老人保健の一部負担の引き上げなどを試みてきた。

小泉内閣の〈三身一体政策にみる〉国と自治体との財政改革方式はともかく、各市町村にみる若年世代の移動と高齢世代の増加、農村人口における高齢者の増大と関係ある若年世代にみる少産少死社会化は、農村地域の保健医療費の増大に対し、法定定額保険料の引き上げに加え、介護保険制度にみる特別養護老人ホーム、療養型病院群による在宅介護サービスならびに在宅介護サービス費の増大は各市町村運営の限界を示していた。また、都市、農村を問わず高齢者の〈在宅〉から〈長期の施設入居化〉に加えて、高齢者の〈高齢遅滞化〉への動向は、きびしい高齢化社会に加えて、日本の〈超高齢化〉の問題を示し始めている。高齢化問題は、介護保険法制定にあわせてまさに、その高齢者への対応除きて保健医療問題対象の要医療高齢者の保健医療サービス費とあわせて、リハビリテーション、社会的活動充足のための保健サービスとそのためのパラメディカル・スタッフの充実整備と新しいサービスの教育実践とコスト問題——のみならず、地域における保健福祉サービスにみる包括的、総合的な地域福祉サービス問題——多面的、多様なニーズをもつ高齢者への総合的な社会的流動にかかわる従事者福祉教育問題とニーズに即応する在宅、入居施設整備と、人権保障に福祉従事者教育と量、質的対応として臨床心理—関連整備の急務さを示した。

従事者補助、教育問題—などが国際的に、地域的に、差別のない対応が望まれている。しかし、以上の対応問題は、今日なお絵空ごとなのである。

以上に加えて日本における政策的対応は、医療保健問題を一つとっても、どのような制度で、行財政問運営を試みるべきかの制度政策問題に加えて、そのベースにある各地域にある人的スタッフ格差をもち、医療従事者の不足問題とその質的問題、適切な保健医療資格訓練とコスト問題、さらに、その保健医療事務従事者（パラメディカル・スタッフ）の人権問題として、その地域的、国際的医療需給体制問題と、その利用者の人権保障情報入手と利用者、受益者の医療需給情報権（行財政体制および、人間として社会的に再生実現のための国際化と地域化の共同協力体制整備）問題が存在しているのである。(6)

（1）佐藤進『健康保険組合論』（社会保険新報社、昭四一（一九六六））参照。
（2）前掲、佐藤進著参照。
（3）佐藤進『福祉と保健・医療の連携の法政策』（信山社、一九九四）所収Ⅱ、Ⅲ参照。
（4）前述参照。
（5）前述参照。
（6）佐藤進編著『国際化時代の福祉課題と展望』（一粒社、一九九二）所収『序―福祉の国際化とその課題』、佐藤進『国際化と国際労働・国際福祉の課題―法政策的側面から―』（勁草書房、一九九六）など参照。

七　社会保障制度改革とその対象領域（3）

(1)　労働関係保険制度（雇用保険、労働災害補償保険制度）をめぐって――雇用保険制度の現状と改正

現行雇用保険法制度は、第二次大戦後新憲法にもとづき、一九四七年わが国で初の失業保険法とともに労災補償保険法が制定をみる。その制定当初は、失業保険法は、戦争経済体制から平和経済体制への移行にあわせて膨大な復員軍人および戦争関連産業の膨大な失業層などの失業対策として保険救済および緊急失業対策としての公共事業による救済ともかかわって制定をみた。

しかしその後の改正をへて（日本の高度経済成長政策との失業雇用拡充による新旧の失業者による失業機会の増大などによる法改正など）により失業給付と雇用就業における被保険者期間とのリンクという形をとり、雇用機会の増大と雇用選択による流動化そのものよりも、終身雇用制度による一企業内勤続年数＝被保険者期間とする給付、給付日数制度を導入するが、これは年功序列的労使関係と照応する結果となったことは否めない。

とりわけ一九七三年失業保険法は、失業救済としてよりも、雇用拡大とを結んで失業給付とあわせ、一方、雇用促進的性格のサービスと給付を導入することにより、今日の失業給付事業と雇用促進的事業とをあわせる「雇用保険法」として維持されることになる。そしてこれは、日本の五五歳定年制→六〇歳定年制、そして前述の「六五歳現役社会論政策」などをベースに、六五歳公的年金支給開始、今日高齢社会定年制への歩みと調整することが示されることになる。

この間在職老齢年金制度、定年雇用者雇用継続化のための各種の給付制度の調整を導入する。この政策として一九九四（平成六）年公的年金制度改革は、一九九九（平成一一）年、公的年金給付と失業保険給付との併給禁止実施を財政的考慮から行った。

現在、バブル経済崩壊とその後の企業再生と経済力強化をめざす政策として、産業競争力対策と若年層を含め緊急雇用対策を、九九年小泉内閣雇用政策として展開した。

アメリカ型産業展開もその対策としての雇用拡大は、一九九〇年代にみられる情報関連産業や保健関連その他の新しい産業開拓と、機構改革によるスクラップ化とビルドの新しいうけ皿産業の展開を希求し、これは、日本の産業改革と雇用拡充と日本の経済再生とは異なっているのである。

(2)　日本の雇用状況と雇用保険雇用拡充とがどの程度結びついているかを考えるとき、日本のビルド政策は、新産業への雇用吸収自体、職種、年齢能力と関連して、労働力需給のミスマッチ現象を生み、このミスマッチの解消策を企業の年功序列的制度の改革として、前述の安上りの雇用労働の変革としての派遣労働やパートなどの不安定状態化促進の形としての雇用就職の促進を推進したのである。

今日、二〇〇七年問題とされる〈団魂世代〉の労働市場流入とその能力発揮につのる世代問題と、今日それが適切か否かは、若年世代などの〈ニート問題〉への同時対応とが問題となっている。また、一方若年・中高年層のホームレス問題が各地域で発生しており、ホームレス支援法創設により、雇用の場の確保、安定した住居の確保、医療保険の確保を通じて雇用失業問題への対応を試みているが、景気動向改善というのも、なお地域間ならびにその階層間の諸格差の解決はじめ地域間の格差是正にはいたっていないのである。

(3)　日本の労働災害の動向と労災補償保険——わが国における労災・職業病の動向

わが国の労災補償保険制度は、職務上の各種の傷害・死亡事故ならびに通勤途上事故、加えて〈職業〉起因疾患を保険事故としつつその給付を試みている、この給付は、民間企業被保険者のみならず、各種の公務員(国家、地方、その他の船員保険法)さらに不安定状勢による層にも異なった法制度により及んでいる。

労災補償保険制度は、職務上、労働災害補償の行政認定をへて、被害勤労者の法定給付ならびに他の家族構成などに対する各種の法定給付を加え、特別給付金という上積みの福祉事業給付により対応を試みている。これは政府管掌で、被保険者労働者の拠出によることはなく、使用者の保険料負担によっており、好況期の労働災害事業は相対的に多く、不況期には少なくなる傾向がある。しかし、労働災害職業性疾患起因により、各種の補償給付事故は、労災、各種職業病の展開により拡大している。

なお、労働者のみならず、中小企業主、一人親方、特定作業従事者にも労災補償の特別加入が認められている。

(4)　労災補償保険給付事業は、凡そ五〇〇〇万人ほどの適用をみており、各種補償給付金額は、景気と労災補償事故とは正比例しており、若干の減少、増大はみられるものの、療養給付費〈休業補償費〉がその二〇%余をしめ、年金給付補償費が五〇％余をしめ、労災補償給付費の主流を占めている。

労災補償給付は、特別会計制度によって財政法上の関係があることにより一応制度安定がなされている(1)。労災補償制度は、被災者の事故後の職場復帰として、リハビリテーションや、被災者の介護サービスなどへの対応が試みられている。

(5)　なお、現代社会の産業社会の変動も著しく、労災補償、職業病疾患の事案の、業務上外認定をめぐる行政審査事案に加え、裁判所における労災、職業病認定訴訟事件も多々増大しており、行政認定解釈例規の変更も多々時宜に即してみられている。

ことに注目すべきことは、日本の労働環境の急変にみるIT関係での労働時間の長さと、労働強度による〈過労死〉問題は跡をたたないし、また精神疾患などの職業性ストレス疾患などによる自殺死亡と多いことに対して、EUなどの西欧諸国に比して日本の労働問題の質的な管理問題を注目しておきたい。なお、旧来からの企業の生産関係から生じた企業公害、さらに各種産業にみるアスベスト禁止によるアスベスト職業疾患補償問題は、なお救済には至っていない。何れにしても、日本の産業にみる安全衛生法違反による危険・危害「安全・衛生」、「予防」の軽視の姿勢は変っていないのである。

（1）　拙著『財政法学と社会労働保険制度』（労災補償・雇用保険）の現状と課題』（日本財政法学会編「社会保険の財政法的検討」（財政法叢書21）（二〇〇五）参照。

八　日本労使関係にみるアメリカ化とFAND展開にみる会社法の変位化

日本労使関係のアメリカ化と企業にみるFANDの創出とそのインパクトをめぐって

(1)　企業ファンドの叢生とその労使関係へのインパクト

日本労使関係のアメリカ化の遂行と企業にみるＦＡＮＤ導入、一億円ファンドの多営の常態化で繰り返して競争化への対応に、アメリカ発の資本主義合理化は、日本企業の日本労使関係にみる年功序列型労務管理にみる競争の不適切に照し、その労働力管理を支えてきた年功序列型賃金制度や退職金制度、定年制度、職務職階制度の解体化と、企業の中高年労働力層の解雇、配転、職務転換などの人員リストラとあわせて、アメリカ的な能率給、能力給、仕事と結びつく労働評価を模索してきた。

政治の競争主義、生産力重視の生産体制による企業、産業再生への転換が、小泉内閣の産業、企業構造改革によって二一世紀に入って喧伝、模索され、一方〈二〇〇七年〉を迎えるリストラによる団塊世代の定年時の生産技能者の定年などによる高齢退職は、先の見えない年功序列的労使関係の解体化、アメリカ化は時代の変革といえ、日本は労使関係に大きな影響を与えることになった。ことに、〈資本、株主、企業経営体の営利、利益追求〉万能は、これまた企業のガバナビリティの無能と背理して、企業体質などの改革再生とは必ずしも結びつきえなかった。日本企業、産業は、成長産業と不振産業との格差を増大していった。このことは、産業、企業の勤労者の格差を生み、格差を生み出す労働力管理と企業経営により、これ対応して即応する社会法改正に終始せざるをえなくなった。

しかし、従来型の企業再生のリストラは、企業再生をもたらすことなく、一部の企業、産業の市場万能をもたらすことになった。

この間に、日本主義の再生政策は企業の合理化のために、デフレによる金融過剰により、企業の流動化資金調達に狂奔し、外資系企業による資本調達や、加えて、今日外資系企業による日本の不良資産事業の企業資産の買いあさりや、土地その他の買いあさりなどを容易にし、カタカナ外資系企業を増大せしめたり、また、ＦＡＮＤという名の〈金もうけ企業組織技術の擡頭〉や経営コンサルタントという虚名ＦＡＮＤを創出してゆく。

これらの諸現象は、従来の日本資本主義企業にはあまりみられないもので、とにかく企業合併、買収組織技術の抬頭などを内・外に生み出し、これらの現象は、日本の独占禁止の無能化にあわせ、現行法制下では独占、寡占企業を生み出すことになったといってよい。

(2)　〈ファンド〉という用語は、資本主義企業の営利合理化に参与する基金による投資化企業の意味に解すると、現行商法、企業法さらにその規制法は(2)の規制に関して登場していない。

筆者は、本論において、ファンド形式の企業の営利投資金目的とする資本調達とその収益をめざす企業自体を、現代資本主義において即時的に、非倫理的な企業として批判するものではない。しかし、ＦＡＮＤの抬頭自体を通じて、その目的が、非活動的企業の買収、合併、また投資や、経営人材派遣などを通じて、その企業の営利活動を目的とすることはともかく、一部の不振企業の不良体質改革を目ざすものが存在すること、また被用者、家族への生存の権利を脅かすリストラなどの現象を生み出していることは否定していない。

たとえば、企業の目的である営利活動はともかく、企業存立とその営利活動と抵触するとして、ＦＡＮＤの、企業トップへの人材派遣、経営改革などを通じて、後述のように、一部の企業にみるような、被用者解雇促進、被合併企業役員のリストラなどとあわせて、既有労働組合の解散要請による団結権否認、さらに労働組合との団体交渉拒否、無制限の賃上げ、企業経営改革拒否、さらにストライキ拒否とロックアウト通告、労働組合役員への辞雇、御用組合結成とそれとの団体交渉などの労務への不当労働行為の継続などもみられている。

これは一例であるが、参加協力組織のＦＡＮＤのスタッフによる労働法、社会保障法の社会法否認、憲法二五条生存権に加え、憲法二八条の労働基本権否認行為が、そのＦＡＮＤの行為である場合は企業の再建と直接的、間接的に関連あることはともかくとして、ＦＡＮＤが、企業と協力して労働組合否認をなすことは許されないといわねばならない。すでに、述べたように労働組合や被用者と関係ある労働基準法や、労働者派遣法などの改正や、労働組合法否認と関係ある企業の継続合併などと関係ある改正が行われている現実を無視できないのである。

(3)　ＦＡＮＤとの行為による労働組合組織への介入の一例をみて

(i)　ここで、一例として、二〇〇〇年代から経営問題に当面し、企業支援を求めた東急観光に対し、ＦＡＮＤ〈ＡＩＰ社〉が、東急観光労働組合との団体交渉拒否、組合への支配介入の不当労働行為として東急観光ＡＩＰによる〈使用者〉概念による団体交渉承諾問題を紹介しておきたい。

この事件は、東急観光の支配介入により、第二組合（社員会）を結成し、この会社工作により全国的に組合九二〇名が脱退する。その結果、第一組合である東急観光労組と、第二組合である社員会との間で、会社の差別的取り扱いが目立ち、東急観光労働組合は、東京都労委救済申立申請し、都労委は支配介入被疑行為をさける被会社側に勧告する。会社拒否。

(ii)　東急観光労組自体は、東京地方裁判所に賞与支払請求訴訟（後にとりさげ）、さらに、二〇〇五年四月組合に対する脱退工作に対し、東急企業に団結権侵害損害賠償請求訴訟を提訴し、会社は、〈指導職〉を没収し、指導職発令組合員は、会社の利益代表者として、団体交渉を求めうる地位にないとして、団体交渉を求める地位確認仮処分を東京地判に申立てた。

東京地方裁判所は、わが国における〈使用者〉概念をめぐる裁判例を検討、組合弁護側は、〈使用者〉概念を親会社・子会社間、純粋持株会社と傘下事業会社、投資ファンドと被買収企業間の関係について適用することは妥当か否かとして控訴に対し争う。

(iii)　この事件は、結果的に、地労委、裁判所をめぐって、ＦＡＮＤの性格を含めて争うことになり、これらの関係者の介入の成果もあり、（二〇〇四年〜二〇〇五年）にわたり東急観光企業と労働組合間との間で、多くの不当労働行為的事実があり、労組、企業の間での問題が、上述のように東京都地労委、東京地方裁判所への提訴となり、ＦＡＮＤのインパクトもかかわり、二〇〇六（平成一七）年和解に達することになる。

以上、東急観光事件をめぐるＦＡＮＤの役割をベースに、その紛争一事例を簡単に紹介したにとどまる。ただ、ＦＡＮＤの介入が、その現代資本主義企業の機能をこえて、憲法二五条Ⅰ、Ⅱ項（生存権保障）否認の動きを示したことについて、ＦＡＮＤの本質は、現代資本主義の一つの現れとして注視すべきこと、これらの活動は資本主義の根幹の再生として民法、商法、などの市民権の再編とかかわって、会社法の変質をもたらすものを内在化している点で指摘した。日本は、アメリカ発の資本主義の発展はともかく、日本社会における企業再生のみならず日本的労使関係の変質に注視して、二一世紀の日本資本主義の在り方と、会社法の新たな営みを求めたいと考えている。

むすび

(1)　日本経済再生にみる構造改革政策の展望と日本労使関係の課題

小泉内閣の経済財政構造政策は、すでにみたように小泉ブレーンによるその諮問委員会を通じて、日本の明日の情報関係産業の民営化、自由化、規制緩和抑制による官僚支配化抑制を中心に、政策、法行政を巧妙な支配機構動員手法によってその政策効果を上げつつあることは否定できない。とにかく、バブル経済崩壊を、膨大な公的資金支出によって、財政金融システムの崩壊を食いとめ、金融財政を通じてインフレ政策をデフレ政策へと移行させ、国内需要の過剰化を抑制し、一方持てる階層の安定化政策を、一方貧困層の切り捨て政策を策定してきた。初期バブル経済崩壊における「負の一〇年」を内包しつつ、富める層の「正の一〇年間」を維持してきたが、ＩＴ、情報化産業の特化とその国際化を維持して不安定状業層の積極的解消をすすめることを抑制していることは否定できない。とにかく、小泉内閣のトータルな金融財政政策ならびに産業政策の効果は、ブレーンと金融施策大臣の自由化政策に委ねつつきわめて不明確というべきである。今後その後継の安倍内閣の退陣と福田新内閣、麻生内閣による自民党のつぎはぎ景気政策は、修正を迫られ、今後の民主党の政策とその後の政治動向に委ねられていることに注目したい。

(2) 日本の産業政策の国際化としての政策の「正」と「負」をめぐって

すでにみたように、小泉内閣は衰退産業の変革と新型成長産業促進は、アメリカの金融財政政策に依存して、アメリカなみのIT産業、自動車産業に依拠しつつ、金融経済体制による金融選別政策の実施による自由経済計画による再生政策に委ね、企業への政府の援助に力を借りたその力関係、労使関係の条件改善を注視してきた。

しかし、日本的労使関係の変革のなかで生産性、競争促進、自力的協力による、アメリカ的な能力給、能率給、業績優先的性格の賃金、労務管理システムへの転換が、今後の長期雇用の中高年労働力の定年、企業目的によるリストラと女性労働力、ニートや新しいインターネットカフェホームレス層の、非典型的労働力化へ転換によるこのアメリカ的労務管理はどのようなインパクトを今日の転換のなかの日本的労使関係の当事者に与えるであろうか注目に値する。今日存在する国際的な生産基準、企業会計基準アメリカ的な市場論理万能、企業本位の労働力流動化促進、機会平等なき、また競争的な能力主義は会社管理への従属重税は、一体新しいヒューマンな競争主義を生み出すことは可能なのだろうか。

今日、豊かな社会到来下の新しい価値観に支えられた被用者の労働制限・社会意識の変化、高齢社会・少子社会における若年層の意識社会変化をみるとき、企業、労働万能の意識の変化は、旧型の日本型意識では対応しきれなくなっており、新たな日本型労使関係と、あわせて論じてきた日本型社会保障制度が、時代に適合する、文化的な人間生存、生活保障になる制度が社会法のもとで求められているといってよい。

(3) 日本型経済再生と国民福祉再生との相関関係―アメリカ、EUの政策対応から日本の在り方を求めて

日本のダントツの長期的な経済成長は、一九世紀にみた戦後の高度経済成長、さらにオイルショックによる日本

的な労使関係対応による合理化をへて、その後の低経済成長などによる経済停滞、またパフォーマンスの謳歌、そして一九世紀末から二〇世紀にみるアメリカ型のグローバリゼーションによるインパクトをへて、いま日本的労使関係、終身雇用と年功序列的労使関係は、日本的審判として急激な改革にさらされてきた。

しかし、二〇〇六年春に入って、日本的な労使関係のみならず、日本的金融財政政策によって、二一世紀初頃から、企業協力によって支えられてきた労使関係の歩みは、構造的なリストラとその民間活力といわれる代替的低賃労働力によって支えられてきた。しかし、この日本的労働問題を考えるとき、不況下にある使用者は、企業により、被用者団体のリストラ、合理化制度などにより、非力化され、労働組合は力なく弱まり、労働組合の社会的力関係は弱化する。

しかし、その後の日本の各種政策によって、企業の社会的力の回復と吸収力、国際的競争力、その回復によって、労働組合の春闘力も回復し、日本のリストラによる企業も被用者の代替力をパートや派遣労働力擬似労働力などによって回復することになる。しかし、今日アメリカ型のグローバリゼーションの後遺症ともいえるアメリカ経済金融財政の破たん、市場の自由化による規制なき活動とその変動による不法化、ことにアメリカのインパクトによるEU諸国の経済的不況も、その加盟国の政府の経済開発、雇用開発などによる部分的回復も始まりつつあるが、拡大EUの動きともかさなり、EUの社会的保護政策は、アメリカ万能の市場優先政策はともかく、社会的市場規制にあわせてその社会法下の社会政策を導入していかざるをえなくなっている。

このような、EUに即応する政策は日本的労使関係の解体、経済的体質改革のための市場の規制、会社法的政策による公的規制重視を進めてきた。何れにしても経済開発政策と会社開発政策との両立により、市場政策優先政策の規制と、市場論理優先社会を批判しつつ、平等社会の維持と不平等社会規制と人権擁護重視、社会的疎外の排除をきびしくしているのである。

あとがき

バブル経済崩壊後、保守政権の社会法政策、とりわけ労働法、社会保障法、社会福祉法、快適環境法などの政策は、後退化の感を否めなくなった感がある。それら法政策現象に対して、今日、明日の一つの時代を透視する討論として、老躯を顧みる常識を恐れず一文を寄稿した筆者の思いを提起したことを御許し、御批判を賜りたいと願っている。ＥＵ内のフランスでアメリカ資本主義をフランスの再生として希求したサルコジ大統領が、公的支出政策の左派批判大統領候補に代って登場したこと、アメリカにみる住宅建設金融企業の崩壊と政府の財政金融保険、企業への財政支援、そのための国際的な財政支援要請とその成否は、国際的な同時不況化を招来しかねない状況や、またＥＵ社会の今後の動向と変化に注目して筆をおきたい。

（二〇〇八・一一）

あとがき

本書は、去る二〇〇九年四月逝去された佐藤進先生と有縁の者が、それぞれの分野において執筆した一文を上梓し、先生を追悼するものであります。

先生は多くの分野にその足跡を残されました。とりわけ社会保障法学会・社会福祉学会・労働法学会におけるご活躍は、その情熱を遺憾なく発揮されたものであります。なかんずく、「社会保障法研究会」が「社会保障法学会」へと展開することが出来ましたのは、ひとえに先生のご尽力の賜物であります。

社会保障法学会の創設と、その後の発展の軌跡は先生のご生涯を象徴するものであります。社会保障法学会が多様な分野の専門性を包摂することができましたことも、先生のお人柄を物語るものであります。

また先生は女性研究者の育成に努めてこられました。とくに社会保障法学の分野でご活躍中の女性研究者は、その多くが先生の学恩を受けた方々であると思います。

ここに、謹んで佐藤進先生の御冥福を、執筆者一同、心からお祈り申しあげます。

また、この出版事情の困難な時期に、本書の出版につきまして御快諾いただきました信山社社長袖山貴氏、編集につきましてご苦労いただきました同社編集部稲葉文子氏、今井守氏に感謝申しあげます。

二〇一〇年五月

桑原洋子

社会保障法・福祉と労働法の新展開
佐藤 進先生追悼

2010年(平成22年) 7月30日 第1版第1刷発行
3239-4:P736, ¥16000E-014:5-1-05-TG5

編 者 荒木誠之・桑原洋子
発行者 今井 貴 稲葉文子
発行所 株式会社 信山社
〒113-0033 東京都文京区本郷6-2-9-102
Tel 03-3818-1019 Fax 03-3818-0344
henshu@shinzansha.co.jp
笠間才木支店 〒309-1611 茨城県笠間市笠間515-3
笠間来栖支店 〒309-1625 茨城県笠間市来栖2345-1
Tel 0296-71-0215 Fax 0296-72-5410
出版契約 2010-3239-4-01010 Printed in Japan

印刷・製本/松澤印刷・大三製本
ISBN978-4-7972-3239-4 C3332 分類328.650-d001 社会保障法

佐藤　進先生ご略歴

1925(大正14)年６月６日　新潟市生まれ

学　　歴

1945(昭和20)年３月　東京早稲田中学校卒業（旧制）
1945(昭和20)年４月　大阪高等学校文科甲類入学（旧制）
1948(昭和23)年３月　大阪高等学校文科甲類卒業
1948(昭和23)年４月　東京大学法学部政治学科入学（旧制）
1951(昭和26)年３月　東京大学法学部政治学科卒業
1951(昭和26)年３月　東京大学法学部大学院入学（旧制）
1953(昭和28)年３月　東京大学法学部大学院修了（労働法専攻）
1962(昭和37)年３月31日　法学博士（東京大学）（第10975号）

職　　歴

1953(昭和28)年８月１日　ILO（国際労働機構）日本駐在員事務所調査部・日本 ILO 協会調査部職員
1954(昭和29)年６月１日　金沢大学法学部講師
1957(昭和32)年５月16日　金沢大学法文学部助教授
1967(昭和42)年２月１日　金沢大学法文学部教授
1969(昭和44)年５月１日　金沢大学評議員（併任）
　～1971(昭和46)年４月30日
1971(昭和46)年９月31日　金沢大学法文学部退職
1971(昭和46)年10月１日　日本女子大学文学部社会福祉学科教授
1984(昭和59)年４月１日　日本女子大学文学部長
　～1988(昭和63)年３月31日
1984(昭和59)年４月１日　学校法人日本女子大学理事
　～1988(昭和63)年３月31日
1988(昭和63)年４月１日　学校法人日本女子大学評議員
　～1992(平成４)年３月31日
1990(平成２)年４月１日　日本女子大学図書館長
　～1992(平成４)年３月31日
1992(平成４)年３月31日　日本女子大学文学部退職(５月21日　日本女子大学名誉教授)
1992(平成４)年４月１日　立正大学法学部教授
1996(平成８)年３月31日　立正大学法学部退職（４月１日　立正大学名誉教授）
1996(平成８)年４月１日　新潟青陵女子短期大学教授（福祉心理学科長）
2000(平成12)年４月１日　新潟青陵大学教授（特任教授）（看護福祉心理学部長）

2000(平成12)年４月１日　学校法人新潟青陵学園評議員
　～2005(平成17)年３月31日
2000(平成12)年４月１日　学校法人新潟青陵学園理事
　～2005(平成17)年３月31日
2003(平成15)年４月１日　新潟青陵大学副学長
　～2004(平成16)年３月31日
2004(平成16)年４月１日　新潟青陵大学学長（４月１日　新潟青陵大学名誉教授）
　～2005(平成17)年３月31日

役職歴

1975(昭和50)年10月25日　東京都高齢者事業振興財団常任理事
　～1997(平成９)年３月31日
1976(昭和51)年８月１日　埼玉県社会福祉審議会委員
　～2002(平成14)年８月31日
1977(昭和52)年10月11日　厚生省国民年金審議会委員
　～1984(昭和59) 年６月15日
1983(昭和58)年４月１日　財団法人法律扶助協会理事
　～1996(平成８)年３月
1984(昭和59)年　全国市町村職員共済組合連合会　審査会公益委員
　～1991(平成３)年６月
1985(昭和60)年１月16日　埼玉県高齢者生きがい財団理事
　～2009(平成21)年４月９日
1988(昭和63)年４月１日　東京都立労働研究所運営委員
　～2000(平成12)年３月31日
1988(昭和63)年11月１日　埼玉県川越市社会福祉審議会委員
　～1996(平成８) 年10月
1991(平成３)年７月１日　全国市町村職員共済組合連合会会長
　～2007(平成19) 年８月31日
1995(平成７)年５月28日　埼玉県障害者施策推進協議会会長
　～2005(平成17)年５月27日
1995(平成７)年11月１日　埼玉県福祉のまちづくり推進委員会委員長
　～2006(平成18)年７月12日
1996(平成８)年11月１日　埼玉県川越市社会福祉審議会会長
　～2007(平成21)年４月９日
1997(平成９)年10月20日　埼玉県高齢者痴呆知的障害者権利擁護委員会委員長
　～2007(平成19)年10月19日
1997(平成９)年４月１日　東京都高齢者事業振興財団顧問
　～1999(平成11)年３月31日

1998(平成10)年９月９日　新潟県高齢者保健福祉計画懇話会座長
　～2003(平成15)年３月31日

学会活動

1954(昭和29)年６月　日本労働法学会会員
　～2009(平成21)年４月９日
1955(昭和30)年４月　日本社会政策学会会員（名誉会員）
　～2009(平成21)年４月９日
1960(昭和35)年４月　日本法社会学会会員
　～2009(平成21)年４月９日
1972(昭和47)年９月　日本社会福祉学会会員（監事を経て，名誉会員）
　～2009(平成21)年４月９日
1974(昭和49)年　社会事業史学会会員（名誉会員）
　～2009(平成21)年４月９日
1982(昭和57)年４月　日本学術会議第２部（法学）社会法研究連絡会委員
　～1994(平成６)年10月20日
1982(昭和57)年10月　日本社会保障法学会会員（事務局長，前代表理事，名誉会員）
　～2009(平成21)年４月９日
1983(昭和58)年４月　日本財政法学会会員（理事を経て，名誉会員）
　～2009(平成21)年４月９日
2001(平成13)年11月　北信越社会福祉史学会会員（会長）
　～2009(平成21)年４月９日

賞　罰

1987(昭和62)年10月26日　地方公務員共済組合法施行25周年に自治大臣より自治功労者として表彰
2003(平成15)年４月29日　勲三等瑞宝章
2009(平成21)年４月９日　正五位

佐藤 進先生著作目録

I 著 書（編著・共著を含む）

1957（昭和32）年

『北陸鉄道労働協約闘争史』労働法律旬報社（単著）

1958（昭和33）年

『労働組合と裁判所』弘文堂（イーリアス・リーバーマン著・共訳）

1960（昭和35）年

『教材労働法 上』日本評論社（共著）

『教材労働法 下』日本評論社（共著）

1961（昭和36）年

『アメリカ労働協約の研究　任意労働仲裁制度の実態と法律』勁草書房（単著，博士論文）

1962（昭和37）年

『ILO条約と日本労働法』法政大学出版局（単著）

『オーストラリアの労使関係法の特質　とくに強制仲裁立法の特色を中心として』国立国会図書館調査立法考査局（共著，調査資料）

1963（昭和38）年

『EECとヨーロッパ労働組合運動』ダイヤモンド社（単著）

1965（昭和40）年

『社会保険（経営法学全集17）』ダイヤモンド社（単著）

『就業規則　理論と実務』ダイヤモンド社（共著）

『労働者の災害補償（有斐閣双書）』有斐閣（共著）

1966（昭和41）年

『健康保険組合論　健康保険組合の法律的社会的機能分析を中心にして』社会保険新報社（単著）

『日本の社会保障』労働旬報社（単著）

1969（昭和44）年

『教育公務員の労働基本権（明治図書新書）』明治図書（単著）

『社会保障の法体系（上）』勁草書房（単著）

『日本の老齢保障（JIL文庫47）』日本労働協会（単著）

1970（昭和45）年

『就業規則　理論と実務（増訂版）』ダイヤモンド社（共著）

『安全・衛生・災害補償（労働法実務体系17）』総合労働研究所（単著）

1972（昭和47）年

『社会保障と市民生活』総合労働研究所（単著）

『社会福祉（実用法律事典９）』第一法規（編著）
『社会保障入門』法律文化社（編著）
1973(昭和48)年
『医療関係者のための社会保障入門』風媒社（単著）
『図説これからの企業福祉』日本リサーチセンター（共著）
1974(昭和49)年
『社会保障法判例（有斐閣双書）』有斐閣（編著）
『労働協約と就業規則（ビジネス新書）』ダイヤモンド社（単著）
1976(昭和51)年
『児童福祉法50講（有斐閣双書）』有斐閣（編著）
『社会保障法入門（全訂版）』法律文化社（編著）
『児童の権利（児童問題講座３）』ミネルヴァ書房（編著）
1977(昭和52)年
『老人と人権（現代社会と人権10）』同文館（編著）
『社会福祉の法律入門（有斐閣新書）』有斐閣（編著）
『社会保障判例百選』有斐閣（編著）
1978(昭和53)年
『医療を受ける権利』一粒社（共著）
『地方公務員共済組合の理論と実務』労働旬報社（編著）
『「上積み」補償と企業内福祉　日本型福祉社会における労・使・政の課題』ダイヤモンド社（単著）
『主要欧米諸国の医療保障における公的医療制度と私保険医療の現状と動向』全国労働者共済生活協同組合連合会（単著）
『社会福祉（改訂版）（実用法律事典９）』第一法規（編著）
1979(昭和54)年
『安全・衛生・災害補償（新版）（労働法実務体系17）』総合労働研究所（単著）
『社会・労働保険の実務』ダイヤモンド社（編集）
『労働災害とその補償（JIL 文庫）』日本労働協会（単著）
『労働法と社会保障法との交錯』勁草書房（単著）
1980(昭和55)年
『社会福祉の法と行財政』勁草書房（単著）
『労働行政』総合労働研究所（単著）
『日本の労使関係と労働法』高文堂出版社（単著）
『社会福祉の法と行財政（社会福祉大系２）』有斐閣（編著）
『社会福祉の法律入門（点字資料）』日本点字図書館（共著）
1981(昭和56)年
『医事法と社会保障法との交錯』勁草書房（単著）
1982(昭和57)年

『高齢化と自治体福祉施策』同文舘（編著）
『社会福祉の法と法政策』全国社会福祉協議会（単著）
『社会福祉の法と行財政（講座社会福祉６）』有斐閣（編著）
『現代法と社会保障』総合労働研究所（編著）
『田子一民・山崎巖集（社会福祉古典叢書５）』鳳書院（編・解説）
『就業規則　理論と実務（第３版）』ダイヤモンド社（共著）

1983（昭和58）年

『高齢者扶養と社会保障（現代民法学の課題）』一粒社（単著）
『関連領域と社会福祉　医療福祉・労働福祉・教育福祉・司法福祉（講座社会福祉９）』有斐閣（編著）

1984（昭和59）年

『社会福祉の法律入門（第２版）（有斐閣新書）』有斐閣（共著）

1985（昭和60）年

『在宅福祉への指標』東京都社会福祉協議会（共著）
『社会福祉の法と法政策（改訂版）』全国社会福祉協議会（単著）
『社会福祉行財政論　人権と社会福祉行財政の課題』誠信書房（単著）
『労働災害と補償　その仕組みと運用』日本労働協会（単著）
『こう変わるあなたの年金（NHK くらしの経済セミナー）』日本放送出版協会（単著）

1986（昭和61）年

『日本の労働法』高文堂出版社（単著）
『現代社会保障法入門（現代法双書）』法律文化社（共著）
『社会福祉の法律入門（第２版改訂版）（有斐閣新書）』有斐閣（共著）

1987（昭和62）年

『障害者の福祉と人権（講座障害者の福祉１）』光生館（編著）
『老後と年金のゆくえ』筑摩書房（単著）
『労働災害と補償　その仕組みと運用（改訂版）』日本労働協会（単著）

1988（昭和63）年

『日本における社会福祉の展開』中央法規（共著）
『福祉行財政の基本的方向』中央法規（共著）

1989（昭和64）年

『世界の高齢者福祉政策　今日明日の日本をみつめて』一粒社（単著）
『現代社会福祉法入門（現代法双書）』法律文化社（編著）
『オランダの社会福祉』全国社会福祉協議会（編著）
『社会保障・社会福祉事典』労働旬報社（編著）
『法学（社会福祉士養成講座13）』中央法規（編著）

1990（平成２）年

『社会保障と社会福祉の法と法政策』誠信書房（単著）
『社会保障の法体系（全）』勁草書房（単著）

『世界の高齢者福祉政策　今日明日の日本をみつめて（第２版）』一粒社（単著）

1991（平成３）年

『労災が危ない』東研出版（編著）
『社会保障判例百選（第２版）』有斐閣（編著）
『社会福祉小六法（第３版）』誠信書房（監修）

1992（平成４）年

『外国人労働者の福祉と人権』法律文化社（編著）
『世界の高齢者福祉政策　今日明日の日本をみつめて（新訂版）』一粒社（単著）
『国際化時代の福祉課題と展望』一粒社（編著）

1993（平成５）年

『ECの社会政策の現状と課題　労働関係・社会保障制度（調査研究シリーズ７）』全労済協会（単著）
『学童保育と福祉問題』勁草書房（共著）
『現代社会保障法入門（新版）（現代法双書）』法律文化社（共著）
『社会保障と社会福祉の法と法政策（第２版）』誠信書房（単著）

1994（平成６）年

『社会保障法（新版）（現代法律学全集49）』青林書院（角田豊著　佐藤進改訂）
『福祉と保健・医療の連携の法政策　高齢社会・障害者社会への対応を考えるうえで（信山双書）』信山社（単著）
『高齢社会と社会福祉（県民大学叢書）』第一法規出版（他）
『福祉大改革　イギリスの改革と検証』法律文化社（アラン・ウォーカー，キャロル・ウォーカー著・共訳）
『社会福祉小六法（第４版）』誠信書房（監修）
『社会保障と社会福祉の法と法政策（第３版）』誠信書房（単著）

1995（平成７）年

『ペダルを踏んで70年　さらなる学びの旅にむかって』自費出版（有斐閣制作）（単著）

1996（平成８）年

『高齢者問題文献書誌（労働者福祉研究別冊）』日本労働者福祉研究協会（共著）
『現代社会保障法入門（第３版）（現代法双書）』法律文化社（共著）
『社会保障と社会福祉の法と法政策（第４版）』誠信書房（単著）
『社会福祉の法律入門（第３版）（有斐閣新書）』有斐閣（共著）
『社会福祉基本六法』誠信書房（監修）
『国際化と国際労働・福祉の課題　法政策的側面から』勁草書房（単著）
『福祉と保健・医療の連携の法政策（新版）（信山双書）』信山社出版（単著）

1997（平成９）年

『高齢社会の法律』早稲田大学出版部（編著）
『介護保険法　法案に対する新たな提案』法律文化社（共著）
『高齢社会の法律（シリーズ高齢社会とエイジング２）』早稲田大学出版部（単著）

佐藤 進先生著作目録

1998(平成10)年
『年金政策の中身とそのゆくえ』信山社(単著)
『社会保障と社会福祉の法と法政策(第5版)』誠信書房(単著)
『年金政策の中身とそのゆくえ マイ・ペンションを考える』信山社(単著)
『社会福祉基本六法(第2版)』誠信書房(監修)
『介護保険法 権利としての介護保険に向けて』法律文化社(共著)

1999(平成11)年
『実務注釈児童福祉法(実務注釈社会福祉体系4)』信山社出版(シリーズ監修)
『あたらしい社会保障・社会福祉法概説』信山社(編著)
『世界の高齢者福祉政策(佐藤進著作集10)』信山社(単著)

2000(平成12)年
『エッセンシャル社会保障論』法律文化社(単著)
『社会保障判例百選(第3版)』有斐閣(編著)
『新現代社会福祉法入門(現代法双書)』法律文化社(共著)

2001(平成13)年
『現代民事法学の理論(西原道雄教授古稀記念)(上巻)』信山社(編集代表)
『ハンドブック公的年金』青林書院(編著)
『労働保障法と関連制度政策(佐藤進著作集4)』信山社(単著)
『労働法と社会保障法(佐藤進著作集3)』信山社(単著)
『私たちの社会福祉法(法律文化ベーシック・ブックス)』法律文化社(編著)
『社会福祉基本六法(第3版)』誠信書房(監修)

2002(平成14)年
『新現代社会保障法入門(第2版)』法律文化社(共著)
『現代民事法学の理論(西原道雄教授古稀記念)(下巻)』信山社(編集代表)

2003(平成15)年
『エッセンシャル社会保障論(第2版)』法律文化社(単著)
『新現代社会福祉法入門(第2版)』法律文化社(共著)
『心の専門家が出会う法律』誠信書房(他)
『介護保険運営における自治体の課題』法律文化社(単著)

2005(平成17)年
『心の専門家が出会う法律(第2版)』誠信書房(他)
『私たちの社会福祉法(法律文化ベーシック・ブックス)』法律文化社(編著)
『新現代社会保障法入門(第3版)(現代法双書)』法律文化社(編著)
『続 ペダルを踏んで80年 傘賀を迎えて』自費出版(信山社制作)(単著)

2006(平成18)年
『EU 社会政策の展開』法律文化社(単著)
『あたらしい社会保障・社会福祉法概説(第2版)』信山社(編著)

2007(平成19)年

『現代社会保障・福祉小事典』法律文化社（監修）

2008(平成20)年

『終末期の保健福祉』信山社（編著）

Ⅱ 論 文

1953(昭和28)年

「アメリカの会社支配組合」労働法３号

「アメリカにおける労使協力制の発展」世界の労働３巻12号

1954(昭和29)年

「アメリカの労使協議制・労組経営者協議制」季刊労働法11号

「世界のサラリーマン組合」世界の労働４巻７号

1955(昭和30)年

「黄犬契約論」金沢大学法学部論集　法経編２号

「季節労務者の労働関係と労働法上の問題点」金沢法学１巻２号

「イギリスの就業規則の一考察」討論45号

「中小企業労働者の組織問題と合同労組活動」労働法律旬報217号

1956(昭和31)年

「任意労働仲裁手続について」金沢法学２巻１号

「アメリカにおける任意労働仲裁制度」世界の労働６巻６号

「企業組合における協約機能と職場活動の関連について」労働法９号

「イギリスの職場委員活動と労働協約および就業規則」労働法律旬報250号

1957(昭和32)年

「アメリカにおける任意労働仲裁制度の史的発展-１-」金沢大学法文学部論集　法経編４号

「職場離脱・ハンスト・不信任ビラ頒布を理由とする解雇および就業時間中の職場離脱と賃金カットの問題―名古屋証券取引所事件昭32・７・18愛知地労委命令」季刊労働法26号

「北陸鉄道労働協約史」労働法律旬報284・285号

「戦後日本の協約の動態分析」有泉亨＝野村平爾編『講座労働問題と労働法(4)』弘文堂

1958(昭和33)年

「国際労働法における労働基本権の一考察―ILO 条約ならびに ILO 結社自由委員会の所見を中心として」季刊労働法29号

「ILO 条約87号『結社の自由・団結権擁護』批准運動の意義」月刊労働問題２号

1959(昭和34)年

「国際労働法における争議権問題の一考察　ILO 理事会結社自由委員会所見事例を中心として」金沢法学５巻２号

「中小企業における労働協約の問題」季刊労働法31号

「企業合理化と労働協約締結の問題」銀行労働調査時報107号
「中小企業労働者の労働協約闘争」月刊労働問題８号
「金清釦事件」ジュリスト189号
「東京出版事件」労働経済旬報404号
「山陽化学事件」労働経済旬報417号
「ILO条約第89号（結社の自由・団結権擁護に関する条約）批准をめぐる問題」労働法13号
「中小企業合同労組と統一労働協約形成」労働法律旬報333号
「労働協約闘争の現状と問題点―最近の全国単産の統一労働協約対策を中心として」労働法律旬報354号

1960（昭和35）年

「三興鉱業生田鉱業事件」季刊労働法35号
「スウェーデンの労働協約」月刊労働問題11号
「アメリカ任意労働仲裁制度とアメリカ仲裁協会任意労働仲裁手続」ジュリスト214号
「労働組合基金と財産の保護―世界各国の立法・慣行の国際比較を中心として」世界の労働10巻10号
「イギリスの職場委員会制度―ショップ・スチュワードをめぐる問題を中心として」世界の労働10巻２号
「C.W.ジェンクス著『人権と国際労働基準』」日本労働協会雑誌２巻11号
「戦後外国労働法の展開―イギリス」労働法16号
「労働協約総論・経営協議会」菊池勇夫＝藤林敬三編『労働協約の実務』ダイヤモンド社
「イギリス，インド，ニュージーランド，オーストラリア，アメリカの官公労働者の団結権」野村平爾編『世界の官公労働者と団結権』中山房

1961（昭和36）年

「労働協約の締結実態と各主要条項の検討」季刊労働法39号
「アメリカ労働協約制度の運営の問題―アメリカにおける労働協約の履行と任意仲裁制度の関係」世界の労働11巻８号
「アメリカのTVAにおける労働関係と労使協議制」日本労働協会委託研究
「イギリス連邦諸国に官公労働基本権研究の考察」日本労働協会委託研究（共同研究者三島宗彦）
「協定違反に対する不就労と解雇―鈴木商会事件―」労働経済旬報482号
「再雇用協定の法的性質―出雲鉄道・田中運輸・協和醗酵事件―」労働経済旬報483号
「労働基本権」石井照久＝有泉亨編『労働法演習』有斐閣

1962（昭和37）年

「合同労組と労働協約」季刊労働法42号
「労使協力体制の研究―アメリカにおけるT・V・Aの労使協議制研究報告」日本労働協会委託研究

1963（昭和38）年

「休業手当制」石井照久＝有泉亨編『労働法大系(5)』有斐閣
「イギリスの合同労組の団体交渉と職場活動―イギリス運輸・一般労働組合の事例報告」季刊労働法47号
「野村平爾著『労働法講話』」季刊労働法49号
「イギリスの労働関係と任意労働仲裁制度―産業審判所および公務員仲裁委員会を中心として」ジュリスト270号
「イギリスの労働関係と任意労働仲裁制度―産業審判所および公務員仲裁委員会を中心として-2(完)-」ジュリスト271号
「労働関係と団体交渉・労使協議制― ILO 労使関係条約・勧告からみて」世界の労働13巻10号
「イギリス機械・造船産業の労働時間短縮協定」世界の労働13巻2号
「EEC とヨーロッパの労働運動」世界の労働13巻3号
「イギリスの組合組織と団体交渉構造―イギリスにおける全国労働協約の事業場労使関係への適用の一考察」日本労働協会雑誌5巻4号
「イギリス労働関係における現実的視点」労働法21号
「ヨーロッパの社会保障法覚書―ヨーロッパ生活の中から」労働法22号
「イギリス労働組合とその職場活動―組織・機構・機能・ショップスチュアード（対談)」労働法律旬報486号
「イギリスの合同労組の団体交渉と職場活動」沼田稲次郎編『合同労組の研究　その実態と法理』総合労働研究所

1964(昭和39)年

「欧米諸国の私的企業年金制度―その発展と法規制を中心に」季刊労働法53号
「失業保険法の運用・制度上の問題」ジュリスト298号
「社会保障法体系における老齢保護―その歴史的発展から見た現状と問題点」ジュリスト302号
「国際労使関係法とわが国の問題点」世界の労働14巻11号
「欧米および日本の全国単産自主共済制度」賃金と社会保障321号
「企業合理化をめぐる解雇法制―各国の法律・労働協約制度および ILO 勧告を中心として」民商法雑誌49巻4号
「労働組合の財政をめぐる実態と法理」労働法23号
「労働法と社会保障法との連関性―生存権理念の構造的認識を中心として」労働法24号

1965(昭和40)年

「職場点検闘争における目的・手段の正当性の限界―全逓安西郵便局控訴事件」季刊労働法56号
「島田信義著『市民法と労働法の接点』―労働法方法論の課題を究明」季刊労働法57号
「通勤災害と社会保険」健康保険19巻4号
「日本の社会保障給付(1)―その法制と給付の実態」旬刊賃金と社会保障367号
「日本の社会保障給付(2)―その法制と給付の実態」旬刊賃金と社会保障368号

「日本の社会保障給付(3)—その法制と給付の実態」旬刊賃金と社会保障370号
「ILO 調査団の意見と今後の問題点—新潟・金沢の調査を中心に」法律時報37巻 3 号
「全逓大阪地本事件判決」労働法26号
「社会保障法の体系と構造」小川政亮 = 蓼沼謙一編『岩波講座現代法(10)』岩波書店

1966(昭和41)年

「日本における労働協約動態の分析—第二次世界大戦前における労使関係と労働協約規範の分析を中心として」金沢法学12巻 1 ・ 2 合併号
「下級職制の言動—使用者の言論の自由」季刊労働法61号
「日本社会保障法制の現状とその分析—社会保障法制の体系的整備の当面する課題」季刊労働法62号
「企業内労使関係と社会保障—社会保障における国家と企業との関係を中心として」健康保険20巻 8 号
「日本の社会保障の現状分析と今後の課題」実務と法令 4 巻 7 号
「イギリス地方公務員の労働者性—地方公務員の労働基本権と団交機能を中心として」ジュリスト345号
「不況と雇用調整をめぐる問題点—日本・アメリカのレイ・オフとその問題点」世界の労働16巻 1 号
「通勤災害（commuting accidents）と産業災害（employment injuries）— ILO121号条約と各国ならびにわが国の立法分析を中心として」世界の労働16巻 4 号
「東南アジア諸国の労働関係と日本の立場— ICFTU 労働大学での講義体験を通じて」世界の労働16巻 5 号
「ILO 26号条約と最低賃金法制—世界主要国およびわが国の法制の分析を中心として」世界の労働16巻 6 号
「ILO 119号勧告と解雇権行使原則—個別的解雇と大量解雇の場合」世界の労働16巻 7 号
「労働協約の比較法的研究（イギリス）」日本労働法学会編『新労働法講座(5)』有斐閣
「年金制度と国庫負担の道すじ」ねんきん 7 巻 2 号
「朝日訴訟最高裁上告審をめぐる問題点—生存権保障と生活保護基準をめぐる司法審査の底にあるもの」判例時報454号
「イギリスの労使紛争とその調整機構・不当労働行為ならびに労働争議の調整に関する機構を中心として—諸外国における労使紛争の処理制度」労働法28号
「沖縄における労働立法の問題点—琉球政府ならびにアメリカ民政府の労働法体系分析を中心として」労働法律旬報612号

1967(昭和42)年

「労働者の義務—十勝女子商業学校事件—」『新版労働判例百選』有斐閣
「就業規則の周知と効力—朝日新聞西部本社事件—」『新版労働判例百選』有斐閣
「医療保険法改正と今後の制度改革の問題点」季刊労働法66号
「みすず豆腐事件—違法争議と損害賠償請求」月刊労働組合 9 月号
「沖縄の社会保障法の現状分析(Ｉ)」実務と法令 5 巻 6 号

「沖縄の社会保障法の現状分析(Ⅱ)」実務と法令5巻9号
「職業安定制度(雇用安定・失業保障関係法を中心として)—戦後法制度の二〇年—」ジュリスト361号
「ILO 105号条約と関係国内法をめぐる問題点(1)—ストライキ権・政治活動の権利を中心として」世界の労働17巻2号
「ILO 105号条約と関係国内法をめぐる問題点(2)—ストライキ権・政治活動の権利を中心として」世界の労働17巻3号
「ILO 105号条約と関係国内法をめぐる問題点(3・完)—ストライキ権・政治活動の権利を中心として」世界の労働17巻4号
「ILO 111号条約・勧告と国内法上の問題点」世界の労働17巻5号
「生存権と朝日訴訟最高裁判決」世界の労働17巻6号
「ILO 労働時間関係条約と日本の労働時間問題」世界の労働17巻9号
「地方自治体と社会福祉政策—国民皆保険との関係」都市問題58巻10号
「産業別団体交渉」日本労働法学会編『新労働法講座(3)』有斐閣
「年金時代と妻の地位」ねんきん8巻12号
「移民(国外)労働者と社会保障」年金時報12号
「EEC 諸国の社会立法の調整化(Harmonisation)に関する考察」年金時報13号
「現代の社会保障法制の実態—生存権保障と社会保障給付実態を中心として」法律時報39巻8号

1968(昭和43)年

「石井照久編著『就業規則の実証的研究』—生きた就業規則の実在性とその問題性の指摘」季刊労働法70号
「共済組合論」共済新報9巻2号
「定年制と社会保障制度」自治労調査時報316号
「老齢保護の将来—労働法・社会保障法の視点から」ジュリスト411号
「アメリカの教育公務員の労基三権保障の現状と問題点」世界の労働18巻9号
「地域社会保障行政の担い手」ねんきん9巻2号
「健康保険受給資格者採決取消請求控訴事件」判例論評111号
「老齢福祉年金と夫婦受給制限の違憲性」法律のひろば21巻11号
「EEC 諸国の社会立法の調整化(Harmonisation)に関する考察」石崎政一郎先生古稀記念論文集『現代ヨーロッパ法の動向』勁草書房
「「社会法と社会保険法」および「社会保険の法規制の構造」」有泉亨監修 氏原＝小山他編『社会保険辞典』社会保険新報社
「国際年金研究報告書」

1969(昭和44)年

「米国の労働安全・労災補償行政の現状と労働組合運動」いのち3巻3号
「国際比較からみた日本の労働時間制の問題点—労働時間関係条約・勧告と日本の労働時間制の問題点」季刊労働法72号

「沖縄の医療保険法の現状と問題点」実務と法令7巻7号
「社会保障と貧困者訴訟援護制度」週刊社会保障23巻512号
「健康保険法改正の検討と批判」ジュリスト435号
「労働組合組織の法的側面」世界の労働19巻6号
「角田豊著『社会保障法の課題と展望』林迪広＝古賀昭典共著『現代社会保障論』」日本労働協会雑誌11巻1号
「社会保障関係法改正の動向」労働法34号

1970(昭和45)年

「労働安全・衛生・労災補償と労働協約闘争の問題点」いのち4巻10号
「現代の『労働安全・労災補償』問題と労働組合運動の課題(下)」いのち4巻8号
「医療保障と現行関係法の考え方」看護婦雑誌6－8月号
「荒木誠之著『社会保障法』」季刊社会保障研究6巻1号
「社会保険」季刊労働法76号
「ILO新年次有給休暇条約と問題点—国際比較からみた日本の年次有給休暇制」季刊労働法78号
「社会保障行政一元化の問題点」健康保険24巻11号
「健保法改正（ジュリスト年鑑1970年版)」ジュリスト454号
「社会保障体系における失業保険制度」ジュリスト465号
「沖縄県の社会保障と『一体化』政策—医療保障を中心に本土・沖縄の社会保障を考える」旬刊賃金と社会保障519号
「今日の医療保険の現状とその問題点—医療保障の法制と給付実態（現代社会保障の給付実態分析－1－)」旬刊賃金と社会保障528号
「労働災害と労災補償保険法の現実—医療保障の法制とその給付実態（現代社会保障の給付実態分析－2－)」旬刊賃金と社会保障530号
「勤労者・地域住民と老齢保障—老齢保障の法制とその給付実態（現代社会保障の給付実態分析－3－)」旬刊賃金と社会保障531号
「現代社会保障の給付実態分析－4－」旬刊賃金と社会保障532号
「失業保障の法制とその給付実態—勤労者の失業と失業保障（現代社会保障の給付実態分析－5－)」旬刊賃金と社会保障533号
「社会援護と心身障害者(児)の福祉—勤労者とその家族の社会援護問題（現代社会保障の給付実態分析－6－)」旬刊賃金と社会保障535号
「現代の貧困と生活保護法の問題点（現代社会保障の給付実態分析－7－)」旬刊賃金と社会保障536号
「『交通公害』とその生活保障—社会保障問題としての交通事故（現代社会保障の給付実態分析－8完－)」旬刊賃金と社会保障538・539号
「現代における母性保護とその権利」世界の労働20巻3号
「日本的投資関係と『共済組合』制度の現状と問題点(上)」全電通3月号
「日本的投資関係と『共済組合』制度の現状と問題点(下)」全電通4月号

「条件付雇用」労働判例110号

1971(昭和46)年

「産業構造の変革と生活基盤整備をめぐる諸問題一側面分析—政府の医療保障政策と地域医療の実態を中心として」金沢法学16巻1・2合併号

「菊池勇夫著『社会保障法の形成』」季刊社会保障研究7巻1号

「沖縄における社会保障の現状と問題点①」実務と法令9巻7号

「現代児童手当法の意義と問題点—わが国の法制の国際比較において」世界の労働21巻1号

「生存権と社会保障の法理形成過程」峯村光郎教授還暦記念論集『法哲学と社会法の理論』有斐閣

1972(昭和47)年

「現代地方自治の問題性—地方都市の住民福祉の現状からみて」社会福祉研究10号

「社会保障の法的課題」ジュリスト502号

「付加価値導入税とその問題点」ジュリスト506号

「ILO条約・勧告(業務災害の場合における給付に関する)と通勤途上災害(通勤途上の災害)—諸外国における通勤途上災害」ジュリスト518号

「堀木訴訟判決と社会福祉行政の課題」ジュリスト522号

「第三者による労働災害と示談—小野運送事件(最判昭和38・6・4)(労働法の判例)—(災害補償)」ジュリスト増刊『労働法の判例(第2版)』有斐閣

「国家・公的老齢保障と企業内老齢保障—最近の国際比較からみた問題分析」賃金と社会保障603号

「厚生年金制度をどう改革してゆくか—社会保障制度審議会意見書とのかかわりにおいて」賃金と社会保障615号

「社会保険不服審査制度の比較研究」年金時報24号

「労働災害・職業病問題と権利闘争の課題—労働協約規定締結上の問題を中止に」労働法律旬報802号

「妊娠・出産・育児と母性保護」婦人雇用調査研究会編『これからの婦人雇用』学陽書房

「婦人労働者の妊娠・出産・育児と社会保障制度の研究報告」

1973(昭和48)年

「労災保険法の体系的整備の問題点」いのち7巻12号

「指標としての『福祉事務所』」医療と人間と2号

「争議権の国際的規制の実情(ILO)(世界の公務員ストと法規制)」季刊労働法88号

「京都厚礼自動車解雇予告除外認定取消請求事件」ジュリスト532号

「国と自治体の社会福祉行政の役割—当面する問題とその課題」ジュリスト537号

「定年制度と老人年金制度の現実とその動向—定年制度と老令者の就労動向と公的年金制度とのかかわりを中心として」世界の労働23巻1号

「福祉政策の新しい論点」日本労働協会雑誌15巻3号

「社会法における生存権保障（法学入門＝法のあり方について)」法学セミナー211号
「労働災害補償の認定基準法理を判例にみる」労働判例165号
「法制度からみた『労働(者)福祉』立法の推移とその動向」労働福祉研究２号
「最近の労働者福祉立法の制定動向とその特性（回顧と展望)」労働法41号
「社会保障法体系における『社会保障関連環境整備』の位置づけ試論」社会福祉（日本女子大学社会福祉学科研究室）15号

1974(昭和49)年

「労働災害上積み訴訟の法的問題点」季刊労働法94号
「ILO 条約・勧告にみるわが国社会保障制度の現状と問題点」健康保険28巻８号
「福祉施設労働と労働法上の問題点」社会福祉研究15号
「雇用保険法案の法構造と問題点―戦後の失業保険，職業安定関係法の推移からみて」ジュリスト558号
「宮訴訟判決（普通恩給・老齢福祉年金併給禁止違憲訴訟）と公的年金法の課題」ジュリスト562号
「はしがき」ジュリスト572号
「ライフ・サイクル（生活周期）と福祉」ジュリスト572号
「社会保障（社会福祉）法制研究史への基本視覚―文献研究を通じて（文献研究・社会福祉-４-)」賃金と社会保障642号
「インフレ下の医療保障」賃金と社会保障650号
「政策と法をめぐって―労働権と雇用保障（座談会)」法律時報46巻10号
「退職後の継続的療養給付と傷病手当金受給権」労働判例203号
「頸骨腕障害患者に対する休職・解雇処分の効力」労働判例211号
「団体交渉と労使協議制」沼田稲次郎先生還暦記念論文集『現代法と労働法学の課題』総合労働研究所
「社会福祉施設の管理運営と施設労働実態と法規制の問題点」東京大学労働法研究会編『労働法の諸問題』（石井照久先生追悼論文集）勁草書房

1975(昭和50)年

「社会保障の制度維持主体の問題点―日本型社会保障制度の現状の問題点を中心として」季刊社会保障研究10巻３号
「高齢者の職場条件の実態と課題」月刊福祉58巻１号
「低経済成長下の『福祉』状況―第75国会の社会保障関連立法をながめながら」ジュリスト592号
「社会保障法と英米法」ジュリスト600号
「退職後の健康保険法にもとづく継続的療養給付と傷病手当金受給資格要件（最判昭和49･５･30)」ジュリスト601号
「西欧の老令福祉行政体系と老人福祉施設―北欧，オランダ，スイス，イギリスの施設調査を通じて」世界の労働25巻11号
「社会保険診療報酬支払基金による社会保険診療報酬支払基金の診療担当者に対する診

療報酬支払義務・国民健康保険法45条5項所定の権限を有する国民健康保険団体連合会の療養取扱機関に対する療養給付等の費用の支払義務（最判昭和48・12・20）」民商法雑誌71巻5号
「オール夜勤勤務体制下の急性心臓死と業務上疾患の成否」労働判例219号
「三島宗彦教授の死を悼む」労働法46号
「労務管理と労働法（シンポジウム）」労働法46号
「埼玉県における社会福祉施設の現状とその問題点」社会福祉（日本女子大学社会福祉学科研究室）17号

1976（昭和51）年

「ILOにおける労働基本権思想」季刊労働法100号
「身障者雇用促進法の意義と課題―身障者雇用促進法の改正推移を通じて」季刊労働法102号
「児童養護が取り組む子どもの人権の課題」季労児童養護7巻3号
「イギリスにおけるSocial Adoministration研究の研究所説」社会事業史研究4号
「年金積立金管理運用の問題と将来」週刊社会保障30巻885号
「堀木訴訟控訴審判決にみる生存権の法理」ジュリスト607号
「福祉政策と受益者負担」ジュリスト612号
「報告　医療受給権と現行医療関係法制，政策上の問題点―『医師と患者との関係をめぐる』制度関係を中心として」ジュリスト619号
「国際障害者運動における障害者の労働保障」（共著者　中野敏子）障害者問題研究8号
「ILO 102号条約の思想とその意義―ILO条約・勧告研究会（講演）」世界の労働26巻5号
「住民福祉と行政」地域福祉研究4号
「看護職員の生活・労働・社会保障の権利」賃金と社会保障696号
「ダットレイ・ジャクソン著『不当解雇』（Dudley Jackson; Unfair Dismissal-How and Why the Law Worbs, 1975）」日本労働協会雑誌18巻10号
「現代社会福祉施設とその労使関係構造の基底分析―特養老人ホーム・重度心身障害児（者）施設調査を通じて」日本労働協会雑誌18巻8号
「婦人労働と経営」日本労務学会編『激変する経営労働問題』中央経済社
「沼田稲次郎著『社会法理論の総括』」法律時報48巻5号
「ILOと争議権―ILOの公務・公共部門の争議権を視座として（ストライキ権）」法律時報48巻8号
「最近の判例にみる労災補償法理の動向とその問題点(1)」労働判例239号
「最近の判例にみる労災補償法理の動向とその問題点(2)」労働判例240号
「最近の判例にみる労災補償法理の動向とその問題点(3)」労働判例241号
「労災事故と補償制度の『保障化』の課題」沼田稲次郎編集代表『労働法の解釈理論』（有泉亨先生古稀記念）有斐閣

1977（昭和52）年

「老人福祉の視覚」『国民生活』国民生活センター

「労働安全衛生法改正の意義と課題—労働安全衛生法の改正推移を通じて」季刊労働法105号
「日本の年金制度—その特性と問題点」経済評論26巻12号
「労働者の労働基本権擁護と労働行政の課題」月刊自治研19巻10号
「医療保障と医療制度見直しの視角」健康保険31巻10号
「戦後日本における失業保険の法と行政分析—憲法二五条（生存権保障），憲法一三条（快適生活権），憲法二七条（労働権保障）の制度的現実からみて（日本経済と雇用・失業問題）」社会政策学会年報21号
「社会保障の法体系化と問題点(上)」週刊社会保障31巻923号
「社会保障の法体系化と問題点(下)」週刊社会保障31巻924号
「日本メール・オーダー事件」ジュリスト628号
「摂津訴訟判決と社会福祉行政の課題」ジュリスト632号
「家族と社会保障」ジュリスト総合特集『現代の家族』6号
「社会保障判例百選（含　社会保障判例百選年月日別総索引)」別冊ジュリスト13巻5号
「角田豊著『社会保障の現代的課題』」民商法雑誌76巻5号
「就業規則の一方的改訂と労働条件の変更」労働判例271，272号
「労働者自主福祉と地域政策のあり方について」労働福祉研究9号

1978(昭和53)年

「中高年層の就業実態と雇用保障の課題」季刊労働法107号
「社会保障法学の現状と課題」実務と法令16巻12号
「社会保障の理念と現実　権利体系からみた社会保障法の理念と現実を中心として」自由と正義29巻2号
「雇用政策の展開と立法政策— ILO，主要欧米諸国，わが国の政策を中心として」ジュリスト659号
「都タクシー事件」ジュリスト684号
「年金制度の現状と改革の課題」ジュリスト総合特集『高齢化社会と老人問題』12号
「年金権の法理と年金保障体系」季刊労働法別冊『年金制度の再編成』労働開発研究会
「医療を受ける権利と法」小川政亮編『社会福祉と諸科学(4)　扶助と福祉の法学』一粒社
「無認可保育所の現状と課題—札幌市の『無認可保育所』実態調査を通じて」社会福祉（日本女子大学社会福祉学科研究室）20号

1979(昭和54)年

「補償と保障をめぐって」季刊社会保障研究14巻4号
「労災補償の国際的動向（座談会)」季刊労働法113号
「労働行政と地方自治および労働者の基本的人権擁護の現状と課題」月刊自治研21巻11号
「働く女性をめぐる諸問題（座談会)」自由と正義30巻7号
「日本における子どもの権利をめぐる諸状況」ジュリスト687号

「国民の健康に生きる権利と看護条約」賃金と社会保障778号
「行政改革とチープ・ガバメント論議（日本の公務委員）—（行政効率と公務員）」法学セミナー増刊　総合特集シリーズ11号
「浦和労基署長事件控訴判決を中心として」労働判例324号
「社会保障法」五十嵐清他編『法学講義』有斐閣
「地域福祉と地域医療の在り方をめぐって—長野県小県郡長門町古町地区の60歳以上在宅高齢者の健康調査報告を通じて」社会福祉（日本女子大学社会福祉学科研究室）21号

1980（昭和55）年

「朝日訴訟」『政治判決史録(3)』第一法規出版
「堀木訴訟」『政治判決史録(5)』第一法規出版
「現代社会と社会福祉行政の機能領域—その現状と今後の問題点について」季刊行政管理研究10号
「八〇年代における社会保障の課題」季刊労働法115号
「福祉費用における受給者負担への条件」月刊福祉63巻11号
「大本圭野著『生活保障論　現代の貧困と家計』」国民生活研究20巻１号
「社会福祉における権利意識」社会福祉研究26号
「老人保健医療制度の課題と将来」週刊社会保障34巻1086号
「高齢化社会と福祉政策　高齢者の人権保障と地域住民福祉とのかかわりにおいて」都市問題研究32巻11号
「社会保障法と子どもの権利をめぐって」法社会学32号
「年金受給者と雇用問題」労働研究報１号
「雇用保障—戦後三〇年の推移とその課題を中心に」労働法56号
「諸外国の労働福祉問題」西村豁通編『現代の労働福祉　新しい福祉社会へのものさし』有斐閣
「措置にみる私的扶養と社会的扶養」全社協養護施設協議会編『親権と子どもの人権』全国社会福祉協議会
「西欧諸国の社会福祉行政調査」

1981（昭和56）年

「東洋土木事件」『労働判例百選（第４版）』有斐閣
「労働時間行政の流れと時間短縮— ILO 条約・勧告と労働時間行政の推移をたどって」季刊労働法119号
「社会福祉事業法の理念とその問題点」月刊福祉64巻７号
「社会福祉事業法30年の成果と今後の課題—改正への提言」社会福祉研究28号
「ベビーホテル問題と行政の対応」ジュリスト744号
「障害者と法体系」ジュリスト総合特集『障害者の人権と生活保障』24号
「『国際労働法・社会保障法学会第一回アジア会議』に出席して」世界の労働31巻４号
「現行社会福祉関係法の諸問題と再検討」地域福祉研究９号

「住宅保障＝居住生活環境保障と社会保障の課題（切迫する社会保障の諸問題）」賃金と社会保障825号
「労働行政」日本労働法学会編『現代労働法講座(1)』総合労働研究所
「本判決と労働行政―労働災害補償および労働安全行政の課題（日本化工クロム労災訴訟第一審判決（東京地裁56・9・28)」判例時報1017号
「福島市職員事件」労働判例357号
「基本的人権と社会福祉」季刊労働法別冊『現代の社会福祉』8号
「社会保険と労働者の権利」社会保障講座編集委員会編『社会保障講座(4)　労使関係と社会保障』総合労働研究所
「社会福祉サービスと受益者の権利」社会保障講座編集委員会編『社会保障法講座(5)生活と福祉の課題』総合労働研究所
「社会福祉から国際福祉へ」沢井裕他編『法学部学生のための法律学概論』有斐閣
「社会福祉における生活権」藤本武編『日本の生活問題と社会福祉』ドメス出版

1982(昭和57)年

「社会福祉と司法福祉のかかわりあいにおいて」『法律扶助制度の現状と課題』，法律扶助研究会
「橋本宏子著『老齢者保障の研究　政策展開と法的視角』」月刊福祉65巻6号
「社会変化と社会福祉法体系整備の課題（対談)」月刊福祉65巻8号
「堀木訴訟最高裁判決の提起したもの」月刊福祉65巻9号
「社会福祉法体系の整備―その視点と今後の課題を中心として」社会福祉研究30号
「堀木訴訟最高裁判決の問題点」ジュリスト773号
「社会保障費の国際比較― ILO, “The Cost of Social Security（1975～1977)”, 1981を素材として」世界の労働32巻2号
「第9回社会保障法研究会報告」賃金と社会保障839号
「掘木訴訟最高裁判決と社会保障学の課題」労働法律旬報1052号
「ERISA 制定の背景，その法政策課題」高齢者雇用開発促進協会編『アメリカにおける企業年金制度の現状』高齢者雇用開発促進協会
「社会福祉の法政策とその実践課題」小沼正編『社会福祉の課題と展望　実践と政策のかかわり』川島書店
「精神障害者と人権」田村健二他編『精神障害者福祉』相川書房

1983(昭和58)年

「The Situation and Tasks of the Japanese Women」Report of First Congress of Labor Law and Security (1980)
「“Employment Injuries” Benefits and Rehabilitation (General Report)」Report of Second Regional Conference International of Labor Low and Social Security, Organizing Committee (1983)
「養護施設をめぐる最低基準の問題点」季刊児童養護14巻3号
「社会福祉・社会保障の法と行財政―その課題と展望」季刊社会保障研究19巻3号

「貨物輸送産業における産業年金制度構想」季刊輸送展望185号
「第２次臨調下の行財政改革と福祉行政」社会福祉学24巻１号
「老人保健の発足と医療保険」社会保険旬報1417号
「ナショナル・ミニマム―高齢化社会への対応―」ジュリスト総合特集『行政の転換期』29号
「『国際労働法・社会保障学会第二回アジア地域会議』に出席して」世界の労働33巻11号
「社会保障と高齢者―国際高齢者問題世界会議提出の国際社会保障協会『報告』を中心として」世界の労働33巻６号
「法律学の立場から（ソーシャルワークと隣接領域）」ソーシャルワーク研究９巻１号
「在宅福祉と社会福祉事業法の課題」福祉広報10月号
「ブリジストン鳥栖工場事件」労働判例397号

1984(昭和59)年

「老後の所得保障」エイジング２巻１号
「高齢者保健医療・福祉施策へ，自治体の課題」月刊自治研26巻５号
「福祉政策と国民負担（行財政改革と労働問題）」社会政策学会年報28号
「有償化サービスの現状とその法課題」（共著者　中村律子）社会福祉研究35号
「年金財政のあり方」ジュリスト810号
「所沢職業安定所長事件」ジュリスト813号
「年金改革の理念と改正法の問題点」ジュリスト総合特集『年金改革と老後生活』36号
「『国際労働法・社会保障学会第一回ヨーロッパ地域会議』に出席して」世界の労働34巻10号
「日本型福祉国家の法政策の展開過程」東京大学社会科学研究所編『福祉国家(4)　日本の法と福祉』東京大学出版会
「オランダの社会福祉行政の一考察―高齢者福祉行政を中心として」日本女子大学紀要文学部34号
「『高齢化社会における社会法の課題』秋田成就編著」日本労働協会雑誌26巻４・５号
「東南アジア諸国の日系企業の労使関係とその課題」労働福祉研究24号
「社会福祉の方法論をめぐって―社会福祉への法律学の分野からの問題提起とそのアプローチを中心に」社会福祉（日本女子大学社会福祉学科研究室）24号

1985(昭和60)年

「地方自治体と社会福祉」かんぽ資金11月号
「法的研究の側面を中心に」季刊社会保障研究21巻１号
「老後生活と社会保障」経済と労働
「社会保障法の見地からみた２審判決―快適に生き働ける権利の回復とその予防的保障をこそ（高松高裁不当判決批判・人権と健康を守る「振動病」シンポジウム報告書）―（各界の報告・意見-１-学者・法律家・医師の見解）」月刊いのち223・224号
「社会福祉六法を現代的に問い直す（座談会）」月刊福祉68巻８号
「福祉労働者の現状と実態」憲法と民主主義452号

「福祉政策の再構築をめぐって」自治研27巻３号
「有償化サービスの現状と法課題再論」社会福祉研究37号
「労働裁判研究―篠田鋳造所労災事件―」ジュリスト840号
「年金改正法の意義と問題点」ジュリスト843号
「補助金一括整理法と国と地方の財政関係」ジュリスト843号
「職業病をめぐる控訴審判決雑感」東京都立労働研究所報６号
「重婚的内縁関係と社会保障法給付―農村漁業団体職員共済組合法上の『配偶者』とその遺族給付受給資格要件（最判昭和58・４・14）」判例時報1139号
「社会保障政策と立法」石本忠義他編『社会保障の変容と展望』（佐藤進先生還暦記念）勁草書房

1986（昭和61）年

「高齢者の医療・福祉サービスの現状と課題」ジュリスト864号
「中国の経済改革と新労働制度」（共著者　矢加部勝美）世界の労働36巻11号
「地方自治と社会福祉」法学セミナー増刊『これからの地方自治』34号

1987（昭和62）年

「労災保険法の理念とその制度的実現，その変容と今後の課題」月刊いのち246号
「職業性疾患と労災保険法の適用問題―山東化学工業所事件をめぐる行政対応の不合理性を問題として（和歌山ベンジン膀胱ガン事件控訴審勝訴に向けて）」月刊いのち248号
「政府間財政関係の法制的側面（転換期の日本法制）―（公法編）」ジュリスト875号
「老人保健法改正の法的意義―法政策の視点から」ジュリスト878号
「高齢化社会と高齢者問題」地域開発269号
「権利の生成と展開　社会法の領域から」法社会学39号
「社会福祉と財政」法律時報59巻１号
「変動期の社会保障・社会福祉の今後の課題」法律時報59巻１号
「中国の社会保障立法事情」社会福祉（日本女子大学社会福祉学科研究室）27号

1988（昭和63）年

「児童福祉法の今日的役割」『保育年報1988年版』全国社会福祉協議会
「労働省・労基研『労災補償』中間報告と問題点（労働基準法研究会（災害補償）報告とそのもたらすものは何か?!）」月刊いのち265号
「国民健康保険法改正と今後の課題」月刊税８月号
「社会保障と財政をめぐる制度現況と負担の法政策課題」社会保障法３号
「日本の高齢者・障害者をめぐる社会福祉立法の生成展開過程」日韓高齢者・障害者問題専門家会議報告書
「『新型間接税』の財政・経済的問題点」法律時報60巻10号
「高齢化社会と地方自治」法律新報60巻１号
「日本における社会福祉の展開」仲村優一＝小山路男編『明日の福祉(1)』中央法規出版
「福祉行財政の基本方向」福武直＝阿部志郎編『明日の福祉(10)』中央法規出版

1989(昭和64)年

「社会福祉行政における措置制度の意義と今日的役割」社会福祉研究45号

「社会福祉の国際的動向とその展望」週刊社会保障43巻1520号

「年金審議会意見をめぐって—その背景にあるものと内容の検討を中心に」ジュリスト929号

「社会保障とパートタイム雇用の問題（Alain Euzeby: Social security and part-time employment（International Labour Review, No5, 1988））」（共著者　下平真理子）世界の労働39巻4号

「高齢社会と公的年金制度政策— OECD 諸国における拠出制年金制度から無拠出年金制度への提言を中心に（Chantal Euzeby: Non-contributory Old-age Pensions — A Pensions — A Possible Sossible Solutoin in the OECD Countries（International Labour Review, Vol. 128, No. 1, 1989））」（共著者　廣瀬真理子）世界の労働39巻6号

「社会保障・社会福祉の明日を考える（総論編）—制度の変遷と国際的潮流を踏まえて」賃金と社会保障1003号

「公的年金制度の明日を考える—年金制度改悪のねらいと内容を通して」賃金と社会保障1006号

「報告　外国人労働者と社会保障法上の諸問題（シンポジウム）」労働法律旬報1219号

1990(平成2)年

「連合の政策・制度の実現とその課題」季刊労働法154号

「公的年金関係法の改正，被用者年金制度間財政調整法の制定とその課題」ジュリスト952号

「日本の障害者の権利保障—国連『世界行動計画』以降の動向を中心として」ジュリスト970号

「社会保障制度の発展と国際的展望-1-世界の主要諸国の動向とその問題点」世界の労働40巻5号

「社会保障制度の発展と国際的展望-2-社会保障の制度部門（年金・医療・職業病・家族手当）の動向」世界の労働40巻6号

「平成元年公的年金制度の改正と今後の展望」賃金と社会保障1031号

「地域における保健・医療と福祉の連携をめぐって—京都市西陣地域の事例調査を中心として」社会福祉（日本女子大学社会福祉学科研究室）30号

1991(平成3)年

「労災補償制度政策の提言—法政策の推移から課題をみる」季刊労働法158号

「高齢社会と高齢者扶養の実現」共済年報28号

「高齢社会と社会福祉行財政—社会保障費の比率と国民負担をめぐる課題」社会福祉研究50号

「老人保健法一部改正法と今後の課題（第121国会主要成立法律）（特集）」ジュリスト992号

「高齢社会と虚弱高齢者の社会的保護—その基本問題と主要諸国の社会保障政策の対応

－1－」世界の労働41巻5号
「高齢社会と虚弱高齢者の社会的保護－2－ ―主要諸国の実情」（共著者　廣瀬真理子）世界の労働41巻6号
「高齢社会と虚弱高齢者の社会的保護－3完－ ―主要諸国の対応と今後の課題」（共著者　廣瀬真理子）世界の労働41巻7号
「私たちの年金大学－6－欧米諸国の社会保障制度―公的年金制度の給付・財政問題を中心に―」賃金と社会保障1056号
「社会保障判例百選（第2版）（含　年月日別総索引）」別冊ジュリスト27巻5号

1992(平成4)年

「「家族・労働・福祉」家族・労働・福祉刊行委員会」季刊労働法163号
「国際労働基準＝ILO条約・勧告の概説－6－社会保障関係の条約・勧告－上－総論」世界の労働42巻11号
「西欧諸国の社会保障制度政策の動向と日本の課題－1－」世界の労働42巻3号
「西欧諸国の社会保障制度政策の動向と日本の課題－2－」世界の労働42巻4号
「西欧諸国の社会保障制度政策の動向と日本の課題－3－」世界の労働42巻5号
「国際化と国際社会法下の日本社会法の課題」立正大学法学部創立10周年記念論文集
「私の学びについて―社会法学―労働と社会保障の法学―の推移と課題」社会福祉（日本女子大学社会福祉学科研究室）32号

1993(平成5)年

「福祉国家の現状と課題　スウェーデン，EC諸国の福祉国家財政機能から日本の現状と課題に及ぶ」国際比較政治研究2号
「在宅ケア推進をめぐる法制度政策の現状と課題」ジュリスト増刊『高齢社会と在宅ケア』有斐閣
「EC（EU）の社会政策と福祉」生活協同組合研究215号
「国際労働基準＝ILO条約・勧告の概説－7－社会保障関係の条約・勧告－下－各論」世界の労働43巻1号
「EC加盟国のヴォランティア労働者の社会的保護」都立労働研究所所報14号
「オランダの高齢者福祉政策」日蘭学会誌
「障害者関係法の現状と課題」法律のひろば46巻8号
「労災保険制度と行政のあり方―和歌山ベンジン事件を契機として（和歌山ベンジン訴訟―その歴史と意義（含　判決文））」労働法律旬報1312号

1994(平成6)年

「障害者の生活保障と『障害等級』政策をめぐる問題点」いのちと健康327号
「高齢化社会と高齢者福祉をめぐる法的諸問題」自由と正義45巻10号
「イギリスにおける社会保障行政の動向－1－国民保健医療・福祉サービスを中心に」世界の労働44巻1号
「イギリスにおける社会保障行政の動向－2－国民保健医療・福祉サービスを中心に」世界の労働44巻2号

1995(平成7)年

「過労死労災認定基準政策の歩みとその課題」季刊労働法175・176号

「措置福祉制度の歴史的意義と新たな展開」社会福祉研究64号

「社会福祉法制」ジュリスト1073号

「世界における『介護保障』制度の現状をめぐって―長期介護政策の動きとかかわって」世界の労働45巻7号

「高齢社会と社会的介護政策の現状と課題―介護政策にみる介護保険制度論の展開をめぐって―」総合社会保障33巻1号

「高齢社会と『介護をめぐる法政策』の現状と課題―長期介護（Long term Care）への対応としての『介護保険』」立正法学論集28巻1－4号

1996(平成8)年

「超高齢社会と高齢者福祉」月刊国民生活26巻9号

「労働判例研究―838―労災保険上の『労働者』と労基法上の『労働者』との同一性―横浜南労基署長（旭紙業）事件（横浜地裁判決平成5・6・17)」ジュリスト1085号

「労働判例研究　長距離トラック運転手のくも膜下出血発症とそれによる死亡を業務外とした遺族補償給付など不支給処分取消事例―大阪高裁判決平成7・4・27（京都南労基署長（北信運輸事件))」ジュリスト1089号

「介護保険法制度と関連制度の再編（含　高齢者の入所施設比較表)」ジュリスト1094号

「ベトナムの市民生活と社会保障制度」総合社会保障34巻2号

「高齢者福祉法体系下の介護保険(法)の位置づけ」法律のひろば49巻5号

「社会変化と法制度政策の転換とその原点―社会法学の現実と展望」立正法学論集29巻3・4号

「イギリスにおけるコミュニティ・ケアの現状―国家と地方の政策の概要とコミュニティ・ケアの現状」(共訳者　永野文子）立正法学論集29巻3・4号

1997(平成9)年

「世界における介護制度の現状」海外社会保障情報121号

「介護保険(法)制度創設と社会保障，労使関係(法)制度変革の課題」季刊労働法181号

「報告書紹介　EU7か国における失業・社会扶助給付制度の現状分析(上)」世界の労働47巻2号

「EU七か国の失業・社会扶助給付制度の現状分析(中)デンマーク・フィランド・フランス・ドイツ・イギリス・オランダ・スウェーデン」(共著者　引馬知子）世界の労働47巻3号

「EU七か国の失業・社会扶助給付制度の現状分析(中の2)デンマーク・フィランド・フランス・ドイツ・イギリス・オランダ・スウェーデン」(共著者　引馬知子）世界の労働47巻4号

「EU七か国の失業・社会扶助給付制度の現状分析(中の3)デンマーク・フィランド・フランス・ドイツ・イギリス・オランダ・スウェーデン」(共著者　引馬知子）世界の労働47巻5号

「EU 七か国の失業・社会扶助給付制度の現状分析(下・完)デンマーク・フィランド・フランス・ドイツ・イギリス・オランダ・スウェーデン」(共著者 引馬知子)世界の労働47巻6号
「土田武史著『ドイツ医療保険制度の成立』——一読に値する内容を含む書」世界の労働47巻6号
「世界の高齢者問題 オランダ その1」総合社会保障35巻1号
「世界の高齢者問題 オランダその2」総合社会保障35巻2号
「世界の高齢者問題 イギリスその1」(共著者 引馬知子)総合社会保障35巻4号
「世界の高齢者問題 イギリスその2」(共著者 引馬知子)総合社会保障35巻5号
「世界の高齢者問題 スウェーデンでの暮らしの中からみる高齢者福祉(対談)」総合社会保障35巻6号
「日本社会保障法学会と沼田先生(追悼・沼田稲次郎先生を偲ぶ)」賃金と社会保障1206号

1998(平成10)年

「主要国の年金制度の概要(第5回)〈オランダ〉オランダの公的年金制度」世界の労働48巻11号
「中山和久編著『教材・国際労働法』—平易かつ高い水準の解説書」世界の労働48巻6号
「世界の高齢者問題 オーストラリアその1」総合社会保障36巻3号
「世界の高齢者問題 オーストラリアその2」総合社会保障36巻4号
「世界の高齢者問題 ニュージーランドその1」総合社会保障36巻5号
「世界の高齢者問題 ニュージーランドその2」総合社会保障36巻6号
「来るべき高齢社会と高齢者施策—その現状にみる問題状況とその展望をめぐって」都市問題研究50巻5号
「高齢者福祉サービスの現状」野田愛子編『成年後見制度と自治体の役割』日本加除出版

1999(平成11)年

「社会福祉基礎構造改革」『福祉年鑑1999～2000』講談社
「介護保険法実施と準備過程」『福祉年鑑1999～2000』講談社
「日本の二〇世紀末の社会福祉—社会福祉政策からの視点にみる到達点とその内在的課題をめぐり」社会事業史研究27号
「高齢社会論と社会政策」社会政策叢書23号
「EU における社会保障的保護政策の現状と展望— EU 政策から日本の経済，福祉再生策を改めてみる」世界の労働49巻9号
「労使関係構造変革と社会保障制度改革」総合社会保障37巻8号
「これからの高齢社会とその政策対応をめぐって 世界主要諸国と日本の高齢者就業を中心として」新潟青陵女子短期大学研究報告29号

2000(平成12)年

「各国の社会労働事情　主要国の高齢者福祉制度(2)　概説オランダの高齢者福祉制度の現状と課題」世界の労働50巻9号
「海外福祉情報オランダの介護保障制度のその実態　高齢者の保険医療と介護の一体化をめぐって」総合社会福祉研究16号
「追悼文　有泉亨先生の死去を悼んで―先生の人と業績をしのぶ」総合社会保障38巻4号
「随想　有泉亨前［東京都立労働研究所］所長のご逝去を悼んで」労働研究所法21号
「北陸鉄道労働協約闘争史研究の思い出」労働法律旬報1472号

2001(平成13)年

「座談会　社会福祉研究・実践のあゆみを語る―戦後の軌跡と新世紀への課題」社会福祉研究80号
「追悼　有泉亨先生を偲んで」社会保障法16号
「ILO 102号条約（社会保障最低基準）の足跡と今後の課題をめぐって」世界の労働51巻10号
「各国の社会労働事情　報告：欧州の社会・労働政策の現状を探る(上)オランダ国民経済と社会・労働政策の現状と課題から」世界の労働51巻7号
「各国の社会労働事情　報告：欧州の社会・労働政策の現状を探る(中)イギリス福祉国家改革にみる社会・労働政策の現状と課題」世界の労働51巻8号
「国際機関（組織）欧州の社会・労働政策の現状を探る(下・完)EU社会的保護政策（社会・労働政策）の21世紀への動向」世界の労働51巻9号
「特別対談　EUの雇用・社会保障政策と日本のインプリケーション―EUは今何を目指そうとしているのか」総合社会保障39巻6号
「臨床心理学と法律学」下山晴彦＝丹野義彦編『臨床心理学講座(1)』東京大学出版会

2002(平成14)年

「随想　私の実践・研究を振り返って(57)法と社会保障，社会福祉理論化に向けて―国際的，学際的研究・調査を目指して」社会福祉研究84号
「私と社会保障法学への開眼と歩み」社会保障法17号
「オランダの社会保障，介護保障の現況と課題」（共著者　杉野緑・菱野一恵）週刊社会保障56巻2214号
「報告　アメリカの高齢者と老後福祉の現況―西部諸州をめぐって」世界の労働52巻9号
「戦後日本主義と社会保障制度の展開と変動を顧みて」総合社会保障40巻3号
「日本の社会福祉基礎構造改革と福祉行財政をめぐる諸問題―公的福祉措置サービス提供から福祉サービス利用契約時への法的諸問題」新潟青陵大学紀要2号
「日本労使関係構造変革と社会法の改革にみる現状と課題―労使関係法と社会保障法改革をめぐって」立正法学論集35巻2号
「労働者福祉研究の30年を辿って，労福研活動の明日を考える」労働福祉研究52号

2003(平成15)年

「最近の欧州社会政策事情について」世界の労働53巻11号
「イギリスの医療保障，介護保障制度の現況と課題」立正法学論集36巻２号

2004（平成16）年

「介護保険における従事者問題の現状と課題」新潟青陵大学紀要４号

2005（平成17）年

「傷害保険福祉施策の課題と今後の方向性（座談会）」月刊福祉88巻８号
「EU の高齢化社会と保健医療・介護政策とオランダの政策対応」週刊社会保障59巻2325号
「オランダの雇用政策と労使関係の動向—不況下での雇用，社会保障政策の動向」世界の労働55巻１号
「拡大化 EU の社会保護政策の展開と課題」世界の労働55巻２号

2006（平成18）年

「イギリス労働党政権３期（2005〜2010）にみる〈第３の道〉の現状と今後の課題をみて」新潟青陵大学紀要６号
「特別寄稿　須之内玲子さんの学童保育福祉実践をめぐって—須之内玲子さんの日本女子大学選択定年制による退職を祝して」社会福祉（日本女子大学社会福祉学科研究室）46号

2008（平成20）年

「EU 拡大下の EU 社会政策の意義と課題」海外社会保障研究165号
「先輩からの助言（第６回）　佐藤進先生」（司会　引馬知子，聞き手　河野正輝・杉野緑・元村智明）社会事業史研究35号（社会事業史学会）
「介護保険制度改革の展望」週刊社会保障62巻2478号

2009（平成21）年

「『福祉』『保健』の農村・林業の町村の現状　宮城・秋田大地震の経験と今後の展望をみて」社会福祉（日本女子大学社会福祉学科研究室）49号

※略歴および主要著作目録の作成については，社会事業史学会のご尽力と日本女子大学総務部人事課，新潟青陵大学事務局および金子和夫教授，鵜沼憲晴教授，引馬知子准教授のご協力をいただきました。厚くお礼申し上げます。